DER
der
SOUVENIR

Museum
Museum für Angewandte Kunst
Frankfurt
Museum für Angewandte Kunst
Frankfurt

Museum für
Kommunikation
Frankfurt

DER SOUVENIR

Erinnerung in Dingen von der Reliquie zum Andenken

Diese Publikation erscheint anlässlich der Ausstellung

Der Souvenir
Erinnerung in Dingen von der Reliquie zum Andenken
Museum für Angewandte Kunst Frankfurt
29. Juni – 29. Oktober 2006

Erinnerung ohne Dinge?
Auf dem Weg zum digitalen Souvenir
Museum für Kommunikation Frankfurt
29. Juni – 10. September 2006

Wienand Verlag

Die Ausstellung steht unter der Schirmherrschaft
des Bundespräsidenten der Bundesrepublik Deutschland,
Herrn Professor Dr. Horst Köhler.

Leihgeber

Aachen, Suermondt-Ludwig-Museum
Aschaffenburg, Bayerische Schlösserverwaltung, Schloss Johannisburg

Bad Essen, Anthologie Quartett
Basel, Annemarie Burckhardt
Basel, Historisches Museum Basel
Berlin, Stiftung Deutsche Kinemathek – Museum für Film und Fernsehen
Berlin, Filiz Çakir Phillip
Berlin, Staatliche Museen zu Berlin, Kunstgewerbemuseum
Bielefeld, Deutsches Fächer Museum, Barisch Stiftung
Bielefeld, Museum Huelsmann
Bochum, Internationale Sammlung Alexander Schubert
Bonn, Beethoven-Haus

Düsseldorf, Sammlung Fischer
Duisburg, afas. Archiv für alternatives Schrifttum in NRW

Frankfurt, Prof. Volker Albus
Frankfurt, Deutsches Filminstitut, DIF e.V./Deutsches Filmmuseum
Frankfurt, Prof. Dr. Volker Fischer
Frankfurt, Freies Deutsches Hochstift, Goethe-Museum
Frankfurt, Kunsthandlung Helmut H. Rumbler
Frankfurt, Museum für Moderne Kunst
Frankfurt, Christiane Riemann
Frankfurt, Sammlung Moritz Hunzinger
Frankfurt, Städelsches Kunstinstitut, Graphische Sammlung
Frankfurt, Städtische Galerie Liebieghaus
Fürstenberg/Havel, Stiftung Brandenburgische Gedenkstätten/Mahn und Gedenkstätte Ravensbrück

Hamburg, Altonaer Museum
Heidelberg, Ruprecht-Karls-Universität, Institut für Sinologie
Heidelberg, Völkerkundemuseum der J. u. E. v. Portheim-Stiftung

Kaufbeuren-Neugablonz, Walter & Prediger GmbH
Kassel, Sepulkralmuseum
Kassel, Stadtmuseum
Kevelaer, Dr. Burkhard Schwering
Köln, Museum für Angewandte Kunst
Köln, Dr. Louis Peters
Köln und St. Moritz, Galerie Karsten Greve AG

Langbroek, Medieval Badges Foundation
Luxemburg, Pina Delvaux

Mailand, Biblioteca e Pinacoteca Ambrosiana
Mainz, Bischöfliches Dom- und Diözesanmuseum
Marburg, K. N. Eitel
Moorgrund, Evangelisch Lutherisches Pfarramt Möhra
München, Bayerisches Nationalmuseum
München, Staatliche Münzsammlung
München, Münchner Stadtmuseum
Münster, Westfälisches Landesmuseum für Kunst und Kulturgeschichte

Neuruppin, Bilderbogen-Dokumentationszentrum
New York, Boym Partners Inc
Nienburg, Museum Nienburg
Nürnberg, Germanisches Nationalmuseum
Nürnberg, Josef Kardinal
Nürnberg, Mathias Pamer GmbH
Nürnberg, Plastiskop

Oberammergau, GG. Lang sel. Erben
Oberursel, Friderun Heil
Oberursel, Hans Wendel
Offenbach, Deutsches Ledermuseum
Offenbach, Dr. Karl Schmitt-Korte

Paris, Marco Fiedler
Paris, Fondation Napoléon
Paris, Musée Carnavalet

Raeren, Martha Laugs
Rastede, Alfred A. Peters
Rom, Galleria Nazionale d'Arte Moderna, Museo Praz
Rom, Keats-Shelley Memorial House
Rom, Virginia Valentini
Rueil-Malmaison, Fondation Napoléon

Santa Barbara CA, George Legrady
Schwäbisch Gmünd, Museum und Galerie im Prediger
Seggiano, Il Giardino di Daniel Spoerri
Solingen-Gräfrath, Deutsches Klingenmuseum Solingen
St. Pölten, Niederösterreichisches Landesmuseum
Steinbach, Dr. Peter M. Müller
Stockholm, Royal Collections

Tübingen, Galerie BUCH und DRUCK
Tilburg, De Pont Museum of contemporary art Tilburg

Vatikanstadt, Vatikanische Museen

Weimar, Bauhaus-Universität, Fakultät Gestaltung/Studiengang Produktdesign
Weimar, Stiftung Weimarer Klassik und Kunstsammlungen
Wichtrach/Bern, Galerie Henze & Ketterer AG
Wien Schloss Schönbrunn, Kultur- und Betriebsges. m.b.H.
Wien, Wien Museum
Wien, Universitätsbibliothek der Akademie der bildenden Künste
Wolfenbüttel, Herzog August Bibliothek

Zürich, Galerie Arndt & Partner
... und zahlreiche private Leihgeber

Tabula Gratiarum

Prof. Volker Albus, Frankfurt
Dr. Hermann Arnhold, Münster
Marina Arnold, Wolfenbüttel
Michael Arnold, Frankfurt
Dorothée Augel, Köln
Prof. Dr. Achim Aurnhammer, Freiburg

Dr. Jürgen Bacia, Duisburg
Thorsten Baensch, Brüssel
Marie-Luise und Günter Barisch, Bielefeld
Dr. Beatrix Bastl, Wien
Rainer Baum, Basel
Gabriela Baumer, Hamburg
Dr. Barbara Beaucamp, Mannheim
Dr. Marie-Claire Berkemeier-Favre, Basel
H.J.E. van Beuningen, Cothen
Tiina Björkbacka, Stockholm
Johanna Bodenstab, Woodbridge, CT
Peter Böhler, Riederring
Ulrike Böhner, Nürnberg
Prof. Dr. Anne Bohnenkamp, Frankfurt
Prof. Dr. Peter C. Bol, Frankfurt
Dr. Monika Boosen, Schwäbisch Gmünd
Eloise Bouvier Rudin, Basel
Dr. Birgitt Borkopp-Restle, Köln
Constantin Boym, New York
Peter van den Brink, Aachen
Dr. Bodo Brinkmann, Frankfurt
Kathrin Brunner, Darmstadt
Dr. Francesco Buranelli, Vatikanstadt
Annemarie Burckhardt, Basel

Filiz Çakir Phillip, Berlin
Prof. Roberto Cassanelli, Monza
Bernard Chevallier, Rueil-Malmaison
Dr. Maria Vittoria Marini Clarelli, Rom
Angelo Colombo, Mailand
Dr. Guido Cornini, Vatikanstadt
Constanze Crüwell, Frankfurt

Pino Delvaux, Luxemburg
Prof. Dr. Michael Diers, Hamburg
Christiane Dole, Paris
Dr. Yasmin Doosry, Nürnberg
Mag. Peter Doujak, Wien
Christine Dupuis, Brüssel

Dr. Renate Eikelmann, München
K.N. Eitel, Marburg
Irmgard und Dr. Werner Endres, Regensburg
Dr. Johannes Erichsen, München

Dr. Insa Eschebach, Fürstenberg/Havel
Marco Fiedler, Paris
Dorothee Fischer, Düsseldorf
Jochen Flinzer, Hamburg
Karin Frykholm, Stockholm

Dr. Nina Gockerell, München
Mag. Renata Granat, Wien
Burkhard Graßmann, Darmstadt
Prof. Dr. G. Ulrich Großmann, Nürnberg
Dr. Barbara Grotkamp-Schepers, Solingen-Gräfrath
Dr. Ernst-Gerhard Güse, Weimar

Prof. Dr. Bärbel Hedinger, Hamburg
Heller Srl, Mailand
Dr. Werner Helmberger, München
Dr. Wolfgang Henze, Wichtrach/Bern
Monika Herzog, Fürstenberg/Havel
Pascal Hess, Frankfurt
Dr. Matthias Heyl, Fürstenberg/Havel
Dr. Torkild Hinrichsen, Hamburg
Max Hollein, Frankfurt
Astrid Holmgren, Berlin
Eleonora Holthoff, Zürich
Dr. Gabriele Holthuis, Schwäbisch Gmünd
Martina Holzmann, München
Joan Hornby, Kopenhagen
Karine Huguenaud, Paris
Stefan Hunstein, München
Moritz Hunzinger, Frankfurt
Katja Hupatz, Köln
Roselyne Hurel, Paris

ikarus design Kaufhaus, Frankfurt
Moritz von Ilberg, Frankfurt

Menashe Kadishman, Tel Aviv
Dr. Nicole Kämpken, Bonn
Raffi Kaiser, Paris
Josef Kardinal, Nürnberg
Konrad Kulzer, Weimar
Dr. Dory Kicken, Langbroek
Anke Killing, Münster
Udo Kittelmann, Frankfurt
Dr. Dietrich Klose, München
Dr. Gerhard Kölsch, Frankfurt
Dr. Gerda Königsberger, Wien
Dr. Wolfgang Kos, Wien
Dr. Hans-Jürgen Kotzur, Mainz
Dr. Mario Kramer, Frankfurt
Rainer Krause, Bad Essen

Mag. Wolfgang Krug, St. Pölten
Burgi Kühnemann, Friolzhaim

Dr. Michael Ladenburger, Bonn
Esther Lampe, Tilburg
Richard Lang, Oberammergau
Martha Laugs, Raeren
Jean-Marc Léri, Paris
Jannes Linders, Tilburg
Mag. Christina Stella Lipovac, Wien
Anja Löchner, Nürnberg
Dr. Angelika Lorenz, Münster
Rikola-Gunnar Lüttgenau, Buchenwald
Dr. Agneta Lunström, Stockholm

Dr. Petra Maisak, Frankfurt
Victor-André Masséna, Prince d'Essling, Paris
Paolo di Marzio, Rom
Dr. Michael Matzke, Basel
Hermann Maué, Nürnberg
Jens Misiakiewicz, Frankfurt
Prof. Dr. Barbara Mittler, Heidelberg
Dr. Peter M. Müller, Steinbach
Ursula Müller, Wiesbaden-Biebrich

Dr. Rosita Nenno, Offenbach
Dr. Susanne Netzer, Berlin
Pfarrer Christoph Neumann, Moorgrund

Markus Ohlhauser, Fürstenberg
Dr. Eilert Ommen, Nienburg
Jaap Otte, Washington, DC
Prof. Dr. Bernhard Overbeck, München

Dr. Margaretha Pavaloi, Heidelberg
Catherina Payling, Rom
Alfred A. Peters, Rastede
Dr. Louis Peters, Köln
Dr. Ingo Pfeifer, Dessau

Prefetto Gianfranco Ravasi, Mailand
Hannah und Shimon Redlich, Tel Aviv
Achim Reichert, Paris
Hans-Peter Reichmann, Frankfurt
Bernd Reiß, Frankfurt
Prof. Dr. Ursula Renner, Essen
Christiane Riemann, Frankfurt
Dr. Burkard von Roda, Basel
Sabine Röwer, Fürstenberg/Havel
Dr. Patrizia Rosazza, Rom

Bruno Rosier, Lyon
Petra und Helmut H. Rumbler, Frankfurt
Michèle Sandoz, Zürich
Dipl-Ing. Gregor Sauer, Weimar
Dr. Peter Schmidt, Neuruppin
Prof. Dr. Helwig Schmidt-Glintzer, Wolfenbüttel
Dr. Stephan Schmidt-Wulffen, Wien
Dr. Karl Schmitt-Korte, Offenbach
Dr. Eva Schober, Wien
Claudia Scholz, Wiesbaden
Dr. Angela Schönberger, Berlin
Alexander Schubert, Bochum
Dr. Jutta Schuchard, Kassel
Prof. Dr. Peter-Klaus Schuster, Berlin
Dr. Burkhard Schwering, Kevelaer
Hellmut Th. Seemann, Weimar
Uwe Seidel, Frankfurt
Dr. Martin Sonnabend, Frankfurt
Prof. Dr. Reiner Sörries, Kassel
Daniel Spoerri, Seggiano
Izabella Szczypka, Darmstadt

Prof. Dr. Silke Tammen, Gießen
Wolfgang Theis, Berlin
Dr. Nicole Tiedemann, Hamburg
Dr. Wolfgang Till, München
Dr. Barbara Tomassi, Rom
Tübingen, Galerie Buch und Druck

Mag. Katrin Unterreiner, Wien

Virginia Valentini, Rom
Erna de Vries, Lathen

Ulrich Wagner, Oberlascheid/Eifel
Jens Wanner, Darmstadt
Karl-Hermann Wegner, Kassel
Dr. Thomas Weidner, München
Dr. Thomas Weiss, Dessau
Hans Wendel, Oberursel
Ute Wenzel-Förster, Frankfurt
Dr. Bettina Werche, Weimar
Ulla Wiegand, Düsseldorf
Dr. Hildegard Wiewelhove, Bielefeld
Carola Willbrand, Köln

Prof. Dr. Gisela Zick, Köln
Dr. Ulrike Zischka, München
Prof. Dr. Claus Zoege von Manteuffel, Stuttgart
Dr. Angelika Zoubek-Windaus, Frankfurt

Die Ausstellung wurde großzügig gefördert von

Stadt Frankfurt am Main

Clifford Chance

Hauck & Aufhäuser
Privatbankiers seit 1796

Georg und Franziska Speyer'sche Hochschulstiftung

hessische kultur stiftung

T··Online·

Fachstelle Kultur Kanton Zürich

schweizer kulturstiftung
prohelvetia

Ernst und Olga
Gubler-Hablützel Stiftung

Kunsthandlung
Helmut H. Rumbler

Grußwort zur Ausstellung

Schon seit dem Jahr 2002 unterstützt Clifford Chance das Museum für Angewandte Kunst Frankfurt und übernimmt Patenschaften für Ausstellungen. Auf der Basis der Werte „Ambition“, „Quality“, „Commitment“ und „Community“, denen sich unsere Sozietät weltweit verpflichtet fühlt, engagieren wir uns aus gesellschaftlicher Verantwortung auch auf Gebieten, die mit unserer eigentlichen Arbeit, der Rechtsberatung, nicht unmittelbar zu tun haben. Der Bereich Kunst und Kultur ist für uns ein besonderer Förderschwerpunkt.

In diesem Jahr unterstützen wir mit großer Freude die Ausstellung „Der Souvenir – Erinnerung in Dingen von der Reliquie zum Andenken“.

Diese Zeitreise durch die Welt der Erinnerungen fördert ganz Erstaunliches zutage. Es findet sich Wertvolles neben Banalem. Außergewöhnliches wird manchen Besucher in Staunen versetzen, während das eine oder andere Massenprodukt der Erinnerungsindustrie eher ein Schmunzeln hervorrufen wird. Allen Objekten ist eines gemeinsam: der Wunsch des Menschen, Eindrücke festzuhalten, die Besonderheit eines Augenblicks zu bewahren, um ihn sich später förmlich nach Belieben in Erinnerung rufen zu können. Gute wie schlechte Erinnerungen beugen dem Vergessen vor. Sie sind Brücken in die Vergangenheit. Clifford Chance wünscht Ihnen viel Spaß mit dieser Ausstellung, auf der Sie sicher auch der einen oder anderen eigenen Erinnerung begegnen werden.

Hans-Josef Schneider
Geschäftsführender Partner
Clifford Chance
Partnerschaftsgesellschaft von Rechtsanwälten, Wirtschaftsprüfern, Steuerberatern und Solicitors

Inhalt

Ein goldener Leitfaden zu den Dingen

Vademecum

Das Vorhaben, eine Ausstellung über den Souvenir einzurichten, wurde vor bald einem halben Dutzend Jahren geboren: Objekte der Erinnerung durch die Jahrhunderte zu zeigen und damit einem Publikum die ganz subjektive Dimension von Geschichte anschaulich zu vermitteln. Die Hauptaufgabe bestand zunächst darin, in einen Ozean der Reminiszenzen zu tauchen, um ein fassbares Gerüst zu erstellen, das eine eigene Definition erkennen ließ. Der Souvenir – Erinnerung in Dingen von der Reliquie zum Andenken.

Als provokanter Auftakt steht die Maskulinisierung des in der deutschen Sprache neutralen Souvenirs. Dieser Eingriff ist als Hommage an die philologische Unterscheidung der französischen Urformen „le souvenir“ und „le rappel“ zu verstehen. Die Erinnerung in Dingen erfolgt nicht über den aktiven Rückruf, sondern über eine passive mediale Förderung aus dem Dunkel der Vergangenheit. Zugleich erlaubt die leichte Verfremdung im Artikel, den Gegenstand neu zur Verhandlung zu stellen.

Der zeitliche Rahmen der Ausstellung reicht von der frühen Epoche christlichen Denkens und Kultes bis in die Gegenwart. Mit der legendären Auffindung des Heiligen Kreuzes durch Kaiserin Helena zu Anfang des 4. Jahrhunderts beginnt eine Tradition der Pilgerfahrten ins Heilige Land, zweihundert Jahre später mit der Errichtung der ad corpora Basiliken jene der Pélerinages nach Rom. An diesen heilsbringenden Orten wurden in großer Zahl Souvenirs produziert, schon um von den höchst gefahrvollen Reisen zu den heiligen Stätten Andenken mit nach Hause zu nehmen, aber auch, um sich der magischen Wirkkraft von Reliquien zu versichern oder die heiligen Stätten als dauerndes Abbild mit sich fortzutragen. Am vorläufigen Ende dieser fortwährenden Verbringung von persönlichen Erinnerungsstücken, steht die totale und bequeme Reisefreiheit, die erlaubt, die ganze Welt sächlich nach Hause zu transportieren.

Die Untersuchung der Erinnerung in Dingen nimmt sich als Schwerpunkt den abendländischen Raum und folgt den Strängen Pilgerwesen und Kreuzfahrertum im Mittelalter, der Erkenntnis des eigenen Ichs und der Erinnerung daran in Renaissance und Humanismus, der Bildungsreise, dem Grand Tour zumal nach dem barocken Rom, den zärtlich-intimen Erinnerungen des 18. und 19. Jahrhunderts und dem banalen Souvenir der Volksreise.

Fokussierende Überlegungen verweisen auf das Gedenken an die Shoa als traumatische Erinnerung.
Korrespondierend zu den Sammlungen des Museums für Angewandte Kunst Frankfurt zielt ein Ausblick auf die fernöstlichen Erinnerungen in Dingen.

Das Museum für Kommunikation Frankfurt schlägt die Brücke zur modernen Technik, zu den Erinnerungen ohne Dinge: Digitalphotos, SMS, MMS und E-Mails, die in ungeheurer Zahl angefertigt, aber auch als Andenken gesammelt und verschickt werden. Beispielhaft widmet sich die Ausstellung dort dem Spektrum zwischen der klassischen Postkarte und den digitalen Reminiszenzen unserer Tage. Digitale Souvenirs sind Neuland, sowohl hinsichtlich der Forschung als auch der Sammlung und so initiiert die Ausstellung zugleich die „Objekt“-Akquisition.

Manche Phänomene kann die Ausstellung nur kursorisch berühren, so etwa die Erinnerung in der Massenphotographie, im Schmalfilm oder im Video. Im Rundgang durch die Ausstellung wurden diese Bereiche zeitgenössischen Künstlern zur Reflexion anvertraut, in der Publikation widmen sich eingestreute Essays den nicht gezeigten oder nicht ausstellbaren Phänomenen.

Anliegen von Ausstellung und Katalogbuch ist es, Fortführungsstränge der Erinnerung in Dingen – etwa bei religiösen oder profanen Pilgerbewegungen im 20. und 21. Jahrhundert – zu benennen. Dadurch können Netzwerke in der chronologischen Ordnung des Ausstellungsrundganges geknüpft werden, vom Reliquien- über den Helden- zum Starkult und der jeweils spezifischen Medialität der Erinnerung.

Eine Ausstellung von solch komplexen Verhältnissen bedarf des sichernden Leitfadens, in Text und Itinerar. So stehen zu Beginn des Weges durch die beiden Museen, in einem „Portal der Erinnerungen“, Leitmotive der Andenkenkultur vor dem Besucher: Die Ampulle mit dem heiligen Öl, die ein Pilger im 6. Jahrhundert aus Ägypten mitbrachte, ein im Pariser Musée Carnavalet verwahrtes Stück der Korkisolierung von Marcel Prousts Wohnung am Boulevard Haussmann, in dem er sich von 1908 bis 1922 ganz der eigenen Erinnerungssuche hingab; das Micromosaik, das der Kavalier von seiner Reise nach Arcadien der Zurückgebliebenen überwies; ein seltsames Haararmband, aus dem ein Augenblick auf den intim Beschenkten fällt; ein Stammbuch, das freundschaftliche Begegnungen auf Studienreisen sammelt, um später den Stammbucheigner an die Ausbildung seiner Persönlichkeit zu erinnern; der gelbe Stern, den ein Überlebender der Lager zur Erinnerung mit nach Israel genommen hat; der kleine Eiffelturm; das Mobiltelefon, mit dem Erinnerungen dinglos versandt werden ...

Ein wahrlich goldener Faden führt die Besucher durch das Museum für Angewandte Kunst, zu den benannten Zentren der Erinnerung, die in die Chronologie der ständigen Ausstellungen europäischen und asiatischen Kunsthandwerks

eingebettet sind und schließlich weiter zur immateriellen Welt der Erinnerung im Museum für Kommunikation.
Die Wege von Zentrum zu Zentrum werden von zeitgenössischen Künstlern zu Passagen der Erinnerung gestaltet, wobei alle Sinne Erinnerungsträger und Anreger sein können.

Ohne die Hilfen von vielen Leihgebern wäre eine solche Ausstellung nicht zustande gekommen. All den Eigentümern und ihren konservatorischen Mitarbeitern sei hier auf das Herzlichste für ihre Unterstützung und ihr Vertrauen an die beiden ausstellenden Häuser gedankt, im einzelnen auf der Tabula Gratiarum an erster Stelle im Buch und in der Ausstellung. An gleicher Stelle sind jene großherzigen städtischen, staatlichen und privaten Unterstützer und Spender genannt, ohne die das Projekt finanziell und ideell nicht zu bewältigen gewesen wäre. Unser herzlicher Dank ist gepaart mit der sicheren Erkenntnis, dass sich diese Unterstützung einem humanistischen Anliegen widmet.

Seit längerer Zeit wirkt eine Arbeitsgruppe bei Planung und Durchführung der Ausstellung „Der Souvenir – Erinnerung in Dingen von der Reliquie zum Andenken“ zusammen, deren intensive und fruchtbare Kooperation bemerkenswert ist. Es sind dies Mitarbeiterinnen und Mitarbeiter des Museums für Angewandte Kunst Frankfurt und des Museums für Kommunikation Frankfurt, des Sonderforschungsbereiches für Erinnerungskultur der Justus-Liebig-Universität Gießen, des Kunsthistorischen Seminars der Universität Basel sowie viele freie Mitarbeiter. Diese rund dreißig wissenschaftlichen Beiträger haben mit Enthusiasmus und der Gewissheit an dem Projekt gearbeitet, dass nur eine Zukunft hat, wer an die Vergangenheit erinnert.

Prof. Dr. Andreas Beyer
Ordinarius für Kunstgeschichte, Universität Basel

Dr. Helmut Gold
Direktor des Museums für Kommunikation Frankfurt

Prof. Dr. Günter Oesterle
Leiter des Forschungsprojekts „Andenken und Eingedenken“, Sonderforschungsbereich „Erinnerungskulturen“ der Justus-Liebig-Universität Gießen

Prof. Dr. Ulrich Schneider
Direktor des Museums für Angewandte Kunst Frankfurt

Günter Oesterle

Souvenir und Andenken [1]

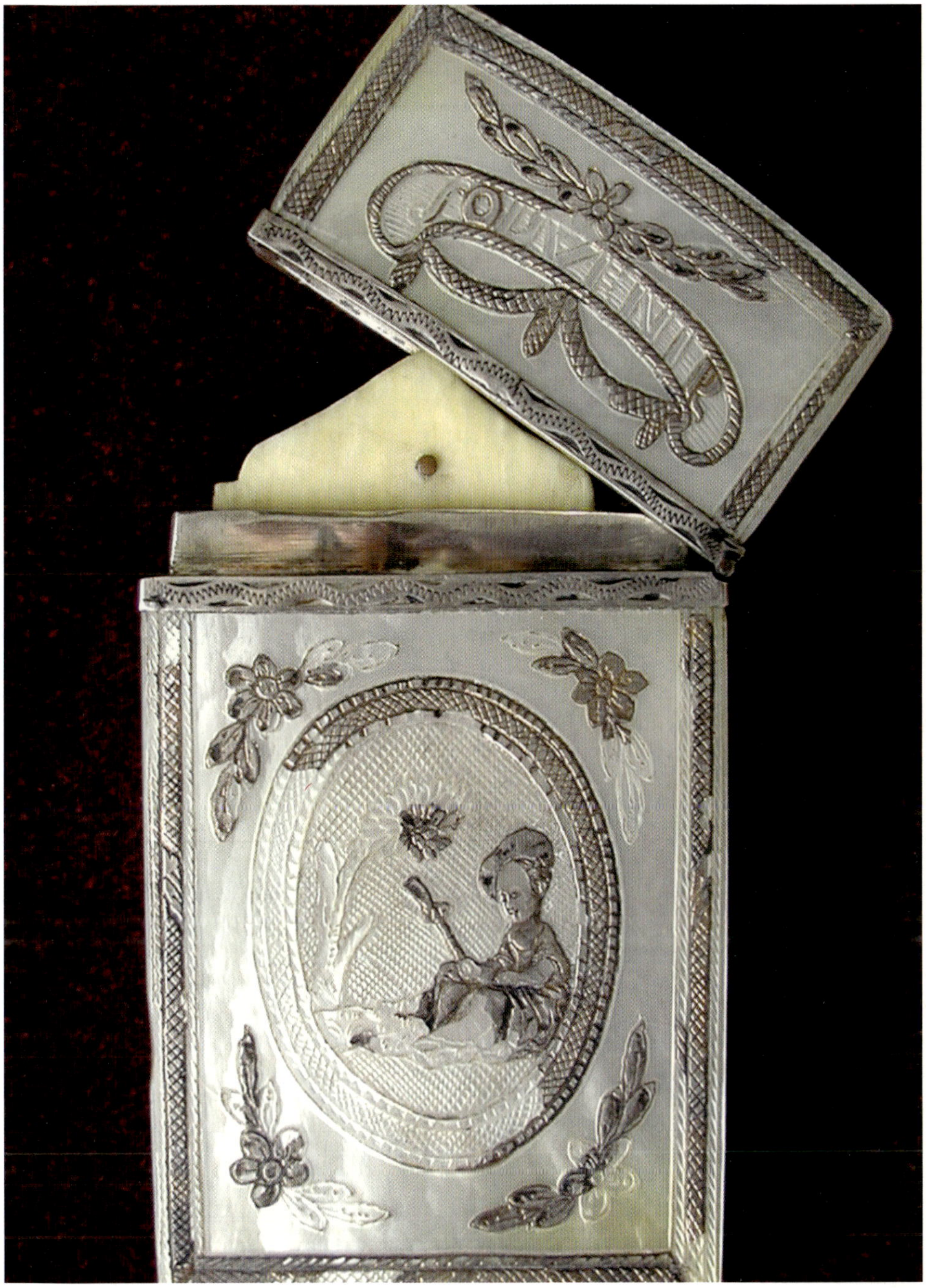

Abb. 1, Zwei Schreibtäfelchen, aus Elfenbein und Bleistift in einem Etui aus Perlmutter; Inschriften „SOUVENIR" (Vorderseite), „DAMITIE" (Rückseite), 1880
Bielefeld, Deutsches Fächer Museum, Stiftung Barisch
Inv. Nr. 1003

Das Potential des Bündnisses von Ding und Erinnerung

Souvenir und Andenken als produktives Elixier: Künste – Filme – Ausstellungen

Schon seit geraumer Zeit habe ich mich gefragt, ob meine im letzten Jahrzehnt zunehmende Akzeptanz von Andenken und Souvenirs das Ergebnis eines Alterungsprozesses ist. Immerhin haben Forschungen nachweisen können, dass mit fortrückendem Alter die Lust, in der eigenen Wohnung Erinnerungsstücke aufzustellen, wächst.[2] Schlimmer noch, dieses Plaisir mit und an Souvenirs scheint auch noch mit einem deutlichen Absinken von ästhetischem Rigorismus und einer größeren Lizenz für sogenannten Kitsch zusammenzugehen! Wenig beruhigt hat mich die Tatsache, dass es auf den Schreibtischen des ehemaligen Außenministers Joschka Fischer oder Sigmund Freuds auch nicht besser ausgesehen haben dürfte als auf meinem Schreibtisch heute – dass auch dort das Zentrum konzentrierter Arbeit umlagert war von immer mehr Raum beanspruchenden Souvenirs.[3]
Tröstlicher ist die Beobachtung, dass Künstler, Poeten und Filmemacher der Gegenwart die kleinen Dinge, Reste, Erinnerungsmarken aller Art zunehmend als produktives Elixier entdecken.
Schon die Surrealisten hatten „auf den Gegenstand geblickt".[4] Im Zentrum des ästhetischen Interesses stand bei ihnen allerdings „eine grundlegende Krise des „Gegenstandes", die in Formen der Verfremdung oder symbolischen Verdichtung sichtbar gemacht wurde. Wenn der Spazierstock Artauds, „den er seit Jahren ständig mit sich herumführte (und von dem er selbst im Schlafen sich nicht trennte)", sich auf der Irlandreise seines Herrn in den „Stab des heiligen Patrick" verwandelte,[5] dann ist in der Tat dieses großgewordene „Übergangsobjekt"[6] kein Andenken und kein Souvenir mehr, sondern ein „Phantomgegenstand" geworden.[7] Während also die Surrealisten ihre Aufmerksamkeit auf Alltagsdinge (noch) in Formen der Verfremdung[8], Verdichtung[9] oder Mythisierung ästhetisch umsetzten, beginnen Pop- und Trash-Literatur, den Spieß umzudrehen: Ironisiert wird nun nicht mehr der Durchschnittstyp und sein Alltagsvergnügen, sondern die Angst des Intellektuellen, „am Konsum teilzuhaben" oder sich auf dessen Reizmuster einzulassen.[10]
Mit Andy Warhols Definition der „Pop Art" als „liking things"[11] sind Souvenir und Andenken jedenfalls endgültig kunstfähig geworden. Es muss nicht unbedingt mit der knallharten Drastik sein, mit der im Film „Pulp Fiction" (1994) Captain Koons dem jungen „Butch Coolidge" die in dessen Familie weitervererbte „Kriegsuhr" seines Urgroßvaters aus dem Ersten Weltkrieg mit den Worten übergibt:
„Diese Uhr war am Handgelenk deines Daddys, als er über Hanoi abgeschossen wurde. [...] So wie dein Daddy es sah, war diese Uhr dein Erbe. Also versteckte er sie in dem einzigen sicheren Ort, den er kannte, in seinem Arsch. Und dann als er an der Ruhr erkrankte, gab er mir die Uhr. Und ich versteckte diesen Metallhaufen zwei Jahre lang in meinem Arsch [...]. Und jetzt kleiner Mann, gebe ich die Uhr dir."[12]
Es muss auch nicht unbedingt mit einer Underground-Provokation sein, die Jan Off in seinem Skript „Adolf H's Restleib macht Zicken" mit Hitlers Finger im entsprechenden Milieu treibt.[13] Erinnerungsstücke können auch ganz anders, und wie Jean-Pierre Jeunet es in seinen Filmen „Mathilde – Eine große Liebe" (2003) und „Die fabelhafte Welt der Amélie" (2001) vorgeführt hat, sehr zart und subtil, und dabei unnostalgisch bewegen – etwa zu einer eigenen „Andenken-Kriminalistik".
In beiden Filmen Jeunets stellt sich nämlich die Frage:

---

1 Für anregende Diskussionen, Hinweise, Kritik und tatkräftige redaktionelle Unterstützung danke ich meinen wissenschaftlichen und studentischen MitarbeiterInnnen Anna Ananieva, Eva Bös, Sandra Bauer, Andreas Grünes, Natascha Hoefer und Christiane Holm.
2 Csikszentmihalyi/Rochberg-Halton 1989, S. 110-120.
3 Siehe hierzu den Beitrag „Altäre des Banalen" von Volker Fischer.
4 Breton 1934, S. 75.
5 Spies 2002, S. 83.
6 Winnicott 1973b, S. 11.
7 Breton 1934.
8 Breton 1936, S. 22. Vgl. Spies 2002, S. 80.
9 Breton 1939, S. 32. Vgl. Spies 2002, S. 86.
10 Hecken 2003, S. 45.
11 Swenson 1963, S. 24f.
12 Zit. n.: Langbein 2002, S. 9f.
13 Off 1997, S. 5ff.
14 Vgl. Meran 2005.
15 Benjamin 1974b, S. 681.
16 Bryson 2003, S. 151f.
17 Michon, 2004, S. 23.
18 Ebd.
19 Zur ausführlichen Phänomenologie dieses paradoxen Andenkens, das einen verlorenen Lebensmoment so lust wie peinvoll vermissen lässt, darüber aber so spürbar vergegenwärtigt wie noch nie, siehe die noch unveröffentlichte Dissertation von

Was steckt drin in den Dingen des jeweiligen Blechkästchens, das die eine Protagonistin zufällig in einem alten Versteck ihrer Wohnung findet, die andere am Intimort des Speichers gezielt und feierlich öffnet? Um es herauszukriegen, lässt Amélie den einstigen Eigner sein Kästchen in einer Telefonzelle überraschend wiederfinden – und sieht ihn im Höchstmaß seiner Ergriffenheit weinen. Denn welche Erinnerungen in den Dingen des Kästchens stecken, welche Andenken soeben im Weinenden wieder verlebendigt sind, das sieht Amélie freilich nicht; nur dass es seine Kindheit ist, die der mittlerweile erwachsene Mann überplötzlich wiederfindet, das sieht sie. – Im anderen Fall bewahrt das Blechkästchen das letzte Photo von Mathildes im Ersten Weltkrieg verschollenem Verlobten nebst weiteren Vermächtnissen anderer verschwundener Kameraden. Grund genug für Mathilde, die Andenken als Indizien ernst zu nehmen und auf die Spurensuche nach dem zu gehen, an dessen Verlust sie schlichtweg nicht glauben kann...
Die Andenken ernst nehmen, das ist auch unser Stichwort. Eine Reihe von Ausstellungen zu auf dem Speicher wiedergefundenen Koffern oder umfänglicheren Ansammlungen alter Dinge zeigten sich in der Lage,[14] dem heutigen Besucher ehemalige Lebensatmosphären mit ihren Wünschen, Sehnsüchten, Schmerzen und Rückzügen, mit ihrem je eigenen Ordnungssinn und Aufbewahrungsinstinkt, mit ihren kreativen und kuriosen Anteilen in „dichter Beschreibung" nahe zu bringen. Dabei wurde immer offensichtlicher, dass es vorschnell war, Andenken als simple „tote Habe" und „abgestorbene Erfahrung" zu denunzieren.[15] Treffsicherer scheint es, dem Komplexen, Zwielichtigen dieser Kleinodien nachzuspüren: ihrer Nähe zum Staubfänger und Abfall und zugleich ihrer faszinierenden Fähigkeit, sich von den erstbesten Gegenständen in bedeutungsvollste „letzte Dinge" zu verwandeln.[16]
Die Literatur hat diese Fähigkeit der Dinge schon immer erzählend genutzt, von Nichtssagendem plötzlich ins Vielsagende umzuspringen. Früher waren vor allem die poetischen Realisten, in Deutschland Gottfried Keller, Theodor Storm oder Wilhelm Raabe solche Andenken-Dichter; heute sind es Erzähler wie Pierre Michon, Winfried Georg Sebald und Alexander Kluge. Die anhaltende Kraft der emblematischen Erzählkunst spürt man etwa in den Momenten der Texte Michons, in denen die Großmutter beim Aufräumen des Schranks auf die unangerührte Tüte Kaffee von dem nach Afrika ausgewanderten Stallknecht stößt und sagt: „Sieh an, der Kaffee von Dufourneau, er ist bestimmt noch gut".[17] Doch gerade dieser Kaffee wird niemals angerührt und gekostet. – Überhaupt würde der Titel dieses neuerdings zum zweiten Mal übersetzten Buches „Leben der kleinen Toten" Souvenir und Andenken gut als Devise anstehen.[18] Denn faszinierend sind Souvenir und Andenken nur, solange sie Glück und Melancholie zugleich erfahrbar machen: Das wiedergefundene Andenken in der Hand, leuchtet dem Betroffenen einerseits die Gründungsszene seines Erinnerungsstückes lebendig wieder auf – andererseits fällt darüber ein Schatten: it's all gone.[19]

Die Richtungspfeile der Begriffsgeschichte: Andenken und Souvenir

Das Faszinierende von Andenken und Souvenir kann man nachvollziehen, wenn man sich die Affinität von Ding und Erinnerung vergegenwärtigt. Erste Aufschlüsse darüber gibt einerseits die Begriffsgeschichte, andererseits eine spezifische, schon von Aristoteles erkannte Eigenschaft des Gedächtnisses.
Bei beiden Begriffen, dem deutschen „Andenken" und dem französischen „souvenir", aus dem sich das deutsche „Souvenir" ableitet,[20] lässt sich im Laufe des 18. und Umschlagen zum 19. Jahrhundert zeitgleich eine entscheidende Veränderung ausmachen: eine nach und nach einsetzende spezifische Bindung an das Ding, das die Erinnerung bewahren soll.[21] „Souvenir" und „Andenken" bezeichnen zunächst nämlich mentale Akte der Erinnerung: Akte der erinnernden Vergegenwärtigung von Abwesendem. Im Unterschied zum assoziativen Erinnern ist dem Begriff „Andenken" dabei eine Gerichtetheit eingeschrieben.[22] Der semantische Horizont der Verbform „denken an" lässt erkennen, dass die Erinnerung einem einzigen Objekt untergeordnet bleibt, dem es dauerhaft nachsinnt: und dies ist

---

Natascha Hoefer: Hoefer 2006, S. 28-44 (Kapitel „Der geraubte, und wieder geraubte Augenblick: Zu einer Phänomenologie des Andenkens").

[20] Das deutsche „Souvenir" leitet sich ursprünglich vom französischen „souvenir" ab und bedeutet demzufolge „Erinnerungsstück, als kleines Geschenk mitgebrachtes Andenken" (Pfeifer 1997, S. 1312). Wie im Französischen sind im Begriff „Souvenir" folglich zwei Bedeutungsnuancen denkbar: Einerseits die des von intimer Hand gestifteten Andenkens; andererseits die des käuflich erworbenen Souvenirs. Da das Deutsche im Gegensatz zum Französischen über die separate Bezeichnung des „Andenkens" für das Intimerinnerungsstück verfügt, überwiegt im deutschen Sprachgebrauch womöglich die zweite Bedeutung von „Souvenir", die des kommerziell erwerblichen Erinnerungsstücks.

[21] Im Französischen konnte „souvenir" als Nomen zwar schon seit Ende des 17. Jahrhunderts für konkrete Objekte stehen. Doch waren damit noch erinnerungsstiftende „Monumente" oder „Trophäen" gemeint. Die Bedeutung des intimen Andenkens erhält das französische „souvenir" erst zeitgleich mit der im frühen 19. Jahrhundert aufkommenden Formulierung „en souvenir de", „um die Erinnerung an etw. oder jmd. zu bewahren". Im selben Atemzuge bildet sich die Parallelbedeutung des käuflich zu erwerbenden, touristischen Souvenirs aus (Robert 2001, Bd. 6, S. 642.)

[22] Henrich 1986, S. 131-139.

offensichtlich eine Brücke, sich auf tatsächliche, konkrete Dinge als manifeste Erinnerungsstimuli einzulassen.

Ende des 18. Jahrhunderts verschiebt sich dann die Wortbedeutung von „Andenken“ tatsächlich und nachweislich ganz vom Akt des Erinnerns zum „Mittel der Erinnerung, das man jemandem hinterlassen kann“,[23] und d.h. auf einen „zum andenken geschenkten gegenstand“.[24]

Dieser Übergang vom Akt zum Mittel der Erinnerung findet sich indessen gleichsam angelegt in der Geschichte der Gedächtnistheorie. Aristoteles unterscheidet das „Gedächtnis, das sich unmittelbar auf den ursprünglichen Sinneseindruck bezieht“, von der Erinnerung, die sich „nur mittelbar, auf dem Umweg über einen Vorgang, der mit dem ursprünglichen Sinneseindruck zusammenhängt“[25], generiert.

Souvenir und Andenken sind also Mediatoren einer Umwegerinnerung: und dies, weil sie „mit dem ursprünglichen Sinneseindruck“ metonymisch, d.h. als Fragment zusammenhängen. Charakteristisch für Souvenir und Andenken ist, dass sie, als Reststücke einer Person, eines Ortes, einer Situation, eines Erlebnisses, ein Versprechen enthalten, nämlich eine bislang im Rest-Fragment nur angedeutete Geschichte ganz zu erzählen, wiederzubeleben, wiederzuinszenieren. Dass dieses Versprechen nur sehr schwer und selten eingelöst werden kann, ist der Zwischenzeit geschuldet. Jeder weiß, was alles an neuen Erfahrungen sich zwischen einen Anlass, ein Andenken mitzunehmen, und die spätere Wiedererinnerung dazwischenschieben kann. Doch diese Perspektivenveränderung ist auch eine Chance. Diese Chance macht Andenken und Souvenir so überraschend und aus der Überraschung heraus so überwältigend und wirkmächtig.

Dieses Überraschungsmoment ist in der ursprünglich dem Französischen entlehnten Wortbedeutung von „Souvenir“ schon angekündigt. Im Unterschied zum Ausdruck für eine intentionale, aktive, bemühte Erinnerung „se rapeller“, bzw. „Je me rapelle…“ („Ich rufe mir zurück…“), betont „se souvenir“ ausdrücklich eine Passivität und Empfänglichkeit des „Erinnerungsaktes“ — der daher kaum ein solcher genannt werden dürfte. Denn „souvenir“, das hieß ursprünglich „unterkommen“ (von lat. „sub-venire“); „il souvient“, so die alte Verwendung des Wortes, meint also: „Es kommt unter…“, im Sinne von „Es fällt ein…“. Aktives Subjekt dieser anderen Form der Erinnerung ist also nicht der, der erinnern will, sondern das, was da unterkommt, ungewollt und überraschend. Folglich ist die neuere, vor dem 16. Jahrhundert selten gebrauchte, doch dann allmählich überhandnehmende selbstreflexive Verbform „se souvenir“ - puristisch gesagt - grammatikalisch falsch.[26] Daher nicht wörtlich übersetzbar, muss sie nunmehr soviel wie „sich unterkommen lassen“ bedeuten. So dass diese „falsche“ selbstreflexive Wendung die Doppelcodierung herausstellt, welche die Funktion gerade des dinggebundenen Souvenirs treffsicher beschreibt: Im Unterschied zur „mémoire involontaire“, d.h. einer gänzlich ungesteuerten, unwillkürlich auftauchenden Erinnerung hat das Souvenir zwar immer einen vorsätzlichen Aspekt; im Unterschied zur strikt gezielten, intentionalen Handlung jedoch ist ihm stets ein Zug des Überraschenden und Zufälligen beigemischt.

Die Stellung zwischen Faktum (dem vorliegenden Gegenstand) und Fiktion (einer Wiedererinnerung, in die mehr als die reine Erinnerung hineinspielen kann,) einerseits, und zweitens die Mischung aus Absicht und Zufall bei dieser „Wiedererinnerung“ kann nun als Fingerzeig für die Zwiespältigkeit und das Faszinierende von Andenken und Souvenir gelten. Die Literatur hat auch hierfür ein brillantes Beispiel parat: 1791 nutzt Xavier de Maistre seine ihm aufgrund eines verbotenen Duells auferlegte Zimmerhaft, um eine imaginäre Reise anzutreten. Er bewegt schaukelnd seinen Stuhl in Richtung Rückwand des Raumes und streift diverse Objekte mal mit dem Auge, mal mit der Hand; ehe er, absichtlich-unabsichtlich, ein dort hängendes, völlig verstaubtes Portrait berührt — und mit der streichelnden Entstaubung tritt überraschend die ehemalige Geliebte in nie gekannter Wiederpräsenz und frisch erstrahlter Anrührungsmacht vor sein inneres Auge.[27]

---

[23] Adelung 1774, Sp. 234.

[24] Grimm/Grimm 1854, Sp. 302-305; Grimm/Grimm 1878, Sp. 1993-2011.

[25] Zit. n.: Jünger 1957, S. 45.

[26] Noch Larousse' Dictionnaire erinnert daran: „On dit: Je me souvient de cela (alors que Je me rappelle cela est seul correct).“ Larousse 1956, S. 390-391. Zur Etymologie des französischen „souvenir“ siehe Robert 2001, S. 640-642.

[27] Siehe de Maistre 1990, S. 36-37. Die Szene gipfelt in den ekstatischen Worten: „Cette situation singulière et imprévue fit disparaître le temps et l'espace pour moi.- J'existai pour un instant dans le passé, et je rajeunis contre l'ordre de la nature. — Oui, la voilà, cette femme adorée, c'est elle même. je la vois qui sourit; elle va parler pour dire qu'elle m'aime. — Quel regard! Viens que je te serre contre mon cœur, âme de ma vie, ma seconde existence! — viens partager mon ivresse et mon bonheur!“ (Ebd., S. 37.)

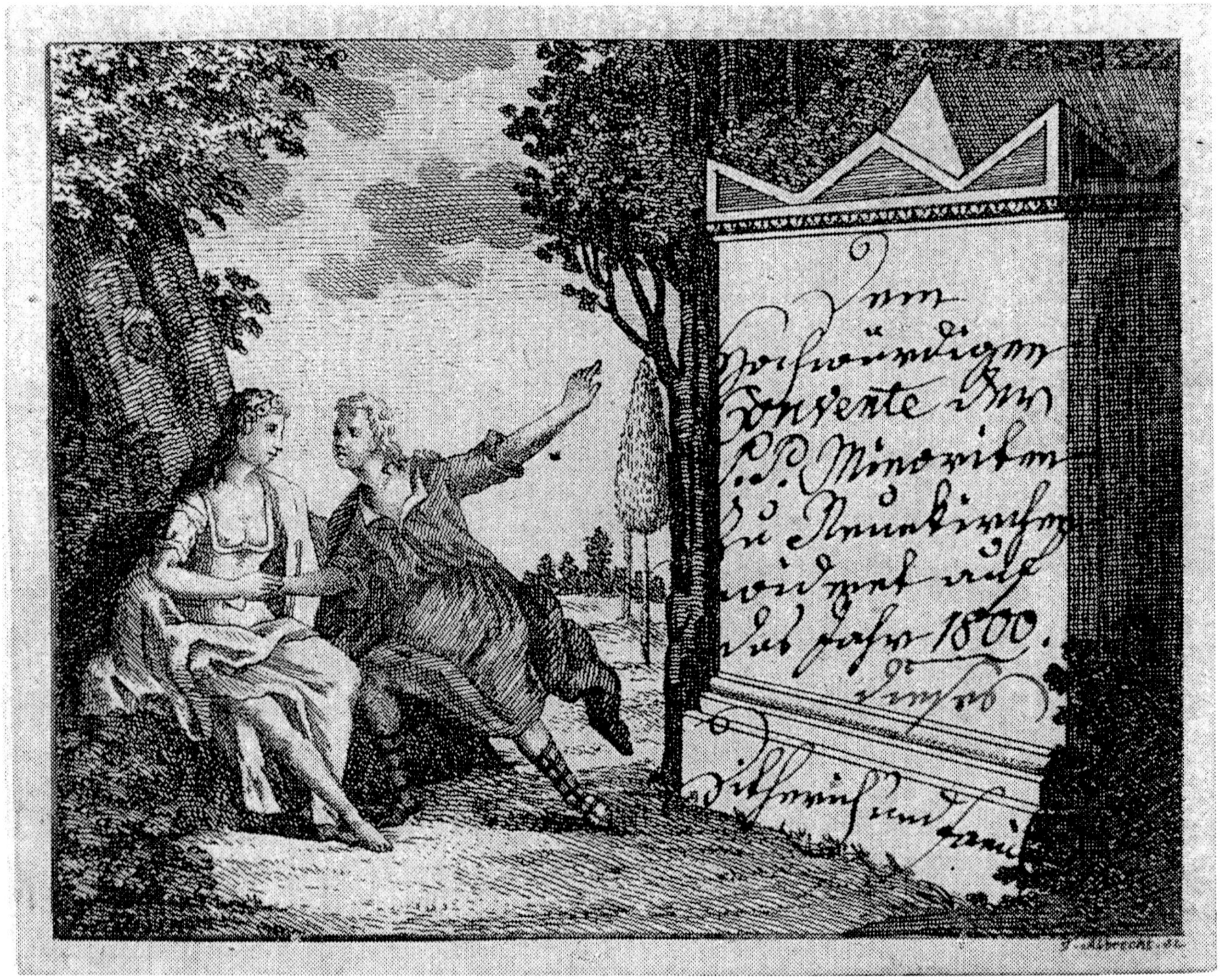

Abb. 2, Ignaz Alberti (auch Albrecht) (1760–1794)
Erinnerungsblatt, vor 1800
Kupferstich
Kassel, Museum für Sepulkralkultur, Inv. Nr. 1982/382
Nach: Ausst.-Kat. Kassel 1994, S. 194.

Souvenir und Andenken zwischen individueller und kollektiver Erinnerung, zwischen individueller und kommerzieller Aneignung

Eine eigenartige Zwitterposition ähnlich der zwischen Faktum und Fiktion bzw. Absicht und Zufall ist für Souvenir und Andenken auch in weiteren Bereichen charakteristisch. Viel spricht dafür, dass Übergänge vom geistigen Akt des Andenkens zum dinggebundenen Andenken in der Tradition der Liebesgaben und des Totengedenkens stehen. Zu Andenken und Souvenirs werden diese Dinge allerdings erst, wenn die rituellen und zeremoniellen Erinnerungsformen der Schwellenübergänge (der sogenannten „rites de passage") in ein spezifisches Spannungsverhältnis von Individuellem und Kollektivem geraten. Der jüngst verstorbene bedeutende Historiker Reinhart Koselleck hat, meines Erachtens mit gutem Recht, Vorbehalte angemeldet, „ein kollektives Handlungssubjekt" auch in der Moderne unbefragt vorauszusetzen.[28] Es gibt zwar „kollektive Bedingungen möglicher Erinnerungen"; es existiert aber immer zugleich auch „ein Vetorecht der persönlichen Erfahrungen, das sich gegen jede Vereinnahmung in ein Erinnerungskollektiv sperrt. [...] Die politischen, sozialen, konfessionellen oder sonstigen Voraussetzungen begrenzen also die Erinnerungen und geben sie zugleich frei."[29]
Selbst die simple Auswahl eines kommerziell vorangefertigten, vom Kollektiv als Erinnerungsstück anerkannten Objekts durch einen Touristen in einem Souvenirladen bleibt eine individuell geprägte Partizipation am kollektiven Gedächtnis. Doch wie verlaufen die Grenzen zwischen dem kollektiv bzw. auch kommerziell vorgesteuerten Anteil einer künftigen Erinnerung und dem, was das jeweilige Individuum, und nur dieses Individuum allein, seinem Objekt an Bedeutung zutut? Die Bandbreite möglicher Wechselbeziehungen zwischen individuellem Anteil und kultureller wie kommerzieller Vorgabe dinggebundener Erinnerung scheint immens: An der einen Extremität sieht man die wohl persönlichste Weise, ein Andenken herzustellen, in hingebungsvoller Handarbeit – meist eine Domäne der Frau. Wobei in der Literatur bezeichnenderweise diskutiert wird, welche Rolle das Andenken des künftig Beschenkten während des Herstellungsaktes, das „Einweben" dieser Gedanken und Gefühle in die Materie, den Stoff, die Stickerei, wohl spielen dürfte.[30] Auf der anderen Seite steht die unpersönlichste Art, an ein Andenken bzw. einen Souvenir zu kommen: durch den Kauf eines Stücks kommerziell ver-triebener Massenware.
Doch, wie gesagt, ist Vorsicht geboten, denn Persönliches und kulturell/kommerziell Vorgegebenes sind für Andenken und Souvenir eben untrennbar. Ein Seitenblick auf die heute noch praktizierten Glückwunschkarten lässt erahnen, wie umfangreich und vielfältig eine solche Mischung zwischen Vorgegebenem und individuell Umgezeichneten, Umgetexteten und Umgebastelten sein kann (Abb. 2).[31]
Eine Einsicht in Photoalben der letzten hundert Jahre zeigt die gesamte Mischzone auf: Auf der einen Seite vorgefertigte, stereotypisierte Bilder und traditionellen Zeremonien entsprechende Posen; auf der anderen Seite die Neuerungen der Phototechnik nutzende Schnappschüsse, eigenwillige Beschriftungen und Kommentierungen bis hin zu kreativen, einen eigenwilligen Sinn gebenden Anordnungen der Photos.[32]
Beverly Gordon macht den Vorschlag, zwischen „Souvenirs" und „Mementos" (im Sinne von „Andenken") zu unterscheiden: „Souvenirs sind kommerziell hergestellte, überall erkannte, gekaufte Gegenstände; Mementos sind dagegen Objekte, die einzeln aufbewahrt oder gefunden wurden, die eine tiefe persönliche Bedeutung haben".[33] Diese plausible Unterscheidung läuft freilich Gefahr, die Souvenir und Andenken von Beginn an eingeschriebene Verbindung von Erinnerung und Kommerz zu verwischen. An einer eindrücklichen Geschichte aus dem 18. Jahrhundert lässt sich diese dem Memento wie dem Souvenir eingeschmolzene Untrennbarkeit von Individualität und Kommerz veranschaulichen.

Zu Beginn seines Romans „A Sentimental Journey Through France and Italy" beschreibt Laurence Sterne eine Szene, in der der Held der Geschichte, launisch gestimmt, einen bettelnden Franziskaner zunächst abweist; später dann aber mit demselben durch den Austausch ihrer unterschiedlich wertvollen Tabakdosen ein Versöhnungsritual inszeniert. Der vom Franziskaner dem Helden überreichten hörnernen Tabakdose – der sogenannten Lorettodose – wird also schon in der fiktiven Welt des Romans eine

[28] Koselleck 2001, S. 49.
[29] Ebd.
[30] „Als junge Mädchen werden wir gewöhnt, mit den Fingern zu tifteln und mit den Gedanken umherzuschweifen; beides bleibt uns, indem wir nach und nach die schwersten und zierlichsten Arbeiten verfertigen lernen, und ich leugne nicht, daß ich an jede Arbeit dieser Art immer Gedanken angeknüpft habe, an Personen, an Zustände, an Freud und Leid. Und so ward mir das Angefangene wert und das Vollendete, ich darf wohl sagen, kostbar." Goethe 1989, S. 456.
[31] Vgl. Abbildung: Lange 1984, S. 194.
[32] Breckner 2003, S. 63-67.
[33] Zit. in: Fliedl 1997, S. 149.

Mementofunktion zugeschrieben.[34] Doch prompt gibt die anrührende Szene in der realen Lebenswelt des zeitgenössischen Deutschland den Anlass, de facto einen empfindsamen Loretto-Orden zu gründen: Dessen Zeichen und Ausweis eben eine solche Loretto-Dose sein soll. Dabei geht es dem geplanten empfindsamen Freundschaftsorden gewiss darum, sich gerade auf die individuelle Austauschs-Geste der Milde und Sanftmut zurück zu berufen, und diese unter Gleichgesinnten realiter zu wiederholen. Noch ehe der Loretto-Orden zustande gekommen ist, haben aber findige und geschäftstüchtige Leute seine Idee aufgegriffen und verfälscht: Schon sind gravierte Loretto-Dosen kommerziell verfertigt – und nun, ganz ohne empfindsame Austauschsgeste, zum schlichten Kaufen feilgeboten.[35] Die Idee des Ordens war damit gestorben.
Die säuberliche Trennung zwischen kommerziellem Souvenir und persönlichem Memento lässt außer Acht, dass es zur unhintergehbaren Eigenheit von Souvenir und Andenken gehört, dass es noch in der kommerziellen Form einen Anflug, einen Touch von persönlicher Aneignung, von der Idee der Gabe und des Empfangens beansprucht. Einen präzisen Eindruck dieses zwielichtigen, den Souvenir charakterisierenden Doppels von Geschäft und Geschenk soll zuletzt eine Episode aus Gustav Freytags Erzählung „Die verlorene Handschrift" geben.
Durch einen Zufall treffen Frau Oberamtmann Rollmaus und Prinz Viktor in einem Park aufeinander. Sie kommen ins Gespräch; wobei der Prinz im Grunde mit dem Gemahl der Dame ins Pferdegeschäft zu kommen wünscht, sie hingegen ganz hingerissen ist von diesem überraschenden „intimen Kommers" mit einem Prinzen. So muss Frau Rollmaus am Ende der Unterredung ihren Entschluss kundtun, als Erinnerung an die Begegnung ein Portrait des Prinzen als „Souvenir" zu kaufen. Der Prinz ist hierauf geschmeichelt genug, um ihr seinerseits das Gewünschte gar als ein von seiner Hand persönlich gegebenes „Andenken" in Aussicht zu stellen. Doch nun muss man die gesamte Szene goutieren, um den Begriffswechsel von gekauftem Souvenir zu persönlich geschenktem Andenken – als einen wiederum bzw. ja immer noch von Kaufinteressen gerahmten zu begreifen:
„Es wird mir, solange ich lebe, sowohl Pläsier als Souvenir sein", fuhr die Rollmaus mit einem schreitenden Knickse fort, „dass mir der Zufall diesen intimen Kommers mit Euer Hoheit verschafft hat. Die Erinnerung daran will ich mir, wenn ich dies sagen darf, durch Eure Hoheit Bild vexieren, von dem ich hoffe, dass es in den Handlungen zu haben sein wird. Man stellt sich davor, wenn man sich gerade im Singularis befindet [...] und denkt an die vergangenen Stunden." Prinz Viktor sah die Rollmaus mit einem Blicke innigen Wohlwollens an. „Ich werde nie dulden, dass Sie mein Portrait kaufen, ich bitte um die Erlaubnis, Ihnen ein Exemplar als Andenken zu übersenden. Es ist leider nicht so getroffen, wie ich wünsche. [...] Indes bitte ich, den Überfluß freundlich hinwegzudenken.
Hält Oberamtmann Rollmaus auf gute Pferde? Zieht er die Fohlen selbst?" (IV, 8).[36]
Wie man sieht, kann man das Vexierspiel zwischen Souvenir und Andenken, zwischen Kommerz und persönlicher Geste denunzieren oder artistisch-spielerisch nutzen.
So gibt Theodor Fontane in seiner Erzählung „Mathilde Möhring" der Spannkraft und Brisanz des Phänomens durch die Zugabe einer religiösen Konnotation einen noch verschärften Hintersinn. Mathilde schreibt ihrer Mutter einen Brief über den gerade verstorbenen Vater, und darin die zwei durchaus bedenklichen Zeilen: „Ich bringe Dir auch ein Andenken von ihm mit, ein kleines Kreuz, vorn mit einer Perle. Die Perle hat einigen Wert."[37]

Wandel in der Forschungsrichtung

Die Forschung zum Souvenir ist an kulturanthropologischen Hypothesen nicht arm, um den Kauf eines Souvenirs zu erklären oder die noch befremdlichere Tatsache, dass viele Besucher sich länger im Souvenirladen aufhalten als vor den Sehenswürdigkeiten selbst. Ich nenne kurz einige dieser Hypothesen: So soll die Mitnahme von Souvenirs durch Touristen ein Akt der Selbstbestätigung sein, dass ihr Urlaub nicht unnütz gewesen sei.[38] Eine andere Hypothese lautet, die Imposanz der Sehenswürdigkeit sei so überwältigend, dass der Tourist kompensatorisch zur verkleinerten Fassung greifen müsse, um sie für sich in Besitz zu nehmen.[39] Touristische Reisen zeichnen sich

---

[34] Sterne 1957, S. 34.
[35] Aurnhammer 2004.
[36] Freytag 1869, S. 78f.
[37] Fontane 1959b, S. 301.
[38] Kerr 1962, S. 37.
[39] Ludewig 1983, S. 9.

darüber hinaus durch die Suche nach dem Besonderen, den Alltag Überschreitenden aus. Souvenirs hätten die Funktion einer Selbstvergewisserung, dass dieses Besondere wirklich existiere.[40] Plausibel scheint die Verlängerungsthese: die Mitnahme von Souvenirs und Souvenirphotos verlängere die kurze Urlaubsfreude.[41]
Überblickt man die Forschungsgeschichte dieser Hypothesen, so weicht die früher oft pauschale Kritik „ritualisierten Symbolkonsums"[42] der Touristen einer zunehmend differenzierteren kulturdiagnostischen Deutung.[43] Vergleichbares ließe sich über Arbeiten zur Souvenirindustrie berichten. Da war früher viel von Kitsch die Rede.[44] So lag es auch nahe, dass Verschönerungsvorschläge gemacht wurden, an denen sogar, was etwa die Wartburg-Souvenirs betraf, Henry van de Velde beteiligt werden sollte. Geplant war, der „Dürerbund" in Dresden solle einen Wettbewerb ausschreiben.[45] Derartige Bemühungen, Souvenirs gestalterisch zu verbessern, lassen sich nicht nur in der DDR, sondern auch z.B. in der Schweiz bis in die sechziger Jahre nachweisen.[46]
Doch heute hat sich das Interesse verlagert. Aufmerksamkeit kommt der interkulturellen Vielfalt der Souvenirprodukte zu. Nachdem „Fluxus", das fließdynamische Potential der Warenzirkulation, die „ars multiplicata", die Möglichkeiten der Kopie und Reproduktion, die „Giveaways" die Chancen einer Integration aus den Museen gewöhnlicher Weise ausgesperrten Sinnes entdeckt haben, scheint es an der Zeit, den kommunikativen Witz der „Gadgets" und „Gimmicks" sowie die Glücksversprechen der Handschmeichler zu würdigen. Bazon Brock hat in dieser Richtung zu argumentieren begonnen:
„Wir dürfen uns wohl von dem Vorwurf, mit Kitsch handeln zu wollen, verabschieden – zumal es Sammler gibt, die mit Original-Baselitzen oder Beuyshäufchen wie mit Kitschobjekten umgehen, nämlich in einer Weise, die dem Aufstellen des Miniatureiffelturmes in der Stube des Kleinbürgers entspricht. Umgekehrt gibt es selbstverständlich Kleinbürger, die mit ihren Muscheln, die sie am Strand gesammelt haben, sehr sinnvoll umgehen, wenn sie sie mit nach Hause nehmen, um sich dort ihre Reise in Erinnerung zu rufen. So sind wir denn Kitschiers auf jedem Niveau, sei es als Professor oder Kaninchenzüchter, und es kommt nur darauf an, was mit Hilfe der leistungsfähigen Kitschobjekte tatsächlich zum Thema gemacht wird."[47]

Abgrenzung und Verklärung eines Bestimmungsversuchs

Bazon Brocks Kitsch und Kunst gezielt und provokativ archaisierende Perspektive muss nicht dazu führen, in den massenmedial und kommerziell hergestellten Souvenirs schon eine „Umkehrung des Alltäglichen" zu sehen.[48]
Im Anschluss an Hans-Georg Soeffner kann man überlegen, inwieweit Souvenir und Andenken nicht vielmehr zu den Formversuchen einer „Überhöhung" des Alltags gehören.[49]
Aus diesem Grund würden auch Wert und Nutzen solcher Definitionen abzuwägen sein, die Souvenirs zu „Sachzeugen" degradieren, welche „die Modi der Umweltaneignung durch den Touristen" dokumentieren sollen.[50] Als Erinnerungsstück ist das Souvenir erstens kein „Sachzeuge", sondern eine performativ inszenierte Mischung aus Gegenstand und Imagination oder Ding und Emotion. Nicht weniger problematisch ist zweitens die idealtypische Reduktion auf „den Touristen": Eine solche Begriffsverwendung denkt offensichtlich allein an den Konsumenten westlicher Prägung. Dass der Kauf von Souvenirs durch nicht westlich sozialisierte Reisende häufig eine rituelle Form der Ehrung und Danksagung für die Zuhausegebliebenen bedeutet, erschließt sich dabei auch dem, der (nur) in der abendländischen Reisekultur kundig ist. Die kleinen Portraits, welche die jungen adeligen Kavaliere von ihren Grand Tours zurückbrachten, dienten dereinst nur sekundär der eigenen Erinnerung. Sie waren primär als „Aufwartung" und „Ehrung" der Eltern und Geldgeber gedacht.[51]
Eine rigide Historisierung und multikulturelle Blickweitung ist also angesagt. Skepsis ist angebracht, Souvenirs und Andenken als Universalien zu begreifen, d.h. kultische und Andenkensgegenstände sind kaum zu trennen.

[40] MacCannell 1976, S. 136f.
[41] Mandel 1996, S. 47ff.
[42] Gyr 1988, S. 224-239.
[43] Stewart 1993, S. 132-169.
[44] Pross 1985.
[45] Krauß/Wenke 2000, S. 26f.
[46] Gaschen 1965, S. 80f.
[47] Brock, Bazon: Theoretische Objekte. In: Fliedl 1997, S. 26.
[48] Boym, Constantin: Artikel Souvenir. In: Fliedl 1997, S. 149f.
[49] Soeffner 1992, S. 76f.
[50] Kramer 1993, S. 57.
[51] Leibetseder 2004, S. 184-187.

Andenken und Souvenir als säkularisierte Reliquien?

Forschungen und Ausstellungen zum Thema neigen dazu, Andenken und Souvenirs als säkularisierte Phänomene des Reliquienkults zu interpretieren.[52] Sie vernachlässigen dabei die entscheidende Differenz zwischen der unmittelbar wirkenden, heilenden und Ablass gewährenden „echten" Reliquie und dem Ding, das an Heilige, an große Persönlichkeiten oder außergewöhnliche Ereignisse erinnert und mittels dieser Erinnerung erhebt und erzieht. Die protestantische Kirche hat wenig einzuwenden gehabt gegen Luthermemorabilien, aber immer Wert darauf gelegt, dass diese keine Reliquien, sondern Erinnerungsstücke darstellen.[53] Viel spricht dafür, vorerst vom strittigen Begriff der Säkularisation abzulassen[54] und dafür den radikalen Unterschied der Vorstellungen zu markieren:

Die magische Präsenz eines Gegenstandes[55] ist etwas grundsätzlich anderes als ein Erinnerung auslösender Gegenstand.

Das Erinnerungsstück ist unhintergehbar verschieden von der Reliquie, weil es durch Distanz zu dem, was es nur noch restweise bedeutet, durch Fragmentarität also, schließlich durch seinen Zeichencharakter charakterisiert ist.

Die Aufmerksamkeit auf diesen qualitativen Unterschied zur Reliquie zu richten, eröffnet nun die Möglichkeit, als weitere Grenz- und Abgrenzungsphänomene zum Andenken verschiedene zum Reliquienkult in Konkurrenz stehende Traditionsstränge mit in den Blick zu nehmen. Zu denken wäre etwa an eine bestimmte protestantische Form der Andacht oder an die kulturelle Praxis der Ausstellung von Trophäen. Miteingeschmolzen in das vielverwurzelte Phänomen des dinglichen Andenkens, wären solche magischen und apotropäischen kulturellen Praktiken allerdings keineswegs obsolet geworden; sie existieren weiterhin, selbst unter der ästhetischen Maske des – wie Rilke es genannt hat – „Vorglauben[s]".[56]

Den Status eines Souvenirs oder Andenkens würden solche magisch-apotropäisch besetzten Dinge indessen erst erhalten, firmierten sie explizit im Zeichen von Erinnerung. In Grillparzers Nachlass hat man eine Tabakdose Molières und einen Siegelring Schillers gefunden, beide versehen mit einem Echtheitszertifikat.[57] Es sind keine säkularisierten Reliquien, sondern wertvolle Geschenke: Sammler- und Erinnerungsstücke mit einem spielerischen Hauch von Partizipationsglauben. Und auch wenn die berühmten Schaukelstühle, die John F. Kennedy wegen seines Rückenleidens benutzte, die sogenannten „Kennedy-rockers", in Auktionskatalogen als „Berührungsreliquien" geführt werden, handelt es sich doch „nur" um Erinnerungspartizipationen. Die Schaukelstühle sind keine „heiligen Reststücke" Kennedys, für dessen postume Präsenz sie unmittelbar einstünden. Die „rockers" sind Dinge, an denen Erinnerungen an Kennedy haften. So erklärt Caroline Kennedy-Schlossberg zu Recht in der Einleitung zum Auktionskatalog „Property from Kennedy Family Homes": „Die Dinge in diesem Buch und die Orte, die sie repräsentieren, sind erfüllt von Erinnerungen. [...] Diese Dinge sind direkt verbunden mit der Zeit meiner Eltern im Weißen Haus". An die zukünftigen Besitzer gewendet, schreibt sie: „and I hope those memories are as happy as my own".[58]

Reliquien und Andenken sind nicht dasselbe; doch kann eine Reliquie zum Andenken bestiftet und umgewidmet werden. Die Literatur ist ein beredtes Medium, auch solche subtilen Prozesse seismographisch zu verzeichnen. Als Beispiel sei das Kernstück eines Dialogs aus einer Erzählung Fontanes zitiert, in dem eine von einem Protestanten denunzierte katholische Reliquie von der Besitzerin als bloßes Andenken entschuldigt und damit beschönigt wird:

„Aber er sammelte sich auch diesmal rasch wieder und nahm die Kapsel und betrachtete sie. Sie hing an einem Kettchen. In das obere Kapselstock war eine Mutter Gottes in feinen Linien eingegraben, innerhalb aber lag ein rotes Seidenläppchen und in diesem der Splitter. Der Alte knipste das Deckelchen wieder zu und sagte dann ruhig: „Es ist Götzendienst, Grete." „Ein Andenken, Herr! Ein Andenken von meiner Mutter. Und es ist alles, was ich von ihr hab. Ich habe sie nicht mehr gekannt, Ihr wisst es. Aber Regine hat mir das Kettchen umgehängt, als ich meinen zehnten Geburtstag hatte. So hat sie der Mutter versprechen müssen, und seitdem trag ich es Tag und Nacht." „Und ich will es dir nicht nehmen, Grete, jetzt nicht. Aber ich denke, der Tag soll kommen, wo du mir es geben wirst. Denn verstehe wohl: wir sollen sein Kreuz tragen, aber keinen Splitter von seinem Kreuz, und nicht auf unserem Herzen soll es ruhen, sondern in ihm."[59]

---

52 Fliedl 1997.

53 Holm 2006, S. 127f.

54 Vgl. die von Hans Blumenberg angestoßene Debatte um die Säkularisierungsproblematik. Vgl. Barth 1998.

55 Angeneudt 1989, S. 9-24.

56 Rainer Maria Rilke an Ilse Erdmann, 20. März 1919. In: Rilke 1991, S. 133f.

57 Storch 1994, S. 24.

58 Zit. aus Zeitungsberichten über die Sotheby's-Auktion: Das Erbe der Kennedys: In New York wird die Einrichtung aus den Häusern der Familie versteigert. In: FAZ, 12.02.05. und JFK: Verkauf des Kennedy-Hausrats. In: FAZ, 19.02.2005.

59 Fontane 1959a, S. 26.

Das synthetisierende Erinnerungspotential von Souvenir und Andenken, traditionelle Rituale und repräsentative Gaben zu amalgamieren

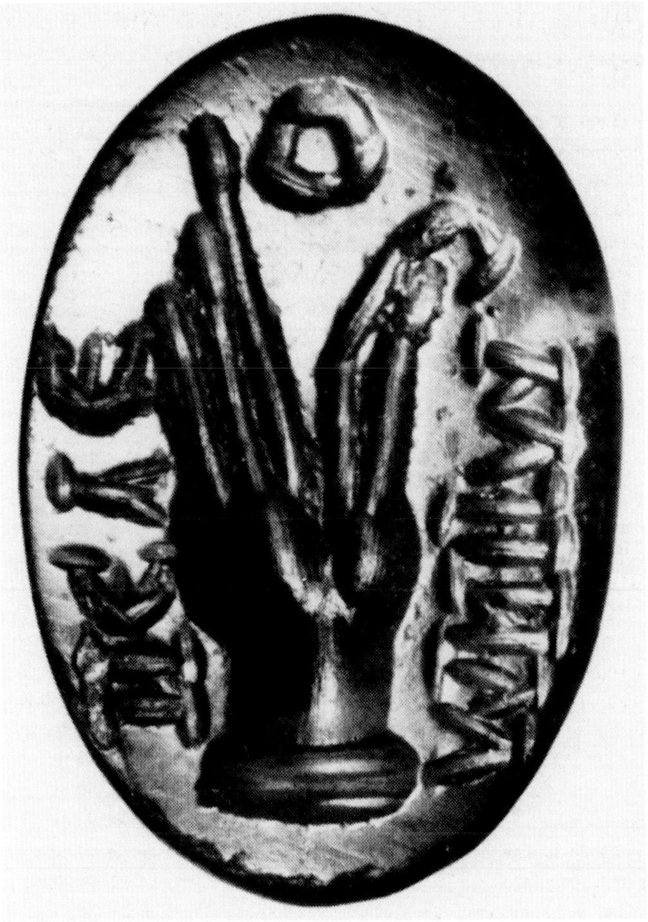

Ein kulturhistorischer Blick auf Angebot und Gebrauch unserer zeitgenössischen Souvenirs und Andenken, und dies bis in digitale Medien hinein, verweist auf eine immense Vielgestaltigkeit diverser historisch gewordener Traditionen, Behandlungen und Bedeutungen von Dingen, die unter der Hand in das zeitgenössische Spektrum kommerzialisierter Souvenirs eingeflossen, darin aufgefangen und in Transformationen fortgesetzt sind. Souvenirs sind zwar verwandt mit den Mythen des Alltags[60] und den immer universeller werdenden Kollektivsymbolen.[61] Sie sind anfällig, ja sie provozieren gar eine Reduzierung oder Verwischung ihrer authentischen Bedeutung und Herkunft zugunsten von rückwirkenden Akten der imaginativen Aufladungen, Umdeutung oder Verklärung.[62] Doch im Unterschied zu den Mythen des Alltags löschen Souvenirs und Andenken ihre Herkunft eben niemals ganz; und dies weder auf der Ebene der je individuellen Bedeutung eines Erinnerungsstückes, noch auf der zweiten Ebene der dem Objekt restweise eingeschriebenen Vorformen möglicher kollektiver Dingbedeutungen und -funktionen. Dem Souvenir ist das Einzugsgebiet aus Glaube, Brauch und nationaler bzw. regionaler Eigentümlichkeit noch immer anseh- und abspürbar, dem es seine jeweilige Motivik oder Materialbearbeitung restweise verdankt. Ganze Bereiche wie die kollektiven Riten und Schwellenzeremonien von der Taufe bis zum Begräbnis können anhand eines einzelnen Souvenirs ebenso aufscheinen oder nachklingen – wie Traditionen des Flirts, der Liebes- und Glückwunschsemantik.

Abb. 3, Italien (Padua?)
Antike Gemmen, 100-200 n. Chr.
Unreiner Karneol
Kassel, Staatliche Kunstsammlungen, Inv. Nr. Ge 94
Nach: Antike 1988, S. 80 (Abb. 65)

[60] Barthes 1964.

[61] Becker/Gerhard/Link 1997, S. 70-154.

[62] Es leuchtet ein, dass die in süßlichen Abendrottönen verkitsche Postkarte eines touristischen Ortes ein Mittel der Verklärung der darin bewahrten bzw. gekauften Erinnerung ist. Das kommerzialisierte Souvenir ist die Erinnerungsform der offensichtlichen Verklärung. Doch trotz seines Anspruchs auf besondere Authentizität als „wahres“ Reststück eines darin bewahrten Lebensmoments ist auch das intime, selbstgestiftete Andenken die Erinnerungsform einer, freilich heimlichen, Verklärung: Was man da als Verlorenes betrauert und vergegenwärtigt, ist als Verlorenes immer schöner, teurer, verklärter als das, was wirklich einmal war. – Zu diesem immer heimlich imaginativ unterströmten Andenken,

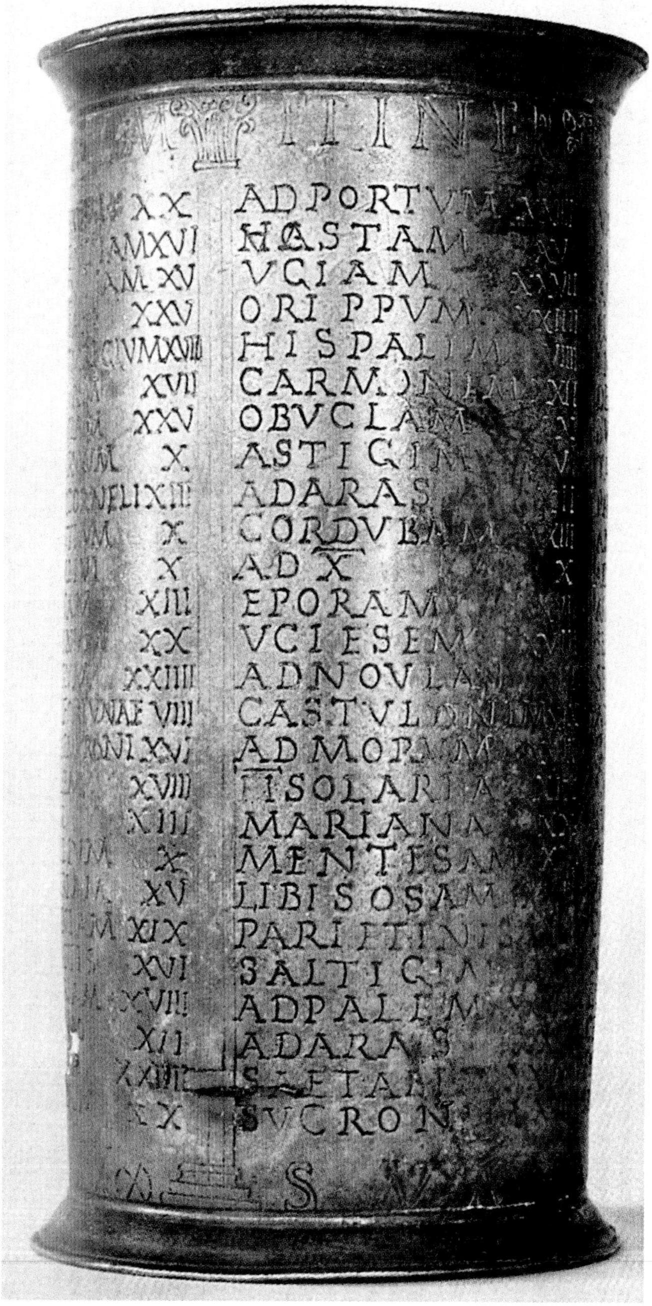

Souvenir und Andenken sind dadurch ausgezeichnet, dass sie alle anderen erinnerungsfähigen Phänomene, vom Brauch bis zur Kunst, vom epochalen Ereignis zur individuell erfahrenen Schwellensituation, zu amalgamieren in der Lage sind. Die synthetisierende Kraft der Erinnerung saugt vorgängige Rituale und Dingfunktionen auf und schafft damit sogar neue, eigene, vom Andenken her gesteuerte Riten. Der wohl aus England stammende Brauch, Kindergräber mit den Lieblingsspielzeugen der Kleinen zu schmücken, dürfte sich als Versuch begreifen lassen, Brennspiegel von Lebensläufen auch dort zu fixieren, wo sie sich erst keimhaft bilden.[63] Das Bedürfnis nach Andenken scheint immens, und das mag das Reißwolfpotential der Souvenirs allen vorhergehenden, aber auch zeitgleichen kulturellen Artefakten gegenüber motivieren. Nur macht eben diese unendliche Amalgamierungsfähigkeit es so schwer, bei der Deutung, Erfassung und Historisierung von Souvenir und Andenken analytisch vorzugehen. Man wird den Versuch machen müssen, gerade den historischen Einsatz zu orten dieses Bestrebens nach Vereinnahmung und Nutzbarmachung von Vorherigem in die ausufernde Kultur der Erinnerungsstücke.
Im nächsten Kapitel werde ich zu zeigen versuchen, dass dieser dem Andenken eigene „Hunger", sowie umgekehrt der Hunger nach Andenken, mit dem Bündnis von Mode und Moderne und damit untrennbar verbunden mit der Dominanz von Zeit und Erinnerung anzusetzen ist.
Doch wenn man so prononciert behauptet, Souvenir und Andenken seien moderne Phänomene, die mit Mode und Intimität zu tun haben, wie interpretiert man denn dann die Erinnerungsmöglichkeiten der Dinge der Vormoderne?
Die Antwort lautet: Eine solche These schärft erst recht den Blick für Differenzen, Schichtungen, Umbuchungen und Dominanzwechsel; sie pointiert erst die Differenz von Vorstellungen, die den Dingen unmittelbare göttliche Energie zusprechen (wie noch bei Don Scotus), gegenüber Vorstellungen, die die Dinge als Mittel, als Zeichen und Erinnerung an das göttliche Walten begreifen (wie die Signaturenlehre der frühen Neuzeit). Doch seien zur Illustration solcher Differenzen zwischen Andenken und „Noch-nicht-Andenken" einige konkrete Beispiele genannt. Es wäre reizvoll und scheinbar evident, eine Gemme mit der emblematischen Darstellung des Ohrläppchenzupfens und der beigefügten Devise „Denke an mich" („mnemoneye") als eine Urszene des Andenkens auszugeben. Genauere

Abb. 4, Gades/Cádiz, Spanien
Meilenbecher, 50–200 n. Chr.
Silber
Rom, Museo Nazionale, Inv. Nr. 67497
Nach: Künzl/Koeppel 2002, S. 19

das folglich in steter Nähe zu einer zugegebenen Inspiration steht, siehe Hoefer 2006, S. 173–185 (Kapitel: „Reprise: Verklärung").

63 Hallam/Hockey 2001, S. 85–90 (Abb. 4.1) und S. 149–150 (Abb. 6.9; 6.10).

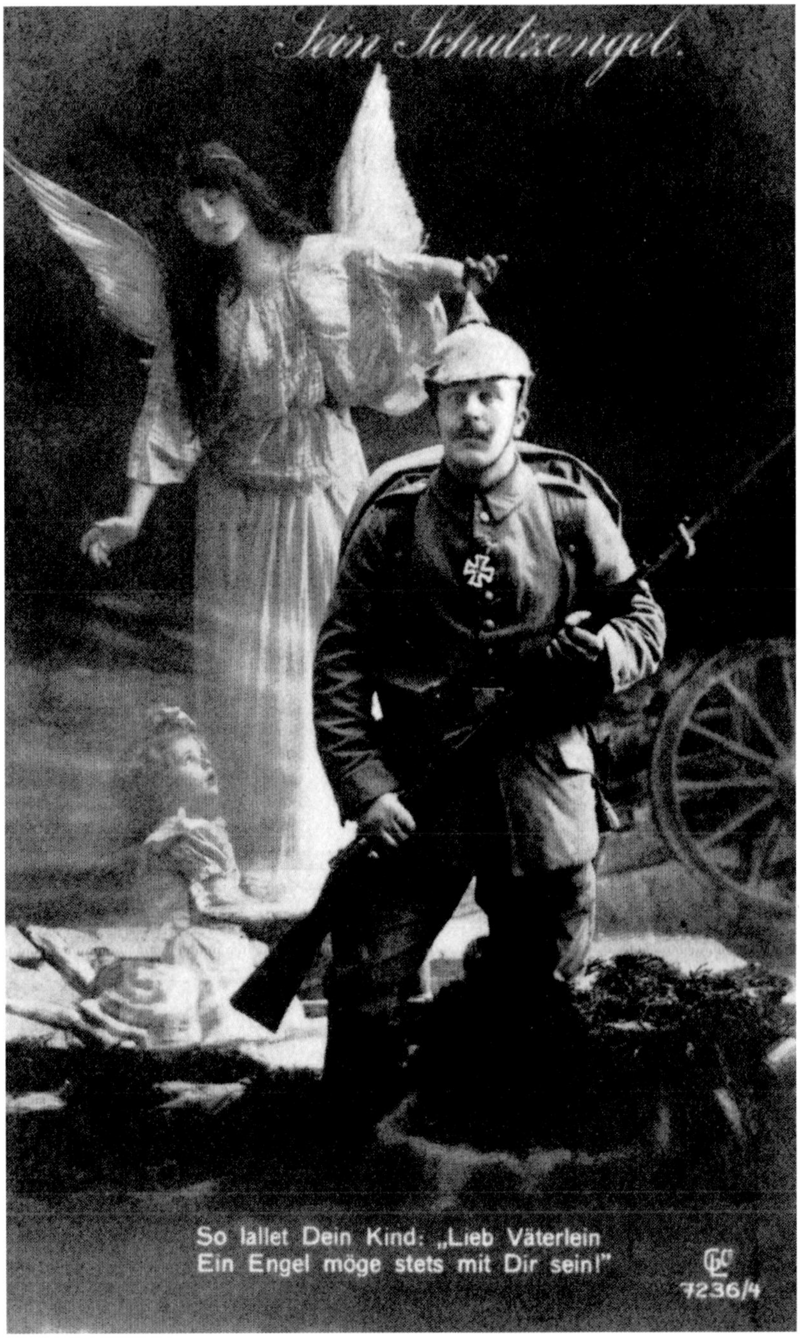

Abb. 5, Postkarte
Dresden, Postkartensammlung Joachim Rosenheinrich
Nach: Schnitzler 1973, S. 120

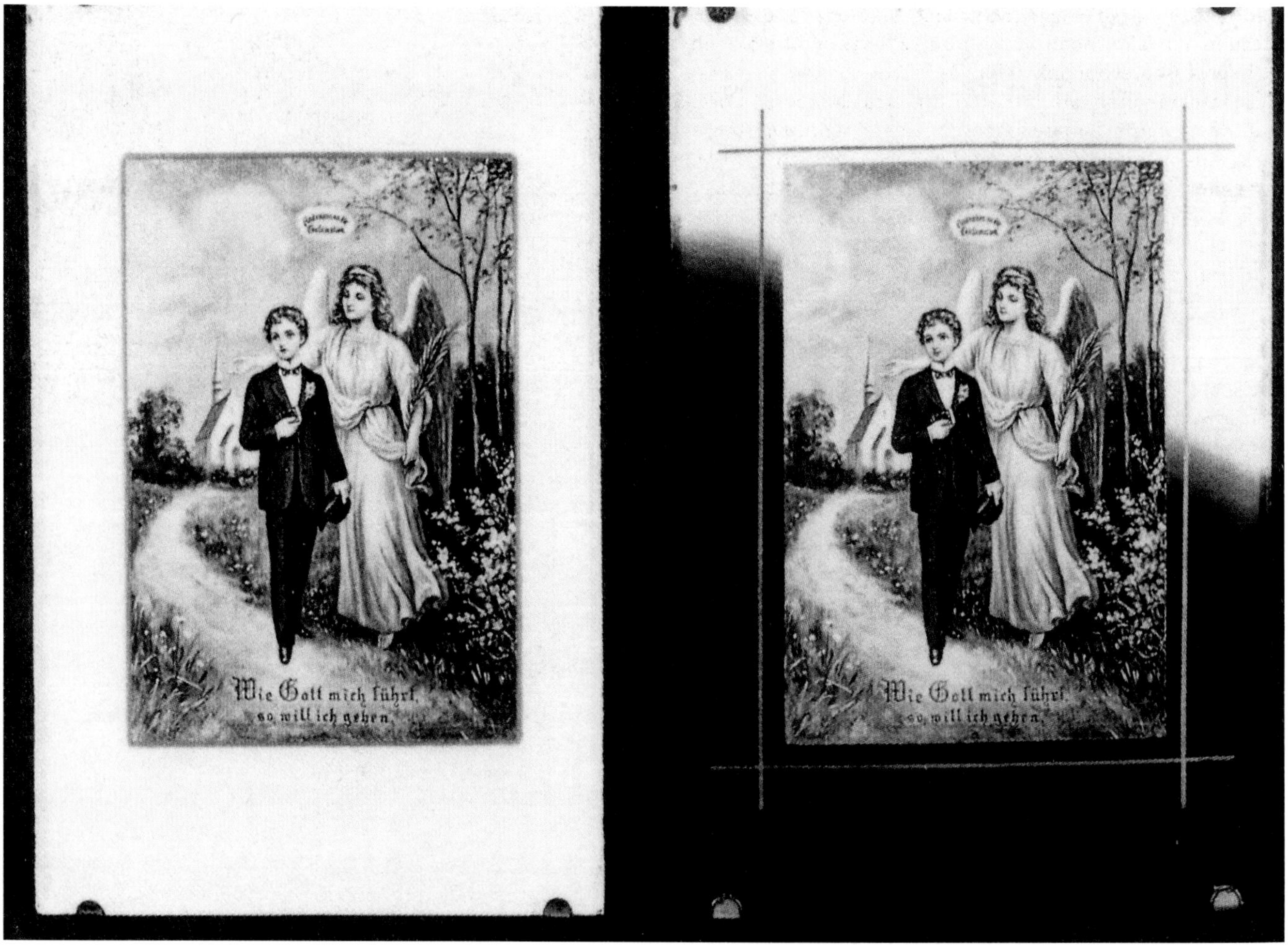

Abb. 6, Thüringen (?)
Konfirmationsandenken, um 1915
Druck unter gewölbtem Glas
Ebermannstadt, Privatbesitz Kai Bornemann
Nach: Lange 1994, S. 157

Recherchen erweisen jedoch, dass es sich bei der Darstellung um eine noch von Herder zitierte mythologisch-kultische Geste handelt (Abb. 3).[64] Die antiken silbernen Meilensteinbecher, die in der Thermalquelle von „Vicarello“ gefunden wurden, muten wohl mit ihren eingravierten Reisestationen von Cádiz nach Rom unverzüglich als Reiseandenken an; der Fundort spricht allerdings dafür, dass es sich bei ihnen primär um Votivgaben handelt, um Dankesgaben für die gut überstandene Reise und die dabei erfolgte, gesuchte Heilung (Abb. 4).[65]
Solche Devotionalien und Votivgaben gibt es nun selbstredend auch heute. Doch sind an diesen Votivgaben der Moderne flächendeckende Umbuchungen festzustellen, zugunsten einer dominanten Erinnerungsfunktion. Das Konfirmationsbild, auf dem ein Engel einen Konfirmanden begleitet, ist religiöses Dokument – und Andenken an ein Schwellenritual zugleich (Abb. 6).[66] Botschaft und Charakter verändern sich, als diese ikonographische Figuration in einen anderen Kontext wandert: als Feldpostkarte wird sie nun Souvenir und Talisman in einem (Abb. 5).[67]
Vergleichbar fungieren zwei Abschiedsgeschenke (zwei Messer), die ein russischer Immigrant aus dem Nordkaukasus mit nach Reutlingen gebracht hat, explizit als Erinnerungsstücke und implizit als Talisman (Abb. 7).[68]
Souvenir und Andenken als unter dominantem Erinnerungsaspekt zustandegekommene Amalgame traditioneller Rituale und Dingfunktionen zu bestimmen, fördert nicht nur ein Blicktraining für Herkünfte und ungewöhnliche neue Kombinationen. Es ermöglicht auch, einen Statuswechsel der Dinge präziser zu erfassen. In einem Beitrag der hier vorliegenden Publikation zeigt Wolfgang Cilleßen, wie im Laufe des Parteienkampfes in Holland der Daumen eines Hingerichteten durch den Besitzerwechsel von einer Partei zur anderen von einer Schandtrophäe zum Erinnerungszeichen an einen Märtyrer mutiert. Christiane Holm hat in einem im Rahmen des Sonderforschungsbereichs „Erinnerungskulturen“ gehaltenen Vortrag die Bedeutungswanderungen nachgezeichnet, die ein einziges Ding in Goethes Roman „Wilhelm Meisters Wanderjahre“ erfährt. Der Vater schenkt dem Sohn zum Abschied und als Andenken einen Stein; in einem anderen Kontext erhält dieser Stein eine Funktion als naturwissenschaftlich interessantes Sammelobjekt; später, auf Grund der Entzifferung seiner Einkerbung, wird seine ursprüngliche Herkunft aus Santiago de Compostela ersichtlich.

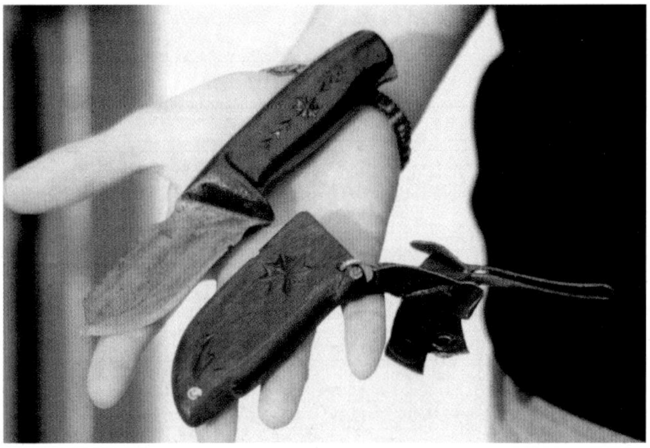

Abb. 7, Messer
Tübingen, Privatbesitz Alexander Gaus
Nach: Warneken 2003, S. 54

[64] Antike Gemmen 1988, S. 80 (Abb. 65).
[65] Künzl/Koeppel 2002, S. 18-19 (Abb. 24).
[66] Lange 1994, S. 157.
[67] Schnitzler 1973, S. 120 (Abb.).
[68] Warneken 2003, S. 52-55.

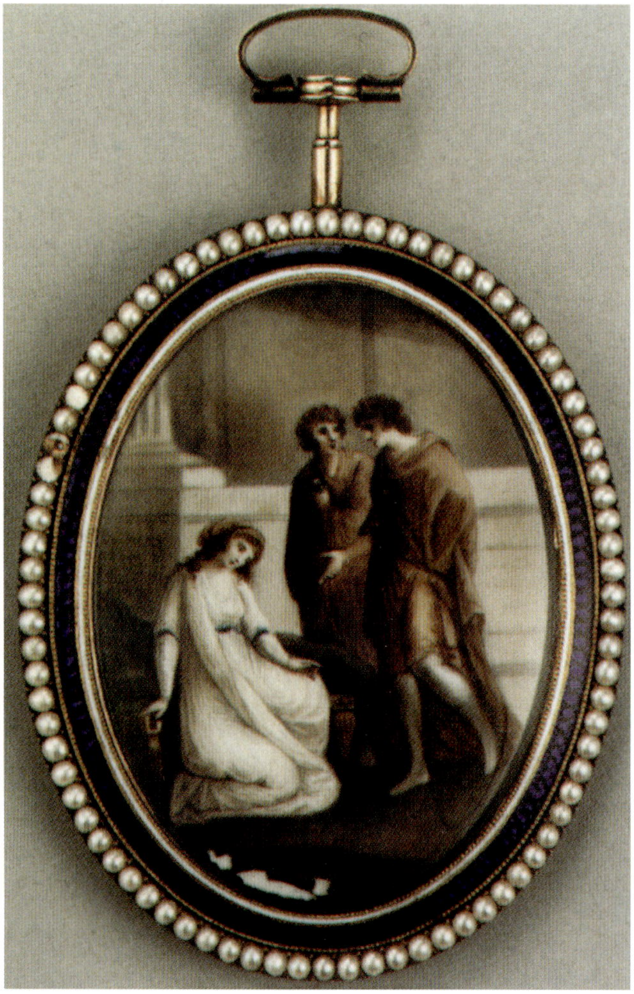

Mode und Modernität von SOUVENIR und Andenken

Mit der Moderne und der sie auszeichnenden Verzeitlichung nimmt die synthetische Kraft der Erinnerung derart zu, dass sie traditionell vorgegebene Kulturpraktiken für eine kollektive und individuelle, für eine kommerzielle wie persönliche Aneignung zurichtet. An sechs Typen soll exemplarisch und vignettenartig der Zusammenhang von Mode und Modernität von Souvenir und Andenken veranschaulicht werden. Die Historizität dieser Erinnerungsdinge, d.h. ihr zu ganz bestimmter Zeit auftauchender Gebrauch und ihr häufig ebenso schnelles Wiederverschwinden, könnte dabei genauso gut am modischen Aufkommen der Dosen, Etuis, der Haar- und Blumenandenken, der Briefbeschwerer, Brieföffner und Lesezeichen gezeigt werden. Doch geht es weder um Vollständigkeit in der Anführung sämtlicher Souvenirmoden, noch um eine erschöpfende Darstellung der hier ausgewählten Andenkentypen – der Gedenkringe, der „Souvenirs" als Merkbuch, der Taschenuhr, des Badeglases, der Seiden- und Vivatbänder, schließlich der Andenkentassen und -töpfe. Es geht einzig und allein um die Herausarbeitung markanter kulturhistorischer Aspekte von Souvenir und Andenken.
Von den vier zentralen Aspekten des dinglichen Erinnerungsstückes, seiner Miniaturform und Körpernähe, seiner Materialität und Medialität, sei vorab nur die Vorliebe für das Kleine akzentuiert. Diese Kleinheit hat und hatte schon immer zunächst mit der Mobilitätsfähigkeit der Reisesouvenirs zu tun; zweitens ist sie mit gewissen Intimisierungsprozessen zu begründen. Im ersten Schritt wandert ein auf Reisen gesehenes repräsentatives Monument in verkleinertem Maßstab in das Innere der Wohnung ein, in das Interieur.[69] In einem zweiten Schritt verwandelt es sich von einem repräsentativen Denkmal in verkleinertem Format zu einer intimen Miniatur.[70]
Renate Müller-Krumbach hat an einer bemalten Emailbrosche, die Goethe wahrscheinlich aus Rom mitbrachte (Abb. 8), einen verblüffenden Befund aufzeichnen können. Die Vorgabe der Emailmalerei, Angelika Kaufmanns „Historienbild" mit dem Thema „Kleopatra bittet Augustus um Gnade", habe sich hier infolge von nur wenigen treffsicheren Änderungen in eine intime Freundschaftsszene verwandelt:

Abb. 8, Angelika Kauffmann (1741–1897) zugeschrieben
Kapsel, um 1789/90
Öl auf Elfenbein; Kapsel Gold und Email, Rückseite Haar
Weimar, Stiftung Weimarer Klassik und Kunstsammlungen, Bestand Gemälde, Inv. Nr. DGe/01418
Nach: Schuster/Gille 1999, S. 390

[69] Lange 1994, S. 194f.
[70] Stadie-Lindner 1991.

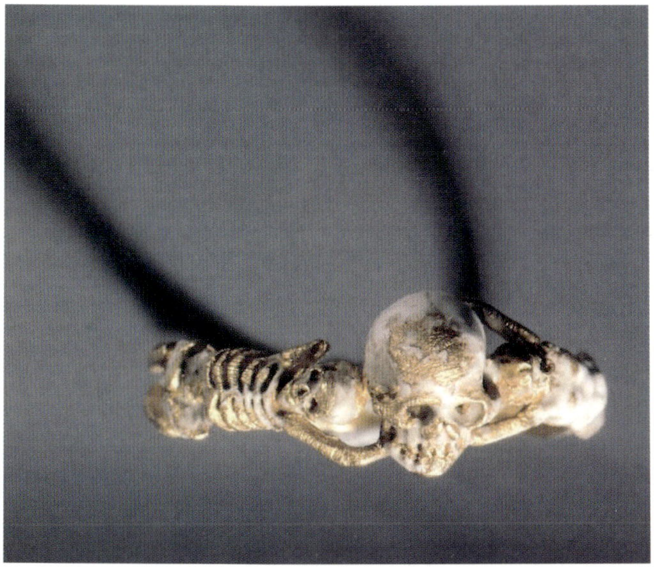

„Die Darstellung macht [...] in der Miniaturfassung eine wesentliche, inhaltliche Verwandlung durch. Augustus trägt keine Imperatoren-Insignien mehr, der Lorbeerkranz fehlt, das Gewand ist ein schlichtes Pilgergewand geworden.
Mit wenigen Veränderungen ist die Szene aus der römischen Geschichte zur Darstellung zeitgenössischer Literatur geworden, zu einer Illustration der eben in Versform bekannt gewordenen 'Iphigenie auf Tauris'.«[71]
Im Zuge der Intimisierung wird den Dingen ihr repräsentativer Status genommen. Die Auswahl der zu Andenken und Souvenir geeigneten Dinge stammt zunehmend aus dem „Beiwerk der Mode“ (um einen Buchtitel von Max von Boehn zu zitieren)[72], aus einer Zwischenzone von Privatraum und Öffentlichkeit. Die Dinge werden zum „Semiophore“[73] im Kontext bzw. in der Atmosphäre einer hochdifferenzierten Zeichensprache, zu deren Entschlüsselung sich Intimitätslektüre und Kriminalistik fortan die Waage halten.[74]
Ein unaufhaltsamer Aufstieg des Kleinen, Nebensächlichen und Ephemeren in der Ästhetik ist die Folge.[75]
Die Formulierung Georg Simmels: „Wir lieben die Diskretion der Dinge, die alle Deutungskräfte in uns entfaltet“,[76] kann als Erklärung für die die holländische Genremalerei, das Rokoko und die Empfindsamkeit durchziehende Faszination der kleinen Dinge gelten. Schließlich gibt die theologische Aufwertung des Kleinen und Unscheinbaren den miniaturisierten Dingen eine zusätzliche Bedeutungsdimension.[77]

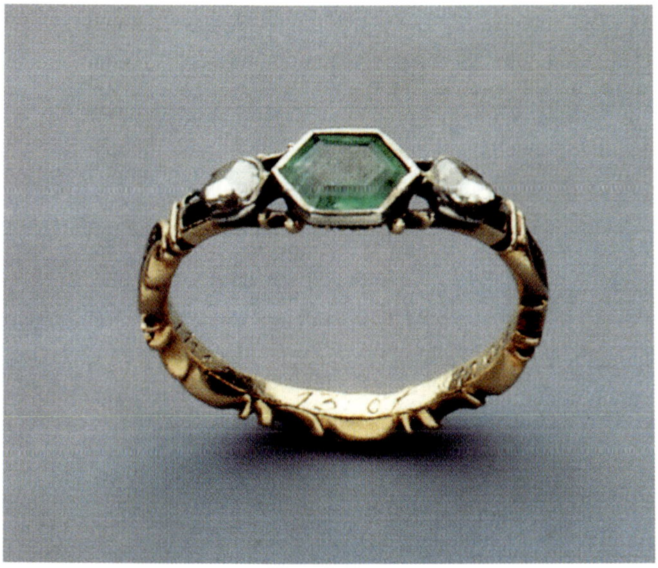

Die Mode der Gedenkringe

Die Ende des 17. Jahrhunderts in England aufkommende Trauermode der „Gedenkringe“ steht im Zusammenhang mit einer Umstellung des Trauerrituals. Kulturanthropologen haben diesen Wandel im Totengedenken daran festgemacht, dass in der frühen Neuzeit der Blick von den Toten und ihrer Fürbitte zunehmend auf die Hinterbliebenen gewendet wird. Nicht mehr das Seelenheil der im Zwischenzustand des Fegefeuers verweilenden Toten, sondern Leid und Trauer der Hinterbliebenen sind fortan zentral.[78]
In diesem Zusammenhang persönlicher Gedächtnisstiftung lässt sich die Entstehung der „Gedenkringe“ situieren.[79]

Abb. 9, Frankreich (?)
Memento-mori-Ring, 2. Hälfte 16. Jh.
Gold, Email
Museum für Angewandte Kunst Frankfurt, Inv. Nr. 5115

Abb. 10, England
Gedenkring mit Smaragd, 1752
Gold, Smaragd, Diamanten, Email
Privatbesitz
Nach: Neumann 1995, Farbtafel 1, Nr. 22

71 Schuster/Gille 1999, Bd. 1, S. 390.
72 Boehn 1928.
73 Pomian 2001, S. 73-90.
74 Oesterle 2004, S. 211-224.
75 Hoefer/Oesterle (im Erscheinen).
76 Vgl. Simmel 2000.
77 Vgl. Martens 1975 und Sträter 1987.
78 Bloch 1979, S. 27-36. Oesterle 2003, S. 45-58.
79 Linnebach 1995, S. 21-39.

Die neue Fokussierung der Orientierung auf die Hinterbliebenen erwirkt, dass der zukünftig Verstorbene schon vor seinem Tode Strategien erfindet, die sein persönliches Andenken sichern. Es kommt zum Ritual einer Trauerringübergabe beim Begräbnis, die man deuten kann als „translatio", als Übertragung eines älteren Rituals der Ringübergabe bei der Hochzeit oder amtlichen Einsetzung in eine bislang nicht geübte Schwellensituation, nämlich den mortalen Abgang. Dabei ist zum einen eine auch preislich kalkulierte Intimitätsstaffelung zu bemerken. Die Ringe der engsten Verwandten tragen neben dem Sterbedatum auf der Innenseite des Ringes je verschiedene Inschriften: „Love my memory" findet sich in den Ringen der engsten Verwandten; die Freunde hingegen erhalten Inschriften wie „A friend's farewell".[80] Zum Zweiten lässt sich an der Geschichte dieser „Gedenkringe", die man als „mobile Kleinstdenkmale" beschrieben hat, eine interessante Veränderung der Trauermentalität im Alltäglichen beobachten.
Der Kunsthistoriker Erwin Panofsky hat an Darstellungen bedeutender Kunstwerke diesen Wandel von einer ostentativen Mahnhaltung „Gedenke, dass Du sterben musst" zu einer introvertierten, nur gestisch vermittelten Trauer nachgewiesen (Abb. 9).[81] Die im 17. Jahrhundert im Zentrum der Ringe aufgebrachten Totenköpfe, die mit ihrem Memento mori Mahnung und Appell zugleich verkörpern, sich an die Vergänglichkeit alles Irdischen zu erinnern, werden immer kleiner und kleiner, bis sie im Laufe des 18. Jahrhunderts ersetzt werden durch einen grünen Smaragd, der die Hoffnung symbolisieren soll. (Abb. 10) Der nächste Intimisierungsschub ist charakterisiert durch Einlegung einer Locke in die Innenseite des Ringes – bis schließlich um 1800 die höchste Steigerung dieser Trauermode in einer testamentarischen Verfügung besteht, die sich zuletzt aller Förmlichkeit, als dem Widerpart zur Intimität, entledigen will und daher besagt: „no rings".[82]
Diese „Gedenkringe", welche eben die Intimisierung des Trauerns vorantreiben, der sie am Ende zum Opfer fallen, sind freilich nur der Anfang einer Trauermode, die sich – im 19. Jahrhundert vom englischen Hof imitiert – derart ausdifferenziert, dass nicht nur penibel einzuhaltende Trauerzeiten eingeführt werden. Auch werden sämtliche persönlichen Dinge, die Kleidung, der neuartige aus Jade und Onyx stammende Schmuck, darauf abgestimmt.[83]
Es ist kein Wunder, dass im Zuge dieses Prozesses ganze Industriezweige und in London gleich drei auf Trauerutensilien spezialisierte Kaufhäuser entstanden.

Das Merkbuch – das sogenannte „Souvenir"

Das im deutschsprachigen Raum der zweiten Hälfte des 18. Jahrhunderts als „Souvenir" bezeichnete Merkbuch veranschaulicht auf andere Weise den Zusammenhang von Zeitökonomie und gelegentlicher Meditation. In Shakespeares „Hamlet" war das „tablet memory" noch eine Domäne des Mannes, während Ophelias Erinnerungsstimuli sich auf duftenden Rosmarin eingrenzten.[84] Das im Deutschland des 18. Jahrhunderts gebräuchliche Fremdwort „Souvenir" meinte hingegen ein für beide Geschlechter bestimmtes „Schreibtäfelchen", das in einem „niedlichen Futteral" steckte (Abb. 1).[85] Es konnte natürlich auch manchmal zweckentfremdete Verwendung finden: bei Damen „mit wohlriechenden Kräutern gefüttert" sein,[86] bei Kindern gefüllt mit Naschwerk.[87]
Wie der Gedenkring, wird das Souvenir-Merkbuch am Körper getragen; und gleichfalls wie der Ring hat auch das Merkbuch eine Innen- und eine Außenseite. Doch im Unterschied zum Gedenkring, der erstens immer eine repräsentative Außenseite behalten wird und zweitens auf seiner Innenseite eine Gravur aufweist, die sehr kurz, doch unausradierbar fixiert ist, eröffnet das in seinem Material- und Prestigewert weniger kostbare, dafür spontan und vielseitig „anfüllbare" Souvenir-Merkbuch auch einen weiten Spielraum für intime Gesten des Verbergens, Zeigens und Enthüllens. Es dürfte nicht schwer sein sich vorzustellen, welche Rolle ein solches Souvenir in einem erotischen Roman, beispielsweise bei Thümmel[88] – welche Rolle es als Requisit im Intrigennetzwerk von Schillers „Don Carlos"[89] – welche vielfältige Rolle es nicht zuletzt in Jean Paulschen Romanen spielt: wo es, etwa in „Titan", zu einem Speicher halbbewusster, zufälliger Wunschprojektionen des zeichnenden Protagonisten wird.[90]

80 Ebd., S. 24.
81 Panofsky 1975.
82 Linnebach 1995, S. 25.
83 Marquardt, Brigitte: „...mit schwarzem Schmucke oder mit Perlen." Trauerschmuck des 19. Jahrhunderts in Deutschland und Österreich. In: Neumann 1995, S. 46-54.
84 Manfred Pfister: Shakespeare's Memory: Text – Bilder – Monumente – Performances. Vortrag im Rahmen der Ringvorlesung des Gießener Sonderforschungsbereichs „Erinnerungskulturen" am 14. Februar 2006.
85 Art.: Souvenir. In: Grimm/Grimm 1905. Sp. 1821.
86 Jean Paul 1962, S. 607.
87 So z.B. in dem lyrischen Werk von Friedrich Kind: „nun, Fritz! was fand ich armer schlucker / im allernettesten souvenir? –/ 'pastillen von Orangenzucker!", zit. nach: Grimm/Grimm 1905, Sp. 1821.
88 Thümmel 1853.
89 Schiller 1958, S. 138-158.
90 Jean Paul 1961, S. 788-794.

Die Taschenuhr als Souvenir

Zum Souvenir als Merkbuch passt die Taschenuhr als gesteigertes „energiegesättigtes Relais".[91] Die Uhr ist ein Beleg dafür, dass Souvenir und Andenken technische Innovationen adaptieren, wann immer diese in die Gesamtbedingungen ihres Erinnerungsinteresses oder -transportes passen.

Nach ihrer Erfindung zu Beginn des 16. Jahrhunderts blieb die Taschenuhr lange Zeit, bis Ende des 18. Jahrhunderts, ein exklusives repräsentatives, d.h. öffentlich gezeigtes Schmuckstück adeliger Frauen und Männer. Ähnlich wie die von Ludwig XIV. eingeführten wertvollen Dosen erhielt die Uhr die Funktion der Ehrengabe. Auch als kostbares Erbstück wurde sie bald geschätzt. Einen Andenkenstatus errangen die preziösen Kleinodien aber erst, als sie erstens von ihrer repräsentativen Postierung an Hals oder Gürtel in die Hosentasche oder das Täschchen hinabglitten; und zweitens, als der Erinnerungswert den Objektwert zu übertreffen begann. Ein frühes Beispiel dafür ist die kleine Geschichte, wie „der Erzherzog Leopold Wilhelm seinem Kammerherrn, Freiherr von Unverzagt, die Uhr von Kristall, die er allezeit bei sich getragen und für 35 Dukaten erkauft," vermachte – wohingegen er dem Kammerherrn und Kammerzwerg viel teurere, doch ihm selbst weniger teure Uhren vererbte.[92]

Man kann sich unschwer vorstellen, dass seit Ende des 18. Jahrhunderts die Taschenuhr mit ihrem einfachen und doch handschmeichlerischen Äußeren, mit ihrem noch immer (trotz industrieller Produktion) kostbaren Inneren, mit ihrem seit der Erfindung des Sekundenzeigers immer kleinteiligeren „Zeitweisel" dann zum identitätsstiftenden Symbol des Bürgertums avancierte. Darüber hinaus fungierte sie als beliebtes Erbstück bürgerlicher Genealogie und bestimmter Schwellenrituale, z.B. zur Konfirmation, überreicht. Einmal mehr bestätigt es sich, dass Andenken und Souvenirs keineswegs die tradierten Schwellenrituale verdrängen, sondern dass sie diese vielmehr den kulturpraktischen zeitgemäßen Erfordernissen anpassen.

Das Badeglas als Ausdruck eines neuen Biorhythmus

Voraussetzung für das Aufkommen der Badegläser ist ein Ende des 17. Jahrhunderts einsetzender Wechsel von Bade- zu Trinkkuren. Dieser Übergang ist auf Reformen zurückzuführen und hat die Umstellung auf einen anderen Lebensrhythmus, ja einen anderen Habitus zur Folge.[93] Die diätetischen Programme schreiben mit ihrer Abwechslung von Trinken und Spazierengehen einen ganz bestimmten 'epischen' Zeitrhythmus vor. Das Trinkgefäß muss dementsprechend zum Mitnehmen praktisch, zum Wasserschöpfen günstig geformt sein. Kur- und Badeorte sind bekanntlich seit dem 18. Jahrhundert bevorzugte Plätze, an denen sich der internationale Adel und begüterte Bürgerliche treffen können; doch während man im Zuge höfischer Feste und Maskeraden ziemlich ausgiebig Libertinage und Luxus gefrönt hatte, ist hier ein anderer kultureller Habitus angesagt: Diätetik und Erotik. Damit beginnt eine Kultur des Indirekten und Ephemeren. Nicht nur durch Blumen, auch durch Badegläser kann man miteinander konversieren.

Badeorte sind aus dem Alltag herausgehobene, aber im Unterschied zu Abenteuerreisen zugleich domestizierte Orte – das ideale Milieu für Andenken und Souvenir, wo man in der Imagination mehr erlebt und durchlebt als faktisch. Mit den Bäderandenken entwickelte sich eine reizvolle Mischung aus kommerzieller Ware und individueller Überformung, aus temporärem Gebrauch und repräsentativer Schönheit. Seit Ende des 18. Jahrhunderts entstanden an den Badeorten zu bestimmten Jahreszeiten Souvenirläden, ja ganze Souvenirladenstraßen mit Angeboten technisch avanciert angefertigter, etwa der berühmten böhmischen Gläser.[94] Wie sehr sich gerade diese Konjunktur der Bäder-Souvenirmode aus dem Spannungs- und Mischverhältnis speist zwischen kommerziell verfertigten Preziosen auf der einen Seite, auf der anderen aber ganz einfachen, doch in bestimmten Situationen oder Zeitrhythmen persönlich benutzten Gläsern: Dieses scheint an einer organisatorischen Veränderung des Gebrauches der Badegläser auf. Als gegen Ende

---

91 Böhme 1998, S. 178-202.

92 Boehn 1928, S. 237 f.

93 Alfter/Ohlms/Truckenbrodt 1996.

94 Ebd. S. 12.

des 19. Jahrhunderts die Herumschlepperei der Gläser lästig wurde, schuf man Abhilfe, indem ein direkt am Quellenort verwahrtes Glas nach Nennung einer Nummer ausgegeben wurde.[95] Fortan war die Trennung zwischen Nutzglas und repräsentativem Badeglas vollzogen – und der Absatz von Bäderandenken sank.

Mit den bislang erörterten Beispielen des Gedenkrings, des Souvenirs als Merkbuch und des Badeglases als Souvenir haben wir drei Variationen der individuellen Aneignung und Intimisierung kollektiv geübter Kulturpraktiken in den Blick genommen. Am folgenden Beispiel, den Mode werdenden Seiden- und Vivatbändern, wollen wir den Versuch machen, den umgekehrten Transfer einer intimen zu einer halboffiziell-kollektiven Kulturpraxis zu beleuchten.

Zwei korrespondierende Moden: die „gemalten Bänder“ und die „Vivatbänder“

Vieles spricht dafür, dass die „Mode der gemalten Bänder“, von der Goethe in „Dichtung und Wahrheit“ berichtet, aus der geselligen Kultur des Rokoko stammt.[96] Dem Zeichen der Verbundenheit zwischen Menschen korrespondiert die Möglichkeit, Bilder und Texte reizvoll gedruckt miteinander zu verbinden. Dafür stand ein seltenes, aber immer preisgünstiger werdendes, gut bedruckbares Material zur Verfügung: die Seide.

In Preußen stammte sie aus den von Hugenotten in Berlin angesiedelten Seidenfabriken. Die schmalen Seidenbänder boten eine Vielfalt performativer Verwendungsmöglichkeiten: sie waren klein, zart und handschmeichlerisch; sie erlaubten ein diskretes Spiel von Enthüllen und Verbergen; sie gaben auch Anlass zu meditativen Übungen (Abb. 11).[97] Rahel Varnhagen berichtet einer Seidenbandschenkerin, dass sie das bemalte und beschriebene Band gleichsam als Erinnerungswiederholung (ruminatio) immer wieder

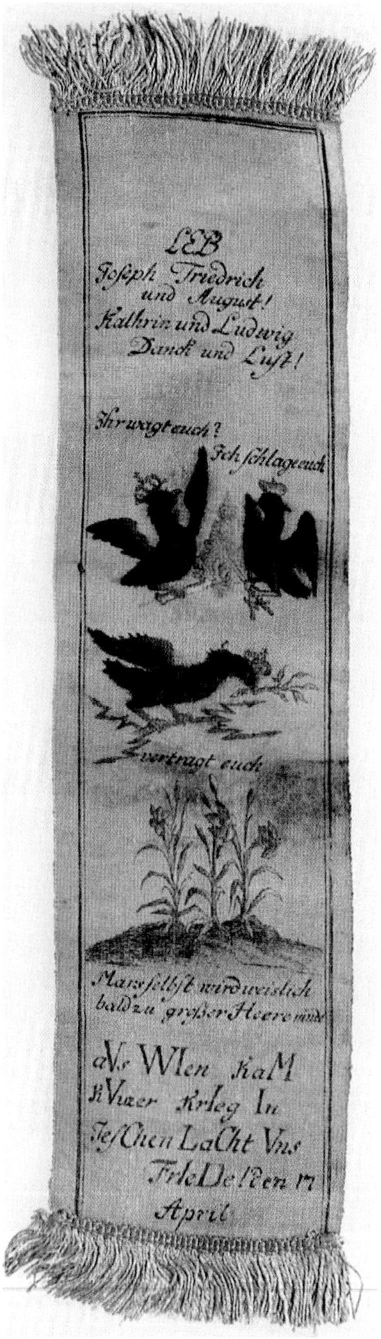

Abb. 11, Handbemaltes Seidenband
„Leb Joseph Friedrich und August!
Kathrin und Ludwig Danck und Lust!“
Anläßlich des Friedens von Teschen, 13. Mai 1779
Münster, Sammlung Korzus
Nach: Vanja 1985, S. 23

95 Ebd. S. 24.

96 „[...] entfernt von ihr beschäftigte ich mich für sie, um durch eine neue Gabe, einen neuen Einfall ihr wieder neu zu sein. Gemalte Bänder waren damals eben erst Mode geworden; ich malte ihr gleich ein paar Stücke und sendete sie mit einem kleinen Gedicht voraus, da ich diesmal länger, als ich gedacht, ausbleiben mußte.“ Goethe 1998, Bd. 9, S. 466. Goethe bezieht sich auf das 1775 erstmals publizierte Gedicht mit dem damaligen Titel: „Lied, das ein gemahltes Band begleitete“. Später hat dieses Gedicht den Titel erhalten: „Kleine Blumen, kleine Blätter.“

97 Vanja 1985, S. 23 (Abb. Kat. Nr. 15).

ein- und aufwickle.[98] Im Unterschied zu diesem stärker intimen Repertoire, zu dem Goethe ein berühmtes Liebesgedicht beigesteuert hat, boten die Seidenbänder aber auch die Möglichkeit, an den Hut, Muff, Degen oder das Revers gehängt zu werden.[99] Mit solchen im Winde flatternden Bändern konnte man eine Gestimmtheit des Leichten, Beschwingten, des Flügelartigen und Euphorischen evozieren.

Ich vermute, dass es genau diese fahnenartige Eigenschaft war, die es, ohne in Kollision zu den offiziellen militärischen Zeichen zu geraten, den Bürgerlichen erlaubte, an den Siegesfeiern Friedrich des II. von Preußen zu partizipieren. Ein aus kostbarer Seide hergestelltes, mit dem Emblem des Königs, einem Siegesgedicht und dem Namen der Schlacht bedrucktes Vivatband erfüllte fast alle Funktionen von Souvenir und Andenken: In Abgrenzung zu repräsentativen Standarten und Fahnen verleugnete es seine Herkunft aus dem intim-privaten Bereich nicht; bescheiden zwar, aber doch auch deutlich in der emblematischen Struktur, war mit dem Vivatband eine kleine bürgerliche Trophäe entstanden; und später, im Anschluss an das Ende des Festes, konnte diese Miniaturtrophäe problemlos in den Status des Erinnerungs-Reststücks und Andenkens überwechseln.

Die Wiederaufnahmen dieser zwischenzeitlich immer wieder einmal fast vergessenen Mode der Vivatbänder dürften aus zwei Gründen aufschlussreich sein: Sie erfolgten einmal zu Beginn des 19. Jahrhunderts in den sogenannten Freiheitskriegen, dann zu Beginn des 20. Jahrhunderts in der Jugendbewegung; beide Male mit ausdrücklichem Bezug auf den jeweiligen Vorgänger.[100] Das Ende und Überbleibsel dieser Mode ist höchst bezeichnend. Nach dem Ersten Weltkrieg war kein Platz mehr für Vivat- und Triumphbänder. Sie überlebten am Halse der Gitarren und Klampfen der Jugendbewegung und in abgewandelter Form auf den Beerdigungskränzen.

Keramische „commemorative pieces“: „Alle ein souvenir“

Ich habe bislang versucht, ein Verfahren der „dichten Beschreibung“ zu betreiben; doch auch statistische Verfahren könnte die Souvenir- und Andenkenforschung mit Gewinn einsetzen. So würde etwa die ansteigende Verbreitung von königlichen Jubiläumstassen, sogenannten „commemorative pieces“, sowie von Krügen und Tellern in England interessante Daten zu Tage bringen: Eine Konjunktur, die 1660 begann und sich in entsprechenden Schüben um 1780, dann 1840 (das Jahr der Heirat Königin Victorias mit Prinz Albert) und 1897 fortsetzte.[101] Doch zum Abschluss unserer Beispielkette an Souvenirs und Andenken wollen wir uns einer anderen Art von „commemoratives pieces“ zuwenden; einer ganzen Souvenirsammlung sogar, die ebenfalls in königlichem Umfeld entstand, die sich indessen mehr einem intimen Ritual als königlichen Jubiläen verdankt.

Die Kenntnis dieser einzigartigen Souvenirsammlung und ihrer Entstehung verdanken wir einer meisterhaften Erzählung Theodor Fontanes aus seinen 1862–73 publizierten „Wanderungen durch die Mark Brandenburg“. Bei seiner Beschreibung der Pfaueninsel in Sanssouci und der dort befindlichen Einrichtung des „Maschinenmeisterhauses“ (hinter dem sich anderes, als was der Name verspricht, verbirgt) kommt Fontane auf ein besonderes Ritual zu sprechen. Es ist ein letzter Ausklang der höfischen Sitte, das Ritual, Hofbeamten statt Bezahlung ihrer Verdienste eine Ehrung in Form einer Gabe zu überreichen. Die Frage ist nur, wer bezahlt hier wen und wie und wofür eigentlich?

Das Problem ist nämlich, dass auf der Pfaueninsel im königlichen Herrschaftsbereich ein eigentümlicher Beschränkungsparagraph existierte, der „Wirts- und Kaffeehäuser [...] an dieser Stelle“ verbot. Doch offenbar besteht gerade an diesem hochtouristischen Ort eine ausdrückliche „Nachfrage“ nach solchen Möglichkeiten der Einkehr! Wie also dieses Bedürfnis unter der Hand trotzdem befriedigen?

---

98 Varnhagen 1834, Bd. 2, S. 408.

99 Vanja 1985, S. 13-45.

100 Ebd.

101 Vgl. dazu die ständige Ausstellung im der Sommer-Residenz der Königin Victoria in Sundringham.

Die Antwort besteht in der Einrichtung eines Kaffeehauses von einer gewissen „Frau Friedrichs Gnaden"; eines Kaffeehauses, in dem eben anders „bezahlt" werden muss. Das Resultat dieser Kompensation ist aber eine der größten Souvenirsammlungen – die Fontane auf ironische Weise als eine in die Küche des 19. Jahrhunderts übersetzte „barocke Portraitgalerie" beschreibt.
„Alles, was hier landete, wenn es seinen Schlossgang hinter sich hatte, hatte das dem norddeutschen Menschen tief innewohnende Bedürfnis des Nachmittagskaffees, und da kein Platz da war, wo dies Bedürfnis regelrecht, nach den alten Traditionen von Angebot und Nachfrage befriedigt werden konnte, so blieb den Durstigen nichts übrig, als um Dinge zu bitten, die nun mal nach Lage der Sache nicht befohlen werden konnten. So wurde das Maschinenmeisterhaus ein Kaffeehaus von Frau Friedrichs Gnaden, und aus dieser eigentümlichen Machtstellung entwickelte sich schließlich jener Absolutismus [...].
Die Liebenswürdigkeit der Frau Friedrich wetteiferte an solchem Tage mit ihrer Kochkunst, und ihr märkisch-schlagfertiger Witz tat das Weitere, um das Maschinenmeisterhaus bei den hohen Besuchern in gutem Andenken zu erhalten. Traditionell pflanzte sich alsbald die Sitte fort, diesem Andenken einen ganz bestimmten Ausdruck zu leihen: ein Milch- oder Sahnentopf wurde „zur Erinnerung an eine froh verlebte Kaffeestunde" bei Frau Friedrich abgegeben. Daraus entstand dann im Laufe eines Menschenalters ein Porzellancabinet, wie es die Welt wohl nicht zum zweiten Male gesehen hat, eine Topfkollektion, neben der die berühmtesten Pfeifensammlungen verschwinden. Das Aufstellungslokal war und ist natürlich die in ihrer Sauberkeit ein Schmuckkästchen bildende Küche, und an allen Borden und Regalen hin, in Schränken und Ständern, als Garnierung von Wand und Rauchfang hängen an Nägeln und Häkchen an die 200 Töpfe und Töpfchen. Alle ein Souvenir. Jede Form und Farbe, jedes denkbare Material, jede Art der Verzierung ist vertreten. Endlos wechseln Weiß und Blau, und Grün und Gold; Glas, Biscuit, Chausseestaub gesellen sich dem Gros des eigentlichen Porzellans, das wiederum seinerseits zwischen China und Frankreich, zwischen Meißen und Sèvres hin und her schwankt. Hautrelief und Basrelief, bemalt und gekratzt, so präsentieren sich die Ornamente. Zahlreich sind die Portraits, noch zahlreicher die Schlösser vertreten, und zwischen Prinzen und Prinzessinnen, zwischen Marmor- und Neuem Palais erscheinen Vater Wrangel und Minister von der Heydt; der letztere sogar in Begleitung eines Pfauenpaares. Schon in den fünfziger Jahren war die Zahl der Bildnisse so groß, dass König Friedrich Wilhelm IV., als er in neckischem Geplauder um einen Portraitkopf gebeten wurde, replizieren konnte: „Sie haben hier meine Minister und Generale aufgehängt, nun soll mir dasselbe passieren. Ich werde mich hüten." Aber diese Ablehnung selbst involvierte bereits eine anderweitige Zusage, und zwei Tage später hatten zwei Souvenirs von Sanssouci die Sammlung vermehrt."[102]
Das gesamte Set der von uns bislang erörterten Souvenircharakteristika – die Bedeutung des Materials und seiner Bearbeitung, die Bedeutung von Bild und Text (der spezifischen Medialität also), die Wichtigkeit des Prestiges und seiner entsprechend dem symbolischen Kapital eingesetzten Distinktion – ist in diesem „Schmuckkästchen", dieser Miniatur eines barocken Kuriositäten- und Portraitkabinetts wiederzufinden. Doch zugleich wird im Text deutlich, dass dieses über Jahrzehnte angesammelte intermediale Ensemble, seiner bildlich angebrachten Zeichen und Botschaften zum Trotz, Leben und Rundung erst erhält durch die kommunikative Rückerstattung des geselligen Kontexts: „Aber so unterhaltsam ein Aufenthalt an dieser Stelle ist, zumal wenn Frau Friedrich sich herablässt, einiges aus der Fülle ihres Erinnerungs- und Anekdotenschatzes auszustreuen und die ganze Stätte zu beleben [...]".[103]
Alle vorangegangenen Beispiele zeigen, dass Souvenirs und Andenken nur in den seltensten Fällen monologische Erinnerungstücke sind. Sie sind Anlässe, über aus dem Alltag herausragende Situationen zu sprechen und diese poetisch-anekdotisch aufzuladen. Souvenirs und Andenken sind insofern immer poetogen, sie haben eine Leuchtkraft, die gleichsam auffordert, das Souvenir in die Hand zu nehmen und seine in ihm und an ihm sich festmachende Geschichte zu erfahren. Souvenirs und Andenken sind – um einen Fachbegriff der Rhetorik aufzugreifen – immer metonymisch; sie sind Fragment, Überbleibsel einer umfangreichen Situation und Geschichte. Ein Eiffelturmsouvenir ist Zeichen für einen Parisbesuch – wenn es ein Geschenk war, vielleicht auch Reststück eines Flirts... Andenken und Souvenirs haben einen narrativen Kern, und sie tragen den Appell auf ihrem Körper: Erzähle meine Geschichte!

---

[102] Fontane 1960, S. 198-200.
[103] Ebd.

Die temporale Struktur des Andenkens und Souvenirs

„Vorvergegenwärtigung" – „Wiedervergegenwärtigung" und eine prekäre Zwischenzeit

Unvermutet sind wir von der Kulturgeschichte der Dinge zu ihrem kommunikativen Kontext und d.h. zu ihrer literarischen Inszenierung übergegangen. Erinnerungsdinge sind in der Literatur prominent und „naturgemäß" vertreten: Als Ring, Fächer, Handschuh, Gürtel, Schleier, Kranz, Kästchen, exotisches Reisesouvenir haben sie – solange sie die Eigenschaft des Souvenirs und Andenkens behalten – einen Erinnerungskern, der nach narrativer Entfaltung ruft.

Diesen Status können sie freilich verlieren, dann werden sie stumme Dinge und Abfall. Die Literatur erzählt gerade auch von diesem prekären Status der Souvenirs: von seiner potentiell schnellen Verfallsdauer. Ein berühmtes Gedicht Goethes und seine Beschreibung in „Dichtung und Wahrheit" machen deutlich,[104] dass Andenken und Souvenir einerseits einen bestimmten Moment, eine bestimmte herausragende Zeit, wenn nicht stillstellen, so doch verlängern wollen; dass sie andererseits aber trotz resistenter Dingqualität immer zugleich von dem permanenten Erinnerungsverfall bedroht sind. Die Abwehr dieser Bedrohung kann die Form der Nostalgie annehmen. Es lohnt sich, diesen Zusammenhängen genauer nachzugehen und einerseits die beiden Szenen der Stiftung, dann der Reinszenierung, des Wiederfindens des Andenkens in den Blick zu nehmen, vornehmlich aber die prekäre Zwischenzeit, die zwischen den beiden Ereignissen liegt.

Das Ding soll stabilitätssichernd eben diesen Zeitraum zwischen Stiftung und Reinszenierung überbrücken. Freilich kann es sich in besagter Zeitspanne, unversehens und wie schon mehrfach beschrieben, in seinem Status und in seiner Bedeutung wandeln. Noch prekärer aber ist, dass die „Wertschätzung" des Andenkendinges selbst sich in der Zwischenzeit rapide verändern kann. Mit dieser Gefahr konfrontiert, wird die Stiftungssituation eines Andenkens mit einer doppelten „Bedeutungsinvestition" versehen: In einer besonderen performativen Anstrengung wird versucht, die vergangene Geschichte, die behalten werden soll, wie in einem Brennpunkt in dem Andenkending zu konzentrieren; gleichzeitig unternimmt diese Stiftungsszene den Versuch, einen Richtungspfeil gen Zukunft zu fixieren.

Denn mit dem Phänomenologen Husserl kann man sagen, dass ein Andenken immer eine „Vorvergegenwärtigung" für die spätere „Wiedervergegenwärtigung" mitinszeniert.[105] Bezeichnend ist die Szene aus Stowes „Onkel Toms Hütte" (1852), in der das sterbende Mädchen Evangeline jedem einzelnen der versammelten Hausgemeinschaft einschließlich der Sklaven, eine Locke als letztes „Liebes"- und Erinnerungszeichen überreicht: mit dem ausdrücklichen Ziel, dass „bei dessen Anblick Ihr euch immer meiner erinnern mögt".[106] Ein Brief Novalis' an Charlotte von Schiller mit der eingelegten Locke der gerade verstorbenen geliebten Sophie macht auf seine Weise deutlich, wie sehr das Andenken ein auf zukünftige Gewissheit abgestelltes Bindemittel sein soll.[107]

Das Andenken ist zwar von dem Gestus der Gabe geprägt, unterscheidet sich aber durch den impliziten Aufforderungscharakter für die Zukunft („Bewahre das zum Andenken")[108] von einem üblichen Geschenk. Der Sarkasmus in den Selbstüberlegungen des Geizkragens Pljuschkin in Gogols „Tote Seelen" (1842) legt diese Differenz zwischen Geschenk und Andenken offen.[109] Zunächst hat der geizige Kerl das Bestreben, den „beispiellosen Edelmut" seines Gegenübers (soviel Geld für

---

[104] Goethe 1998.

[105] Siehe zum Zeitaspekt der Phänomenologie des Andenkens und seiner Gesten auch Hoefer 2006, S. 28-44 (Kapitel „Der geraubte, und wieder geraubte Augenblick: Zu einer Phänomenologie des Andenkens").

[106] Stowe 1970, S. 69.

[107] Novalis an Charlotte von Schiller, 25. Mai 1797. In: Novalis 1975, S. 228.

[108] Auerbach 1880, S. 116.

[109] Gogol 1958, S. 99-119.

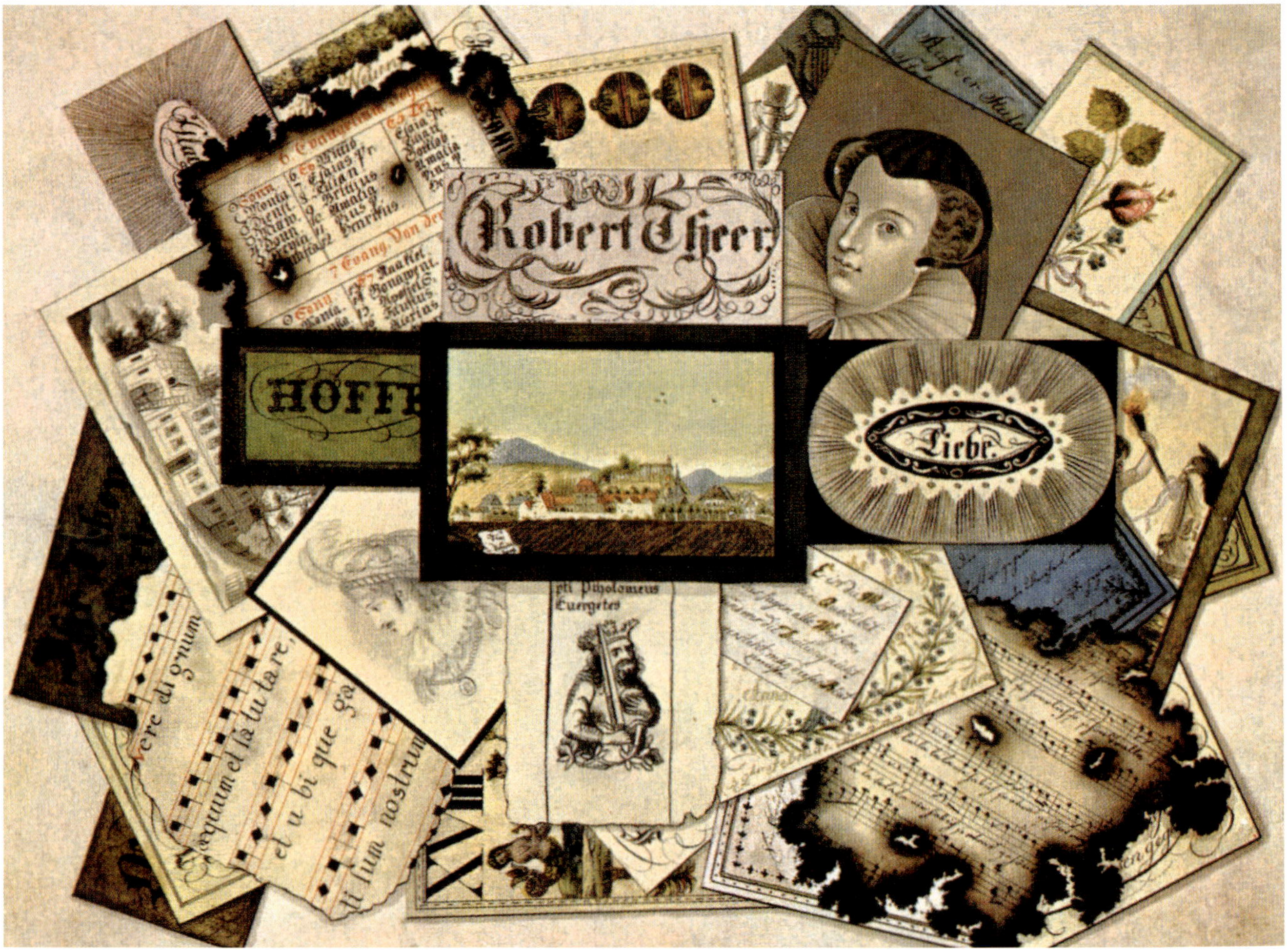

Abb. 12, Robert Theer (1808 Johannisberg - Wien 1863)
Quodlibetbild, „Anno 1823, 2ter Februar“
Feder und Aquarell
Wien, Sammlung Fritz Weninger
Nach: Weninger 1977, S. 31

tote Seelen auszugeben) durch die Schenkung einer „beschädigten Taschenuhr“ etwas auszugleichen; denn, so räsoniert er für sich, es wäre für den beschenkten jungen Mann gewiss ein Prestigezuwachs. Doch Pljuschkins dann einsetzende Meinungsänderung entlarvt präzis, wie und warum der Geizkragen dieses potentielle Geschenk zum Andenken umwidmet, nämlich um sich den Beschenkten dauerhaft zu verpflichten: „'Oder nein, doch lieber nicht' – sagte er nach einigem Nachdenken zu sich selbst – 'statt sie ihm jetzt zu schenken, vermache ich sie ihm besser in meinem Testament, damit er sich auch nach meinem Tod meiner erinnert [...]'“.[110]
Diese prospektive Ausrichtung des Stiftungsakts des Andenkens, als Wunsch der Zukunftsmanipulation, funktioniert allerdings auch retrospektiv. Wenn bei der Reinszenierung eines einstmals gestifteten Andenkens der performative Ehrgeiz darauf gelegt wird, die Zwischenzeit und ihre Veränderungen gleichsam zu tilgen, also die Situation des einstigen Einsetzungsaktes möglichst lebendig wiederzuerinnern, wiederauszumalen und dennoch zugleich als unwiederbringlich Verlorenes schmerzhaft zu vermissen – und wohl dabei zu verklären: Dann haben wir das Phänomen der Nostalgie vor uns.[111] Auch für solche, sich zum Fetischisieren neigen könnenden Vorgänge ist Theodor Fontane ein meisterhafter Seismograph. Im Roman „Stechlin“ zeigt er am Verhalten der Frau Schickedanz auf, wie sich eine derartige Nostalgie zu einem alles gegenwärtige und künftige Leben gänzlich vereinnahmenden Andenkenkult steigern kann:
„Die Treue, die der Verstorbene noch in seinen letzten Augenblicken ihr nachgerühmt hatte, steigerte sich mehr und mehr zum Kult. Die Vormittagsstunden jedes Tages gehörten dem hohen Palisanderschrank an, drin die Jubiläumsgeschenke wohlgeordnet standen: ein großer Silberpokal mit einem drachentötenden Sankt Georg auf dem Deckel, ein Album mit photographischen Aufnahmen aller Sehenswürdigkeiten von Kaputt, eine große Huldigungsadresse mit Aquarellarabesken, mehrere Lieder in Prachtdruck (darunter ein Kegelklublied mit dem Refrain „alle Neune“), Riesensträuße von Sonnenblumen, ein Oreiller mit dem Eisernen Kreuz und einem aufgehefteten Gedicht, von einem Damenkomitee herrührend, in dessen Auftrag er, Schickedanz, die Liebesgaben bis vor Paris gebracht hatte. Neben dem Schrank, auf einer Ebenholzsäule, stand eine Gipsbüste, Geschenk eines dem Stammtisch angehörigen Bildhauers, der daraufhin einen leider ausgebliebenen Auftrag in Marmor erwartet hatte. Fauteuils und Stühle steckten in großblumigen Überzügen, desgleichen der Kronleuchter in einem Gazemantel, und an den Frontfenstern standen, den ganzen Winter über, Maiblumen, Riekchen trug auch Maiblumen auf jeder ihrer Hauben, war überhaupt, seit das Trauerjahr um war, immer hell gekleidet, wodurch ihre Gestalt noch unkörperlicher wirkte. Jeden ersten Montag im Monat war allgemeines Reinemachen, auch bei Wind und Kälte.
Dies war immer ein Tag größter Aufregung, weil jedesmal etwas zerbrochen oder umgestoßen wurde.“[112]

Die Entdeckung des Ephemeren: der Erinnerungswert übersteigt den Objektwert

Bislang haben wir an Beispielen der Initiation und Reinszenierung von Andenken auf ihre ostentative Seite hingewiesen (sie ist in einer Ausstellung auch am ehesten sichtbar zu machen). Doch der eigentliche Reiz der Andenkenkultur besteht freilich in ihrer intimen, kaum sichtbaren und lesbaren Innenseite. Goethe beschreibt in „Wilhelm Meisters Wanderjahre“ einen solchen Vorgang: „Ich habe einen jungen Mann gekannt, der eine Stecknadel dem geliebten Mädchen, Abschied nehmend, entwendete [...] und diesen gehegten und gepflegten Schatz von einer großen mehrjährigen Fahrt wieder zurückbrachte“.[113] An dieser Geschichte lässt sich ablesen: Je intimer und selbstbezüglicher das Einsetzungsritual eines Andenkens für den jeweils Betroffenen ist, desto unwichtiger wird die Werthaltigkeit des Objekts; selbst Forschungen zu Reisesouvenirs haben nachweisen können, dass der Erinnerungs- den Objektwert dieser Dinge stets übersteigt.[114]
Dass eine Diskrepanz zwischen Erinnerungs- und Objektwert eines Andenkens als narratives Charakterisierungspotential

---

110 Ebd. S. 117.

111 Ein Beispiel für eine raffinierte Strategie gegen die Sehnsucht, die in der ersten Hälfte des 19. Jahrhunderts in dem Begriff „Nostalgie“ gefasst wird und das ursprünglich räumliche Heimweh endgültig an die Intensität der Eindrücke der vergangenen und überwiegend glücklich konnotierten Kindheit bindet, bietet der Entstehungszusammenhang des Russischen Gartens im Weimarer Belvedere.
Hier fungiert die Gartenanlage für die Besitzerin als ein verräumlichtes Andenken und stellt den Binnenhalt eines Innenraums bereit und dient einer gesicherten Überwindung sowohl geographischer – Ort der Kindheit – als auch zeitlicher – Zeitalter der Kindheit – Distanz. Vgl. dazu: Ananieva 2004.

112 Fontane 1959c, S. 112.

113 Goethe 1998, Bd. 10, S. 410.

114 Stensloff 1998, S. 94f.

der Person durchgehen kann, die das Ding eben mehr auf die eine oder die andere Art wertschätzt, lässt sich leicht vorstellen; ebenso dass der Objektwert sich nochmals in einen Waren- und in einen Modewert aufteilen kann. Beide Aspekte finden sich illustriert in Achim von Arnims „Armut, Reichtum, Schuld und Buße der Gräfin Dolores". Hier glaubt ein Graf, mit dem aus der „Nachlassenschaft seiner Mutter" stammenden Verlobungsring („das liebste Geschenk unter allem, was er je besessen") seiner geliebten Zukünftigen ein besonders intimes Geschenk zu machen, also eben nicht nur einen in Preiszahlen auszudrückenden Objekt-, sondern vornehmlich einen unermesslichen Erinnerungswert an den Finger zu stecken. Auch ist der Ring zweifelsfrei wertvoll und „von sehr schöner Arbeit". Nur ist er in seiner Eigenschaft als Erbstück gewiß „nicht im neuesten Stil", nicht nach der neuesten Mode gearbeitet – und hat für die Verlobte folglich nicht den erwartenden Prestigewert: „Sie tat zwar ihm zur Liebe, als wenn er ihr lieb sei, doch dachte sie mit Ärger daran, dass sie ihn in Gesellschaft nicht würde tragen können."[115]

Es liegt auf der Hand, dass auch die gegenläufige Handlungsfigur möglich ist: dass der Erinnerungswert eines Gegenstandes so wichtig und entscheidend, dass sein Warenwert demgegenüber völlig irrelevant ist. Auch lässt es sich Achim von Arnim selbst nicht entgehen, diese Gegenfigur zur selbstgefälligen Dolores am Verhalten eines Kindes zu veranschaulichen.

Der oben genannte Graf durchforscht vor einer beabsichtigten Abreise vom Lande die „einzelnen Schränke nach vergessenen Sachen". Dabei stößt er – dem Prinzip der russischen Puppen vergleichbar – auf den Spielzeugschrank eines verstorbenen Kindes: auf einen ihm selbst in der eigenen Kindheit lieb gewesenen „kleinen", „mit vielen Schlössern und Kästchen" „versehenen Schrank." „Eingedenk" seiner eigenen einstmaligen Nutzung, stößt er bald auf eine liebevoll gemachte „Sammlung von Andenken", die das verstorbene Kind hier verbarg.

Mit welchem „Erstaunen" entdeckt der Graf nun, dass die „mit kurzer Inschrift" versehenen Andenken allesamt „kleine Geschenke" seiner selbst sind! Ja, dass auch „manches Weggeworfene, woran er sich kaum erinnern konnte," von ihm selbst her stammt! Und an der folgenden Aufzählung wird also der bezeichnende Doppelcharakter des Andenkens, mal ein intendiertes Geschenk, mal nur unabsichtlich Weggegebenes zu sein, deutlichst fassbar: Da findet sich ein „Angelhaken", eine „trockene Blume", „ein Blatt aus dem Haushaltungskalender", „Haare", ja sogar „Kirschkerne, die er [der Graf] ihm [dem Kind] einmal gegeben, sie aus dem Zimmer zu werfen".[116]

Das im Roman beschriebene Andenkenkästchen verweist mit seinen Merksprüchen auf eine protestantische Andachtspraxis.[117] Wichtiger aber ist, wie hier ein Vorgang der Steigerung von Intimisierung und Andenken beschrieben wird: Ein Graf entdeckt in einem einst von ihm selbst als Jugendlichem geliebten und vielgenutzten, zwischenzeitlich jedoch von einem anderen Kind wiederbenutzten Schränkchen diskrete und intim verwahrte Dinge – die von einer „heimlichen Zuneigung" und „fantastische[n] Liebe" des verstorbenen kleinen Andenkensammlers zum Grafen zeugen.[118] So dass für den Grafen diese Entdeckung zur Folge hat, dass ihm die aus lauter nichtigen Dingen zusammengesetzte Andenkensammlung zum „kostbarsten Schatz", zum „schönsten Denkmal der tatenlos verschwundenen Jugend" wird.[119]

Sind wir bislang davon ausgegangen, dass ein Andenken oder Souvenir einen narrativen Kern besitze und einen Appell an seine Umgebung sende, diesen doch möglichst restlos zu entfalten, ist zuletzt freilich zu bedenken zu geben: Es sind auch Andenkenfunde möglich – und jeder, der den Nachlass eines seiner Verwandten ordnet, weiß das –, bei denen die in dem Erinnerungsstück verkapselte Geschichte allem detektivischen Spürsinn zum Trotz rätselhaft und unerzählbar bleibt.

In Gesellschaftsumbrüchen, Kriegen und Völkermorden häufen sich die Fälle, dass die Dinge gleichsam eines Großteils ihrer Geschichten verlustig werden, da niemand mehr da ist, sie zu erzählen. Dann bewahren die Andenken verloren gegangene, nicht mehr rekonstruierbare Geschichten, die sie selbst dem beflissenen Beobachter und Rechercheur gleichsam versprechen und zugleich vorenthalten. Die von uns als prekär bezeichnete, weil veränderungsgefährdete Zeit zwischen Stiftung und Reinszenierung des

---

115 Arnim 1989, S. 155.
116 Ebd., S. 356f.
117 Holm/Oesterle 2005, S. 433–448.
118 Arnim 1989, S. 357.
119 Ebd., S. 8.

Andenkens wird dann zum unüberwindlichen Abgrund.
In einigen Erzählungen Theodor Storms, die er selbst als „verschollene Poesie“[120] kennzeichnete, finden sich frühe Erzählansätze dafür, dass der postume Finder eines Andenkens die darin verborgene Geschichte schwer oder nicht mehr rekonstruieren kann. So trifft sich der resignierte Andenkenerzähler mit dem resignierenden Geschichtsschreiber Jakob Burckhardt, der nicht mehr daran glaubte, die Ruinen und Überbleibsel der Geschichte restlos wiederbeleben zu können.[121]

Andenken und Souvenir im Interieur: eine Kreuzung von Versteck, Idylle und Memorabilem

Im Mittelpunkt unseres Augenmerks auf die Vorgänge der Stiftung und Reinszenierung von Andenken und Souvenir stand bislang die temporale Struktur. Doch sollte man darüber hinaus die jeweilige Örtlichkeit und Lokalität beider Situationen berücksichtigen. Dann fällt auf, das Beispiel des Reiseandenkens macht es deutlich, dass die Initiierung, das Empfangen oder Aneignen des Andenkens häufig in der Ferne, jedenfalls in mobilem Gelände stattfindet; die Reinszenierung, das Wiederfinden hingegen meist im Interieur. Walter Benjamin hat den Ursprung des Erzählens in der Kreuzung zweier menschlicher „Grundtypen“ sehen wollen, im abenteuerlichen Fernreisenden auf der einen, im sesshaften Lauschenden auf der anderen Seite.[122] Auch in den beiden Polen des Andenkens, im Augenblick seiner Stiftung und in dem seiner Wieder-Holung in das Gedächtnis, sind diese konträren „Grundtypen“, einmal in Form des abenteuernden Zugriffs, dann in der des meditativen Wiedererinnerns, andeutungsweise zu finden. Ein einst gestiftetes Andenken hat eine doppelte Wirkrichtung: auf der einen Seite ruht und wartet es, auf der anderen strahlt es Fernweh aus. Diesen komplexen Sachverhalt bringen eine Formulierung Kierkegaards und ein angefügter Kurzkommentar Benjamins auf den Punkt. Benjamin zitiert in seinem Passagenwerk Kierkegaards Überlegung: „Die Kunst aber wäre, Heimweh zu haben ob man gleich zu Hause ist. Dazu muss man sich auf Illusion verstehen“. Und Benjamin fügt gleichsam an den Rand geschrieben hinzu: „Das ist die Formel des Interieurs.“[123]
Das Vokabular Pierre Noras aufgreifend, könnte man sagen: Während die Stiftungsszene des Andenkens an einem Ort der Erinnerung (an einem „lieu de mémoire“) stattfindet, spielt sich die Wiedereinsetzung in einem Erinnerungsmilieu, in einem „milieu de mémoire“[124], einem Interieur ab. Man hat im Interieur, das mit seinen „geheimnisvollen Schwellen“[125] und sichtbar-unsichtbaren Zonen erst seit der frühen Neuzeit entstanden ist,[126] Anklänge an die Herrgottswinkel einerseits, andererseits an die Wunderkammern finden wollen.[127] In der Tat lassen sich unterschiedliche residuale Zonen im Interieur ausmachen, die einmal mehr (meist durch Photos vertreten) den Verstorbenen gelten, das andere Mal – früher oft in Vitrinen platziert – eher für Kleinodien und wertvolle Kuriositäten reserviert blieben. Und dann ist überraschenderweise eine im Interieur nachwirkende dritte Komponente aus der Tradition des Hausrechts und Hausfriedens bislang übersehen worden.
Denn eine Reihe von Dingen, die früher in der Repräsentationsstube standen, galten der Ausstellung des eigenen Standes und figurierten „als Symbol des Hausfriedens und Hausrechts“.[128] Als Prestigegegenstände finden wir diese auch heute noch im modernen Interieur wieder.
Und diese Beobachtung lässt sich erweitern. Im Interieur überkreuzen sich drei Lebensentwürfe: das Versteck, die Idylle und das Memorabile. Unter dem Lebensentwurf des Verstecks verstehe ich dabei nicht nur „die Höhle“ und „das Gehäuse“, wie es Benjamin unter psychoanalytischen und kultursoziologischen Aspekten reflektiert,[129] sondern einen Lebensentwurf, der mit der Kuriosität,[130] dem Trompe d'œil[131] und dem Quodlibet (Abb. 12)[132] zu tun hat. Dieser Lebensentwurf verarbeitet mit Artistik die Alltagserfahrung, dass die „ignorierten Objekte“ ein Eigenleben beginnen können.[133] Diese Erfahrung nutzt der Arrangeur des Interieurs, um im raffiniert geordneten Chaos der Dinge sich selbst zu drapieren. In seinem Essay „Erfahrung und Armut“ hat Walter Benjamin ein Gedankenexperiment durchgeführt:
„Betritt einer das bürgerliche Zimmer der 80er Jahre, so ist bei aller „Gemütlichkeit“, die es vielleicht ausstrahlt,

---

[120] Theodor Storm an Dorothea Storm, 6. Juli 1862. In: Storm 1992b, Bd. 1, S. 786f. Storm verwendete diese Formulierung in einer Kontroverse mit Paul Heyse, die sich an seiner Andenken-Novelle „Im Sonnenschein“ entfachte, in der ein Haarmedaillon den Dreh- und Angelpunkt bildet. Siehe dazu: Holm 2004, S. 31 und 39f.
[121] Burckhardt 1983.
[122] Benjamin 1961, S. 411.
[123] Benjamin 1991, S. 289.
[124] Assmann 1996, S. 19-27.
[125] Benjamin 1991, S. 283.
[126] Van Dülmen 1998, S. 9-29.
[127] Fliedl 1997, S. 149 und 150.
[128] Köstlin 1994, S. 201.
[129] Benjamin 1991, S. 286 u. S. 292.
[130] Oesterle 1990, S. 81-112.
[131] Chong/Kloek 1999, S. 221-233. Yalçin 2004.
[132] Vgl. dazu ein Quodlibetbild aus dem Jahr 1823, abgebildet in: Weninger 1977, S. 31. Siehe auch: Philippovich 1966, S. 46-52.
[133] Bryson 2003, S. 154.

der Eindruck „hier hast du nichts zu suchen“ der stärkste. Hier hast du nichts zu suchen – denn hier ist kein Fleck, auf dem nicht der Bewohner seine Spur hinterlassen hätte: auf den Gesimsen durch Nippessachen, auf dem Polstersessel durch Deckchen, auf den Fenstern durch Transparente, vor dem Kamin durch den Ofenschirm.“[134] Doch freilich könnte man darüber streiten, ob der erste Eindruck beim Betreten eines von seinem Einwohner soeben verlassenen Interieurs tatsächlich der Platzverweis und das Suchverbot ist oder gerade im Gegenteil die kombinatorisch-detektivische Beobachterfrage: wer hat sich hier wie eingerichtet? Konsequenterweise entwirft dieses Quodlibet der Dinge im Interieur auch einen Spielraum für Masken: für Möglichkeiten durch raffinierte Objektarrangements ludistisch evozierter Lebens- und Charakterentwürfe, die sein Bewohner ansonsten glaubt schwer realisieren zu können. Hierher gehören alle die Souvenirs, die kuriosen, frechen, spielerischen, versteckt-erotischen Charakter tragen (Gadgets); aber auch die Stilpluralismen, über die Miss Mitford nach dem Besuch in Rosedale Cottage gesagt haben soll: „Jedes Zimmer ist eine Maskerade.“[135]

Diesem spielerischen, wunschorientierten und vor Rätsel stellenden Interieurentwurf lässt sich als Pendant, Kontrast oder Ergänzung indessen ein stärker identifikatorisch geprägter, d.h. an Authentizität der dinglichen Lebensspuren interessierter Entwurf der Idylle zur Seite stellen.[136] Historisch beansprucht dieser Entwurf des idyllischen Interieurs seit der Empfindsamkeit das Einstehen für die Gemütlichkeit, die Stimmung, das Emotionale.[137] In der Tradition der Empfindsamkeit stehende Andenken haben es nicht versäumt, dieses Feld fleißig zu bestellen.

Den Begriff für den dritten im Interieur wirksamen Lebensentwurf, „Memorabiles,“ entnehme ich André Jolles' Buch „Einfache Formen“.[138] Das „Memorabile“ ist für Andenken und Souvenir deshalb aufschlussreich, weil darunter eine vom Objekt angeregte „Geistesbeschäftigung“ verstanden wird, die „Dokumente eines Geschehens“ in seiner „stärksten“ gegenständlichen „Konkretheit“ verdichtet.[139]

Ein 1989 eigenhändig aus der Berliner Mauer herausgemeißeltes Stück oder der schon zitierte „Kennedy-rocker“ stellen solche Memorabilien dar.

Die Leistungsfähigkeit unserer Hypothese, dass sich im Interieur drei Lebensentwürfe, ein kurioser, ein idyllischer und ein auf Memorabilien bezogener überkreuzen, ließe sich am besten an heiklen und tabubesetzten Feldern unserer Thematik überprüfen. Die Nazisouvenirs z.B. haben sowohl am provokatorisch-kuriosen wie am identifikatorischen Entwurf Anteil; zugleich werden sie als Memorabilien, d.h. als verdichtete Verkörperungen der Nazis gehandelt. Dabei ist diese dreiteilige Perspektive auf das Interieur als den Ort, an dem Andenken und Souvenirs sowohl aufbewahrt als auch reinszeniert werden können, auch ein vorsichtiger Versuch, einige inspirierende Hypothesen Walter Benjamins zu korrigieren. Das betrifft vornehmlich den folgenden von ihm stark gemachten Aspekt. Mit der Doppelthese „Das Interieur ist die Zufluchtsstätte der Kunst. Der Sammler ist der wahre Insasse des Interieurs“,[140] hat Benjamin den intimen Wohnraum zu sehr von der Autonomie der Kunst und der Professionalität des systematisch vorgehenden Sammlers her gedacht. Das Interieur ist – so der Korrekturvorschlag – der Ort und Stimmungsraum für Andenken und Souvenirs.[141] Sein Choreograph ist nicht der Sammler,

---

[134] Benjamin 1989, S. 213f.

[135] Praz 1965, S. 182.

[136] In der zweiten Hälfte des 18. Jahrhunderts stellt der empfindsame Landschaftsgarten den Raum für die vielfache Realisierung des Idyllischen in seinem Raum. Dabei schöpft die Gartengestaltung einerseits aus einem Reservoir kollektiver Erinnerungen, anderseits initiiert sie deren Intimisierung, da erstens gerade das individualbiographische Wissen des Besuchers in das Gartenerlebnis einbezogen wird und zweitens die in den Staffagen nur halb enthüllten, halb verhüllten Individualerinnerungen ihres Gestalters sich dem Gartenbesucher erst in der „einsamen Wiedererinnerung“ zu einer Stimmung verdichten sollen. Daher ist bereits der empfindsame Garten in seiner Funktion als ein bevorzugter Erinnerungsort von einer dem Andenken zuarbeitenden Spannung durchzogen. Vgl. Oesterle/Tausch 2001 und Ananieva 2001, S. 226-280.

[137] Interessant ist, dass die Stimmung als zentrale Wahrnehmungsqualität schon in der Theorie des Landschaftsgartens des 18. Jahrhunderts begründet wird, bevor sie im 19. Jahrhundert den Einzug in das Interieur hält. Hirschfeld beschreibt die Entstehung der Stimmung aus dem Charakter der Gartenumgebung, insbesondere im Erinnerungsraum eines sanft-melancholischen Gartens. Vgl. Hirschfeld 1782.

[138] Jolles 1958, S. 200-217.

[139] Ebd., S. 212.

sondern der Dilettant, dem keineswegs „die Sisyphosarbeit“ zufällt, „durch seinen Besitz an den Dingen den Warencharakter von ihnen abzustreifen.“[142]
Der Dilettant als Heimwerker, Liebhaber und Kenner gestaltet im Interieur mit Hilfe von Souvenirs und Andenken einen Erinnerungsraum.[143] Im Namen der Erinnerung erhalten die Dinge Lizenzen bis in die Nähe zum Kitsch und Ephemeren. Der Dilettant lässt den Dingen im Interieur ihren zwiespältig wirkenden Spielraum, ihren Prestige- und Intimwert, ihre individuelle und kollektive Erinnerung, ihren Doppelcharakter als Kommerz mit persönlichem Flair. Der Dilettant zumal der postmodernen Ära weiß um die durch den wachsenden Konsum gegebene Gefahr einer „hybride[n] Wucherung der Dinge“[144] – er kennt die im 19. Jahrhundert zum Bersten überladenen Interieurs; er steht aber auch in Distanz zu den leergeräumten, neusachlichen Wohnräumen, die dem Bewohner und Besucher keine Narrationsbrücken und Erinnerungsstimuli zugestehen wollen, und ihn folglich mit ihrer (und seiner...) Öde allein lassen. Der postmoderne Dilettant ist gelassen; er nutzt die Leere, wo sie ihm produktiv erscheint; er weiß, bestimmte Erbstücke solitär zu positionieren; er verbietet sich aber auch nicht, stellenweise der Fülle, Vielfalt und Dingfreudigkeit zu frönen. Manchmal streut er Souvenirs und Andenken nur aus und wartet. Auf Nachfrage ist er bereit, allen diesen Kleinodien, Mitbringseln und Kinkerlitzchen einen narrativen Tiefenraum zu geben. Andenken und Souvenirs haben insofern Anteil an dem „nicht privativen Merkmal des Privaten“, wie Hannah Arendt es formuliert hat:

„Wir kennen alle die eigentümliche Verflachung, die ein nur in der Öffentlichkeit verbrachtes Leben unweigerlich mit sich führt. Gerade weil es sich ständig in der Sichtbarkeit hält, verliert es die Fähigkeit, aus einem dunkleren Untergrund in die Helle der Welt aufzusteigen; es büßt die Dunkelheit und Verborgenheit ein, die dem Leben in einem sehr realen, nicht-subjektiven Sinn seine jeweils verschiedene Tiefe geben.“[145]

[140] Benjamin 1991, S. 53.

[141] Man könnte das Intérieur auch umgekehrt als den Warteraum auf das Andenken bezeichnen: dessen besondere Stimmung sich daraus speist, dass man die mögliche Präsenz von Andenken bereits erwittert, ihr Wiederfinden geradezu erwartet – so dass der „zufällige“ Andenkenfund, befördert durch die aus der Erwartung resultierende Sensibilisierung, tatsächlich mit größerer Wahrscheinlichkeit eintrifft. Zu dieser Logik des Warteraums auf das Andenken siehe Hoefer 2006, S. 76-173 (Kapitel „Ouvertüre: das Intérieur“).

[142] Benjamin 1991, S. 53.

[143] In der Ausstellung wie in der Publikation „Der Souvenir“ ist das selbstinszenierte Paradebeispiel eines solchen Dilettanten vertreten. Freilich betrieb er die „dilettantische“ Einrichtung seines Erinnerungsraumes in Auseinandersetzung mit der Wohnraumkunst des 18. und 19. Jahrhunderts sehr bewusst, und entwickelte dann gar daraus die erste Theorie oder Philosophie der Wohnraumkunst überhaupt: Die Rede ist von Mario Praz. Siehe dazu den Beitrag von Natascha Hoefer in diesem Katalog und Hoefer 2006 S. 95-123 (Kap. „Das Intérieur (Geschichte einer Liebe)“).

[144] Böhme 2000, S. 446.

[145] Arendt 2003, S. 87.

Andreas Hillert

Souvenirs: Neurophysiologische und psychologische Aspekte eines (erinnerungs)kulturellen Phänomens

Präambel

Souvenirs sind letztlich keine wie auch immer formal oder inhaltlich definierbare Objektkategorie. Die Bestimmung von Objekten zum Souvenir resultiert einzig und allein aus den kognitiven und emotionalen Qualitäten, die menschliche Subjekte mit ihnen verbinden. Integraler Bestandteil dessen ist das Anliegen des jeweiligen Betrachters und/oder Besitzers, mit eben diesem Objekt Erinnerungen zu verknüpfen, damit gewissermaßen materiell zu fixieren und vor dem Schicksal des Vergessens über die Zeit hinweg zu retten.

Von der Wahrnehmung zur Gedächtnisspur (und umgekehrt)

Grundlage des Souvenir-Phänomens ist die optische, akustische, taktile und/oder Geruchs-Wahrnehmung des betreffenden Objektes. Wahrnehmung, wobei wir uns hier auf den visuellen Aspekt beschränken,[1] beginnt als Muster optischer, durch die Linse des Auges auf die Netzhaut projizierter Signale. Hier werden auf Licht sensible Sinneszellen im Bereich der Stelle des schärfsten Sehens erregt und ihre Impulse über den Sehnerv weitergeleitet. Die Sehnerven, konkret deren jeweils von den nasalen Bereichen der Netzhaut stammenden Bahnen, kreuzen im weiteren Verlauf und enden schließlich in den „seitlichen Kniehöckern". Die hier eingehenden Impulse stoßen nachgeschaltete Nervenzellen an, wobei ein Teil über den Thalamus unmittelbar auf u.a. für emotionale Verarbeitung relevante Zentren projiziert. Die überwiegende Mehrzahl der betreffenden Nervenfortsätze endet im Sehzentrum des Gehirns, also im Bereich des Hinterkopfes (Occipitalhirn). Die hier eintreffenden Signale sind bereits alles andere als ein photographisches Abbild des Gegenstandes: Farben wurden vorselektiert, Kontraste verstärkt, Entfernungen drücken sich in gedoppelten Konturen aus etc. In der Sehrinde sind die Nervenzellen in sechs Schichten säulenförmig angeordnet. Hier werden Impulse integriert, summiert oder abgeschwächt. Eine Nervenzelle kommuniziert über Synapsen mit etwa 10.000 anderen, teils benachbarten, teils aber auch entfernteren Zellen bzw. Zentren. Spätestens in der vierten Zellschicht des Occipitalhirns ist kaum noch eine topographische Zuordnung der Signale zu ihrem jeweiligen Ursprung aus umschriebenen Teilen der Netzhaut mehr möglich. Es finden sich nun vielmehr Zellen, die spezifisch auf umschriebene Qualitäten reagieren, auf Konturen, Bewegung, Farben. Mehr als 32 Hirnareale, die in die visuelle Wahrnehmung involviert sind, können derzeit unterschieden werden. In einigen geht es primär um Lokalisierung, in anderen um Identifizierung, in weiteren um emotionale Bewertung etc. Dieser Prozess der parallelen Analyse von ursprünglich auf visuelle Reize zurückgehenden Mustern in verschiedenen, jeweils andere Konnotationen bedeutenden Zentren ist vermutlich das Korrelat dessen, was wir als Wahrnehmung bezeichnen respektive – im Hier und Jetzt – unmittelbar erleben.

Schemata: fixe-adaptive Grundlagen des Bewusstseins

Die Wiederholung ähnlicher Wahrnehmungsprozesse hinterlässt in der funktionellen Struktur des Gehirns Spuren, etwa indem Abläufe durch Ausbildung von Synapsen „gebahnt" werden. Auf eben dieser (neuronalen) Plastizität des Gehirns basiert Lernfähigkeit. Dabei determinieren stets die zuvor erlernten Muster (Schemata) die aktuelle Wahrnehmung. Neue Eindrücke werden dabei nach Möglichkeit im Sinne vorbestehender Muster wahrgenommen (Assimilation). Fehlwahrnehmungen (z.B. optische Täuschungen) sind hierdurch vorprogrammiert.[2] Sind die Diskrepanzen zwischen den wahrgenommenen Phänomenen und den vorbestehenden, die Wahrnehmung determinierenden Mustern zu groß, dann werden Schemata verändert, neue differenzieren sich heraus (Akkomodation). Ein unvoreingenommenes, neutralobjektives Wahrnehmen ist so oder so grundsätzlich unmöglich und auch gar nicht nötig! Die schema-gebundene Wahrnehmung ist ökonomisch, funktional und zeitsparend, eben weil sie unsere Umwelt auf für uns lerngeschichtlich als relevant erwiesene Aspekte reduziert.

---

[1] Birnbaumer/Schmidt 1996, S. 372ff.

[2] Z.B. Schuster 2002.

Was darüber hinausgeht, schon um das System vor Informations-überflutung zu schützen, wird ausgefiltert. Auf psychologischer Ebene werden ein durch die unmittelbare Weiterleitung und parallele Verarbeitung von Impulsen determiniertes Kurzzeit- und ein eher auf Neuroplastizität beruhendes Langzeitgedächtnis unterschieden; diverse Unterfunktionen lassen sich differenzieren.[3] Aber auch das Langzeitgedächtnis ist kein statischer Speicher. Hier niedergelegte Muster modifizieren und verändern sich um so eher, je häufiger sie abgerufen, angestoßen bzw. „erinnert" werden. Das zum soundsovielten Male erinnernde Subjekt vermag schließlich die Grenzen zwischen dem, was ursprünglich gespeichert war und zwischenzeitlich erfolgten Modifikationen (entgegen der subjektiven Gewissheit) oft nicht mehr scharf zu ziehen.[4]

Integrale Teilaspekte jeder Wahrnehmung und allen Erinnerns sind Emotionen.[5] Schwerpunktmäßig sind diesbezüglich insbesondere das limbische System, d.h. die zwischen dem Großhirn und dem entwicklungsgeschichtlich älteren Mittel- und Stammhirn vermittelnden Zentren, sowie das Frontalhirn relevant. Nur das, was emotionale Qualität hat, wird wahrgenommen. Emotionen, etwa Angst oder Freude, begründen und fokussieren dabei die kognitive Wahrnehmung.[6] Die Wahrscheinlichkeit, dass höhere Lebewesen bestimmte Handlungen häufig zeigen, steigt, wenn in diesem Kontext u.a. limbisches System und Frontalhirn betreffende Bahnen stimuliert werden („Belohnungssystem des Gehirns„). Dies kann mit Elektroden, aber offenkundig auch durch Beschäftigung mit als anregend bis lustvoll erlebten Phänomenen geschehen... womit wir wieder beim Souvenir-Thema angelangt sind.

Souvenirs: Hoffnung und Illusion externer Gedächtnisspuren

Im Sinne der hier selbstverständlich hochgradigst vereinfacht skizzierten neurophysiologischen und psychologischen Phänomene lassen sich Souvenirs als intentional vom Subjekt auf vorsätzlich ausgewählte Objekte bezogene, im Langzeitgedächtnis angelegte Spuren bzw. Schemata mit umschriebenen kognitiven und emotionalen Konnotationen definieren. Die Objekte, etwa bei späterer kontemplativer Betrachtung, sollen dabei das Wiedererleben bestimmter „ursprünglicher" Kognitionen und Emotionen triggern respektive eine erwünschte, als positiv bewertete Rückkopplung anstoßen. „Positiv" muss hier nicht zwangsläufig Freude und Wohlgefühl bezeichnen, zumindest aber ist eine Motivation zur Erinnerung, die beispielsweise eine Bestätigung individuell für bedeutsam erachteter Werte beinhaltet, vorauszusetzen. Die Funktion von Souvenirs liegt – lernpsychologisch ausgedrückt – somit darin, im Sinne einer „geförderten Reproduktion", die Erinnerung an spezielle, schema-konforme Inhalte anzustoßen. Dass dieses im Prinzip durchaus gut und kulturtragend funktioniert, belegt diese Ausstellung in mannigfaltigen Facetten.

Ungeachtet dessen lässt sich die Dynamik neuronaler Prozesse nur bedingt intentional steuern; jeder diesbezügliche Versuch stößt zwangsläufig auch andere, teils gegenläufige Prozesse an. Neuigkeiten, insbesondere solche mit hochemotionalen Implikationen, sind reizvoller und gewichtiger als stereotype Wiederholungen bekannter Muster. Ein zu häufiges Repetieren bestehender Schemata führt fast zwangsläufig zur Monotonie.[7] Wer ein Souvenir tagtäglich vor Augen hat, nimmt es irgendwann nicht mehr (bewusst) wahr. Parallel dazu nimmt – im psychologischen Normalfall – der persönliche Wert eines Souvenirs ab, es sei denn, dieser wird durch erneute Erlebnisse aktualisiert, was dann aber zu Veränderungen des ursprünglichen Schemas führt.[8] In diesem Sinne findet sich dann beispielsweise ein von einer Reise mitgebrachtes Souvenir im heimischen Wohnzimmer wieder. Dieser im Vergleich zur Situation des Erwerbs in vielen Hinsichten veränderte Kontext hat seinerseits Auswirkungen auf die Wahrnehmung des Stückes und damit auf die diesbezüglichen Schemata.

Diese Prozesse sind einerseits offenkundig der prinzipiell mit Souvenirs verbundenen Intension entgegengesetzt, nämlich – etwas pathetisch ausgedrückt – „Erinnerung rein zu bewahren" und andererseits schlicht unvermeidlich. Tröstlich daran ist nur, dass ein Verharren in stereotypen Schemata letztlich auf psychopathologische Phänomene

---

3 Einführend: Bredenkamp 1998; Parkin 2000; Spitzer 2000.

4 Glaserfeld 1994; vgl. Grawe/Donati/Bernauer 1995, S. 757ff.; Florey 1998; Danoko 1999.

5 Z.B. Izard 1994.

6 Ciompi 1997.

7 Davidson/Jackson/Kalin 2000.

8 Vgl. Singer 2000; Singer 2004.

(z.B. Gedankenzwänge) hinausliefe. Und so, im Prozess individuellen Wertewandels, kann ein ehemals heißgeliebtes Souvenir auf dem Flohmarkt landen, während ein ehemals peripherer Gegenstand zum Symbol für zentrale Aspekte persönlicher Identität heranreift. Mit Souvenirs sollen Zeit und Raum überwunden werden, was auf ein latent melancholisch-romantisches, letztlich unausweichlich frustran der Vergänglichkeit entgegengehaltenes Unterfangen hinausläuft.

Die mit Souvenir-Objekten verknüpften Schemata sind ihrerseits selber unabdingbar Veränderungen unterworfen. Aber selbst wenn der Versuch, mit Hilfe von Souvenir-Objekten ansonsten autonome Prozesse der Schema-Bildung zu steuern, letztlich scheitern muss, hinterlässt das Anliegen ebenso zwangsläufig Gedächtnisspuren eigener Art ...

Der Begriff: „Erinnerungskultur“ leuchtet angesichts dieser vielfältigen Bezüge in allen Regenbogenfarben auf. Ohne Erinnerung ist Kultur, die von Anfang an stets auch eine Form „materieller Erinnerung“ war, unvorstellbar (was nicht zuletzt die dieser Aussage innewohnende Tautologie unterstreicht). Jeder Entschluss mit Traditionen zu brechen leitet sich als Antithese eines Schemas unabdingbar aus Erinnerungen ab. Selbst die im Erinnerungskultur-Begriff anklingenden, vorsätzlich-retrospektiven Aspekte, im Sinne einer anachronistischen Variante von Kultur, könnten nicht verhindern, dass auch Vertreter einer solchen Geisteshaltung aus elementaren neurophysiologischen Gründen dem Schicksal des Schema- bzw. Wertewandels unterworfen bleiben.

Psychologische Souvenir-Forschung?!

Grundlage der dargelegten Überlegungen waren mehr oder weniger allgemeine neurophysiologische Befunde, die auf das Souvenir-Phänomen übertragen wurden. Dezidierte psychologische Forschung hierzu, es sei denn, man wertet alle kognitiv und emotional belegten Gegenstände, die Wahrnehmungsprozesse beeinflussen (etwa Fotos mit bekannten und unbekannten Gesichtern) als Souvenir, gab es bislang praktisch nicht. Aus der argumentativ aufgezeigten Beziehung zwischen Souvenir-Schemata und Souvenir-Objekten ergeben sich potentiell unabsehbar viele interdisziplinär zwischen Psychologie und Kulturwissenschaften liegende Fragestellungen, die sich mit etablierten psychologischen Methoden untersuchen ließen. Die individuelle kognitive und emotionale Konnotation eines Souvenir-Objektes ließe sich deskriptiv erfassen, qualitativ und quantitativ, unstrukturiert und strukturiert mit Fragebögen, auch unter Messung physiologischer Parameter (etwa mit Hilfe des Biofeedbacks). Inwieweit sind bestimmte Souvenir-Schemata für bestimmte soziale Gruppen, Lebensstil-Typen oder ganze Kulturen charakteristisch?[9] Wie stabil bzw. veränderungsresistent sind die Schemata, auch abhängig von der emotionalen Qualität? Was macht z.B. die optische Repräsentanz eines Schemas aus, wie weit lässt sich ein Muster abstrahieren, um noch Schema-konform (z.B. als griechische Vase, als Kaaba) wahrgenommen zu werden?

Einzig im sozialpsychologischen Kontext, dort wo es um die persönliche Sphäre und um Lebensstile geht, finden sich Teilaspekte unserer Thematik wieder. So berichtet etwa der Psychologe Mihaly Csikszentmihalyi[10] über eine Frau, die eine Statuette der Venus von Milo in ihrer Wohnung aufhebt. Mit diesem Stück verbindet sie nun weniger kulturelle als vielmehr privat-biographische Assoziationen. Die Statuette hatte sie ehemals unter großen Anstrengungen in einem Wettbewerb gewonnen. Wie gesagt, die Bestimmung von Objekten zum Souvenir resultiert einzig und allein aus den kognitiven und emotionalen Qualitäten, die – individuelle – menschliche Subjekte mit ihnen verbinden. Als Schnittstelle zwischen objekt-bezogener Kulturgeschichte, soziokulturellen Parametern und persönlich-psychologischen Chiffren sind Souvenirs ein gewichtiges, relevantes und ergebnisträchtiges Thema.
Es ist zu hoffen, dass engagierte Wissenschaftler aller betroffenen Disziplinen sich daran erinnern ...

---

9 Etwa Georg 1998.
10 Csikszentmihalyi/Rochberg-Halton 1989, S. 188ff.

Rolf Reichardt

Souvenirs der Französischen Revolution. Der Fall Pierre-François Palloy

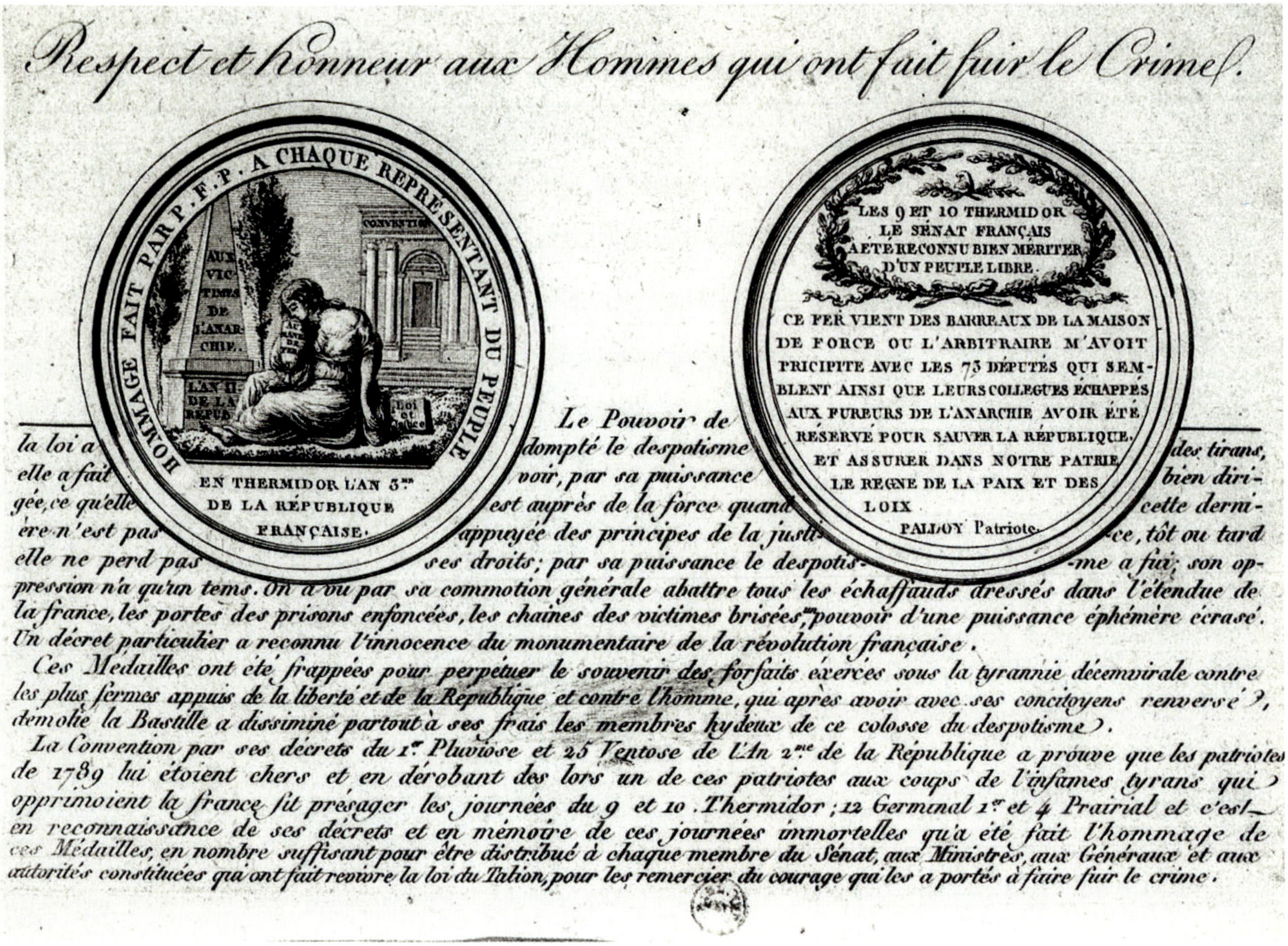

Abb. 1, Nach Pierre-François Palloy (1754 Paris – Sceaux 1835)
anonyme Radierung, 1795
„Respect et honneur aux Hommes qui ont fait fuir le Crime“.
Darstellung und Erklärung der gleichzeitig verteilten Kupfermedaille
11,5 x 17cm. Paris, Bibliothèque nationale de France, Estampes,
Sammlung Hennin, Inv. Nr. 12095

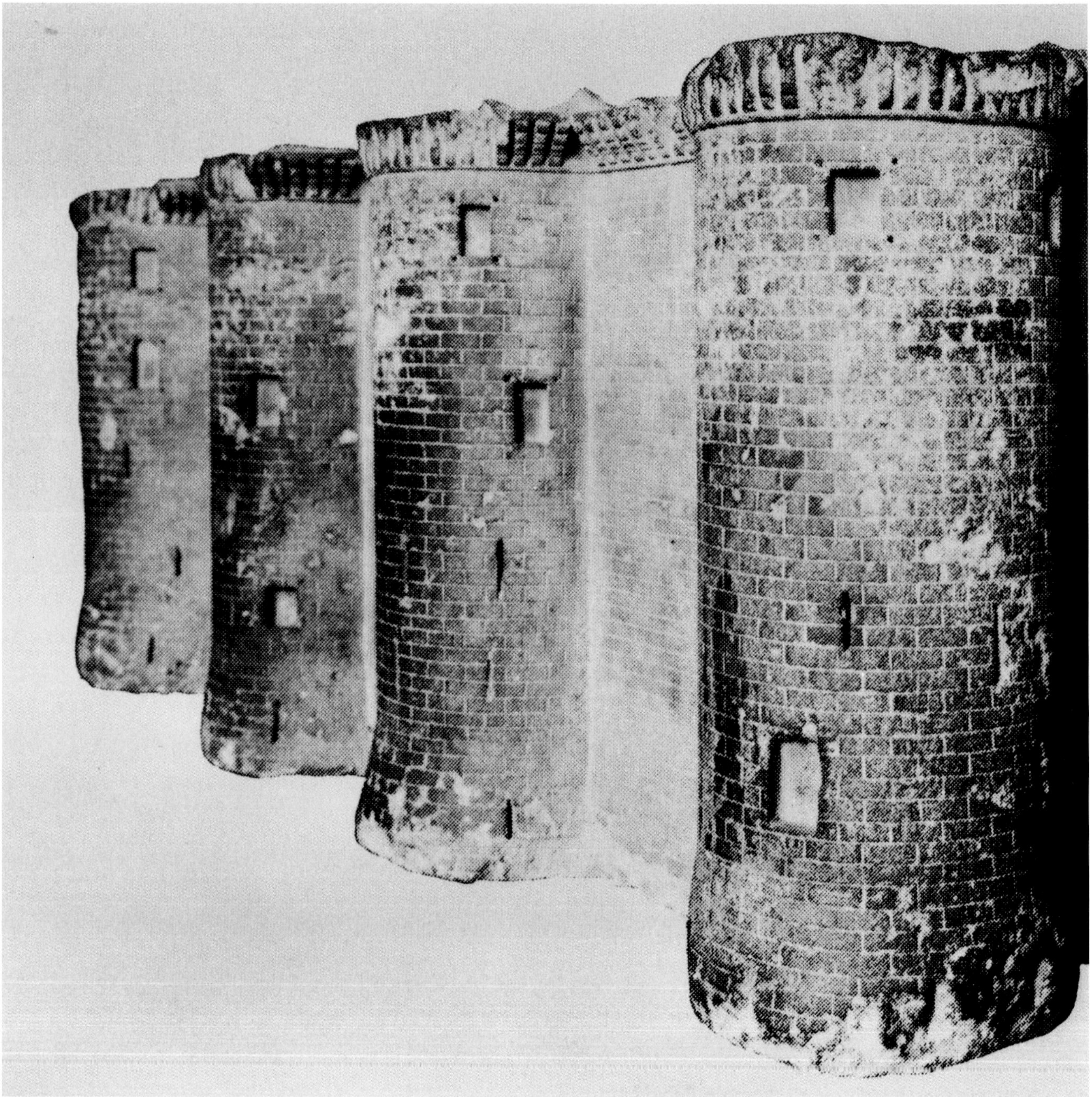

Abb. 2, Nachbildung der Bastille aus einem Stein derselben,
1790, 97 x 49 x 37cm, Paris, Musée Carnavalet, Inv. Nr. S.503

Kerkersteine zu Monumenten der Freiheit

Die Einwohner von Dijon erlebten am 13. November 1790 eine denkwürdige „procession civique“, wie ein Protokoll es ausdrückte. Eingerahmt von Musikkorps, Mitgliedern des lokalen Jakobinerklubs, Nationalgardisten, dem Magistrat und den Wahlbeamten des neuen Departements, trugen trikolorefarbig gekleidete Revolutionsaktivisten eine originalgetreue Nachbildung der Pariser Bastille durch die Straßen (Abb. 3) – gemeißelt aus einem Steinquader des berüchtigten Staatskerkers, den das aufständische Volk am 14. Juli 1789 gestürmt hatte und der unter dem Jubel zahlloser Zuschauer inzwischen weitgehend geschleift worden war. In seiner Rede zur öffentlichen Ausstellung dieses Bastille-Modells, das obendrein von einem patriotischen Pfarrer geweiht wurde, beschwor Navier, Vorsitzender des Departementalrates der Côte d'Or, das geradezu körperliche, alle Sinne erfassende Erinnerungspotential der Freiheitsreliquie:

„Die Bastille ist nicht mehr, endlich! Aber mit ihrem Modell haben wir das Abbild aller Übel des Ancien Régime vor Augen. Beim Anblick der Bastille werden unsere Enkel glauben, sie sähen finstere Kerkerzellen; das Klirren von Ketten wird an ihr Ohr dringen; das unaufhörliche Stöhnen der Schlachtopfer wird ihre Seele erfüllen: ein heiliger Schrecken wird allen Tyrannen widerstehen. Mögen doch diejenigen, welche der alten Regierung nachtrauern, sich angesichts dieser Reste der Bastille besinnen!“[1]

Solcher Denkmalskult um das mythische Gründungssymbol der Französischen Revolution war kein Einzelfall, sondern wiederholte sich mit Abwandlungen in den meisten übrigen Departements. Denn ein gewisser Pierre-François Palloy, der mit der Schleifung der Bastille beauftragte Pariser Bauunternehmer, hatte von seinen Arbeitern zu den nationalen Föderationsfeiern von 1790 etwa hundert solcher Modelle anfertigen lassen (Abb. 2) und aus Revolutionsaktivisten eigens den Bund der Apôtres de la Liberté gebildet, um die landesweiten Transporte seiner zentnerschweren Votivgaben durchzuführen. Eine Zeitungsanzeige Palloys verdeutlicht, wie systematisch er mit diesen Nachbildungen missionierte:

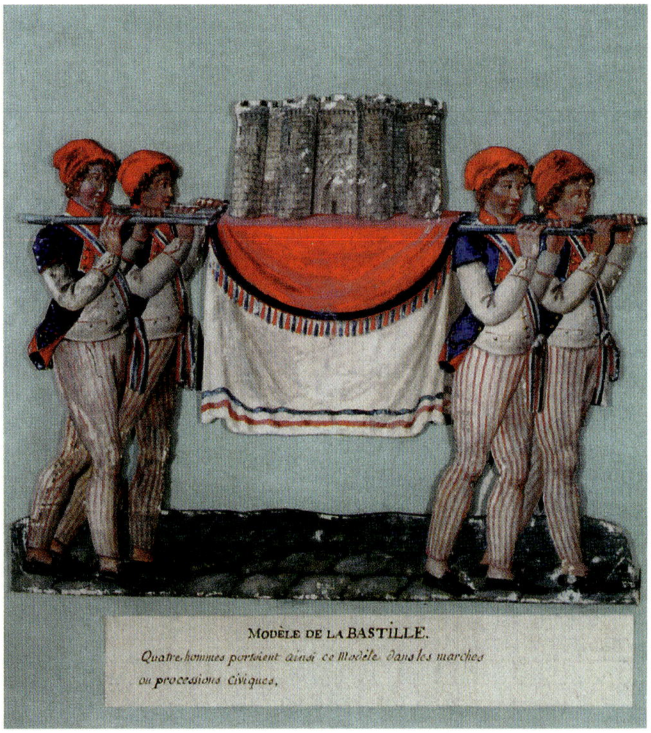

Abb. 3, Jean-Baptiste Lesueur (1749 Paris – Paris 1826)
Modell der Bastille, um 1790
Gouache ausgeschnitten und auf blau aquarelliertes Papier geklebt, 36 x 53,5cm
Paris, Musée Carnavalet,
Inv. Nr. D.9062

[1] „Enfin la Bastille n'est plus [...]. Mais nous avons sous les yeux l'image de tous les maux de l'ancien régime [...]. A la vue de la Bastille, [...] nos neveux [...] croiront voir les sombres cachots; le bruit des chaînes frappera leur oreille; les longs gémissemens des victimes retentiront dans leur ame: une salutaire horreur repoussera partout les tyrans. – [...] Ah! que ceux qui regretteront l'ancien gouvernement, viennent méditer auprès de ces restes de la Bastille.“ Zit. n. Lecocq 1881, S. 324-31; Übers. d. Autors.

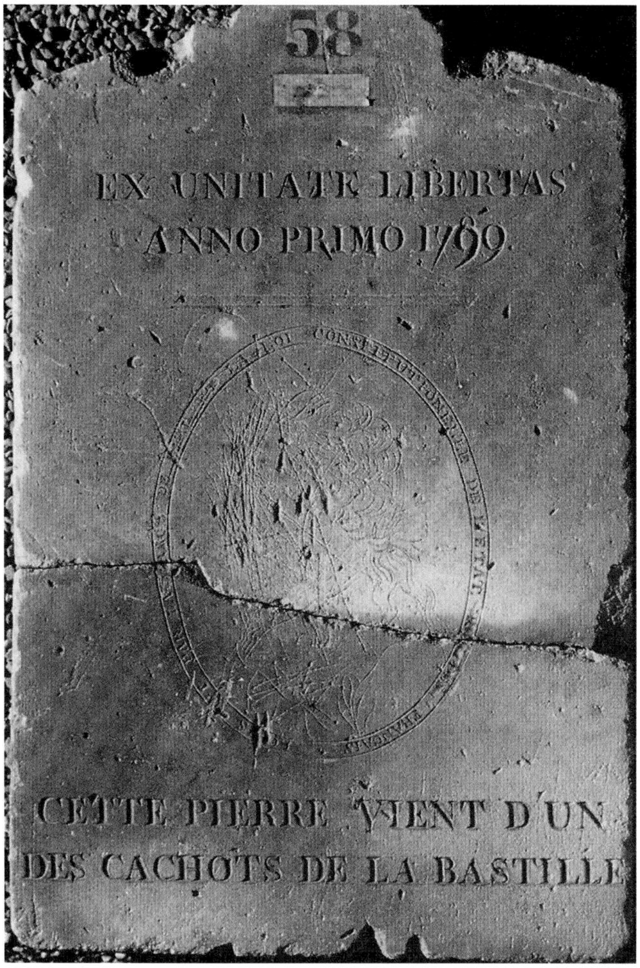

„Es war mir nicht genug, die Mauern dieser Festung einzureißen; es galt vielmehr, die schreckensvolle Erinnerung an sie wachzuhalten. Aus einer Bastille habe ich 83 gemacht und jedem Departement eine verehrt, damit ihre Trümmer sich sozusagen über ganz Frankreich ausbreiten und die tüchtigen Bürger ein für allemal an die Grausamkeit unserer Despoten erinnern.«[2]

Als authentische Überreste der geschleiften Festung und durch ihre Form zusätzlich beglaubigt, gehörten die steinernen Nachbildungen der Bastille auch sonst zum Repertoire kollektiver Rituale in der revolutionären Öffentlichkeit. So wurde eins von Palloys Modellen beim ersten Föderationsfest auf dem Pariser Marsfeld vor dem Vaterlandsaltar aufgestellt, ein anderes wurde Voltaires Sarkophag bei dessen Pantheonisierung am 11. Juli 1791 vorangetragen und ein drittes im Zug des Pariser Freiheitsfestes am 15. April 1792 mitgeführt. Darüber hinaus sah Palloy auch in den restlichen Steinen der Bastille materialisierte Zeitzeugen für das kollektive Erinnern einerseits an die Schrecken der ehemaligen Zwingburg, andererseits an den Triumph des Vierzehnten Juli. Nicht nur, dass er allen 644 Distrikten Frankreichs Steinplatten der Bastille stiftete, die er mittels Inschriften revolutionär umwidmete (Abb. 4). Zudem plante er, anstelle der geschleiften Bastille auf einem Sockel aus Steinen derselben eine Freiheitssäule zu errichten (Abb. 5), und wirkte bei ihrer Grundsteinlegung am 14. Juli 1792 tatkräftig mit: Sollte das Sinnfällige dieses Denkmals doch gerade darin bestehen, dass es die Trümmer der alten Zeit nicht völlig beseitigte, sondern dem Wahrzeichen der Neuen Zeit unterwarf[3].

Ketten – „im Feuer geläutert“

Was der „démolisseur de la Bastille“, der sich seit Juli 1789 „Palloy, Patriote pour la vie“ nannte, derart mit massiven steinernen Andenken im Großen propagierte, das betrieb er zugleich im Kleinen mit gezielt verteilten Revolutionssouvenirs, ganz besonders in Form von Eisenmedaillen, die er aus den Schlössern und Ketten, Fußeisen und Schleifkugeln des alten Staatsgefängnisses herstellen ließ.

Abb. 4, Bastille-Stein mit dem Portrait Ludwigs XVI, 1790 nach Dijon versandt
Inschriften: „Ex unitate libertas/anno primo 1789. Cette Pierre vient des cachots de la Bastille“. Umschrift des Medaillons: „Louis XVI par la grâce de Dieu et de la loi Constitutionnelle de l'Etat roi des Français“.
100 x 65cm, Dijon, Musée archéologique, Inv. Nr. 1873

[2] „Il ne m'a point suffi d'avoir aidé à renverser les murs de cette forteresse, il fallait en perpétuer l'horreur de son souvenir. D'une Bastille j'en ai fait 83 dont j'ai fait hommage à chacun des départements, afin que ses ruines s'étendent, pour ainsi dire, sur toute la France et rappellent à jamais aux citoyens vertueux l'atrocité des despotes.“ (Anzeige im Journal des Versailles 1790, S. 172).

[3] Zum größeren Zusammenhang Lüsebrink/Reichardt 1990, S. 150-166.

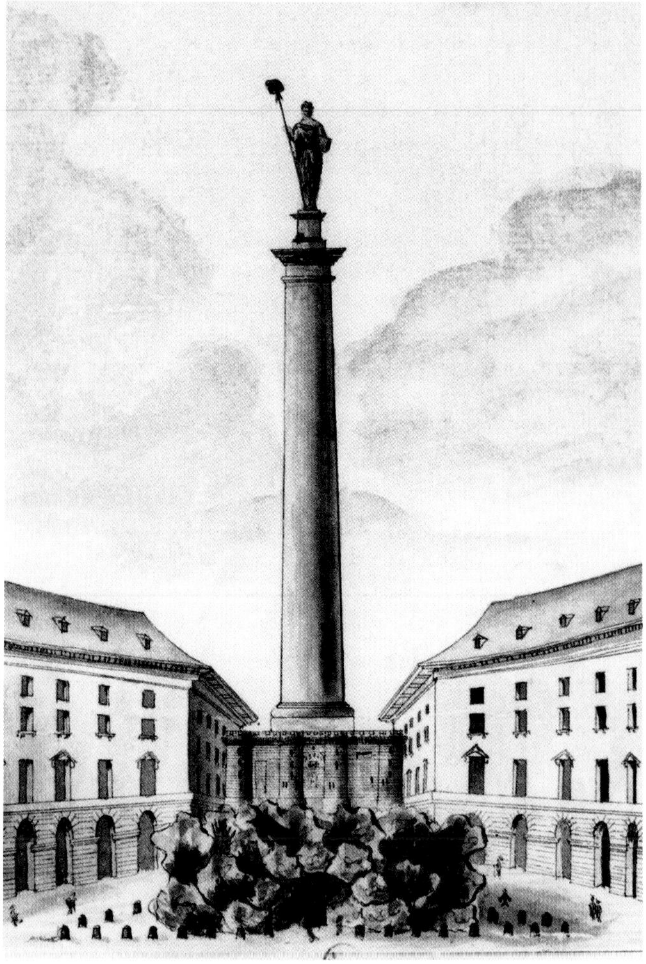

Abb. 5, Nach Pierre-François Palloy (1754 Paris - Sceaux 1835) Plan zur Errichtung einer Freiheitssäule auf dem Platz der ehemaligen Bastille, unsignierte Radierung, 1792
26 x 13cm. Paris, Bibliothèque nationale de France, Estampes, Slg. Qb1 M 78966

Denn während die gewerblichen Produzenten von Revolutionssouvenirs die gewohnten Werkstoffe benutzten, um Knöpfe und Schnupftabaksdosen, Foulards und Fayencen, Fächer und Uhren publikumswirksam mit den erfolgreichsten Motiven der populären Druckgraphik zu schmücken[4], konzentrierte Palloy sich auf die Materialien und Überreste der Bastille selbst, um sie in patriotische Geschenke umzumünzen. Er brachte dafür zwei wesentliche Voraussetzungen mit: erstens ein volksnahes Verständnis vom Fetisch-Charakter authentischer Andenken und von der magischen Kraft des Visuellen, war er doch ein Autodidakt und in einfachsten Verhältnissen als Findelkind aufgewachsen; und zweitens genügend Kapital, das er vor 1789 in der florierenden Bauwirtschaft angesammelt hatte und nun restlos in die revolutionäre Symbol- und Andenkenpolitik investierte[5].

Die Produktionsbedingungen seiner Medaillen bezeugt ein förmlicher, sehr detaillierter Kontrakt, den er Anfang 1792 mit dem Metallbildner Philippe Moisson schloss, um – so die 'Präambel' – die Ketten der Bastille-Opfer in Andenken der Revolution umzuformen.[6] Danach lieferte der „architecte-entrepreneur" Palloy nicht nur das aus den Quadern der Bastille herausgebrochene Eisen, sondern auch die Bildvorlage und zahlte dem „graveur en creux" in drei Tranchen die stattliche Summe von 750 Livres. Moisson seinerseits verpflichtete sich, innerhalb von zwei Wochen 500 Medaillen zu schlagen, den von ihm hergestellten Prägestock sofort abzugeben und die ganze Aktion geheim durchzuführen. Das Ergebnis dieses Vertrages (Abb. 6a, b), eine Darstellung des Bastillesturms, ist erhalten und entspricht bis in die Umschrift Palloys minutiösen Vorgaben; sie lautet: „Dies Eisen von Ketten, welche die Opfer des Despotismus fesselten, erinnert an das erste Jahr des Zeitalters der Freiheit." Auf der glatten Rückseite klebt ein bedrucktes Papier; seine Aufschrift weist die Medaille als patriotische und brüderliche Gabe an die Pariser Wahlmänner aus, vor denen Palloy am 28. Januar 1792 Rechenschaft über seine Schleifungsarbeiten ablegte.

Adaptierte Palloy hier das Bild einer wohlfeilen, ebenfalls einseitigen Eisenmedaille, die der Medailleur Bertrand Andrieu bereits im Oktober 1789 zur Subskription gestellt[7]

[4] Roland/Anderhub 1989.

[5] Lüsebrink/Reichardt 1990, S. 135-150.

[6] „Que moi, Palloy, ayant du plomb que j'ai retiré des anciens scellements des anneaux qui étaient dans les pierres provenant de la démolition de la Bastille qui servaient à contenir les chaînes des malheureuses victimes qui y étaient attachées, j'ai présumé pouvoir faire un plus digne emploi de cette matière en la retirant des pierres où elle était coulée et de la faire refondre pour la frapper d'un coin qui marquera l'époque de notre Révolution, en conséquence, je me suis déterminé à suivre un projet qu'une idée m'a fixé et d'en former des médailles qui rappelleront les premiers jours de notre liberté par l'anéantissement du despotisme [...]" Zit. n. Weil 1976, S. 54-57.

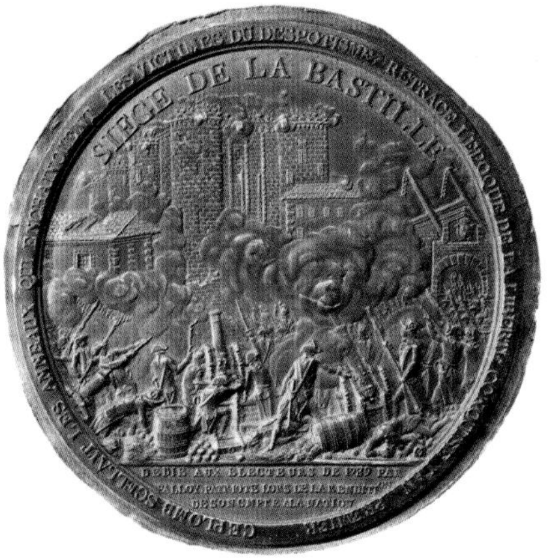

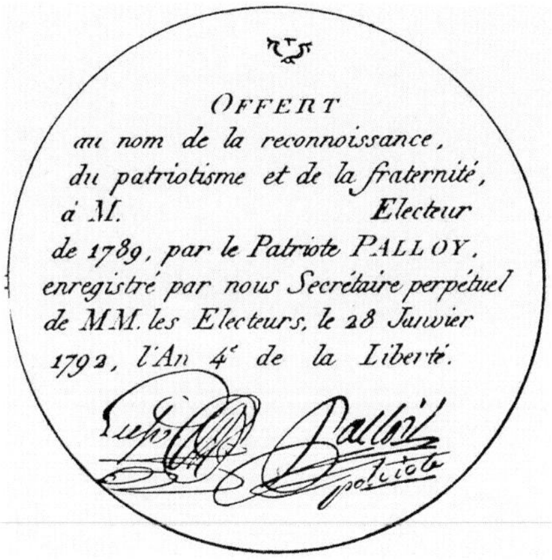

OFFERT
au nom de la reconnoissance,
du patriotisme et de la fraternité,
à M. Electeur
de 1789, par le Patriote PALLOY,
enregistré par nous Secrétaire perpétuel
de MM. les Electeurs, le 28 Janvier
1792, l'An 4e de la Liberté.

und Anfang 1790 auf den Markt gebracht hatte[8], so erwies er sich sonst als plebejischer Emblematiker, wenn er zum Beispiel nach eigener Vorzeichnung (Abb. 7) ein äußerst verdichtetes Sinnbild der Schleifung der Bastille prägen ließ. Die Medaille besteht – wie die meisten anderen auch – aus zwei Eisenblättchen, die von einem Kupferring zusammengehalten werden, und bekräftigt mit der Inschrift auf dem Avers ihren revolutionären Charakter: VIVRE LIBRE OU MOURIR. Sie ist außerdem mit einem Aufhänger versehen, so dass der Empfänger sie an einem Band um den Hals tragen konnte – entweder offen als politisches Bekenntnis oder direkt auf der Brust wie ein Amulett.

Das Eisen der Knechtschaft in solches der Freiheit umschmieden – kaum ein Anlass entsprach dieser Grundidee unseres theatralischen Symbolschmieds besser als die Freisprechung der vierzig Soldaten des Regiments Châteauvieux vom Galeerendienst und ihre Ehrung als Revolutionshelden mit einem öffentlichen Fest in Paris Mitte April 1792. Palloy ließ dazu denn auch eine besonders suggestive Medaille anfertigen (Abb. 8). Sie zeigt einen Galeerensklaven, der zum Zeichen seiner Freilassung eine Phrygenmütze trägt; und als sei er soeben der im Hintergrund aufragenden Bastille entkommen, weist er dem Betrachter mit seinen zerbrochenen Ketten gleichsam die Folterwerkzeuge vor, die nun zu Ehrenzeichen für ihn und seine Kameraden umfunktioniert sind. Denn wie die ausführliche Rückeninschrift erklärt, versammelte Palloy jene vierzig Freiheitsmärtyrer am 9. April „auf den Trümmern der Bastille", um jedem eine dieser aus „Halseisen (carcans) der Bastille" geprägten Medaillen feierlich zu überreichen.
So klein seine eisernen Andenken auch waren – ihre Produktion und Verbreitung betrieb Palloy im großen Stil. So verteilte er im Januar 1792 eine „Médaille à la gloire de la nation française" in 1200 Exemplaren an die ausgeschiedenen Abgeordneten der Constituante[9], drei Monate darauf 800 Medaillen mit dem Bild der geplanten Freiheitssäule an die neuen Mitglieder der Législative[10] und im Juli eine Variante derselben Medaille an alle Departements[11]. Andere Medaillen in unbekannter Auflage adressierte er nicht

Abb. 6a, b, Philippe Moisson (ca. 1765 Paris - Paris ca. 1826) nach Pierre-François Palloy (1754 Paris - Sceaux 1835)
Eisen- und Bleimedaille, 1792
Umschriften des Avers: „Siège de la Bastille. Ce plomb scellait les anneaux qui enchaînaient les victimes du despotisme, retrace l'époque de la liberté conquise l'an premier".
Revers mit Faksimile von Palloys Unterschrift auf Papier
Dm 7,9cm. Paris, Archives Nationales, Inv. Nr. AE VIb 262

[7] Mercure de France v. 30. Okt. 1789, S. 192.

[8] Bibliothèque nationale de France (im weiteren: BnF), Médailles, MR 125 und 126.

[9] Vgl. seine eigenhändigen Notizen mit einer Skizze in: BnF, Mss., Nafr 3241, fol. 145-55 und 213. Die Eisenmedaille mit der zitierten Inschrift ist dokumentiert bei Weil 1976, Nr. 6.

[10] Eigenhändige Notiz Palloys mit einer Skizze in: BnF, Mss., Nafr 3241, fol. 213. Die Eisenmedaille ist dok. b. Weil 1976, Nr. 26. Die Umschrift des Avers lautet: SUR LES RUINES DU DESPOTISME SEST ELEVE LA LIBERTÉ.

[11] Die Umschrift lautet nun: MONUMENT DEDIE A LA NATION PRESENTE A L'ASSEMBLEE NATIONALE AU ROI DES FRANCAIS ET AUX 83 DEPARTEMENTS. Dok. B. Weil 1976, Nr. 16-17.

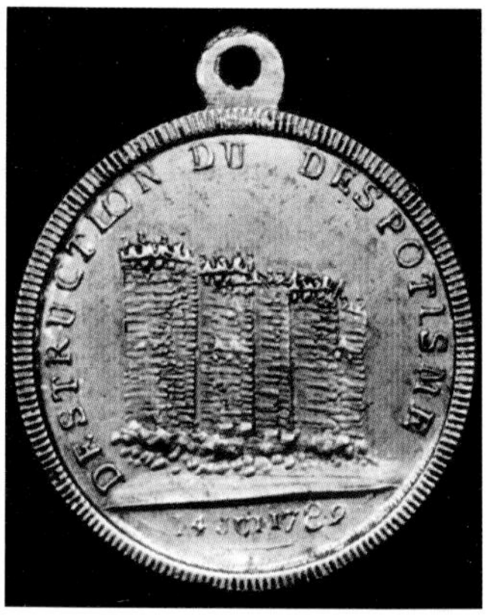

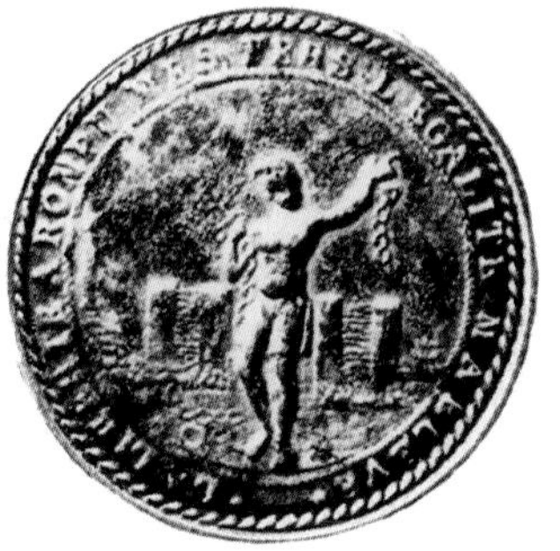

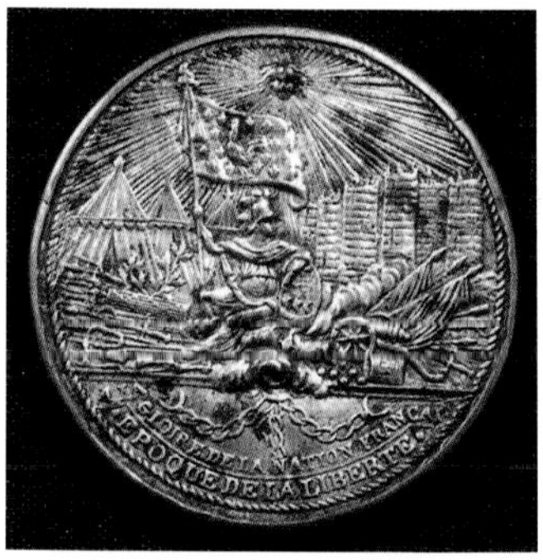

nur an einzelne führende Politiker wie Roederer oder Dubois, sondern auch an Gerichte und Munizipalitäten, den Rat der 500 oder an Clubs wie die „Société des Forts de la Halle“ und führte von 1790 bis 1800 penibel Buch darüber, ob die Empfänger sich auch gebührend bedankt hatten[12]. Rückblickend rühmte er sich, insgesamt nicht weniger als 60.000 solche Medaillen geschaffen und verteilt zu haben[13].

Welchen Sinn Palloy in seine Medaillen legte und wie obsessiv er sie an den Mann brachte, bezeugen zudem seine vorgedruckten, zugleich pathetischen und etwas unbeholfenen Begleitschreiben, die er jeweils mit dem Namen des Empfängers versah und großspurig unterschrieb. So verehrte er dem ehemaligen Erzbischof und Abgeordneten Anne-Louis-Henri de La Fare zum Dank für seine Beteiligung am Ballhausschwur Ende Dezember 1789 eine Medaille (Abb. 9), die vor der Schleifung der Bastille im Hintergrund eine kriegerische Allegorie der Stadt Paris zeigt, mit den Worten: „Ich habe die Eisen, welche die Opfer fesselten und knebelten, im Feuer läutern lassen und aus diesen schrecklichen Werkzeugen Medaillen geschlagen, deren Bild die ersten Sonnentage unserer Freiheit darstellt [...]“[14].

Als Vorsitzender der Société populaire von Sceaux bei Paris lud er im November 1794 alle 78 Bürgermeister des Departements zu einem Fest für die „martyrs de la liberté“ ein und forderte sie im republikanischen Duz-Ton gebieterisch auf:
„Du wirst so freundlich sein, dich einzufinden. Zu diesem Zweck lasse ich dir das Republikanische Gebet [ein von Palloy kopiertes und vervielfältigtes Flugblatt] zukommen. Du wirst es unterzeichnen und das zweite Exemplar dem Kommissar des Festes aushändigen. Dieser überreicht dir dann eine médaille civique, die vom Eisen der Bastille-Ketten stammt [...]: bewahre dieses Unterpfand und gedenke jedes Mal, wenn du es siehst, deiner Pflichten und Rechte [...]“[15]

Abb. 7, Nach Pierre-François Palloy (1754 Paris - Sceaux 1835) unsignierte Eisenmedaille, 1789. Avers : „Destruction du Despotisme. 14 Juin 1789“. Dm 3,5cm. Paris, Musée Carnavalet, Inv. Nr. ND 1569

Abb. 8, Nach Pierre-François Palloy (1754 Paris - Sceaux 1835) unsignierte Eisenmedaille mit Kupferring eingefasst, 1792 „La Liberté a rompu mes fers, l'Egalité m'a élevé“ Dm 4,5cm. Paris, Musée Carnavalet, Inv. Nr. ND 623

Abb. 9, Nach Pierre-François Palloy (1754 Paris - Sceaux 1835) unsignierte Eisenmedaille mit Kupferring eingefasst, 1792 „A la gloire de la nation francai[se]. Epoque de la liberté“ Dm 3,6cm. Paris, Bibliothèque nationale de France, Médailles, Inv. Nr. MED.REVOL.174

12 Vgl. seine Notizen im Nachlass: Bibliothèque historique de la Ville de Paris, Mss. C.P. 5249.

13 Weil 1976, S. 62.

14 „Les fers qui renfermoient et garottoient les victimes, je les ai fait purifier par le feu, et j'ai réduit ces barreaux effroyables en Médailles frappées d'un coin qui représente les premiers beaux jours de notre Liberté et fera époque à notre heureuse Révolution, en rappelant le fameux Serment du Jeu de Paume, du 20 Juin 1789.“ Eigenh. erg. Rundbrief, In: BnF, Imprimés, Lb39.10468.

15 „[...] tu voudras bien t'y rendre; à cet effet, je te fais parvenir le serment républicain, que tu signeras, et remettras le double au commissaire der la fête, chargé de te donner

Und als sein Eisenvorrat vom Abbruch der Bastille allmählich zur Neige ging, suchte Palloy nach anderem, aber entsprechendem Rohmaterial, wie metallenen Beutestücken der Revolutionstruppen, um sie etwa zum Fest des Zehnten August in revolutionäre Medaillen umzuschmelzen. Deshalb appellierte er im Juni 1796 an die Befehlshaber der französischen Garnisonen:

„Ich hoffe, Kommandant, sie ehren mich zur gewünschten Zeit mit dieser Sendung – sei es eine Kugel, der Teil einer Bombe, ein Eisensplitter, ein Stück Kupfer oder Schrott –, wenn es nur von den Waffen unserer besiegten Feinde oder den Trümmern ihrer Wagen stammt. Der reinigende Schmelzofen und die Kunstfertigkeit werden daraus einmal mehr ein historisches Erinnerungsstück und eine „relique philosophique" formen, die vom Triumph der Vernunft und der Wahrheit künden."[16]

In der Tat hatte Palloy schon zur Feier von Robespierres Sturz aus Materialien anderer Herkunft eine Medaille geprägt und den Abgeordneten des thermidorianischen Konvents im Februar 1795 gestiftet. Ihr Eisen stammte von seiner eigenen „Bastille", dem Gefängnis La Force, wo er die letzten drei Monate der Terreur inhaftiert war, zumeist auf einem Bastille-Stein sitzend. Nun firmierte er auf dem zugehörigen Gedenkblatt (Abb. 1) zu seiner eigenen Befreiung selbstbewusst als „monumentaire de la révolution française".

Souvenirs zwischen Reliquie und Andenken

Palloys Revolutionssouvenirs, die politische Schlüssel-Narrative in sich tragen, eignet eine eigentümliche Magie, weil sie durchweg historisch „belastete" Materialien verwandten, um sie in einem läuternden Umschmelzungsprozess zu adaptieren und zu republikanisieren. Der Umstand, dass sie nur aus Stein oder Eisen bestanden und einfache, naive Formen aufwiesen, machte sie nur umso authentischer und populärer. Deshalb erkannten die Zeitgenossen ihnen einen eminenten Appellcharakter und ein besonders großes patriotisches Erinnerungspotential zu.

Bei der Übergabe und Verbreitung fungierten sie nicht für sich allein, sondern standen in Zusammenhang sowohl mit anderen revolutionären Printmedien wie Flugblättern und Verfassungstexten als auch und besonders mit rituellen Kollektivhandlungen und öffentlichen performativen Akten wie Umzügen und Ansprachen, Festen und Denkmaleinweihungen.

In der Geschichte des Souvenirs stehen sie zwischen Reliquie und Andenken. Aufgrund ihrer Substanz und Verarbeitung materialisierten sie einerseits allgemein die geschichtliche Erfahrung und die unmittelbare Erfahrung einer epochalen Zeitenwende. Aufgrund ihrer systematischen Vervielfältigung tendierten sie andererseits zum Souvenir – einem Souvenir freilich, das nicht neutral auf dem allgemeinen Markt gehandelt, sondern als Andenken bekenntnishaft und gezielt an ausgewählte Politiker und politische Institutionen verteilt wurde.

une médaille civique provenant du fer des chaînes de la Bastille, et un rouleau d'imprimés patriotiques [...]: conserve ce gage, et souviens-toi, à chaque fois que tu le verras, de ton devoir et de tes droits, en remplissant avec exactitude, la mission dont tes concitoyens t'ont chargé [...]" Gedr. Schreiben, datiert „Du 5 frimaire, l'an 2 de la république française, une et indivisible" (26.11.1794), mit handschriftl. Erg. In: BnF, Imprimés, Lb402956.

16 „J'espère, Commandant, que vous voudrez bien m'honorer de cet envoi pour l'époque désirée. Une balle seulement, un débris de bombe, un morceau de fer, un éclat de cuivre ou mitraille, provenant des armes des vaincus ou des débris de leur équipage, étant purifiés par le feu et ranimés par le génie, formeront encore une pièce de plus à l'histoire et une relique philosophique, où l'on lira le triomphe de la raison et de la vérité." Vorgedr. Rundschreiben aus Sceaux vom 1. Messidor des Jahres IV (19.6.1796) mit handschriftl. Erg. für den Kommandanten von „Nancy – Dnt de la Meurthe". In: BnF, Imprimés, Z. Le Senne 718 (14).

Ulrich Schneider

Straßen des Glaubens — Der Souvenir im Mittelalter

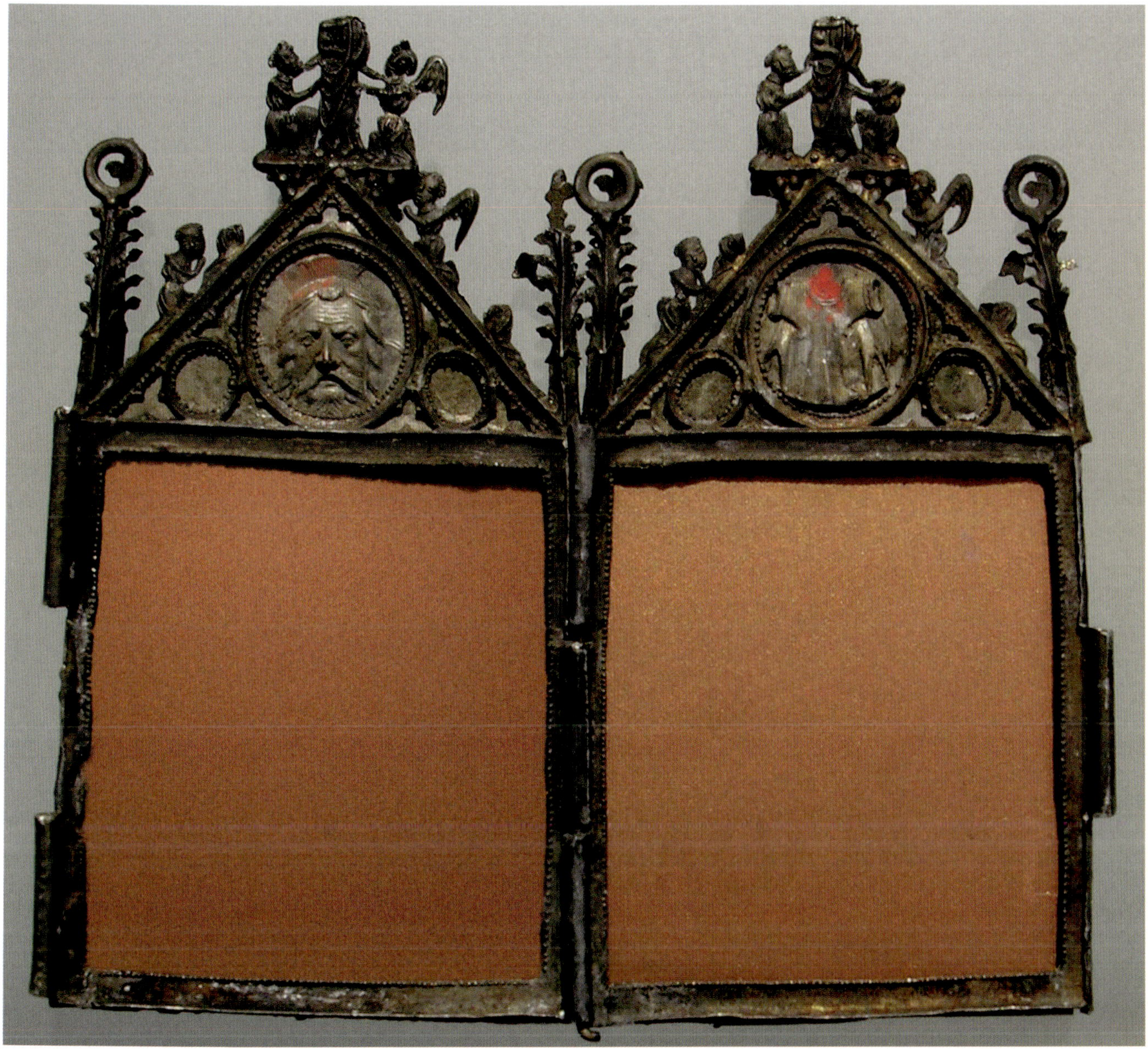

Abb. 1, Aachen, 1375-1425
Spiegeldiptychon, Innenseiten
Blei-Zinnlegierung, Glasmalerei, Spiegelreste
Cothen, Sammlung H.J.E. van Beuningen

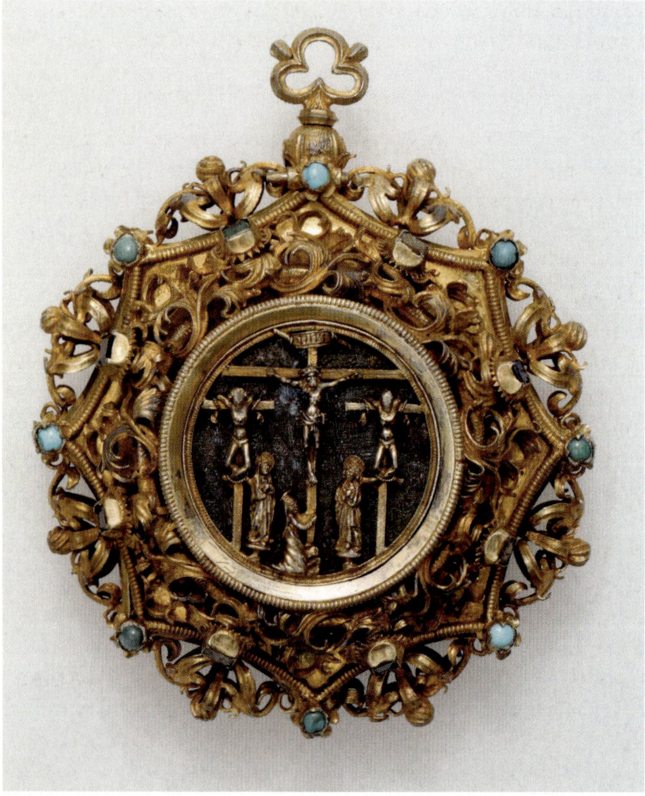

Massenhaft gefertigte Souvenirs für massenhaft auftretende Reisende sind kein Phänomen unserer Zeit, sie gab es zu allen Zeiten. Was heute im Kunststoffspritzgussverfahren millionenfach in China gefertigt wird, wurde im Jerusalem des 6. Jahrhunderts tausendfach in Model gedrückt, im brandenburgischen Wilsnack des 14. Jahrhunderts ebenso tausendfach in Gitternegative gegossen. Zu allen Zeiten bestand auch der Wunsch der Reisenden, die wie auch immer geartete Magie des Ortes, den man besuchte, mit sich zu nehmen und der Wunsch der Ansässigen war es, die Magie ihres Ortes zu versenden.

Natürlich war es ein zentrales Begehren, von den heiligen Stätten der Christenheit Primär- und Sekundärreliquien zurück in die Heimat zu führen. Dies freilich war der reisenden Elite vorbehalten. Teile von Leichnamen oder Gegenstände, die mit einem Heiligen in Berührung gekommen waren, wurden in der Heimat oft Kirchenschätzen anvertraut, mit denen der Wallfahrer in Beziehung stand. Kostbare Reliquiare zeugen von der Verehrung, die man den Überresten und damit den Heiligen zollte (Abb. 2). Solche wurden den Gläubigen regelmäßig gewiesen und immer wieder auf ihre Echtheit überprüft.[1] Schon in der Frühzeit der Wallfahrten fanden sich jedoch auch Möglichkeiten für jedermann, Andenken an die Heiligen Stätten zu erwerben.

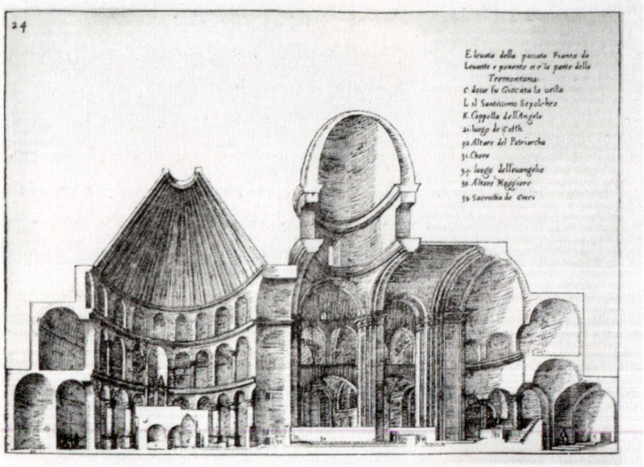

Mit dem Engagement von Kaiser Konstantin und Kaiserinmutter Helena in Palästina begann ein reges Pilgerwesen in den damals noch ungehindert bereisbaren heiligen Stätten. Offensichtlich wurden bereits früh Andenken an den Besuch des Heiligen Grabes hergestellt und verkauft. Silberne Ampullen des 6. Jahrhunderts mit der Darstellung der besuchten Orte sind erhalten. Im Menas-Heiligtum Abu Mina bei Alexandrien wurden seit dem 6. Jahrhundert massenhaft Tonampullen hergestellt, die inschriftlich als EULOGIA, also gesegnete Andenken, bezeichnet werden. In den späteren Jahrhunderten brachten Kreuzfahrer und Pilger wert- und gehaltvolle Andenken, so genannte Hedwigsgläser oder Steine der Heiligtümer, aus dem Heiligen Lande mit. Aufwendigste Form des Andenkens ist wohl die Errichtung von Kopien von Heiligen Gräbern in Europa. Im Westen reihten sich auf den Pilgerstraßen nach Rom und Santiago

Abb. 2, Nürnberg, um 1500
Reliquienkapsel mit Kreuzigungsdarstellung
Silber, vergoldet, Email, Bergkristall, Steinbesatz
Frankfurt, Museum für Angewandte Kunst Frankfurt

Abb. 3, Grabeskirche in Jerusalem
nach der Bauaufnahme von Fra Bernardino Amico, ca. 1590
Nach: Pieper/Naujokat/Kappler 2003, S. 13.

[1] Kroos, Renate: Vom Umgang mit Reliquien. In: Ausst.-Kat. Köln 1985, Bd. 3, S. 25-49.

de Compostela die wundertätigen Heiligtümer wie Perlen auf der Schnur. Seit dem 13. Jahrhundert werden an all diesen Orten massenhaft Pilgerzeichen aus Zinnblei gefertigt, die auf die Kleidung aufgenäht werden. Der Erwerb von Reliquien selbst war Anfangs beschränkt, konnte aber mit Sekundärreliquien erreicht werden. Im 15. und 16. Jahrhundert wurden Reliquienpartikel schwunghaft veräußert. In Mechelen wurden fast industriell sogenannte Geschlossene Höfchen gefertigt, die als Triptychen solche Partikel mit Papierblumen und Heiligenfiguren zusammenfassten. Die Reformation und die humanistische Aufklärung veränderten das Pilgerwesen, konnten jedoch die Anziehungskraft der heiligen Stätten nicht mindern.

So berichtet der französische Philosoph und Polyhistor Michel de Montaigne von seinem Besuch eines der großen italienischen Pilgerheiligtümer im Jahre 1581: „Abends kamen wir nach Loreto. Andere Einwohner als solche, die auf die Wallfahrer rechnen, gibt es so gut wie gar nicht, sondern nur verschiedene Wirte (und dabei sind die Gasthäuser ziemlich unsauber) und verschiedene Händler, die Sachen wie Wachs, Bilder, Paternoster, Agnus Dei, Erlöser und ähnliche Erzeugnisse verkaufen; dafür gibt es eine ganze Menge hübscher und reich versehener Läden. Ich ließ nahe an fünfzig gute Taler für meinen Teil darin zurück. Nur mit der größten Mühe und als besondere Vergünstigung erhielt ich die Erlaubnis, an dieser Wand [Altarwand des wundersam nach Loreto gelangten Geburtshauses Mariae] ein Gemälde aufhängen zu lassen, auf das in Silber vier Gestalten geheftet waren: die der Mutter Gottes, meine eigene, die meiner Frau und die meiner Tochter. So hängt mein Gemälde zur linken Hand bei der Tür, und ich habe es sorgfältig festmachen und annageln lassen. Ich hatte ein Kettchen und einen Ring von Silber daran anbringen lassen, um es an einem Nagel aufzuhängen, aber sie hielten es für besser, es ganz zu befestigen.«[2]

Die frommen Pilgerfahrten haben bis heute Tradition. Sonderzüge bringen Kranke immer noch nach Loreto, nach Lourdes und Fatima. Sie hoffen dort auf Heilung von ihren Gebrechen. Ungeachtet ihrer Krankheiten und Behinderungen freuen sie sich an den dortigen Andenkenläden und versehen sich mit Souvenirs und Wunder bringenden Flüssigkeiten. Der Zauber der heiligen Stätten der Christenheit ist ungebrochen.

Durch das Toleranzedikt von Mailand 313, das der Kirche eine offizielle Position gab, und die schrittweise Verlagerung des Hofes nach Konstantinopel von 326 bis 330 bestanden wesentlich bessere Zugangsmöglichkeiten in das östliche Mittelmeer, zumal in das Heilige Land.[3] Helena, die Mutter Konstantins des Großen, gehörte zusammen mit dem Kaiser zu den Gründern zahlreicher Kirchen in Jerusalem. Seit dem Ende des 4. Jahrhunderts schreibt ihr die Legende die Auffindung des Kreuzes Christi auf dem Golgatha zu. Eng mit ihr in Zusammenhang gebracht wird auch die Überbringung einer Kreuzesreliquie nach Rom, angeblich um 320, desgleichen der Einbau einer Kultstätte, der späteren Kirche Santa Croce in Gerusalemme, in ihren römischen Sessorianspalast.[4] Wichtigste Kultstätte und damit auch bedeutendstes Pilgerziel im Heiligen Lande wurde die Heiliggrabkirche mit der Anastasisrotunde, in deren Zentrum sich das 325 für Helena gedeutete Felsgrab mit seinen Umbauten befindet.[5] (Abb. 3) Bis zur islamischen Invasion von 638 wuchs hier ein Pilgerzentrum, das zwar auch danach christlich blieb, aber schwerer zu erreichen war.[6]

Mit großer Sicherheit stammen sechzehn Ampullen im Kirchenschatz der Basilika San Giovanni in Monza aus dem Jerusalem des 6. Jahrhunderts. Diese kleinen Gefäße aus Silberblech zeigen auf ihren beidseitig gewölbten Rundungen Darstellungen, die offensichtlich in Model gepresst und dann nachgearbeitet wurden. Eine dürftige Quellenlage lässt vermuten, dass sie von einem Pilger Antoninus aus Piacenza um 570 aus Palästina mitgebracht wurden und in den Kirchenschatz von Monza gelangt waren. (Abb. 4) Fragmente von zwanzig weiteren Ampullen befinden sich im Schatz der Abtei San Colombano von Bobbio bei Piacenza.[7] Auf diesen Ampullen sind die wichtigsten heiligen Stätten der Christenheit dargestellt. Die griechische Umschrift einer Ampulle verweist auf deren Inhalt und Herkunft: „Öl vom Holze des Lebens, von den Heiligen Stätten Christi“.

---

[2] Montaigne 1963, S. 232-234.
[3] Lilie 2003, S. 43-46.
[4] Krautheimer 1975, S. 51.
[5] Krautheimer 1975, S. 62- 65.
[6] Lilie 2003, S. 86-95.
[7] Grabar 1958.

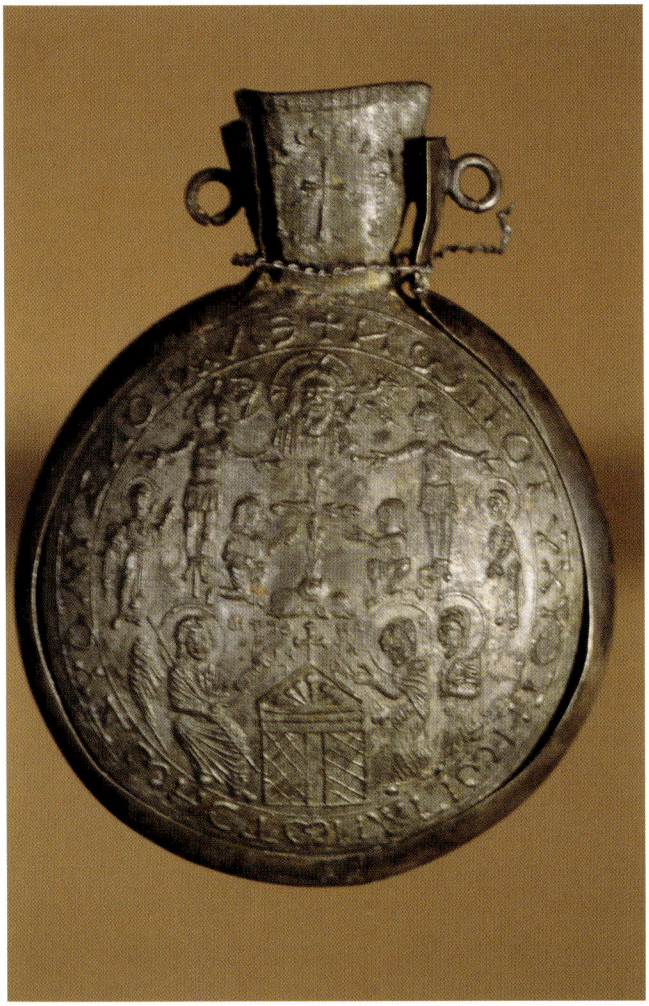

So zeigt die hier präsentierte Ampulle auf der Vorderseite das Tugurium, also die metallene Schutzhülle des Grabs Christi, und die Begebenheiten um Golgatha. Oben im runden Bildfeld steht eine symbolisierende Kreuzigung. Christus ist nicht ans Kreuz geheftet, sondern erscheint über dem Palmenstamm des Arbor Vitae als Büste mit Kreuznimbus zwischen Sonne und Mond. Gekreuzigt freilich sind die Schächer. Am Fuße des zentralen Kreuzhügels entspringen die vier Paradiesflüsse Gyon und Phison, Euphrat und Tigris. Maria und Johannes flankieren diese Szene, die sich mit dem eigenartigen Christusbild als Darstellung der Zweiten Parusie, also als das Wiedererscheinen Christi nach dessen überwundenem Tod, deuten lässt.[8] Darunter kommen zwei Frauen zum Grab Christi, an dem rechts ein Engel sitzt und inschriftlich verkündet: „Der Herr ist auferstanden". Auf der Rückseite ist die Himmelfahrt Christi dargestellt. (Abb. 5) Auf einer ornamentgestützten Ebene steht zentral eine Maria Orans, flankiert von den zwölf Aposteln, darüber entschweben vier dynamisch bewegte Engel mit einer Aureole in der segnend der kreuznimbierte Christus thront, in der Linken ein Buch haltend.[9]

Die Sicherheit der Darstellungen auf den Ampullen, in Ikonographie und Gestaltungsprinzipien, lässt vermuten, dass sie auf großformatige Vorbilder, etwa Fassadenmosaiken zurückgehen. Auch ist es gut möglich, dass sie Mittel eines ikonographischen Transfers wurden. So taucht das Motiv der Zweiten Parusie im 7. Jahrhundert in den Mosaiken der römischen Kirchen von San Giovanni in Laterano und Santo Stefano Rotondo wieder auf.

Neben den Pilgerfläschchen aus dem Heiligen Land wurden offensichtlich auch Steine von dort nach dem Westen mitgeführt. Im Museo Sacro Christiano des Vatikan befindet sich ein recht roh gefertigtes Kistchen, in dessen Lade sich rund ein Dutzend teilweise beschrifteter Steine von jenen Stätten befindet, an denen Christus gelehrt und gewirkt hat. (Abb. 6) Darüber zeigt die Innenseite des Deckels in fünf Bildfeldern die Szenen von Christi Geburt, dessen Taufe, mittig die Kreuzigung und darüber die Frauen und den Engel am verwaisten Grabe sowie die Himmelfahrt Christi. Die Malerei verweist dieses höchst seltene Objekt der

Abb. 4, Jerusalem, 6. Jh.
Ampulle, Vorderseite mit der Darstellung der Kreuzigung und der Frauen am Grabe. Silber, getrieben
Monza, Kirchenschatz von San Giovanni

[8] Christe 1973, S. 15-30.
[9] Gauthier 1983, S. 18-20.

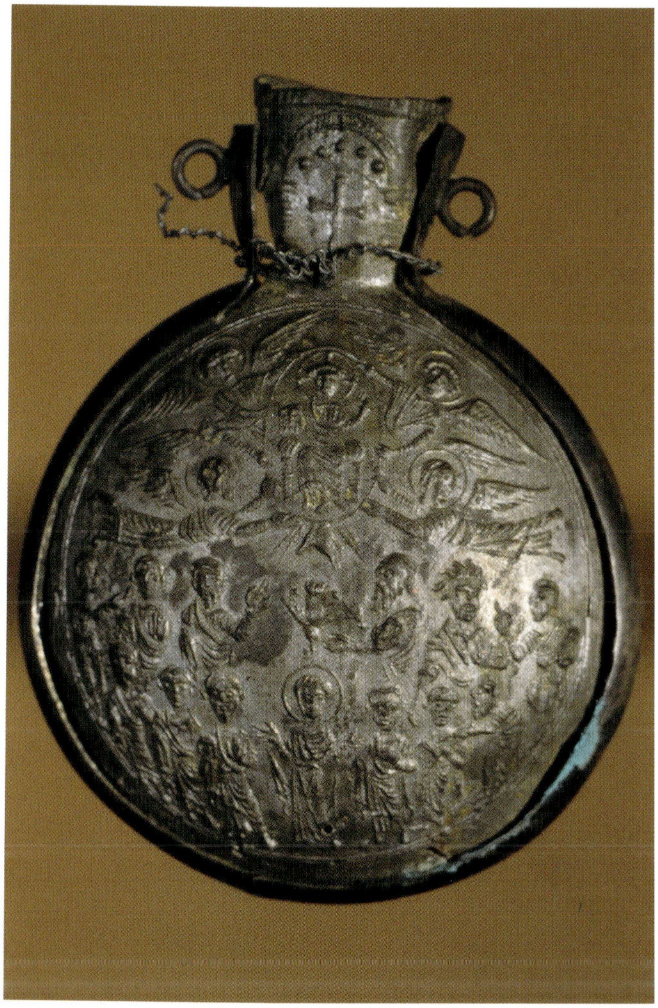

Abb. 5, Jerusalem, 6. Jh.
Ampulle, Rückseite mit der Darstellung des Pfingstwunders
Silber, getrieben
Monza, Kirchenschatz von San Giovanni

Erinnerung an eine Pilgerschaft nach Palästina in das 6. oder 7. Jahrhundert.[10]

Die Rückführung schriftlich oder bildlich bestätigter Erinnerungsträger aus dem Heiligen Land geht mit dem Anwachsen der Pilgerströme in nachkonstantinischer Zeit Hand in Hand und findet auch andernortes eine Entsprechung. So haben sich in verschiedenen Museen, so auch im Frankfurter Liebieghaus – Museum Alter Plastik, hunderte von Tonampullen erhalten, die aus dem ägyptischen Ort Karm Abu Mina, vierzig Kilometer südwestlich von Alexandria, stammen. Diese im Modell-Pressverfahren gefertigten Gefäße sind in drei Größen bekannt: Als regelrechte Feldflaschen in der Höhe von über 20 Zentimeter, im mittleren Format von rund 15 Zentimeter und im kleinen Format von circa 10 Zentimeter. Ihnen eignet die Form der Monzaampullen. Fast alle tragen die gleiche griechische Inschrift „Gesegnetes Andenken an den heiligen Menas". Dieser heilige Menas, so die Legenden, entstammte einer vornehmen griechischen Familie und trat als Soldat zum christlichen Glauben über. Darauf erlitt er im kleinasiatischen Phrygien unter Kaiser Diokletian (284-313) den Märtyrertod. Soldaten nahmen seinen Leichnam mit auf einen Kriegszug nach Ägypten, wobei er ihr Schiff vor kamelartigen Seeungeheuern beschützte. Als die Soldaten den Leib Menas' dann wieder aus Ägypten mitführen wollten, verweigerten die Lastkamele an der Stelle von Abu Mina den Transport und die heilspendende Reliquie wurde beigesetzt. Im entstehenden Pilgerheiligtum wirkte die Menasreliquie viele Wunder. Die Erinnerungsampullen, die fast alle auf der Vorderseite den nimbierten und Chiton gewandeten Heiligen zwischen zwei knienden Kamelen und rückseitig die genannte Beischrift zeigen, wurden offensichtlich massenhaft bis ins mittlere 7. Jahrhundert gefertigt.[11] Dann wurde die Wallfahrt durch die Einnahme des bis dahin oströmischen Ägyptens durch den Islam im Jahre 640 unmöglich gemacht.[12]

Die Pilgerfahrt zum Heiligen Grab Christi wurde freilich nie ganz unterbrochen. In einem Bewusstsein um den Jahrtausendwechsel ist zu diesem Zeitpunkt sogar eine Intensivierung spürbar. Wohl als direkte Folge davon ließ der

---

[10] Aust.-Kat. Köln 1985, Nr. H 8, Os 2001, S. 57-58.
[11] Kat. Frankfurt 1996, S. 18-105, Witt 2005, S. 137-148.
[12] Lilie 2003, S. 95.

Fatimidenkalif al-Hakim 1009 das Heilige Grab zerstören. Freilich wurde es mit oströmischen Mitteln für das tausendjährige Gedächtnis der Kreuzigung Christi wieder aufgebaut. Während des gesamten 11. Jahrhunderts hielten die Pilgerströme an. Seit dem ersten Kreuzzug und der Eroberung Jerusalems 1099 durch Gottfried von Bouillon bis zur erneuten Eroberung durch Saladin, 1187, konnten Pilger wieder unbehindert zur bald auch wiederhergestellten Grabeskirche ziehen. Aber auch danach wurden immer wieder Zugangsberechtigungen für Christen erkämpft oder ausgehandelt.[13]

Zu den erstaunlichsten Souvenirs aus der Zeit mittelalterlicher Jerusalembesucher, seien sie Kreuzfahrer oder Pilger gewesen, zählen die Institutionen der Heilig Grab Nachbildungen, wie sie zumal im 12. Jahrhundert entstanden sind. Im Ganzen haben sich in Europa rund fünfzig dieser importierten Erinnerungsarchitekturen erhalten.[14] Besonders eindrucksvoll und mit dem Original verbunden gibt sich jenes Exemplar in der Eichstätter Kapuzinerkirche, das den Zustand des 12. Jahrhunderts am getreuesten wiedergibt. (Abb. 7) So hatte es der Eichstätter Dompropst auf dem Kreuzzug von 1147 in der Autopsie kennengelernt und kurz danach vor seiner Stadt ein Schottenkloster „Zum Heiligen Kreuz und zum Heiligen Grab“ gegründet und mit mitgebrachten Kreuzesreliquien versehen. Zwischen 1182 und 1188 wurde der Kirchenbau mit Anastasisrotunde wie in Jerusalem fertiggestellt. Offensichtlich glichen Kirche und Grab dem Vorbild so außerordentlich, dass der Nürnberger Patrizier Hans Tucher nach seiner Pilgerschaft 1479 berichtet, dass das Jerusalemer Grab „dem von Eystett sehr gleichet“. Freilich wurde das Schottenkloster 1610 abgebrochen und das Heilige Grab 1623 im Eichstätter Kapuzinerkloster genau rekonstruiert wieder aufgebaut. Maßgenau stimmt es mit der Jerusalemer Anlage (Abb. 8) überein: An die rechteckige Engelskapelle mit den drei Zugängen schließt der Zentralbau mit dem Grab an. Ursprünglich war dieser Bauteil von einer zwölfsäuligen Blendarkatur umgeben, heute enden die Rundbögen in Konsolen. Die Grabkammer ist über einen Schacht mit dem krönenden Ziborium verbunden. Wie sehr die Eichstätter Anlage auch funktional dem Vorbild gleicht, zeigt das Grab selbst:

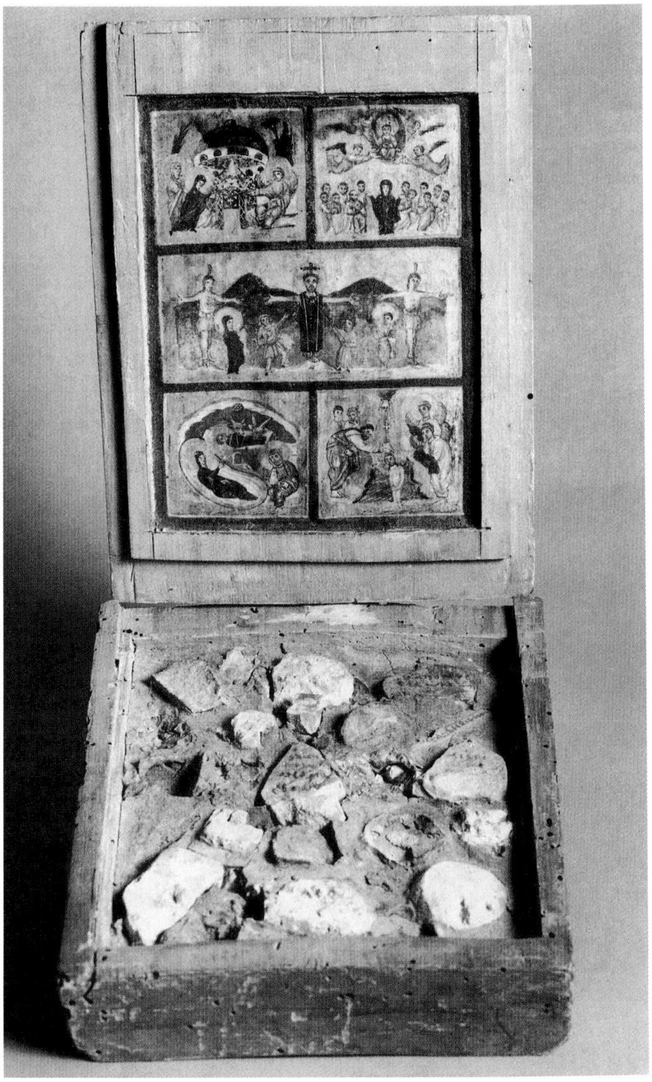

Abb. 6, Palästina, 6.-7. Jh.
Kistchen mit Steinen aus dem Heiligen Land
Holz, Tempera, Blattgold
Vatikanstadt, Museo Sacro Christiano

[13] Ausst.-Kat. Mainz 2004, S. 57-59.
[14] Pieper/Naujokat/Kappler 2003.

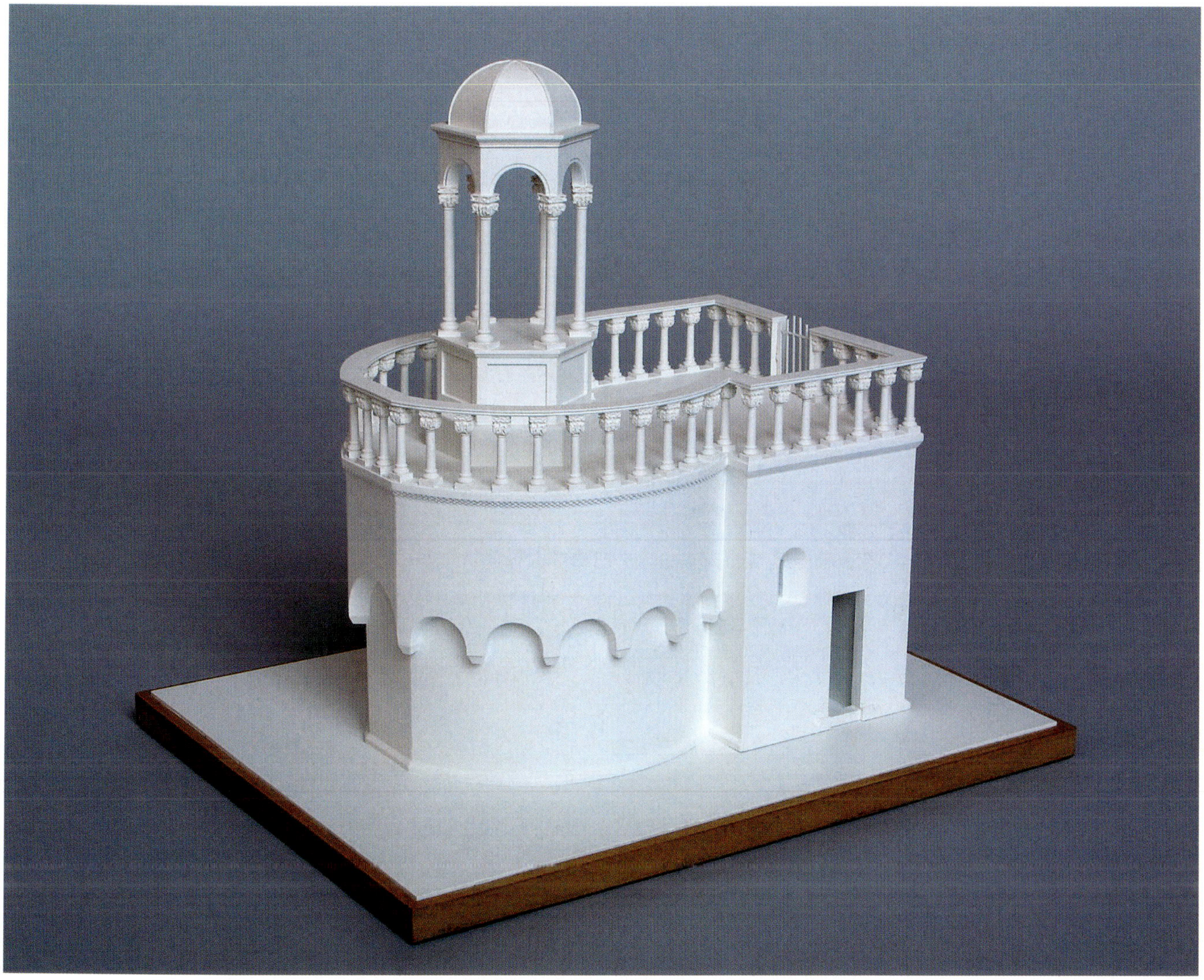

Abb. 7, Heiliges Grab zu Eichstätt
Kapuzinerkirche zum Hl. Kreuz und zum Hl. Grab
Modell
Mainz, Bischöfliches Dom- und Diözesanmuseum

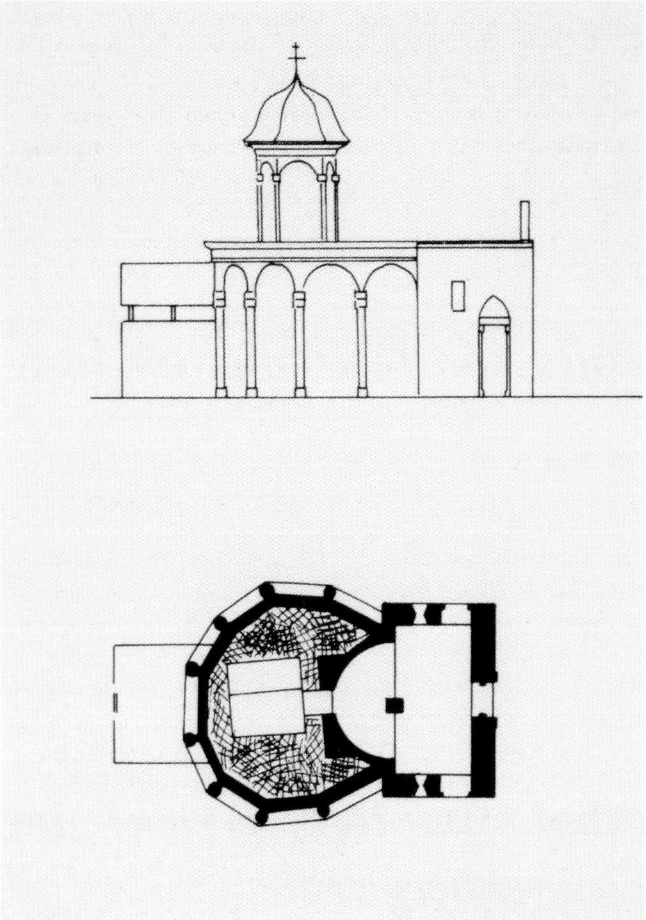

Durch drei Öffnungen kann man im Inneren den scheinbar gewachsenen Felsen der Grablege ergreifen.[15] Nicht verwunderlich wäre, wenn hier ursprünglich Steine aus Jerusalem vermauert gewesen wären. Das Eichstätter Grab hatte Vertreterfunktion für Pilger, die das Jerusalemer Vorbild nicht erreichen konnten. Diese Funktion wurde im religiösen Spiel genutzt, wenn in der Passionswoche eine Christusstatue auf den Grabkasten gelegt wurde. Mit dem Transfer eines Architekturplans und dessen originalen Maßen wurden „metrische Reliquien“ oder auch gebaute Souvenirs geschaffen.

Übertroffen wurde die Eichstätter Anlage noch durch den Görlitzer Passionsgarten, der nach der Jerusalem Wallfahrt des dortigen Patriziers Georg Emmerich 1473 angelegt wurde (Abb. 9). Hier wurden neben der Grabkapelle auch Kreuzkapelle und Adamsgrab in topographischer Annäherung an die Originalschauplätze angelegt und mit vorhandenen Gebäulichkeiten und Orten verknüpft. So wurde die Petrikirche zum Haus des Pilatus, von dort führte die Via Dolorosa zum Garten Gethsemane; ein Hügel wurde zum Ölberg und der Lunitzbach zum Bach Kidron. So konnten diejenigen, die Kosten und Gefahren einer Jerusalemreise nicht auf sich nehmen konnten, eine Surrogat Wallfahrt in Görlitz vollziehen.[16]

Mitgebracht wurde die Grabeskirche als Souvenir aber auch in anderen Formen. Wer sich als Christlicher den investigativen Maßnahmen der Beamten des Sultans in Jaffa erfolgreich unterzogen hatte und vom Guardian aus Jerusalem, der für das freie Geleit zu den heiligen Stätten zuständig war, in der Grabeskirche in nächtlich klandestiner Atmosphäre den Schlag zum Ritter des Heiligen Grabes empfangen hatte,[17] der wollte neben dem Ordensgewand auch einen Souvenir nach Hause mittragen. Da nicht alle kostbare Reliquien mit sich führen konnten, entwickelte sich bald schon eine Fertigung, die industrielle Ausmaße annahm. Vermutlich den florierenden Werkstätten der Franziskaner Mönche, die die Wächter der Grabeskirche unter der Türkenherrschaft waren, entstammt ein Modell des 17. Jahrhunderts, das sich in Privatbesitz erhalten hat (s. Abb. 1, S. 91). Das Modell ist fast einen Achtel Kubikmeter groß und zeigt mit

Abb. 8, Heiliges Grab in Jerusalem
Rekonstruktion des mittelalterlichen Zustandes
Nach: Pieper/Naujokat/Kappler 2003, S. 27, Nr. 4.

15 Ausst.-Kat. Mainz 2004, Kat. Nr. 140.
16 Tönnesmann 2005, S. 500-501.
17 Conrads 2005, S. 594-595.

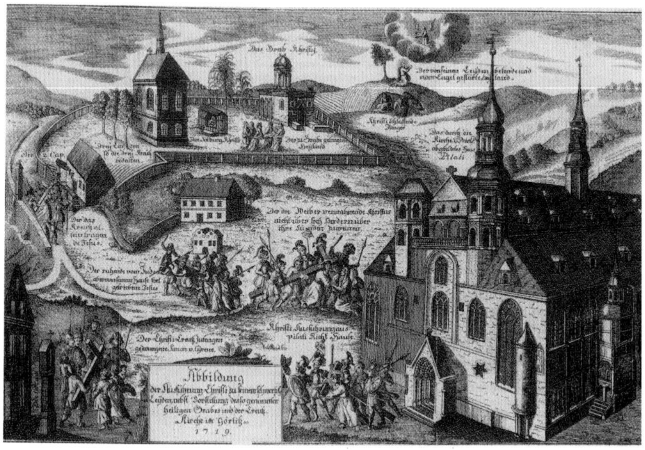

Vorhof, Campanile, Anastasisrotunde, Katholikon, Chorumgang und Schmerzenskapelle einen mittelalterlichen Zustand. Die reiche Verzierung in Perlmutt und Bein kann auf barocke sizilianische Vorbilder zurückgehen. Das gesamte Gebäude lässt sich aufdecken und gibt das Innere der Baulichkeit mit den meisten Weihestätten auf das Genaueste in allen Details preis, besonders das Heilige Grab (s. Abb. 2, S. 94). Eingeritzte Ziffern lassen auf ein geschriebenes Glossar schließen, das freilich nicht erhalten ist. Rund ein Dutzend dieser Modelle des 17. Jahrhunderts haben sich erhalten.[18] Miniaturmodelle aus Stein vom Heiligen Grabe selbst haben sich ebenfalls erhalten, unter anderem in Utrecht, wo damals Jerusalembruderschaften wirkten.[19]

Für die meisten Jerusalemfahrer schien durch die Jahrhunderte hinweg der Palmwedel Souvenir und sichtbares Zeichen der Pilgerschaft gewesen zu sein, so berichtet der Chronist Albert von Aachen in seiner Historia Hierosolymitana von 1140.[20] Dieser Palmzweig schien, wie er schon in der christlichen Ikonographie des Mittelalters Attribut der Märtyrer war, als Zeichen christlicher Hingabe durch die Pilgerschaft gewertet zu werden. So zeigt ein Triptychon der Meister von Frankfurt und Delft links und rechts der zentralen Anna Selbdritt Darstellung von 1509 auf den Flügeln von 1514 die Stifterfamilie des Delfter Bürgermeisters Dirick Diericksz van Beest und seiner Frau Geertruyt Vranck van Diemenstochter (Abb. 10). Der Pater familiae, der unter dem Schutz des heiligen Johannes des Täufers kniend betet, trägt im rechten Arm einen langen Palmzweig. Seine Stifterseite zeigt neben dem Familienwappen oben links noch ein zweites Wappen unten rechts, ein von einem Malchus durchstochenes Katharinenrad der Delfter Katharinen-Bruderschaft. Die Inschrift auf der später angebrachten Predella erklärt die beiden Attribute: „Anno 1486 war Dirick Diericksz van Beest, anders genannt van Heemskerck, nach Jerusalem auf den Berg Sinai gepilgert, und starb 1545 am 11. Tag des November“. Vermutlich stammt die Inschrift, die nachweislich um den Zweitnamen erweitert wurde, vom Anfang des 17. Jahrhunderts. In dieser Zeit könnte das fromme Andachtsbild zum Familienepitaph erweitert worden sein. Dirick Diericksz hat mit seiner Erinnerung an den Jerusalem- und Sinai Aufenthalt auf verschiedenen Ebenen

Abb. 9, Görlitzer Passionsgarten, 1473
Anonyme Graphik, 1719
Nach: Pieper/Naujokat/Kappler 2003, S. 19.

[18] Ausst.-Kat. Mainz 2004, S. 343-344, Kat. Nr. 26.

[19] Ausst.-Kat. Mainz 2004, S. 346, Kat. Nr. 28.

[20] Riley-Smith, Jonathan, Der Aufruf von Clermont und seine Folgen. In: Ausst.–Kat. Mainz 2004, S. 59.

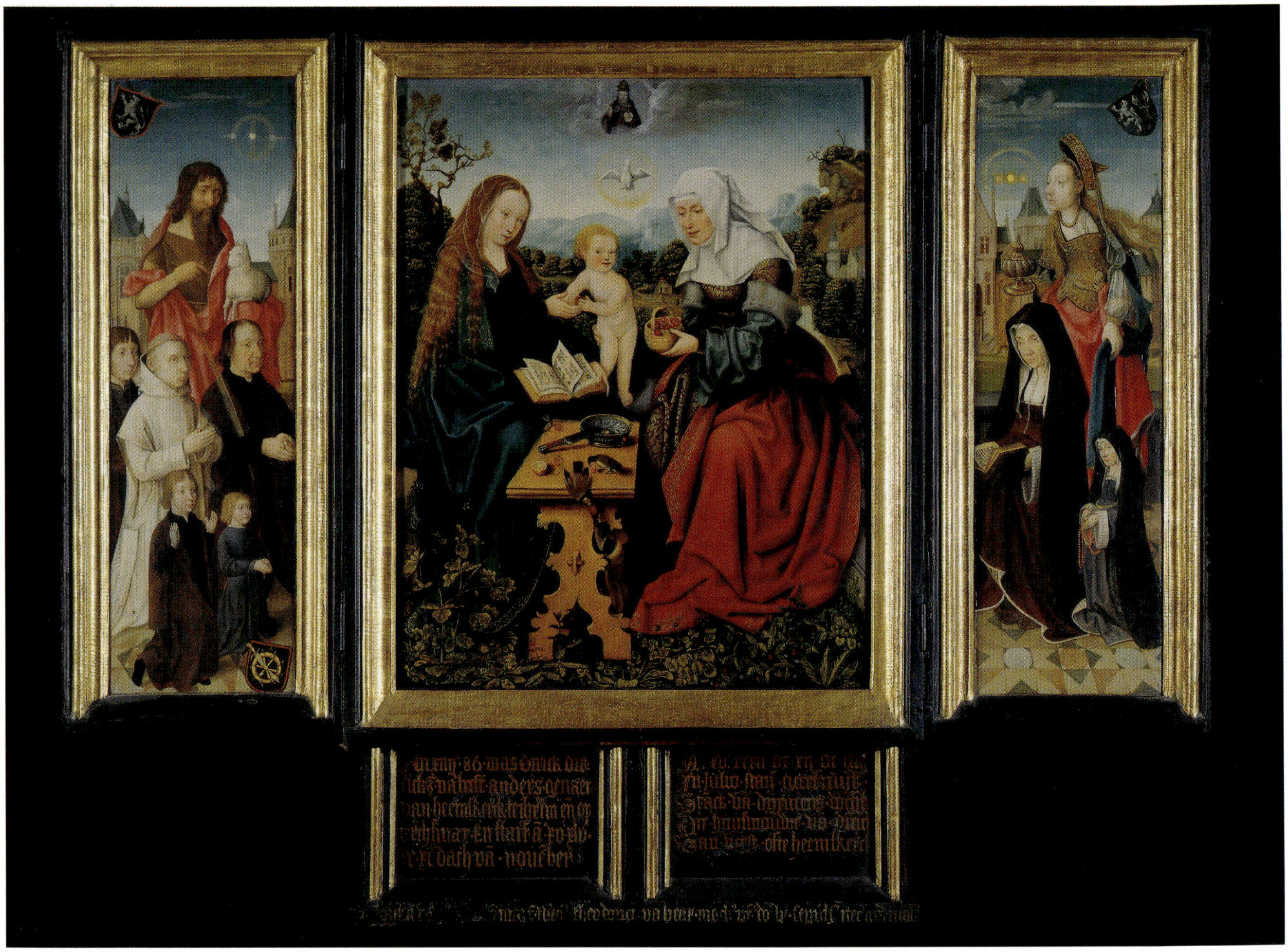

Abb. 10, Meister von Frankfurt, Meister von Delft
Annentriptychon der Delfter Familie van Beest
Öl/Eichenholz
Aachen, Suermondt-Ludwig-Museum

für sein Seelenheil gesorgt: Zum einen durch den Ablass auf der Pilgerfahrt, zum anderen durch den gesellschaftlichen Stand in der Katharinen-Bruderschaft und für alle Zukunft durch die Anbringung der Predella, womit seine mutmaßliche Stiftung des Gemäldes an das Delfter Kartäuserkloster zum dauerhaften Epitaph wird. Was mit dem Souvenir des Palmwedels begann, gerät zur Memoria.[21]

Und auch heute sind Souvenirs aus dem Heiligen Lande durchaus an den Heiligen Stätten aufgeladene Banalitäten, etwa die Scheibe eines Olivenbaums (Abb. 12), deren hebräische Inschrift sie als Souvenir aus Jerusalem ausweist. Laut Auskunft der Eigentümerin, wurde sie in der ersten Hälfte des 19. Jahrhunderts aus dem Garten Gethsemane mitgebracht.

Aber nicht nur Dinglichkeiten wurden von Wall- und Kreuzfahrern aus dem Orient importiert. So gelangten eine Reihe von Bräuchen und Lebensgewohnheiten aus dem Orient auch in den Westen, so etwa wissenschaftliches Gerät, Hausgerät und Spiele. Zu Zeiten der Kreuzzüge kamen Astrolabien (Abb. 15) nach Europa, also Sternenmessgeräte, auch Schwimmkompasse, die zur Zeit- und Ortsbestimmung, zumal bei der Schifffahrt, sehr genaue Ergebnisse zeigten. Im 13. Jahrhundert wurden nach arabischen Vorbildern Astrolabien und mechanische Kalender mit lateinischen Beschriftungen im Westen hergestellt.[22] Auch der in der arabischen Welt noch heute angenehme Brauch, dem Gast die Möglichkeit der Handwaschung zu geben, scheint Pilgern und Kreuzfahrern gefallen zu haben. So gleichen die seit dem 12. Jahrhundert entstandenen Aquamanilien aus Messing verblüffend ihren arabischen Vorbildern.[23] (Abb. 13, 14)

Zu den gesellschaftlichen Spielen, die während der Kreuzzüge importiert wurden, gehörte das Schach, das in der arabischen Welt als Strategiespiel geduldet wurde. Der ebenso spielfeindliche Westen akzeptierte es als ritterliches Spiel. Immer wieder wird von gemeinsam Schach spielenden christlichen Rittern und sarazenischen Würdenträgern berichtet. In der Tat stammen die frühesten Schachfiguren im Westen aus dem 12. Jahrhundert und sind arabischen Spielsteinen nachgebildet.[24] (Abb. 11)

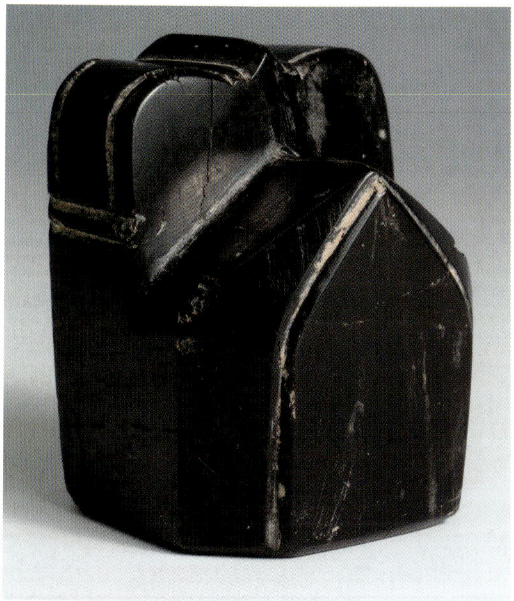

Abb. 11, Iran, 9. Jahrhundert
Schachfigur eines Wesirs
Gagat
Frankfurt, Museum für Angewandte Kunst Frankfurt

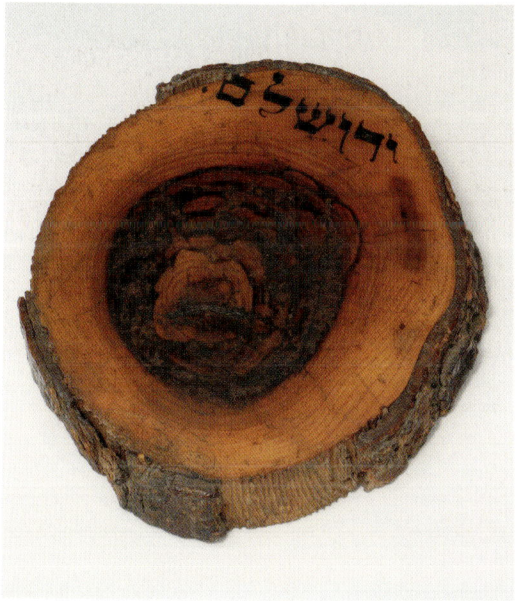

Abb. 12, Jerusalem, 1. Hälfte des 19. Jh.
Olivenholzscheibe mit Rinde
Aufschrift: „Jerusalem“
Privatbesitz

21 Vogt 2002, S. 36.
22 Ausst.-Kat. Mainz 2005, S. 450-458.
23 Ausst.-Kat. Frankfurt 2004, S. 100-101.
24 Ausst.-Kat. Mainz 2005, S. 346-348, Kat. Nr. 29, S. 354-355, Kat. Nr. 31; Ausst.-Kat. München/Nürnberg 1988, S. 16-18, Kat. Nr. 2 u. 3.

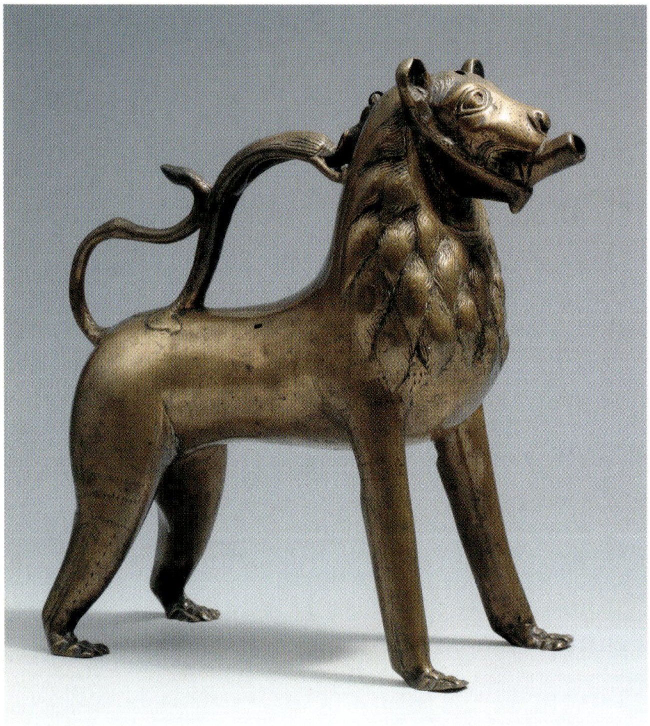

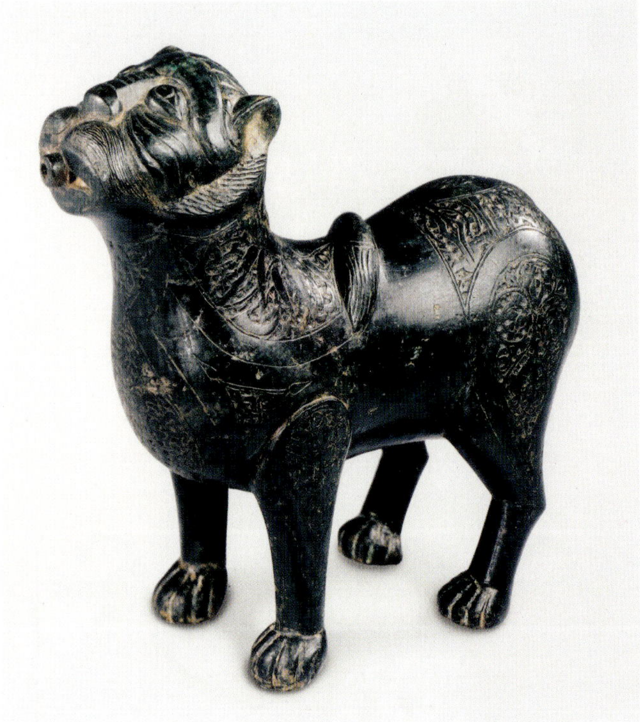

Abb. 13, Norddeutschland oder Niedersachsen,
2. Hälfte des 13. Jh.
Aquamanile in Form eines Löwen
Messingguss
Frankfurt, Museum für Angewandte Kunst Frankfurt

Abb. 14, Ägypten oder Sizilien,
zweite Hälfte des 12. Jahrhunderts
Aquamanile oder Tischbrunnen
Bronze
Doha/Katar, NCCAH, Museum of Islamic Art

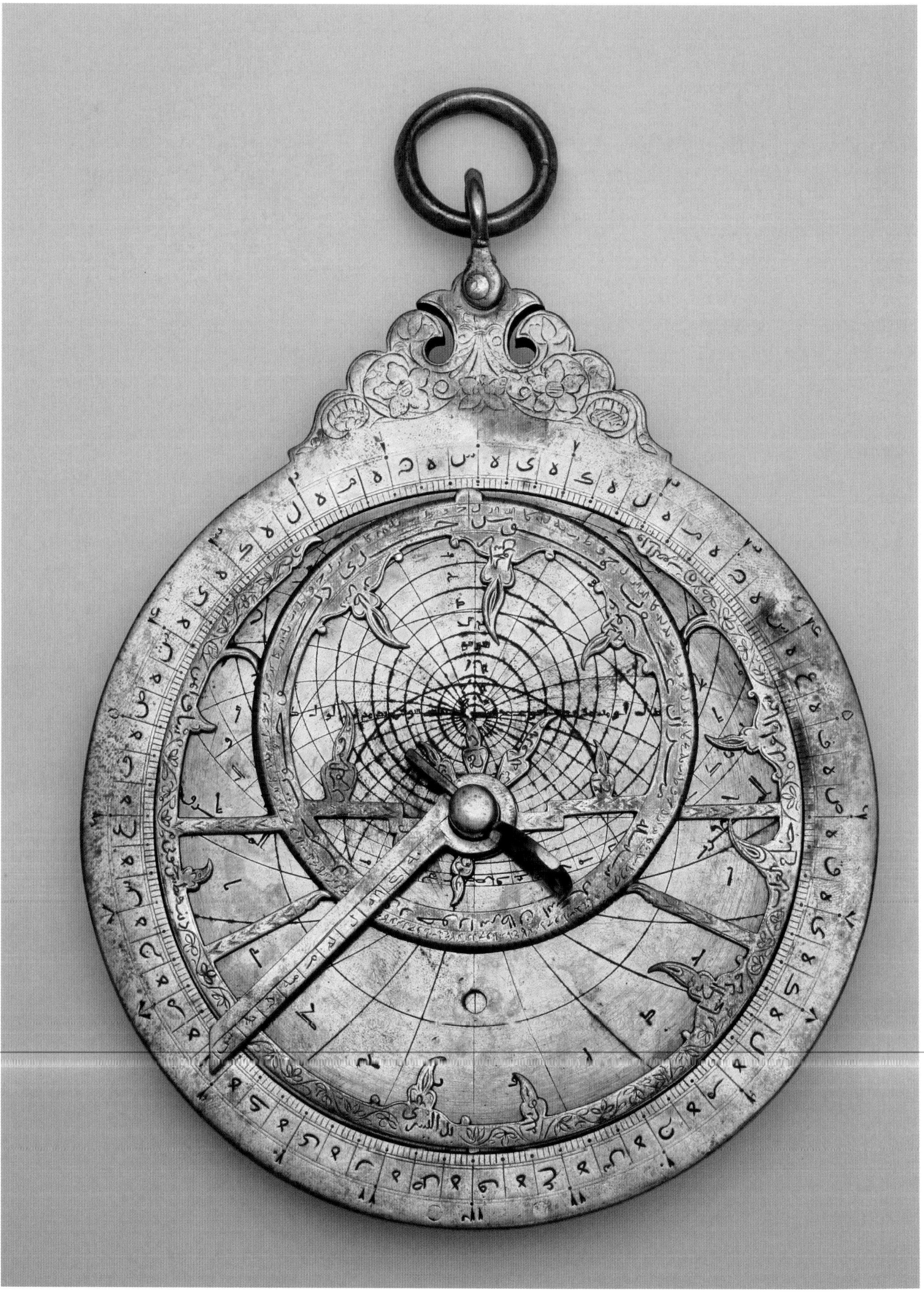

Neben der Wallfahrt in das weit entfernte und schwierig zu erreichende Jerusalem bestimmten noch zwei weitere Wallfahrtsorte die soziale Mobilität des gesamten Mittelalters bis heute: Rom und Santiago de Compostela. Die Wege aus dem Norden dorthin waren von einer dichten Infrastruktur der vielen Pilgerorte gesäumt, die ihrerseits wetteiferten, wer die meisten und heilbringendsten Reliquien vorweisen konnte: Aachen wie Köln, Conques wie Roncevalles, Ancona wie Loreto werden immer wieder benannt, aber auch unzählige kleine Kirchen und Klöster waren Anziehungspunkte für Pilger. Bei aller Unterschiedlichkeit der verschiedenen Heiligtümer eignet ihnen vom frühen 13. bis zum 16. Jahrhundert eine Gemeinsamkeit: Sie alle produzierten eine Unzahl von Pilgerzeichen, die offensichtlich für wenig Geld erworben und auf das Gewand aufgenäht werden konnten. Hier haben wir es mit einem massenhaft produzierten Souvenir ohne großen materiellen Wert zu tun, die sich aber durch den persönlichen Besuch am heiligen Ort medial aufladen und anderen Menschen eine Mitteilung machen sollten (Abb. 16).

In den teilweise dem Meer abgerungenen, teilweise vom Meer zurückgeholten marschigen Gebieten der Niederlande fanden sich in den letzten dreißig Jahren tausende von Pilgerzeichen aus ganz Europa. Diese vier bis sechs Zentimeter kleinen Gittergüsse aus unterschiedlichen Blei-Zinn Legierungen hatten sich offensichtlich unter Luftausschluss im Wasser-Erdgemisch sehr glücklich erhalten. Gleichzeitig mag die Verwendung von Metalldetektoren viele Zufallsfunde erbringen. Und drittens ist es einem hochspezialisierten Sammler, H.J.E. van Beuningen, zu verdanken, einen Großteil dieser Funde zusammengetragen, rund 4000 Objekte, und mit der Stichting Middeleeuwse Religieuze en Profane Insignes inventarisiert, erforscht und publiziert zu haben. In keinem anderen Gebiet Europas sind, von Ausnahmen abgesehen, solche Funde zu verzeichnen. Zu vergänglich ist das Material und zu sehr zur Wiederverwendung geeignet.[25]

Ausgeführt wurden die Güsse der Pilgerzeichen mit Hilfe steinerner Gussformen, die entweder einseitig offen waren oder mit zwei Matrizen ein beidseitiges Relief ergaben. In der Mehrzahl wurde der materialsparende Gitterguss

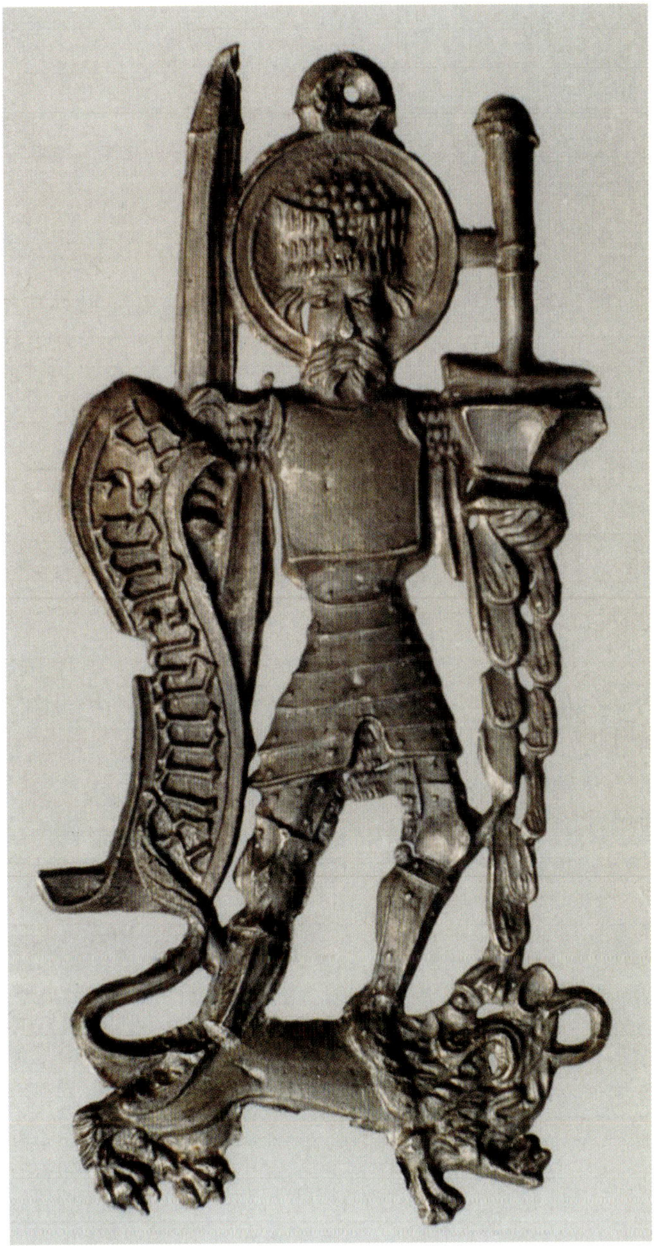

[25] Heeringen/Koldeweij/Gaalman 1987. - Beuningen/Koldeweij, 1993. - Beuningen/Koldeweij/Kicken 2001.

Abb. 15, Persien, 1182/83
Astrolab des Muhammad ibn Ahmad ibn Ali
Messing
Frankfurt, Institut für Geschichte der Arabisch-Islamischen Wissenschaften an der Johann Wolfgang Goethe-Universität

Abb. 16, Geraardsbergen, 1450-1500
Pilgerzeichen Hl. Adrianus
Blei-Zinn Legierung
Cothen, Sammlung H.J.E. van Beuningen

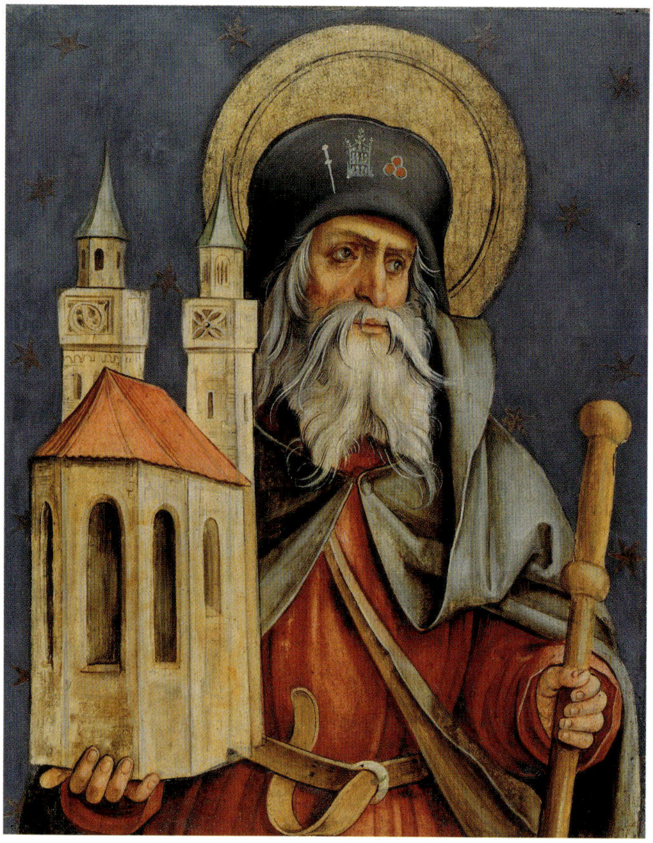

angewandt, es entstanden aber auch kleine Medaillen- und Plakettenformen. Zumeist waren an Figuren oder rahmende Architekturen die Ösen zum Annähen auf Textil mit angegossen. Bei speziellem Bedarf, etwa bei Brunnen heiligtümern, wurden auch Ampullen aus der Legierung gegossen.

In der Mehrzahl zeigen die Pilgerzeichen die oder den Heiligen in der gebotenen Stilisierung, aber sofort erkennbar. Besondere Barttracht, Kleidung, Attribute und Insignien machten ihn unverwechselbar. Szenen waren wegen ihrer Kleinteiligkeit schwierig darzustellen, kommen aber als Anbetung der Könige oder als Ursulamartyrium vor. Manchmal genügten auch Attribute, um den Wallfahrtsort zu chiffrieren, etwa der Petrusschlüssel für Rom oder die Jakobsmuschel für Santiago de Compostela. Offenbar wussten die Gießwerkstätten auch vom Ruch des Verbotenen, denn neben harmlosen profanen Darstellungen, wie Kriegern oder Schiffskämpfen, wurden Mengen von Phallus- und Vaginasymbolen produziert und auch Szenen von kopulierenden Paaren.

Überraschend ist die Menge des Materials. Überträgt man die dokumentarisch gesicherte Jahresproduktion der im kleinen niederländischen Ort Rhenen am Waal für die dortige Kundera-Wallfahrt gegossenen Pilgerzeichen von 5500 Stück auf die 106 bisher bekannten Herstellungsorte von Pilgerzeichen, so wäre das eine europäische Jahresproduktion von über einer halben Million.[26] Freilich sind dies noch nicht die Spitzenzahlen, von denen wir wissen. Innerhalb von zwei Wochen wurden 1466 auf der Marienwallfahrt von Einsiedeln 130.000 Pilgerzeichen verkauft. Und zur Marienwallfahrt nach Regensburg 1519 kamen so viele Pilger angereist, dass viele ohne Zeichen nach Hause zurückkehren mussten. So sorgte man im Jahr darauf besser vor und verkaufte 109.198 Zeichen aus Bleizinn und 9.763 aus Silber.[27]

Die Pilgerzeichen wurden entweder auf die Kleidung oder auf den Hut genäht und nach der Reise auch an Haustüren genagelt. So waren sie sichtbar und kündeten von den frommen Reisen des Trägers. So zeigen die Flügel eines

Abb. 17, Hans Süß von Kulmbach
Altarflügel mit heiligem Sebald, um 1515
Öl/Lindenholz
Nürnberg, Germanisches Nationalmuseum

[26] Os 2001, S. 171-173.
[27] Heeringen/ Koldeweij/Gaalman 1987, S. 13.

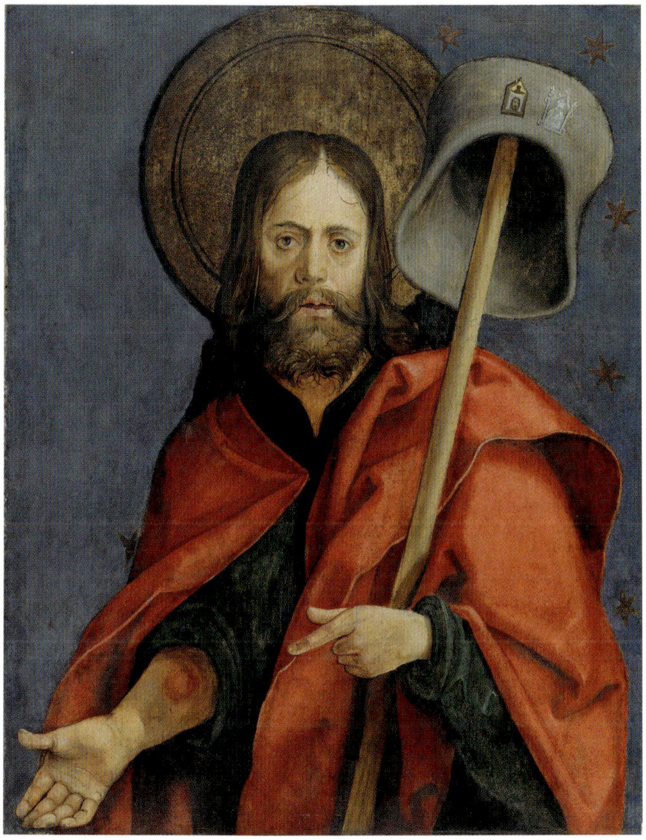

Altars von Hans Süß von Kulmbach im Germanischen Nationalmuseum den Nürnberger Ortsheiligen Sebald und den heiligen Rochus als Pilger. (Abb. 17, 18). Sebald mit dem Kirchenmodell trägt den Pilgerstab Compostelas, das Drei Königszeichen Kölns und die drei Hostien Wilsnacks (Abb. 19) am Hut; Rochus eine Vera Icon und ein Marienzeichen, vermutlich aus Rom und Aachen.[28] Interessant ist die rote Fassung der Wilsnacker Hostien, die gut mit der grundsätzlichen Farbenfreude des späten Mittelalters übereingeht.

Pilgerzeichen waren freilich kein vom Klerus anerkannter Beweis für eine durchgeführte Wallfahrt. Hierfür musste der Pilger einen gesiegelten Brief vom Pilgerort vorlegen. Im hohen und späten Mittelalter wurden Pilgerfahrten zumeist als Buße angeordnet, und der Pilger musste seine Reise eidesstattlich versichern.[29]

Gegossene Pilgerzeichen wurden auch anderen medialen Ansprüchen gerecht, sie waren mehr als nur Souvenir. So findet man bei Glocken des 14. bis 16. Jahrhunderts, zumal im Rheinland und in den Niederlanden, Pilgerzeichen auf die Außenwandung eingegossen. Technisch ist dies kein Problem. Die Zeichen wurden auf die wächserne Glockenform aufgelegt und schmolzen in der Technik des Verlorenen Gusses mit aus. Häufig werden Zeichen aus benachbarten Pilgerorten verwendet, was damit zusammenhängen kann, dass Fernwallfahrten in dieser Zeit zurückgingen, ja teilweise verboten waren. Mit dem Glockenklang konnte sich die Heilswirkung des fremden Pilgerortes über die Kirchengemeinde verbreiten.[30]

Einen weiteren interessanten Aspekt bieten die aus Aachen stammenden, aufnähbaren Pilgerzeichen des 15. Jahrhunderts mit integrierten Spiegeln. Diese sind oft doppelt so groß, wie die anderen Zeichen, also bis zu 12 Zentimeter hoch. Neben den Abbildern der Aachener Reliquien, etwa dem Heiligen Rock, wurden hier Spiegel in Glasmalereitechnik mit Bleiruten gefaßt. Die immer volkreicher werdenden Wallfahrten machten Reliquienweisungen von Benediktionsloggien notwendig. Dies geschah in Aachen seit 1322 von der Turmgalerie des Münsters aus. Den Pilgern fehlte damit offenbar der Reiz der Reliquienberührung. Dies wurde

Abb. 18, Hans Süß von Kulmbach
Altarflügel mit heiligem Rochus, um 1515
Öl/Lindenholz
Nürnberg, Germanisches Nationalmuseum

[28] Löcher 1997, S. 297-299.

[29] Herwaarden, Jan van: Ende goede Waerheit te bringen. In: Beuningen/Koldeweij/Kicken 2001, S. 23-30.

[30] Moosdijk, Elly van Loon-van de: Pelgrimsinsignes op 'nederlandse' Klokken./ Poettgen, Jörg: Pilgerzeichen auf Glocken. Studien zu Geschichte, Verbreitung und Motivationen ihrer Verwendung. In: Beuningen/Koldeweij/Kicken 2001, S.112-136.

durch den optischen Kontakt mit den Spiegeln ausgeglichen. Auch konnte so die numinose Wirkung der Reliquien an die zu Hause Gebliebenen weitergegeben werden. Offensichtlich war der Bedarf enorm, denn nachweisbar ist, dass der in Bleitechniken versierte Johannes Gutenberg in den Jahren 1436 bis 1438 große Zahlen dieser so genannten Aachenspiegel von Straßburg aus nach Aachen zur Jubiläumsheiltumsfahrt 1440 lieferte.[31]

Eine interessante Sonderform bietet ein einmaliges Exemplar eines Pilgerzeichens in Form eines Diptychons aus Aachen, um 1400 (Abb. 1, 20), das in Dordrecht gefunden wurde. Die Außenseiten dieses 11 Zentimeter hohen Klappspiegels, der aber auch Aufnähösen trägt, zeigen zu Seiten von Maria mit Kind und Salvator die Heiligen Katharina und Barbara sowie Kornelius und Antonius, darüber den Heiligen Rock und die Vera Icon. Im Inneren ist auf dem linken Flügel als Hinterglasmalerei ein Engel mit dem Rock Mariens dargestellt, rechts befand sich der Spiegel. Dieses Zeichen konnte nun gleichzeitig als Mittel zur virtuellen Reliquienberührung, als Gewandzeichen und als Privataltar benutzt werden.[32]

Die Untersuchung des Zeitraums vom frühen zum späten Mittelalter zeigt eine Epoche von durchgängig großer sozialer Mobilität, die auch große Entfernungen nicht scheute. Pilgerreisen und Kreuzzüge hatten bis ins 14. Jahrhundert die Fernwallfahrtsorte Jerusalem, Rom, Monte Sant'Angelo und Santiago de Compostela zum Ziel. Die Wege dorthin waren von wichtigen Pilgerheiligtümern gesäumt. Seit dem 14. Jahrhundert werden Kurzwallfahrten vorgezogen, die aber nicht weniger massenhaft durchgeführt werden. Zu allen Zeiten gab es die Möglichkeit, Erinnerung in Dingen mit sich zurückzuführen, wobei ganz nach Macht und Vermögen ein High und Low der Kunstfertigkeiten erworben wurde. Beeindruckend ist die Quantität der Produktionen, auf die wir bei den Menas-Ampullen schließen können, für die wir aber bei den spätmittelalterlichen Pilgerzeichen verlässliche Zahlen vorliegen haben. Im Laufe der fokussierend betrachteten neunhundert Jahre europäischen Pilgerwesens müssen hunderttausende Menschen das Heilige Land und Millionen die europäischen Pilgerorte besucht haben. Ein jeder Pilger wird den Wunsch nach einem Souvenir gehabt haben, nach einem Ding, das medial aufladbar war, durch Berührung mit Reliquien, durch Füllung mit heiligen Ölen und Wässern, durch optischen Kontakt, ja durch den Klang von Glocken. Und Scharen von Handwerker und Händlern erkannten die Möglichkeit, an den frommen Reisenden zu verdienen und sie dennoch glücklich ziehen zu sehen. Hat heute der millionenfach gefertigte Eiffelturm das Pilgerzeichen abgelöst, so geht doch der Verkauf in Lourdes weiter. Das Billigmaterial Zinnblei wurde zwar vom Kunststoff abgelöst, der Glaube an das Wasser der heiligen Quelle in der Plastikmadonna dauert gleichwohl an.

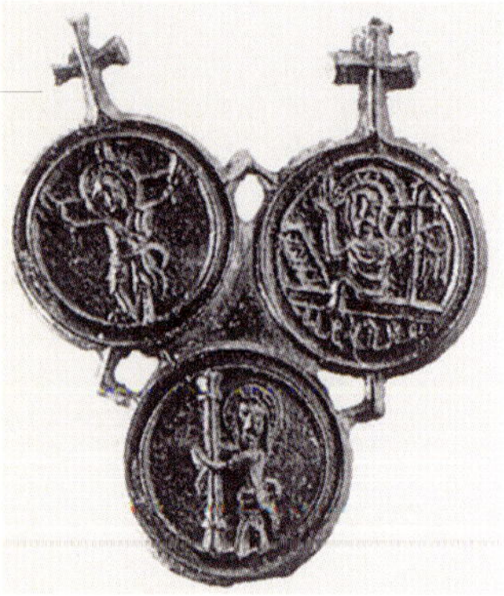

Abb. 19, Wilsnack, Elbe, 1475-1525
Dreihostien Zeichen
Blei-Zinn Legierung
Cothen, Sammlung H.J.E. van Beuningen

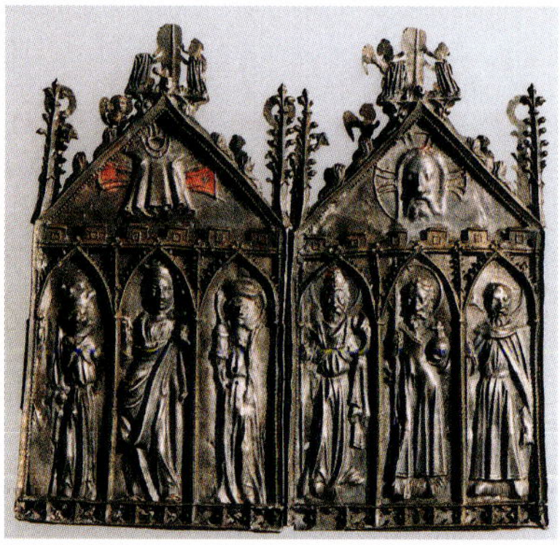

Abb. 20, Aachen, 1375-1425
Spiegeldiptychon, Außenseiten
Blei-Zinn Legierung
Cothen, Sammlung H.J.E. van Beuningen

[31] Beuningen/Koldeweij 2001, S. 210-214.
[32] Beuningen, H.J.E. van: Een Middeleeuuws Diptiek uit Aachen, gevonden in Dordrecht./Smeets, Astrid/Oostendorp, Tieneke: Materiaaltechnisch Onderzoek naar de Schildering uit een Middeleeuws Diptiek. In: Beuningen/Koldeweij/Kicken 2001, S. 59-78, Kat. Nr. 1370.

Gabriele Kaminski

Menasampullen

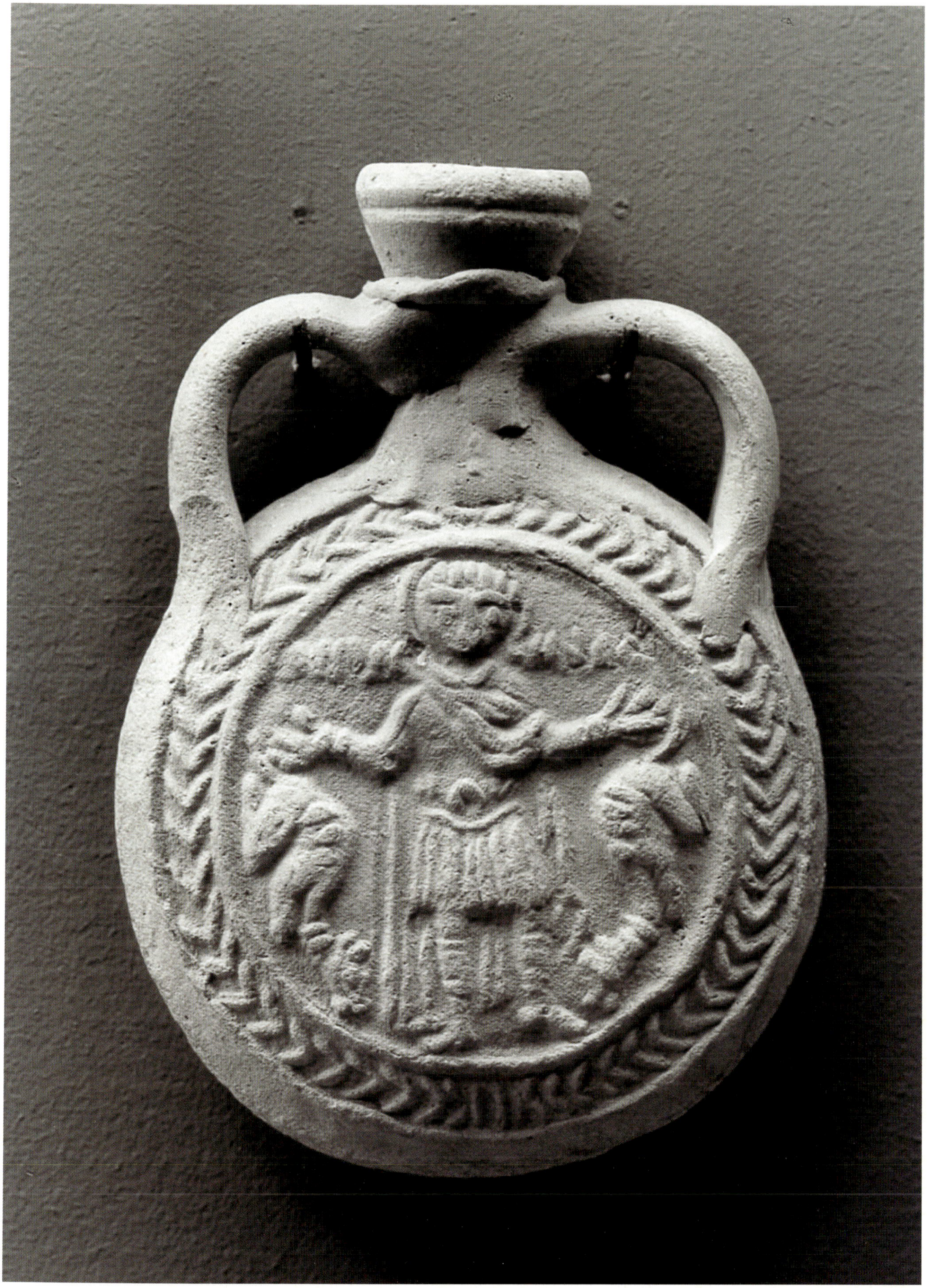

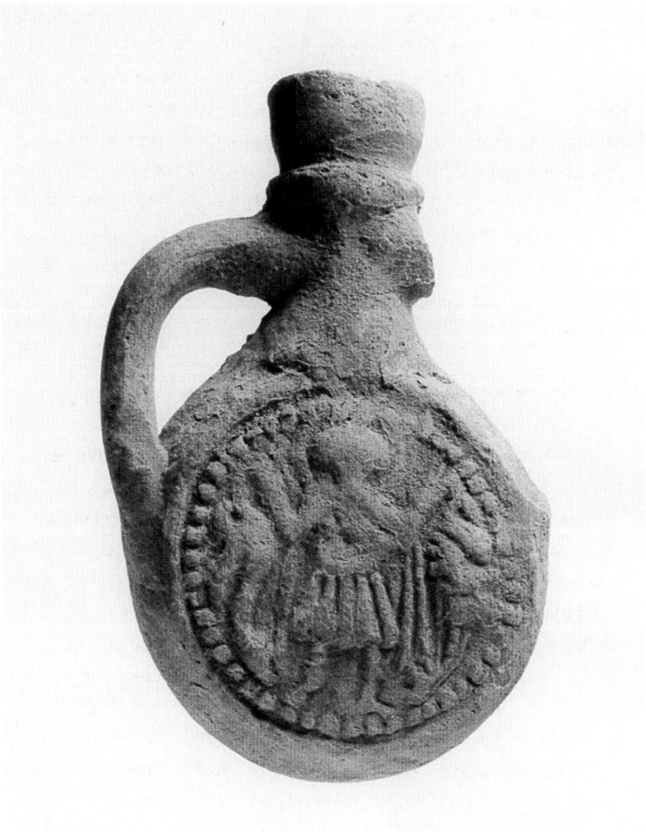

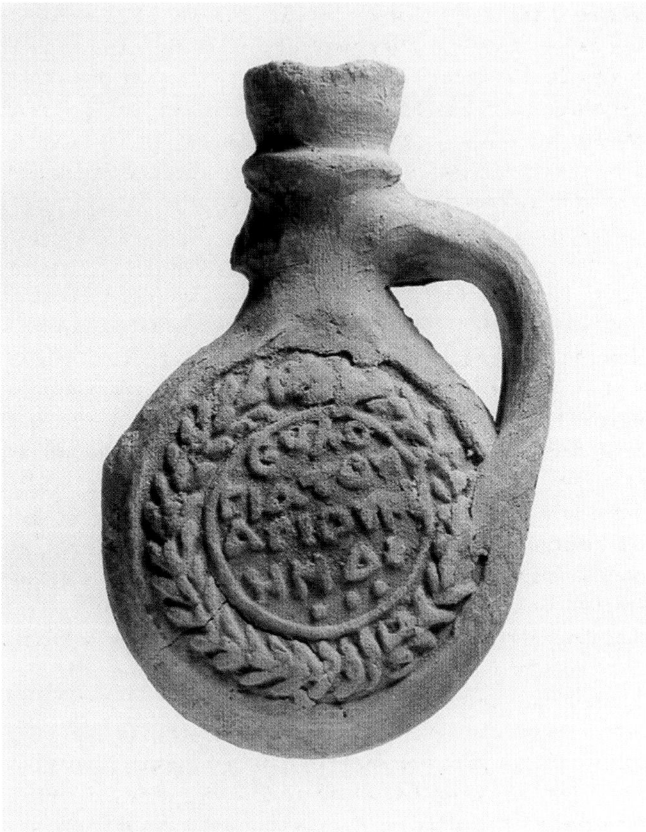

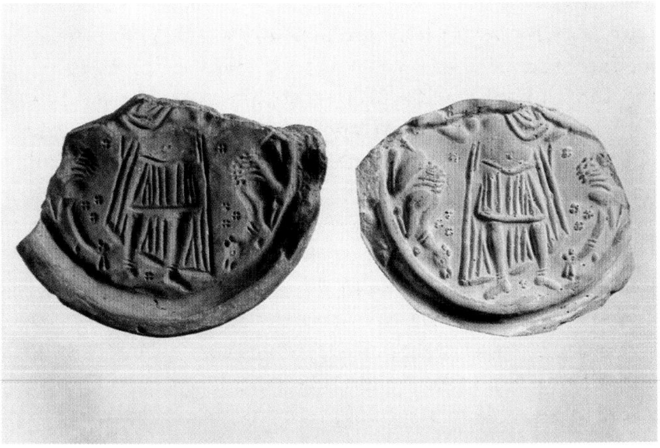

Abb. 1, (Titelabbildung)
Menasampulle mit Darstellungen des Haupttypus auf beiden Ampullenseiten, 5.-7. Jh.
Ton, Dm 10cm
Frankfurt, Städtische Galerie Liebieghaus, Inv. Nr. 2775.4

Abb. 2a, b, Menasampulle mit der Darstellung des Heiligen im Haupttypus auf der einen und einer Eulogieninschrift auf der Gegenseite, 5.-7. Jh.
Ton, Dm 6,8cm
Frankfurt, Städtische Galerie Liebieghaus, Inv. Nr. 2775. 33

Abb. 3a, Fragment eines Models zur Herstellung von Menasampullen, 5.-7. Jh.
Ton, erhaltener Dm 12cm
b, Moderne Gipsausformung
Frankfurt, Städtische Galerie Liebieghaus, Inv. Nr. 2775.193

„Eulogia tou hagiou Mena" – „Segensgabe des heiligen Menas" – lautet die griechische Inschrift zahlreicher so genannter Menasampullen, die massenhaft in Abu Mina, dem Pilgerheiligtum des ägyptischen Nationalheiligen, gefertigt wurden (Abb. 2a, b).[1] Häufig tragen die kleinen Tonfläschchen auch nur die verkürzte Inschrift „tou hagiou mena oder hagiou mena" – „des heiligen Menas".
Als Eulogien werden die verschiedensten Pilgerandenken bezeichnet, die die Gläubigen von ihrer Wallfahrt mit nach Hause brachten. Diese hatten durch den unmittelbaren Kontakt mit dem Ort des Wirkens oder der Grabstätte eines Heiligen ihre Segen spendende Kraft erhalten. Als die wichtigsten frühchristlichen Pilgereulogien werden Öl, Kerzenwachs, Erde, Staub und Wasser genannt. Auch die aus der Erde dieser geheiligten Orte gefertigten Medaillons sowie Ampullen, die als Behälter der Segen und Heilung bringenden sowie Schutz gewährenden Substanzen dienen, werden als Eulogien angesehen.[2] Bei den Menasampullen ist zunächst nicht ganz klar, ob ihr möglicher Inhalt oder die Ampulle selbst als Eulogie zu verstehen sind.
Sie bilden eines der Haupterzeugnisse der Tonwerkstätten der bedeutenden frühchristlichen, circa 40 Kilometer südwestlich von Alexandria gelegenen Wallfahrtsstätte Abu Mina in Ägypten. Ihre Entdeckung zu Beginn des letzten Jahrhunderts geht auf den Frankfurter Religionswissenschaftler Carl Maria Kaufmann zurück, der dort u.a. mit finanzieller Unterstützung der Stadt Frankfurt von 1905 bis 1907 drei Grabungskampagnen durchführte. Teile der Funde verblieben in Ägypten, jedoch gelangte auch eine beachtliche Anzahl davon in seine Heimatstadt, die durch Erwerbungen Kaufmanns ergänzt werden. In jüngerer Zeit wiederaufgenommene Grabungen in der Wallfahrtsstätte führten zu bedeutenden neuen Ergebnissen. So werden die von ihm als Heilbäder angesehenen Komplexe heute überzeugend als Thermenanlagen gedeutet, wodurch sich auch seine Annahme von der großen Bedeutung des Wassers als Heilmittel in der Pilgerstätte, die ihm noch als das Lourdes der Antike galt, sehr stark relativiert.[3]
Neben anderen Erzeugnissen der Pilgerstätte wie bauchige Kannen, Miniaturgefäße – etliche mit aufgemalten Eulogieninschriften – Gefäße bzw. Scheingefäße in Tierform oder den kleinen Henkelkännchen, die einen Kopf nachbilden – in dem vermutlich der heilige Menas selbst zu erkennen ist – sowie Frauen- und Reiterstatuetten[4], traten die Menasampullen zu Hunderten, nach Kaufmann[5] sogar zu Tausenden, in Abu Mina, hauptsächlich in Werkstätten und Töpferöfen, zutage. Ein weiterer bedeutender Fundort von Ampullen ist das nahe gelegene Alexandria[6], was Anlass zu der Vermutung gab, auch hier seien die Menasfläschchen hergestellt worden. Darüber hinaus fand man sowohl innerhalb als auch außerhalb Ägyptens einzelne Exemplare an den unterschiedlichsten Fundorten, so z.B. in Rumänien, Bulgarien, Ungarn, Italien, etliche sogar in einigen Gegenden nördlich der Alpen.[7]

Menaslegende und erste Wunder

Aus den verschiedenen Legenden, die um den Heiligen herum entstanden sind, ergibt sich im Kern, dass Menas ägyptischer Abstammung war und als Soldat in Phrygien diente. Nachdem er sich zum christlichen Glauben bekannt hatte, soll er während der Christenverfolgungen unter dem römischen Kaiser Diokletian (284-305 v. Chr.) am 11. November 296 v. Chr. in Kleinasien den Märtyrertod erlitten haben. Es wird berichtet, dass der Leichnam des Enthaupteten von Soldaten auf einem Feldzug mit nach Ägypten geführt worden sei. Als das Schiff auf der Überfahrt von kamelartigen Untieren bedroht wurde, bewährte er sich als wundersames Schutzmittel. Ebenso wird eine später in Ägypten siegreich beendete Auseinandersetzung der Wirkungsmächtigkeit seiner Gebeine zugeschrieben. Schließlich wurde Menas an jener Stelle beigesetzt, an der das Kamel, mit dem der Leichnam transportiert wurde, sich weigerte weiterzugehen. Später sollte sich dort die berühmte, vor allem im 5. bis 7. Jahrhundert blühende Wallfahrtsstätte entwickeln. Seit der ersten Hälfte des 5. Jahrhunderts entstand im Bereich des bereits zuvor architektonisch bezeichneten Grabes zunächst eine kleine Basilika, die Gruft- bzw. Märtyrerkirche, die nach und nach durch An- und Umbauten zu einem imposanten Kirchenkomplex umgestaltet wurde. Im Altarbereich der Gruftkirche existierte zudem eine unterirdische Anlage, aus der anscheinend Märtyreröl gewonnen werden konnte.[8] Große Platzanlagen, an die sich im Verlauf der Zeit ausgedehnte Pilgerherbergen, Heilbereiche und eindrucksvolle Thermenanlagen anschlossen, prägen das Bild der Pilgerstätte.[9]

---

[1] Kaufmann 1910; Kaminski 1997 I, S. 1ff. Kat. I 1-I 221 (m. Lit.). Durch eine großzügige Spende von Annemarie Wolf, der Tochter Kaufmanns und ihres Ehemanns Dr. Heinz Wolf wurde jüngst die Sammlung von Menasampullen in der Städtischen Galerie Liebieghaus in beachtlichem Umfang erweitert. Neben anderen Orten, gelangten auch zahlreiche Funde und Erwerbungen nach Berlin, das die Grabungen Kaufmanns ebenfalls finanziell unterstützt hatte: Witt 2000, die 68 Ampullen mit vielen weiter führenden Überlegungen vorlegt (m. Lit.); zuletzt vgl. auch Ausst.-Kat. München 2004, Kat. 285-295 zu verschiedenen Erzeugnissen der Tonwerkstätten aus Abu Mina.

[2] Kötting 1950; Engemann 1995, S. 224ff.

[3] Vgl. bei Witt 2000, S. 17ff. den Überblick zur Geschichte der Wallfahrtsstätte mit einer Zusammenstellung der vorl. Grabungsberichte der seit 1961 vom Deutschen Archäologischen Institut durchgeführten Ausgrabungen in Abu Mina, einschließlich der zahlreichen Publikationen des langjährigen Ausgräbers von Abu Mina Peter Grossmann; sowie das ausführliche Literaturverzeichnis ebd. (auch mit einem Verzeichnis der Berichte und Publikationen Kaufmanns).

[4] Kaminski 1997, Kap. II. (Kopfgefäße), III. (Tiergefäße und Scheingefäße) und VI. (Keramik „Abu Mina Ware"). Eine Publikation der Frauen- und Reiterstatuetten in der Sammlung des Liebieghauses wird von H. Bode vorbereitet; dies. 2004, S. 206 vertritt die Ansicht, dass zumindest die

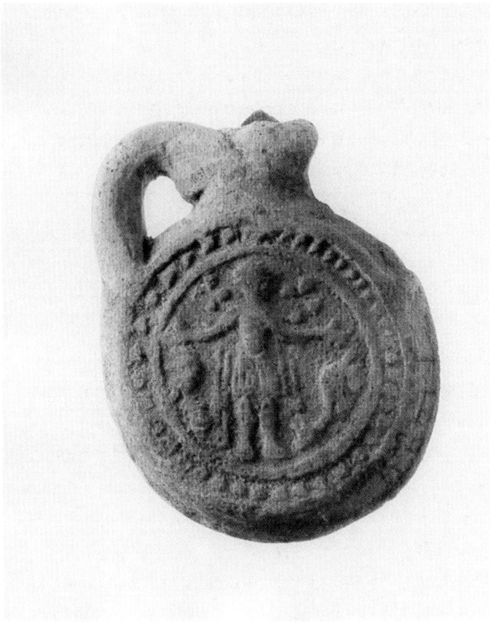

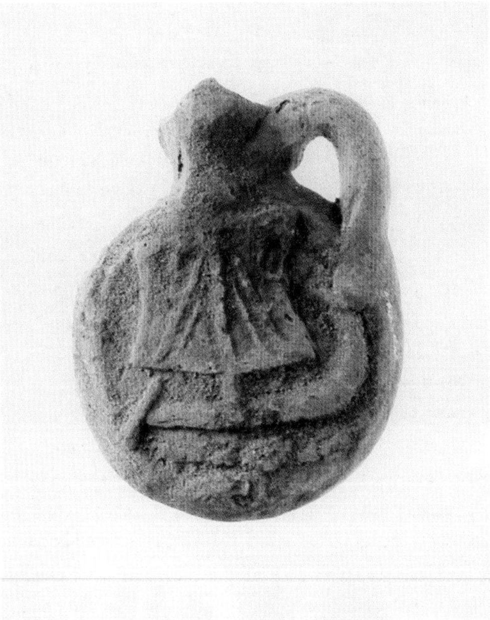

Wenngleich eine Zerstörung durch die Perser im Jahr 619 sowie die arabische Eroberung um die Mitte des 7. Jahrhunderts deutliche Einbrüche für den Betrieb des Heiligtums bedeuteten, haben die Wallfahrten zumindest bis in das 9., vielleicht sogar bis in das 11. Jahrhundert angehalten.[10] Die Tradition des Wallfahrtsortes hat sich bis heute durch die Gründung eines Menasklosters in unmittelbarer Nähe der Ruinenstadt fortgesetzt. Nach verschiedenen Überlieferungen erfolgten die ersten wundersamen Heilungen von Schafen, aber auch die Heilung der kranken Tochter Kaiser Konstantins an diesem Ort durch die Anwendung von Wasser und Erde. Einer anderen Quelle zufolge soll ein gelähmter Junge, nachdem er an dem von einer Lampe erleuchteten Grab geschlafen hatte, geheilt aufgesprungen sein. Im später errichteten Kirchenbau sei dann eine ähnliche, fortwährend brennende Lampe, deren Öl von den Pilgern zur Salbung von Kranken mit nach Hause genommen wurde, aufgehängt worden.

Die Ampullen und ihre Bildmotive

Für die Menasampullen ist ihr runder, aus zwei Hälften zusammengesetzter und beidseitig verzierter Gefäßkörper[11], der von einem schmalen Ausguss mit seitlich angefügten Henkeln bekrönt wird, charakteristisch. Dabei lassen sich eher flache trommel- und wenig bis stark gewölbte, linsenförmige Ampullen unterscheiden. Neben den sehr seltenen, besonders großen Flaschen, deren Körperdurchmesser bei deutlich über zwanzig Zentimetern liegen kann, dominieren vor allem die kleinsten Ampullen mit einem Durchmesser von circa 5-8cm. Hinzu kommen noch mittelgroße Gefäße mit etwa 10-13cm. Das Farbspektrum des verwendeten Tons reicht von einem hellen Creme bis zu einem dunkleren Rot, was ebenso für die übrige reiche Terrakottaproduktion von Abu Mina gilt. Die Ampullenhälften wurden aus Modeln gewonnen, zusammengesetzt und mit einer auf der Töpferscheibe gefertigten Mündung und den handgeformten Henkeln versehen und dann gebrannt. Nur einige wenige der Model sind erhalten geblieben, die dennoch manches über den Werkstattbetrieb und die Fertigung der Pilgererzeugnisse verraten (Abb. 3a, b)[12]. Mit mehreren hundert überlieferten Exemplaren stellen die Menasampullen

Abb. 4a, b, Menasampulle mit einer Darstellung des Haupttypus auf der Vorderseite und einem Schiff auf der Rückseite (Abb. 1b), 6. 7. Jh.
Ton, Dm 6,3cm
Frankfurt, Städtische Galerie Liebieghaus, Inv. Nr. 2775.157

Frauenstatuetten Votivgaben waren, sie aber auch als Pilgerandenken gedient haben könnten; Engemann 1995, S. 231ff. spricht sich für Letzteren aus

5 Kaufmann 1910, S. 61.

6 Zu den Funden der polnischen Grabungen in Alexandria: bes. Kiss 1989.

7 Linscheid 1995, 982ff.; sowie zur Verbreitung Witt 2000, S. 70ff.; Kaminski 1997, 19. 304.

8 Grossmann 1989, S. 65ff. sowie vor allem Engemann 1995, S. 225ff.

9 Vgl. auch Severin 1995, S. 334ff.; ders. 1987 zu Architekturteilen der Pilgerstätte in der Städtischen Galerie Liebieghaus.

10 Engemann 1989, S. 161ff.; ders. 1993, S. 164.

die größte geschlossene Gruppe von frühchristlichen Pilgerampullen dar.

Auf den weitaus meisten steht der heilige Menas als Orant mit erhobenen Armen zwischen Kamelen, wobei die bei den größeren Exemplaren links und rechts seines Kopfes eingefügte griechische Beischrift „O hagios Menas" – Der heilige Menas – keinen Zweifel an der Identität des dargestellten Heiligen (Abb. 1) lässt, der in streng frontaler Haltung die gesamte Höhe des hier, wie so oft, von einem stilisierten Kranz gerahmten Bildmedaillons, einnimmt. Das griechisch-römischer Tradition folgende ponderierte Standmotiv mit leicht angewinkeltem entlastetem linken Bein und belastet durchgedrücktem rechten Standbein, das vor allem bei den größeren Ampullen (Abb. 7) deutlich in Erscheinung tritt, verleiht der Figur des Heiligen also zuweilen, trotz ihrer Frontalität, eine gewisse Bewegtheit. Dem Rund folgend, lagert jeweils ein Kamel an seinen Seiten, das seinen Kopf weit nach vorne reckt, so dass es mit der Schnauze fast die Füße des Heiligen berührt. Menas trägt die Tracht eines römischen Soldaten: eine kurze Tunika, darüber den langen, auf der rechten Schulter geknüpften Mantel, der in Bogenfalten zusammengefasst über die Brust geführt ist, um dann in seinem Rücken weit herabzufallen. Soldatenstiefel sind durch einzelne Wülste kenntlich gemacht. Häufig legt sich ein Nimbus um den mit glattem, aber auch gelocktem Haar wiedergegebenen Kopf des Heiligen. Die beliebte Bildfassung des mit betend erhobenen Armen zwischen Kamelen stehenden Menas kann als Haupttypus der Darstellungen auf den Menasampullen gelten. Durch kleine Veränderungen variiert, erscheint er einerseits auf beiden Seiten der Ampullen, wobei häufig eine stilisierte Kranz- oder die besonders häufige Perlschnurrahmung um das Bildmedaillon herum gelegt ist; gelegentlich umgeben auch Inschriften den Heiligen. Des Weiteren kommen einfache Wulstrahmungen vor, wenn nicht völlig auf das Rahmenmotiv verzichtet wird. Andererseits kombinierte man dieses Menasbild auch gerne mit abweichenden Rückseiten, vor allem mit Inschriften (Abb. 2a, b) und Kreuzmotiven.[13]

Gelegentlich findet sich die Verbindung mit ornamentalen oder figürlichen Motiven. Zu den selteneren gehört ein Schiff, dass mit aufgespanntem Segel über ein von Fischen bevölkertes Meer fährt. Vermutlich handelt es sich bei diesen Ampullen um Seefahrereulogien, die den Reisenden bei ihrer Überfahrt Schutz gewähren sollten (Abb. 4a, b).[14] Man trug die Ampullen offenbar um den Hals oder befestigte sie am Gürtel.[15] Ausgesprochen zahlreich sind vor allem kleine Ampullen mit einem auf wenige Details reduzierten Menasbild im Perlkranz überliefert, die auf beiden Seiten eine Darstellung des Haupttypus tragen.

An die Stelle der Menasinschrift, seitlich des Kopfes, sind hier Punktkreuze getreten (Abb. 5).

Daneben taucht auf einer größeren Anzahl von kleinen Ampullen ein nach rechts gewandter Profilkopf auf (Abb. 6). Umstritten ist der Vorschlag Kaufmanns, hierin aufgrund des geperlten Kraushaars und der spezifischen Physiognomie einen Schwarzen zu sehen. Er vermutet zudem, dass dieser Bildnistypus als Pendant zu anderen Kopf- bzw. Büstendarstellungen des Heiligen, die ihn als Weißen kennzeichnen, eigens für die schwarzen Pilger aus dem südlichen Afrika geschaffen worden sei.[16]

In deutlich geringerer Anzahl treten weitere Motive wie Menas als Reiter, aber auch Darstellungen anderer Heiliger auf, darunter vor allem Thekla. Nahezu ausschließlich ist die Heilige auf mittleren und wohl auch auf den seltenen, sehr großen Pilgerampullen mit Menas im Haupttypus verbunden (Abb. 7a, b).[17] Allein mit einem geknoteten Schurz bekleidet steht die Schülerin des Paulus an einen Pfahl gebunden zwischen Stieren und anderen Tieren, vielleicht Wolf und Bärin. Ungewöhnlich ist eine Standampulle mit Fuß im Louvre, auf der Menas und Thekla, der hier sogar einmal ihr Name beigeschrieben ist, miteinander verbunden sind.[18] Aus den Schilderungen der Menaswunder erfahren wir, dass ein Theklaheiligtum in unmittelbarer Nachbarschaft zu Abu Mina gelegen haben muss. Zudem scheint Thekla anderenorts gemeinsam mit Menas verehrt worden zu sein, was möglicherweise auch für Abu Mina galt.[19]

Die Vielzahl der Wiederholungen und Reflexe des Bildtypus des zwischen gelagerten Kamelen stehenden heiligen Menas, und dies nicht allein auf den emblematischen Ampullenmedaillons, sondern zudem in der Wandmalerei, als Elfenbeinschnitzereien oder aber auf Stein-, Holz- und Tonreliefs, legen die Existenz eines ursprünglich vorhandenen maßgeblichen Vorbildes nahe.[20] Auf dem Wiener Marmorrelief rahmt ein von Säulen getragener Bogen die

---

[11] Kaminski 199, S. 33f. Unter Kat. Nr. I 204-220 sind im Gegensatz zu den aus Modeln gewonnenen Bildampullen auf der Töpferscheibe gefertigte Exemplare ohne Reliefdarstellungen aufgeführt; ob auch sie durch eine entsprechende Bemalung als Menaseulogie ausgewiesen wurden, muss offen bleiben.

[12] Kaminski 1997 Kat. Nr. I, 193-203 sowie ein Stempel Kat. Nr. I, 221.

[13] Vgl. z.B. ebd. Kat.-Nr. I, 139ff. oder 161ff.

[14] Vikan 1982, S. 16f.; Kaminski 1997, S. 31 Witt 2000, S. 58.

[15] Ebd., S. 15 mit Anm. 51. 52.

[16] Kaufmann 1910, S. 123; Kaminski 1997, S. 28 mit Anm. 114 (Schwarzer); Witt 2000, S. 48f. (zweifelnd, eher ablehnend).

[17] Aufgrund der vergleichbaren Abmessung, der Form und der stilistischen Eigenart könnten die Scherbe mit den Resten einer Menasdarstellung und das zusammengesetzte Fragment einer Ampullenhälfte mit dem Bild der heiligen Thekla (Kaminski 1997, Kat. Nr. I, S. 1 und Kat. Nr. 2) ursprünglich miteinander verbunden gewesen sein.

[18] Metzger 1981, Nr. 97.

[19] Kaminski 1997, S. 29f.; Zur Verbindung der hl. Thekla mit Abu Mina vgl. insbes. Witt 2000, S. 53ff., die erwägt, dass sich auch im Menasheiligtum Reliquien der isaurischen Heiligen befunden haben könnten.

[20] Ausst.-Kat. Hamm/Berlin 1996, Kat. 52. Zum Urbild Witt 2000, S. 44ff. sowie Anhang IV.7 (Zusammenstellung der entsprechenden Menasdarstellungen).

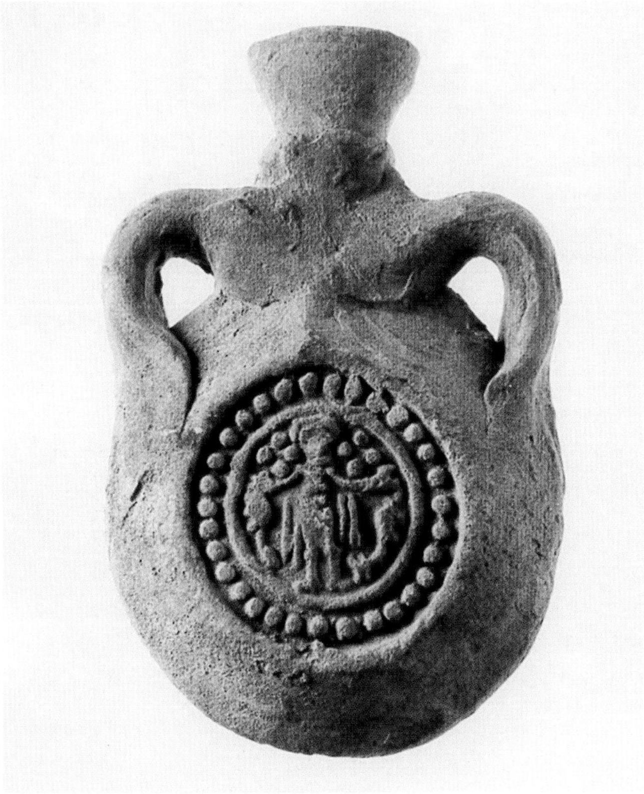

durch zwei Pilger erweiterte Szene, die, ihrer geringeren Bedeutung gemäß, sehr viel kleiner als der Heilige dargestellt sind. Hierdurch wurde der Platz, der für die Kamele zur Verfügung stand, wesentlich verringert, so dass sie ungewöhnlich klein wiedergegeben sind.
Die Darstellungen entsprechen im wesentlichen der Beschreibung eines Marmorbildes des Heiligen – das vermutliche Kultbild – durch den arabischen Autor Al Bakri aus dem Jahr 1068. Wenngleich über seinen Anbringungsort und das Material Uneinigkeit herrscht, muss es eine entsprechende Darstellung in Abu Mina gegeben haben, die das Vorbild für die Tonwerkstätten lieferte, in denen die Pilgerandenken hergestellt wurden[21].

Außerdem sind auch etliche Menasampullen überliefert, die ohne eine Darstellung des Heiligen auskommen und ausschließlich zwei weitere Motive miteinander kombinieren. Wenn bei einigen davon nicht einmal die Menasinschrift auftaucht, so muss man davon ausgehen, dass bereits ihre charakteristische Form sie als Produkt der Wallfahrtsstätte auswies.[22] Hierbei ist allerdings auch das Material, der Ton von der heiligen Stätte, nicht zu vernachlässigen. Nachdem Kaufmann noch angenommen hatte, in den Ampullen sei in erster Linie Heilwasser transportiert worden, lässt sich das heute allein schon aus dem Grund klar verneinen, dass die porösen Ampullen wasserdurchlässig sind[23]. Im Übrigen brachten die neueren Ausgrabungen in einer Grube unter dem Altar der Gruftkirche einen Alabasterkrater zutage, in dem sich neben Ölablagerungen eine große Menge Bronzemünzen befand, die offenbar dem heiligen Menas gespendet wurden und dauerhaft im Heiligtum verblieben. Man nimmt an, dass aus einem Loch in einer darüber befindlichen Marmorplatte einzelne Tropfen des Öls in die Menasampullen abgefüllt wurden, wovon sich bisher jedoch keinerlei Rückstände in den Gefäßen gefunden haben, was bei dieser geringen Menge vielleicht auch nicht zu erwarten ist.[24]
Selbst wenn in den Ampullen doch keine gesegnete Substanz transportiert worden sein sollte, so hätte sie allein die Herstellung aus der Erde und dem Wasser des Heiligtums bereits zu Segen spendenden, Schutz bietenden und Heilung bringenden Andenken gemacht, von denen sich die Pilger ein Fortwirken ihrer Wirkungsmächtigkeit auch zu Hause erhofften.

Abb. 5, Menasampulle mit Darstellungen des Haupttypus auf beiden Ampullenseiten, 5.-7. Jh. Ton, Dm 6,3cm
Frankfurt, Städtische Galerie Liebieghaus, Inv. Nr. 2775 1502

[21] Relieffragment mit Resten eines Kamels aus Abu Mina. Grossmann 1989, S. 225, Anm. 665.

[22] Vgl. z.B. Kaminski 1997, Kat. Nr. I, S. 181-185 Vermutlich waren die heute unverziert erhaltenen Ampullen ursprünglich mit einer Bemalung versehen, von der sich bei den Menasampullen allerdings lediglich rudimentäre Reste erhalten haben. Andere Produkte der Tonwerkstätten von Abu Mina waren hingegen reich, zum Teil auch polychrom bemalt oder tragen aufgemalte Inschriften.

[23] Ebd. S. 23; so bereits Engemann 1995, S. 225.

[24] Grossmann 1984, S. 125ff.; Engemann a.a.O., S. 226ff.

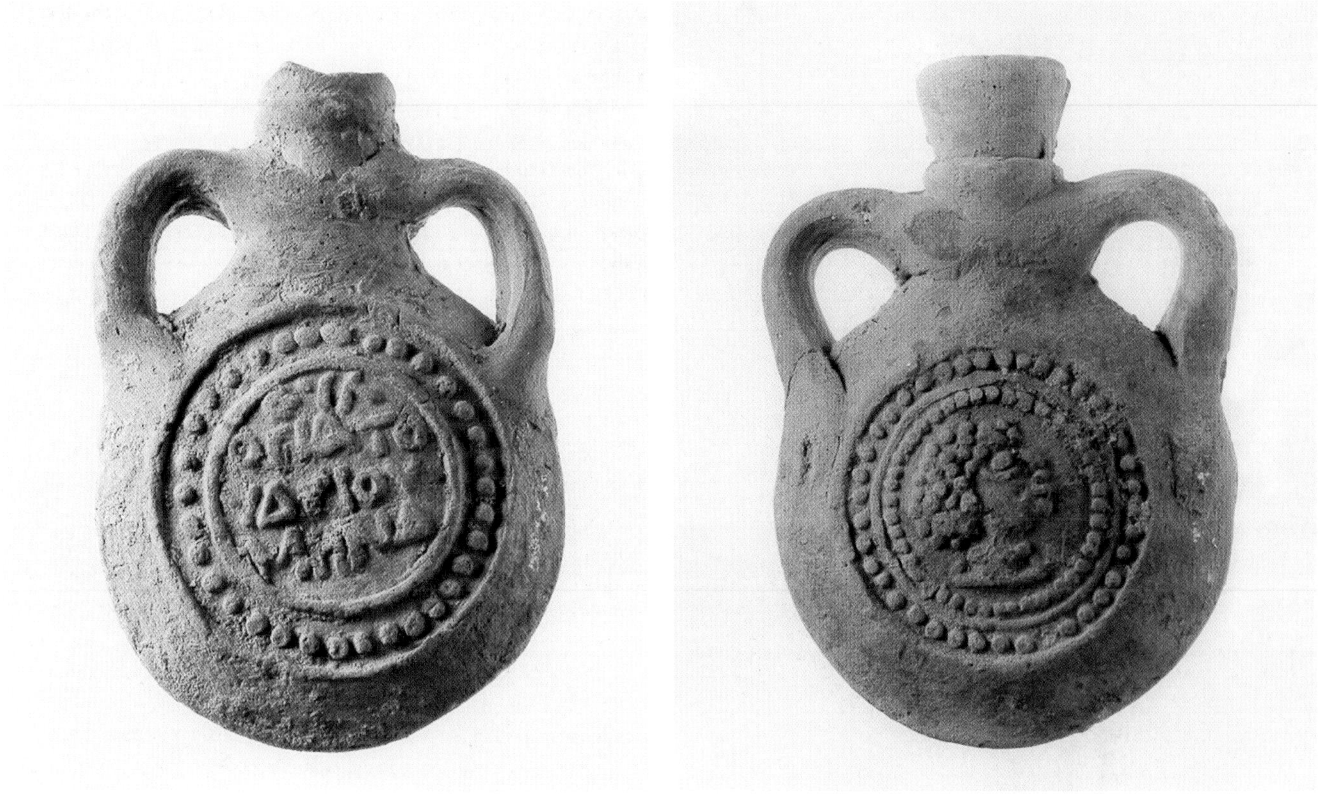

Abb. 6a, b, Menasampulle mit Profilkopf auf der Vorderseite und der Inschrift „Eulogia tou hagiou Mena“ auf der Rückseite, 5.-7. Jh. Ton, Dm 7,3cm. Frankfurt, Städtische Galerie Liebieghaus, Inv. Nr. 2775.160 (a), 2775.161 (b)

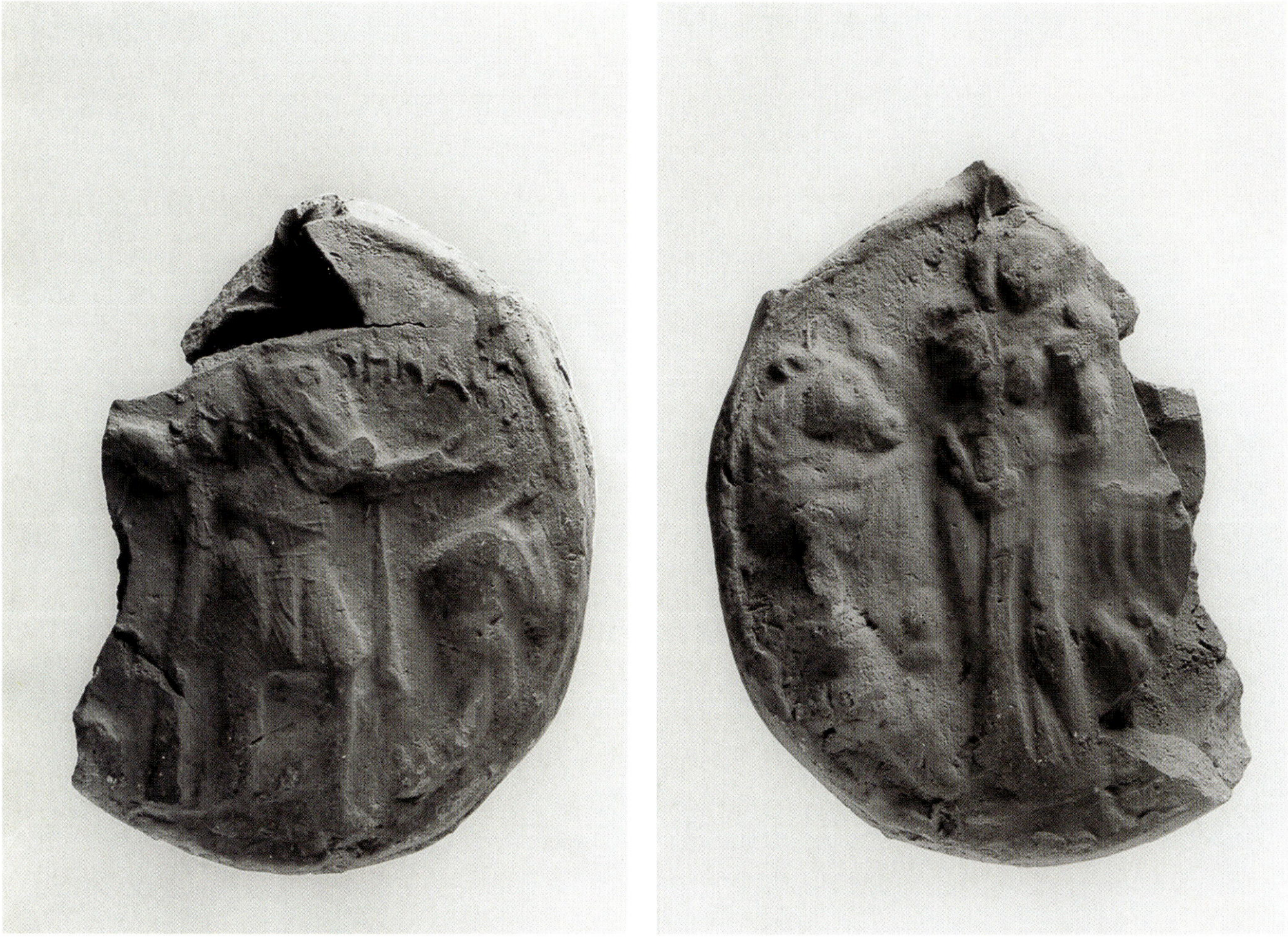

Abb. 7a, b, Menasampulle mit der Gegenüberstellung des Menas als stehender Orant zwischen Kamelen und der heiligen Thekla, 5.–7. Jh.
Ton, Dm 13cm
Frankfurt, Städtische Galerie Liebieghaus, Inv. Nr. 2775.27

Karl Schmitt-Korte

Die Grabeskirche als Souvenir

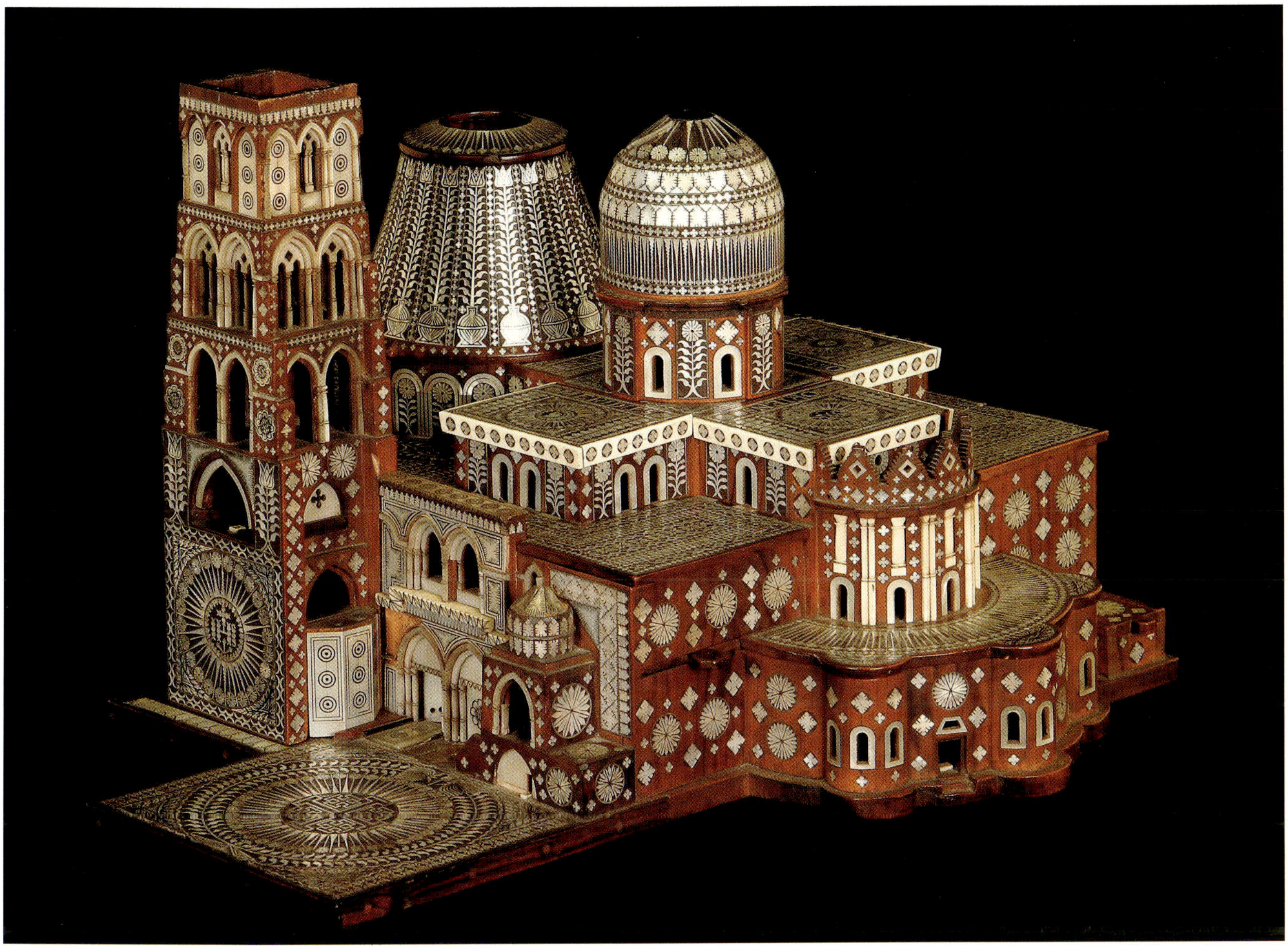

Abb. 1, Jerusalem oder Bethlehem, 17. Jh.
Modell der Grabeskirche
Olivenholz, Perlmutt, Bein
Offenbach, Sammlung Karl Schmitt-Korte

Jerusalem ist der Ort, wo sich Himmel und Erde berühren ... und hier liegt das größte gemeinsame Heiligtum der Christenheit: die Kirche über dem Grabe Christi. Den Anfang der altehrwürdigen Grabeskirche verdanken wir Kaiser Konstantin d. Gr., der den Christen die Glaubensfreiheit gab und über der historischen Stätte ein prachtvolles Gotteshaus errichten ließ. Diese erste Grabeskirche wurde 330 n.Chr. geweiht, doch im Laufe der Zeit erlitt das Gebäude mehrfach schwere Beschädigungen, so z.B. im Jahre 614 durch die Invasion der Perser. Die größte Katastrophe erfolgte im Jahre 1009, als al-Hakim, der berüchtigte Kalif der Fatimiden in Kairo, ihre völlige Zerstörung befahl und auch beinahe erreichte – ein Ereignis, das für den Ausbruch der Kreuzzüge in hohem Maße mitverantwortlich war. Schließlich stellte die Befreiung des Heiligen Grabes aus der Hand der „Ungläubigen“ das zentrale Anliegen der Kreuzzüge dar. Den verschiedenen Schäden an der Grabeskirche folgte stets ein Wiederaufbau – und jedes Mal in veränderter Form. Von der ursprünglichen fünfschiffigen Basilika, dem großen Freihof und der gewaltigen Kuppel über dem Felsengrab sind nur noch geringe Reste übrig geblieben.

Das hier gezeigte Architekturmodell der Grabeskirche stellt im Wesentlichen den Zustand aus der Kreuzfahrerzeit dar, als König Amalrich das Gotteshaus nach der schweren Zerstörung wieder aufgebaut und erneut eingeweiht hatte (um 1160). Das Erscheinungsbild, das sich dem heutigen Besucher bietet, entspricht hingegen dem Bauzustand nach der letzten großen Umgestaltung als Folge des schweren Brandes von 1808, als die auffällige, kegelförmige und oben offene Hauptkuppel durch eine geschlossene und gewölbte Kuppelkonstruktion ersetzt wurde. Über dem Felsengrab, in dem nur drei Tage lang der Leib Christi ruhte, erhebt sich die marmorne Grabkapelle (sog. Ädikula), die ihrerseits von der mächtigen Hauptkuppel (Anastasis) überragt wird. An sie schließen sich der Hochaltar mit der kleineren Kuppel an sowie ein kompliziertes System verschiedener Altäre, Nischen, Nebenräume und diverse Anbauten. Hierdurch ergibt sich eine unübersichtliche Gesamtstruktur, deren Dreiheit aus Felsengrab, Grabkapelle und Kuppelgewölbe sich dem Besucher nicht ohne weiteres erschließt.

Im Laufe der Zeit war die Grabkapelle, die sich über den Resten des Felsengrabes erhebt, durch allmählichen Verfall sowie kleinere Brände und Erdbeben so stark in Mitleidenschaft gezogen, dass man sich 1555 unter dem Patriarchen Bonifatius von Ragusa zu einem Neubau „von Grund auf“ entschloss (1555). Wieviel heute noch von dem ursprünglichen Grabe Christi unter der Marmor-Kapelle erhalten ist, vermag niemand zu sagen, dies könnte nur die Bauforschung der Zukunft erweisen.
Das Architekturmodell der Grabeskirche besteht aus dunklem Holz mit reichhaltigen Verzierungen aus Perlmutt und Randleisten aus Bein. Es umfasst den Vorhof (Parvis), den Glockenturm mit seiner wechselvollen Geschichte, den Hauptbau mit der großen Rotunde und der charakteristischen, kegelförmigen Kuppel sowie den anschließenden Chorumgang (Perambulatorium). Auch die neben dem einzigen Zugang außen angebaute Frankenkapelle (Schmerzenskapelle) mit ihrem spitzen, hutartigen Aufsatz ist dargestellt, nicht jedoch die unter dem Straßenniveau gelegene Helena-Kapelle sowie die noch tiefer gelegene, weitgehend im natürlichen Zustand belassene Grotte der Kreuzesauffindung, wo die Hl. Helena – die fromme Mutter von Konstantin d. Gr. – die Reste des „Wahren Kreuzes“ fand.

Auf dem Vorplatz ist das Wappen mit dem fünffachen Kreuz (Jerusalem-Kreuz) eingelegt, das auf die Kreuzfahrer hinweist. Der Glockenturm trägt einen Stern mit den verzierten Buchstaben „IHS“, einem Kreuz und den drei Kreuzesnägeln: das bekannte Emblem der Jesuiten. Das Dach über der Kapelle der Lateiner (in der Abbildung nicht sichtbar) zeigt das Wappen des Franziskaner-Ordens, der unter der Türkenherrschaft Jahrhunderte lang Wächter der Heiligen Stätten war. Um die kleinere Kuppel herum sind die vier Himmelsrichtungen eingelegt: „OCCIDENS“ (Westen) ohne Verzierungen, „ORIENS“ (Osten) mit einem Marien-Monogramm, „SEPTENTRIO“ (Norden) mit der Sonne und schließlich „MERIDIES“ (Süden) mit dem Mond. Das kunstvolle Werkstück ist über und über mit Perlmutt-Intarsien verziert. Hier finden sich in feinster Ausführung Rosetten, Rauten, Kreuzblumen, Sterne, wellenförmige Ornamente u.a.m. Alle Fensterbögen wurden mit Perlmuttrahmen ausgelegt und sogar winzige Türen eingesetzt. Den oberen Rand umrahmen Schmuckleisten aus Bein.

Das ganze Modell gleicht einer Puppenstube, beide Kuppeln und der Turm sowie alle horizontalen Deckplatten sind abnehmbar und geben den Blick frei auf die mit allergrößter Sorgfalt wiedergegebene Innenarchitektur, wo Säulen, Bögen, Bänke, Chorschranken und Türen nachgebaut wurden. Hierunter befindet sich auch ein Weihwasserbecken in der hinteren Ecke der Lateinischen Kapelle, das heute noch existiert. Seine Nachbildung ist so zierlich, dass ein Tropfen Wasser es zum Überlaufen bringt. Eine Reihe anderer Weihestätten innerhalb der Grabeskirche wurden ebenfalls en miniature wiedergegeben. Die weniger wichtigen Örtlichkeiten sind durch kleine eingravierte Nummern markiert, die bis zur Ziffer 40 reichen. Die zu dem Modell gehörige Broschüre hat sich jedoch leider nicht erhalten.

Die Grabeskirche – von den Orthodoxen zutreffender „Auferstehungskirche“ (Anastasis) genannt – vereinigt unter ihrem Dach noch weitere heilige Stätten, die alle in dem Modell auf unterschiedliche Weise dargestellt sind: die Adamskapelle mit dem Haupt des ersten Menschen, der „Nabel der Welt“ als Mittelpunkt des Glaubens, das Gefängnis Christi, die Geißelungs-Säule, die Stätte Golgatha, der Kalvarienberg mit dem gespaltenen Felsen, der hochverehrte Salbungsstein, auf dem der Leichnam des Herrn lag u.a.m.

In dem Modell separat gearbeitet ist die Grabkapelle (Ädikula), die als Ganzes unter der großen Kuppel herausgenommen werden kann. Sie lässt sich weiter zerlegen, der laternenartige Kuppelaufsatz ist abnehmbar, die Deckplatte kann ebenfalls gelöst werden. Zum Vorschein kommt sodann der Vorraum des Heiligen Grabes (Engelskapelle) mit einer winzigen Tür sowie die eigentliche Grabkammer. Hier ist die kostbare Marmorplatte, die das Grab Christi bedeckt, durch ein feines Perlmuttplättchen dargestellt. Die Grabkammer, wo in natura nur 5 bis 6 Personen Platz finden, ist in dem Modell so fein gearbeitet, dass noch nicht einmal ein Stück Würfelzucker hineinpasst.
Die Besitzverhältnisse innerhalb der Grabeskirche sind seit dem Status quo von 1852 – also noch zur Türkenzeit – peinlich genau festgelegt und werden von den verschiedenen christlichen Gemeinschaften, die sich die Grabeskirche teilen, eifersüchtig gehütet: Griechisch-Orthodoxe, Armenier, Lateiner (Katholiken), Syrer, Kopten und Äthiopier. Nur das Heilige Grab ist gemeinschaftlicher Besitz – unter der Kustodie der Griechen.

Es ist erstaunlich, dass über die Lage und Geschichte der Werkstatt, der ein solches Kunstwerk wie dieses reichhaltig verzierte Architekturmodell entstammt, so gut wie nichts bekannt ist, doch muss es sich auf Grund der vorhandenen Wappen um ein Atelier der Franziskaner handeln, das in Jerusalem oder Bethlehem ansässig war. Das Alter des Modells lässt sich schrittweise einengen. Auf Grund der Form des Heiligen Grabes nach der Renovierung durch Bonifatius von Ragusa und der alten konischen Form der Hauptkuppel muss das Modell zwischen 1555 und 1808 entstanden sein. Nähere Auskünfte gibt das traurige Schicksal des Glockenturmes. Er zeigt über einem massiven Unterbau das Zwischengeschoß mit einem einzelnen Querbogen, der über die gesamte Breite geht. In der besten Zeichnung des Mittelalters – dem Manuskript des Ritters von Grünemberg (15. Jahrhundert) – fanden sich darüber zunächst fünf Obergeschosse mit schlanken Arkadenfenstern, die von einer Turmhaube bekrönt waren. Der hohe, schlanke Turm – 1167 von den Kreuzfahrern erbaut – verlor seine Haube spätestens 1556 durch ein Erdbeben; die oberen Stockwerke mit ihren Arkadenfenstern wurden dabei so stark beschädigt, dass sie schrittweise abgetragen werden mussten. Bei ähnlichen bekannten Modellen finden sich noch drei volle Obergeschosse, d.h. der Turm überragt die Hauptkuppel. Seit 1719 weist der Turm der Grabeskirche jedoch nur noch ein letztes Arkadengeschoß auf und erhielt so sein heutiges Aussehen, wodurch der Turm niedriger ist als die Kuppel. Dies bedeutet, dass die Modelle vor 1719 entstanden sein müssen. Weitere Anhaltspunkte liefern einige Modelle, bei denen der Zeitpunkt des Erwerbs bekannt ist: Novo Jerusalimski bei Moskau 1653, Zeist in Holland 1669, Kopenhagen 1674 und London um 1675. Auffällig ist hierbei die Häufung der datierbaren Modelle in der zweiten Hälfte des 17. Jahrhunderts. Es ist deshalb wohl nicht verfehlt, das hier gezeigte Modell zwischen 1650 und 1700 anzu setzen. Derzeit sind etwa zwei Dutzend solcher Modelle bekannt, sie zeigen alle dieselbe Architektur, unterscheiden sich aber erheblich nach Art und Grad der Verzierung, wobei das vorliegende Exemplar zu den schönsten gezählt werden kann.

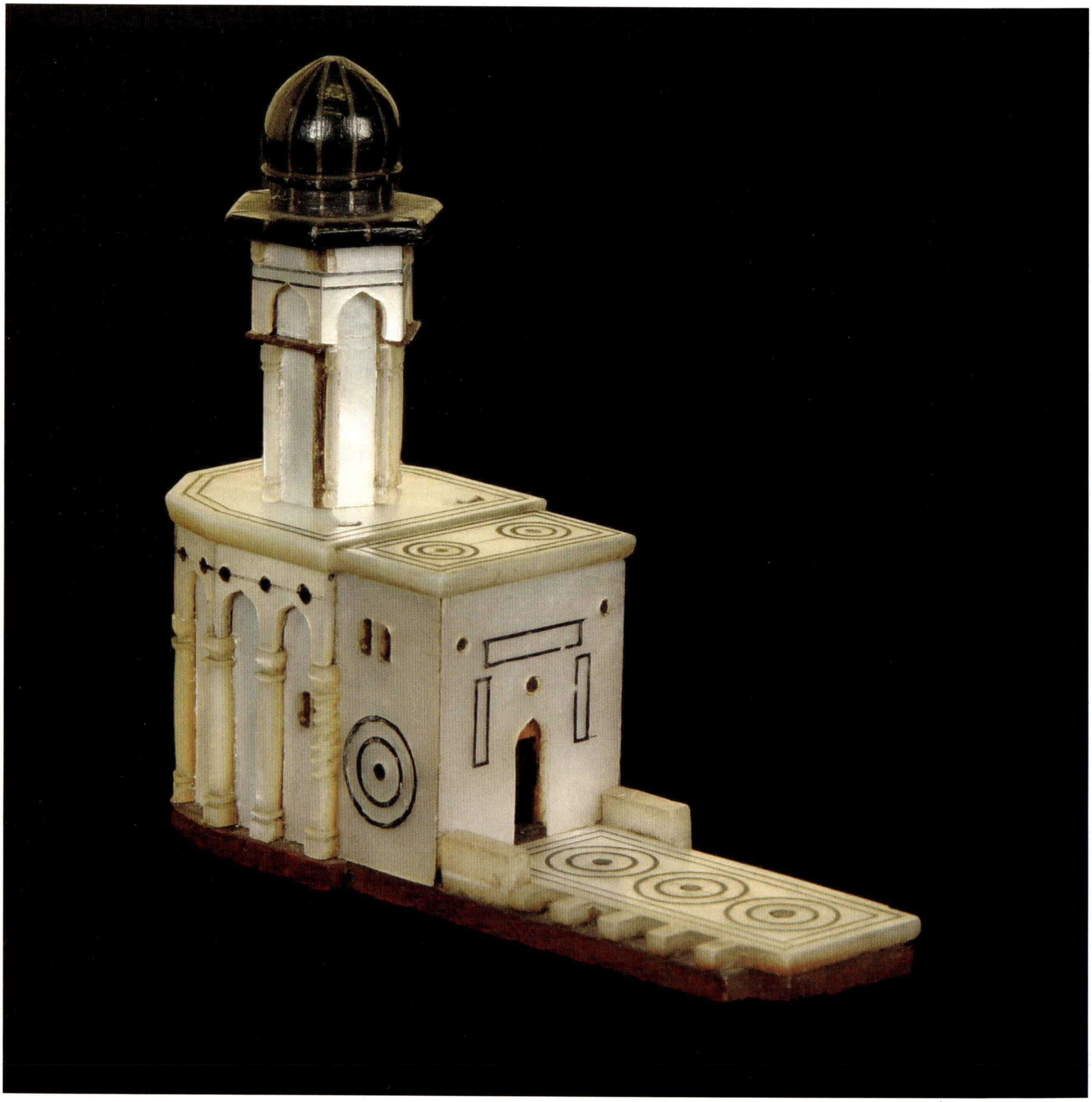

Abb. 2, Jerusalem oder Bethlehem, 17. Jh.
Modell des Heiligen Grabes
Offenbach, Sammlung Karl Schmitt-Korte

Die Starreligion. Der Star als Erinnerung und als Reliquie

Stars: Wesenheiten, die – im Bild der Gestirnsmetapher – weit über dem Gewöhnlichen, über den Gewöhnlichen stehen. Sie scheinen auf eine Welt, der sie angehören und der sie zugleich enthoben sind, der sie aber einen affektiven und existenziellen Anteil gewähren an ihrer – jenseitigen – Sphäre. Vom „Gefühl des Überweltlichen"[1] spricht der Religionswissenschaftler Rudolf Otto, vom Mysterium tremendum und Fascinans als den oppositionellen und zugleich kompensatorischen Kräften des Numinosen.[2] Ohne sie zu meinen, trifft er damit das, was die Stars ausmacht, was sie zusammenbindet mit anderen übermenschlich verstandenen Gestalten wie dem Heiligen, Heros, Halbgott, Heilbringer, Kulturheros, Trickster, Dämon, Schutzgeist oder Genie.[3]

Wie ernst kann eine solche Klassifikation eigentlich gemeint sein? Ist das Startum wirklich eine religiöse Kategorie oder handelt es sich dabei eher um ein fragwürdig-anmaßendes „Als-ob" von Religion, ein negatives Abziehbild, das sich etwa aus dem Zeigefinger kulturpädagogischer Aufklärung rechtfertigt? Wenn der Philosoph Walter Benjamin einen „fauligen Zauber" beim vom „Filmkapital geförderten Starkultus" wahrnimmt,[4] so bewegt er sich letztlich auf einer gedanklichen Ebene mit „konservativer" Kulturkritik, zumal kirchlicher, die jeweils in der Befangenheit eigener weltanschaulicher Verhaftung argumentiert. Bei aller Berechtigung des kritischen Blicks, von woher auch immer, versucht diese – vorliegende – Darstellung der Gefahr einer tendenziösen Wahrnahmung dadurch zu entgehen, dass sie gleichsam aus einer methodisch größtmöglichen Entfernung auf Erscheinungsformen des Starwesens schaut. Der Star, solchermaßen religionsphänomenologisch betrachtet, interessiert nicht als „reale" menschliche Person, sondern allein als Vorstellungsgebilde, wobei allerdings sein Menschsein ein wichtiger Teil dieser Vorstellungsebene ist, die zumeist explizit im Bereich des Fanwesens entwickelt wird. Ob diese Star-Vorstellung nun als parareligiös, quasi-religiös, religionsanalog oder einfach als religiös zu sehen ist, erscheint letztlich als „gegenstandslos", im mehrfachen Sinne als eine Frage der Relationen. Wenn Religion, wenn „religio" die Bindung an ein höheres Wesen bedeutet, so liefert das schon eine erste Arbeitsgrundlage definitorischer Gemeinsamkeit. Wenn darüber hinaus Starkult nicht nur dem Namen nach Kult ist, so ist er damit auch Religion, zumal ein Konstituens von Religion, das Entsprechungsverhältnis von Kult und Mythos, gerade der Starverehrung in besonderer Weise gerecht werden kann.

Sämtliche Äußerungsformen des Starkults lassen seinen religiösen Charakter wiedererkennen: Star-Epiphanie und Star-Nimbus, Starhierarchie (Pantheon zwischen „Starlet" und „Superstar"), Starmythologie und -legendenbildung, Star-Adoration und -Devotion, Märtyrerstarkult, Starkopienwesen (Star-Imitatio).[5] Der Starreliquienkult, besonderer Gegenstand dieses Textes, soll hier speziell aus dem Grund dessen entwickelt werden, was als „Schutzstarglaube" bezeichnet werden kann. Bevor das erläutert wird, bedarf es einer kurzen klassifikatorischen Überlegung dazu, wie das äußerlich zu umgrenzen sei, was unter Stars in „unseren" Gesellschaften zu verstehen ist. Grundsätzlich müssen die Grenzen zwar offengehalten werden, und eine Anwendung auf jeden und alles, was irgendwie herausragt, hat gewöhnlich eine mehr als metaphorische Berechtigung. Gleichwohl sollen hier unter Stars im engeren Sinne vornehmlich die Angehörigen zweier Sphären verstanden werden, nämlich die Protagonisten des populären Kinos, die „Filmstars", und die der populären Musik, etwa die „Schlagerstars", „Popstars", „Rockstars"; ein weiteres Gebiet, der Sport, tritt hier zurück, da er in mancher Hinsicht ein „Feld mit eigenen Regeln" bildet.[6] Das Besondere der beiden erstgenannten Bereiche erschließt sich signifikant in ihrem Gegensatz zu einem weiteren startrÄchtigen Metier, das in den letzten beiden Jahrzehnten des 20. Jahrhunderts die gesellschaftliche Aufmerksamkeitsstruktur[7] in erhöhtem Maße bestimmt hat – dem des Modeltums. Um einen Terminus zu bemühen, den Max Weber seinerseits aus der Religion in die Politik übertragen hat:[8] Ein Mannequin, ein Fotomodell kann desto mehr an charismatischer Qualität – kongruent damit an Startum – akkumulieren, je besser es ihm gelingt, der inhaltlich-substanziellen Armut seiner Auf-

---

[1] Otto 1932.

[2] Otto 1917. – Was der Theologe selber unter anderem mit dem „Schauervollen" und dem „Wundervollen" übersetzt, soll hier zusammengefasst werden als die zentrifugale (bedrängende) und die zentripetale (anziehende) Wirkung des Göttlich-Heiligen.

[3] „Genie" ist m.E. weniger als eine objektivierbare Kategorie aufzufassen (außer im Sinne von etwas, das den Menschen generell kennzeichnet) denn als eine Art Kultformat, das auf ein Verehrungsbedürfnis antwortet. – Eine soziologische Kritik des Geniekults liefert Zilsel 1990; der Titel meines Beitrags versteht sich als kleine Hommage an diesen Text von 1918.

[4] Der Film antwortet auf das Einschrumpfen der Aura mit einem künstlichen Aufbau der 'personality' außerhalb des Ateliers, der vom Filmkapital geförderte Starkultus konserviert jenen Zauber der Persönlichkeit, der schon längst nur noch im fauligen Zauber ihres Warencharakters besteht" (Benjamin 1974a, S. 32). Der Autor verkennt dabei, dass der Kult gerade durch ein Medium wie den Film noch gesteigert wird, dass sich also „Aura" als resistent gegen reproduzierende Technik erweist; er verwechselt Verfahren (Apparat) und Resultat (Erscheinung).
Eine ausführlichere Kritik der Benjamin'schen These in Kittlitz 1994, S. 190-194.

[5] Eine religionsphänomenologische und religionsikonographische Gesamtdarstellung dieser Elemente versucht Kittlitz 1994 (Kap. „Der Starkult," S. 154-201).

[6] Aus der mittlerweile angewachsenen Literatur zu sämtlichen Bereichen des Starkults seien hier zwei generelle neuere Sammelbände genannt: Faulstich/Korte 1997, Ullrich/Schirdewahn 2002.

[7] Chance/Larsen 1976.

gabe als Kleiderpräsentator zu entrinnen und, eine personal schärfer umrissene „Rolle“ übernehmend, zum Über-Model („Supermodel“) zu werden.

Nun zum Zusammenhang von Starerinnerung, Starreliquie und dem „Schutzstarkonzept.“ Die in zahlreichen Kulturen verbreitete Vorstellung von einem persönlichen schützenden Geist- oder Seelenwesen – „Schutzengel“ oder „Schutzheiliger“ sind geläufige christliche Varianten – soll hier vergleichend herangezogen werden. Wie der Erwerb eines Schutzstars sich abspielen könnte, sei im folgenden Szenario entwickelt.[9] Ein Mensch im Übergang zum Erwachsenenalter möchte wissen, wer und was er ist, und sucht nach Auswegen aus seiner Adoleszenzkrise, indem er nach etwas oder nach jemandem Ausschau hält, das oder der seinem Leben eine Richtung gibt. Er findet sie nicht selten im Angebot dessen, was man Bewusstseinsindustrie nennen könnte;[10] diese stellt Stars regelmäßig und regelhaft her, ja sie lebt von ihrer effizienten Erzeugung, wie sich wohl am deutlichsten am sogenannten Starsystem Hollywoods demonstrieren lässt. Gerade der Umstand, dass eine solche industrielle Produktion für das Startum keine zwingend notwendige Bedingung ist, kommt dieser Produktion zugute – da sie insofern nicht nur auf ein selbst hergestelltes oder gesellschaftlich spezifisches Verlangen antwortet, sondern zugleich auf ein allgemein-menschliches „Bedürfnis des Bewusstseins“, wie es sich in religiösen und religionsanalogen Vorstellungen manifestiert.

Zurück zu unserem Szenario. Besagter Jugendlicher besucht eine Veranstaltung, in der ihm eine Art Offenbarung widerfährt: Unter den Darstellern von Musikbühne oder Filmleinwand erscheint ihm „sein“ Star. In manchem vergleichbar der Weise, wie ein Adoleszent, ein Initiand traditioneller (etwa indigen-nordamerikanischer) Kulturen seinen Schutzgeist per Vision oder Traum empfängt,[11] gewinnt er damit eine Bezugsgestalt, die fortan zumindest für eine gewisse Zeit seine Identität bestimmen oder mitbestimmen wird. Ähnlich der traditionellen Beziehung des Schutzgeistes zur eigenen Seele, diese kann als „Bildseele“ Qualitäten einer Schutzseele oder eines Alter ego annehmen,[12] zieht auch der „Heutige“ das Bild des neuen Vor-Bildes ab, nimmt es mit und trägt es weiter bei oder in sich. Bei künftigen Begegnungen mit dem erwählten Star, die durchwegs kultischen Charakter erlangen, erfolgt diese Identifikation etwa dergestalt, dass der Fan in der Spielhandlung eines Films unwillkürlich selber in seinen Star hineinschlüpft, mit ihm oder durch ihn agiert und empfindet, und dass – nachher – der Fan umgekehrt als dieser Star sich bewegt, handelt, fühlt. Wenn ein männlicher Fan dann vielleicht einen Gang hat wie – und als – John Wayne, einen Blick wie – und als – Humphrey Bogart, dann ist er dieser Star.[13] Wenn ein weiblicher Fan, über das bloße Modegebaren hinaus,[14] sich frisiert und kleidet wie Marilyn Monroe oder wie die Sängerin Madonna, so ist gleichfalls ein Teilaspekt dessen angesprochen, was zuvor als Star-Imitatio bezeichnet worden ist.[15] Zustände von Trance, Besessenheit oder Ekstase sind nur die Extreme[16] am Rand dessen, was sich dabei in umgekehrter Entsprechung ereignet: Man geht zum einen mit seinem Geist in den Starkörper hinein, ergreift von ihm Besitz, zum anderen und zugleich gewährt man intuitiv dem Geist des Stars Zutritt zum eigenen Körper, wird durch dessen „Über-Seele“ zum zweiten Star; diese Superseele legt sich stärkend, schützend und hebend über das eigene kleine Ich. Dergestalt verfestigt sich die Starerinnerung, so könnte man sagen, stetig zu einer protektiven Weise von Star-Verinnerung. Ein solcher Prozess wiederholter Memorierung zieht wiederum so etwas wie eine Memorabilisierung nach sich. Sofern innere Zustände äußere Resonanz fordern, innere Bilder auch äußerlich manifest werden „wollen“, genügt es jedoch nicht, wenn die eigene Körpererscheinung transformiert wird – der Stargläubige möchte etwas in der Hand haben, etwas sehen, ja vielleicht mit allen Sinnen wahrnehmen, das außer ihm ist. Nicht nur etwa bei Schutzgeist-“Medizinen“ oder christlichen Heiltümern, auch bei den Stars „äußert“ sich Erinnerung, materialisiert oder „objektiviert“ sich in Form von Andenken, Souvenirs, Memorabilien, Reliquien.[17] So wie der Fan sich selber zum Bild, zum Abbild seines Stars macht, möchte er auch Bilder außer sich, um sich

---

[8] In seinem Aufsatz über „Die drei reinen Typen der legitimen Herrschaft“ von 1922 führt der Soziologe den Begriff der „charismatischen Autorität“ ein (Weber 2002, S. 717-733).

[9] Das Szenario wurde auf einer empirischen Grundlage entworfen, die sich mosaikhaft aus Beobachtungen, Gesprächen, Medienberichten (etc.) zusammensetzt. Was Erhebungen und Untersuchungen zum jugendlichen Fanwesen und zum Fanwesen überhaupt betrifft, so sei auf eine ausführliche neuere Studie (die allerdings hier nicht weiter diskutiert werden kann), Huppert 2005, verwiesen.

[10] Dieser lässt sich – bezeichnenderweise – in vieler Hinsicht auch der Bereich expliziter Religiosität zurechnen, und zwar nicht nur was die sogenannten Jugendsekten anbelangt.

[11] Benedict 1923.

[12] Hultkrantz 1953, S. 374-386. – Um die kulturelle Verbreitung dieses Vorstellungshorizonts zu verdeutlichen, sei hier vergleichend auf den altrömischen „Genius“-Begriff hingewiesen.

[13] Eine schöne Thematisierung des Stars – Humphrey Bogart als Alter ego stammt von dem amerikanischen Theater- und Filmautor Woody Allen („Play it again, Sam“; 1969/1972).

[14] Moseley 2005.

[15] Neben der adaptiven Beziehung des Fans zu seinem persönlichen Star sowie der eher äußerlich-modischen Breitenwirkung in Habitus und Gehabe stehen zwei weitere Ebenen der Imitatio. Die Nachfolge durch einen Star (etwa als die „neue Marilyn“) und das Auftreten von Imitatoren, gewerblich oder bei Ähnlichkeitswettbewerben.

[16] Wie kaum ein anderer Star des 20. Jahrhunderts hat Elvis Presley hypertrophe Kultformen ausgelöst. Die „Elvisionärin“

haben – Glamourfotografien,[18] Poster, Plakate oder Plaketten („Buttons"),[19] durch die, ähnlich dem althergebrachten Heiligenbild, Zimmerwände oder der eigene Leib um- und ausgezeichnet werden. Und so wie der Fan, dem es gelungen ist, seinen Star nicht nur zu sehen, sondern ihn darüber hinaus zu berühren, gewissermaßen selbst zur Berührungsreliquie des Verehrten wird, so kann er auch dadurch etwas vom Leben, vom Charisma des Stars bleibend einfangen, dass er einen potentiell reliquiaren Gegenstand aus dessen Nähe erwirbt. Wenn ein Sängerstar, wie es nicht selten geschieht, ein schweißnasses Halstuch oder Hemd von der Bühne ins Publikum wirft, so bedient er damit selbst das memorabile Bedürfnis der Fans nach Objekten, die sich kategorial zwischen Berührungs- und Körperreliquie ansiedeln lassen.[20]

Das starreliquiare Verehrungs- und Sammelwesen verstärkt sich, wenn ein Star das Martyrium erlitten hat, d.h. wenn er den besonderen Nimbus eines Märtyrerstars erworben hat. Im Falle der großen, vorzeitig verstorbenen Stars des 20. Jahrhunderts, die im Status eines „Erzmärtyrers" sind (James Dean, Marilyn Monroe, Elvis Presley, John Lennon etwa),[21] nehmen die Fanclubs in gesteigertem Maße den Charakter von Kultgesellschaften an; sie pflegen den Mythos ihres Stars, indem sie kulthafte Begegnung mit ihm auf unterschiedliche Weise organisieren – unter anderem als Wallfahrt zu seinen Lebens- und Wirkungsstätten, zu Stätten seines Martyriums und zum Ort seines Begräbnisses. Wie in anderen Kulten bilden sich entsprechend Zentren („Graceland" in Memphis/Tennessee etwa für Presley), deren zentripetaler Anziehung ihre zentrifugale Diffusion und Distribution entspricht.

Solchermaßen fördert ein ausgebildetes Pilgerwesen die Verbreitung des stellvertretenden Gegenstands, auf dessen heilige Schau und Berührung die Kultgemeinden angewiesen sind. Der abwesende, gleichsam entrückte Star lebt weiter in seinen Verehrern, und in derartiger Immanenz wird der memorabile Gegenstand zum memorialen Hilfsmittel anhaltender Präsenz.

Ilona Panta scheint im Geburtsort des Sängers (Tupelo) ein neues Bethlehem zu erblicken. Ihre Offenbarungsprotokolle über den „König der Könige" (Panta 1979) wirken wie der Ansatz zur Stiftung einer weiteren autochthon-amerikanischen Religion.

17 Die Objekte können in einschlägigen Kompendien präsentiert werden; z.B. Cotten 1987, Kay 1994 (enthält etwa, S. 164, „John Lennons Haustür," die 1982 von einem Sammler erworbene „Original-Haustür mit buntem Glasfenster" aus der Liverpooler Vorstadt, wo der Star „in und um Strawberry Fields seine Kindheit verbrachte").

18 Bhatty 1997.

19 Diesem Wunsch zu schauen dienen auch, wie erwähnt, lebende Abbilder in Gestalt teilweise professioneller Nachahmer, die Starveräußerung im doppelten Sinne betreiben, wie das Beispiel der zahlreichen Elvis-Presley-Imitatoren zeigt.

20 Zu dem hier geschilderten kultischen Fanverhalten sei noch festgestellt, dass der Fanbegriff natürlich eine erhebliche Bandbreite aufweist, angefangen etwa beim „Mir gefällt die Musik" bis hin zu dem, was man als veneratives oder adoratives Fanwesen, als Stargläubigkeit bezeichnen kann.

21 Kennzeichnend für die Erlangung dieses Status ist die Komplexität der Rezeption, die speziell bei den Märtyrerstars auch auf der „hochkulturellen," etwa bildkünstlerischen und dichterischen Ebene stattfindet; wie beim griechischen Drama wird die Heroengeschichte, wird der Mythos zur selbstverständlichen Materie künstlerischer Gestaltung. Zugleich verdichtet sich die dokumentarische („enzyklopädische") Aufarbeitung des jeweiligen Stars in Leben, Tod und Nachleben. An Klassiker- und Geniedokumentation („Goethes Leben von Tag zu Tag") gemahnt Pierce 1994. Zum Totenkult um James Dean Beath/Wheeldon 2005.

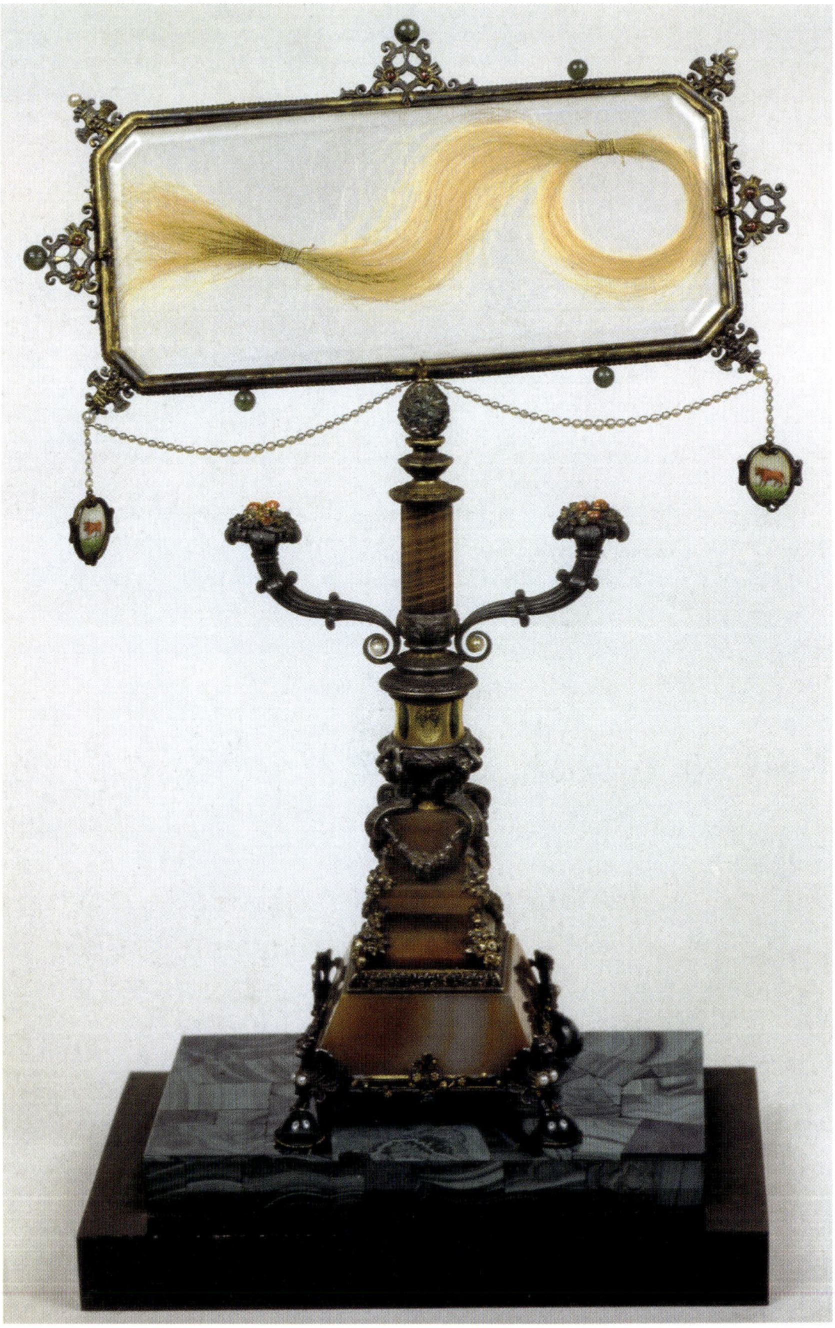

Abb. 1, Haarlocke der Lucrezia Borgia (in der Montierung von Alfredo Ravasco, 1928)
Mailand, Biblioteca e Pinacoteca Ambrosiana

Raphaël Bouvier

Erinnerung an das Ich – Souvenir des Anderen. Prominenz und Andenken seit der Frühen Neuzeit

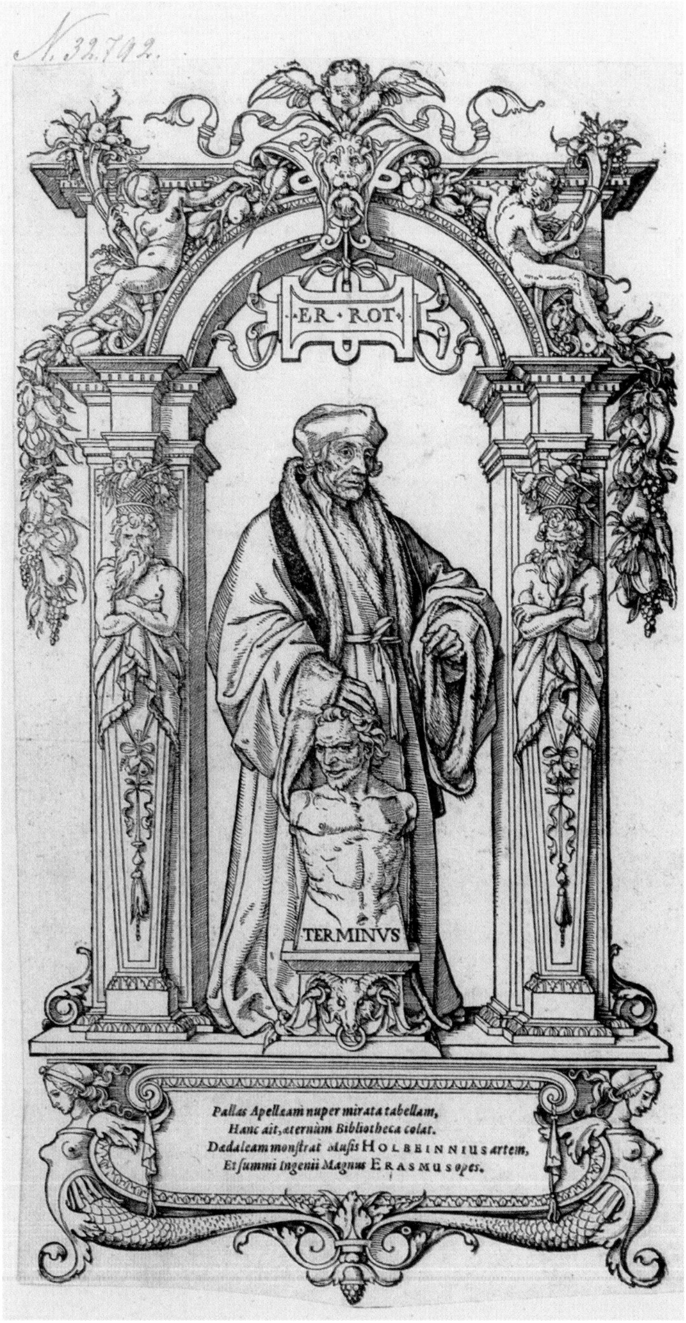

Abb. 2, Hans Holbein d. J. (1497 Augsburg – London 1543)
Erasmus im Gehäus, Kupferstich
Frankfurt, Städelsches Kunstinstitut, Graphische Sammlung

Prominenz und Andenken seit der Frühen Neuzeit

Die physische Abwesenheit einer geliebten oder verehrten Person hat die Menschen seit jeher veranlasst, Bildnisse, persönliche Gegenstände oder gar Teile des Körpers der vermissten Person aufzubewahren. Es sind dies Objekte, deren eigentlicher Wert nicht so sehr im Materiellen, als vielmehr im Sentimentalen oder Auratischen liegt.

Wenn sich diese seit der Antike bekannte Form der Erinnerungspraxis im Mittelalter vor allem im religiösen Kontext entfaltete und auf Heilige konzentrierte, so tauchen spätestens seit der frühen Neuzeit vermehrt auch Erinnerungsstücke von Personen auf, deren ganz diesseitige Existenz und Wirkung in Dingen bewahrt werden, die ihrerseits mit mittelalterlichen Reliquien durchaus zu vergleichen sind.

Obschon der Mythos von der Entdeckung und besonderen Entfaltung des Individuums in der frühen Neuzeit schon lange relativiert worden ist, gilt doch, dass mit dem Humanismus eine besondere Kultur und Konjunktur der Erinnerung an Personen in Dingen einsetzen, die eine ganz neue Richtung und Entwicklung in der individuellen Souvenirtradition markieren. Das bedeutet nicht, dass sich im Mittelalter die Praxis der individuellen Erinnerung an Personen vollends verloren hätte, doch ist sie, namentlich durch den kirchlichen Reliquienkult, weitgehend in den Hintergrund gedrängt geblieben. Umgekehrt setzt mit der Renaissance freilich auch kein substanzieller Bedeutungsverlust für die dingliche Heiligenverehrung ein, vielmehr entwickelt sich seither parallel zum Reliquienkult ein zweiter Strang innerhalb der Erinnerungskultur, der konzeptuell und formal an den ersten anknüpfte und diesen zunächst auch ergänzte, um ihn erst viel später weitgehend abzulösen.

Innerhalb dieser „neuen“, profanen Form der Erinnerungspraxis kann zwischen zwei verschiedenen Gattungen unterschieden werden: Auf der einen Seite herrschte eine private und intime Tendenz individueller Erinnerungskultur, auf der anderen Seite dagegen etablierte sich eine weitgehend öffentliche Form der Erinnerung, die den Gesetzen der Repräsentation gehorchte. Dabei schlossen sich die beiden Domänen keinesfalls wechselseitig aus, sondern koexistierten als komplementäre Phänomene.

Während man davon ausgehen darf, dass die intime Form der weltlichen Erinnerung auch im Mittelalter kultiviert wurde – weil sie gleichsam einem menschlichen Grundbedürfnis entspricht – so bezeichnet vor allem die zunehmende Öffentlichkeit der bürgerlich-profanen Memoria ein typisch frühneuzeitliches Phänomen.

Die in Gegenständen bewahrte Erinnerung an den Einzelnen fand jetzt vermehrt Eingang in ein neues Umfeld und betraf sowohl gesellschaftlich nicht exponierte Menschen, als auch Personen von herausgehobenem sozialen und politischen Ansehen. Insofern kannten und kennen die Formen der intimen Erinnerung kaum Einschränkungen in Bezug auf die Stellung der Person innerhalb einer Kultur und Gesellschaft.

Gleichwohl gehorcht die öffentliche Erinnerungspraxis ganz eigenen Gesetzen. Sie betrifft nicht jedermann, sondern ist auf „prominente“ Persönlichkeiten beschränkt, das heißt auf Personen von ausgeprägt öffentlichem Interesse und hohem sozialen, politischen oder kulturellen Ansehen. Dieser Bereich umfasst Personengruppen wie Herrscher, Künstler, Dichter oder Gelehrte, wobei Abstammung und Herkunft meist keine Rolle mehr spielen, sondern vielmehr die individuelle Leistung, der vom Durchschnitt sich abhebende Lebensverlauf oder auch nur die Einzigartigkeit der Erscheinung. In der Traditionslinie der frühneuzeitlichen „Uomini illustri“ – also der in Schrift oder im idealisierenden Bildnis überlieferten tugendhaft agierenden Personen aus Mythos und Geschichte – entwickeln sich diese Personen zu neuen Identifikationsmustern. Nur sind es jetzt auch Gegenstände, die unmittelbar als Erinnerungsträger fungieren, und denen damit ein Reliquiencharakter zugesprochen werden muss, der die profane Memoria gleichsam im Medium sakralisiert. Mehr noch als bei intimen Andenken, bei denen die sentimentale Dimension dominiert, drückt sich der Wert und Status prominenter Souvenirs vor allem in der mythischen Aura aus, die sie umgibt.[1]

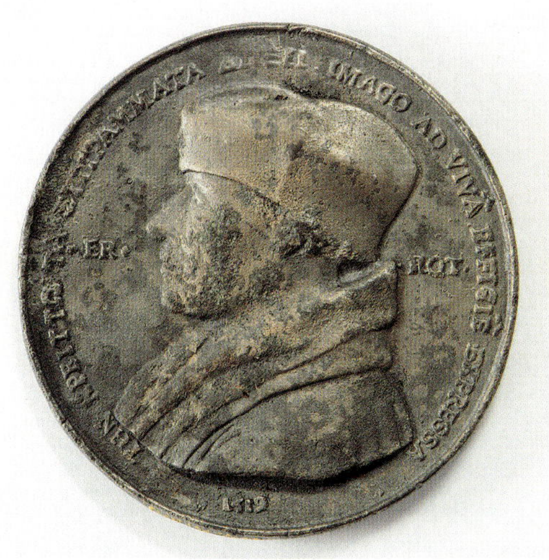

So wie sich die Formen der intimen Erinnerung auf ein privates, sehr persönliches Wirkungsfeld konzentrieren, dessen Reichweite entsprechend eingeschränkt ist, so appellieren die Erinnerungsobjekte an prominente Personen an ein anderes, weit größeres Publikum und reichen in der Zeit weiter. Die Ausgangslage ist in beiden Fällen dieselbe – es geht um die physische Absenz einer Person, die durch Gegenstände kompensiert wird. Dabei bedient man sich vergleichbarer Medien – Bildnisse, Haare, Schmuckobjekte oder alltägliche persönliche Gegenstände – doch divergieren der ästhetische Anspruch ebenso wie Aufbewahrungsform und -ort.

Im Folgenden soll die Abteilung „Erinnerung an das Ich – Souvenir des Anderen“ an ausgewählten Exponaten, die sämtlich der öffentlichen Erinnerung in Dingen zugehören, vorgestellt werden. Dazu gehören Objekte, die an historische Persönlichkeiten aus Philosophie, Kunst, Literatur und Politik erinnern. Sie lassen den Facettenreichtum und die vielschichtige Verweisebene dieser besonderen Praxis beleuchten. Neben Porträts und Medaillen finden sich reliquienartige Objekte, dazu Persönliches aus dem Lebensalltag und nicht zuletzt auch explizit als Souvenir konzipierte Gegenstände.

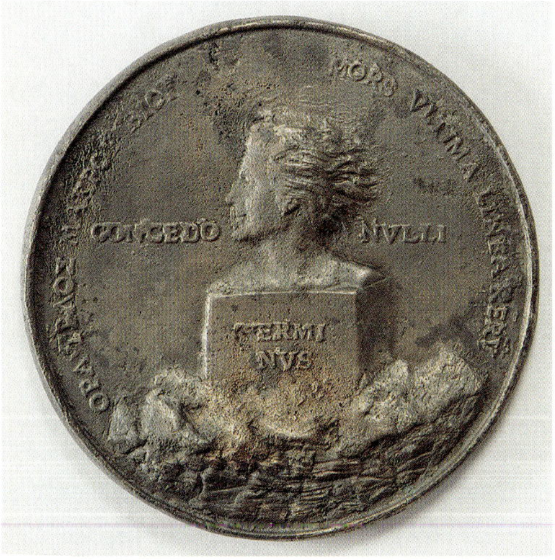

Erasmus von Rotterdam – Zwischen Erinnerung an das Ich und Souvenir an ihn

Schon Francesco Petrarca hat seinen Zeitgenossen unterstellt, sie würden wissen wollen, wer er gewesen sei. Der Dichter und Humanist aber delegierte die Erinnerung an seine unverwechselbare Existenz nicht an bestimmte Gegen-

Abb. 3a, b, Quinten Massys (1466 Löwen – Antwerpen 1530)
Medaille auf Erasmus von Rotterdam, 1519
Bronze
Basel, Historisches Museum Basel, Barfüsserkirche

[1] Der Kultcharakter profaner Erinnerungsstücke wurde auch in der von dem Historischen Museum der Stadt Wien organisierten und 1994/95 in der Hermesvilla gezeigten Ausstellung „Kultobjekte der Erinnerung“ zum Thema gemacht.

stände, sondern trachtete danach, in seinen Schriften zu überdauern und Zeugnis von sich abzulegen.[2] Das hat seine Bewunderer gleichwohl nicht davon abgehalten, sich der wenigen dinglichen Verlassenschaften Petrarcas zu bemächtigen. Sprechender Beweis der Sehnsucht nach Verdinglichung auch von dessen Memoria, ist der Kult um seine Katze.[3]

Auch bei Erasmus von Rotterdam artikuliert sich das Primat der Schrift vor dem Bild, vor allem hinsichtlich der persönlichen Erinnerung. Wie kaum ein anderer Gelehrter seiner Zeit war Erasmus schon zu Lebzeiten darauf bedacht, sich selbst im Gedächtnis der Zeitgenossen und Nachfahren zu halten, und begründete damit selbst den Bildkult um seine Person, der sich nach seinem Tod fortsetzte und noch heute anhält. Ähnlich wie Petrarca forderte auch Erasmus eine Erinnerung seiner Person a priori über das geschriebene Wort; es sollten seine Schriften sein, die ihn überdauerten. Zugleich aber kultivierte er eine persönliche Memoria, die sich vornehmlich auf das Bild stützte. So pflegte der Humanist, Porträts von sich an Bekannte und Förderer in ganz Europa zu verschicken. Das berühmte Bildnis „Erasmus vor dem Renaissancepilaster" von Hans Holbein d. J., das er seinem Gönner William Warham, Erzbischof von Canterbury, zukommen ließ, begleitete er mit einem Schreiben, in welchem er dem Empfänger versicherte, dieser würde solcherart, wenn es Gott gefiele, ihn abzuberufen, „ein Stück des Erasmus" besitzen.[4] Auch zögerte er nicht, sein Bildnis über die Druckgrafik zu verbreiten, die damals bereits Merkmale der Massenproduktion trug. Damit beauftragte er die führenden Maler seiner Zeit, wieder Hans Holbein d. J., aber auch Albrecht Dürer und den Flamen Quinten Massys. (Abb. 2)
Massys war es auch, der die ungewöhnlich große Medaille auf Erasmus entwarf, die als eine der schönsten Bildnismedaillen der Renaissance nördlich der Alpen gilt. (Abb. 3a, b,) Auf der Vorderseite zeigt Massys' Medaille das Brustbild von Erasmus in Gelehrtentracht im Profil, links und rechts davon die Initialen ER und ROT (ERasmus von ROTterdam). Darunter figuriert die Jahreszahl 1519. Entlang des Medaillenrandes erscheinen zwei Inschriften in Griechisch und Latein, die besagen:

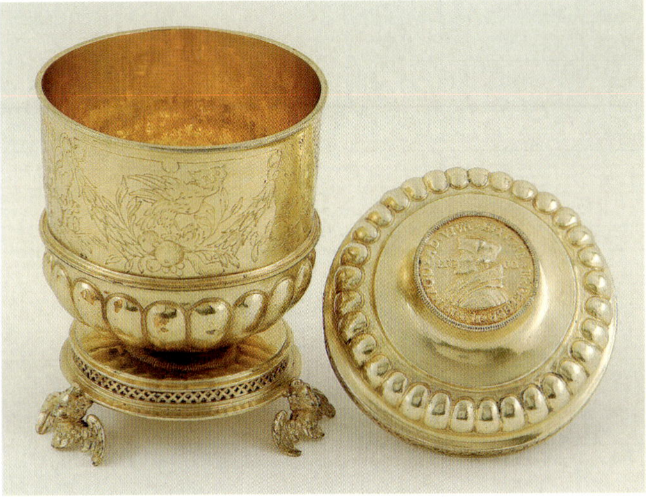

Abb. 4, Paulin Knopf (Meister 1506, gestorben nach 1533)
Deckelbecher (vermutlich aus dem Besitz von Erasmus von Rotterdam)
Vergoldetes Silber
Basel, Historisches Museum Basel, Barfüsserkirche

[2] Vgl. dazu Beyer 2004, S. 101-108.
[3] Vgl. dazu Aurnhammer 2005.
[4] Beyer 2002, S. 122.

„Das bessere Bild werden die geschriebenen Worte zeigen" und „Das Abbild ist nach dem Lebenden dargestellt". Die Medaillenrückseite beherrscht in der Mitte auf einem quadratischen Sockel die Büste des römischen Grenzgottes Terminus, der von Erasmus zu seinem Wahrzeichen erkoren worden war. Als „Vorbild" für die Terminus-Figur diente dem Gelehrten der Dionysos-Kopf auf dem antiken Carneol seines goldenen Siegelrings.[5]
Das Haupt des Terminus flankieren seitlich die in ihrer Bedeutung bis heute umstrittenen Worte CONCEDO und NVLLI (Ich weiche niemandem), was dem Erasmus gelegentlich als Hochmut ausgelegt wurde. Dieser selbstbewusste Impetus, auch vor dem Tod nicht zu weichen, charakterisiert die Erinnerungspolitik des Erasmus insgesamt, gerade auch, wenn am Rand der Medaille zwei berühmte Devisen des Erasmus in Griechisch und Latein erscheinen: „Sieh das Ende eines langen Lebens" und „Der Tod ist das Ende aller Dinge". Zudem thematisieren die beiden Motti der Vorderseite das für Erasmus kennzeichnende wechselwirksame Verhältnis von Wort und Bild als Erinnerungsträger. So treten im unmittelbaren Zusammentreffen des Gelehrtenporträts mit den Inschriften Bild und Text sogleich in eine Konkurrenzbeziehung. Wie aus dem Inhalt der griechischen Inschrift (wonach das verlässlichere Bild die Worte zeigen), hervorgeht, wird dabei der Schrift der höhere Stellenwert zugesprochen. Erasmus suggeriert damit, ganz im Sinne Petrarcas, dass die Essenz seines Wirkens in seinen Schriften, immateriell also, fortlebe. Das entpuppt sich als Humilitas-Gestus, denn es kollidiert mit dem auf der Medaille vorgetragenen Anspruch auf die Lebensechtheit des Bildnisses ebenso, wie mit dem Guss derselben überhaupt. Die Medaille nämlich ist das dingliche, bildhafte Andenken ihrer Zeit schlechthin.

Im Gegensatz zu der malerisch erscheinenden Vorderseite der Medaille, mit dem fein modellierten und plastischen Kopf des Humanisten, der sich deutlich vom Hintergrund abhebt, erscheint die Gestaltung der Rückseite in der zeichnerischen Linearität des Terminuskopfes wesentlich flacher. So ist auch Massys' Autorschaft nur für die

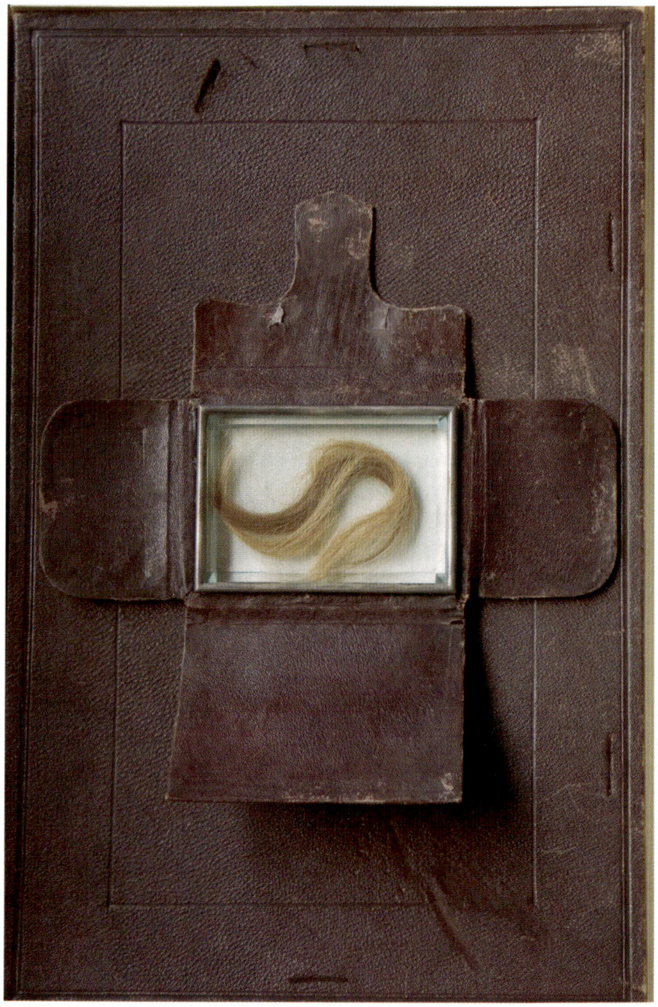

Abb. 5, Albrecht Dürers Locke
(in der Montierung Eduard von Steinles, um 1871)
Wien, Akademie der Bildenden Künste

[5] Vgl. dazu Landolt/Ackermann 1991, S. 37.

Gestaltung der Vorderseite verbürgt, obgleich wohl auch die Medaillenrückseite auf dessen Entwurf zurückgehen dürfte. Immerhin ist es Erasmus, der gewiss auch an der Lancierung der Medaille beteiligt war, selbst, der in Briefen bezeugt, dass es sich bei der Medaille um ein Werk von Massys handle.[6] Die Korrespondenz zwischen Erasmus und dem Humanisten Willibald Pirckheimer unterstreicht dessen empfindliche Sorge um die gegenständliche Verbreitung seines Ruhms, wenn er darin die Modalitäten einer Neuauflage der Medaille regelt und schließlich seine Unzufriedenheit mit dem Ergebnis bezüglich Guss und Details äußert.[7]

Massys' Medaille auf Erasmus ziert in vergoldeter Fassung auch den „Deckelbecher" des Basler Goldschmieds Paulin Knopf, der vermutlich aus dem Besitz des Humanisten stammt. (Abb. 4) Die Form des „Deckelbechers" sowie einige Details, wie etwa die Engelsköpfe als Becherfuß, sind dem erhaltenen, originalen Trinkbecher des Humanisten nachempfunden. Paulin Knopfs Becher verkörpert damit gleich zwei Erinnerungsstücke, Bildnis und Alltagsgerät, und ist so beredtes Zeugnis der von Erasmus zu Lebzeiten betriebenen Produktion von Andenken in eigener Sache.
Als Erasmus 1536 in Basel starb, hinterließ er Bonifacius Amerbach als Universalerben verschiedene Wertgegenstände und persönliche Objekte, die sogleich als geschätzte Erinnerungsstücke in die Sammlung des Baslers, dem nachmals berühmten Amerbach-Kabinett, aufgenommen wurden.[8] Die von Amerbach in Auftrag gegebene geschnitzte Holztruhe bekundet in ihrer lateinischen Inschrift: „Für mich selbst und innig des Größten aus dem Kreis der Gelehrten gedenkend [...]." Sie bewahrte, als eine Art säkularer Schrein, die Hinterlassenschaft des Gelehrten: Pokale, Schalen, die Medaille auf Erasmus, dessen Siegelring, Tafelmesser und Dolch sowie nicht zuletzt wohl auch sein Stundenglas. Dieses ist in handgedrechselten Kopien bis heute Teil der käuflichen Erasmus-Gedenkkultur. Und verweist als memento der Vergänglichkeit zugleich auf die Überwindung derselben im Souvenir.

Prominente Locken – Albrecht Dürer und Lucrezia Borgia

Erasmus von Rotterdam steht als ein frühes und besonders prominentes Beispiel für die systematisch kultivierte Erinnerung an das Ich. Einer der zahlreichen Künstler, die Erasmus bei der Umsetzung dieser Praxis unterstützten, war Albrecht Dürer. Der Nürnberger Maler hatte den Gelehrten – durchaus nicht zu dessen Wohlgefallen – 1526 in einem Kupferstich porträtiert, der ihn, umgeben von Büchern, beim Schreiben an seinem Pult zeigt.
Als einem der bedeutendsten deutschen Künstler seiner Epoche kam freilich Dürer selbst der Rang eines Prominenten zu. Wie im Falle von Massys, wird Erasmus sich auch bei Dürer nicht allein der versierten Meisterhand zu versichern bemüht haben, sondern nicht weniger des illustren Namens, der die Erinnerungskraft gleichsam verdoppelte, jedenfalls zu potenzieren versprach. Dürer war sich seines Rangs durchaus bewusst. Die eigene Memoria hat er namentlich in einer bedeutenden Zahl von Selbstbildnissen gesichert. Erst die Nachwelt aber sollte sich für die wirklich dingliche Erinnerung an Dürer einsetzen.
Als Dürer 1528 in Nürnberg starb, löste sein plötzlicher Tod nicht nur eine große Anteilnahme in seinem Umfeld aus, sondern es wuchs damit sogleich die Sorge um das persönliche Andenken an den Künstler. Zu den bemerkenswertesten Zeugnissen der rasch einsetzenden postumen Dürer-Verehrung zählt jene Haarlocke, die heute in der Wiener Akademie der Bildenden Künste aufbewahrt wird. Sie ist zwischen zwei geschliffenen Gläsern in einem schmalen silbernen Rahmen montiert, der selbst wieder von einem verschließbaren Lederetui gefasst wird. (Abb. 5) Begleitet wird die Locke von einem Zettel, auf dem seit der Mitte des 16. Jahrhunderts die Besitzer der Haarsträhne so exakte Angaben über deren Geschichte festgehalten haben, dass deren einzelne Stationen nahezu lückenlos dokumentiert sind.[9] Als erster beglaubigt der Elsässer Maler und Chronist Sebald Bühler im Jahre 1559 die Echtheit der Locke und berichtet über ihre Herkunft. So erwähnt er als deren frühesten Besitzer den Dürer-Schüler Hans Baldung Grien, in dessen Hinterlassenschaft das Haarbündel

[6] Vgl. dazu Landolt/Ackermann 1991, S. 38.
[7] Vgl. dazu Landolt/Ackermann 1991, S. 39.
[8] Vgl. dazu Landolt/Ackermann 1991, S. 37.
[9] Die Transkription der Angaben auf dem Zettel der Dürer-Locke findet sich im Anhang des Artikels von Schmitt 2003, S. 271-272.

gefunden worden sei. Schon hier eröffnet sich eine der wichtigen Verweisebenen dieser frühen Künstlerreliquie. In der Tradition der Übersendung von Locken als Bekräftigung für Patenschaften und Adoptionen wurde Hans Baldung Grien durch das Vermächtnis der Locke nicht nur zum Besitzer eines besonders kostbaren Erinnerungsobjekts, sondern gleichsam auch als Nachfolger Dürers designiert.[10] Nach Sebald Bühlers Eintrag ist auch das weitere Schicksal der Dürer-Locke über die Jahrhunderte auf dem Zettel festgehalten. Im Jahr 1871 gelangte sie in den Besitz des Malers Edward Steinle, der sich als Letzter auf dem Zettel verewigte und jene Montierung der Locke veranlasste, in der sie sich noch heute präsentiert. Er war es schließlich, der die Pretiose 1873 an die Wiener Akademie der Bildenden Künste verkaufte, wo sie bis heute aufbewahrt wird.[11]

Der Zettel dokumentiert nicht nur die Provenienz der Locke, sondern erlaubt auch Aufschluss über ihre multiplen Funktionen. So darf Dürers Locke nicht im Zusammenhang mit der erst seit dem 18. Jahrhundert vorherrschenden Praxis, Locken als Liebespfänder aufzubewahren, gedeutet werden. Vielmehr ist sie im Kontext des Totengedenkens zu lesen.[12] Dieser Brauch, der auf antike Haaropfer zurückgeht, die als Totengaben dienten,[13] war bis ins 19. Jahrhundert verbreitet und wird am Beispiel von Napoleons zahlreichen Haarreliquien oder Beethovens Locke besonders deutlich.

Besonders bezeichnend für das Verständnis von Dürers Locke und ihrer Funktion als Souvenir des Anderen ist Sebald Bühlers Formulierung, die Locke sei „zu einer gedechtnus“ abgeschnitten worden. Tatsächlich impliziert der vieldeutige Ausdruck, die Locke habe als Erinnerungsgeschenk Verwendung gefunden, dabei zur privaten Rückbesinnung gedient, und zugleich als Medium ruhmvollen Andenkens.[14] Dürers Locke trägt also den Charakter eines intimen Souvenirs, das als menschliches Überbleibsel einer prominenten Persönlichkeit aber zugleich auch Anspruch auf öffentliche Wirksamkeit erhebt. Dieser wird bereits im 17. Jahrhundert besonders sichtbar, als die Locke in verschiedene Kunstkammern gelangte, dort als Kuriosum ausgestellt und einem erlesenen Publikum zugänglich gemacht wurde.[15] Danach erlangte die Locke als Souvenir im späten 18. Jahrhundert und im Zuge der Dürerverehrung des frühen 19. Jahrhunderts regelrechten Reliquienstatus – so wie selbst Dürers Schriften damals als Reliquien verehrt wurden.[16]

Als Pendant zu Dürers Locke muss die Haarlocke der Lucrezia Borgia gelten, der zur Reliquie verwandelte Souvenir einer weiteren prominenten Persönlichkeit der Epoche um 1500. (Abb. 1) Auch diese Locke zählt zu den dinglichen Zeugnissen an den Anderen, die auf das freundschaftliche Totengedenken zurückgehen. In ihrem Falle weitet sich das Bedeutungsfeld zudem in literarische Dimensionen und in den Mythos. Wie kaum eine andere Frau der italienischen Renaissance wird Lucrezia Borgia mit einer Vielzahl von Legenden und Anekdoten in Verbindung gebracht. Als Tochter des späteren, skandalumworbenen Papstes Alexander VI. und Schwester des machtsüchtigen und skrupellosen Cesare Borgia machten Gerüchte über das Leben der Lucrezia Borgia schon sehr bald die Runde an den italienischen Höfen, wo die pikanten Erzählungen über die Borgia-Sippe – die wahren, aber auch die falschen – von namhaften Dichtern als Satiren verarbeitet wurden oder in Chroniken Eingang fanden.[17] Lucrezia wurde darin gerne als Machtinstrument ihres päpstlichen Vaters oder gar als „größte Hure Roms“ etikettiert.[18] Es sind diese zeitgenössischen Gerüchte, die Lucrezias schlechten Ruf, aber auch ihren Ruhm begründeten, der Jahrhunderte überdauerte. Erst als Lucrezia Borgia 1501 in dritter Ehe Alfonso d'Este heiratete und 1505 Herzogin von Ferrara wurde, veranlasste ihre bedeutende höfische Stellung die Chronisten zu zurückhaltenderer Kommentierung.[19] Als Herzogin von Ferrara versammelte Lucrezia bedeutende Literaten, Künstler und Humanisten um sich, darunter Pietro Bembo und Ludovico Ariosto. Als Gönnerin und Muse verewigten sie Lucrezia in ihren Werken.[20] So widmete einer ihrer größten Verehrer, der Schriftsteller und spätere Kardinal Pietro Bembo, Lucrezia Borgia sein Werk „Gli Asolani“ (1505) und besang darin „la bella treccia più simile ad oro, che ad altro“: den schönen Zopf, der eher Gold als anderem gleicht.[21] Das Haar der Lucrezia Borgia hat auch andere Dichter inspiriert, die ihr unter anderem abrieten, ihr Haar mit Ölen und Salben zu traktieren, um nicht dessen „göttliches“ Aussehen

[10] Vgl. dazu Schmitt 2003, S. 264.
[11] Vgl. dazu Schmitt 2003, S. 270.
[12] Vgl. dazu Schmitt 2003, S. 263.
[13] Vgl. Artikel „Haaropfer“, In: RE 1974, Bd. 14, Sp. 2105-2109; und Artikel „Haar“, In: RAC 1986, Bd. 13, Sp. 177-203.
[14] Vgl. dazu Schmitt 2003, S. 263
[15] Vgl. dazu Schmitt 2003, S. 265.
[16] Vgl. dazu Schmitt 2003, S. 268.
[17] U.a. bei Giovanni Burcardo oder Francesco Matarazzo. Vgl. dazu Laureati 2002, S. 22.
[18] Matarazzo bezeichnete Lucrezia Borgia als „la maggior puttana che fusse in Roma“. Vgl. dazu Matarazzo 1851.
[19] Namentlich den Venezianer Chronisten Marin Sanudo, der seine Chroniken auch weiterführte, als Lucrezia am Hof von Ferrara lebte.
[20] Vgl. dazu Laureati 2002, S. 48.
[21] Vgl. dazu Laureati 2002, S. 48, 128.

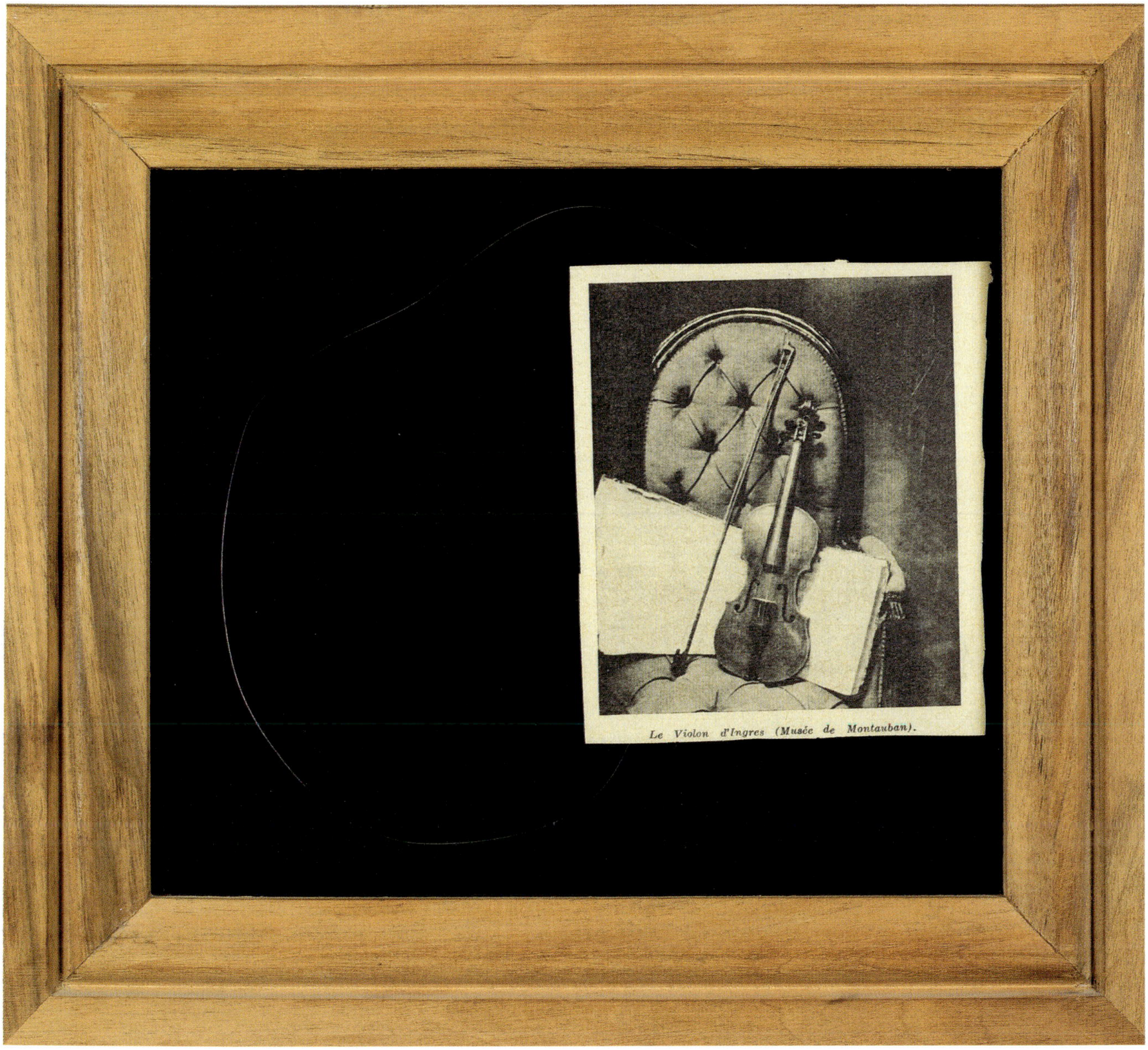

Abb. 6, Daniel Spoerri (1930 Galatz)
Le Cheveu du violon d'Ingres
(aus „Le Musée Sentimental de Paris“), 1977
Besitz des Künstlers

zu entstellen.[22] Der Dichter Ludovico Ariosto rühmte Lucrezias Tugenden sogar in einer Stanze seines berühmten Epos' „Orlando Furioso" (1516).[23] Über Gaetano Donizetti oder Victor Hugo und bis heute hat Lucrezia Borgia Komponisten und Literaten inspiriert.[24]

Obgleich sich verschiedene Medaillen und einige Porträts erhalten haben, die mit einiger Sicherheit authentische Bildnisse der Lucrezia Borgia tragen, bindet sich die Erinnerung an die Herzogin namentlich an schriftliche Dokumente oder literarische Werke. Umso überraschender ist es daher, dass sich eine ihrer Haarsträhnen erhalten hat, die heute in einem aufwendigen „Schrein" in der Mailänder Pinacoteca Ambrosiana bewahrt wird.

Nach letztlich nicht überprüfbaren Quellen soll die gelockte Haarsträhne zwischen Dokumenten und Briefen des Pietro Bembo aufgefunden worden sein.[25] Um 1860 befand sie sich, eingeschlossen in einem Glaskästchen, in der Sala dei Manoscritti der Ambrosianischen Bibliothek und war dort gemeinsam mit den Briefen von Lucrezia Borgia an Pietro Bembo ausgestellt.[26] Heute wird die Borgia-Locke in der „Sala della Medusa" des Museums, von Goldfäden gebündelt, in einer Monstranz präsentiert, die 1928 im historisierenden Stil vom Mailänder Bildhauer und Goldschmied Alfredo Ravasco geschaffen wurde. Zwischen zwei Gläsern eingeschlossen und üppig gerahmt, wird die Haarlocke auf einem reich geschmückten Träger aus Malachit balanciert. Behängt ist der Rahmen mit zwei Perlenkettchen, an denen links und rechts zwei kleine Medaillons befestigt sind, die das Wappen der Borgia, den Stier, tragen.[27]

Gerade das Beispiel der Haarlocke der Lucrezia Borgia belegt das wachsende Bedürfnis nach öffentlicher Zurschaustellung und aufwendiger Inszenierung von Souvenirs, welche die Prominentenverehrung immer näher an den Heiligenkult rücken lässt und diesen gar zu ersetzen trachtet. Eine Tendenz, die spätestens mit der durch die Aufklärung beförderten Säkularisierung im späten 18. Jahrhundert einsetzt und seither beständig zunimmt. Der Kult um die Lucrezia-Locke als dingfester Souvenir, der in dieser Form erst im 19. Jahrhundert beginnt,[28] illustriert zudem, dass sagenumwobene Lebensumstände und legendäre Schönheit bald genügen sollten, um historische Persönlichkeiten zur Kultfigur avancieren zu lassen. So ist es sicherlich kein Zufall, dass sich gerade Lord Byron im frühen 19. Jahrhundert seiner Heldentat rühmte, ein Haar von der Lucrezia-Locke entwendet zu haben, bevor die Strähne in ihren Glasschrein gelangte.[29]

Souvenirs sind auch Trophäen, Beutestücke. Als der Künstler Daniel Spoerri, ein leidenschaftlicher Souvenir-Sammler, sein erstes Musée Sentimental anlässlich der Eröffnung des Centre Pompidou in Paris 1977 einrichtete, stellte er darin, neben dem vermeintlichen Schlüssel zur Bastille und dem Totenbett des Vincent van Gogh, auch die im Musée Ingres in Montauban verwahrte Geige des französischen Malers Jean-Auguste-Dominique Ingres aus. Dieser pflegte in seinen Mußestunden seinem Hobby nachzugehen, dem Geigenspiel. „Le violon d'Ingres" bezeichnet im Französischen daher bis heute ein „Steckenpferd". Dem seinen frönte Spoerri, als er, gelegentlich des Abbaus der Ausstellung, ein lose vom Geigenbogen herabhängendes Haar entwendete. Gerahmt, erinnert es heute sowohl an des Malers Geigenspiel wie an Spoerris Vorliebe für den Souvenir, prominent ausgelebt im Musée Sentimental. (Abb. 6)[30]

Souvenirs von Sankt Helena – Napoleon und sein postumer Erinnerungskult

Mit dem sogenannten Retour des Cendres, der feierlichen Rückführung von Napoleons sterblichen Überresten von Sankt Helena nach Paris, setzte in Frankreich eine neue Welle der Napoleon-Verehrung ein. Unter König Louis Philippe wurde, zur allgemeinen Überraschung, mit Großbritannien im Mai 1840 eine Vereinbarung über die Repatriierung von Napoleons Leichnam erzielt; im selben Monat begab sich eine Fregatte nach der entlegenen Insel, um den einstigen Kaiser heimzuführen.[31] Zu den Teilnehmern an der Expedition nach Sankt Helena gehörten auch ehemalige hohe Offiziere und Vertraute Napoleons, darunter namentlich der berühmte General Bertrand und Louis Marchand, einst Napoleons erster Diener und Testamentsvollstrecker des Kaisers. Beide hatten selbst in Sankt Helena ausharren müssen.[32] Ihnen bot der Retour des Cendres die Gelegen-

---

22 Ebd.

23 Vgl. dazu Laureati 2002, S. 52.

24 So wurden 1833 Victor Hugos romantisches Drama „Lucrèce Borgia" in Paris und in demselben Jahr Donizettis Oper „Lucrezia Borgia" an der Mailänder Scala uraufgeführt, wobei gerade diese Werke zum verfälschten Bild der historischen Lucrezia beitrugen. Besonders erwähnt sei an dieser Stelle auch das Buch von Maria Bellonci „Lucrezia Borgia. La sua vita e i suoi tempi" (1939), welches Lucrezia Borgias stark verfälschtes Bild zu korrigieren wusste.

25 Obwohl der Präfekt der Biblioteca Ambrosiana, Bernardo Gatti, 1859 noch Zweifel an der Provenienz der Locke äusserte, präzisierte er, dass sie zweifellos seit langer Zeit in der Ambrosiana aufbewahrt sein musste. Tatsächlich ist das Erinnerungsstück bereits seit 1685 in den Inventaren der Bibliothek registriert.

26 Vgl. dazu Kat. Nr. 21. Laureati 2002, S. 128.

27 Ebd.

28 Ebd.

29 Ebd.

30 Zu Spoerris Musée Sentimental und dem Haar von Ingres' Geigenbogen vgl. Spoerri/Räderscheidt 2001, S. 226-227.

31 Vgl. dazu Macé 2004, S. 84.

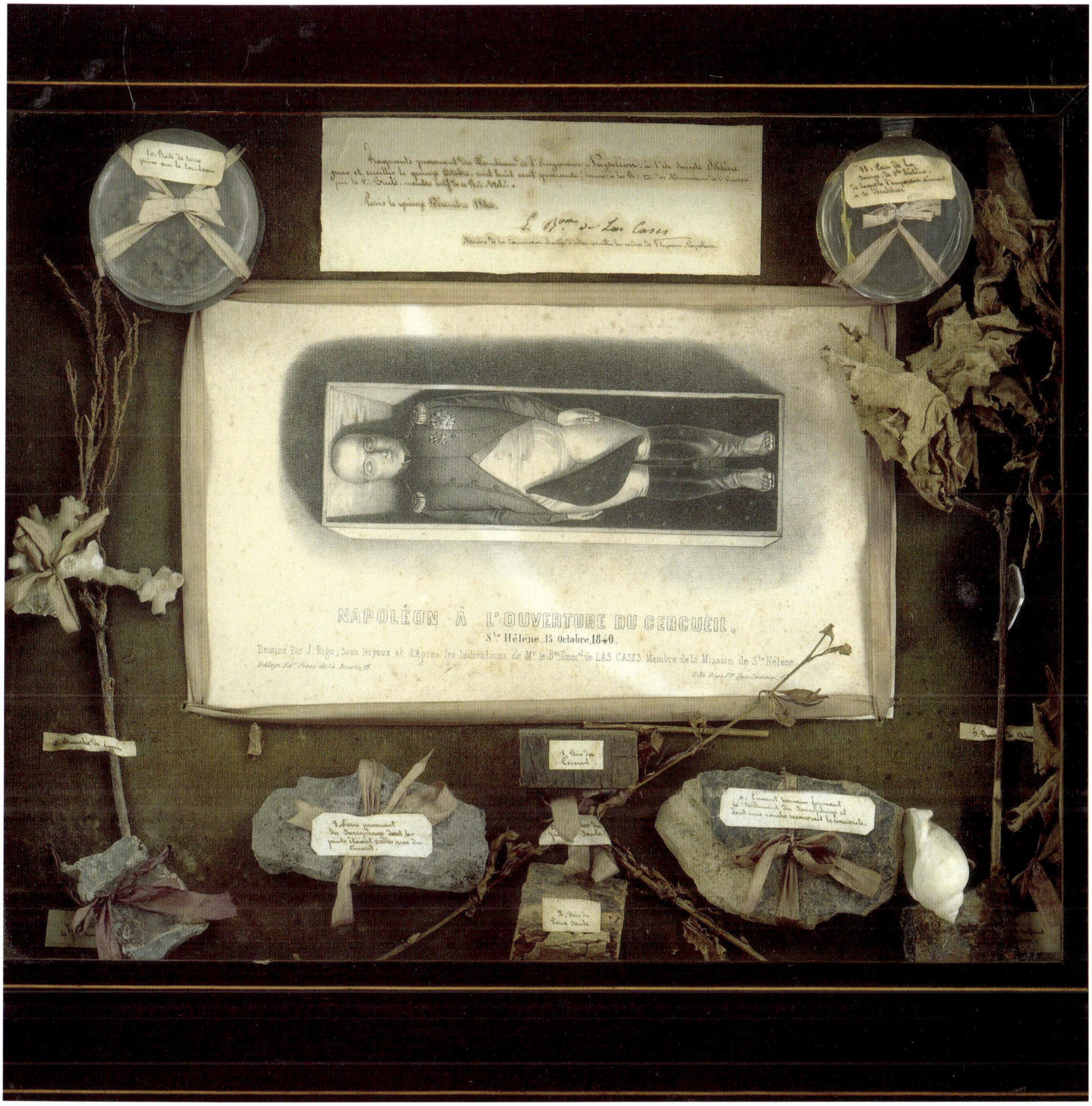

Abb. 7, Von Las Cases zusammengestelltes Reliquar,
„souvenirs de l'île de Sainte-Hélène", 1840
diverse Materialien. Rueil-Malmaison, Musée national des
châteaux de Malmaison et Bois-Préau

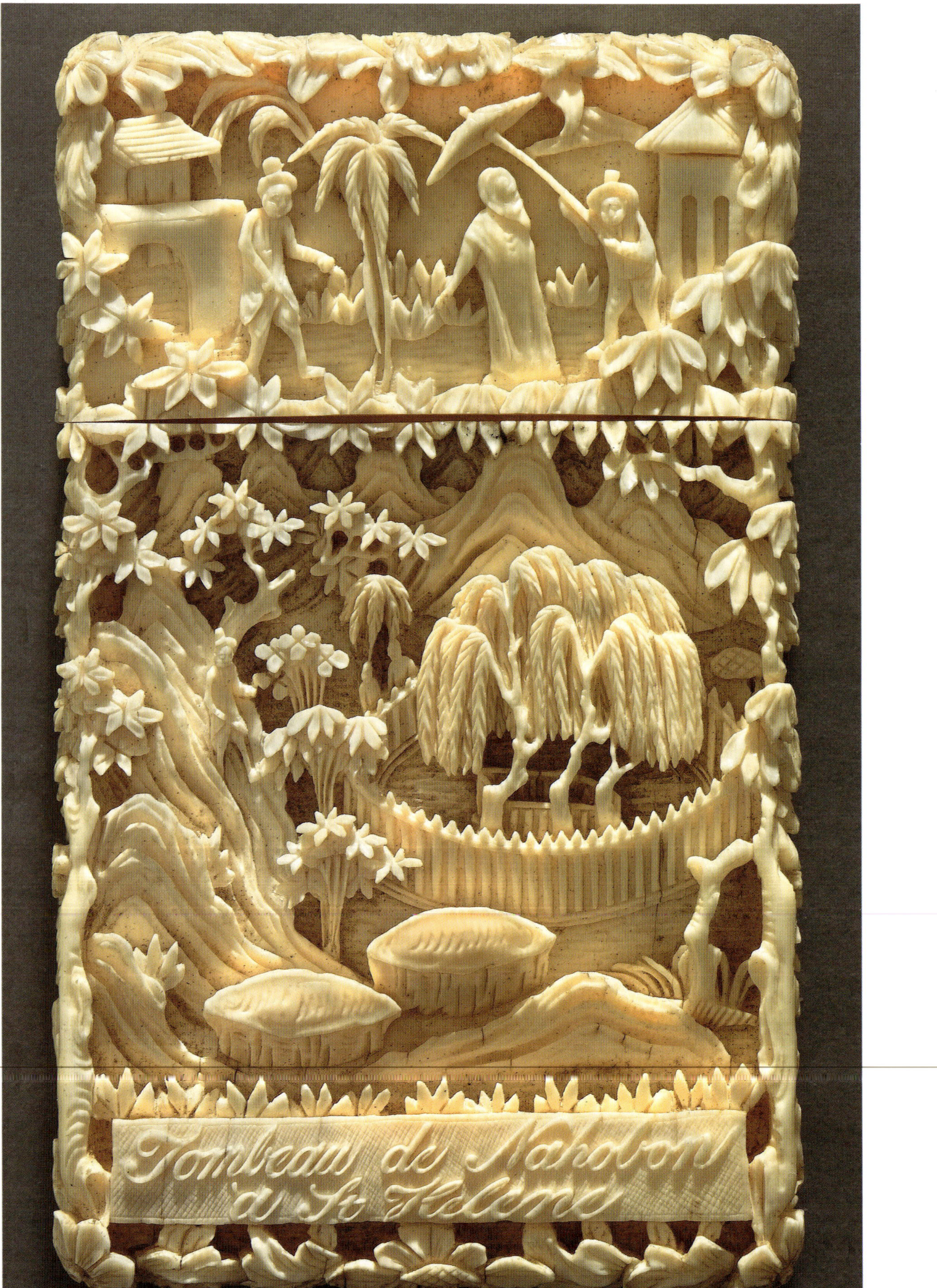
Tombeau de Napoleon
à St Helene

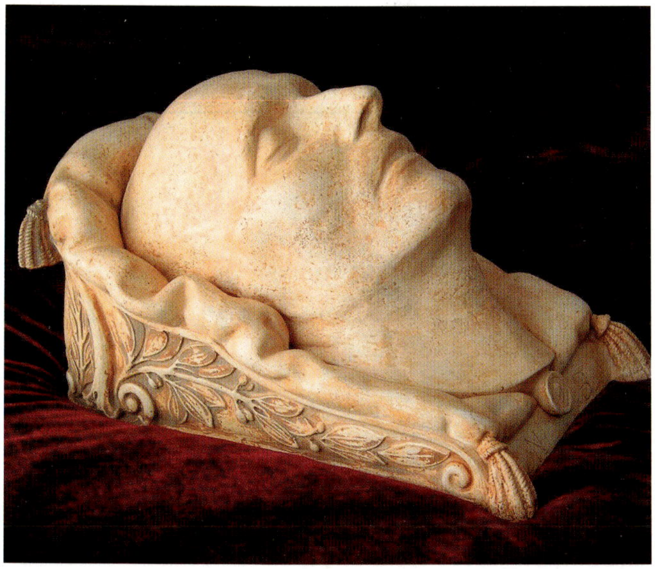

heit, zahlreiche Souvenirs von der Insel nach Frankreich mitzuführen, dabei vor allem solche, die im Zusammenhang mit der Exhumierung von Napoleons Sarg am 15. Oktober 1840 standen. So berichtet eine Anekdote, dass sich Louis Marchand schon vor der feierlichen Ausgrabung des Sarges mehrmals zur Grabstätte begab, wo er einen Zweig jener Weide brach, die bereits 1821, dem Jahr von Napoleons Begräbnis, dort gestanden und das Grab beschattet hatte. Zugleich sammelte man auch Mauerwerkspartikel des Grabgewölbes oder Wasser von der Quelle, an der Napoleon zu trinken pflegte.[33] Diese Souvenirs fanden anschließend in unauffälligen Schachteln oder Schreinen Aufbewahrung. (Abb. 7) Auch der Holzsarg selbst geriet zum begehrten Sammler-Gegenstand. Den äußeren von insgesamt vier Särgen, in denen der Kaiser 1821 beerdigt worden war, zersägte man bei dieser Gelegenheit in zahlreiche Stücke, die den Teilnehmern der „Pilgerfahrt“ überlassen wurden.[34] Unter den Andenken von Sankt Helena befinden sich aber nicht nur Erinnerungsstücke, denen der Status von Reliquien zukommt. Vielmehr zählen dazu auch Objekte, die bereits als eigentliche Souvenirs konzipiert wurden. Hierzu gehören etwa Etuis für Visitenkarten aus geschnitztem Elfenbein, die unter anderem Napoleons Grabmal zeigen. Die Ironie der Geschichte will, dass, lange bevor Ostasien zum Produktionsort von Massensouvenirs für die ganze Welt wurde, diese von chinesischen Arbeitern, die sich zu mehreren Hundert unter den Briten auf der Insel verdingten, hergestellt wurden (Abb. 8).[35] Die „chinesischen“ Souvenirs von Sankt Helena geben mit großer Liebe zum Detail die Grabstätte des Kaisers wieder – selbst die Weidenbäume sind nicht vergessen worden. Dass es bei der Beschriftung der Ansichtstafel zu orthographischen Ungereimtheiten kommt, präludiert ein bis heute weitverbreitetes Phänomen. Der postume Kult um Napoleon setzte aber keineswegs erst mit dem Retour des Cendres 1840 ein, sondern schon unmittelbar nach dem Tod des Kaisers am 5. Mai 1821; namentlich befördert durch das enorm populäre „Mémorial de Sainte-Hélène“ des Emmanuel Auguste Las Cases von 1823.[36] Auch die dingliche Erinnerung um Napoleon datiert früher, wofür die serielle Produktion von Abgüssen nach dessen Totenmaske seit 1833 beredter Ausdruck ist (Abb. 9).

Abb. 8, Etui für Visitenkarten mit der Ansicht von Sankt Helena (Vorderseite) und dem Grabmal von Napoleon I. auf Sankt Helena (Rückseite), 19. Jh.
geschnitztes Elfenbein. Rueil-Malmaison, Musée national des châteaux de Malmaison et Bois-Préau

Abb. 9, Francesco Antommarchi (1789 Morsiglia/Korsika – Santiago de Cuba 1838)
Totenmaske von Napoleon I. mit Kissenuntersatz
Gefärbter Gips
Bochum, Internationale Sammlung Alexander Schubert

[32] Vgl. dazu Macé 2004, S. 85.

[33] Vgl. dazu Fondation Napoléon 2004, S. 175. Für die zahlreichen Anregungen sei Katrin Huguenaud von der Fondation Napoléon, Paris herzlich gedankt.

[34] Vgl. dazu Fondation Napoléon 2004, S. 175.

[35] Vgl. dazu Macé 2004, S. 163-164.

[36] Vgl. dazu Macé 2004, S. 319.

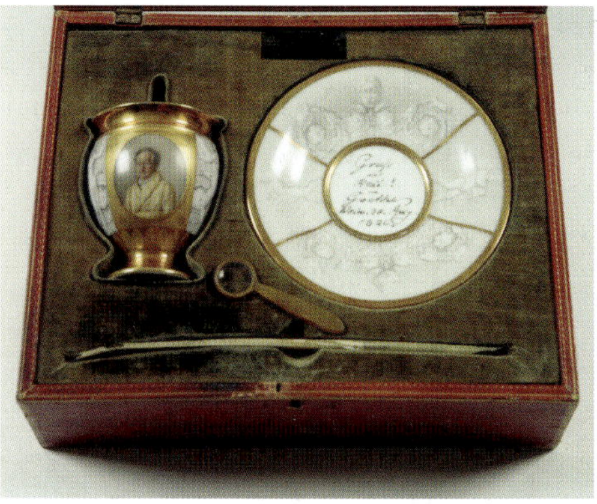

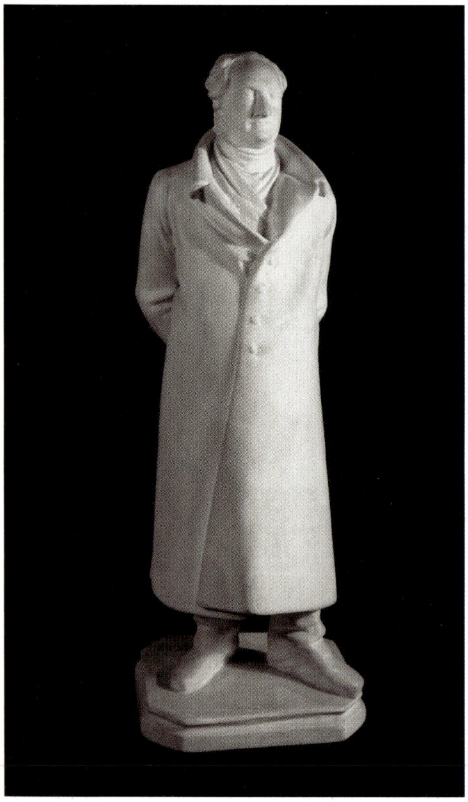

Mit dem letzten Abdruck von Napoleons Gesicht wurden, unmittelbar nach dem Tod des Kaisers, der englische Arzt Francis Burton und sein korsischer Kollege Francesco Antommarchi betraut. Sie gossen ein Positiv der Maske, wobei die Hohlform zerbrach und Nachgüsse nach dem Originalabdruck verunmöglicht wurden. Um zu verhindern, dass die Totenmaske in englische Hände fiel, wurde sie in der Nacht vor Napoleons Beisetzung von Fanny Bertrand, der Ehefrau des namenhaften Generals, unter Antommarchis Einverständnis entwendet. Letzterer ergänzte die fehlenden Teile der Maske, wie die Ohren und die Halspartie, und ließ davon Kopien herstellen.[37] Ab 1833 schließlich legte Antommarchi eine kommerzielle Edition von Napoleons Totenmaske auf, die es erlaubte, sie als Souvenir zu erwerben.[38] Die Maske war nun in Gips oder Bronze erhältlich, um den Hals von einer kleinen Medaille mit dem Profil des Kaisers ergänzt und durch die Signatur „Dr. F. Antommarchi" authentifiziert. Der Erfolg war beachtlich; bald wurden Hunderte von Exemplaren in ganz Frankreich, Italien und andernorts vertrieben; sie ist bis heute erwerbbar. Anlässlich des Retour des Cendres signierte Louis-Philippe fünf Exemplare der Totenmaske aus Bronze und 25 weitere aus Gips. Während des Second Empire fügte der Gießer Susse ein Bronzekissen hinzu, worauf die Maske fortan ruhen sollte.[39]

Goethes Glockentasse – Kontemplation und Andacht

Die Verehrung und Bewunderung, die Napoleon schon zu Lebzeiten bei seinen Zeitgenossen erfuhr, wird besonders am Beispiel von Goethe deutlich. In dessen Sammlung befanden sich, unter anderen Napoleonica, eine wenige Zentimeter große vergoldete Bronzefigurine des in Kontrapost stehenden Kaisers in Uniform sowie eine kleine Gipsbüste Napoleons aus dem Jahre 1814, vom Künstler Leonhard Posch entworfen und als Souvenir begehrt.
Schon in jungen Jahren durch den „Werther" zu internationaler Prominenz gelangt, war aber Goethe zeitlebens auch selbst Gegenstand vielfältigen dinglichen Erinnerns.

Abb. 10, Julius Ludwig Sebbers (1804 Braunschweig – Berlin nach 1837)
Glockentasse mit dem Miniaturbildnis von Johann Wolfgang von Goethe; mit Untertasse, vom Dichter eigenhändig signiert (1826), dazu Schreibfeder und Lupe; Ensemble in Etui
Bemaltes Porzellan (Manufaktur unbekannt); Gänsekiel, Glas und Horn; Maroquin und Samt
Weimar, Stiftung Weimarer Klassik und Kunstsammlungen

Abb. 11, Christian Daniel Rauch (1777 Arolsen – Dresden 1857)
Goethe im Hausrock, 1828, Gips
Weimar, Stiftung Weimarer Klassik und Kunstsammlungen

[37] Vgl. dazu Macé 2004, S. 311.

[38] Antommarchi war es auch, der schon 1825 das Buch „Les Derniers Moments de Napoléon" veröffentliche hatte, in dem er über die letzten zwanzig Monate von Napoleons Leben berichtet und dabei auch nicht zögert, die geschichtlichen Fakten zu manipulieren, um seinem eigenen Ego zu schmeicheln.

[39] Vgl. dazu Fondation Napoléon, Paris 2004, S. 181.

Zu Beginn des 19. Jahrhunderts vertrieben mehrere Manufakturen Gips- und Porzellanfiguren des Dichters in unterschiedlichen Formaten. Als Möbelbekrönung fand eine nach einem Entwurf Christian Daniel Rauchs vervielfältigte Büste Eingang in die deutschen Bildungshaushalte; als Zimmerdenkmal wurde dessen monumentale Miniatur „Goethe im Hausrock" in Biskuitporzellan, Gips, Bronze und Elfenbeinmasse vertrieben. (Abb. 11) Das Dichterhaupt ist bis heute in mannigfachen Variationen, bis hin zum Salzstreuer, ein eigener Wirtschaftsfaktor.

Einen besonders sprechenden Souvenir von Goethe stellt die prächtige „Glockentasse" aus Porzellan dar, die der Künstler Julius Ludwig Sebbers 1826 mit dem Miniaturbildnis des Dichters verzierte. (Abb. 10) Zu ihr gehört eine dekorierte Untertasse, deren zentrales Kreisfeld Goethe anlässlich seines 78. Geburtstags eigenhändig mit „Gruss und Heil! Goethe Weim. 28. Aug 1826" signierte. Dem Porzellangeschirr wurde zudem eine Lupe beigelegt, die zur vertieften Kontemplation des Goetheporträts bestimmt war, sowie jene Schreibfeder, womit der Dichter die Untertasse unterschrieben haben soll.[40] Hier werden so drei Formen der Andenkenkultur vereint: Das Bildnis, das Alltagsobjekt mit Reliquiencharakter sowie das Autogramm.

Sebbers Goethebildnis galt bald als eines der besten Porträts des Dichters und wurde von Goethe selbst gelobt.[41] Schon kurz nach ihrer Entstehung wurde die „Glockentasse" als ruhmvolles Andenken an Goethe gewürdigt und hätte als künstlerischer Höhepunkt der Sammlung im Braunschweiger Museum gezeigt werden sollen.[42] Die Tasse gelangte aber nicht, wie ursprünglich vorgesehen, in den Besitz des Herzogs von Braunschweig, sondern kehrte von der Berliner Ausstellung nach Weimar in die Großherzogliche Bibliothek, also gleichsam an ihren auratischen Bezugspunkt, zurück.[43]

Ganz wie im Falle des Erasmus von Rotterdam, der an der Gestaltung und Verbreitung seiner Andenken maßgeblich beteiligt war – Massys' Medaille belegt das auf besonders eindrückliche Weise – bezeugt auch die „Glockentasse" Goethes Beteiligung und Kontrolle an der Entstehung seiner eigenen Souvenirs. So notierte der Dichter in einem lakonischen Tagebucheintrag vom 3. August 1826: „Dem Maler (Sebbers) gesessen. Eingebrannte Farbenmuster besprochen. Über wiederholtes Brennen und Retouchiren." Goethe duldete die mit ihm verbundene Andenkenproduktion nicht nur, er förderte sie. Das spricht sich nicht zuletzt in der Signatur der Untertasse aus, die den eigenen Schriftzug in Ergänzung zum Porträt als bewusst komponiertes Ensemble eines ganzheitlichen Persönlichkeitskults noch zu Lebzeiten begreifen lässt. In einem Brief an Zelter vom 12. August 1826, äußert Goethe scheinbar distanziert, aber mit einer gewissen Genugtuung: „Er heisst Ludwig Sebbe und kam reisend hier durch. Sibillinisch mit meinem Gesicht/Soll ich im Alter prahlen!/Jemehr es ihm an Fülle gebricht/Desto öfter wollen sie's malen! So habe ich billigermassen über diese Bemühungen gescherzt; man muss es eben geschehen lassen."

Die von Goethe selbst betriebene Erinnerungskultur um seine Person kommt besonders anschaulich am Beispiel des hölzernen Tintenfasses zum Ausdruck, das er Frédéric Jacob Soret zum Dank für dessen französische Übersetzung der „Metamorphose der Pflanzen" zum Präsent machte. (Abb. 12)[44] Auf der konvexen Wandung des gedrechselten Tintenfasses ist in schwarzer Aufschrift vermerkt: „Herrn Soret zu täglichem Erinnern Februar 2. 1823. Glück wünschend. Goethe." Goethe lädt den Beschenkten mithin ein, oder anders, er fordert ihn auf, sich bei der täglichen Schreibarbeit an ihn zu erinnern – um über seine Person zu weiterer literarischer Tätigkeit angeregt zu werden.

Die Einladung an den Dichter zur anhaltenden Erinnerung angesichts des Tintenfasses findet ihr Pendant in der Lupe, die Sebbers' „Glockentasse" beigefügt wurde: Das Vergrößerungsglas erlaubte dem Betrachter, das minutiös gearbeitete Porträt Goethes in jedem Detail zu bewundern und so dessen Gegenwart sinnlich zu ahnen. Dem Genius Goethes wird über diese Gegenstände eine gleichsam magische Präsenz zugesprochen. Über die Trias von Objekt, Kontemplation und Verehrung etabliert sich der Souvenir als profaner Adressat der Andacht.

---

[40] Im Verzeichnis des Kunstbesitzes der Großherzoglichen Bibliothek findet sich folgender Vermerk: „Eine Feder, womit Göthe mit metallischer Tinte auf eine Untertasse etwas geschrieben[...]".

[41] Vgl. dazu Goethe an Zelter, 12. Aug. 1826.

[42] Vgl. dazu Berlinische Nachrichten 1827.

[43] Vgl. dazu Schuster/Hille 1999, S. 903.

[44] An dieser Stelle sei Bettina Werche vom Goethe-Nationalmuseum, Weimar herzlich für Ihre Unterstützung gedankt.

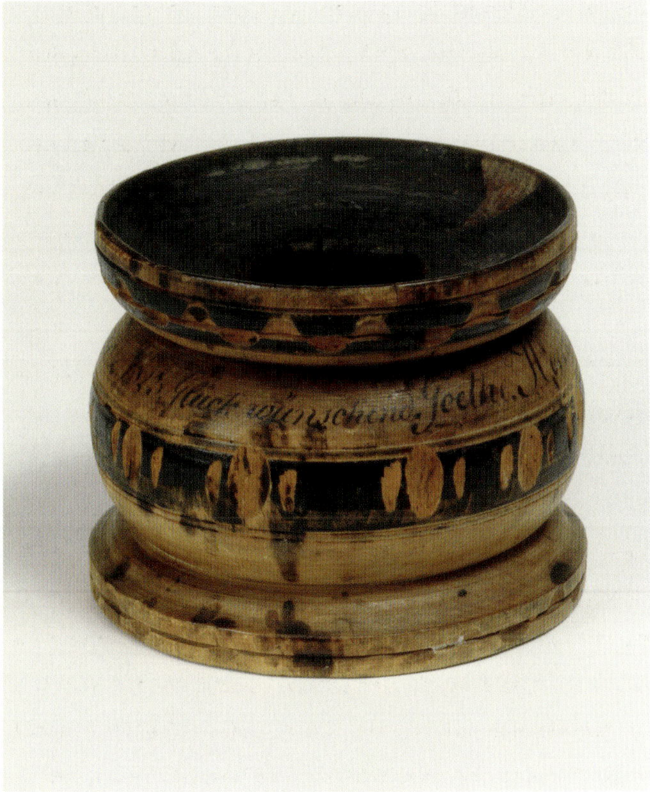

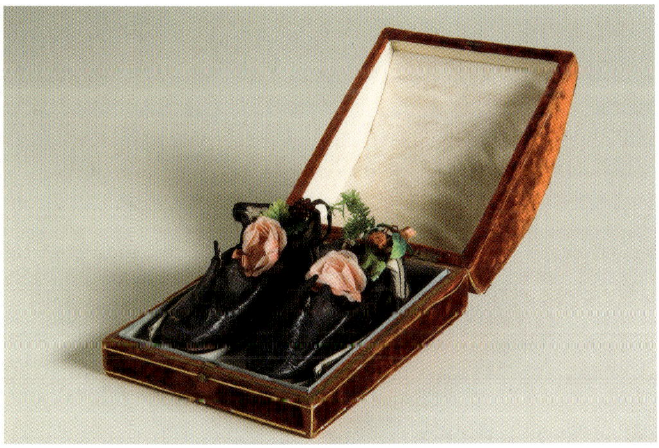

Sisi und Sissi – Souvenir und Mythos

Im Laufe des 19. Jahrhunderts weitete sich der Souvenirkult um Prominente immer weiter aus und schloss vermehrt auch historische Persönlichkeiten ein, die sich weniger durch ihre individuelle Leistung, als vielmehr aufgrund ihres sozialen Rangs, ihres Lebensverlaufs oder ihrer einzigartigen Schönheit vom Durchschnitt abhoben. Freilich lässt sich diese Tendenz schon in vorhergehenden Jahrhunderten beobachten, wovon unter anderem die bereits um 1500 einsetzende Verehrung der Lucrezia Borgia zeugt. Im Hang zur Mythisierung spiegelt sich in ihrer Person ein weiteres Phänomen, das im 19. Jahrhundert eine nie da gewesene Konjunktur erlebt.

Diese neue Form des Personenkults verkörpert niemand nachhaltiger, als Kaiserin Elisabeth von Österreich, die legendäre Sisi. Ihre Verehrung beschränkt sich keineswegs nur auf das 19. Jahrhundert, sondern reicht bis in die Gegenwart und artikuliert sich in sämtlichen Medien.

Als eine der schönsten Monarchinnen ihre Epoche gefeiert, war Sisi schon zu Lebzeiten ein begehrtes Bild- und Souvenirobjekt. Das belegen die verschiedenen, anlässlich bedeutender Ereignisse vertriebenen Erinnerungsblätter, vor allem aber die berühmten, in Massen reproduzierten Sisi-Porträts des Hofmalers Franz Xaver Winterhalter, die in ganz Europa zirkulierten und das vielbewunderte Aussehen der Kaiserin verbreiteten. Sisi wurde zu einer Mode-Ikone; Friseure priesen per Zeitungsinserat Haarteile an, welche die legendäre „Kaiserin-Frisur" nachstecken ließen.[45]

Abb. 12, Deutschland, Weimar
Tintenfass von Johann Wolfgang von Goethe an Frédéric Jacob Soret, um 1825, Holz
Weimar, Stiftung Weimarer Klassik und Kunstsammlungen

Abb. 13, Kinderschuhe der Kaiserin Elisabeth von Österreich
Wien, Schloss Schönbrunn

[45] Ausst.-Kat. Wien 1998, S. 30.

Ulrich Schneider

Der Grand Tour – Souvenirs aus dem Rom des 18. und 19. Jahrhunderts

Als lebende Legende kultivierte die Kaiserin den Ruhm um ihre Schönheit und bemühte sich, ihren eigenen Mythos aufrecht zu erhalten. So ließ sie sich seit ihrem 33. Lebensjahr nicht mehr fotografieren und saß keinem Maler wieder Modell.[46] Seither mussten die Bildnisse der Kaiserin als mehr oder weniger raffinierte Montagen nach früheren Fotografien oder Stichen geschaffen werden. Obwohl Sisi, in ihrer zunehmenden Verachtung der Repräsentationspflichten, mehr und mehr auf ihrer Privatsphäre insistierte, förderte sie in ihrem Rückzug aus der Öffentlichkeit gewollt oder ungewollt umso mehr die Spekulationen um ihr Aussehen und ganz allgemein das Interesse an ihrer Person.

Es war schließlich Sisis brutale Ermordung im Jahr 1898, die sie endgültig zu einer modernen „Heiligen" erhob und ihren Erinnerungskult vorantrieb. Dieser vollzog sich sowohl auf der privaten als auch auf der öffentlichen Ebene. Sisis jüngste Tochter, Erzherzogin Marie Valerie, trug nach dem Tod ihrer Mutter zahlreiche persönliche Gegenstände der Kaiserin zusammen – darunter Sisis schwarze Kinderschuhe (Abb. 13) – und bewahrte sie als intime Souvenirs auf, wofür sie sogar Reliquienschreine herstellen ließ.[47]
Noch im Todesjahr ihrer Mutter übergaben Marie Valerie und ihre Schwester Prinzessin Gisela einen Teil der Andenken an die ungarische Nation und schon 1908, zehn Jahre nach Sisis Tod, wurde im Burgschloss von Buda das im Krieg zerstörte Königin-Elisabeth-Gedächtnismuseum eröffnet[48] – als eines der frühesten seiner Gattung überhaupt.
Nichts konnte den Mythos Sisi jedoch mehr nähren, als der dreiteilige Kinoerfolg aus den fünfziger Jahren mit Romy Schneider in der Hauptrolle. Von nun an sollte aus „Sisi", der Kaiserin von Österreich, die verniedlichte „Sissi", die Märchenprinzessin, werden und damit der Mythos die historische Figur fast vollends verdrängen.[49] Aus der Kultfigur war eine Filmikone geworden, die nicht nur dem Souvenirkult um Sisi neue Dimensionen verlieh, sondern auch Romy Schneider in die Riege der Leinwandlegenden erhob und damit deren eigenen Übergang zum Starkult markierte. Beide Frauen gehen gleichsam im Erinnerungsruhm von „Sissi" auf.
Mittlerweile ist Sisis Antlitz zum allgegenwärtigen Bild geworden und ziert Schlüsselanhänger, Adventskalender, Weihnachtsschmuck und selbst Pralinenschachteln. Und erst kürzlich wurde das Sisi Museum in Wien um zahlreiche neue Souvenirs der Kaiserin bereichert, die bis hin zur Kokainspritze der Kaiserin reichen. Gerade dieses Requisit macht deutlich, dass dort versucht wird, auf der Differenz zwischen der historischen Sisi und deren Legende zu beharren. So zeugen die um die österreichische Kaiserin entstandenen Andenken, die weniger von ihr selbst, als von anderen gesammelt wurden, von der immer drohenden Verselbständigung der dinglichen Erinnerung.
In den Objekten lebt ein Mythos fort, der sich von der Person, an die diese einst gebunden waren, zunehmend löst. Der Souvenir würdigt kaum mehr die Person, wie sie wirklich war, sondern spiegelt die eigene und die fremde Erwartungshaltung. In ihm verdichten sich Wünsche und Sehnsüchte sowie die Kontrolle, über das eigene Bild und über das des Anderen.

---

46 Ausst.-Kat. Wien 1998, S. 31.
47 Schad 1998, S. 133.
18 Hamann/Hassmann 1998, S. 101.
49 Für die wichtigen Hinweise sei Katrin Unterreiner, Wissenschaftliche Leiterin Kaiserappartements und Sisi Museum, Wien, herzlich gedankt.

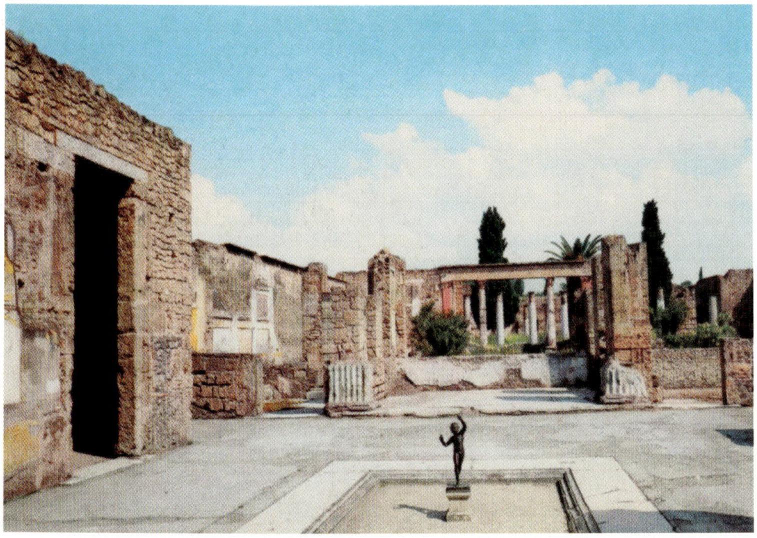

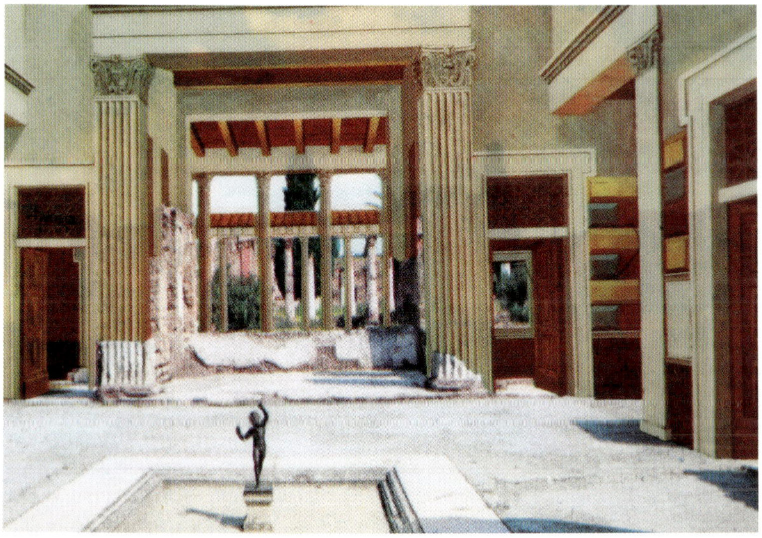

Abb. 1a, b, Neapel, 1964
Touristenführer durch Pompeji und Herkulaneum
Privatbesitz

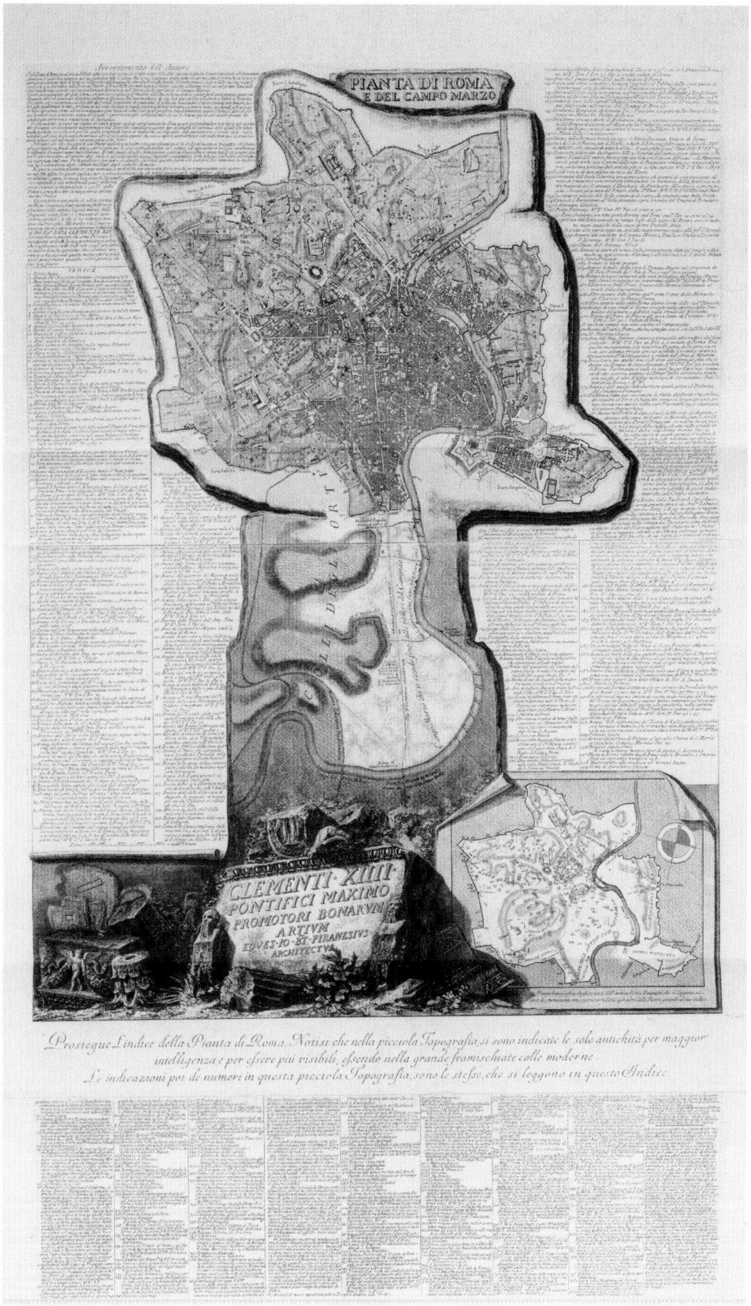

Abb. 2, Giovanni Battista Piranesi
Romplan „Antichità Romane“, 1766
Frankfurt, Museum für Angewandte Kunst Frankfurt

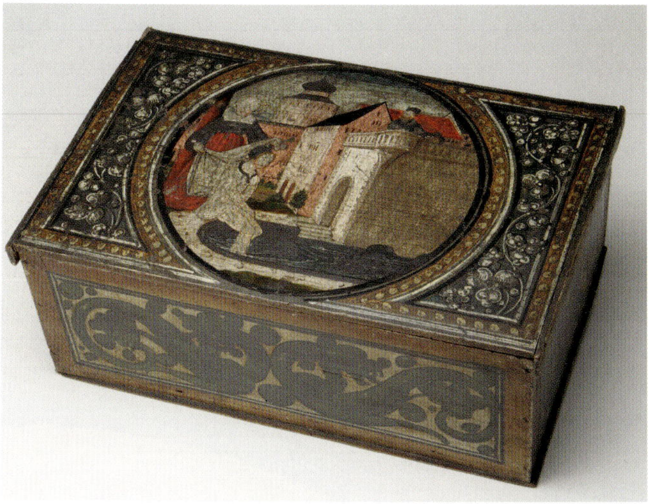

Im Laufe des 17. Jahrhunderts geht die Pilgerreise in die Reise zu den antiken Stätten über. Eine Klammerfunktion fällt den Badereisen zu, wie sie etwa Michel de Montaigne beschreibt. Von seiner Reise durch die Bäder in Italien, der Schweiz und Deutschland in den Jahren 1580/81 berichtet er in einem umfangreichen Tagebuch.[1] Mit naturwissenschaftlicher Gründlichkeit trägt er die Beobachtungen an den bereisten Orten, zumal in den besuchten Bädern ein. Größtes Interesse bringt er den Mitmenschen entgegen, größte Aufmerksamkeit wendet er aber auch sich selbst zu, besonders seinem von Koliken geplagten Körper. Während seines ersten Romaufenthalts ist er dort ein interessierter Beobachter, der sich aber über die Zeugnisse der vergangenen Antike eher wundert. Hierüber verliert er nur wenige Worte, während er sich zum Beispiel über die Beschneidungszeremonie in einem jüdischen Haus zweieinhalb Seiten lang äußert.

Wenig erfahren wir über die Souvenirs, die Montaigne von seiner Reise zurückgebracht hat, außer dass er in Loreto um rund „fünfzig gute Taler" Devotionalien erstanden hatte. Allerdings erwähnt Montaigne schon, dass die Mitnahme von Mauerteilen vom Haus der Muttergottes in Loreto verboten sei, ja dass solche Souvenirs in der Vergangenheit wieder zurückgegeben worden waren.[2] Auch geschenkte Souvenirs werden nicht erwähnt, dagegen öfter freundschaftliche Speisen- und Getränkepräsente, wie Quittenkonfitüre, Marzipan oder Wein. Diese wird er aber nicht mitgenommen, sondern gleich verzehrt haben. Im Rahmen seiner eiligen Abreise zurück nach Bordeaux – er erfuhr bei seinem zweiten Romaufenthalt, dass er Bürgermeister seiner Heimatstadt geworden war – kommt er freilich doch noch auf Erwerbungen in Italien zu sprechen. Er schickt sie in einem schönen Holzkasten, der immerhin 150 Pfund wiegt, voraus: „Es waren sehr viele wertvolle Sachen darin, besonders eine schöne Kette mit dem Agnus Dei, die in Rom nicht mehr ihresgleichen hatte, sie war für den Gesandten der Kaiserin [Maria, Tochter Karls V., Frau Maximilians II.] besonders gearbeitet worden, und der Papst hatte sie mit einem 'Cavaliere' [einem Kranz von Paternostern und Avemarias] gesegnet."[3] Offen bleibt, wie diese Memorabilie in Montaignes Besitz gelangte, sie schien aber ein Souvenir zu sein.

Mitbringsel aus Bädern gehörten im 16. Jahrhundert zum guten Ton. Offensichtlich zählten sogenannte Wismutkästchen zu den beliebten Souvenirs. Seit dem 15. Jahrhundert konnte man das seltene Schwermetall Wismut in Sachsen gewinnen. Zu Pulver gebrannt, wurde es auf die meist aus Buchenholz gefertigten Kästchen über einen Kreidegrund gestreut und dann mit Achatstein einpoliert. Auf dieser silbern glänzenden Grundierung wurde dann die farbenfrohe Temperamalerei angelegt. Ein bisweilen aufgetragener Firnisüberzug gab den Werken einen goldenen Schimmer. Zentrum der Wismutmalerei war im 16. Jahrhundert die Stadt Nürnberg. Von hier wurden die kleinen Kästchen vor allem in Badeorte exportiert. Im weiteren Verlauf entwickelte sich im schweizerischen Badeort Baden eine regelrechte Industriefertigung. Die kleinen Wismutkästchen hatten verschiedene Verwendungszwecke. Als sogenannte Minnekästchen waren sie Liebesgaben; sie dienten als Briefbehältnisse oder als Etuis für Schreibzeug oder Spielkarten.[4] Dargestellt werden Liebespaare, Hoffnungsszenen, Wappen, Wahlsprüche und immer wieder die Badeszene mit David und Bathseba. Da viele der Kästchen individuelle Beschriftungen und Jahreszahlen tragen, kann davon ausgegangen werden, dass sie während des Badeaufenthaltes von Badegästen in Auftrag gegeben wurden. Vermutlich standen Halbrohlinge zur Verfügung, die nach Wunsch fertig gestellt wurden. (Abb. 3)

Abb. 3, Nürnberg, 1531
Wismutkästchen mit der Darstellung von David und Bathseba
Wismutmalerei auf Buchenholz
Frankfurt, Museum für Angewandte Kunst Frankfurt

[1] Montaigne 1963.
[2] Montaigne 1963, S. 235.
[3] Montaigne 1963, S. 342-343.
[4] Kohlhausen 1928, S. 33-34; Lanz, 1967/68.

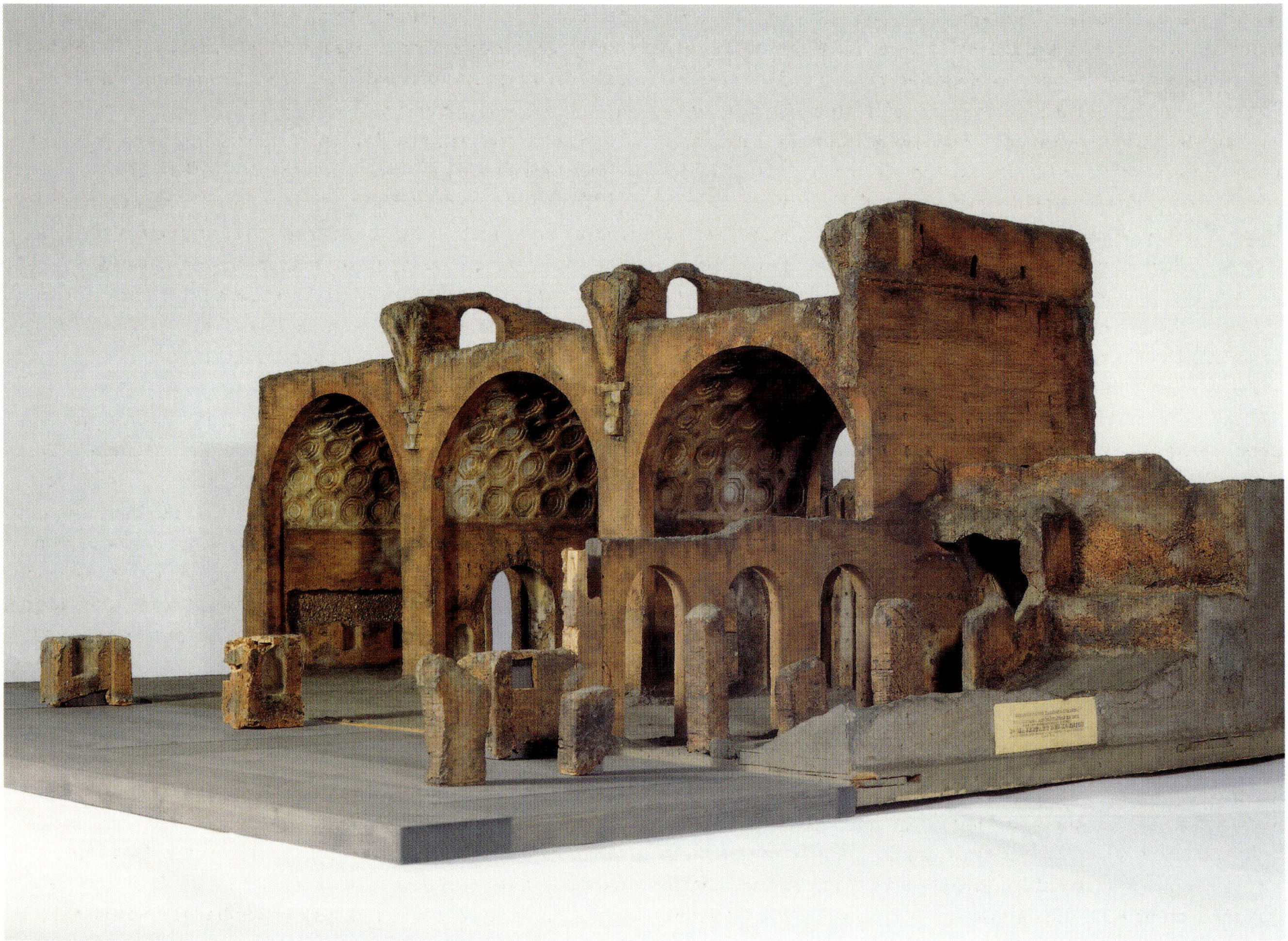

Abb. 4, Georg May
Modell der Maxentius Basilika, 1831
Korkmodell
Aschaffenburg, Bayerische Schlösserverwaltung
Schloss Johannisburg

Hatten die nordalpinen Romreisenden des 16. und 17. Jahrhunderts eher ein Interesse an Sitten und Gebräuchen in der Stadt, vielleicht noch an Historien rund um die unheimlichen, antiken Reste[5], so wandelt sich das Bild im 18. Jahrhundert ganz erheblich. War ein Antikenstudium wohl auch anderenortes möglich, so führte der Grand Tour den Antike Suchenden gezielt nach Rom. Ganz klar galt die Regel, in Frankreich die feinen Sitten und Gebräuche zu erlernen, in Spanien das Hofzeremoniell zu studieren, in Holland die Festungs- und Hafenbaukunst und in Italien die Antiken, die Schönheit des Landes und die Pferde. Die Italienreise vermittelte zwar viele Antikeneindrücke im Voraus, etwa in Verona, die Krönung bot aber Rom. Die vornehmen Reisenden konnten sich seit der Mitte des 16. Jahrhunderts auch vorbereiten, mit Pirro Ligorios „Antichità di Roma", von 1553, mit Jacques Spons „Voyage d'Italie" von 1675 oder mit Giambattista Piranesis „Antichità Romane" von 1766.[6] (Abb. 2)

Auch Johann Wolfgang von Goethe schreibt am 1. November 1786, an einem seiner ersten Tage in Rom: „Nun bin ich hier ruhig und wie es scheint auf mein ganzes Leben beruhigt. Denn es geht, man darf wohl sagen, ein neues Leben an, wenn man das ganze mit Augen sieht, das man teilweise in- und auswendig kennt. Alle Träume meiner Jugend seh' ich nun lebendig, die ersten Kupferbilder deren ich mich erinnere, (mein Vater hatte die Prospecte von Rom auf einem Vorsaale aufgehängt) seh' ich nun in Wahrheit, und alles was ich in Gemälden und Zeichnungen, Kupfern und Holzschnitten, in Gyps und Kork schon lange gekannt, steht nun beisammen vor mir, wohin ich gehe finde ich eine Bekanntschaft in einer neuen Welt, es ist alles wie ich mir's dachte und alles neu."[7] Goethe erinnert sich also in der Realität der Radierungen von Giovanni Battista Falda (+ 1678) und Alessandro Specchi (1668 – 1729), er zählt aber auch auf, was zu ihm an römischer Antike über die Alpen getragen worden war, in zweiter und dritter Dimension.

Die Materialbenennung Kork, die Goethe gebraucht, bezieht sich mit Sicherheit auf Architekturmodelle aus diesem Material, die Goethe auf Schloss Friedenstein zu Gotha gesehen haben könnte. Dort befinden sich noch heute Exemplare, die der berühmteste römische Korkbildner des 18. Jahrhunderts, Antonio Chichi (1743-1816) geschaffen hatte. Sein Repertoire umfasste sechsunddreissig Modelle antiker Architekturen aus Rom und Umgebung, die er an die Höfe Europas und an Reisende in Rom verkaufen konnte. Erster Nutzer der verblüffend genauen Miniaturisierungstechnik mit Kork war vermutlich Agostino Rosa (1738-1784), der auch mit Piranesi zusammengearbeitet hatte und dessen Klientel kannte. Ursprünglich kam die Technik aber aus Neapel, wo sie im Krippenbau verwendet wurde. Die römischen Korkateliers arbeiteten mit stupender Genauigkeit, wobei ihnen Baupläne der antiken Ruinen zur Verfügung gestanden haben müssen.

Die Erfolge der römischen Korkbauer führten international zu Nachahmern, auch in Deutschland. Hier entfielen für die Käufer die Transportkosten.[8] Besonders in den Vordergrund tritt dabei der aus Mainz stammende Konditor und Korkbildner in Diensten des Freiherrn Carl Theodor von Dalberg, Carl Joseph May (1747-1822). In Erfurt, wo von Dalberg dienstlich weilte, fing May um 1790 mit der sogenannten Phelloplastik, also der Korkschnitzerei, an und fertigt offenbar sehr qualitätvolle Antikenmodelle, die von der dortigen Keyser'schen Buchhandlung vertrieben wurden.[9] Mit der Übersiedlung von Dahlbergs nach Aschaffenburg, 1802, gelangten auch die 38 Antikenmodelle aus Mays Repertoire nach Aschaffenburg. Dort sind sie heute auf Schloss Johannisburg ausgestellt.

König Ludwig I. von Bayern, dem 1814 das Fürstentum Aschaffenburg zufiel, vergab Aufträge an Carl May, etwa 1818 für eine Nachbildung des Heidelberger Schlosses, kaufte aber gleichzeitig auch in Neapel ein Modell des Poseidontempels von Paestum. Auch Carl Mays Sohn Georg wurde mit Herstellung von Antikenmodellen betraut. Allerdings verlor der König über die Regierungsgeschäfte das Interesse an diesem dreidimensionalen Architekturhandbuch. Sicher ist, dass Architekturmodelle aus Kork zuerst zu Erinnerungszwecken erstanden wurden, also Souvenirs im besten Sinne waren. Sie waren leicht und konnten transportiert werden. Freilich waren sie und ihr Transport sehr teuer. Neben dem didaktischen Anspruch eignet diesen Modellen durchaus ein Souvenircharakter, auch wenn sie in Deutschland gefertigt wurden. (Abb. 4)

---

[5] Esch 2005, S. 115-127.
[6] Walther 2005, 129-140.
[7] Goethe 1992, S. 147.
[8] Kockel, 1993, S. 11-32.
[9] Helmberger 1993, S. 63-97.

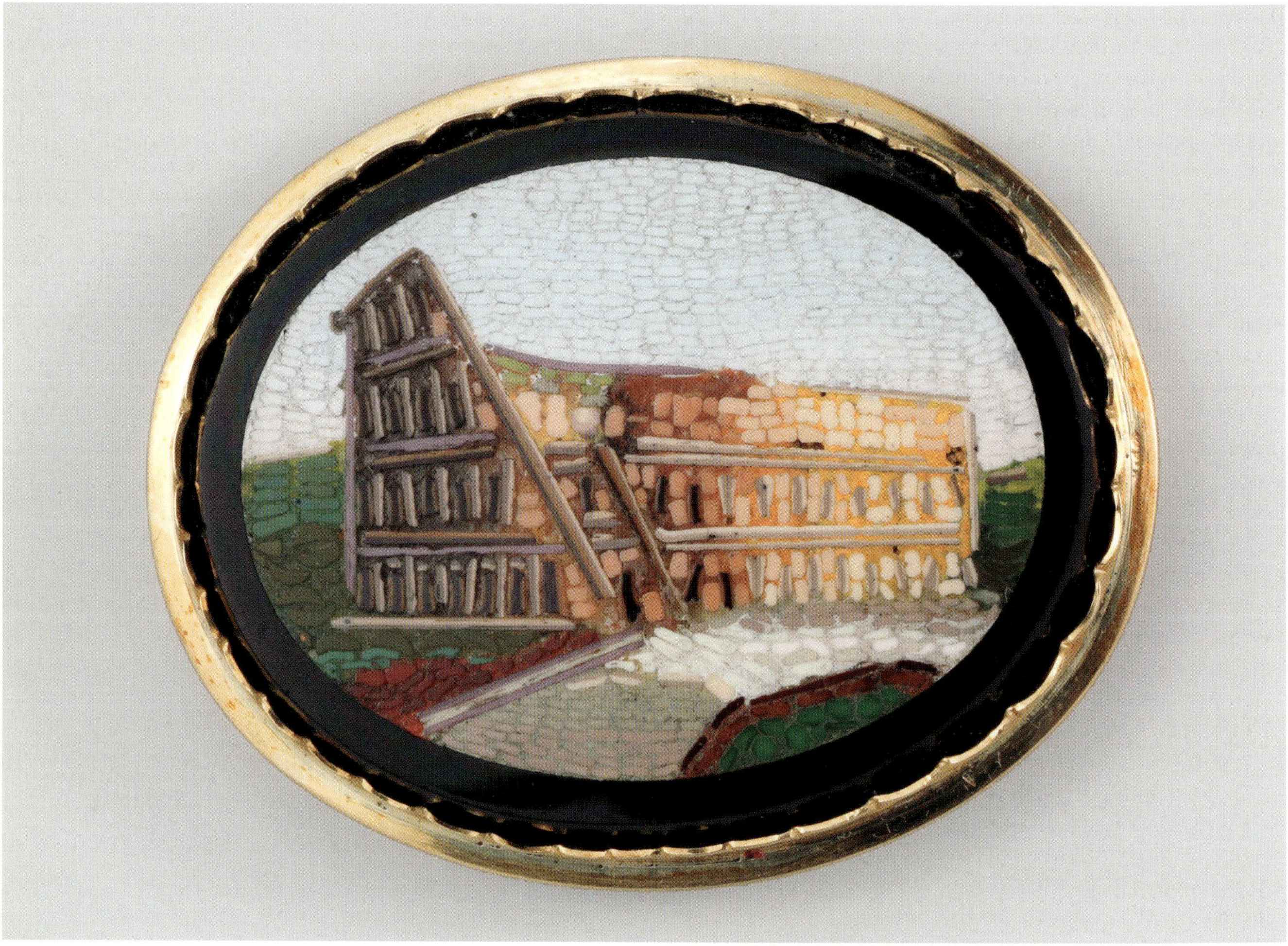

Abb. 5, Rom, um 1820
Brosche mit der Darstellung des Kolosseum
Mikromosaik in Goldfassung
Privatbesitz

Die Erinnerungen, die ein Italienreisender wie König Ludwig I. in sich trug, wurden auch durch ganz andere Souvenirs beflügelt. In seiner romantischen Denkungsart hatte der bayerische König Johann Christian Reinhart (1761-1847) 1829 beauftragt, den Blick in die vier Himmelsrichtungen aus dem Turmzimmer seines römischen Hauses, der Villa Malta, zu malen. Die Aussichten aus den vier Fenstern sollten helfen, Rom über die Alpen zu tragen und die Italiensehnsucht stillen, die der Regent zeitlebens in München empfand. Seinen Plan, die zwischen 1829 und 1835 entstandenen Veduten im Sinne der hoch beliebten Panoramamalerei in einen Raum der Münchner Residenz zu integrieren, konnte Ludwig nicht verwirklichen. 1836 bereits wurden nach Entwürfen von Leo von Klenze Rahmen geschaffen, seit 1853 hingen die vier Gemälde in der Neuen Pinakothek, heute in einem Raum, der der ursprünglichen Idee des Königs am besten Genüge leistet. Freilich, der bedeutendste Souvenir Ludwigs ist das Pompejanum in Aschaffenburg von 1840-1848. Die Kopie des pompejanischen Castor-und-Pollux-Hauses ist gleichsam das profane Heilige Grab des Monarchen (Abb. 6).

Einen nicht unwichtigen Anteil an der Souvenir Produktion für die Grand Touristen des 18. und 19. Jahrhunderts hatten die römischen Mosaizisten. Die Pläne Urbans VIII. (1568-1644), alle Altarblätter in Sankt Peter durch Mosaiken zu ersetzen, wurden erst in der ersten Hälfte des 18. Jahrhunderts zügig durchgeführt, woran der päpstliche Chemiker Alessio Mattioli mit der Erfindung einer neuen Glaspaste großen Anteil hatte. Nach Fertigstellung des Projekts in der zweiten Hälfte des 18. Jahrhunderts waren ganze Heerscharen von Mosaizisten arbeitslos geworden. Man wollte diese Spezialisten mit ihrem Geheimwissen aber auch nicht aus Rom fortziehen lassen. Offenbar gelang es einigen Mitarbeitern der vatikanischen Mosaikateliers, sich selbstständig zu machen und an der Spanischen Treppe eigene Ateliers zu eröffnen, so 1775 Giacomo Raffaelli. An diesem Touristenzentrum entstanden in der Folge mehrere solche Studios. Die Materialien für die Anfertigung von dünnsten Glasfäden, die zu Mikromosaiken verarbeitet wurden, mussten aus dem Vatikan bezogen werden. Studios entstanden später auch in Mailand.

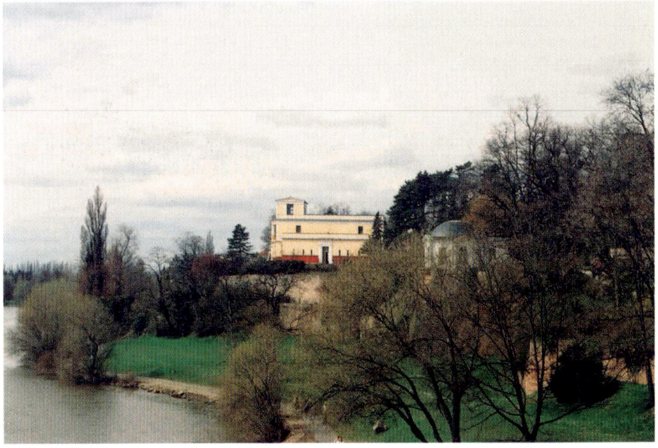

Abb. 6, Friedrich von Gärtner
Pompejanum, 1835 – 1840
Aschaffenburg

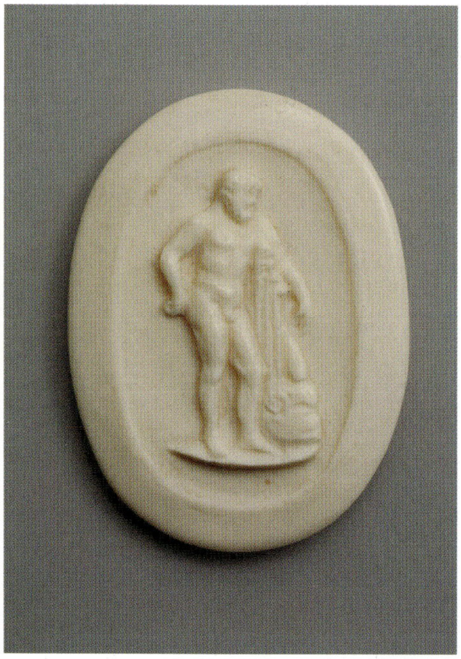

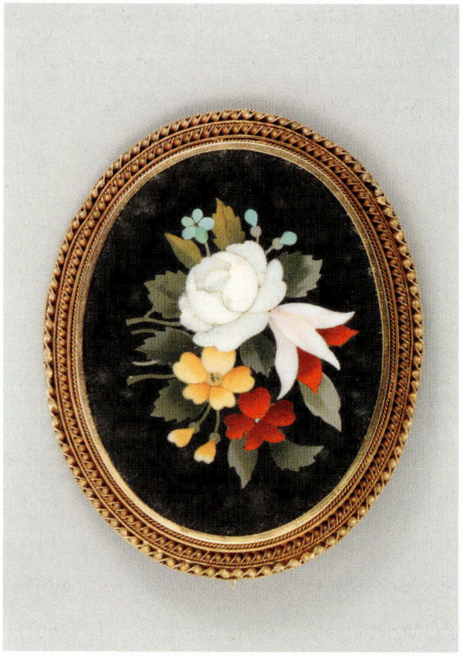

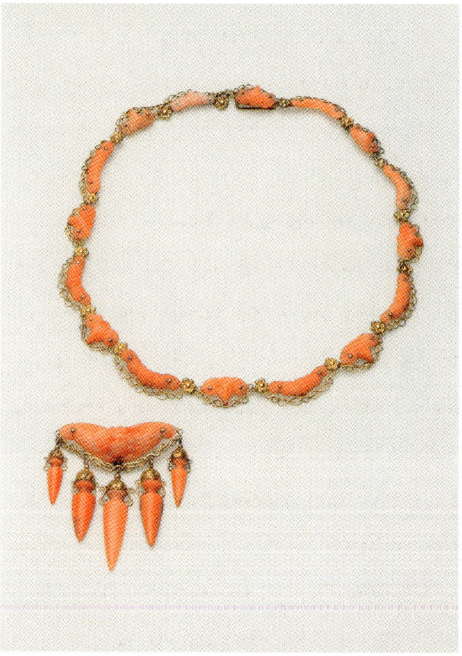

Abb. 7, Neapel, um 1820
Kameo mit der Darstellung des Herkules Farnese
Elfenbeinschnitzerei
Privatbesitz

Abb. 8, Florenz, 1820
Anhänger mit Blumendarstellung
Pietra Dura mit Goldfassung
Privatbesitz

Abb. 9, Parure, Torre del Greco bei Neapel, um 1820
Korallenschnitzerei mit Goldfassung
Privatbesitz

Unter der napoleonischen Besetzung lockerten sich die Monopolordnungen und die Studios wurden kommerzialisiert. Solche kunstreichen Ateliers für Mikromosaiken, die es heute nicht mehr gibt, arbeiteten noch bis in die erste Hälfte des 20. Jahrhunderts.[10] Für die Romreisenden fertigten die Werkstätten im kleinsten Mosaikformat Schmuck, aber auch Möbel. Thematisiert wurden all die antiken Stätten Roms, und anderer Orte der Touristenrouten, die von Piranesi vorgegeben waren. (Abb. 4) Hinzu kamen antik mythologische Szenen, Porträtanfertigungen und Genredarstellungen.

Andere italienische Werkstätten waren auf die Reproduktion von klassischen Altertümern spezialisiert, so etwa auf die Herstellung von Elfenbein Reliefs, die den klassischen Kameen nacheiferten. Sie zeigten jene Werke, die in den Sammlungen des Papstes oder privaten Kollektionen zu sehen waren. So bildet – im handlichen Format – solch ein Elfenbeinkameo der Zeit um 1820 klar erkennbar die Skulptur des Herkules Farnese ab, die sich heute im Museo Archeologico Nazionale in Neapel befindet. (Abb. 5) Sowohl im Palazzo Farnese, wo sie bis 1787 stand, als auch in Neapel war die Statue eine der gefeierten Antiken. Eher exotischen Charakter hatten die Souvenirs, die man aus Neapel mit nach Hause nahm. Sizilianische Korallen wurden im 19. Jahrhundert in Spezialwerkstätten in Torre del Greco bei Neapel mit großer Phantasie bearbeitet.[11] (Abb. 6) Sehr beliebte Souvenirs aus Florenz hingegen waren die Schmuckstücke, die in Pietra Dura Steinschnitt Technik gearbeitet waren. Weniger Baudenkmäler, sondern Blumen oder kleine Tiere waren die Themen, die hier an den Aufenthalt am Arno erinnern sollten.[12] (Abb. 7)

Die Reisenden des Grand Tour betrachteten aber auch die Natur als bedeutenden Zulieferer von Souvenirs. Aus wissenschaftlichem Interesse entstanden Steinsammlungen, die man käuflich erwerben, aber auch selbst zusammentragen konnte. Auch die Reiseausstatter ließen sich auf diese Marotten ein. So enthält ein reiches Reisenecessaire, das um 1820 in Wien entstanden ist, nicht nur die Utensilien für die Körperpflege – Kämme, Bürsten, Scheren, Rasiermesser sowie die Gegenstände für den täglichen Komfort: Zughaken, Stiefelzieher, Pfeife, Flöte, Kaffemaschine, Schnapsflakons -, sondern auch Hämmer, Zangen und Bohrer, um der Natur die ersehnten Souvenirs zu entnehmen. (Abb. 8)

Der Grand Tour unserer Tage führt weit weg, nach den Malediven und Seychellen. Die Besuche der antiken Stätten geraten zur österlichen Marginalie. Freilich ist der Zauber des kaiserzeitlichen Rom noch immer vorhanden und die Besucher von Pompeji und Herculaneum versuchen sich ihre Vorstellung der vergangenen Pracht zu rekonstruieren, wobei heute die digitale Technik hervorragende Raumvorstellungen ermöglicht. Unübertroffen bleiben jedoch jene Souvenirs, wie sie die Petit Touristen in den 60er Jahren in der untergegangenen Sommerfrische Roms erwerben konnten, jene Büchlein, in denen sich die prächtige Vergangenheit ganz einfach als Folie über die hinfällige Ruine blenden lässt. (Abb. 1 a, b)

---

[10] Röttgen 1982, S. 19-43.
[11] Mosco/Casazza 2004, S. 225.
[12] Mosco/Casazza 2004, S. 226.

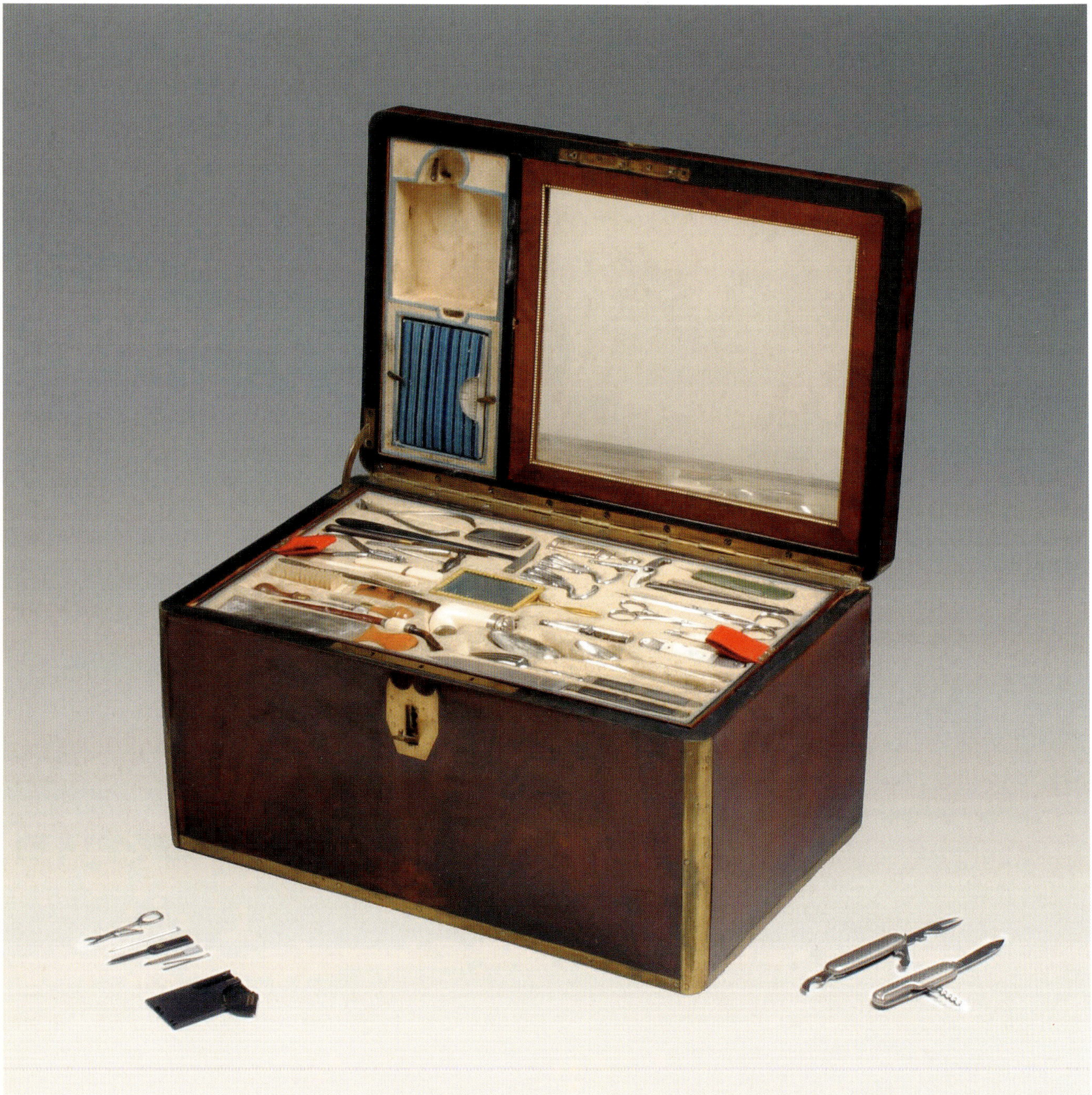

Abb. 8, Wien, um 1820
Reisenecessaire
Mahagonikasten und verschiedene Materialien
Frankfurt, Museum für Angewandte Kunst Frankfurt

Katrin Burtschell

Piranesis Veduten als Rom-Souvenir

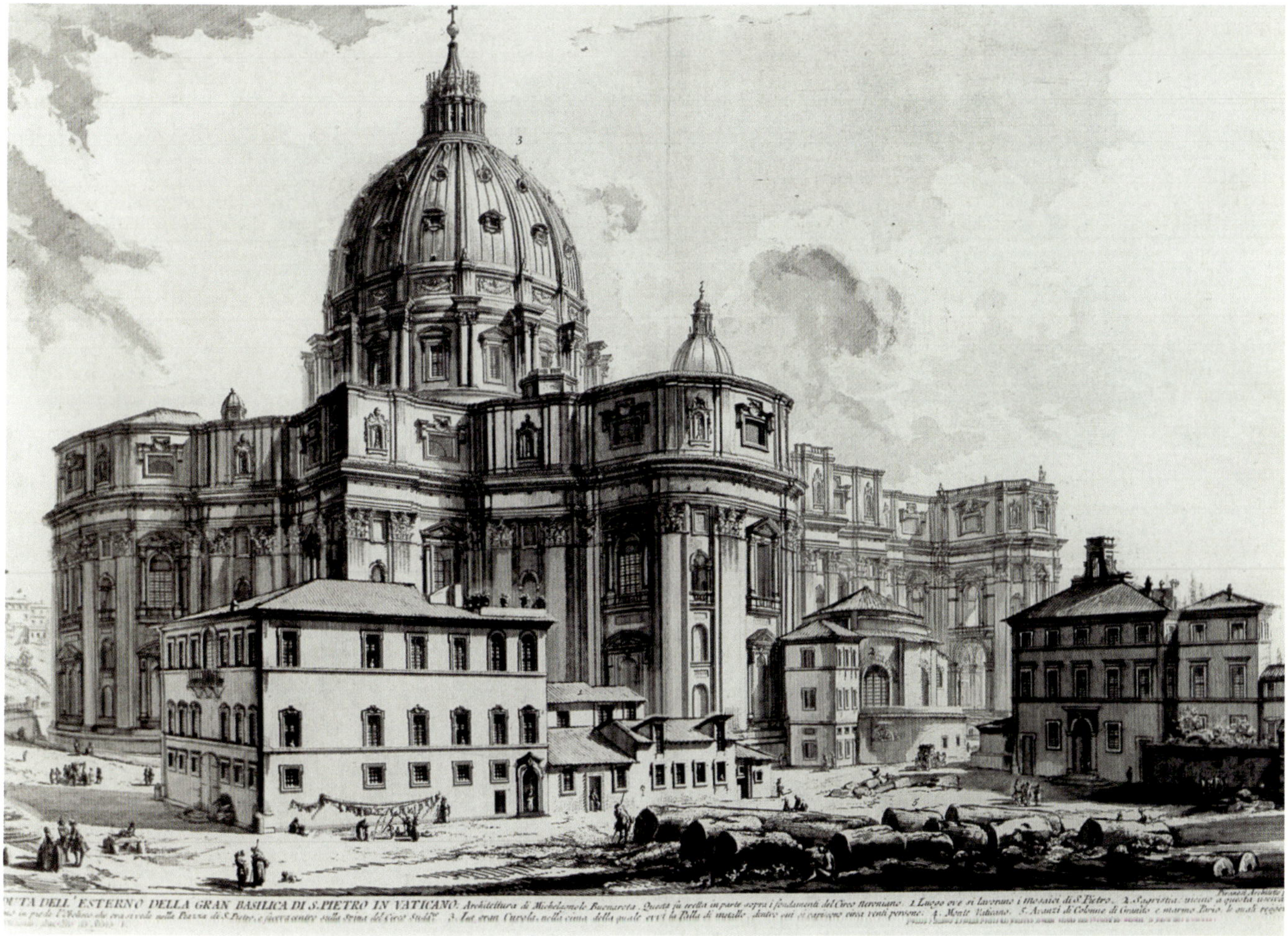

Abb. 1, Giovanni Battista Piranesi (Mogliano Veneto 1720–1778 Rom), Basilica di San Pietro in Vaticano, 1774, Kupferstich
Courtesy Kunsthandlung Helmut H. Rumbler, Frankfurt

Als Giovanni Battista Piranesi (1720-1778) in Rom seine ersten Veduten produzierte, konnte er bereits auf eine lange Tradition dieses Genres zurückblicken, das sich begleitend zur regen Reiseaktivität der Nordeuropäer entwickelt hatte. Die Pilgerreisen und Romfahrten der deutschen Könige markierten den Beginn der „Italienreisen". Das eigentliche Ziel der Pilgerreise seit dem frühen Mittelalter war Jerusalem, wobei die Einschiffung in Venedig oder Otranto erfolgte. Da man also Italien durchqueren musste, lag der Umweg über Rom nahe, zumal Rom seit dem frühen Mittelalter als caput mundi – mit Sitz des Papstes – die zentrale Stadt des Christentums war. Für die Rom aufsuchenden Pilger entwickelte sich eine spezielle Literatur, die sogenannten „Mirabilia Urbis Romae", in denen das antike Rom beschrieben wird, ausgeschmückt mit Legenden und Fabeln und einem Rundgang durch die Stadt.[1] Weiter gab es für den christlichen Rombesucher die „Indulgentiae ecclesiarium urbis", Auflistungen aller Kirchen samt ihrer Reliquien. Von der zweiten Hälfte des 16. Jahrhunderts an werden in diesen Büchern auch kunsthistorische und ästhetische Gesichtspunkte miteinbezogen.[2]
Parallel dazu ging die Zahl der nur für Pilger geschriebenen Führer stark zurück. Der weltliche und kulturinteressierte Reisende rückte zusehends in den Vordergrund. Damit entwickelte sich im ausgehenden 16. Jahrhundert eine neue literarische Gattung, die profane Reisebeschreibung, dazu die entsprechenden Reiseführer, in denen sich bereits Abbildungen der wichtigsten Sehenswürdigkeiten der Stadt befanden. Der ursprünglich religiöse Charakter der Italienreise verliert sich mit den Grand Tours des 18. Jahrhunderts vollständig. Die Pilger wurden durch Diplomaten und Kaufleute abgelöst, die geschäftlich in Italien zu tun hatten, aber auch durch Dichter, Philologen und Historiker sowie immer zahlreicher auch durch Adelige und kulturinteressierte bürgerliche Reisende.

In England hatte sich eine besondere Form der Bildungsreise entwickelt, die Kavalierstour, mit der der Grand Tour Mitte des 16. Jahrhunderts seinen Anfang nahm.[3] An der Kavalierstour, von der Regierung gefördert, teilzunehmen und damit nach dem Besuch der Universität die Ausbildung zu vollenden, gehörte zum guten Ton. Die jungen Aristokraten brachen in Begleitung von Hofmeister und Reisemarschall, aber auch Schriftstellern und Malern – die zur späteren Erinnerung die bedeutendsten Sehenswürdigkeiten mit Feder und Pinsel festzuhalten hatten – in Richtung Italien auf. Nicht nur Engländer, sondern auch viele andere nordeuropäische Reisende, darunter zahlreiche Deutsche, schlossen sich jenen Entdeckungs- und Bildungsreisen an.[4] Im 18. Jahrhundert erreichte der Grand Tour dann seine Blüte. Auf dieser Bildungstour, die in der Regel nach Deutschland, Italien, Frankreich oder Spanien führte, sollte der Reisende sein Wissen erweitern und sich sowohl mit den Sitten, Bräuchen, Lebensgewohnheiten sowie der Sprache, Geschichte, Politik und Kunst, als auch mit der Landschaft auseinandersetzen.[5] Auf diesen Reisen wurden auch Kontakte zu Künstlern geknüpft, Beziehungen, die nach der Rückkehr in die Heimat weiter gepflegt wurden. Italien zog dabei den größten Teil der Reisenden an.
Das archäologische und geschichtliche Interesse an diesem Land bekam eine ganz neue Bedeutung durch die Ausgrabungen in Herkulaneum und Pompeji und durch das Erscheinen der „Geschichte der Kunst des Altertums", 1764, von Johann Joachim Winckelmann. Das allgemeine Interesse nahm durch Karl Philipp Moritz' „Reisen eines Deutschen in Italien", 1786-1788, und Goethes „Italienische Reise", 1816, nochmals zu. „Arkadien" wurde zu einem gängigen Beinamen für Italien: Als Motto seiner ersten Ausgabe der „Italienischen Reise" hatte Goethe: „Auch ich in Arkadien"[6] gewählt. Für Winckelmann, Moritz und Goethe stellte es das Gelobte Land dar, dabei war das eigentliche Ziel aber immer Rom.

Rom mit seiner besonderen Aura behielt in dem Abenteuer Italien seine zentrale Bedeutung. Kunst und Geschichte der Ewigen Stadt zogen die Reisenden an. In dieser Stadt traf alles zusammen, was sich der Bildungsbürger ersehnte: die Werke Michelangelos und Raffaels neben der lebendig erscheinenden Antike. Die durch die humanistische

1 Stoschek 1999, S. 46.
2 Vgl. Ebd.
3 Vgl. Seta 1992, S. 62, 67-68.
4 Schudt 1959, S. 63-76; Kuhn 1966, S. 9-10.
5 Schudt 1959, S. 136-145; Seta 1997, S. 17f.
6 Kuhn 1966, S. 78

Bildung erworbenen Kenntnisse konnten dort durch eigenes Erleben überprüft und vertieft werden.
Die Stadt, obwohl kosmopolitisch, beinhaltete viele ländliche Elemente, wie z.B. die weidenden Tiere in den Ruinen der Altertümer. Das besondere Miteinander von Alt und Neu, alten Ruinen und noch nicht beendeten zeitgenössischen Bauten, das Ländliche vermischt mit dem regen Treiben einer Großstadt, machte den speziellen Reiz Roms aus. Vor allem die antiken Ruinen erregten das Interesse der Künstler, die diese besondere Architektur der Stadt zu ihrem bevorzugten Bildthema machten. Die antike Ruine lud dazu ein, Phantasien über das Gewesene freizusetzen. Daher ist Rom die in der klassischen europäischen Kunst der Neuzeit wohl am häufigsten dargestellte Stadt.
Im 18. Jahrhundert entstanden nun auch die ersten Sammlungen gedruckter Rom-Ansichten, die gebunden oder auch als Einzelblätter erworben werden konnten. Immer wieder wurden ganz bestimmte Ansichten der Stadt radiert und gestochen. Auf Grund ihrer handlichen Größe und des niedrigen Preises – eine Vedute kostete zweieinhalb Paoli pro Stück – avancierten sie zum begehrtesten Romsouvenir. Die Vedute ist vergleichbar mit unserer heutigen Postkarte oder dem Urlaubsfoto. Das gedruckte Souvenir sollte die Reiseerlebnisse auch noch in der Heimat lebendig halten und den Daheimgebliebenen einen Eindruck des Erlebten vermitteln. Dabei stellte die Vedute sowohl ein dokumentarisches Souvenir dar, als auch eine voyage sentimentale in die Erinnerung des persönlich Erlebten, der individuellen Romstimmung.
Der Begriff Vedute leitet sich vom italienischen Verb vedere, ansehen, schauen, ab. Die Verwendung des Wortes für Stadtansichten wird schriftlich erst im 17. Jahrhundert mit der schwerpunktartigen Verbindung des Genres in der Druckgraphik fassbar.[7] Im 18. Jahrhundert entwickelt sich der Sektor der gestochenen Romvedute zu einem Haupterwerbszweig vieler Künstler. Die Tiberinsel, die Ansichten des Forum Romanum, des Palatin und einzelner ausgewählter Kirchen und Paläste, waren dabei beliebte Darstellungsmotive. Doch nicht nur in Rom, sondern auch in Oberitalien und vor allem Venedig bildete sich mit Luca Carlevarijs (1663-1730), Giovanni Battista Tiepolo (1696-1770), Marco Ricci (1676-1730), Michele Marieschi (1710-1744) u.a. eine ähnliche Kunstszene. Diese Künstler produzierten überwiegend Veduten mit einer wirklichkeitsgenauen Darstellung verschiedener Stadtansichten. Diese waren überwiegend für den wachsenden Markt des Rom-Tourismus gedacht. Vor allem Giuseppe Vasi (1710-1782) führte diese Tradition der gestochenen Romvedute endgültig zu einem beliebten, massenhaft produzierten Souvenirartikel weiter. Er schuf verschiedene Veduten für die 1738 gegründete Calcografia Camerale Apostolica, die päpstliche Kupferstichwerkstatt. In den Jahren 1747 bis 1761 entstand das zehnbändige Werk „Magnificenze di Roma Antica e Moderna“ mit 200 Tafeln.

Das beliebte Souvenir „Vedute“ hatte in der Hierarchie der Künste einen eher geringen Status. Vielen Landschafts- und Vedutenmalern wurde im 18. Jahrhundert die Aufnahme an die römische Kunstakademie verweigert. Erst 1752 wurde diese Ausgrenzung beendet. Das geringe akademische Ansehen der Vedute lässt sich auf die italienische Kunsttheorie zurückführen. Für Leon Battista Alberti im 15. Jahrhundert oder auch Giorgio Vasari im 16. Jahrhundert waren die Bilderfindung, die invenzione, die idea und der concetto für die Beurteilung eines Werkes von entscheidender Bedeutung.[8] Ausschlaggebend für das Genre der Vedute waren aber weniger die künstlerischen Intentionen, die Idee, Phantasie und Genialität, sondern vielmehr eine realistische und genaue Wiedergabe. Dies verlieh dem Bild jedoch damals den zweitklassigen Rang eines Zeitdokuments und nicht eines konzeptionell bedeutsamen Kunstwerks.

Der venezianische Kunstförderer, Kritiker und Gelehrte Francesco Graf Algarotti (1712-1764) versuchte die Vedute kunsttheoretisch aufzuwerten, indem er 1759 in einem Brief den Künstler Giovanni Antonio Canal, gen. Canaletto (1697-1768) beauftragte, fiktive Ansichten von nicht ausgeführten Architekturvorhaben zu schaffen. Graf Algarotti gilt daher als der Impulsgeber bzw.

7 Stoschek 1999, S. 31.
8 Ebd., S. 32.

theoretische Förderer der veduta ideata, indem er die Erfindung und Idee des Künstlers betonte, die zu ihrer Verwirklichung notwendig seien. Man kann bei den Veduten demnach differenzieren zwischen der veduta ideata, der Phantasieansicht und der veduta presa dal luogo oder veduta realisata.[9] Die veduta ideata, die sich aus erfundenen Landschaften oder Architekturen zusammensetzt, bezeichnet dabei die imaginäre Darstellung eines Ortes. Es können hier ganz verschiedene Monumente, etwa römische Antiken, venezianische Gebäude u.a. in einem Werk phantasievoll kombiniert werden. Ausgangspunkt war in diesem Fall oftmals die Faszination der antiken Ruinen. Sie wurden als Dokumente einer vergangenen großen Zeit, aber auch als Vanitassymbol angesehen. Die veduta presa dal luogo hingegen versucht, eine topographisch genaue und identifizierbare Ansicht einer Lokalität wiederzugeben. Doch auch bei scheinbar realen Veduten kann der Künstler die Blickachse verändern, um eine, gemessen an der Realität, erweiterte Sicht zu schaffen; oder er kombiniert verschiedene Perspektiven in einem Werk.

Einen besonderen Platz im Bereich der Vedute nimmt Giovanni Battista Piranesi ein. Die Veduten waren eine Haupterwerbsquelle für den sagenumwobenen Künstler. Als er die ersten Ansichten von Rom erschuf, befand er sich in einem durch und durch europäischen Umfeld. So arbeitete er zunächst als Mitarbeiter des Kupferstechers und Kunsthändlers Joseph Wagner und übernahm in der Folge als Geschäftsführer den Kunsthandel gegenüber der Französischen Akademie (Palazzo Mancini) an der Via del Corso. Sein künstlerisches Umfeld bestand vor allem aus den Künstlern und Lehrern der Französischen Akademie, wie dem Veduten-Maler Giovanni Paolo Panini (um1692-1765), Charles Louis Clérisseau (1722-1820) oder Hubert Robert (1733-1808). Piranesis Veduten-Produktion war in den frühen Romjahren zunächst auf Sammelwerke beschränkt, wie die 1741 bei Fausto Amidei erschienene „Varie Vedute di Roma Antica e Moderna“, für die Piranesi einen Großteil der Radierungen anfertigte. 1751 erschien bei Bouchard neben den berühmten „Carceri“ die erste eigenständige Folge von 39 Blättern der „Vedute di Roma“. In den fünfziger Jahren des 18. Jahrhunderts widmete sich Piranesi vor allem seinen archäologischen Studien. Das Resultat seiner archäologischen Bemühungen gipfelte in der vierbändigen Ausgabe der „Antichità Romane“ von 1756. Die 252 Platten lieferten ein komplexes Bild wichtiger römischer Altertümer. Piranesi ergänzte beispielsweise Grundrisse durch illusionistische Aufrisse und fügte Veduten sowie Außen- und Innenansichten, Grabanlagen und Tafeln hinzu und lieferte damit wichtige Details. Mit den „Antichità Romane“ machte Piranesi sich überall in Europa einen Namen. Die großen Bibliotheken, die vermögenden Antiquare, die Mitglieder der großen „Altertums-Gesellschaften“ in England und Frankreich sowie der von der Antike aus modischen Gründen begeisterte Adel forderten Exemplare an. Am 7. April 1757 wurde Piranesi zum korrespondierenden Mitglied der Londoner „Society of Antiquaries“ ernannt.

Neben den „Antichità Romane“ waren die „Vedute di Roma“ Piranesis zweites großes Hauptwerk. Sie erschienen seit Ende 1774 bis zu seinem Tod in Einzelblättern. Die „Vedute di Roma“ sollten die „Magnificenza“, die Großartigkeit Roms verdeutlichen.[10] Das zeitgenössische barocke Rom bildete er ebenso ab wie das antike Rom; Mittelalter und Renaissance blieben weitgehend unberücksichtigt. Allen Veduten wurden Textbeischriften beigegeben, die sich zunächst entlang des unteren Blattrandes zogen, später in Steinblöcken und Schriftbändern in die Darstellung integriert wurden. Die Beischriften wurden im Laufe der Zeit immer kürzer.[11] Ähnlich wie die Radierungen der „Antichità Romane“ waren Piranesis Veduten ein Muss für Sammler. Der frühe Piranesi-Biograph Binaconi berichtet:

„Unermesslich war der Vertrieb, den die Werke sofort durch ganz Europa fanden, schon wegen des Reizes, den er selbst dem Kleinsten zu verleihen verstand, so dass es allen vorkam, als fingen die Fremden jetzt erst an, von Roms Altertümern Kunde zu erhalten. Ich sage, die Fremden, denn wer am Orte lebte, konnte nicht immer

9 Auf diese Weise differenziert Canaletto auf dem Titelblatt seiner selbst radierten Folgen von 31 Ansichten von 1744 die beiden Spielarten seiner Werke und umreißt damit das Spektrum der Vedute. Vgl. dazu Stoschek 1999, S. 31.

10 Vgl. Höper 1999, S. 14.

11 Ebd.

finden, daß dieser Reiz, dieses Feuer der Wahrheit entsprach, obwohl auch uns eine so schöne Untreue gefiel.«[12]

Bianconi verweist auf die Tatsache, dass Piranesis Veduten nicht immer der Realität entsprachen. Im Vergleich zu seinen Zeitgenossen schlug Piranesi einen ganz neuen Weg innerhalb des Genres Vedute ein. Im Sinne der Veduta ideata kreierte Piranesi Veduten mit einem speziellen Stimmungswert. Die Ansichten sind mehr als nur Architekturansichten, sie sind zum einen Stimmungsbilder, die ansatzweise eine gewisse, für die damalige Zeit übliche Ruinenromantik beinhalteten.[13] Zum andern sind sie Piranesis eigene Interpretation der Antike und dadurch unterscheidet er sich ganz klar von seinen Kollegen. Ihm geht es nicht darum, Sehenswürdigkeiten als Souvenirs für Touristen festzuhalten, wie den Petersdom oder die Basilika San Giovanni Laterano, sondern darum, die Bauten der Republik und der frühen Kaiserzeit als Teil einer kontinuierlichen Entwicklung zu interpretieren. (Abb. 1)
So phantasievoll seine Radierungen sind, so stehen diese frei kombinierten Ruinenlandschaften doch zugleich streng im Dienst des Antikenkults. Piranesi isoliert und betont die antike Ruine, „um dadurch die antike Welt Roms sich und dem Betrachter als einen ungestörten Zusammenhang des Erhabenen in der Alltäglichkeit«[14] zu versichern.
Die Ruine war für Piranesi also nicht unbedingt nur Sinnbild für Verfall, Melancholie, Vanitas, wie im 18. Jahrhundert allgemein üblich, sondern der Ausgangspunkt zur Entwicklung neuer Ideen. Sie war das Objekt, an dem sich die Phantasie entfalten konnte.

In seiner Abbildung der Maxentius-Basilika, einem der beliebtesten Bildgegenstände, die Rom zu bieten hatte, belebt Piranesi die altehrwürdige Architektur dieser berühmten Ruine durch eine geschickte Lichtführung und löst sich von jeglicher traditionellen Komposition und Raumaufteilung. Eingebettet in ein stimmungsvolles Landschaftsbild, vor der Kulisse eines wolkigen Himmels erscheint die Maxentius-Basilika in erhabener Monumentalität. (Abb. 2) Die Wissenschaftlichkeit weicht dem Stimmungsgehalt, Piranesi bemächtigt sich einer Art Bedeutungsperspektive: Die Größe des Dargestellten spiegelt seine Wichtigkeit wieder. Er setzt unrealistische Größenverhältnisse und visionäre Ansichten ein, um die einstige Pracht noch deutlicher vor Augen zu führen.

Die Winzigkeit der kleinen Staffagefiguren verstärkt dabei die Monumentalität des Gebäudes. Trotz aller Monumentalität versteht es Piranesi dennoch, dem Betrachter in seinen Veduten die Erfahrungswirklichkeit Roms wiederzugeben. In allen 135 Blättern der „Vedute di Roma“ spielt das tägliche Leben eine wichtige Rolle. Die kleinen Staffagefiguren werden bei den unterschiedlichsten Tätigkeiten gezeigt. Piranesi war also auch ein „Chronist des Alltags«[15].
Jede Begebenheit ist ihm dokumentierenswert: der tägliche Markteinkauf, Kutschfahrten und das Flanieren der Touristen auf Plätzen und Straßen, das Boccia- und Würfelspiel, selbst das Verrichten dringender Bedürfnisse an Ruinen- und Kirchenmauern. Lebenslust und Lebensmühe sind die Randthemen seiner Veduten.
„Das Wechselspiel zwischen bildbeherrschender Architektur und alltäglichem Leben der sich darin tummelnden Figürchen macht den eigentlichen Reiz der „Vedute di Roma“ aus.«[16]

Welchen Eindruck Piranesis Radierungen auf die damaligen Betrachter machten, zeigt sich in den Äußerungen Goethes in seiner „Italienischen Reise“. Geradezu enttäuscht war er, als er erstmals in Rom war und feststellen musste, dass die Ewige Stadt doch nicht halb so beeindruckend war, wie er nach der Betrachtung der Veduten Piranesis vermutet hatte. Somit hatte sich Piranesis eigene Prophezeiung über sein umfassendes Werk tatsächlich bestätigt, denn er war der Meinung, „ein Werk vollendet zu haben, das noch späteren Generationen etwas zu geben haben und das so lange bestehen wird, als Menschen Sinn und Interesse für das haben, was in unserem Jahrhundert von den Ruinen der berühmtesten Stadt des Universums übriggeblieben war.«[17]

12 Bianconi zit. n. Höper 1999, S. 15.
13 Vgl. Ebd.
14 Miller 1978, S. 128.
15 Höper 1999, S. 15.
16 Ebd.
17 Zit. n. Höper 1999. S. 7.

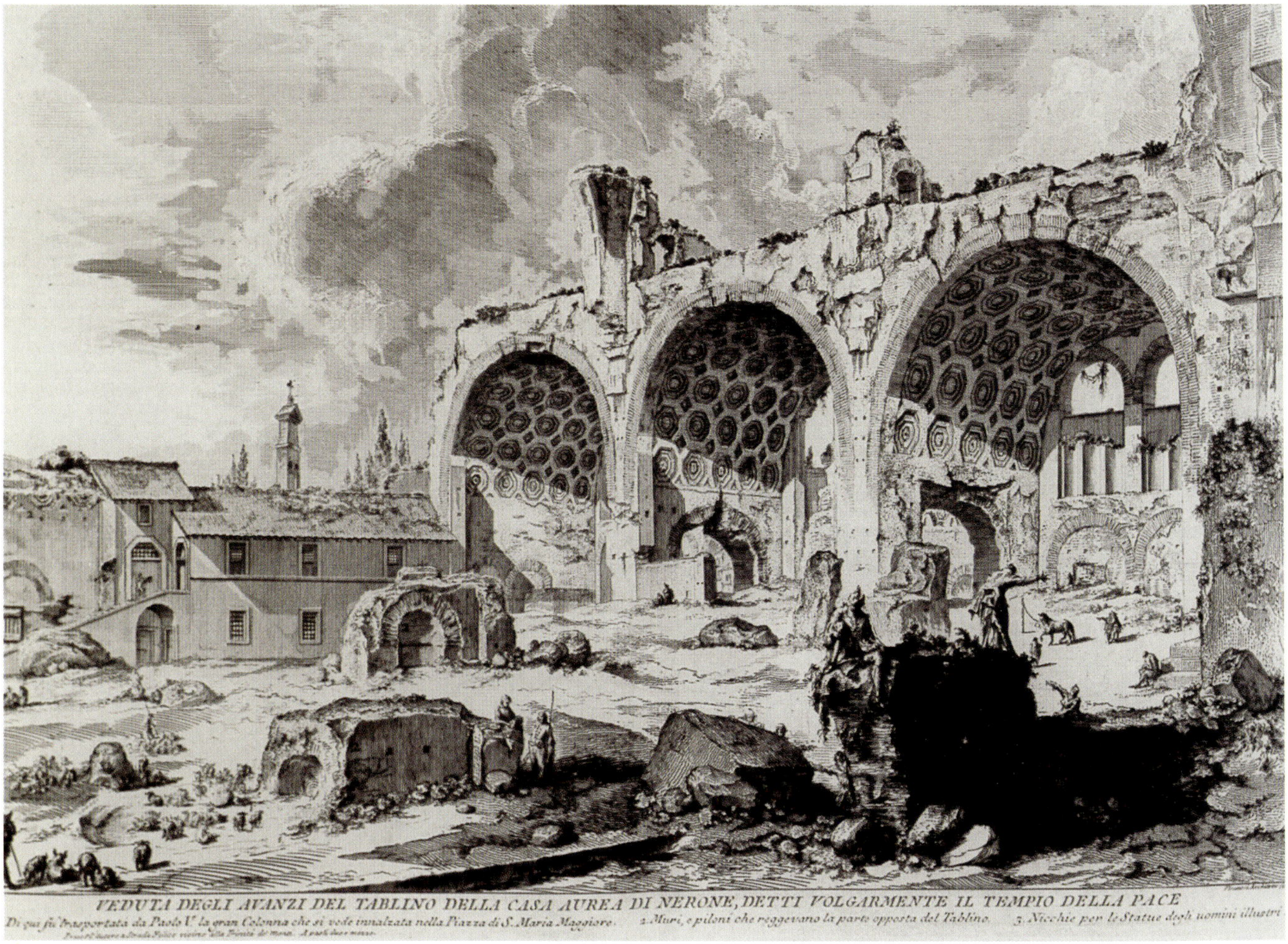

Abb. 2, Giovanni Battista Piranesi
(Mogliano Veneto 1720–1778 Rom)
Basilika des Maxentius und Konstantin, ca. 1749–50, Kupferstich
Courtesy Kunsthandlung Helmut H. Rumbler, Frankfurt

Marcel Schumacher

Atlanten der Pariser Kunstwelt als Souvenir reisender Künstler des Barock

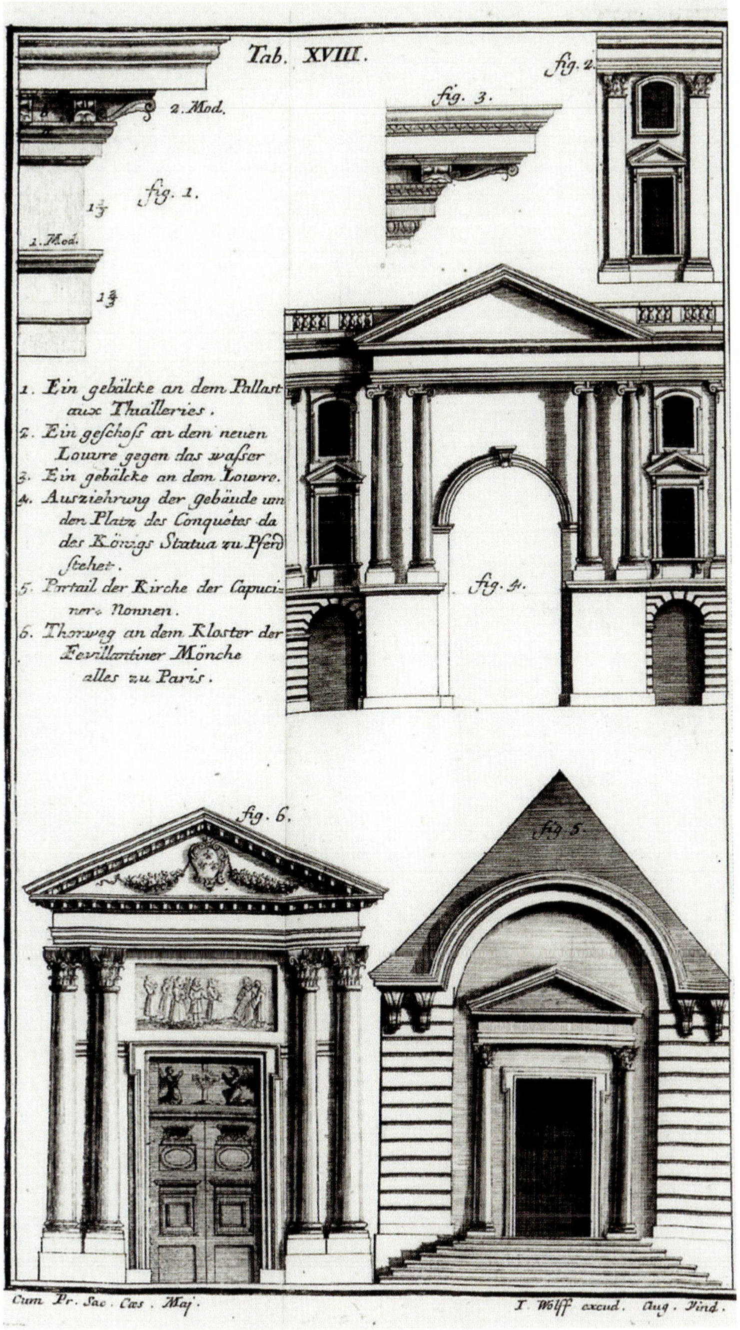

Abb. 1, Leonhard Christoph Sturm: Architekturdetails aus Paris, Kupferstich von Jeremias Wolff
Nach: Sturm 1719, Tab. XVIII.

Reisen bedeutet für Künstler oft das Sammeln von Bildern, eine Suche nach Inspirationsquellen. Diese Sammlung kann rein mental stattfinden oder aber sie manifestiert sich in einem Souvenir. Manchmal wird daraus ein regelrechter Atlant, der Atlant einer fremden Kunstwelt. Die Techniken dieses Bildersammelns können vielerlei sein: Zeichnen, Fotografieren, Käufe von Reproduktionen ... Das Skizzenbuch ist eine besonders persönliche Art der Sammlung, da das Wahrgenommene bereits in eigene Bilder umgesetzt wird. Das Collagenbuch ist eine offenere Form, in der die Selektion die persönliche Sicht spiegelt. Die Sammlung kann sogar zu einem Archiv anwachsen, das nicht nur ein Bilderalbum umfasst.
Im Barock maß man solcher Aneignung einen besonderen Wert zu. Denn einerseits genossen Werke, wie das antike Pantheon z.B., kanonische Autorität, andererseits war die mittelalterliche Methodik des Modellbuchs noch im Gebrauch. Benötigte man in einem Gemälde einen Rückenakt, konnte man auf eine Zeichnung nach einem Gemälde Raffaels zurückgreifen. Die meisten dieser von ganz Europa bewunderten Vorbilder befanden sich in Italien. Wie konnte sich da Paris zwischen 1650 und 1750 als neues Künstlerreiseziel etablieren?

„Paris est à l'Europe ce qu'était la Grèce, lorsque les arts y triompheraient: elle fournit les artistes à tout le reste du monde."[1]

Die ersten Künstler, die zum Motivsammeln nach Frankreich reisten, waren Architekten und ihre Auftraggeber. Deren Rolle ist für die Entstehung der Kunst des 18. Jahrhunderts nicht zu unterschätzen. „The List of palaces which have been described as imitations of Versailles is a long one, [...]" wie Peter Burke in „Fabrication of Louis XIV" konstatiert.[2] Auf ihrer „Grand Tour" studierten adelige Auftraggeber den Glanz des Versailler Königshofes.
Aber an deutschen Höfen konnte sich der Einfluss des französischen gegenüber dem des italienischen Barock erst um 1720 durchsetzen. Der in Paris geschulte Joseph Effner (1687–1745) ersetzte 1714 den italienischen Hofbaumeister Enrico Zuccalli (1642–1724) in der Gunst des bayerischen Kurfürsten Max Emanuel. Aber schon 1728 wurde François Cuvilliés (1695–1768), der sich nur zehn Jahre später in Paris bildete, Effner vorgezogen, dessen Entwürfe zu diesem Zeitpunkt bereits als veraltet galten.
Ein Gelehrtenkreis um den französischen Minister Jean Baptiste Colbert versuchte nach dem Regierungsantritt Ludwig XIV. (1638–1715) im Jahr 1661, dessen Drang nach der Vormachtstellung in Europa gleichfalls in den Künsten zu behaupten. Man stellte Paris als die würdigere Nachfolgerin des antiken Rom dar als das zeitgenössische Rom.[3] Architekten wie François Blondel und Theoretiker wie Charles Perrault warfen den römischen Zeitgenossen pauschal eine barbarische Fehlinterpretation der antiken Tradition vor.
Da aber eben diese anerkannten Vorbilder, die Antike und Raffael, physisch in Rom verblieben, konnte Paris kein prägendes Reiseziel der Künstler im 17. Jahrhundert werden.[4] Dies wurde die Stadt erst durch einen Umweg, wozu die Rolle der alten Vorbilder in Zweifel gezogen werden musste. Die französische Führungsschicht war auf dem engen Raum der Hauptstadt konzentriert, entwickelte ihren eigenen Stil und begann den europäischen Adel, die wichtigste Kunstkäuferschicht des 18.Jahrhunderts, zu prägen. Erst Künstler, die diesen neuen Lebensstil in ihren Bildern oder Bauten vermitteln konnten, wie François Boucher beispielsweise, machten Paris zu einem Migrationsziel. Hinzu kamen für Paris als ‚harte Standortfaktoren'. Bestandteile eines zunehmend komplexer werdenden modernen städtischen Kunstbetriebs: Staatliche Akademien, der Profilierungsdrang eines neureichen Bürgertums, die regelmäßigen Ausstellungs-Salons, die Kunstkritik/-publizistik und schon seit dem Beginn des Jahrhunderts ein professioneller Kunsthandel. „Aber neben der kulturgeographischen Entwurzelung des Kunstwerkes ist die soziale Freisetzung zu sehen, deren Schauplatz nicht das Museum sondern der Markt ist."[5] Nicht die Aneignung der Vorbilder, etwa durch Napoleons Kunstraub, sondern dieser Kunstbetrieb ermöglichte jenes Klima,

---

[1] Patte 1765, S. 6 f.
[2] Burke 1993.
[3] Die historischen Versuche einen Führungsanspruchs in der Kunst zu behaupten, bedienten sich immer wieder eines Mythos. Diese Geschichte erzählt von den Musen, den personifizierten Künsten, die von ihrer Heimat, dem griechischen Berg Parnass, durch Barbaren vertrieben worden wären. Doch ein edler Herrscher/Mäzen habe die Künste aufgenommen und ließe sie von neuem gedeihen
[4] Hier sei auf die berühmte „Querelle des anciens et des modernes" des 17. Jahrhunderts verwiesen.
[5] Grasskamp 1989, S. 10.

durch welches die Seine-Metropole Ende des 19. Jahrhunderts Rom endgültig als Künstler-Migrationsziel an die Peripherie drängen konnte.

„Ich finde viele sachen, die sehr nützlich sein vndt ahn sonst mir schwer geweßne leichter werdten“[6]

Die Architektur, bzw. die Innenarchitektur geriet als Rahmen des höfischen Lebens schneller in den Bannkreis des Pariser Kunstgeschehens. Die Orientierung der Architekten an den Träumen der Auftraggeber zeigt sich bei den Hauptinteressen der Reisenden: Der Louvre und Versailles. Die Reise Gian Lorenzo Berninis, des begehrten Baumeisters der Kolonnaden von Sankt Peter, im Jahr 1665 nach Frankreich erregte internationale Aufmerksamkeit. Künstler und Kunsttheoretiker wird im besonderen die harte Ablehnung der französischen Kritik gegenüber den Entwürfen der Italiener Cortona und Rainaldi verwundert und beschäftigt haben, ebenso wie die Bevorzugung des Entwurfs französischer Architekten gegenüber dem des Meisters Bernini. Eine Provokation schafft Publicity. Zudem handelte es sich um eine alle Souveräne beschäftigende Bauaufgabe: den Neubau einer Residenz.
Versailles kam als Modell für diese Aufgabe den Europäern erst allmählich ins Bewusstsein. Erst nachdem das Schloss 1682 zur ständigen Residenz wurde, rückte es ins Zentrum des Interesses der Auftraggeber und als dessen Folge in jenes der Baumeister. Als Königsresidenz besaß das Bauwerk Autorität, wie eine Bemerkung Balthasar Neumanns aus den Paris-Briefen von 1723 deutlich macht. Er wollte die Kapelle der Würzburger Residenz in einen Seitenflügel legen, der „premier architect du roi“, Robert de Cotte, jedoch in den Hauptbau. Zur Verteidigung seiner Position verwies Neumann auf Versailles.
Der Architekt des Königs aber kritisierte schonungslos die Unbequemlichkeit der Anlage des französischen Schlosses. Christopher Wren bereiste Paris 1665 als einer der ersten Architekturinteressierten. Leider ist von seinen Kunst-Atlanten nichts erhalten. Seinem Gönner brachte er „all France on Paper“, wie er in einem Brief schrieb,[7] als Souvenir mit.
Beinahe komplett ist uns der Atlant des schwedischen Architekten Nicodemus Tessin (1654-1728), dem Erbauer des Stockholmer Schlosses, überkommen.
Die Zeichnungen und handschriftlichen Notizen werden im Schwedischen Nationalmuseum aufbewahrt.[8] Tessin reiste als königlicher Hofarchitekt 1680 und 1687 nach Paris. Beim zweiten Besuch handelte es sich um die erste Station auf einer Frankreich und Italien umfassenden Künstler-Grand-Tour. Da er der Architekt eines Monarchen war, öffneten sich ihm alle Türen. Die ersten Künstler Ludwig XIV. wie der Maler Charles Le Brun begleiteten Tessin auf seinen Besichtigungstouren in und um Paris. Das Reisekonvolut umfasst ein Reiseskizzenbuch mit Beschreibungen und schnellen Skizzen, einzelne zum Teil kolorierte Aufnahmen von Bauten, Innenausstattungen, Gemälden und Gärten. Die kolorierten Aufnahmezeichnungen wurden teilweise im Auftrag Tessins von anderen Künstlern angefertigt. Dieser Atlant kann als der umfassenste und vollständigste seiner Art gelten.
Gut zehn Jahre später reiste Christoph Leonhard Sturm (1669-1719) für drei Wochen nach Paris. In der Kunstgeschichte hat er dank seiner Architekturtraktate Spuren hinterlassen. (Abb. 1) So veröffentlichte er zwanzig Jahre nach der Reise seinen Bericht, die „Reise-Anmerckungen“.[9] Die Publikation ist in der Form von Briefen verfasst, die Sturm 1716 an den Grafen N. geschrieben haben will.[10] Dadurch steht der Adressatenkreis des Buches fest: der architektonisch dilettierende und an Frankreich interessierte Adel. Für seine Briefe greift Sturm ausdrücklich zurück auf „Observationes [...]/ die ich vor etlich Jahren auf eben dieser Reise gemachet/ sonderlich in Architectonischen und Mechanischen Dingen/ [...].“[11] Diese Notizen und Skizzen bildeten die Grundlage für die eigenen Darstellungen der Pariser Architektur um 1700 in seinem Buch, ergänzt durch französische Bildquellen. Denn gleich am ersten Tag des Aufenthaltes kaufte Sturm Reproduktionen der interessantesten Bauten:

---

[6] Neumann 1911.
[7] Wren 1750.
[8] In: Tessin-Hårleman Collection, National Museum, Stockholm. S. Laine/Magnusson 2002.
[9] Sturm 1719.
[10] Ob es sich dabei um eine Fiktion handelte, ist nicht mehr zu klären.
[11] Sturm 1719, S. 51.

„Ich bin nehmlich den ersten Tag gleich nach den Buch = und Kupffer Boutiquen gegangen/ und habe mich erkundiget was von Beschreibung der Denckwürdigkeiten zu Pariß heraus wäre / und habe so viel gefunden/ dass meine Mittel nicht zugereichet haben nur den zehenden Theil davon zu kauffen.«[12]
In einer einfachen Pension fand er Unterkunft. Drei Wochen lang besuchte er von morgens fünf bis abends sieben Uhr die Bauten der Hauptstadt und der Umgebung.[13] Jeden Morgen zeichnete er seine Wege in einem Stadtplan ein.[14] Unterwegs versuchte er so viele Zeichnungen wie möglich zu machen. Einige Darstellungen des gedruckten Buches weisen einer Skizzenbuchseite ähnliche Strukturen auf, so etwa Tab. XVIII. Auf dieser Seiten zeigt der Zeichner mehrere Elemente verschiedener Bauten, anscheinend um Platz zu sparen. Das Blatt besitzt aber eine assoziative Argumentationsstruktur, die nicht schriftlich kommentiert wird. Solche Motivketten sind typisch für halbstrukturierte Motivalben. Oben links sind zwei Gebälke (von dem Tuillerien-Palast und dem Louvre) nebeneinander gesetzt, rechts ein Fassadenausschnitt der place des conquêtes (heute Place Vêndome). Zu deren Kolossalordnung ist rechts außen diejenige der Südfassade des Louvre ergänzt. Das Portalmotiv der Fassade der place des conquêtes wird hingegen konfrontiert mit zwei weiteren Portalen, dem der Kirche der Kapuziner-Nonnen (ehemals befindlich direkt hinter dem Triumphbogen) und einem Torweg am Flagellanten-Kloster (ebenfalls abgerissen). Betrachtet man diese Portale eingehender, fällt eine Gemeinsamkeit auf: Sie variieren das Motiv einer Tempelfront.[15] Dieses für ein Portal in Anwendung zu bringen, war eine der Grundübungen in allen Architekturtraktaten des 17.Jahrhunderts gewesen. Die hier gezeigten Varianten diskutiert Sturm nicht schriftlich, aber sicherlich wird die Leserschaft sein zeichnerisch formuliertes Lob verstanden haben.
Grundsätzlich bewertet er Fassaden und Grundrisse nach seinen eigenen architekturtheoretischen Maßstäben. Oft ändert er Bauten in seinen Stichen ab und behauptet, so seien sie „viel correcter und besser".[16] Noch unverhohlener nutzt er die Pavillons des Lustschlosses Marly-le-roi für die Selbstprofilierung. Er ändert die Flach- in Mansardendächer und präsentiert sie als Hausvarianten für eine Stadtanlage. Die Louvrefassaden, die er als klassisch bewundert, gibt er allerdings naturgetreu wieder. Von Versailles zeigt er nur den Grundriss[17] mit Park und eine Ansicht des Spiegelsaals, keine Fassade, denn den Eingangsprospekt des Schlosses mit der Staffelung der Höfe fand er „grässlich".
Sturm registriert den Führungsanspruch der französischen Eliten deutlich in den Kunstwerken, die er betrachtet. Exemplarisch sei seine Deutung der Gemälde-Hängung im salon de Mars in Versailles angeführt. Dort, im repräsentativsten Raum des Schlosses, habe man besonders bedeutende Gemälde aus der Sammlung des Königs hängen wollen. Jedoch seien weder Rubens noch Carracci gewählt worden, sondern Raffael, Veronese und Charles Le Brun. Sturm mutmaßt eine Inszenierung zur Überhöhung der französischen Malerei: Le Bruns Werk, „sein bestes Gemählde", sei in dem Saal unstreitig das beste, aber nur „weil nicht die besten Gemählde des Raphaels und Paul Veronese sind dagegen gehänget worden."[18]
Als der Festungsbaumeister Johann Balthasar Neumann (1687-1753) mit dem Bau der neuen Residenz in Würzburg beauftragt wurde, war er schon in Wien und Italien gewesen. Zu einer 1721 geplanten Parisreise war es nicht gekommen, doch zwei Jahre später schickte ihn der Fürstbischof von Würzburg, Johann Philipp Franz Schönborn mit konkreten Aufgaben nach Paris.[19] Für ihn steht Versailles an der Spitze des Besichtigungsprogramms, aber auch die neuen Bauten des Adels in der Metropole. „Ich werdte biß mit nechster Post alß heind achttag, wans nicht meglich ist morgen, ein general beschreibung in Kürtze machen worin der heidige gusto derer hießigen Moblierung ihrer Appartementer bestehet."[20] Für diesen Zweck kauft er Stiche von Bêrain und Marot, zwei Publizisten, deren Werke in Deutschland Inspiration für eine ganze Generation gewesen waren, wie beispielsweise für Paul Decker, die aber in Frankreich schon seit rund zehn Jahren als veraltet galten. Nach der Besichtigung des Palais Royal beginnt Neumann die Veränderungen im französischen Geschmack zu verstehen:
„ich finde wohl einen schönen vndt recht guthen goud in denen außzierungen daro Apartement, habe auch gar viel Kupfer gekauft von allen denen sachen, [...]":

---

[12] Sturm 1719, S. 50.

[13] „nicht länger als drey Wochen darinnen/ und acht Tage in den Environs / [...]" Sturm 1719, S. 40 f.

[14] Die Franzosen hätten „so viel Wesens" von der Architektur und ihrer „correcten Anwendung" gemacht, dass er neugierig geworden wäre. Dieser Anspruch teilte sich dem deutschen Akademiker durch französische Architekturtraktate mit, und dadurch dass französische Bauten 'Tagesgespräch' in den deutschen Gazetten waren.

[15] Dies könnte auch erklären, warum Sturm das Portal der Platzanlage uminterpretierte und die Nischen zwischen den ionischen Säulen wegließ. Außerdem scheint ihm der gesprengte Architrav missfallen zu haben.

[16] Sturm 1719, S. 65.

[17] Da von dem Schloss nur ein offizieller Lageplan existierte, rekonstruierte er seinen Weg durch das Schloss

[18] Sturm 1719, S. 120.

[19] Die Aufgaben waren: 1. Den Rat des „premier architecte du roi" einzuholen, der Bau sollte den Maßstäben der berühmtesten Architekten standhalten. 2. Sein noch unerfahrener Baumeister sollte in Paris an den ersten Quellen zeitgenössischer Architektur lernen, dies jedoch sehr projektgebunden, immer mit Blick auf den Residenzbau. 3. Neumann sollte für seinen Bauherrn einkaufen.

[20] Lohmeyer 1911, S. 39.

„Den grösten gout, den ich gefunden, welche die grossen Herrn dahier amb meisten zugethan seindt, ist von der boiseri, das gantze Zimmer mit lauter fillungen aber verschiedentlich verkröpfet mit denen darauf geschnittenen feinen laubern theils mit mosaique vermischt, vergoldt vndt deren grundt ganz weiß, allen Caminer so von marmor mit darauf gesetzten großen spiegeln vndt woh mann spigel nur ohne Dissodre anbringen kann."[21]
Aus dieser Erkenntnis heraus gibt sich Neumann nicht mehr zufrieden mit 'altmodischen' Vorlagen, sondern legt sich zeitgemäße Vorlagen zu und eine Modellsammlung: „Kleine modell von Stühlen vndt bettern lasse mir auch machen, Wandleichter vndt Camin füß von denen schönsten habe gesehen vndt bey denen meistern ausgesuchet, [...]"[22]
In dem sogenannten Würzburger Skizzenbuch Neumanns finden sich einige Zeichnungen, die Teil der damals in Paris zusammengestellten Sammlung waren. Das Klebealbum fasst Zeichnungen verschiedener Provenienz thematisch zusammen. Unter anderem sollte Neumann seinem Bauherrn eine Prunkkutsche kaufen. Der Spion „in Sachen Geschmack" empfand die Notwendig, nachdem er eine alte Kutsche gekauft hatte, einen Kutschenmacher aufzusuchen und seinem Fürsten Zeichnungen nach dessen Kutschen in einem aktuelleren Stil mitzubringen. Für die Innenräume der Würzburger Residenz brachte er fertige Entwürfe des französischen Architekten Germain Boffrand mit, aber für den Entwurf einer Decke ließ er den Stukkateur einen ausgesuchten Kupferstich des Regence-Entwerfers Gilles Marie Oppenort kopieren.
Die eigene Anschauung emanzipierte Künstler von der bloßen Motivübernahme, ebenso wie sie es ihnen ermöglichte, den von ihren adeligen Auftraggebern propagierten Mythos von Paris selbstbewusst zu hinterfragen. Was sich anhand dieser Künstlerreisen nachvollziehen lässt, ist, wie ein Künstlerreiseziel von einer Möglichkeit zur Notwendigkeit wurde. Die Bilder aus Paris rückten aus der Peripherie der Aufmerksamkeit ins Zentrum des Interesses der europäischen Kunstwelt. Und dies ereignete sich völlig überraschend für die deutschen Baumeister durch den Einbruch des Modischen.
In der Drehscheibe Paris wurden immer schneller neue Moden entwickelt, denen zu folgen die Auftraggeber sich genötigt sahen, gefangen im Gruppenzwang ihres Gesellschaftsstandes. Die Künstler konnten dem atemlos kaum folgen, weshalb sie sich in Paris ständig neue Vorbilder aneignen mussten.

---

[21] Neumann, 1. März. In: Lohmeyer 1911.
[22] Neumann 1911, S. 23.

Ulrich Schneider

Carnet de Route: Chine

Die Reisezeichnungen Raffi Kaisers als Souvenir

Reisezeichnungen von Künstlern datieren bis ins frühe 16. Jahrhundert zurück. So aquarellierte Dürer schon auf seiner italienischen Reise von 1494/95 die alpine Landschaft. In heutiger Zeit ersetzt zumeist die Fotografie den Zeichenstift.

Einer der wenigen Zeichner, die heute noch auf oftmals beschwerlichen Wanderungen durch die Lande ziehen und pleineair arbeiten, ist der israelische Künstler Raffi Kaiser. 1931 in Jerusalem geboren, studierte er an der Bezalel Kunstakademie in Tel Aviv. Bald schon ging er nach Europa, wo er sich 1961 in Paris niederließ. Lange Jahre zählte er zu den erfolgreichen Vertretern des Phantastischen Realismus.

1978 freilich löst er sich aus dem Kunstbetrieb, zieht sich für zwei Jahre in die Wüste Negev zurück und widmet sich konsequent der Landschaftszeichnung. Das Ergebnis sind außerordentlich sensible Porträts dieses stillen Landstrichs. 1987 wandert er sechs Monate durch China und zeichnet unter freiem Himmel die gewaltigen Gebirgs- und Flusslandschaften. Die dort gefertigten Reiseskizzen dienen, zurück im Pariser Atelier, als Grundlage für Landschaftsmeditationen, die in der monumentalen, fünfzig Meter langen Großen Chinesischen Landschaft enden.

1991 wandert Raffi Kaiser ein Jahr auf den Spuren des Dichters Matsuo Basho (1644 Ueno – Osaka 1694) durch Japan. Aus den Skizzenbüchern dieser Reise entsteht die Große Japanische Landschaft. 1999 schließt Kaiser die Trilogie der Urlandschaften mit der Großen Negev Landschaft ab. Das Wandern und Zeichnen als Grundlage seine Arbeit jedoch führt er fort, in Toscana, Colorado und immer wieder im Negev.

Das hier gezeigte Carnet de Route: Chine zeigt, wie Kaiser auf kleinformatigem Aquarellkarton mit Bleistift oder Tusche direkt in der Landschaft arbeitet. Blatt für Blatt sind aneinanderlegbar und können schließlich zum Leporello verbunden werden. Stets wies Kaiser auf seine Verbindung zur ostasiatischen Landschaftsmalerei hin. Menschen kommen allerdings in seinen Zeichnungen nie vor. Kaiser sieht seine Zeichnungen als Verneigung allein vor der Größe der Natur.

Abb. 1, Raffi Kaiser
Carnet de Route: Chine, 1987
Acryl auf Aquarellkarton

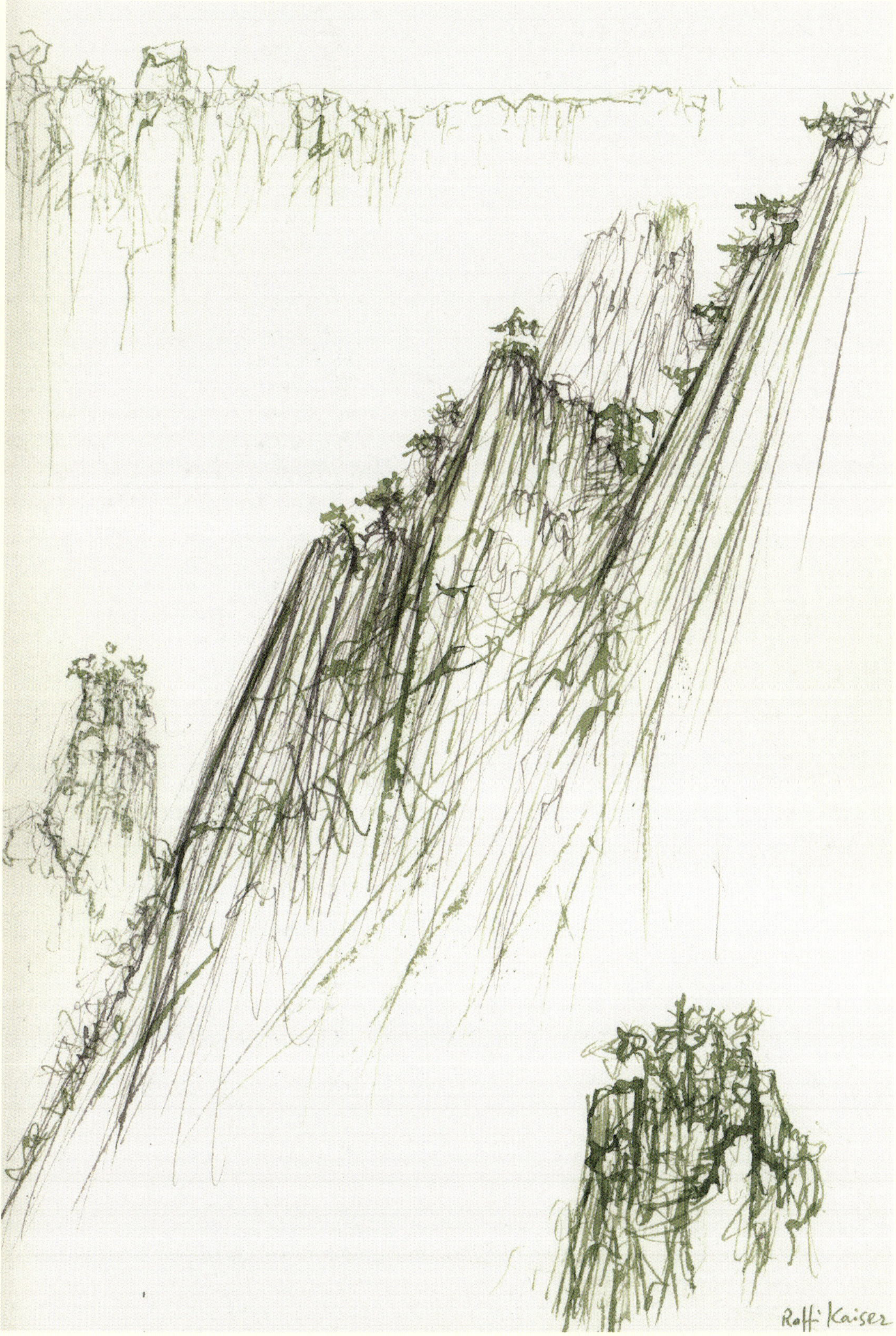
Rolfi Kaiser

Andreas Hillert

Klassisch-Archäologische Souvenirs aus Griechenland

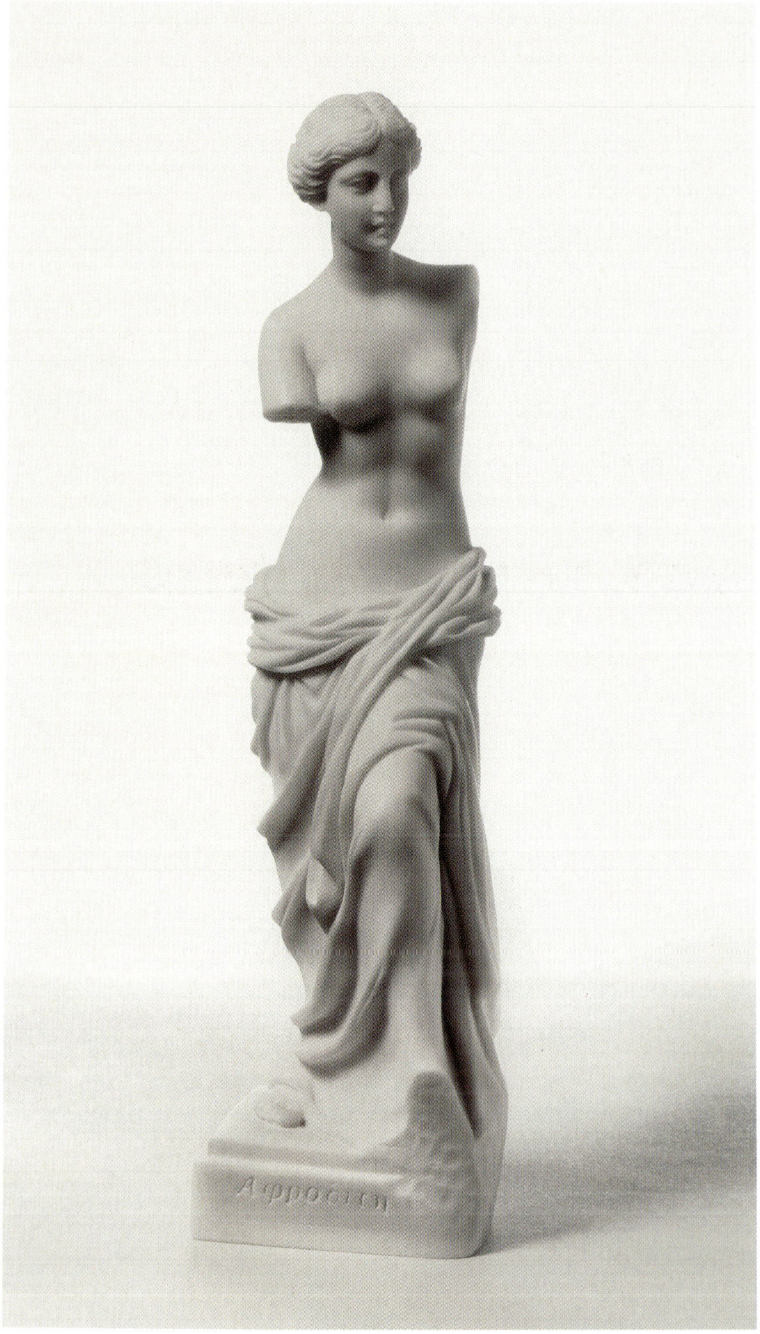

Abb. 1, ‹Alabaster›-Statuette der Venus von Milo
H 23,5cm
2005 in Athen erworben – bezeichnet:
PEGASUS/MADE IN GREECE
Privatbesitz

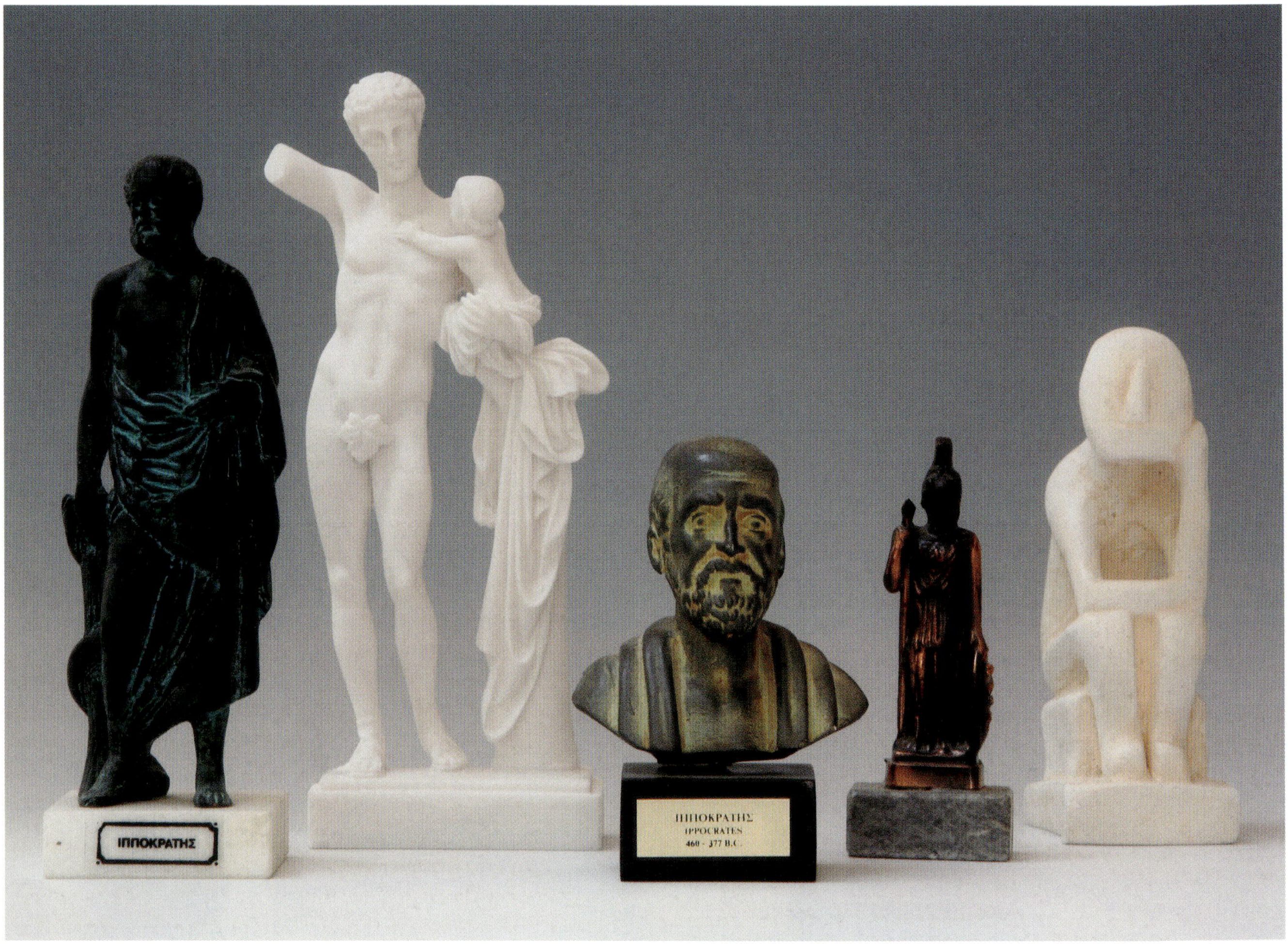

Abb. 2, Griechische Plastik im Souvenir-Format. (von links)
Statuette des Hippokrates in Anlehnung an eine fälschlich mit dem Arzt identifizierte Statue auf Kos, 1999 auf Kos erworben, Zinkspritzguss H. 21,5cm;
„Alabaster"-Statuette nach dem Hermes des Praxiteles in Olympia, 2005 aus Athen, H. 24,5cm;
Büste des Hippokrates, nach einem Porträt des Chrysippos, bemalter Gips, 1995 aus Athen, H. 13cm;
Statuette der Athena Promachos, Rekonstruktion des 19. Jhdts. nach einer monumentalen, ehemals auf der Akropolis aufgestellten Statue des Phidias, vor 1980 aus Athen, Metallguss H. 13cm;
melancholisches Kykladenidol, moderne Schöpfung in Anlehnung an Rodins Denker, getönter Gips, 1997 auf Kreta erworben, H. 16,5cm.
Privatbesitz

Klassisches Altertum – klassische Souvenirs

Niemand, der heute Griechenland, Italien, die Türkei und andere Zentren der „klassischen“, griechisch-römischen Zivilisation im Mittelmeerraum bereist, entkommt archäologischen Souvenirs. Im Umfeld archäologischer Ausgrabungen, Museen und anderen Brennpunkten touristischen Lebens werden sie von Straßenhändlern, in kleinen Läden oder auch in regelrechten Souvenir-Supermärkten feilgeboten: mehr oder weniger freie Nachbildungen antiker Plastik, Keramik und Malerei, Reminiszenzen, deren primäre Intention offenkundig nicht die praktische Verwendung ist. Einerseits sind diese Stücke Teil ehrwürdiger Traditionen. Bereits in der Antike wurden berühmte Kunstwerke und Sehenswürdigkeiten in Form kleinformatiger Nachbildungen repliziert, was neben dem im archäologischen Fundkontext im Einzelfall nicht explizierbaren individuellen Aspekt des (z.B. Reise-) Souvenirs als Ausdruck der Verbreitung exemplarischer Kunstformen und kultureller Werte verstanden werden kann.[1] Noch enger ist der Bezug der modernen archäologischen Souvenirs zu den seit der Renaissance und der von oft vermögenden Reisenden aus nördlicheren Ländern insbesondere im 18. und 19. Jahrhundert aus Italien – im Rahmen einer Grand Tour[2] – mit in die Heimat zurückgebrachten Umsetzungen antiker Meisterwerke. Im Gegensatz zu diesen längst museumswürdigen Zeugnissen nachantiker Kultur gilt der moderne „Touristenkitsch“ bislang als Genre, mit dem sich Menschen mit bildungsbürgerlich-akzentuiertem Selbstverständnis, also auch die archäologische und kunsthistorische Wissenschaft, tunlichst nicht beschäftigten. Die in der Kategorie „Kitsch“ anklingende Wertung, im Sinne von Unechtheit, Banalisierung, Geschmäcklichkeit etc.., war und ist geradezu das Gegenteil von dem, wofür echt-antike, künstlerisch herausragende Originale stehen. Mit dem Wandel der klassischen Archäologie von einer Kunst- zu einer Kulturwissenschaft, wurde es möglich, moderne archäologische Souvenirs einerseits als Spiegel der ästhetisch-künstlerischen Wahrnehmung und der kulturellen Werte ihrer Käufer, also breiter Teile der Bevölkerung, und andererseits als Teile einer bis in die Antike reichenden Tradition wahr- und damit ernst nehmen zu können.

Edle Einfalt, stille Größe: statuarischer griechischer Bildungskanon im Handgepäck

Zwar finden sich in den Läden mitunter im originalen Format kopierte, lebensgroße Statuen. Die überwiegende Mehrzahl der angebotenen und verkauften Stücke sind aber im Format handlich, mühelos im Fluggepäck unterzubringen und im Preis moderat (deutlich unter 20.-/Stück). Souvenir-Statuetten werden zwar gelegentlich in kleinen Werkstätten gegossen und bemalt; die meisten Stücke stammen jedoch aus manufakturähnlichen Betrieben, die sich (teil)automatisierter Verfahren (z.B. Zinkspritzguss, der dann dunkelgrün bemalt und als patinierte Bronze verkauft wird) bedienen. Ungeachtet ihrer semi-manuellen Herstellung werden die Stücke oft mit 'Zertifikaten' wie: „Hand made in Greece“ versehen. In den allermeisten Fällen sind die reproduzierten Originale prominent. Um jeden Zweifel auszuschließen finden sich auf den Sockeln der Repliken häufig 'museale' Aufschriften, die bekunden, dass es sich etwa um Aphrodite (also die Venus von Milo, heute im Louvre, Paris, s. Abb. 1), den Wagenlenker (aus Delphi), Zeus, den Hermes (des Praxiteles) oder Hippokrates handelt. Der Vergleich einzelner Repliken mit den Vorbildern offenbart – naheliegenderweise – zumeist die bescheidene, im Detail pauschalierende und mitunter stilistisch grotesk entstellende Machart der aus „Alabaster“ (d.h. einem optisch schneeweißen oder leicht elfenbeinfarbig abgetöntem Gussmaterial), getöntem Gips oder bronze-patiniertem Zinkspritzguss gefertigten Statuetten.

Erst eine systematische Sichtung des überaus umfangreichen Materials, wie exemplarisch anhand von illustrierten, an Händler gerichteten Katalogen von elf im Raum Athen angesiedelten Firmen durchgeführt[3], lässt Vorgehensweisen und zentrale Motive des Genres deutlich werden. Die jeweils einem Vorbild folgenden Repliken werden in unterschiedlichen Größen, Fragmentierungen und Materialien angeboten. So ist etwa die Venus von Milo als „Alabaster“-Statuette in sieben Größen (von 15-84cm)

[1] Künzl/ Koeppel 2002.

[2] Haskell/ Penny 1981; Leeuw 1984.

[3] Hillert 2006.

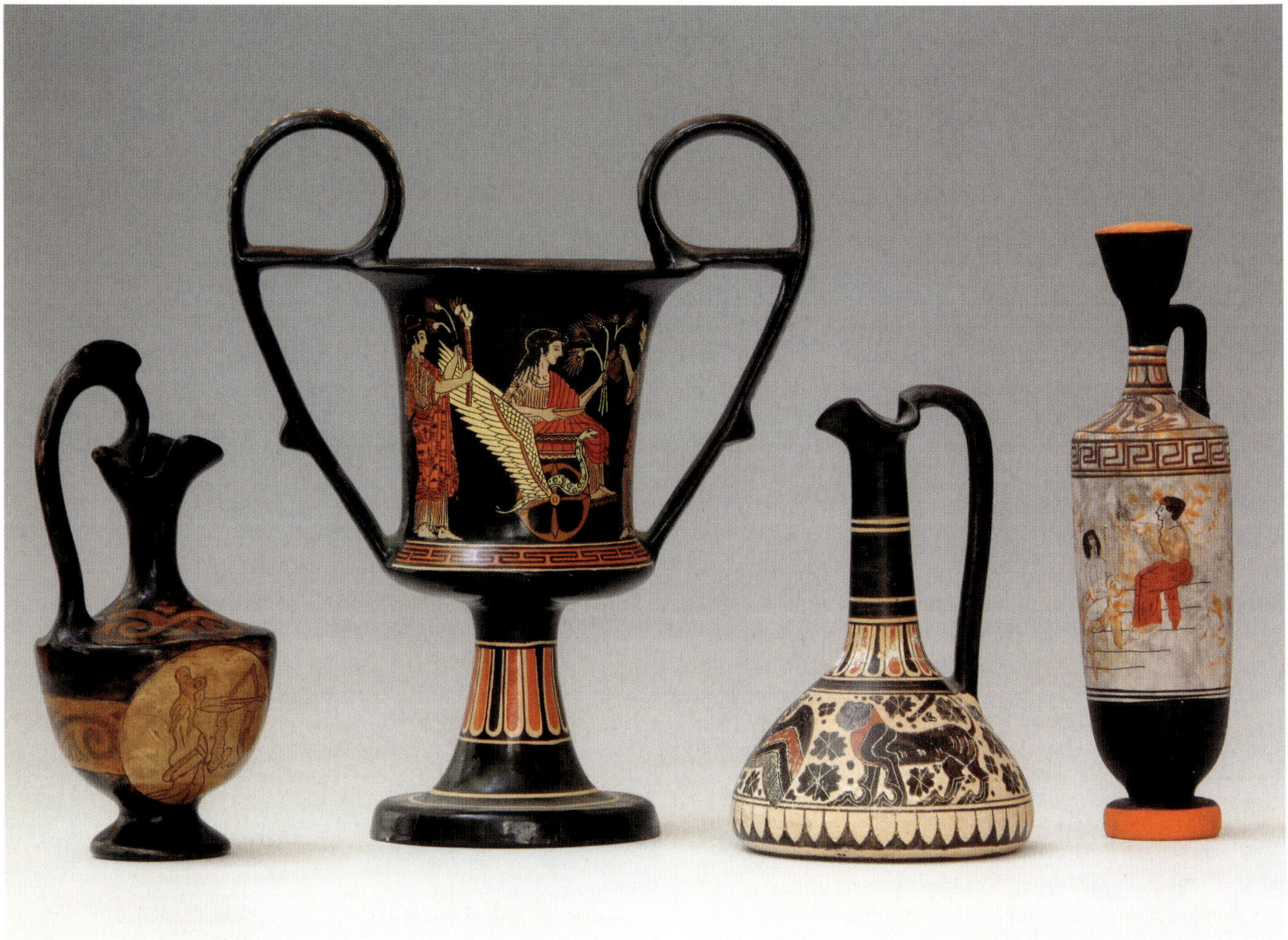

Abb. 3 „Griechische Vasen“ (von links)
Kännchen mit Relief-Tondo: bogenschießender Herakles, vor 1970 in Athen erworben, H. 18cm;
Kantharos mit Aussendung des Triptolemos, Darstellung nach einem Vasenbild des Makron auf einem Skyphos in London, BM E 140, vor 1980, H. 26cm;
Korinthisches Kännchen, eng einem um 600 v.Chr entstandenen Typus folgend, um 1990 aus Korinth, H. 16cm;
weißgrundige Lekythos, im Stil attischer Keramik um 450 v. Chr., 2000 in Athen erworben, H 21cm.
Privatbesitz

lieferbar. Darüber hinaus sind Teilrepliken erhältlich: der Kopf in drei (14, 21, 35cm), die Büste in sechs (12-52cm) und schließlich der (kopflose) Torso in zwei Größen (24, 42cm). Zehn der elf Firmen führen die Venus von Milo im Angebot. Berücksichtigt man darüber hinaus die Zahl der Varianten, dann kann die Venus von Milo als derzeit populärstes antikes Kunstwerk überhaupt gelten. Vergleicht man die von den verschiedenen Anbietern offerierten Versionen der besagten Venus, dann fällt auf, dass jeweils identische Größen vertreten sind. Abweichungen resultieren zumeist nur aus unterschiedlich gestalteten Sockeln. Offenbar gehen die von den Firmen verwendeten Formen letztlich auf dieselben Vorlagen zurück. Diese „Urbilder" wurden im Laufe der Zeit wieder und wieder abbzw. ausgeformt und die Zwischenprodukte, zum Ausgleich von bei den Ausformungen entstandenen Abnutzungen, mit der Hand nachgearbeitet, was dann zu diversen stilistischen Modifikationen und Entstellungen führte.
Die Urbilder wiederum lassen sich bis ins 19. Jahrhundert zurückverfolgen, wo u.a. französische, italienische und deutsche Firmen auf mechanisch angefertigte Reduktionen zurückgehende Statuetten dieses Typus, bevorzugt aus Bronze, vertrieben.[4] Nach Griechenland dürften die Formstücke dann mit dem Einsetzen des Massentourismus im dritten Viertel des 20. Jahrhunderts gekommen sein.

Ähnlich der Venus von Milo werden der Hermes des Praxiteles (mit Feigenblatt vor der sensiblen Stelle), verschiedene Hippokrates-Typen, der Apoll vom Belvedere, die Artemis, Typ Portier, und andere, auf hellenistische oder römische Statuen (letztere sind ihrerseits Kopien nach Werken der griechischen Klassik) zurückgehende Typen angeboten (Tabelle). Sie sind zumeist in strahlend weißem 'Alabaster' und in genormten Größen zu haben. Letzteres verweist – wie dargelegt – auf mechanische Reduktionen des 19. Jahrhunderts als Vorlagen. Von dieser Ästhetik und Herkunft ausgehend liegt es nahe, die Gruppe als „klassizistisches Repertoire" zusammenzufassen. Demgegenüber gibt es eine Gruppe von Repliken zumeist nach Bronze-Originalen klassischer Zeit aus griechischen Museen. Diese sind meist mit dunkel-olivgrüner Farbe bzw. 'Patina' bemalt und imponieren dementsprechend als „archäologisches Repertoire". Zwischenzeitlich kam es zu Kontaminationen in beide Richtungen. Grün-patinierte Venus von Milo-Statuetten kommen ebenso vor wie der Wagenlenker von Delphi aus Alabaster.
Als Gesamtrepertoire betrachtet, ist das Spektrum der in Griechenland offerierten statuarischen Typen in verschiedenerlei Hinsicht bemerkenswert: Was die Häufigkeit der Typen anbelangt, liegen klassizistischer, den Alabaster-Kunstgeschmack des spätbürgerlichen 19. Jahrhunderts perpetuierender und archäologisch-patinierter, so erst nach Rodin möglicher Geschmack, annähernd gleich auf. Unter den 20 Spitzenreitern, wobei die Souvenirs so etwas wie einen populären Kanon antiker Ikonographie repräsentieren, ist nur Athena mehrfach vertreten, ansonsten hat sich zumeist ein Typus jeder Gottheit bzw. Persönlichkeit durchgesetzt. Hippokrates, der Vater der Medizin, ist in diesem Genre die mit Abstand am häufigsten und typenreichsten angebotene historische Person, womit er noch vor Alexander dem Großen rangiert. Leider zeigen viele der als Hippokrates angebotenen Bildnisse keinen Arzt, sondern den stoischen Philosophen Chrysippos. Zwar wurde die seit dem 16. Jahrhundert verbreitete Fehlbenennung schon vor etwa hundert Jahren von Archäologen wiederlegt; am Souvenir-Gewerbe und deren Publikum ist diese Erkenntnis aber bis heute vorübergegangen.[5]

Vasenkunst und Scherbenambiente

Neben den Statuetten sind 'griechische Vasen' ein Schwerpunkt im Angebot archäologischer Souvenirs.
Auch hier ist das qualitative und stilistische Spektrum erheblich. Es reicht von auch als Repliken teuren Keramiken, die in enger Anlehnung an bestimmte Originale in der erst jüngst rekonstruierten antiken Glanztontechnik ausgeführt wurden, über sorgfältige Nachempfindungen antiker Typen in moderner Technik, bis hin zur Produkten, die Form- und Dekorelemente antiker Keramik aufgreifen, um daraus mitunter knallbunte, poppig-anmutende Kreationen zu schaffen.[6] Exemplarisch für die letztgenannte Gruppe ist ein 14cm hohes Kännchen, das auf dem grüngold-marmorierten Korpus eine zum Symposium gelagerte,

---

[4] vgl. Projektgruppe 'kleine Gypse' 1999.
[5] Hillert 1998/1999.
[6] Hillert 2003/2004.

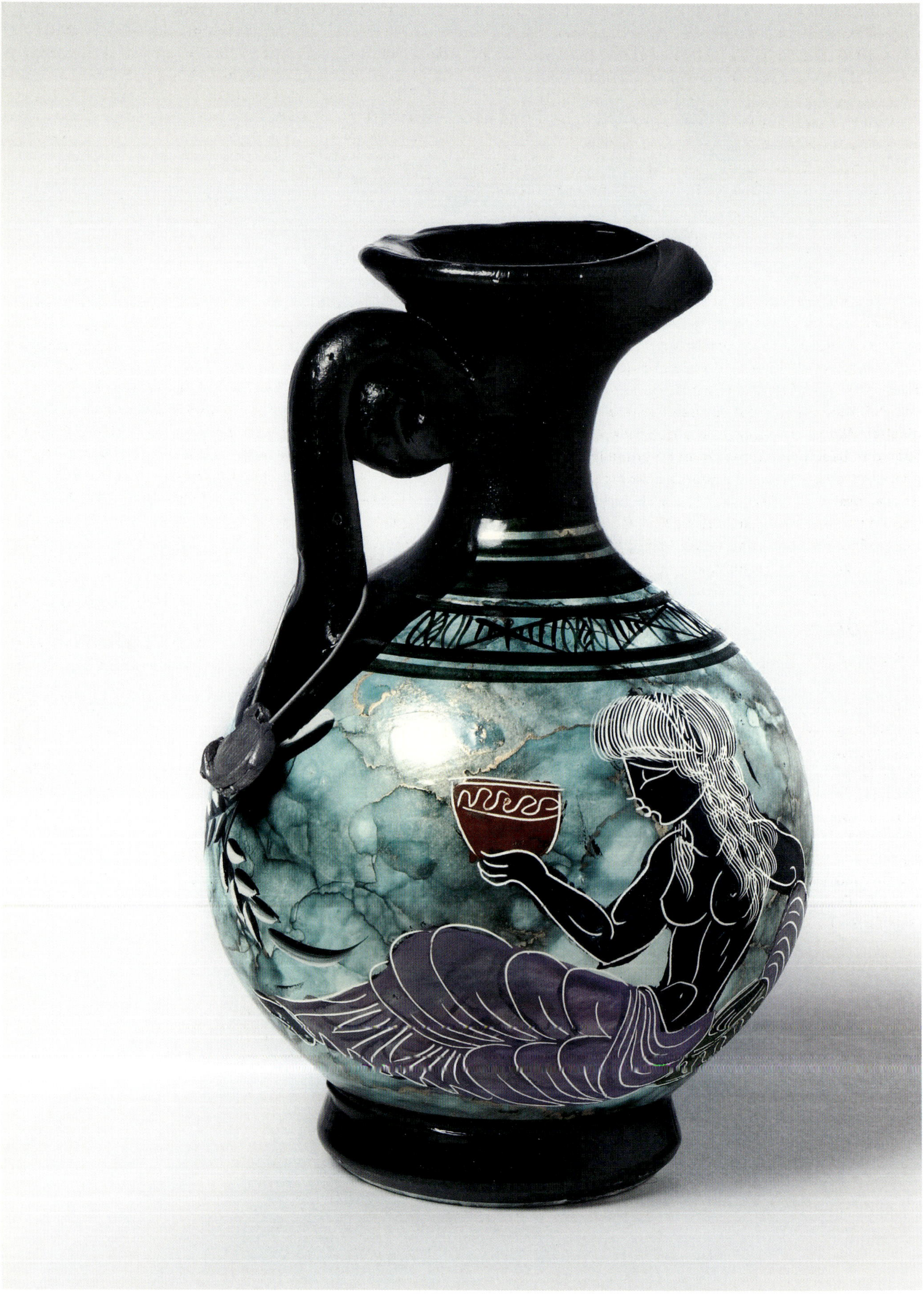

einen henkellosen Becher haltende, dekorativ-barbusige junge Frau zeigt, die weniger an antike Hetären (nur diese waren auf Symposien anzutreffen), sondern eher an Brigitte Bardot erinnert. Hinter der Schönheit schwimmt ein Delphin, was irgendwie zum grünen Grund passen mag, aber ansonsten keinen sinnvollen szenischen Kontext ergibt. Unabhängig davon, ob sich eine Keramik eng an antiken Stücken orientiert oder diese postmodern und frei umsetzt, finden sich häufig Bleiplomben an den Henkeln, die mit „Hand made. Copy Museum“ oder „Hand Made Hellas“ so etwas wie Authentizität unterstreichen. Während sich bei den Statuetten in aller Regel ein konkretes Vorbild benennen lässt, werden auf Keramiken allenfalls prominente Motive zitiert (etwa der schlafende Dionysos auf dem Schiff, nach der Exekias-Schale in München). Komplett die Einheit von Vase und Vasenbild kopierende Stücke sind selten. Bemalte Keramiken werden zumeist nur zurückhaltend mit Spuren von Verfärbungen und Schmutz-Patina, als Zeichen vermeintlich-archäologischen Alters, versehen. Weitergehende Alterungsspuren oder gar Beschädigungen würden vermutlich als wertmindernd empfunden und Käufer abschrecken. Nur eine Gruppe protzt geradezu mit Patina: es handelt sich um unverzierte Keramik, zumeist Amphoren mit üppiger ‘Meerespatina’, die unmittelbar aus untergegangenen Schiffen zu stammen scheinen.

Archäologische Souvenirs: Erinnerungen an was?

Neben Statuetten und Keramiken gibt es eine ganze Reihe weiterer Gattungen archäologischer Souvenirs: Fresken nach Motiven minoischer und mykenischer Originale, insbesondere aber auch nach Vasenbildern archaischer und klassischer Zeit; Nachbildungen von Kykladen-Idolen, (vgl. Abb. 2) Kopien nach Werken archaischer bis hellenistischer Kleinkunst. (In Griechenland liefert der staatliche Antikendienst, Archaeological Receipts Fund,[7] diesbezüglich, die besten Qualitäten).
Archäologischer Schmuck ziert die Auslagen vieler Goldschmiede, wobei originalgetreue Replikate und stereotyp verwendete antike Muster auf ansonsten modernen Schmuckstücken die Pole des Spektrums bezeichnen. Darüber hinaus finden sich archäologische Motive auf Umhängetaschen, Ouzo-Flaschen, Souvlaki-Spieße, Aschenbecher etc. Die Antike ist im modernen griechischen Kunstgewerbe allgegenwärtig.[8] Entsprechend unscharf sind die Grenzen zwischen archäologischen Souvenirs, allgemeinen Griechenland-Souvenirs und Deko-Stücken mit Griechenland-Anklängen.
An was erinnern archäologische Souvenirs aus Griechenland? Die Frage müsste konsequenterweise den Käufern, Besitzern und Liebhabern der Stücke gestellt werden. Aber auch die Objekte selber lassen eine Reihe von Schlussfolgerungen zu. Zum einen ist es tatsächlich das breite, nur geringe finanzielle Mittel hierfür investierende Publikum, das mit archäologischen Souvenirs die Heimreise antritt. Authentizität im Sinne archäologischer Korrektheit und auch handwerkliche Qualität sind als Auswahlkriterien offenbar nachrangig. Archäologische Souvenirs sind keine kunsthandwerklich hochstehenden, kostbaren Werke, sondern fungieren als Chiffren für ein allgemeines, neben Sonne, Strand und Meer eben auch durch die Antike akzentuiertes Griechenlanderlebnis. Im Vergleich zum klassischen Ideal des späten 18. und 19. Jahrhunderts ist die Antike dabei heute offenkundig keine das Leben durchziehende Grundorientierung, sondern eine Facette im postmodern-vielfältigen Beziehungsgeflecht sich relativierender Werte.[9]
Nur in Ausnahmefällen dürfte es die bewusste Begegnung und Auseinandersetzung mit einem antiken Meisterwerk sein, die in Griechenland zum Kauf eines solchen Souvenirs veranlasst. Bei den Keramiken sind exakte Kopien, wie gesagt, rar. Die meisten Vorbilder der Statuetten des klassizistischen Repertoires befinden sich nicht in griechischen Museen, können also dort gar nicht von Reisenden bewundert worden sein. Ob sich Käufer von Statuetten des klassizistischen und Käufer des archäologischen Repertoires hinsichtlich des Bildungshintergrundes, des Kunstverständnisses und der sozialen Zugehörigkeit und/oder die mit den Stücken verbundenen persönlichen Implikationen unterscheiden, ließe sich nur durch sozialpsychologische Erhebungen klären. Zur Verortung der aktuellen kulturellen Identität unserer Gesellschaft bleiben Untersuchungen dieser Art ein überaus spannendes Desiderat.

Abb. 4, ‘Griechische Vase’: Kännchen, in Anlehnung an antike Keramik dekoriert
H 14cm. 2002 in Athen erworben bezeichnet: MAG — HAND MADE HELLAS
Privatbesitz

[7] Archaeological Receipts Fund 1996.
[8] Cirafici/Flutsch/Pruvot 1997.
[9] vgl. Himmelmann 1970, Schneider 2000.

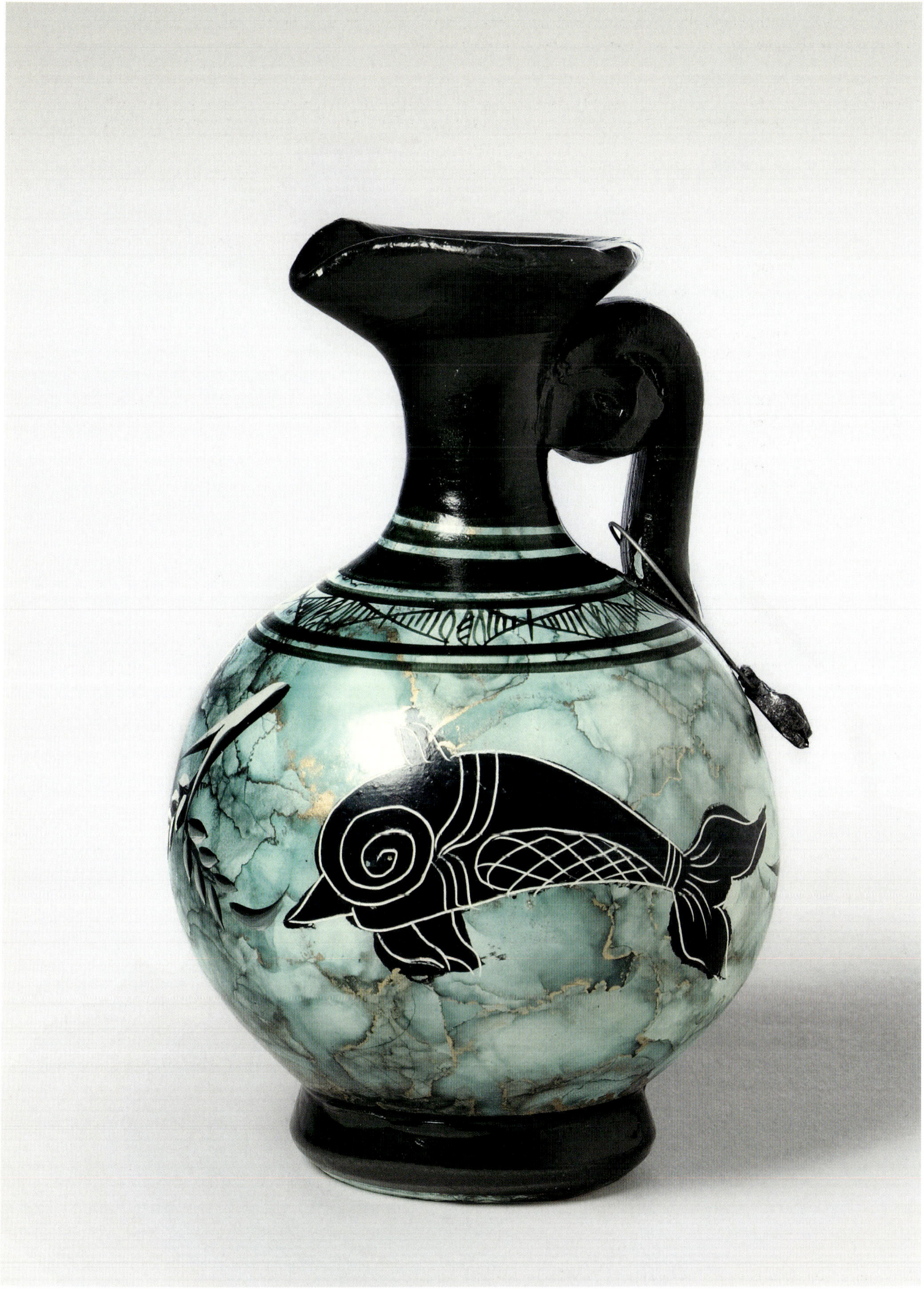

Anna Ananieva, Christiane Holm

Phänomenologie des Intimen.

Die Neuformulierung des Andenkens seit der Empfindsamkeit

Tab. 1, „Hitliste" archäologischer Souvenirs: Replikate nach Statuen, Büsten und Reliefs, ausgehend von systematisch analysierten Angeboten von 11 Firmen im Raum Athen

Rangfolge nach PQ	Typus/ Darstellung	Repertoire	Zahl der Anbieter (n=11)	Zahl der angebotenen Größen/Modelle	Popularitätsquotient (PQ) (Herstellerzahl x Größen)
1	Aphrodite, Melos	K	9	17	153
2	Wagenlenker, Delphi	G	11	12	131
3	Zeus KapArtemision	G	10	13	130
4	Hermes, Praxitiles	K	9	10	90
	Hippokrates (verschiedene Typen)	K/G	9	10	90
6	Athena, Piräus	G	9	8	72
7	Asklepios, div. Typen	G	11	6	66
8	Apoll vom Belvedere	K	8	8	64
9	Diskuswerfer, Myron	K	10	6	60
	Alexander, div.	G	10	6	60
11	Artemis, Portier	K	8	7	56
12	Hygieia, Tegea	G	9	6	54
13	Sokrates, Albani u.a	K	8	6	48
14	Knabe von Marathon	G	5	7	35
15	Homer. div. Typen	K	8	4	32
16	Athena, 'trauernd'	K	6	4	24
17	Athena, Promachos	K	6	4	24
18	Platon (verschiedene Typen)	K	5	4	20
19	Karyatide	K	6	3	18
20	Sophokles	K	6	3	18
21	Nike, Samothrake	K	6	3	18
22	Sphinx der Naxier	G	4	4	16
23	Zeuskopf, archaisch	G	5	3	15
24	Athena, Parthenos	K	7	2	14
25	Apoll, Olympia	G	3	4	12
26	Aphrodite, Kapitol	K	4	3	12
27	Pferd aus Olympia	G	5	2	10
	Satyr, archaisch	G	5	2	10
29	Herakles Farnese	K	5	2	10
30	Diogenes	K	5	2	10
31	Aristoteles, div.	K	3	3	9
	Hegeso, Relief	G	3	3	9
33	Athena Promachos (archaisch)	K	3	2	6
34	Apoll, Piräus	G	3	2	6
35	Artemis, Gabii	K	5	1	5
36	Aphrodite, Fréjus	K	4	1	4
	Amazone, Sciarra	K	4	1	4
38	Amazone, Mattei	K	3	1	3
39	Solon, Typ Platon	K	3	1	3

Repertoire: K-Klassizistisch, G-Griechisch/Archäologisch (aus: Hillert 2006)

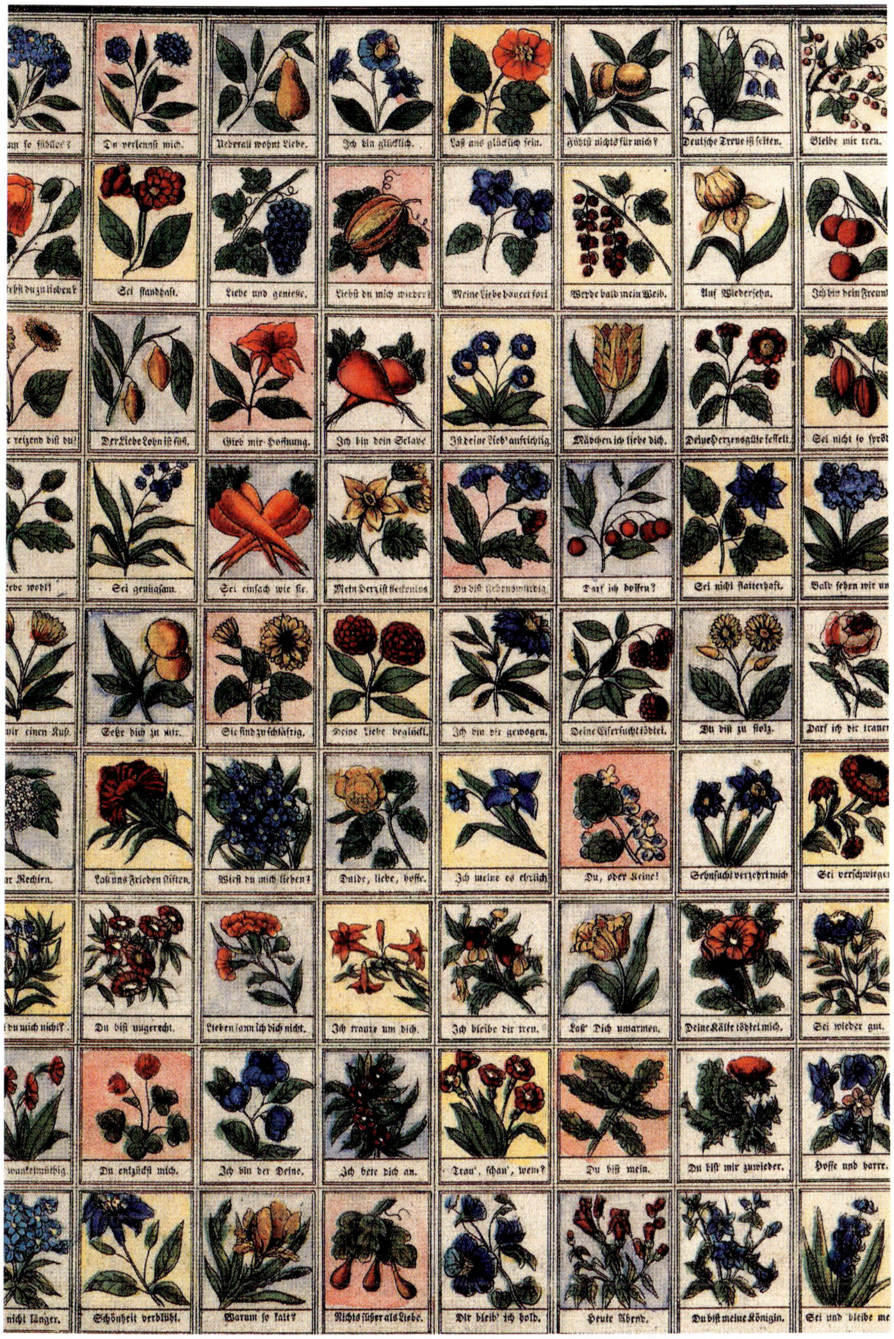

Abb. 1, Neuruppiner Bilderbogen, 1854/55
Neuruppin, Bilderbogen-Dokumentationszentrum

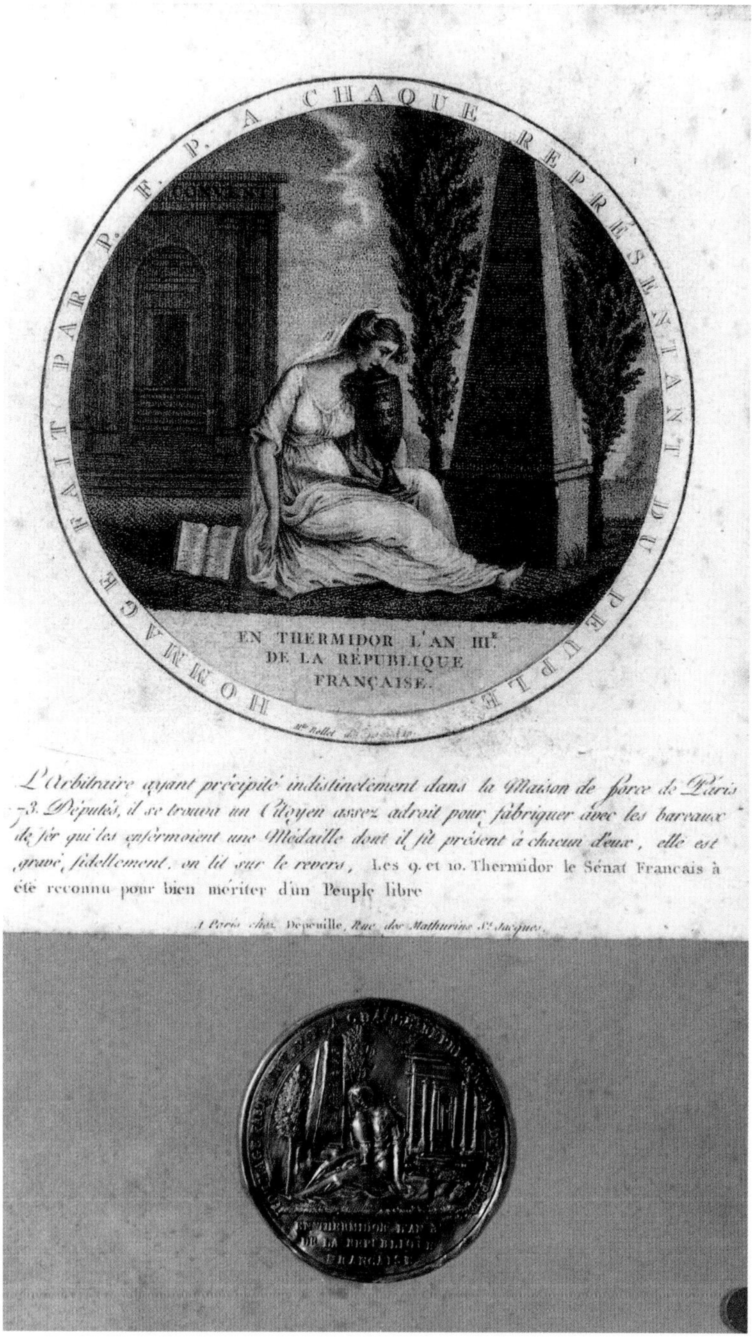

Abb. 2, Mlle. Rollet. Ehrende Erinnerungsgabe von Pierre-François Palloy an jeden Volksvertreter, im Thermidor des Jahres III der Republik Frankreich, Juli 1795
Aquatinta gedruckt von Depouille, Blatt 17 x 14,5cm
Paris, Musée Carnavalet, Inv. Nr. G.22057
Darunter in gemeinsamen Passepartout eingelassen: Thévenon nach Pierre-François Palloy: „Hommage de P.F.P. à chaque représentant du peuple, en Thermidor l'an 3me de la République française“ (avers) – „Les 9 et 10 Thermidor le Sénat Français a été reconnu bien mériter d'un Peuple libre. Ce fer vient des barreaux de la maison de Force. Palloy Patriote“ (revers)
unsignierte Eisenmedaille, Juli 1795
Dm 5,5cm. Paris, Musée Carnavalet, Inv. Nr. ND 548

Mit der Herausbildung einer neuen Gefühlskultur ab Mitte des 18. Jahrhunderts ist eine grundlegende Zäsur in der Geschichte des Souvenirs, im deutschen Sprachgebrauch der Zeit: des Andenkens, auszumachen. Diese äußert sich vor allem darin, dass das Alltagsphänomen aus der Peripherie der Erinnerungskultur als eigenständige Gedächtnisform, als intime Innenseite von Denkmal und Museum, diskursfähig wird. Bislang war nämlich, so scheint es rückblickend, das Andenken derart selbstverständlich, dass es kaum Gegenstand des Nachdenkens war. In der Epoche der Empfindsamkeit jedoch wird es als zentrales Kommunikations- und Erinnerungsmedium entdeckt und im Verlauf des 19. Jahrhunderts schillernd ausdifferenziert.[1] Dieses neue diskursive Interesse am Andenken bildet sich deutlich in seiner Begriffsgeschichte ab. Ist Andenken seit der frühen Neuzeit als Verbalform der Andacht begründet, wie einschlägige Lexika bis ins 19. Jahrhundert hinein betonen, und meint die individuelle Vergegenwärtigung einer Person oder einer Begebenheit, so wird in der Empfindsamkeit eine zweite Bedeutungsebene eingezogen, indem die Verbform nominalisiert wird: Nun nämlich meint „Andenken" nicht mehr allein den mentalen Vorgang, sondern zudem und vor allem das „Mittel der Erinnerung", das man „einem [...] hinterlassen" kann.[2] Der Akt des Andenkens verschiebt sich auf das Medium des Andenkens, genauer: das Dingmedium, im älteren und heute wieder geläufigeren Wortgebrauch: der Souvenir.[3] Entscheidend ist, dass das dingliche Erinnerungsmedium an den Akt der Erinnerung gekoppelt bleibt. Diese unsichtbare mentale oder auch sichtbare performative Seite des Andenkens macht es so attraktiv für die Erzählliteratur, die nicht nur die neuesten Moden exklusiver wie seriell gefertigter Erinnerungsobjekte notiert, sondern sich ausgiebig der Kulturpraxis des Andenkens widmet, sie auslotet und reflektiert. Damit wirkt die Literatur in diesem Zeitraum als Katalysator und Reflexionsforum eines erinnerungskulturellen Alltagsphänomens, das erst Anfang des 20. Jahrhunderts, vor allem bei Walter Benjamin, theoriefähig wird.[4]

Die veränderte Gefühlskultur bringt nicht nur neue Formen des Andenkens und der mit ihm verbundenen Kulturpraxis hervor, sondern wirkt auch auf die tradierten Souvenirs zurück. Zu beobachten ist, dass in den Souvenirs verstärkt kollektives mit individuellem Gedächtnis, die „große" mit der „kleinen" Geschichte verschränkt wird, wie sich an drei Schlüsselereignissen zum Beginn der Moderne studieren lässt: der politische Umbruch der Französischen Revolution, die technische Erfindung des Heißluft- und Gasballons und der epochemachende Trauerfall einer im Kindbett verstorbenen Schweizerin.
War bisher das Prägerecht für Medaillen zur Erinnerung historischer Ereignisse ein königliches Privileg, so wird es mit der Französischen Revolution einem Erinnerungsmarkt übereignet und als Massenmedium begründet. Um eine entsprechende Breitenwirkung zu erreichen, werden die Revolutionsmedaillen nicht mehr aus Edelmetall, sondern aus Eisen gefertigt, wobei nicht nur der Kostenfaktor eine Rolle spielt, sondern auch die Herkunft dieses Rohstoffes aus den Ketten und Schlössern der geschleiften Bastille. (Abb. 2) Die Revolutionsmedaillen werden folglich nicht mehr in erster Linie als Träger des Gedächtnisses, sondern als Akteure des Erinnerungsgeschehens definiert, nicht mehr als Mittler, sondern als Zeitzeugen. Dadurch wird das traditionelle Erinnerungsmedium der Gedenkmedaille von einer Repräsentationslogik auf eine Identitätslogik umgestellt.[5]

Nach unzähligen Versuchsanordnungen seit der Antike konnte 1783 mit den zeitgleichen Flugerfolgen der Montgolfiére – einer Erfindung der Brüder Josef und Etienne Montgolfier – und der Charliére – dem Gasballon von Jacques Alexandre César Charles – erstmals der alte Traum vom Fliegen eingelöst werden. Die Berichterstattung über die ersten Flüge wurde von einer über das publizistische Interesse weit hinausreichenden Ballonmode begleitet und der Ballon verselbständigte sich schließlich zum „Kollektivsymbol" einer neuen Epoche.[6] Auffällig ist, dass die Omnipräsenz des Ballonmotives etwa auf Billets, Fächern oder Porzellan

---

[1] Das Phänomen des Andenkens wurde bislang vornehmlich durch die Kunstgeschichte beobachtet und erforscht. Zuerst formulierte Gisela Zick den Zusammenhang zwischen der Epoche der Empfindsamkeit und der anhebenden Andenkenkonjunktur. Es folgten Ausstellungen zur Kunst des Biedermeier, die diese Epoche als hohe Zeit des Andenkens beschrieben. Aktuell lassen sich nach Ausstellungen zum personalen Andenkenkult zu Beethoven und Goethe verstärkt solche Ausstellungen beobachten, die sich monographisch einer der Dinggattungen mit Erinnerungsfunktion widmen. Parallel beginnt durch den vornehmlich in den angloamerikanischen Kulturwissenschaften proklamierten „material turn" eine interdisziplinäre Erforschung der „material culture". Vgl. Zick 1980; Ottomeyer 1987; Himmelheber 1988; Schürenberg 1998; Beethoven-Haus 2002; Kölsch/Maisak 2002; Barisch 2003; Pott 2004; Doosry 2004; Wiewelhove 2005.

[2] Adelung 1774, Sp. 234. Zur kulturgeschichtlichen Beziehung von Andacht und Andenken: Holm/Oesterle 2005.

[3] Zur begriffsgeschichtlichen Differenzierung der deutschsprachigen Wortschöpfung „Andenken" vom älteren französischen „Souvenir" siehe den einleitenden Beitrag von Günter Oesterle in diesem Katalog.

[4] Holm/Oesterle 2005, hier S. 441ff.

[5] Dieser revolutionäre Umbruch in der alltäglichen Erinnerungskultur ist Gegenstand des materialreichen geschichts-

dazu führte, dass hier auch an fiktive Fahrten erinnert wurde. Ein besonders eigenartiges Segment findet sich in den Souvenirs an berühmte Luftschifferinnen, wie Marie Madleine Blanchard und Wilhelmine Reichard, die weniger als Abenteuerinnen der Technikgeschichte ins Bild gesetzt werden, sondern in den unermesslichen Weiten des Himmels noch eine gewisse Wohnlichkeit behaupten oder deren Ballons durch aufgebrachte Porträts aus der Zuschauerperspektive zu Medaillons miniaturisiert werden. (Abb. 4)

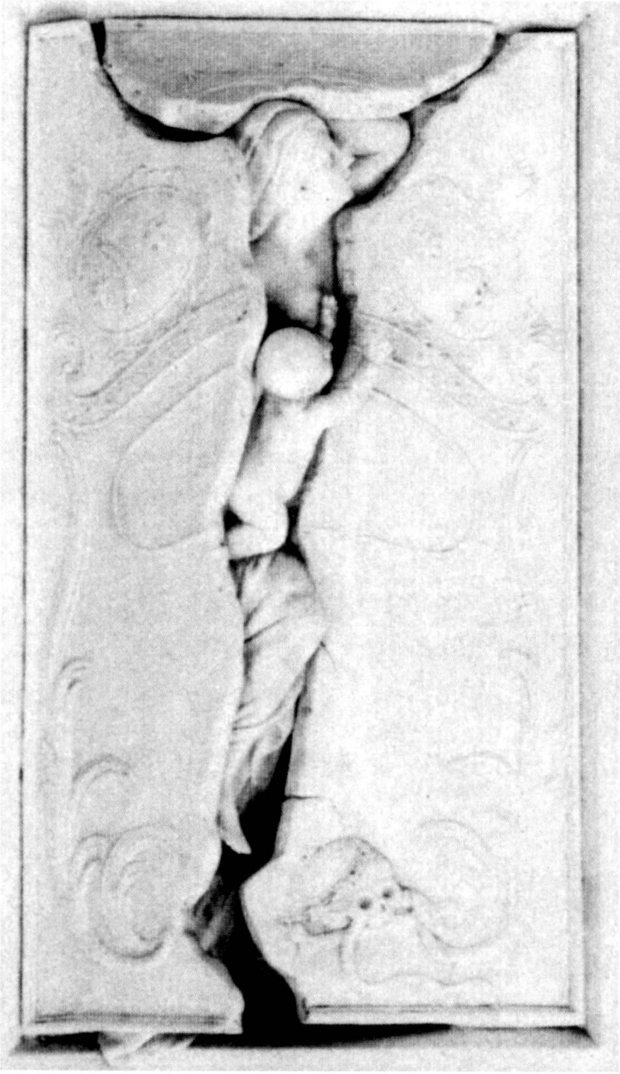

Als der noch unbekannte Bildhauer Johann August Nahl der Ältere Ostern 1751 während der Auftragsarbeit an einem repräsentativen Grabmal für die Dorfkirche im Pfarrhaus von Hindelbank unterkam, verstarb die Pfarrersfrau Maria Magdalena Langhans mit ihrem Neugeborenen im Kindbett.[7] Nahl entwarf und fertigte eine Grabplatte in einfachem Sandstein, die die Verstorbene mit ihrem Kind im Arm als Auferstehende zeigt, wie beide durch die Platte förmlich heraus bersten. Trotz dieses barocken Pathos wurde das Grabmal zu einem der meistbesuchten und -bedichteten Kunstwerke der schulebildenden neuen Generation aufklärerischer und klassizistischer Kunsttheoretiker wie Sulzer, Hirschfeld oder Goethe. Der Grund für den Ruhm ist weniger in der Person der Verstorbenen oder im Grabmal selbst zu suchen als vielmehr in seiner Entstehungsgeschichte: Das Grabmal wurde nicht als Auftragsarbeit rezipiert, sondern als emotionale Reaktion des Künstlers. Folglich wurde die Bewegung im Stein als Bewegung der Rührung verstanden. Dass das Grabmal schlagartig so berühmt werden konnte, ist nicht vom parallel anhebenden Schweiz-Tourismus zu trennen, der sich auf die Dörfer konzentrierte und darin ein Residuum ländlich-gemütvoller Lebensart genoss. Der steigenden Nachfrage entsprechend wurden Druckgrafiken und plastische Miniaturen des Hindelbanker Grabmals als Souvenirs angeboten, so dass die Besucher eine Erinnerung – weniger an die unbekannte Pfarrersfrau, sondern an ihre Empfindungen vor Ort – in den heimischen Wohnraum mitnehmen konnten. (Abb. 3)

Abb. 3, Manufaktur Niederweiler
Miniaturnachbildung des Grabmals der M. Langhans in Hindelbank (Original v. J. A. Nahl d. Älteren), 1807
Biskuit-Porzellan, schwarz-weiß marmorierter Rahmungsblock
Harburg, Schloß Harburg, Fürstlich Oettingen-Wallerstein'sche Sammlungen, Inv. Nr. II.10.20b
Nach: Stadie-Lindner 1991, S. 406

wissenschaftlichen Inserts dieses Kataloges, in dem Rolf Reichardt die kreative Medaillenproduktion des Bauunternehmers Jean-François Palloy untersucht.

6 Link 1984, S. 149-164; Drews/Gerhard/Link 1985, S. 256-375; Barisch, Günter: Der Traum vom Fliegen. In: Barisch 2003, S. 82f.; Doosry 2004, S. 51f.

7 Die folgende Darstellung folgt den Ergebnissen der Studie von Thomas Weidner. Vgl. Weidner 1995.

Empfindsamkeit und dingliche Erinnerungspraxis

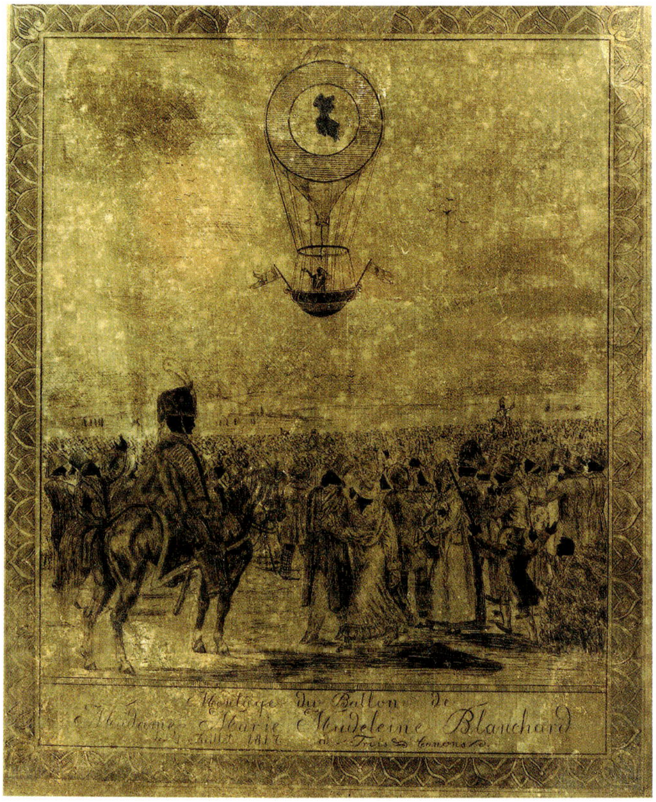

Ist die alltagsästhetische Konjunktur des Andenkens seit dem ausgehenden 18. Jahrhundert materialreich belegt,[8] so gilt es nun deren kulturelle Rahmenbedingungen genauer in den Blick zu bekommen. Diese Veränderungen in den einzelnen Feldern, im Feld der Dingkultur selbst, in den damit verbundenen Kommunikations- und Erinnerungsformen sowie in den Ästhetikdebatten, werden mit je einem Erinnerungsstück illustriert, um ihre Effekte am konkreten Objekt zu beobachten.

Zirkulation der Dingkultur

Untersuchungen zur Dingkultur zeigen, dass die Dingdichte im Wohnraum seit dem ausgehenden 18. Jahrhundert exponentiell anwächst.[9] Dinge werden nicht mehr selbstverständlich verwahrt und vererbt, sondern ausgetauscht und entsorgt.[10] An dieser Stelle sei Heinrich Heines „Harzreise" von 1824 zitiert, in der der Blick des Städters auf die unveränderten Harzer Wohnräume das Bewusstsein für den eigenen Umgang mit den Dingen schärft: „[...] wir beziehen oft neue Wohnungen, die Magd räumt auf und verändert nach Gutdünken die Stellung der Möbeln, die uns wenig interessieren, da sie entweder neu sind, oder heute dem Hans, morgen dem Isaak gehören; selbst unsere Kleider bleiben uns fremd, wir wissen kaum, wie viel Knöpfe an dem Rock sitzen, den wir eben jetzt auf dem Leibe tragen; wir wechseln ja so oft als möglich mit Kleidungsstücken, keines derselben bleibt im Zusammenhang mit unserer inneren und äußeren Geschichte; – kaum vermögen wir uns zu erinnern, wie jene braune Weste aussah, die uns einst so viel Gelächter zugezogen hat, und auf deren breiten Streifen dennoch die liebe Hand

Abb. 4, Ballonfahrt, von Marie Madleine Blanchard, 1817
Metallstich (Heißnadelverfahren, Grafik), vergoldeter Spiegel
Rom, Galleria Nazionale d'Arte Moderna, Museo Mario Praz, Inv. Nr. 96

[8] S. hierzu die in Anmerkung 1 genannten Ausstellungen der letzten Jahre.

[9] Asendorf 1984.

[10] Langbein 2002; Siepmann 1995.

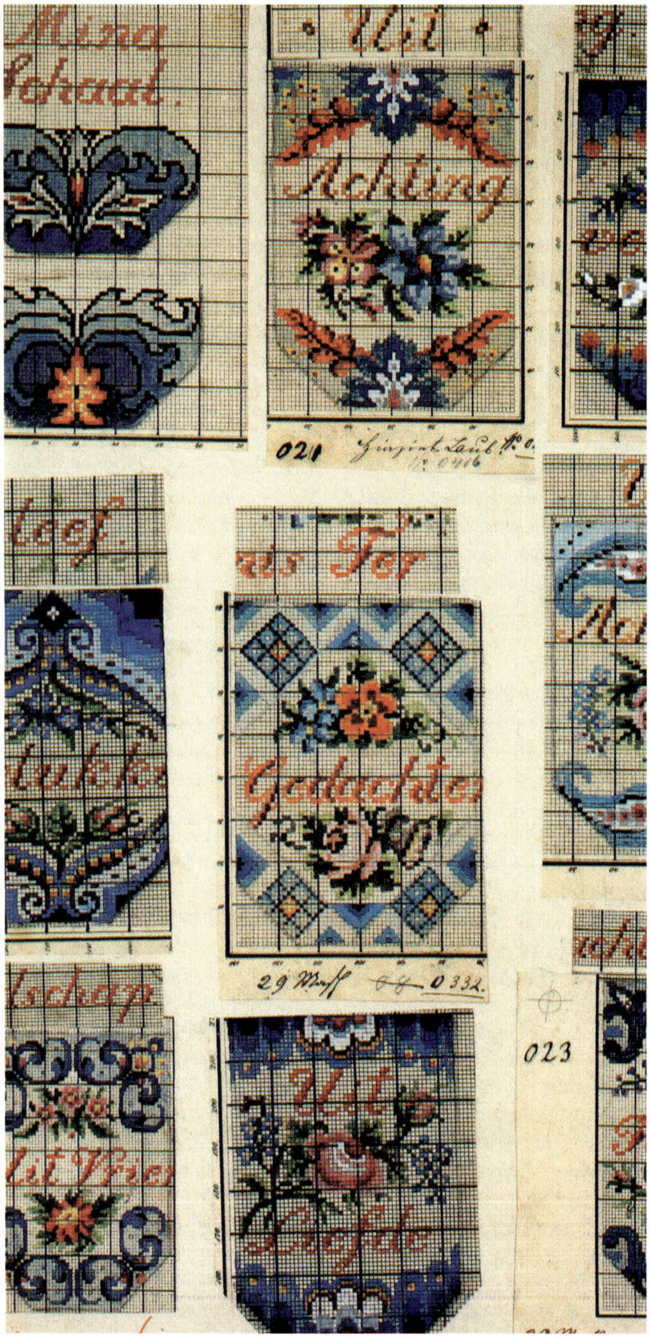

der Geliebten so lieblich ruhte!«[11] Mit der Streifenmode ist auch die Liebesgeste vom Vergessen bedroht. Und erst aus dieser Konstellation heraus kann die Weste den Sonderstatus des Andenkens unter den zirkulierenden Dingen erhalten. Doch finden sich nicht nur solche Andenken, die den schon vorhandenen Dingbeständen abgewonnen sind, sondern es entsteht ein ganzes Segment von Dingen, die eigens zu Erinnerungszwecken gefertigt werden. Entsprechend der steigenden Nachfrage bildeten sich Andenken-Werkstätten heraus, die sich im 19. Jahrhundert zu ganzen Industriezweigen weiterentwickelten.[12] Ein gutes Beispiel ist die nachrevolutionäre Produktion von Haarandenken in Frankreich, mit denen die Perückenmacher, durch die veränderte Haarmode erwerbslos geworden, einen neuen Markt aufbauten. Ein weiteres Beispiel sind die Londoner Kaufhäuser im Viktorianischen England, die sich auf Trauerschmuck aus schwarzem Jet spezialisierten. Diese fabrikmäßige Herstellung geht einher mit der Neubewertung der Handarbeit. Das lässt sich in einer Ratgeberliteratur studieren, die vor der Anonymität dieser seriell produzierten Erinnerungsstücke warnt, die Fertigung von Andenken ausdrücklich in die erwerbsfreie Zone der Privatsphäre verlegt und die Frauenhände zu Garanten der Authentizität von Andenken erklärt.[13]

Serialität und Authentiziät des Andenkens korrelieren miteinander. Die Betonung der Intimität der Handarbeit schließt keinesfalls aus, dass sie in schablonierter Weise erfolgt. Gerade die Musterbücher für Perlenarbeiten, Stickereien oder Haarflechtobjekte entwickeln eine geschlossene Ikonographie des Intimen: die brennenden Herzen, Augen und Hände, elegische Parkszenen mit Freundschaftstempeln, Urnen, Pyramiden und Altären, schnäbelnde Täubchen, treue Hündchen und sich zum Kreis formende Schlangen, vegetabile Gebinde aus Vergissmeinnicht, Rosen und Efeu. (Abb. 5)

Die Andenken von Frauen für Männer sind überwiegend von Hand gearbeitet und setzen ausdrücklich den Dilettantismus ins Recht, denn, so das Credo einer Goetheschen Roman-Protagonistin, „die leichteste Arbeit gewann einen Wert und die schwierigste doch auch nur dadurch, daß die Erinnerung dabei reicher und vollständiger war.«[14]

Abb. 5, Niederlande
Kolorierte Fassvorlage mit der niederländischen Widmung „Uit Liefde" (Aus Liebe)
Schwäbisch Gmünd, Museum und Galerie im Prediger

[11] Heine 1976, Bd. 3, S. 118f.

[12] Zick 1980; Gockerell 1978.

[13] Westhoff-Krummacher/Losse 1995; Holm 2004.

[14] Dass es nicht auf die kunsthandwerkliche Qualität solcher Arbeiten ankommt, sondern auf die Intimität ihrer Fertigung wird ausführlich in Goethes Wilhelm Meisters Wanderjahren (1829) diskutiert. Das letzte Wort hat die Andenken-Handarbeiterin selbst: „Als junge Mädchen werden wir gewöhnt, mit den Fingern zu tifteln und mit den Gedanken herumzuschweifen; beides bleibt uns, indem wir nach und nach die schwersten und zierlichsten Arbeiten verfertigen lernen, und ich leugne nicht, daß ich an jede Arbeit dieser Art immer Gedanken angeknüpft habe, an Personen, an Zustände, an Freud' und Leid. Und so ward mir das Angefangene wert und das Vollendete, ich darf wohl sagen, kostbar. Als ein solches nun durft' ich das Geringste für etwas halten, die leichteste Arbeit gewann einen Wert und die schwierigste doch auch nur dadurch, daß die Erinnerung dabei reicher und vollständiger war." Goethe 1989, Bd. 10, S. 456f.

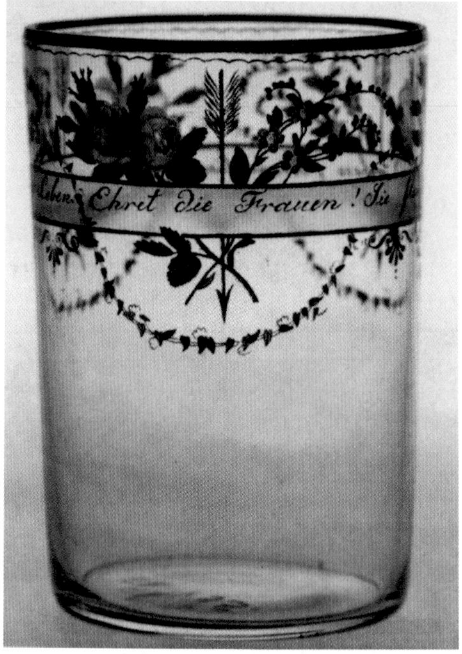

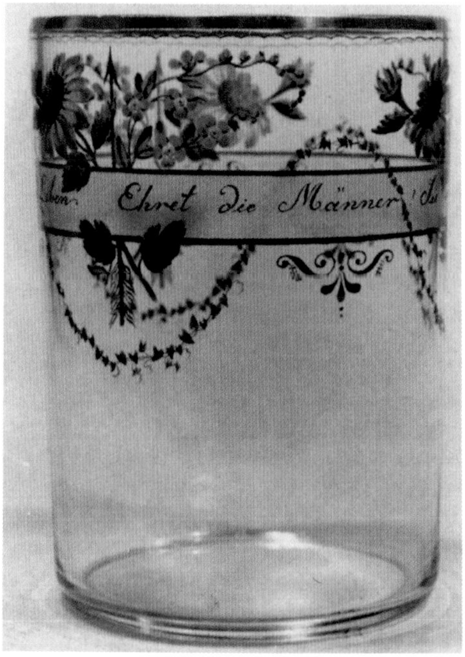

Es liegt in der Logik der Arbeitsteilung der Geschlechter, dass die Männer, für ihre Arbeit in der Regel finanziell entlohnt, auf seriell gefertigte oder in Auftrag gegebene Andenken zurückgreifen. Das zeigt der unterschiedliche Absatz zweier Andenkengläser aus dem Sortiment des Wiener Glasers Anton Kothgasser um 1815, die Friedrich Schillers vielzitierte „Würde der Frauen“ (1795) aufnehmen. (Abb. 6) Bezeichnenderweise wurde das Frauenlob sehr viel häufiger erworben, vermutlich also Frauen von Männern sehr viel häufiger damit bedacht als andersherum.[15] Die textile Metaphorik des Frauenglases „Ehret die Frauen! Sie flechten und weben himmlische Rosen ins irdische Leben.“ weist auf die Handarbeit hin, die bei den Männern fehlt: „Ehret die Männer! Sie sorgen und heben jedes Bedürfnis im häuslichen Leben.“ Das zentrale Element der floralen Ornamentleiste, die Pfeile, zeigen zusätzlich und nicht frei von pikanter Komik das Geerdete der Frauen und das Gehobene der Männer an. Selbstverständlich gibt es neben den dilettantischen und seriell gefertigten Andenken exklusive kunsthandwerkliche Auftragsarbeiten, die äußerst erfinderisch je nach Erinnerungsgegenstand und Anlass neuartige Formen kreierten. Originell ist das Zimmerdenkmal einer Familie, eine Porzellanarbeit von 1789 aus der Manufaktur Johann Friedrich Kauffmann, da hier zwei Ehefrauen und ihre Kinder in schöner Symmetrie zu einer neuen Familie unter dem väterlichen Familienoberhaupt auf einer Pyramide zusammengeführt wurden. (Abb. 7)

Empfindsame Kommunikation an den Grenzen der Sprache

Das empfindsame Kommunikationsideal von Gleichen unter Gleichen zeichnet sich dadurch aus, dass die Beziehungsebene selbst zum Gegenstand der Mitteilung wird. Intimisierung heißt also weniger die Privatisierung des Innerlichen als „gerade umgekehrt das Öffentlich-Machen des Inneren und Intimen“.[16] Dieses Öffentlich-Machen vollzieht sich nicht allein sprachlich, im Gegenteil, es sind gerade die Grenzen der Sprache, die man sich mitteilt:

Abb. 6, Anton Kothgasser (1769 – 1851)
Zwei Becher, um 1815
Farbloses Glas mit Transparenzmalerei, Silberätzung und Vergoldung
Oben: Nürnberg, Germanisches Nationalmuseum, Inv. Nr. Gl. 495
Unten: Wien, Museen der Stadt, Inv. Nr. 116.472

[15] Himmelheber 1988, S. 260, Kat.-Nr. 305, 306 (Abb. S. 259).
[16] Zimmermann 2004, S. 52.

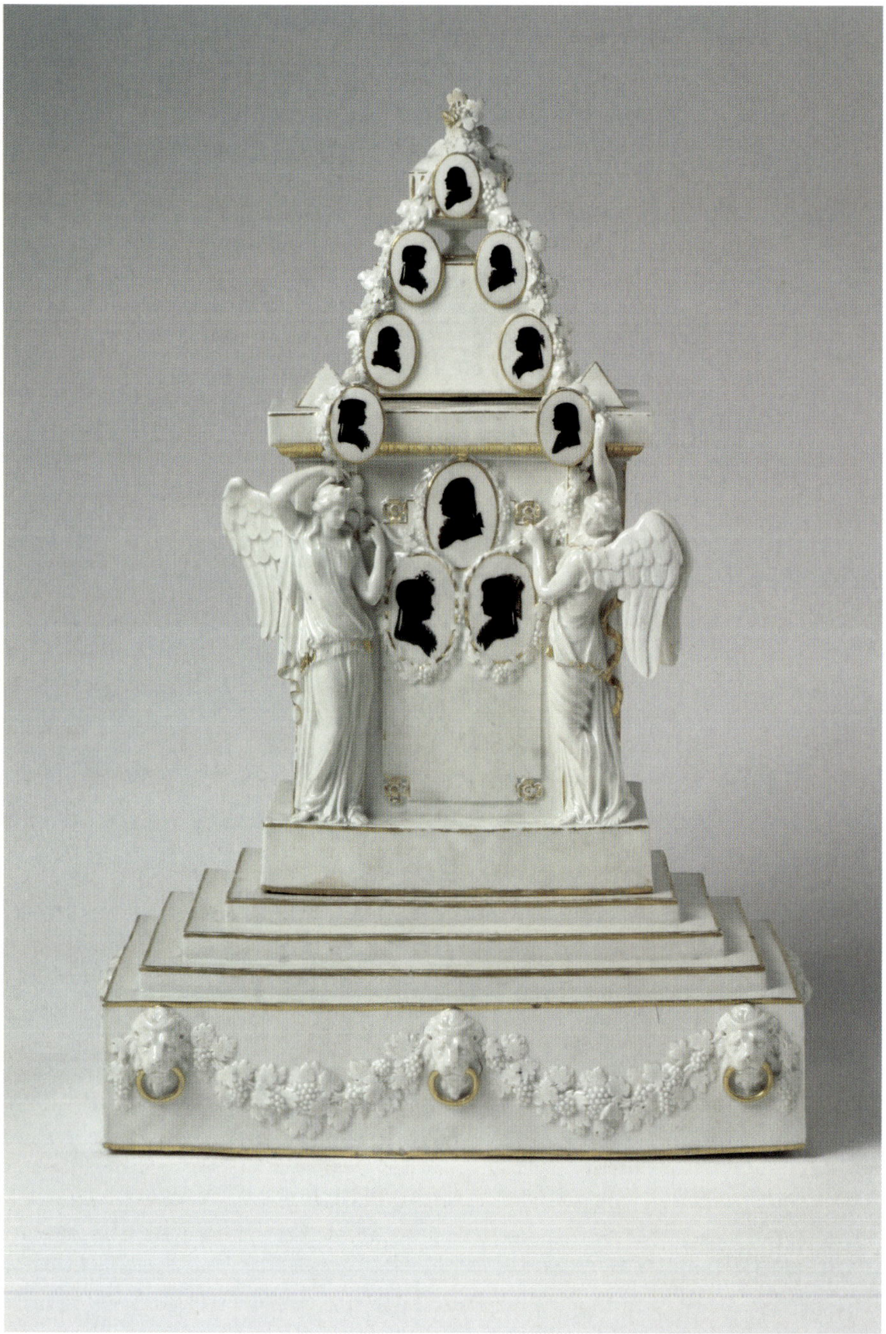

Abb. 7, Porzellanmanufaktur Ludwigsburg, 1789
Zimmerdenkmal mit Portraits der Familie des
Johann Friedrich Kaufmann (1730-1809)
Porzellan
Frankfurt, Museum für Angewandte Kunst Frankfurt,
Inv. Nr. 5512

Die empfindsamen Akteure verstummen, erröten, seufzen, weinen oder fallen in Ohnmacht. Es sind neben den Worten die Gesten und mit ihnen die Dinge, aus denen sich die empfindsame „Sprachwerdung des Gefühls" generiert.[17] Das dingliche Andenken springt also gerade an den — gesuchten! — Grenzen der gesprochenen oder geschriebenen Sprache ein. Das zeigt besonders die große Gruppe der Andenken, die die sprachlose Geste ihrer Begründung exponieren. So der gerahmte Stofffetzen „Byrons Curtain at Halnaby Hall", datiert 1815.
Hier verbrachten die frisch getrauten Lord und Lady Byron ihren Honeymoon, wobei der Bräutigam, wie später die Braut berichtete, das geteilte Lager als derartige Zumutung empfand, dass er seiner Aversion durch einen wütenden Griff in den Bettvorhang Ausdruck verlieh und das herausgerissene Stück verwahrte. Ob diese Geschichte und vor allem das überlieferte Objekt authentisch sind, wann und durch wen es unter Glas kam, kann und soll hier nicht geklärt werden. Interessanter ist, welcher Andenken-Plot hier entworfen wird: Ein wortgewaltiger Dichter wechselt vom Schreiben zu einer wortlosen Geste und von der Sprache zum Ding.

Empfindsame Erinnerungspraxis

Das empfindsame Kommunikationsmodell zielt auf die Selbstaussprache des Gefühls und kann deshalb als eine Form monologischer Dialogizität beschrieben werden. Denn Befindlichkeiten und Gefühle für- und gegeneinander lassen sich besser in der Einsamkeit denn im Miteinander beobachten, auskosten und festhalten. Folglich geht es weniger um „erfüllte Präsenz" denn um „erfüllte Absenz", und genau das lösen solche Dinge ein, die mit ihrem stummen Da-Sein das Abwesende anwesend halten.[18] Diese spezifische Räumlichkeit vermag auch zu erklären, warum ausgerechnet das Grab zum Zentralmotiv der Ikonographie des Intimen vom Billet über die Freundschaftstasse bis zur Geldbörse gerät. So expliziert es eine Wiener Tasse mit der Aufschrift „Symbole de mon amitié / et de mon attachement", die mit einem Uroboros, einer sich in den Schwanz beißenden Schlange und einer Urne

---

[17] Oesterle 2003, S. 45-58.

[18] Koschorke 1994, S. 259ff. Zur Entfaltung dieser These s. auch: Koschorke, 1999, S. 140ff.

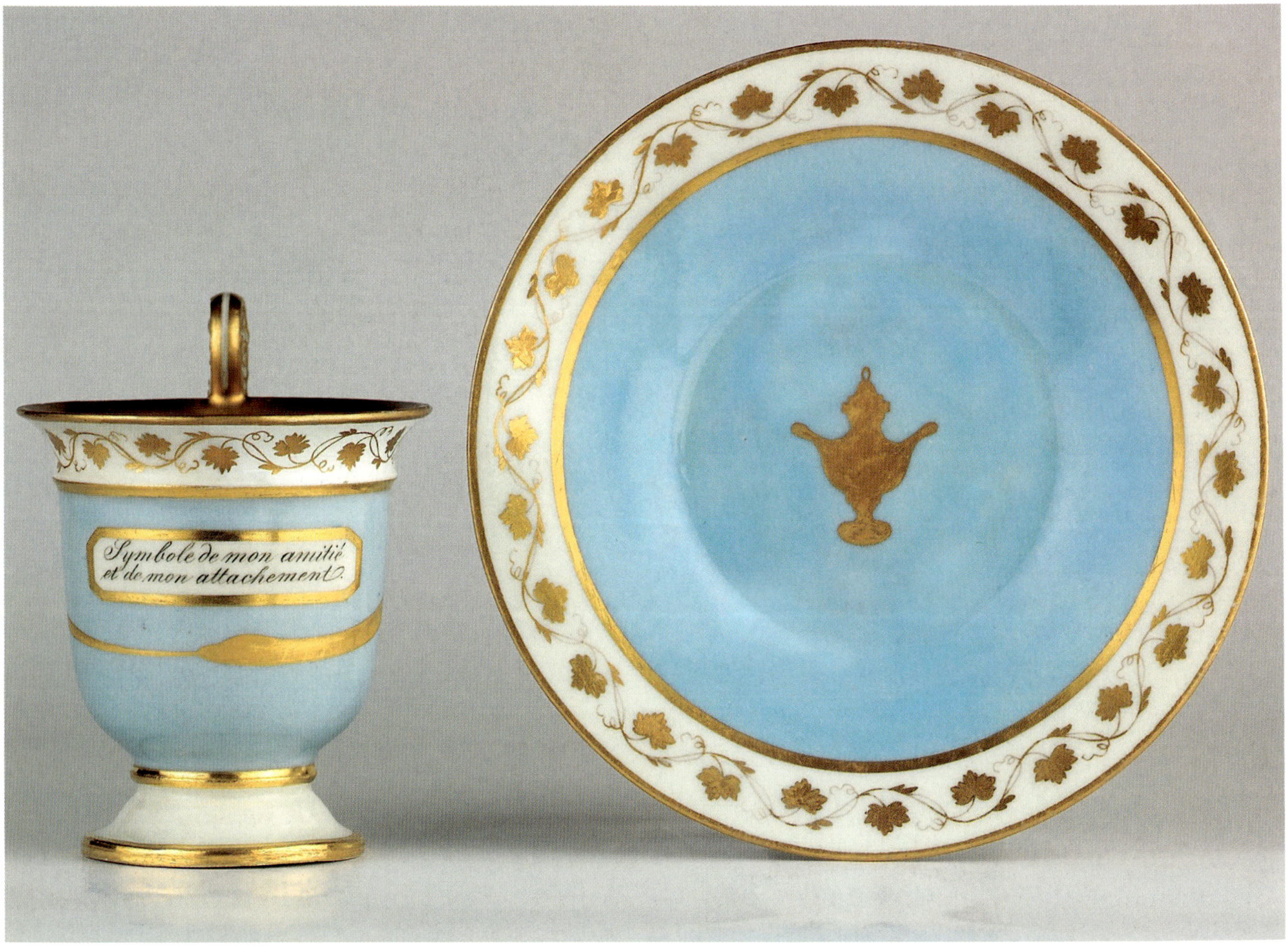

Abb. 8, Wien
Tasse mit Unterschale: „Symbole de mon amité /
et de mon attachement“, 1801–1815
Bielefeld, Museum Huelsmann, Sammlung Homann,
Inv. Nr. HoTa 129

verziert ist. (Abb. 8) Es geht weniger um die gemeinsam erlebte Gegenwart als um die imaginierte Gemeinsamkeit in der Ewigkeit. Diese Abwesenheit des Angedachten im Hier und Jetzt wird auch in Formen der Andacht kultiviert, die sich kontemplativ im Freundschaftstempel oder durch Opfergaben an den Freundschaftsaltären vollzieht. (Abb. 9) Diese Vorstellung vom Miteinander findet ihre geeignete Form weniger im unmittelbaren Gespräch als im Brief, der auf der Fiktion der Anwesenheit des abwesenden Adressaten basiert. Ein besonders signifikantes Beispiel für diese schriftgeprägte Form des Miteinanders ist ein Andenken aus Meißener Porzellan von 1750-1755. (Abb. 11) Die Schatulle in Form eines Briefumschlags ist adressiert: „A la plus Fidelle / Partout / où Elle se trouve." (An die Treueste wo immer sie sich befindet). Das Andenken bedarf also gerade der Erfahrung räumlicher Trennung und wird immer wieder aufs Neue an die Abwesenden adressiert – wo immer sie sich befinden.[19] Anders als eine mit Figuren oder Blumen dekorierte Porzellandose verkörpert diese Brief-Dose zudem qua Gegenstand Mobilität: ist das Andenken-Ding an sich statisch, so hält es doch der Akt des Andenkens, das permanente Adressieren an die Abwesenden, in Bewegung.

Das empfindsame Andenken etabliert sich bezeichnenderweise genau in dem Moment, in dem sich mit der Zeiterfahrung, genauer: der Beschleunigungserfahrung, auch die Vorstellung vom Gedächtnis grundlegend verändert. Das Modell vom Gedächtnis als einem räumlichen Speicher, in dem die zu erinnernden Dinge abgelegt und aus dem sie jederzeit wieder hervorgeholt werden können, wird verabschiedet zugunsten einer dynamischen Vorstellung von Erinnerung, die erst ihre Gegenstände hervorbringt und fortlaufend modifiziert. Das empfindsame Andenken ist weniger ein vormodernes Residuum der Mnemotechnik, sondern es führt sich bereits als ein temporalisiertes Ding ein. Es ist, mit Aleida Assmann gesprochen, weniger ein Element der ars memoria denn bereits von der vis memoria durchzogen.[20] Wie seine Räumlichkeit ist auch die Zeitlichkeit des Andenkens in paradoxer Weise strukturiert, denn das zwischenmenschliche Ding wird nicht in einem erfüllten Hier und Jetzt eingesetzt, sondern in der elegischen Stimmung des vorweggenommenen Verlustes, es gründet nicht im 'Es ist', sondern im 'Es wird gewesen sein'.

Ein sprechendes Beispiel für diese komplexe Zeitlichkeit besteht in der sogenannten Lotte-Tasse aus dem Nachlass der durch Johann Wolfgang Goethes „Die Leiden des jungen Werthers" (1774) literarisierten Charlotte Kestner, geborene Buff. (s. Abb. 10) Die mit einem Kranz von Rosen und Kornblumen, den Zeichen für Liebe und Hoffnung, verzierte Tasse aus der Manufaktur Höchst (ca. 1780-1790) weist starke Spuren von Benutzung auf. Tatsächlich erschließt sich dieses Andenken-Ding nur im Andenken-Gebrauch. Die Obertasse lockt die Durstigen „Quel doux plasir en ce moment" (Welch süße Freude in diesem Moment), im Moment des Trinkens aber wird auf dem Spiegel der Untertasse enthüllt „En vous quittant que de tourment" (Euch zu verlassen nur Qual). Der Griff zur Tasse vollzieht also ganz konkret die Trennung von der Untertasse. Im Genuss des süßen Getränkes zeigt sich die bittere Inschrift, so wie der schöne Augenblick des Miteinanders in dem Moment, wenn er als erinnerungswürdig erlebt wird, bereits als vergangener und verlorener gedacht wird.[21]

Zielte das Andenken bei seiner Entdeckung in der Empfindsamkeit noch auf das räumlich getrennte Gegenüber, auf die Person, dann wird es im Verlauf des 19. Jahrhunderts zunehmend monologischer. Dabei wandelt es sich unter dem Eindruck fortlaufender Temporalisierung dahingehend, dass eine Verzeitlichung dessen eintritt, wofür das Andenken steht: für den Augenblick seiner Begründung als Andenken. Wie Mario Praz vorgeführt hat, sind es die Restmomente eines Ich-Gefühls, die den Andenken und den sich aus ihnen aufbauenden Interieurs des 19. Jahrhunderts ihre besondere Atmosphäre verleihen.[22]

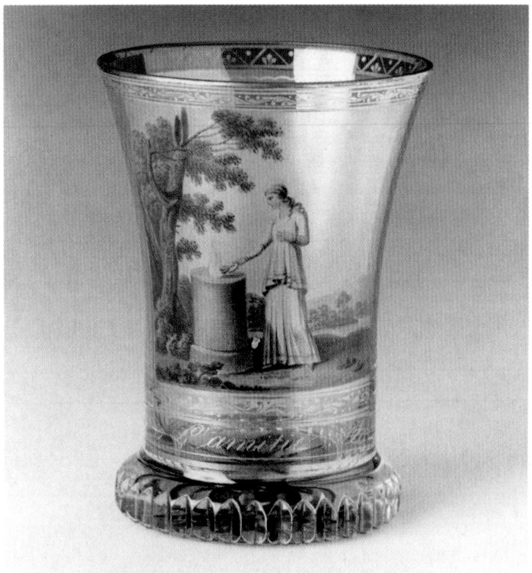

Abb. 9, Fußbecher mit Freundschaftsallegorie, 1815-1825
Frankfurt, Museum für Angewandte Kunst Frankfurt,
Inv. Nr. 6329, 6330

19 Im Inneren der Dose befinden sich zwei Ansichten von London, insofern haben Verfasser oder Verfasserin gemessen an der Logik des Briefes sehr wohl einen festen Ort. Diese Brief-Dose ist kein Einzelfall, denn diese Art von Dosen zählte auch zu den Spezialitäten der russischen Manufaktur St. Petersburg zwischen 1753 und 1764. Beaucamp-Markowsky 1985, Kat.-Nr. 119, S. 164.

20 Assmann 1999, S. 27-32.

21 Vgl. dazu Kölsch/Maisak 2002, Kat.-Nr. 29, S. 62f.

22 Siehe zu Mario Praz' Theorie des Interieurs als Erinnerungsraum den Beitrag von Natascha Hoefer in diesem Katalog.

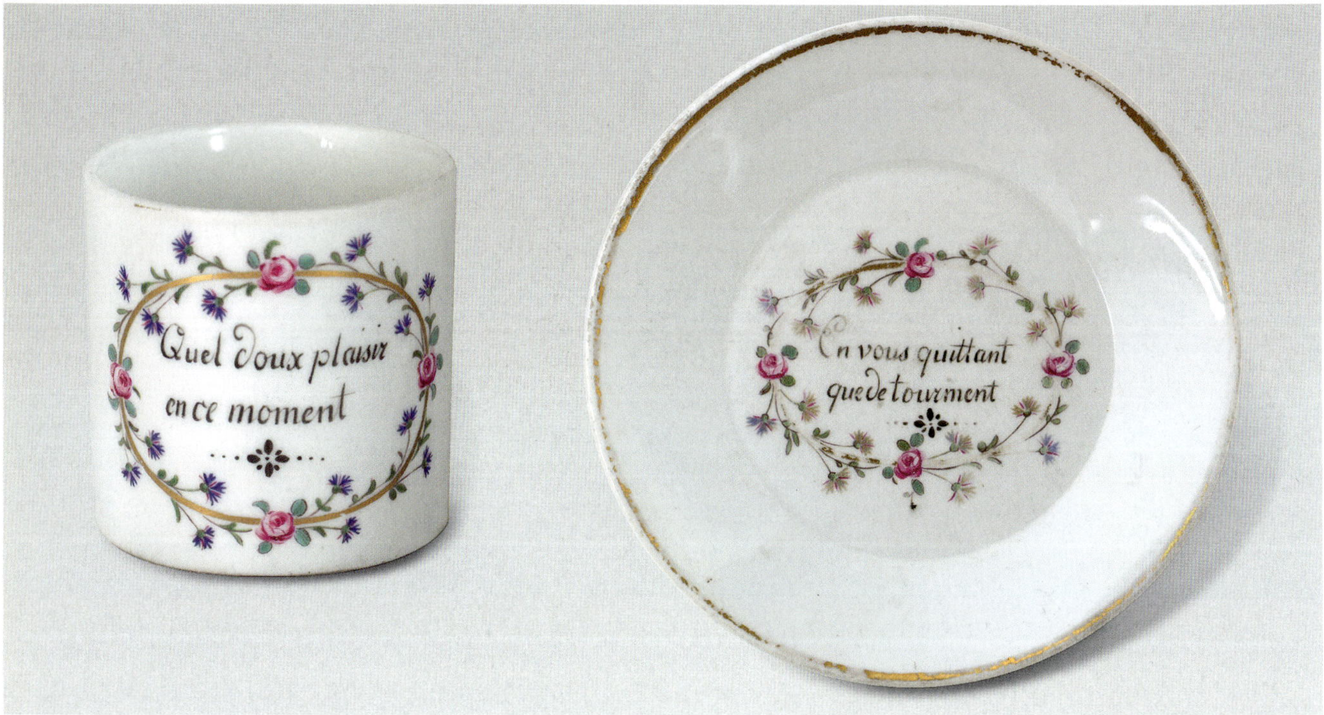

Abb. 10, Manufaktur Höchst
Tasse mit Untertasse, um 1780/90. Porzellan
Frankfurt, Goethe-Museum, Inv. Nr. IV 525 und 525 a

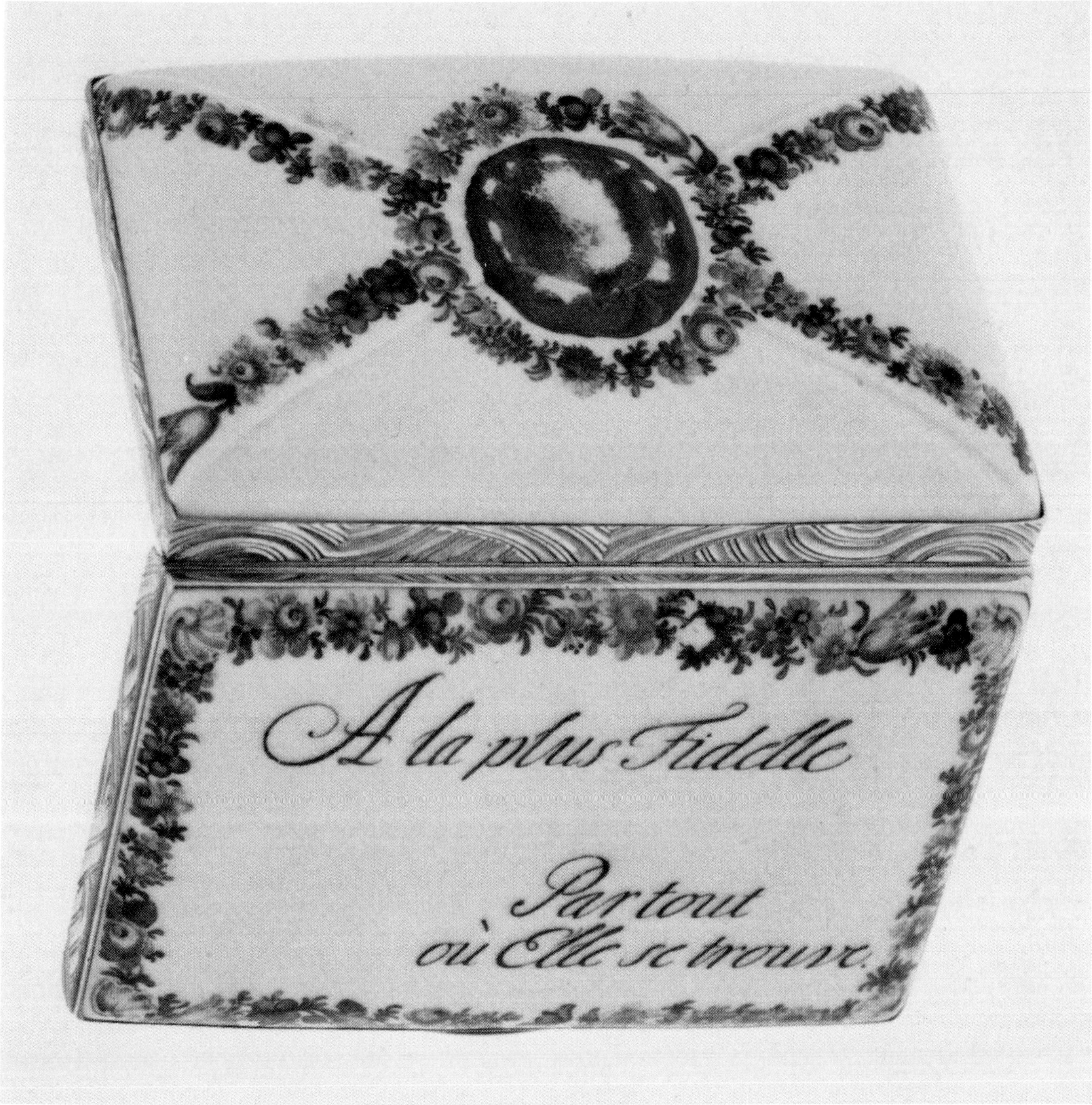

Abb. 11, Meißen
Dose in Form eines Briefes, um 1750-55
Porzellan, Goldmontierung, ziseliert mit Wellenbändern, weiß glasiert
Zürich, Privatsammlung
Nach: Beaucamp-Markowsky 1985, S. 164.

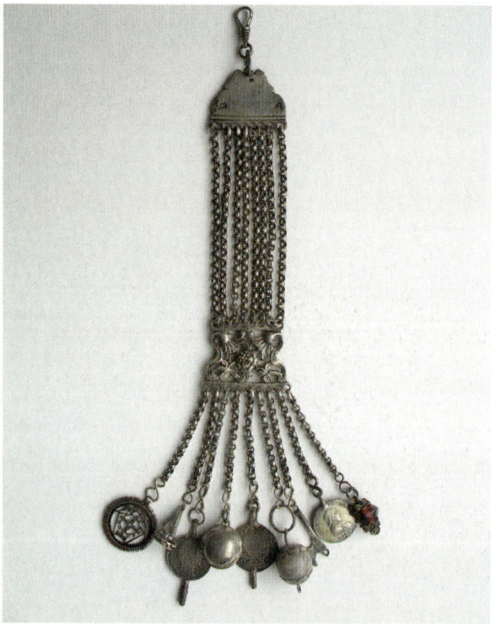

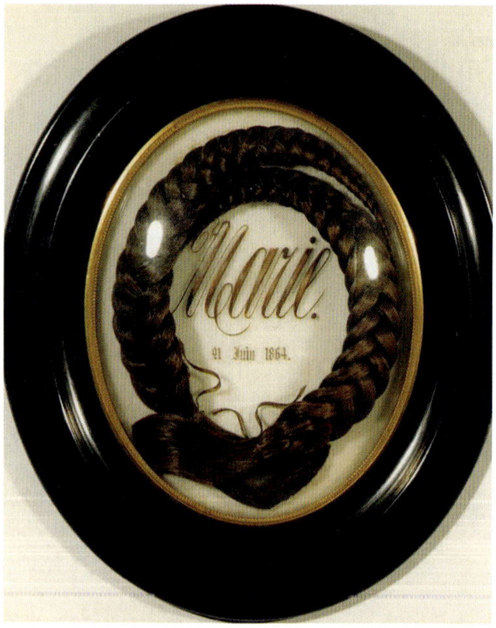

Kunsttheoretische Debatten zur Lesbarkeit des Dings

Dass die Beziehungen von Sprache, Geste und Ding und von Anwesenheit und Abwesenheit im Andenken in besonderer Weise verhandelt werden, lässt sich nicht von den zeitgleich intensiv geführten kunsttheoretischen Debatten zur Lesbarkeit des Kunstwerks trennen. Die Ästhetik des ausgehenden 18. Jahrhunderts kreist um das Problem, Kunst in Natur zurück zu verwandeln.[23] Sie sind bestimmt von der Frage, was sprachliche, bildliche oder dingliche Zeichen mit den Gegenständen, für die sie einstehen, verbindet. Gerade die Einsichten in die Arbitrarität des Zeichens führen dazu, im Symbol nach einer ästhetischen Aufhebung der Differenz von Zeichen und Bezeichnetem zu suchen.

Das Andenken changiert zwischen Allegorie und Symbol. Im Sinne der goethezeitlichen Zeichentheorie, die sich vereinfacht auf die griffige Formel bringen lässt: „Die Allegorie bedeutet, das Symbol ist“,[24] wird es in Richtung auf das Symbol hin konturiert. Denn gerade seine vertraute Einbindung ins Tagtägliche und seine lebenserschließende Kraft en passant prädestinieren das Andenken zum intimen Symbol. Diese Affinität wird im Verlauf des 19. Jahrhunderts auch dadurch nuanciert, dass das Andenken in den Sog der Fetischdiskussion gerät. Im Fetisch ist die monologische Dialogizität des empfindsamen Andenkens restlos aufgehoben, es verweist nicht mehr auf ein Abwesendes, sondern es wird selbst zum affektiven Gegenüber des Fetischisten. Hierfür lassen sich zum einen Andenken anführen, die deutlich auf ethnographisch erschlossene Fetischformen rekurrieren wie die sogenannten Berlocken, Uhrketten mit dekorativen Anhängseln verschiedener

Abb. 12, Berlocken (Uhrenkette), um 1800
Köln, Museum für Angewandte Kunst

Abb. 13, Frankreich
Haarbild, datiert 1864
Schwarzer Holzrahmen, Hohlglas, Haareinlage zwei geflochtene Haarzöpfe auf Opalglas, Inschrift aus Haar „Marie 21. Jun 1864“; Rückseite: Herstellerwerbeschild „Haarbildner“
Rastede, Sammlung Alfred A. Peters, Inv. Nr. 2-070

[23] Vgl. Oesterle 2003.

[24] Titzmann 1979, S. 642-665, S. 651f. Titzmann zeigt, dass diese Begriffsbildung weniger in der Literatur- und Kunsttheorie erfolgt ist als in den Ästhetiken der idealistischen Philosophie. „Es geht um Semiotisierung des Natürlichen und Naturalisierung des Semiotischen: das Kunstwerk wird der Natur angenähert und die Natur dem Kunstwerk.“ (Ebd., S. 660) In diesem Zuge dient das Symbol als ideale Erfüllung des autonomen Kunstwerks, das jeglichem Zeichencharakter

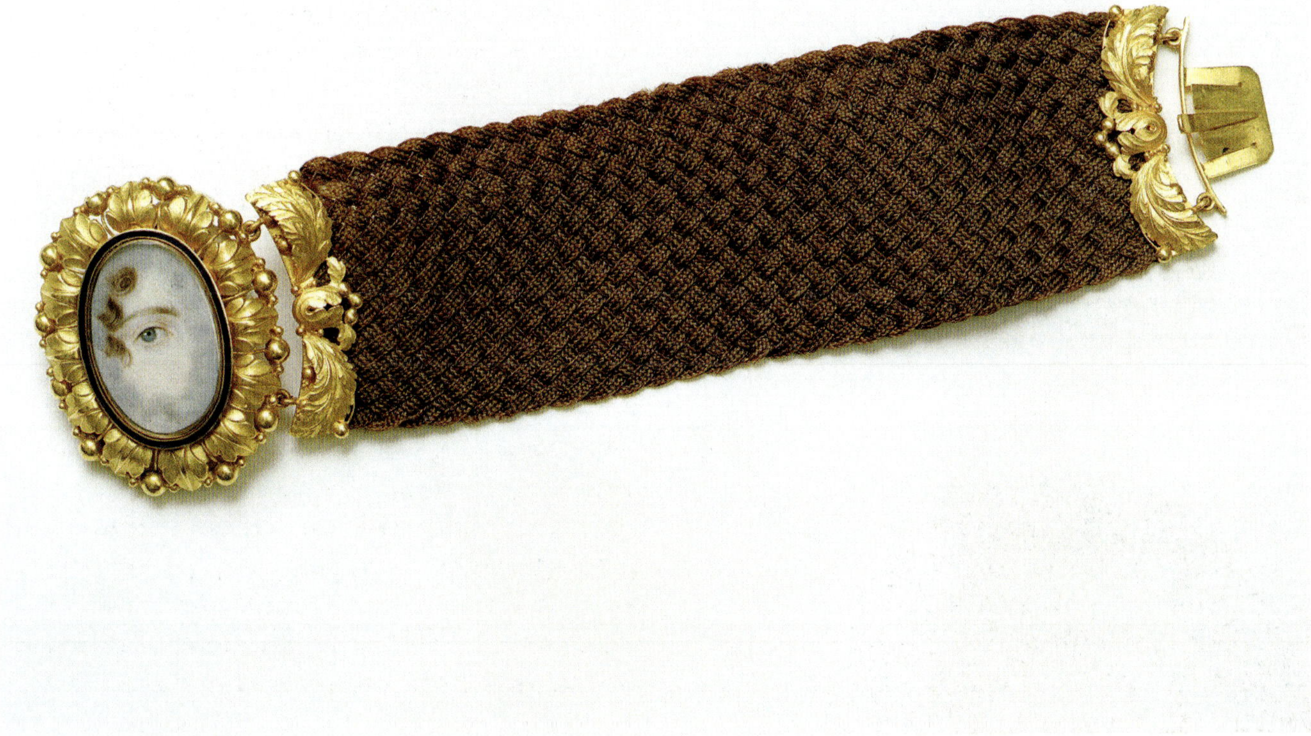

enthoben ist, als „ein klassifikatorischer, kein interpretatorischer Begriff: er dient nicht der Auslegung, sondern er hilft, Ordnung zu schaffen – zu integrieren, was schon längst nicht mehr zu integrieren ist. Er ist ein Desiderat der Theorien, das eingeführt wird, um die Welt als einheitliche Ordnung denken zu können, nicht um sie zu beschreiben oder zu deuten" (ebd. S. 661f.).

Abb. 14, Deutschland
Haararmband mit Augenbildnis, Haararmband der Auguste Amalie von Leuchtenberg (1788–1851), um 1823
Armband aus geflochtenem dunkelbraunen Haar, als Mittelstück ein Ovalmedaillon mit Miniaturmalerei auf Elfenbein unter Glas, Rahmung aus gegossenem Gold
Stockholm, The Royal Collections, Inv. Nr. MR 471

Funktionen, hier ein Exemplar um 1800 mit einer Uhr des Kölner Meisters Jerome Schmitz. (Abb. 12) Gottfried Keller hat in seiner Novelle „Die Berlocken" (1881-1882) in unübertroffener Weise die Kollision zweier Lesarten durch einen Europäer und eine Indianerin beschrieben.[25] Wird der psychologische Fetischismus auch erst Ende des 19. Jahrhunderts diskursfähig,[26] so lassen sich in den Andenkenformen deutliche Vorläufer finden, die sich durch die Konzentration auf Körperfragmente auszeichnen, so die große Vorliebe für Augen- und Handbildnisse, das Verwahren von Kleidungsstücken, besonders aber für Haare, die buchstäblich aus dem leiblichen Kontext herausgerissen sind.[27] Während etwa die Gedenkbilder aus Haaren in der Regel durch Text oder Bild einen Personenbezug herstellen (Abb. 13), nicht zuletzt indem sie die Schnittkanten und damit die Gründungsszene betonen, verselbstständigt sich das Haar im Memorialschmuck immer stärker. In der Kombination mit dem Augenbildnis wird das künstliche Flechtwerk noch durch weitere Körperfragmente, das Auge und eine gleichfarbige gemalte Stirnlocke, kontextualisiert. (Abb. 14) Es gibt jedoch auch Gegenstände aus Haaren, die kunstvoll deren pure Materialität exponieren. (Abb. 15) In seiner Erzählung „Das tote Brügge" (1892) beschreibt Georges Rodenbach das Changieren zwischen Andenken und Fetisch am Beispiel einer Haarflechte, die teils als Verweis auf eine Verstorbene, teils als plastisch-sinnliche Nachfolgerin für diese dient. Ein Witwer teilt die Wohnung mit dem schönen Haar seiner verstorbenen Frau. Als er sich mühsam eine lebendige Doppelgängerin herangezogen hat und diese erstmals die Sphäre der geliebten Flechte betreten lässt, kommt es zum leidenschaftlichen Konflikt zwischen beiden Liebesobjekten, der damit endet, dass der Liebende die Lebende mit dem Zopf erdrosselt.[28]

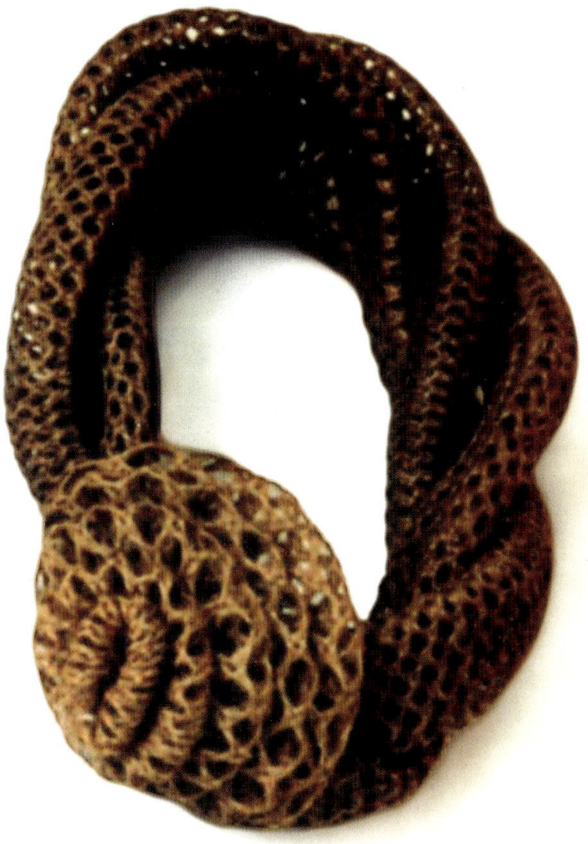

Abb. 15, Deutschland
Geschlossenes Haararmband mit Haarrosette, um 1850
Haare in Klöppeltechnik, drei umeinander gedrehte Schläuche (Löcherschlag)
Rastede, Sammlung Alfred A. Peters, Inv. Nr. 20-015

---

25 Im Mittelpunkt steht eine narzisstisch gewordene Andenkenpraxis durch einen Sammler, der fremde Liebesandenken zusammenträgt, die er an seinen Berlocken wie Trophäen eines erfolgreichen Liebeslebens befestigt. Insofern ist es nur konsequent, dass er es im Rahmen einer Expedition beim Liebeswerben um eine Indianerin verwendet, die ihrerseits nichts geringeres als einen Fetisch darin sieht, den sie als höchste Liebesgabe an ihren indianischen Bräutigam weiter reicht. Zum Fetischdiskurs in Gottfried Kellers „Die Berlocken": Brandstetter 1999.

26 Böhme 2006.

27 Holm 2005.

28 Rodenbach 2003, S. 141-215.

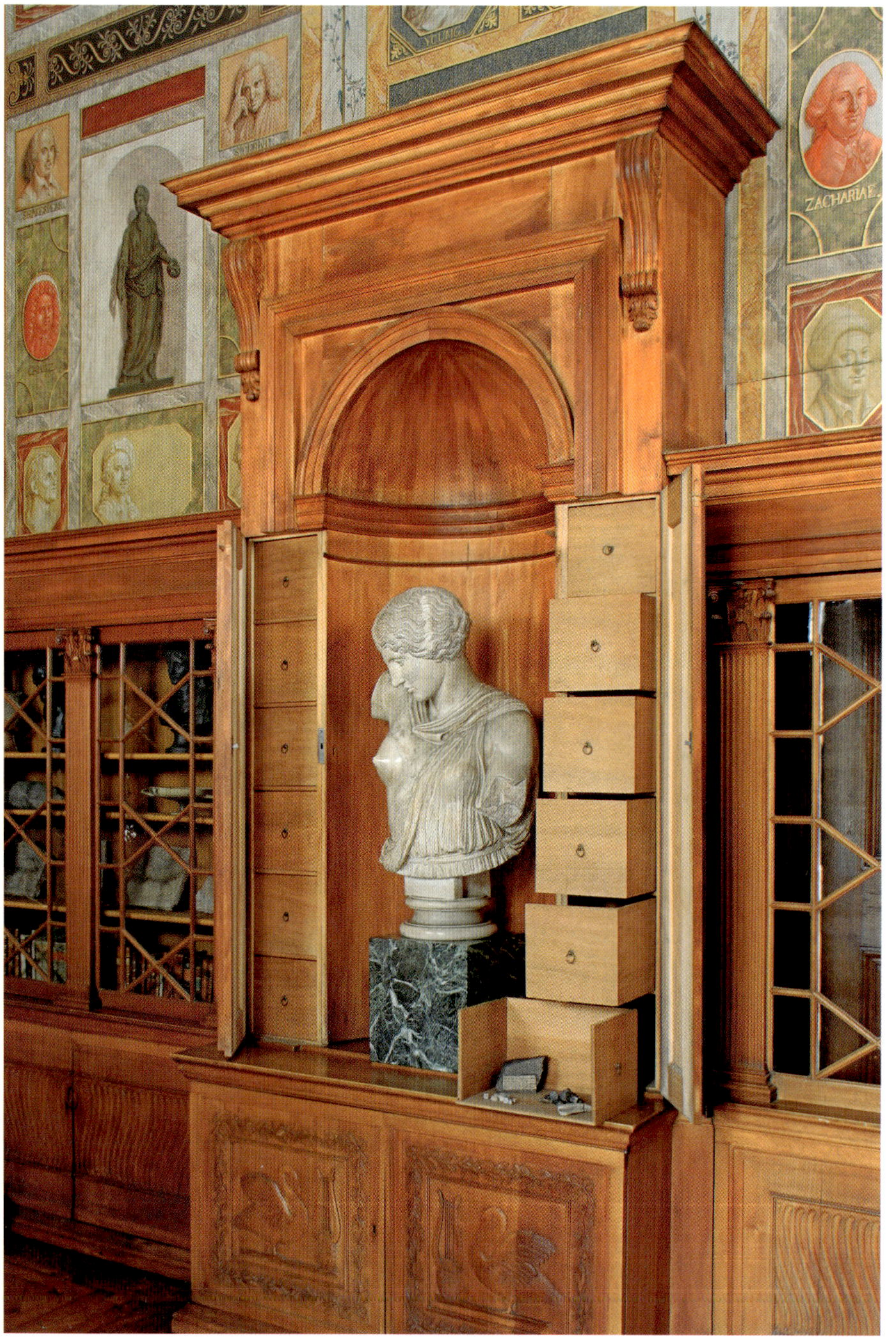

Abb. 16, Bibliothek des Wörlitzer Schlosses,
Ansicht der Nordseite
Holzkästen mit Gesteinsproben
Eiche, Messingbeschlag
Dessau, Kulturstiftung Dessau Wörlitz, Schloß Wörlitz,
Inv. Nr. G 4469 gr 2°/53967

Die Medialität des intimen Andenkens

Aus dieser Konstellation von empfindsamer Ding-, Kommunikations- und Erinnerungskultur sowie den damit einher gehenden ästhetischen Debatten erhellt sich das Andenken als ein komplexes und zeitspezifisches Phänomen, das keinesfalls als süßlich-biederer Anachronismus abgetan werden kann, sondern sich vielmehr als eine moderne Form des Gedenkens etabliert. Im Folgenden geht es darum, die spezifische Medialität des Andenkens, insbesondere sein spannungsvolles Verhältnis von Materialität und Textualität, genauer zu beschreiben.

Erinnerungsfunktion

Die Erzählliteratur ab dem ausgehenden 18. und des gesamten 19. Jahrhunderts bietet klare Kriterien für das, was ein Andenken zum Andenken macht. Ein Andenken ist nicht eindeutig über seine ästhetische Machart zu erkennen, so kann ein Böhmisches Badeglas aus Marienbad ein komplexes Liebesandenken sein.[29] Auch sein Tauschwert ist kein Kriterium, sogar ein achtlos ausgespuckter Kirschkern kann zum Andenken werden.[30] Ebenso wenig ausschlaggebend ist der Gebrauchswert. Ein Fächer kann, weil er der Mode nicht mehr entspricht, in die Schublade wandern,[31] während eine profane Stecknadel aus einem Frauenkleid vom Geliebten dadurch in Ehren gehalten wird, dass er sie täglich anheftet und seinen ganzen Ehrgeiz darein setzt, das Kleinod auf stürmischer Seefahrt nicht zu verlieren.[32] Ausschlaggebend für ein Andenken ist allein sein Erinnerungswert. Es kann intentional für ein Erlebnis gefertigt oder gekauft worden sein, so das Artefakt, oder es kann seinen Weg vermeintlich zufällig gefunden haben, so das Überbleibsel. Beiden Fällen gemein ist jedoch, dass Artefakte und Überbleibsel nicht aus sich heraus eine Erinnerungsfunktion haben, sondern diese ihnen in einem erinnerungsstiftenden Akt erst zugewiesen werden muss. Dieses Verfahren der Gründung eines Andenkens wird dann besonders augenscheinlich, wenn Abfall den Status eines Andenkens erhält. Dem normalen Besucher verborgen, in Geheimfächern an den Skulpturen-Nischen seiner Bibliothek, verwahrte Fürst Franz von Anhalt-Dessau spröde Objekte, vor allem Steine, die er seit 1748 gesammelt hatte.[33] (Abb. 16) Die Errinerungsstücke beziehen sich auf seine Reisen ebenso wie auf den heimischen Wörlitzer Garten. Innerhalb der Kästen aber auch auf den Objekten selbst brachte der Sammler Beschriftungen an wie: „mitgebracht", „von mir gesammlet", „aufgehoben worden", „gefunden worden", vielfach nur „gefunden", die das Objekt als persönliches Fundstück identifizieren. Zu sehen sind ein Lavabrocken vom Vesuv, Bronzefunde aus Rom und Neapel, Mosaiksteinchen aus Herculaneum, eine fossile Muschel aus dem Englischen Garten in Stowe, ein sogenanntes „Marienglas", das beim Abriss des alten Wörlitzer Schlosses im Fundament geborgen wurde, ein Geschosssplitter aus Prag, ein Stein vom Grabe Vergils. Die Grenzen zwischen erdgeschichtlichen, archäologischen, kulturgeschichtlichen und lebensgeschichtlichen Erinnerungsstücken sind deshalb nicht zu ziehen, da es dem Fürsten offensichtlich wichtig war, dass alle Objekte von ihm selbst gefunden, nicht selten herausgebrochen waren. Ließ er vergleichbare Übergriffe auf seine Wörlitzer Gärten in der Parkordnung ausdrücklich verbieten, so bilden sie doch — neben den umfänglichen Ankäufen kunsthandwerklicher Souvenirs — einen wichtigen Teil seiner eigenen Erinnerungspraxis.[34]

Intermedialität

Durch die Verschiebung des Erinnerungsobjekts von dem verhältnismäßig klar umrissenen Gegenstand etwa eines Heiligtums, einer Person oder eines Ortes zu einer intimen Geschichte verändert sich auch die Bebilderung und Beschriftung des Souvenirs. Das Andenken zeichnet sich durch eine sehr hohe Sensibilität für das intermediale Wechselspiel von Text, Bild und Ding aus. Häufig finden sich solche Formen, die nach dem Quodlibet-Prinzip einzelne Schrift- und Bildstücke zu neuen Texturen verdichten.

---

[29] Vgl. dazu den Vortrag von Natascha N. Hoefer „Goethes 'Marienbader Elegie': Zu einem Sammelstück der Poesie des Andenkens", den sie am 7. Februar 2003 im Rahmen der Tagung „Goethe als Sammler" (Veranstalter: SFB 482 „Ereignis Weimar-Jena") in Weimar gehalten hat.

[30] Arnim 1989, Bd. 1, S. 402-405.

[31] Storm 1992, Bd. 1, S. 358.

[32] Goethe 1989, Bd. 10, S. 410.

[33] Diese persönliche Sammlung des Gartenfürsten wurde im Zusammenhang mit einer wissenschaftsgeschichtlichen Ausstellung aufgearbeitet: Ausst.-Kat. Dessau-Wörlitz 2004, Kat.-Nr. 21, S. 64-67.

[34] Der Zusammenhang wurde von Christiane Holm in einem Vortrag „Andenken und Eingedenken: Erinnerungsstücke an Wörlitz" anlässlich der Jahrestagung der Dessau-Wörlitzer-Komission „Besucher in Dessau-Wörlitz. Zeitgenössische Wahrnehmung und Mythisierung" am 25. September 2004 vorgestellt. Zum Themenkomplex dingliche Erinnerung im Garten vgl. auch Ananieva 2006.

So berichtet ein 1823 datiertes, durch oder für Robert Theer gefertigtes Arrangement mit Ausflugsansichten, Spielkarten, Blumengrüßen und leicht angebrannten Notenblättern von heiteren Kunst- wie Alltagsgenüssen. Innerhalb dieser Collage ist die Trias Glaube-Liebe-Hoffnung grafisch hervorgehoben und spricht den Erlebnisresten einen lebens-sinnvollen Zusammenhang zu (siehe Beitrag Oesterle, Abb. 12).
Besonders auffällig ist, dass nicht nur die Bildlichkeit, sondern verstärkt auch die Materialität der Andenken einbezogen wird, so wie bei den oben genannten Revolutionsmedaillen aus den Eisenketten der Bastille. Eine beliebte Form findet sich in solchen Andenken, die die Dauerhaftigkeit des Materials mit dem Gedächtnis korrelieren. So etwa eine Meißener Deckeltasse um 1805 mit der zweigeteilten Aufschrift „Zerbrechliches Andenken" (Deckeltasse) „dauerhafter Freundschaft" (Untertasse). (Abb. 17) Dieses Andenken behauptet die höhere Stabilität des ideellen Gegenstandes gegenüber der fragilen Materialiät des Mediums. Anders hingegen eine Wiener Freundschaftstasse mit einem Hahnenbildchen um 1820, auf der Untertasse kommentiert mit: „Unsere Freundschaft / wird besteh'n / Bis dieser Hahn be= / ginnt zu kräh'n." (Abb. 18) Dieser Verweis funktioniert zunächst andersherum, denn da eine Tasse kein Hahn ist, wird sie auch nicht krähen und steht folglich mit ihrer Materialität für die Dauerhaftigkeit der Freundschaft ein. So wie die Tasse aber implizit immer auch für Zerbrechlichkeit steht, so erinnert auch der Hahn an die Zerbrechlichkeit der Freundschaft, konkret an den biblischen Freundschaftsverrat des Petrus, der dies selbst auch für unmöglich hielt, und es dennoch geschah, bevor der Hahn drei mal krähte.[35]
Fungiert der Text in beiden Tassen in erster Linie als Kommentar, so kann das Verhältnis der aufgebrachten Worte mitunter auch eine performative Dimension annehmen: Die Aufschrift „Aus Achtung" ziert ein geradezu monumentales mit Seidengaze ausdekoriertes Blumenkissen um 1810. (Abb. 19) Der lakonische Zwei-Wort-Satz lässt sich auf die Fertigung oder Übergabe des Prunkstückes beziehen, die eben „aus Achtung" für die Empfängerin oder den Empfänger geschahen. Vice versa kann er auch

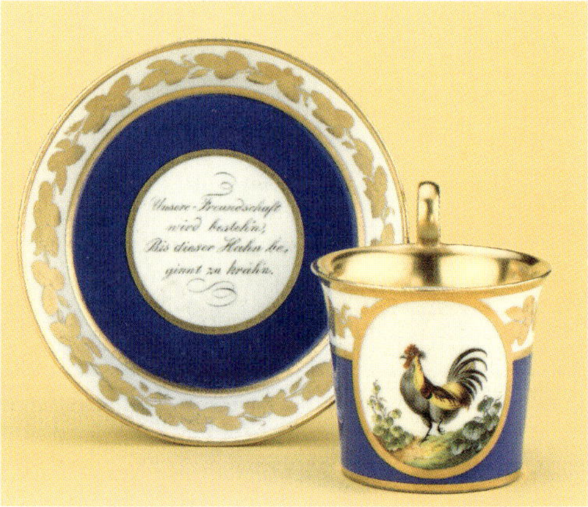

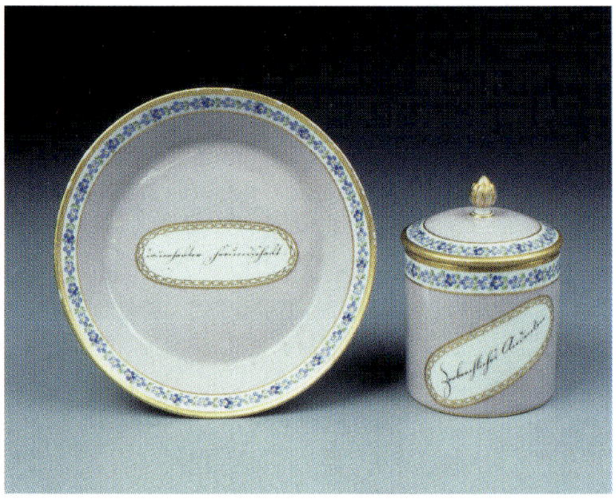

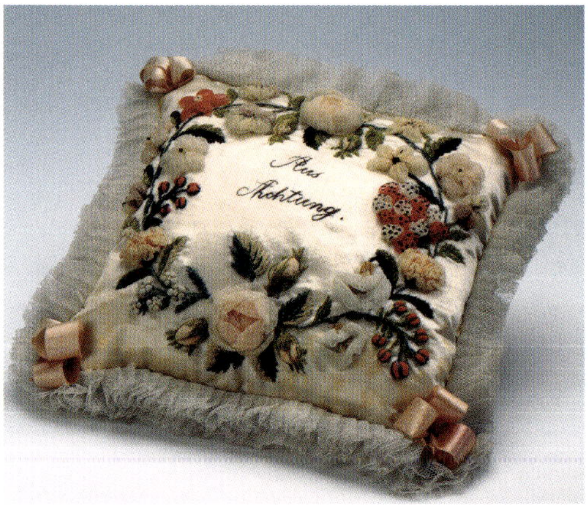

[35] Wiewelhove 2005, Kat.-Nr. 116, S. 62.

Abb. 17, Meißen
Deckeltasse mit Unterteller, 1805-10
Porzellan, Inschrift: „Zerbrechliches Andenken" (Deckeltasse)/ „Dauerhafter Freundschaft" (Unterteller)
Köln, Museum für Angewandte Kunst, Inv. Nr. E 5706

Abb. 18, Wien
Tasse mit Unterschale: „Unsere Freundschaft / wird besteh'n / bis dieser Hahn be- / ginnt zu kräh'n.", 1822-1819. Bielefeld, Museum Huselmann, Sammlung Homann, Inv. Nr. HoTa 116.

Abb. 19, Kissen mit Aufschrift „Aus Achtung"
München, Stadtmuseum

als Nutzungsanweisung gelesen werden, „aus Achtung" soll man sich darauf betten – versprechen die starren Kunstblumen auch keine allzu große Bequemlichkeit. Die Aufschrift kann aber genauso direkt auf das voluminöse Kissen bezogen werden, das zum Bersten „aus Achtung" besteht. Und es könnte schließlich auch als Sprechakt des Kissens verstanden werden, das „aus Achtung" die Bühne des Heimeligen betritt. Die Spannung zwischen Text und Ding entsteht dadurch, dass die Pathos-Formel in eine merkwürdige Spannung zum wohlig-selbstzufriedenen Habitus des Kissens gerät.
Das raffinierte Wechselspiel mit Analogien oder Spannungen zwischen Machart oder Materialität des Andenkens und der Struktur des Angedachten oder der Art und Weise des Andenkenaktes scheint ein typisches Kennzeichen der neuen Andenken zu sein, die ihre Zeichenpraxis selbst zum Gegenstand des Andenkens machen.

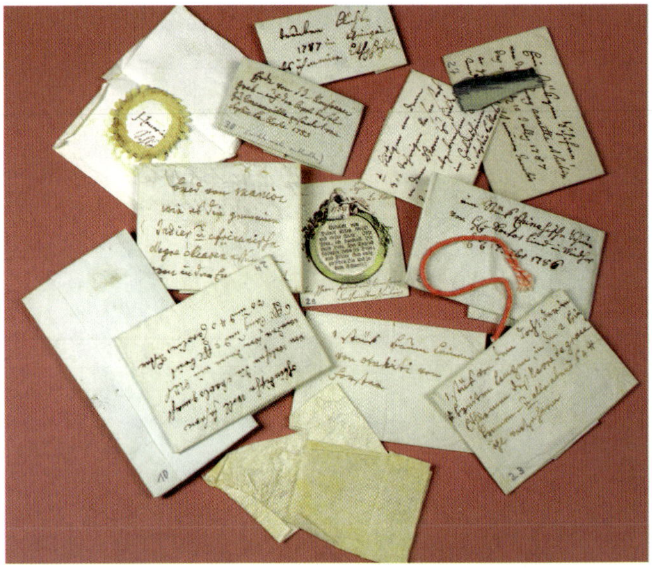

Narrativität

Der erinnerungsstiftende Akt, ob nun der Fund, die Fertigung oder der Kauf, der ein Ding zum Andenken macht, erfolgt selten als isolierbare Bedeutungszuweisung, sondern er ist meist selbst in den Erinnerungsprozess verwickelt. Jedes Andenken hat eine Gründungsszene, einen narrativen Kern, es basiert auf einer unsichtbaren Geschichte. Und diese Geschichte muss dem stummen Andenken-Ding im Akt des Andenkens permanent zurückerstattet werden, um seinen Status aufrecht zu erhalten. Diese Einsicht in die Unlösbarkeit des Andenkens bringt prinzipielle Probleme für die museale Präsentation. Spätestens wenn jedweder Abfall ein Andenken sein kann, wird offensichtlich, dass das Andenken sich eben nicht selbst ausspricht. Die mit der Isolation in den Vitrinen einhergehende Ent-Kontextualisierung, die Behandlung des Andenkens als reines Ding, kann zwar sogar Abfall eine auratische Qualität verschaffen, seine Funktion als Andenken jedoch lässt sie im Dunkeln. Auch ist es selten möglich, die Geschichten zu rekonstruieren, so dass man sie gegebenenfalls in Textform mitreichen könnte. Wie schon an Byrons Bettvorhang problematisiert, scheint es wichtiger, die narrative Verfasstheit des intimen Andenkens an sich aufzuzeigen. Folglich sind gerade solche Objekte interessant, die selbst ein Stück ihrer Gründungsszene erzählen. Bei der von Sophie von La Roche ab den 1770er Jahren gepflegten Andenkensammlung (Abb. 20) handelt es sich um solch ein Erinnerungsgefüge, das, ähnlich wie die Steinsammlung des Fürsten Franz, die Gründungsszenen verschriftlicht.[36] Werden diese Gründungsszenen bei Fürst Franz lediglich verzeichnet, so werden sie bei Sophie von La Roche pointiert erzählt: Die einzelnen Andenkenobjekte sind in ihre Andenkengeschichte eingewickelt. Auf anschauliche Weise macht dieses Ordnungssystem deutlich, dass die an sich unansehnlichen Objekte: Erdbröckchen, Metallspäne, Pflanzenteile, Textilfragmente, aber auch die seriell gefertigten Billets nur über ihre intimen Geschichten funktionieren, die Geschichten vom Besuch an Rousseaus Grab, von dem Fund eines Geschosssplitters in Friedenszeiten, von einer tiefsinnigen Unterredung unter einem Baum und dergleichen mehr.

---

[36] Kölsch/Maisak 2002, Kat.-Nr. 89, S. 112-114.

Abb. 20, Maria Sophie von La Roche (geb. Gutermann) (1730 Kaufbeuren – 1807 Offenbach)
Andenkensammlung von Sophie von La Roche.
33 Papierbriefchen, jeweils handschriftlich beschriftet, darin eingewickelt verschiedene Objekte
Frankfurt, Goethe-Museum, Inv. Nr. IV-1963-12

Performativität

Der Begriff des Andenkens trägt das Doppelte von Ding und Tun schon in sich. Folglich gilt es bei den Andenken-Objekten immer auch deren Handhabung bei der Gründung sowie bei deren beständiger Aktualisierung einzubeziehen.[37] Interessanterweise finden sich solche szenisch-gestischen Momente häufig auf Andenken angebracht. Eine Berliner Porzellandose um 1780 mit purpurrosa Fond und einem küssenden Puttenpaar auf dem Deckel präsentiert sich als Liebesgabe. (Abb. 21) Auf der Innenseite findet sich die Szene einer Andenkenstiftung: An einem Toilettentischchen schneidet sich eine Dame mit ungepudertem Haar für ihren Kavalier mit gepuderter Perücke eine Locke aus ihrem Zopf. Dargestellt ist der Moment des Schnittes, eine Szene, die Dolf Sternberger rückblickend als Schlüsselstelle des „theuren Andenkes" bezeichnet.[38] Die Literatur des 19. Jahrhunderts birgt viele solcher Schnitt-Szenen und fokussiert damit den Umschlagspunkt, in dem das Haar vom Körperteil in ein Artefakt, vom Naturzeichen in ein Kulturzeichen überführt wird. Einerseits ist eine Locke ein Körperteil, andererseits ist sie bereits mit dem Schnitt, also der Trennung vom Körper, der kulturellen Formung überantwortet. Zugleich ist erst mit dem Schnitt eine Zeitstruktur installiert, die das Haar punktuell als vergangenen Zeitabschnitt definiert.
Die Geste des Andenkens scheint vornehmlich ein weibliches Geschäft und ist motivisch eng mit den Trauer- und Melancholie-Darstellungen verbunden.[39] Dass sich das Motiv der versunkenen Andenkerin in der Miniatur verselbständigen konnte, bezeugt etwa eine Figur des sitzenden Mädchens mit Bildnismedaillon aus der Manufaktur Höchst. (Abb. 22) Ein besonders raffiniertes Beispiel besteht in der Darstellung der beiden Seiten des Andenkens auf den zwei Seiten eines englischen Medaillons aus den 1790er Jahren: Vorderseitig ist eine Andenkende zu sehen, die ein Silhouettenmedaillon betrachtet und die durch die im Hintergrund befindliche Urne zugleich als Trauernde ausgewiesen

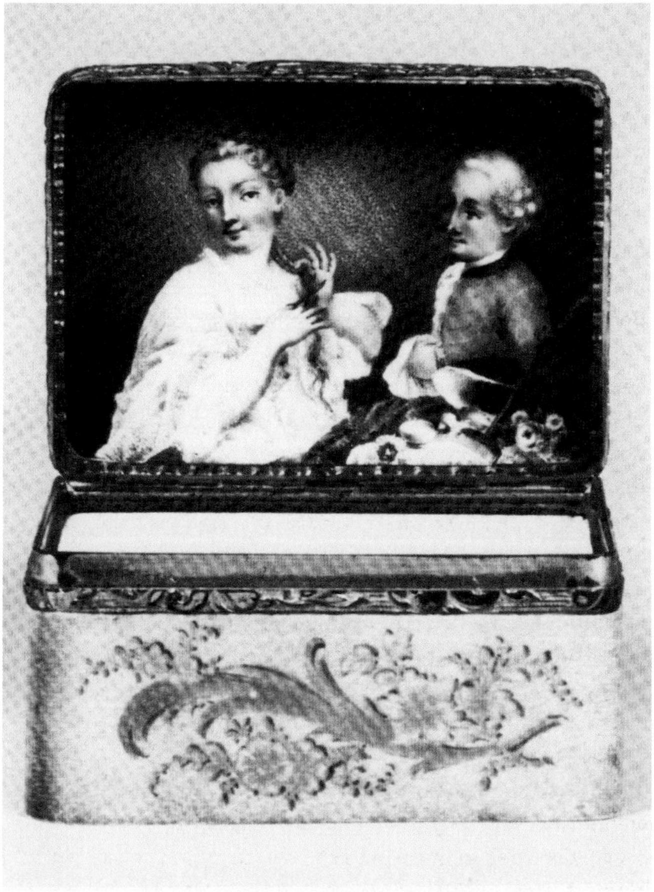

Abb. 21, Deutschland
Dose mit amourösem Dekor, um 1780
Porzellan. Vergoldete Kupfermontierung, weiß glasiert. Malerei im Deckel überwiegend in feinster Tüpfelmanier
Privatsammlung
Nach: Beaucamp-Markowsky 1985a, S. 334.

[37] Gerade das Segment der Denkmalforschung muss, wie Manfred Pfister kürzlich zeigte, um die Performativität seines Gegenstandes erweitert werden: Ein Denkmal kann nur als solches funktionieren, wenn es in einem performativen Akt als solches eingesetzt und (re)aktualisiert wird. Dieser Zugriff lässt sich ebenso für die miniaturisierte Seite des kollektiven Denkmals, für das intime Andenken, übernehmen. Manfred Pfister: Shakespeare's Memory: Text – Bilder – Monumente – Performances. Vortrag im Rahmen der Ringvorlesung des Sonderforschungsbereichs 434 „Erinnerungskulturen" an der Justus-Liebig-Universität Gießen am 14. Februar 2006.

[38] In einem kurzen Essay „Das teure Andenken" würdigt Dolf Sternberger Souvenirs als zentrale Erinnerungsform des

ist. (Abb. 23) Das „Medaillon im Medaillon“ rekurriert farblich auf die Rückseite, in der eine rautenförmig geflochtene Haareinlage angebracht ist.[40] Der Erinnerungsakt ist auf das Erinnerungsstück, die Performativität des Andenkens auf seine Materialität bezogen.
Findet sich die performative Dimension des Andenkens hier selbst ins Bild gesetzt, so gibt es auch Beispiele, die durch gewisse Mechanismen ihre Handhabung vorgeben, wie z.B. die unten genannten Objekte mit doppelten Böden. Ein besonders eindrückliches Beispiel besteht in dem faszinierenden Spiegel-Andenken aus der Sammlung des Mario Praz, überliefert als Geschenk der Paolina Borghese an ihren Bruder Napoleon. (Abb. 24) Der Betrachter ist im Bild und findet sich von bacchantischen Weinranken mit Puttengewimmel bekränzt. Oben eingraviert findet sich der Satz „Salute Paolina“- die abwesende Paolina hat dem Gegenüber zum Gruße einen Kranz aufgesetzt. Was der Andenkende sieht, ist nicht Paolina, sondern sich selbst, wie er ihrer gedenkt.
Schließlich gibt es auch solche Andenken, die durch Gebrauchs-, Zerstörungs- oder Ergänzungsspuren Momente ihrer konkreten Handhabung mittransportieren. Als anschauliches Zeugnis einer damnatio memoriae kann ein Tabaksbeutel aus dem letzten Drittel des 18. Jahrhunderts dienen, ein Klassiker der weiblich-häuslichen Andenkenproduktion, der eben nicht vollständig, sondern nur partiell zerstört, aber weiter verwahrt wurde. (Abb. 26) Herausgeschnitten wurde der weibliche Rumpf des pittoresken Paares und auf der rückseitigen emblematischen Anordnung die Flamme des Herzens, nicht das Herz selbst. Es war also offenkundig weniger ein Akt des Vergessens, der sich konsequenter in der völligen Zerstörung des Tabakbeutels hätte inszenieren lassen, als vielmehr die Umwidmung von einer positiven in eine negative Erinnerung. Ein berührendes Beispiel für die Erweiterung eines Andenkens besteht in einem Familienfoto, in das ein Bild des verstorbenen Kindes postum hineingeklebt wurde. (Abb. 25) Es handelt sich um ein Erinnerungsbild im Erinnerungsbild, die Familie will sich als eine erinnern, die das verstorbene Kind erinnernd präsent hält.

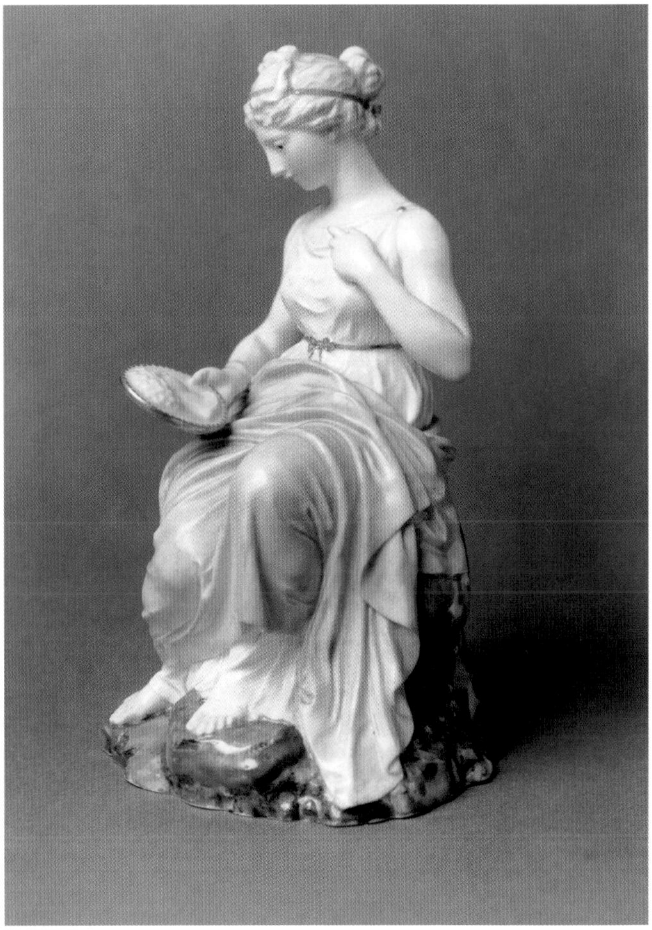

Abb. 22, Höchst
Modell von Johann Peter Melchior (?)
(1742 Lintorf - München 1825)
Sitzendes Mädchen mit Bildnismedaillon, um 1775
Porzellan
Köln, Museum für Angewandte Kunst Köln,
Inv. Nr. E 3692

19. Jahrhunderts. Dabei entfaltet er seine Analyse entlang der Lektüre eines der meistverkauften Romane seiner Zeit, Harriet Beecher Stowes „Onkel Toms Hütte“ (1852): Ein Mädchen schneidet sich auf dem Totenbett einige Locken ab und überreicht sie den anwesenden Angehörigen. „[D]arum also ist das teure Andenken so teuer“, argumentiert Sternberger, „weil es die süßen Empfindungen schmerzlich wiederholen und die längst getrockneten Tränen noch einmal fließen läßt“. Sternberger 1978, S. 70.

39 Die Ikonographie der Trauer wurde, wie Ellen Spickernagel gezeigt hat, entsprechend der neuen Arbeitsteilung der Geschlechter Ende des 18. Jahrhunderts an den weiblichen Körper gebunden. Spickernagel 1989.

40 Zick 1980, S. 155.

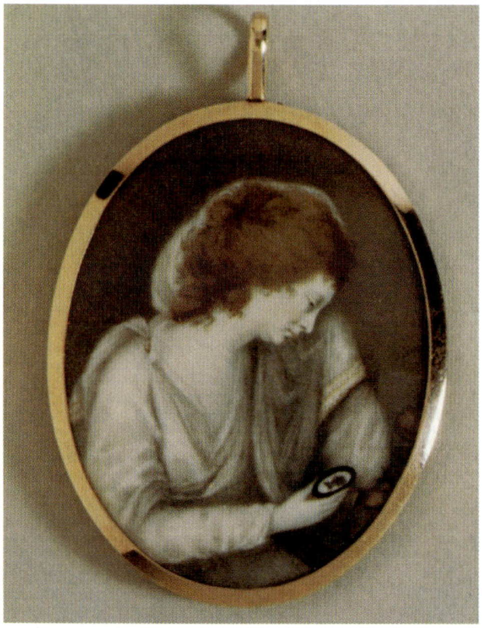

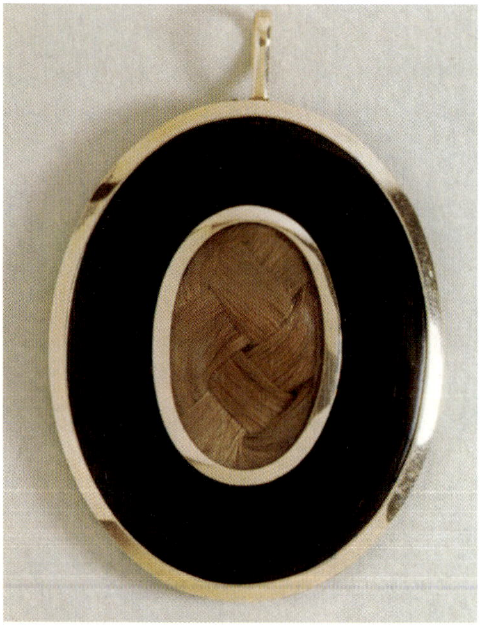

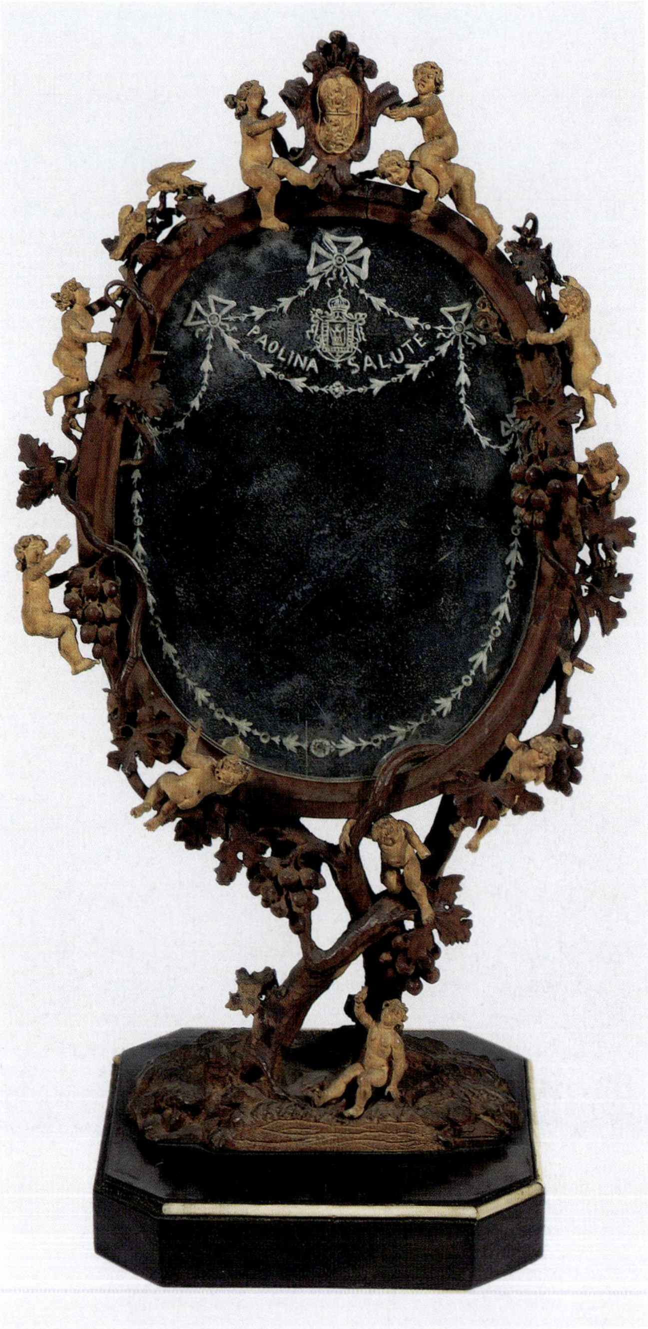

Abb. 23, England
Medaillon mit Miniatur, Ende 18. Jh.
Vorderseite: Unter Glas in Miniaturmalerei auf Elfenbein
Rückseite: Unter Glas rautenförmig geflochtenes hellbraunes, leicht rötliches Haar. Breiter dunkelblauer transluzider Emailrahmen
Privatbesitz

Abb. 24, In der Manier Giuseppe Maria Boncanigos (Maniera del Boncanigo), Paolina Borgheses Spiegel für Napoleon: „Paulina grüßt Dich“, erstes Drittel 19. Jh.
Gravierter Spiegel, Holzschnitzerei; Gravierung: „Salute Paolina“ und Wappen, Rom, Galleria Nazionale d'Arte Moderna, Museo Mario Praz, Inv. Nr. 290

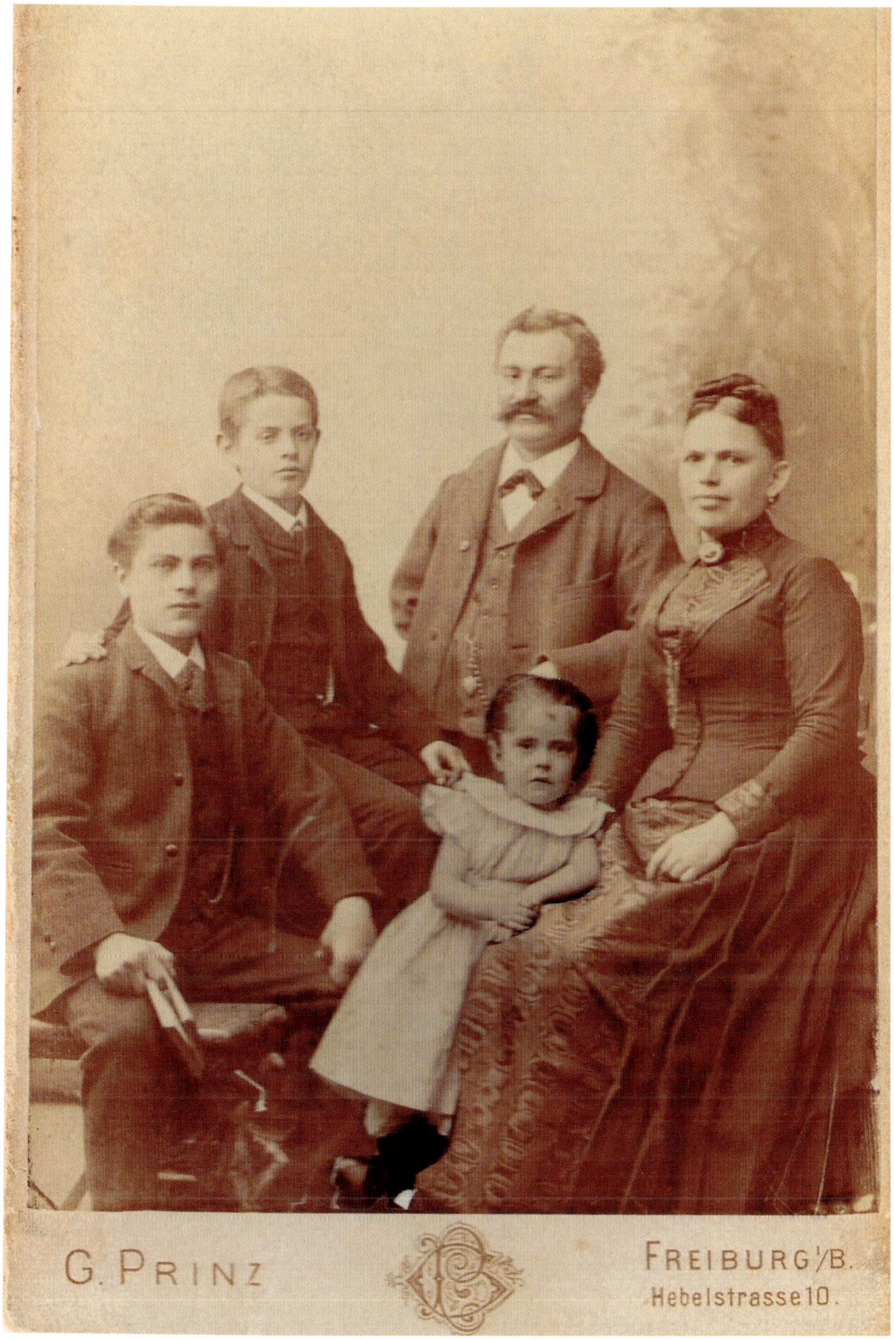

Abb. 25, G. Prinz, Freiburg
Familienfoto mit eincollagiertem Kind, um 1890
Privatbesitz

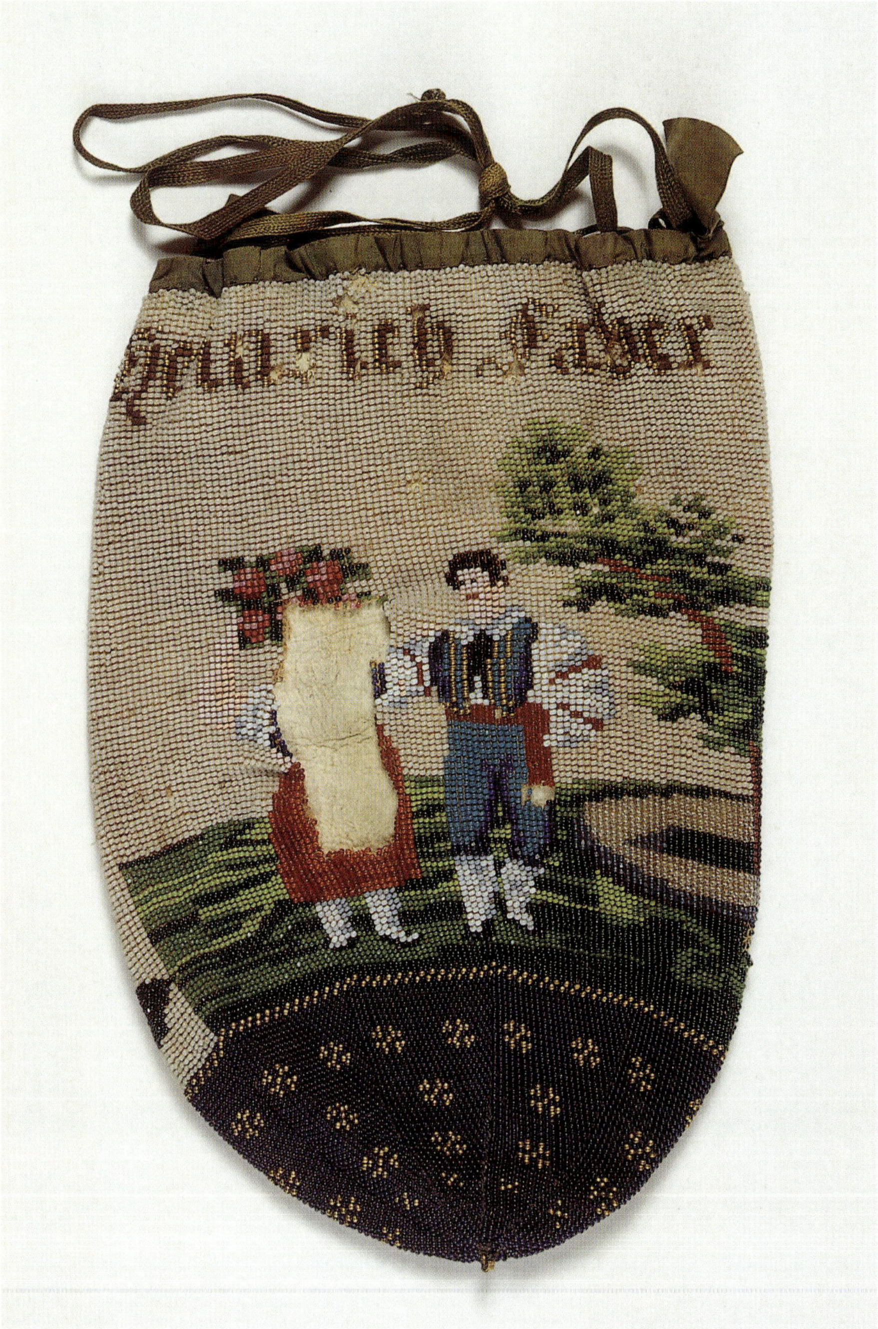

Abb. 26, Schwäbisch Gmünd
Tabakbeutel, letztes Drittel 18. Jahrhundert
Glasperlen, Rocailles, Baumwollgarn, Kordel, Glanzhäkelgarn;
Gmünder Filigranknopf mit Glassteinen; Taftfutter
Schwäbisch Gmünd, Museum und Galerie im Prediger,
Inv. Nr. JEA 2464

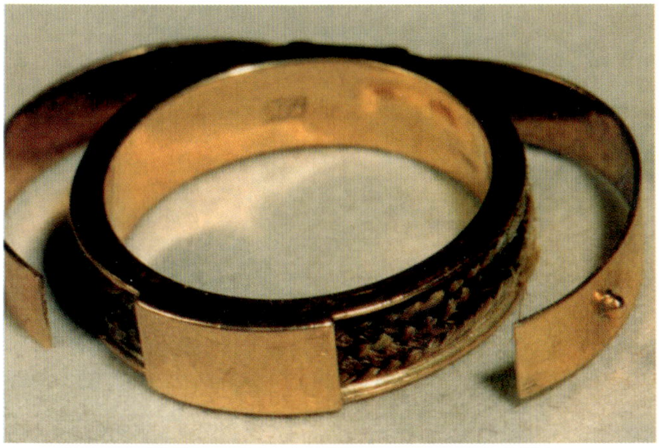

Poesie

Aus der Einsicht in die Unleserlichkeit des Andenkens speist sich seine besondere Poesie. Diese besteht in dem besonderen Spiel von Verhüllen und Enthüllen, das häufig in der Handhabung der Andenken vorgegeben ist, die geöffnet, umgedreht oder ausgewickelt werden können wie die Brief-Porzellandose, die Rückseite des Medaillons oder die beschrifteten Papierchen, die das eigentliche Objekt verstecken. Indem sie ihr Zentrum dem Blick entziehen, arbeiten solche Andenken explizit mit der Dialektik von Zeigen und Verbergen, von Außen und Innen oder Vorder- und Rückseite. Das gilt insbesondere für die schon genannte Objektgruppe, die Körperfragmente zeigt, die sich nicht eindeutig einer Person zuordnen lassen und dabei exponieren, dass sie etwas verheimlichen. Daneben gibt es auch solche Objekte, die den Mechanismus von Verhüllen und Enthüllen tatsächlich verstecken. Das zeigt etwa ein deutscher Trauerring von 1825, in dessen Hohlraum Haare eingelagert sind. (Abb. 27) Nur die Eingeweihten wissen um die kostbare Füllung und verstehen diese freizulegen. Eine ganze Gruppe besteht aus den vielgestaltigen Biedermeier-Billets, die über Klapp-, Falt-, Hebel-, Zugmechanismen oder über andere Lichtverhältnisse weitere bildliche und schriftliche Nachrichten preisgeben. Ein schönes Beispiel dafür ist ein Wiener Zugbillet von 1818, das für die geheime Mitteilung förmlich erst die Augen öffnet. (Abb. 28) Auch der Fächer, an sich schon – das dokumentiert die Fächersprache[41] – ein erotisches Requisit beim Verhüllen und Enthüllen der Mimik, beim Spiel von Abweisung und Zuwendung, potenziert diese Grundfigur noch durch den Mechanismus des Schließens und Öffnens. (Abb. 31)

In diesen Bereich fallen auch die zahlreichen Geheimsprachen wie die der Blumen, die sich nicht zufällig parallel zur Andenkenmode entwickelte. Einerseits werden Freundschafts- und Liebeschiffren zu einem erfolgreichen Segment des Buchmarktes und erhalten so eine gewisse kollektive Lesbarkeit, wie sie etwa die „Neuruppiner Bilderbögen“ um 1850 popularisieren. (Abb. 1) Andererseits finden sich auch komplizierte Rebusse, wie ein Dilettanten-Aquarell von 1830: Rosenranken lassen auf ein Liebesandenken schließen, der Schriftzug scheint auf den ersten Blick „Love“ zu zeichnen. Bei genauem Hinsehen sind es jedoch nur drei Buchstaben: „L N D“ – gesprochen „Elende“ und hinter dem schablonierten Liebeszeugnis tritt ein persönlicher Vorwurf hervor. (Abb. 29)

Fiktionalität

Die Literatur seit der Empfindsamkeit und schließlich die des gesamten 19. Jahrhunderts scheint bei genauerer Lektüre ein vollgestopftes Magazin von Andenken zu sein. Auffällig ist, dass die Literatur umgekehrt direkt in die Andenkenformen hineinwirkte. Ein Beispiel wurde eingangs schon genannt, in dem die Literatur eine Sache überhaupt erst andenkenwürdig macht: Durch literarisch überformte Reiseberichte von empfindsamen Schweiztouristen wurde das Grabmal einer völlig unbekannten, jung im Kindbett

Abb. 27, Schweiz
Fingerring, Anfang 1800
333 Gold, U-Profil mit geklöppelter Haareinlage, zwei bewegliche Schutzklappen
Rastede, Sammlung Alfred A. Peters

[41] Vgl. Weiß 1919; Kammerl 1989.

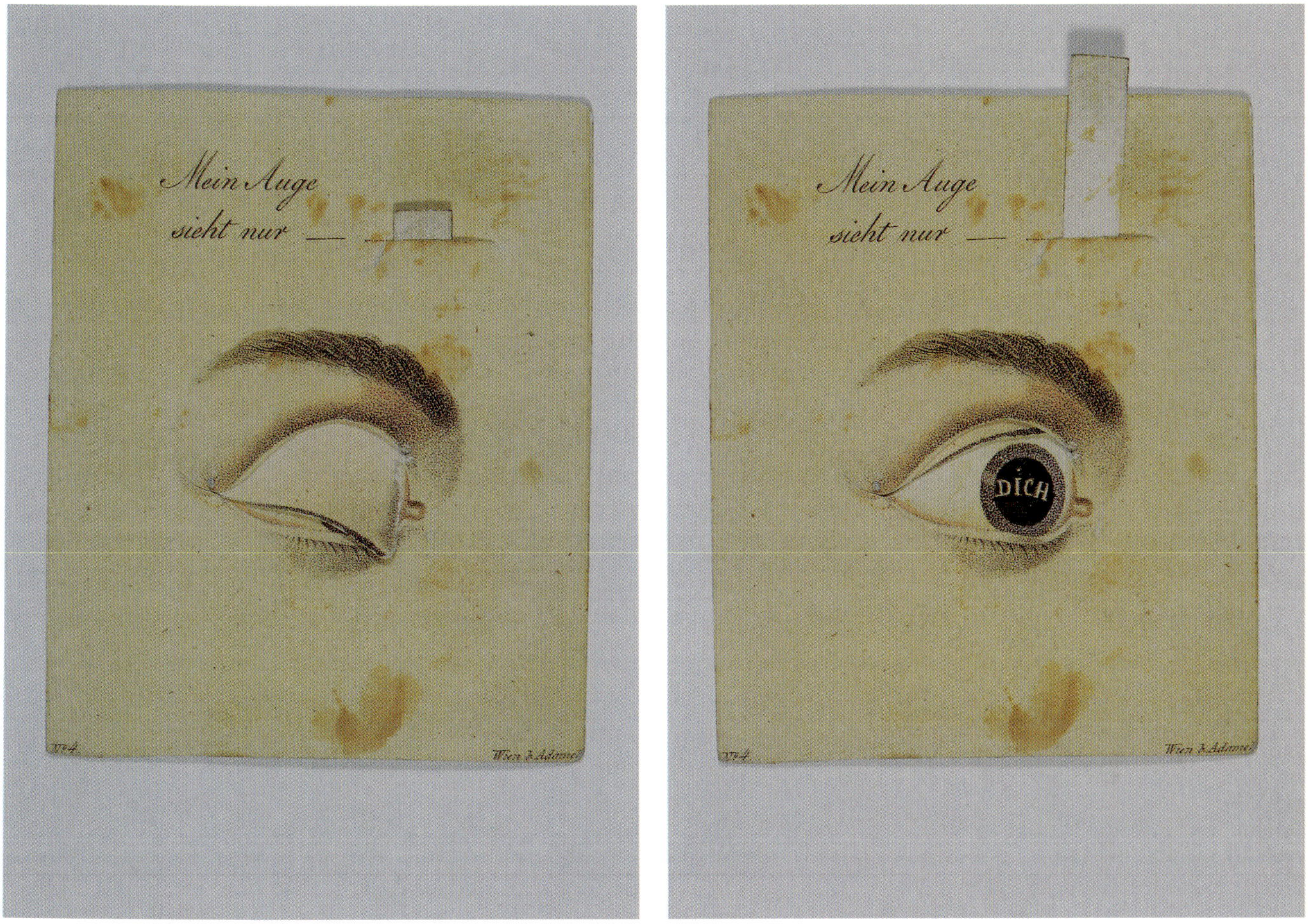

Abb. 28, Wien
Johann Adamek (1774 Policka, Böhmen - Wien 1840)
Zugbillet, um 1815
Nürnberg, Germanisches Nationalmuseum,
Inv. Nr. HB 50396

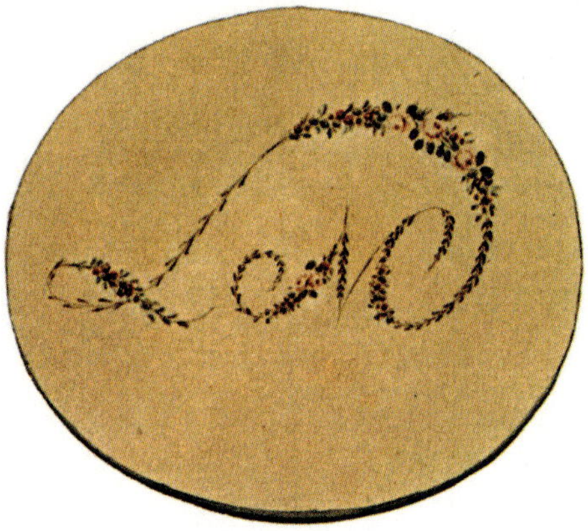

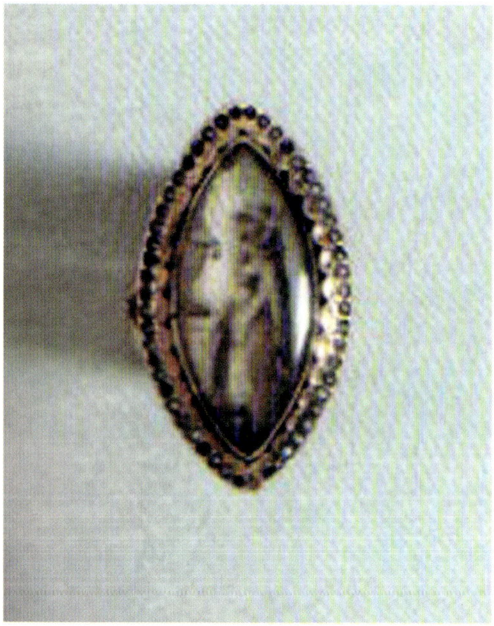

verstorbenen Pfarrersfrau so berühmt, dass der Besucherstrom mit Andenken versorgt werden konnte.
Doch auch der umgekehrte Fall ist denkbar, dass rein fiktive Andenken ins Dingliche überführt werden. Das Dichterpaar Johann Georg Jacobi und Johann Wilhelm Ludwig Gleim, das mit seinem literarischen Briefwerk als Garant der neuen 'Sprache des Herzens' gehandelt wurde, entwarf 1769 in einem öffentlichen Brief eine Freundschaftsgabe, die so genannte Lorenzo-Dose, die nach einer fiktiven Tabakdose aus Laurence Sternes „A Sentimental Journey Through France and Italy" (1768) gefertigt wurde. Schon zehn Tage nach Veröffentlichung des Briefes ging das realisierte Roman-Andenken gegen den Willen seiner 'Erfinder' in Serie und wurde zum Inbegriff der Freundschaftsgabe schlechthin.[42]
Wie fabulierlustig das Andenken ist, kann die Fortschreibung eines Romans im Rahmen eines Andenkens belegen.
Der epochemachende Leittext der „Sprache des Herzens", Goethes „Werther", ist zwar voller Liebes-Andenken, lieferte aber für den dramatischen Ausgang kein markantes Erinnerungsstück. Dafür tauchte plötzlich auf Memorialschmuck die ungeschriebene Szene von Lotte an Werthers Grab auf, die das Grabmotiv mit dem der Liebesumarmung, genauer: der Umarmung des Buches von der unterlassenen Liebesumarmung, verbindet.[43] (Abb. 30)

Das Andenken, so ist resümierend festzuhalten, erhält seit dem ausgehenden 18. Jahrhundert unter den Bedingungen einer inflationär wachsenden Dingkultur, empfindsamer Kommunikationsformen, einer von der Erfahrung der Beschleunigung sich ändernden Vorstellung vom Gedächtnis sowie ästhetischen Debatten um die Zeichenhaftigkeit der Artefakte sein modernes Gepräge. Es ist durch Intermedialität, Narrativität, Performativität, Fiktionalität und eine spezifische Poesie von Verhüllen und Enthüllen strukturiert und zeichnet sich durch einen hohen Grad an medialer Selbstreflexion aus.

Abb. 29, Wien
Buchstabenrebus, um 1820-1830
Aquarell
Wien, Sammlung Prof. Fritz Weninger
Nach: Weninger 1977, S. 96.

Abb. 30, Ring: Lotte vor Werthers Grab, o. J.
Privatbesitz

[42] Aurnhammer 2004.
[43] Diese Szene ist, wie Gisela Zick nachweisen konnte, 1783 zuerst als Kupferstich in London belegt und wird fortan auf Memorialschmuck übertragen. Zick 1980, S. 142-145.

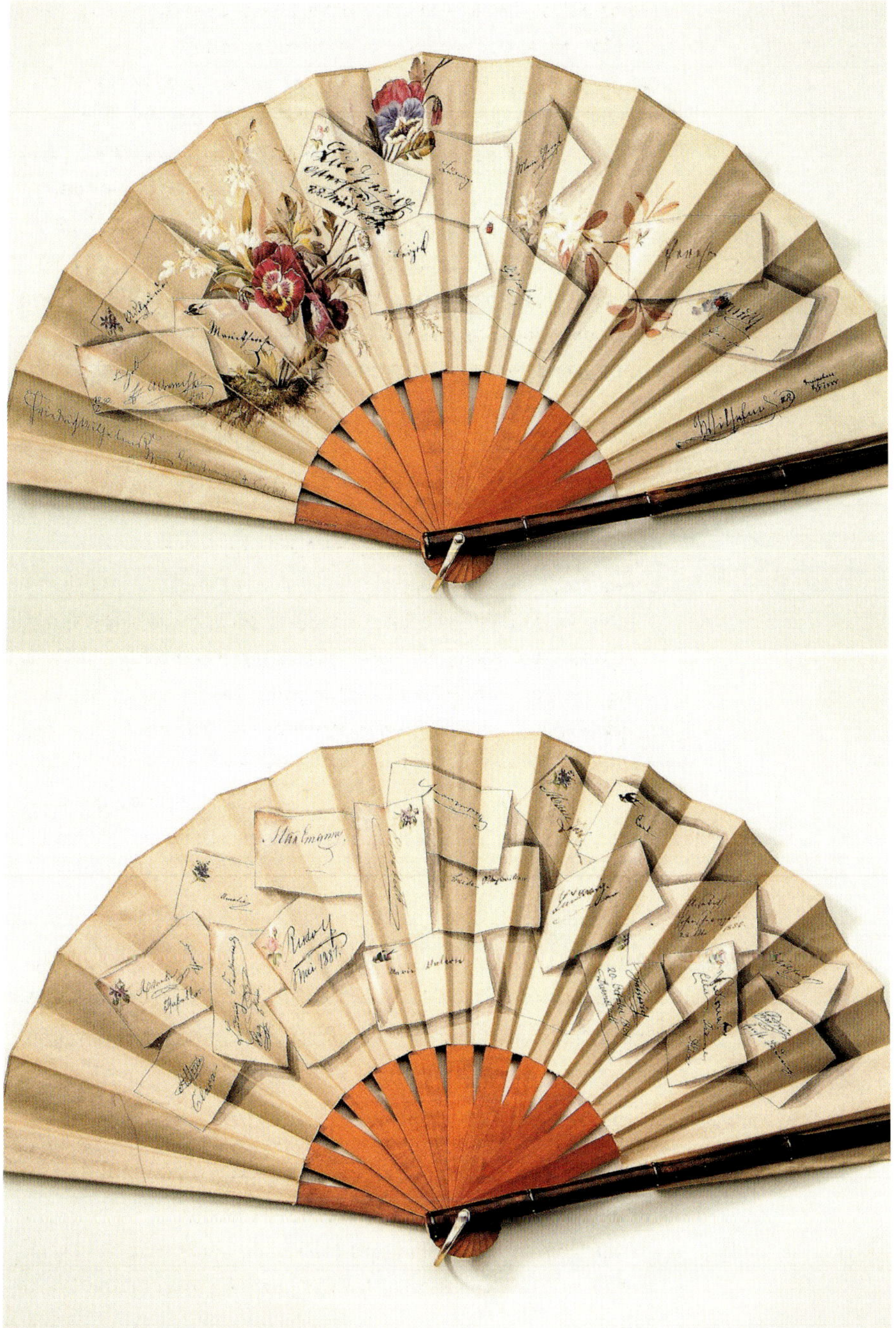

Abb. 31, Wien

Autographenfächer, 1880

Gestell: Holz, naturalisiert; Deckstäbe: Bambus, mit Silberringen.

Blatt: Seide, doppelt

Bielefeld, Deutsches Fäche Museum, Stiftung Barisch

Natascha N. Hoefer

Mario Praz. Schubladentexte

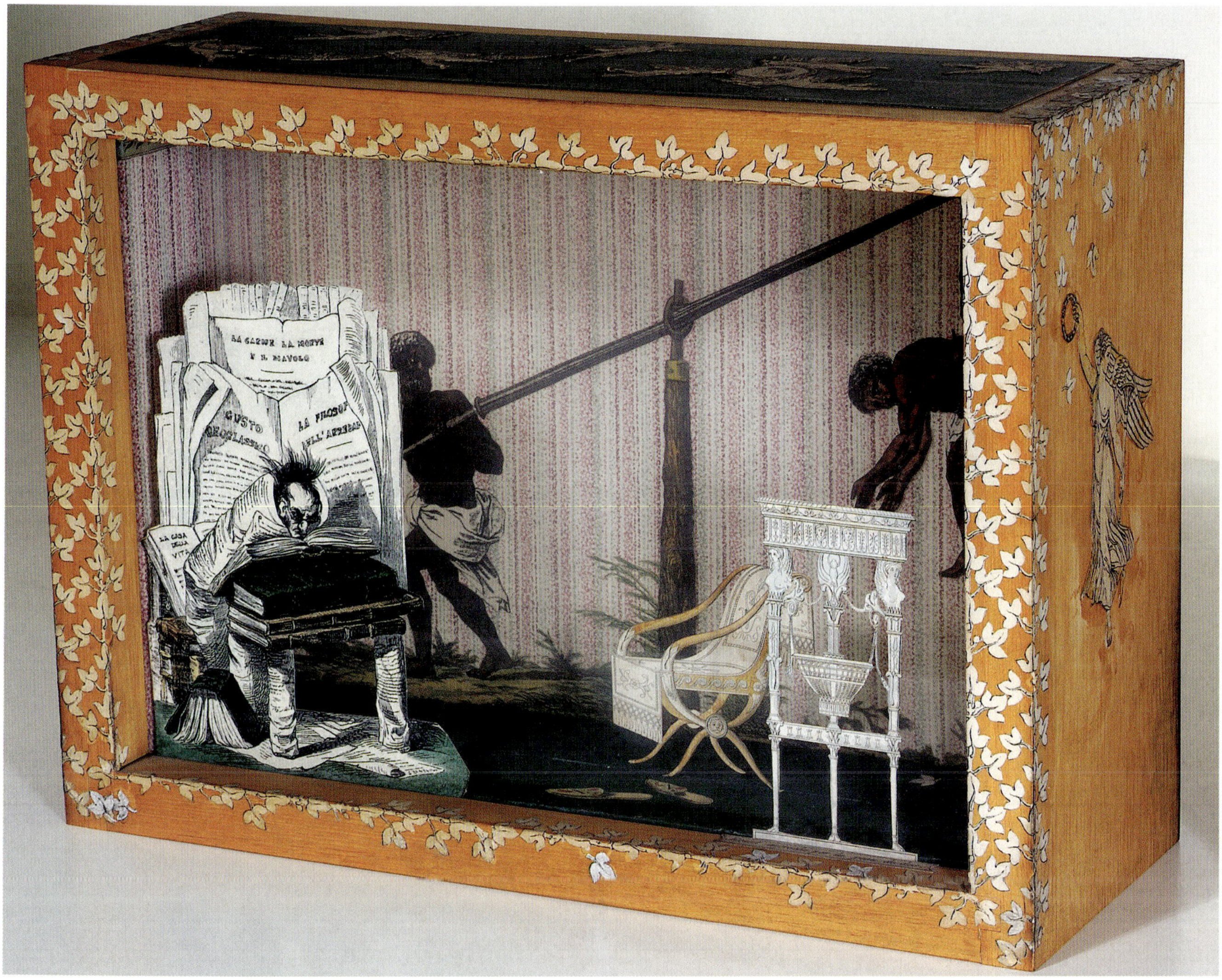

Abb. 1, Chiara Briganti (1922 Montpellier)
Schachtel mit Karikatur von Mario Praz, 1977
Holz, Glas, Tusche auf Papier
Rom, Galleria Nazionale d'Arte Moderna,
Museo Mario Praz, Inv. Nr. 621

Mario Praz,

1896 in Rom geboren und dort gestorben 1982, stand im Ruf, mit dem „bösen Blick“ begabt zu sein. Man vermied die Nennung seines Namens und sprach von ihm als „der Anglist“. In Wahrheit ist der dunkle Ruf des Mario Praz nicht mit seiner Arbeit als Professor der Anglistik zu begründen, auch nicht auf seine Tätigkeit als Kritiker und Essayist zurückzuführen. Schuld an der Umruchtheit des „Anglisten“ war eine lebenslange Leidenschaft von ihm, für Dinge lange vergangener Zeiten. Praz sammelte solche Überbleibsel; er umgab sich mit ihnen und lebte darin: Praz sammelte Möbelstücke, Dekorationsobjekte und Einrichtungsgegenstände, am liebsten des Empire – jenes Stils der ersten fünfzehn Jahre des 19. Jahrhunderts, in dessen Formensprache Elemente der antiken (Begräbnis-) Architekturen Ägyptens, Griechenlands und Roms aufgegriffen sind.

Die kleine Empire-Kommode

war ein Geschenk seines Stiefvaters gewesen, mit ihr keimte die Sammelleidenschaft des jugendlichen Praz auf, galt es ihm doch, der vereinsamten Kommode zuliebe weitere Objekte des Empire anzuschaffen und zu einem kompletten Intérieur zu rekonstruieren. Wie dieses Projekt später, in den Jahren 1934-1969, seinen Lauf nahm, in denen er seine Wohnung im römischen Palazzo Ricci, Via Giulia, bezog und einrichtete wie gewünscht, erzählt Praz in „Das Haus des Lebens“. Es war nicht das einzige Buch, das Praz über das Intérieur schrieb, während er zeitgleich sich in der praktischen Einrichtung seiner eigenen Wohnräume übte. Auch eine Geschichte, sowie eine Philosophie der Innenraumeinrichtung entstammen der Feder des „Anglisten“. Praz gilt als der erste, der das Intérieur als eine historisch entwickelte und psychologisch funktionierende Wohnraum-Kunst ergründete.

„jusque là“

steht über der Urne geschrieben, die der Untertasse zart aufgemalt ist. „Bis dahin“, bis zur Urne, zum Tod geht es, das Leben -. Was dieser Botschaft eines fragilen Memento mori des 19. Jahrhunderts besondere Einprägsamkeit verleiht, sind aber die Risse im Porzellan, die Herausbrechungen, die im gesprungenen Objekt fehlen. Infolge eines Einbruchs war Praz 1969 aus dem Palazzo Ricci in eine andere Wohnung gezogen. Auf der einen Seite, in unmittelbarer Nähe, die Piazza Navona – auf der anderen der Tiber, von der Dachterrasse aus zu sehen: Hier liegt der Palazzo Primoli, und im dritten Stock das heutige Museo Mario Praz. Es war Praz selbst, der wünschte, nach seinem Tod solle seine Lebenssammlung unangetastet und an ihrem Ort bleiben, der zu verwandeln wäre in ein Wohnhaus-Museum.[1] Ehe dieser Wunsch sich erfüllte, kam es zu einem erneuten Einbruch, nun auch in diese, von Praz endgültig verlassene Wohnung. Es ist dieser zweite Raubüberfall, bei dem die Untertasse zu Schaden ging, die seitdem mehr ist als ein Memento mori. Das gesprungene, von dem gewaltsamen Ereignis gezeichnete Objekt ist als ein Andenken davon hinterblieben.

Empire, Biedermeier, Andenken

Andenken sind Phänomene jenes Biedermeiers, dessen „köstliche Linkigkeiten“[2], so Praz, als dekadente Auswüchse dem Empirestil entkeimten. Das Intérieur des Empire ist, seinen melancholischen Unterströmungen zum Trotz, im Ganzen seiner Atmosphäre leicht, elegant, grazil, es verlockt zum Träumen und Nachdenken, ist ästhetisch ansprechend und zugleich funktional. Das Intérieur des Biedermeiers überschreitet diese schöne Balance zwischen Funktionalität und Ästhetik, Kopf und Herz: Im höchsten Grad eklektizistisch ist die Sammlung der nützlichen, aber vor allem unnützen oder unnütz gewordenen Dinge, mit denen der Raum nun überladen ist und die in den schattigen Nischen seiner meist dunkelrot gehaltenen Einrichtung schlummern... Die alten Andenken, die verschollene Lebenserinnerungen bewahren und auf ihr Wiedergefundenwerden warten, haben hier ihren Ort.

[1] Ferraris 1996, S. 5.

[2] Praz 1994, S. 54.

Schneckenhaus der Seele

So hätten „biedermeierliche" Andenken unter den Empire-Möbeln des Mario Praz gerade nichts zu suchen? Und doch nennt Praz das Intérieur im allgemeinen einen „Resonanzkasten"[3] der Seele. Denn jedes Möbelstück, jedes Ding dieses „Museums der Seele"[4] diene nicht nur als Stütze und Ruhelager des Körpers. Jedes Einrichtungsobjekt diene der bedürftigen Psyche zur Anlehnung. In die Dinge des Raumes, den man bewohnt, haben sich mit der verfließenden Zeit Erinnerungen eingelebt, an einmalige Ereignisse wie an konstante Rhythmen des Lebens, so Praz. Die vertrauten Dinge des Wohnraumes um sich zu spüren, sie haptisch zu berühren, heißt mit Fragmenten gelebter Existenz auf Tuchfühlung zu gehen. Dieser Kontakt aber stiftet ein Gefühl der Kontinuität und Stabilität des Ich – von dem man zugleich weiß, dass es fragil ist und der Vergänglichkeit unterworfen. Das Intérieur ist ein „Spiegelsaal"[5] und „Schneckenhaus der Seele"[6]: weil es ein Raum des Andenkens ist, ein bergender Rückzugsort aus der verrinnenden Alltags-Zeit des Draußen – ein Fluchtort in die Erinnerung.

Sammler und Andenken-Sammler

Der Unterschied zwischen dem gewöhnlichen Sammler und dem Sammler von Andenken ist der: Der gewöhnliche Sammler ist von dem Bedürfnis getrieben, von einer bestimmten Art von Objekten, etwa des Empire, die schönsten und immer noch schöneren, die rarsten und immer noch rareren, die kostbarsten und immer noch kostbareren zu besitzen. Problematisch wird dies, wenn der Raum zur Bewahrung der Dinge ausgeht. Dann müssen schon vorhandene Stücke um- oder aussortiert werden, um schöneren, rareren, kostbareren zu weichen. Solange der Sammler am Leben und Sammeln ist, bleibt auch seine Sammlung lebendig und in steter Veränderung und Bewegung.
– Der Andenken-Sammler aber behält seine Dinge. Und er behält sie auch, wenn er sie ästhetisch minderwertig findet und einer Sammlung im obigen Sinne nicht (mehr) würdig. Praz behielt solche Stücke, die seinem sich beständig verfeinernden und kaprizierenden Geschmack nicht mehr bekömmlich waren: weil sie ihn an andere Dinge, an Menschen, Begebnisse oder Abschnitte seines Lebens erinnerten.

Bücher, Dinge und Geschichten

Mit der „Philosophie der Inneneinrichtung" (1945/1964) verfasste Praz die erste Schrift, die das Intérieur als Wohnraum-Kunst würdigt. Praz zeichnet darin nach, inwiefern der Wohnraum ein „Schneckenhaus der Seele" ist, über welche gestalterische Mittel das Intérieur als ein Andenkens- und Museumsraum des Selbst funktioniert. In eine „Geschichte der Dekoration des Intérieurs" (1945/1964) führt Praz' These ein, dass dieses intime, erinnerungsgeschwängerte Intérieur eine „moderne" Erfindung sei des späten 18. und sich entfaltenden 19. Jahrhunderts. Die Spuren und Indizien, die auf diese Erfindung vorverweisen, verfolgt Praz zurück durch die Geschichte. Die Geschichten, die in den Dingen seiner eigenen Wohnräume stecken – denn oftmals sind es Memento moris, sakrale Reliquien oder profane Erinnerungsstücke des 18./19. Jahrhunderts, aber darüber hinaus sind es eben immer auch persönliche Praz-Andenken -, diese intimen Geschichten also, die nur er mit seinen Dingen verband, enthüllt Praz in seinem persönlichsten, autobiographischen Buch zum Intérieur: „Das Haus des Lebens" (1958).

Der Duft der Aquarelle

Eine besondere Schwäche hatte Praz für die aquarellierten Conversation pieces und Innenraumdarstellungen des 19. Jahrhunderts[7]. In minutiöser Detailarbeit hielten meist dilettantische Hände Freundes- oder Familienzirkel fest, vor allem aber deren Wohnräume. Sie fixierten diese Innenräume, sie fixierten sie in ihrer Stimmung. Denn diese intime Stimmung des Raumes, die je einmalig und charakteristisch ist, gibt den Geschmack, die Lebensweise, gibt die seelische Wellenlänge der Bewohner dem feinfühligen Betrachter zu verstehen, auf unterschwellige und subtile Weise. Es ist der „Duft" der alten Einwohner, den noch die

---

[3] Praz 1994, S. 19.
[4] Ebd.
[5] Ebd.
[6] Praz 1994, S. 20.
[7] Praz 2002.

aquarellierten Miniaturkopien ihrer Lebensräume bewahren. So dass dem einfühlsamen Betrachter, der sich bereitwillig in der kleinteiligen Konkretheit der Miniatur-Räumchen verliert, deren „Duft“ so einnehmend und lebendig entgegenschlägt, so Praz, wie der eines Flakons, das vor Zeiten verschlossen und versiegelt wurde, um jetzt von uns wieder geöffnet zu sein.[8]

Glashauben

Jene Aquarelle des 19. Jahrhunderts, die intime Wohnräume in ihrer Stimmung kondensieren und bewahren, haben etwas von Andenken. Andenken sind Speicher und Verstecke von Intimerinnerungen an Momente des Lebens, die vergangen sind – und doch mit den Dingen im Intérieur präsent. Andenken sind überraschend lebendig gegenwärtig – und lassen doch auch an Praz' bunte Vögel denken, ausgestopft und unter Glashauben. Denn das einst lebendig Gewesene ist unter der Glashaube des Andenkens doch nur als „toter Überrest“ bewahrt – und gewinnt so an unheimlichem Eigenleben: Geisterhaft scheinen die so lebendigen Figuren der Conversation pieces nur darauf zu warten, aus ihren Rahmungen wiederherauszutreten – geisterhaft schlummern in den Dingen die Erinnerungen, die damit niemals „totzukriegen“ sind. Sich in das Museum des Selbst und seine Andenken zurückzuziehen, heißt andererseits, den Ballast der Erinnerung genüsslich zu ertragen. Nur manchmal träumte Praz davon, aus seinem erfüllend-überfüllten Seelenmuseum zu fliehen: in den vollkommen leeren, luftigen Speicher – den es in seinen Wohnhäusern niemals gab...

Schwarze Romantik

Berühmt wurde Praz 1930 infolge der Erscheinung seines ersten großen Buches, „Liebe, Tod und Teufel – Die Schwarze Romantik“. Dem Anglisten geht es darum, die Literatur des 18. und 19. Jahrhunderts auf einen bestimmten Aspekt hin zu sondieren: die Bildung der Empfindung, besonders der erotischen Empfindung. So legt Praz den Zeigefinger auf die bizarren Motive und morbiden Auswüchse der „Schwarzen Romantik“, aus denen eine raffiniert verfeinerte, dekadente, ja subtil pervertierte Erotik spricht und anspricht: eine durch Leid intensivierte Lust. Die von der Leid-Lust durchzogene Literatur quillt über von Friedhöfen, Grüften, Ruinen und Lasterhöhlen, von faszinierenden Medusen, schönen Negerinnen, exotischen Zwergen und untoten Wüstlingen: an denen der Leser sich, mitfühlend mit dem Roman-Helden, unheimlich genussvoll weidet. Es ist ein Auf-Tuchfühlung-Gehen mit den schwärzesten Phantasien, Sehnsüchten und Gelüsten der romantischen Autoren – aber auch des eigenen, empfänglichen Selbst. Es ist ein Lektüre-Genuss, der den einzelnen Leser, wie einst eine ganze Epoche, unterschwellige Bereiche der menschlichen Seele erleiden und erkunden lässt, die vordem tabu waren. Und wer einmal Geschmack daran fand, wird nur empfänglicher, ja begieriger nach der Leid-Lust an der (eigenen) „Schwarzen Romantik“...

Schwarze Romantik und Intérieur

Die Lust am Morbiden, Untoten, Verabschiedeten – und doch zuweilen griffig Bewahrten: Nicht nur die Literatur des 18. und vor allem 19. Jahrhunderts ist getränkt und immer getränkter von Schwarzer Romantik. Obwohl „sublimiert“, nämlich versteckt und verhalten hinter der ästhetischen Raum-Ordnung des Intérieurs, lauern die alten, zuweilen unschönen Andenken-Dinge: lauern auf ihr Wiedergefundenwerden – die Wiederverlebendigung mancher längst tot und vergessen geglaubter Intimerinnerung... Und einen solchen Überfall der intimsten, ältesten Erinnerung hingebungsvoll zu erleiden: das ist die intensivste Leid-Lust, die der Aufenthalt im Intérieur verspricht.

Türen, Fenster, Durchlässigkeiten

Im Intérieur, dem Museum der Seele, begegnet man sich selbst, so Praz. Gleich Echos vergangener Seinsaugenblicke durchziehen Erinnerungen und Assoziationen die Wohnräume, berührt man nur, ob mit der Hand, ob mit dem Auge, eines der hier ausgestellten Dinge. Denn diese Dinge sind Andenken oder könnten es immer sein, Bewahrer verborgener Intimbedeutung. Der Präsenz dieser alten

[8] Praz 1993, S. 377.

Dinge, die stets im Verdacht stehen, bedeutungsvollste Andenken zu sein, verdankt sich die berückende Atmosphäre des Intérieurs. Und die Frage ist nur, wie der Wohnraumkünstler diese unheimlich einnehmende Stimmung bewusst erzeugen und intensivieren kann? – Eine grundlegende Kompositionsregel des Stimmungsraumes fand Praz in einer Dekoration, die Türen und Fenster umrahmt, betont und so vergegenwärtigt. Denn erst die Durchbrüche in den vier bergenden Wänden erinnern: dass dieses ein bergender Innenraum ist, dem offenen Draußen noch ganz nahe und dennoch davon abgegrenzt, in die eigene Welt eines Drinnen zurückgezogen. Mit der Vergegenwärtigung der Türen und Fenster, der Nähe und Ferne von Drinnen und Draußen, beginnt die anheimelnde Intim-Stimmung des Intérieurs.

Geheimtüren

Türen und Fenster geben dem Raum die Atmosphäre eines anheimelnden, umschlossenen, doch nie hermetischen Rückzugsortes. Doch weist das Intérieur noch mehr Durchlässigkeiten auf, die Stimmung erzeugen. Da sind die Teppiche und Tapeten, die mit ihren Arabesken das Tor in einen zweiten, mentalen Innenraum öffnen: in den des Tagtraums und der Imagination. Spiegel verdoppeln, verkehren und verklären das wirkliche Intérieur, sind ihrerseits „virtuelle Fenster“ – die oft die wirklichen Fenster widerspiegeln oder auch die Bilder und Aquarelle an den Wänden. Diese laden wiederum ein zum mentalen Eintreten in die malerisch fixierten, einmal wirklich gewesenen Räume; und schließlich ist jedes Ding, das die Bedeutung eines persönlichen Andenkens in sich trägt, eine Tür, die in gewesene Existenzaugenblicke zurückführt. Im Intérieur verfließen die Grenzen zwischen wirklichen und fiktiven Räumen, Räumen des Jetzt und der Vergangenheit. Sie verfließen auf Zeit – für die Zeit, in der man sich der Versunkenheit in die Dinge hingibt, die für Praz die „Geheimtüren“ seines Intérieurs waren.[9]

Harfen, Flügel, Lyren

Harfen, Flügel, Lyren und andere Musikinstrumente sorgen im Praz-Museum für lyrische Einstimmung. Aber sie lassen sich auch als selbstreflexive Hinweise lesen: auf das Intérieur als „Stimmungsraum“. Praz ging es nicht nur darum, nach den Regeln der Wohnraumkunst des 19. Jahrhunderts sich selbst und seine Besucher stimmungsvoll zu berücken und zu umwehen mit dem Seelen-Duft des Mario Praz. Die eigentümliche Wohnraumkunst des Kritikers ist von selbstkritischen Momenten durchzogen. Eines besteht in der Wiederholung. Harfen, Flügel, Lyren finden sich in jedem Raum der Praz-Wohnung wieder. Ein Verdacht keimt auf und verstärkt sich auf eine tiefere Sinnfälligkeit. Kommt hinzu eine zweite Form der Wiederholung, desselben Objekts in verschiedenen Medien: Durch die Saiten der großen Harfe im Studiolo hindurch erblickt man – dieselbe Harfe, identisch, noch einmal: nur gemalt, im Rahmen eines anderen Intérieurs, in Öl. Und diese Konfrontation zwischen der haptisch greifbaren und der gemalten Harfe gibt nur eindringlicher zu fühlen, und zu bedenken, was das Intérieur und seine Stimmung ausmacht: die gleichzeitige Nähe und Ferne, Ähnlichkeit und Andersartigkeit zwischen realen, leibhaftig gegenwärtigen und fiktiven, erinnerten Dingen und Räumen, die hier versammelt sind.

Geflechte, von Dingen und Erinnerungen

Nicht nur Musikinstrumente, auch andere Formen von Möbeln und Dingen durchziehen die Wohnräume des Mario Praz in rhythmischer Wiederholung. Ja zuweilen sind es ganze Objektkonstellationen, die dem Besucher im Zuge seines Ganges wieder und wieder begegnen. Ein Effekt des Wiedererinnerns stellt sich ein: Dieses hat man schon gesehen! Und doch nein: dieses hat man so noch nicht gesehen. In der Bibliothek war das Piano im Aquarell, jetzt steht es dreidimensional vor einem; eine Dame saß auf einem Hocker, jetzt bin ich es, die vor dem hockerlosen Flügel steht; Miniaturportraits hingen über dem anderen,

---

9 Als „Geheimtüren“ des Intérieurs bezeichnet Praz zwar nur seine Intérieur-Aquarelle: aber just aus dem Grund, dass (auch) sie den Betrachter zu einem imaginativen und andenkenden „Eintreten“ auffordern, Praz 1993, S. 376.

gemalten Instrument, über diesem ist es eine Lyra... Und über das Andenken zurück an das Ähnliche, doch nicht Identische, ergeben und erweitern sich durch das Museo Mario Praz hindurch Geflechte von Wahrnehmungsbezügen, Erinnerungen und Assoziationen von Bedeutung.

„Salute Paolina"

liest sich, in die Oberfläche des Spiegels einziseliert. Es ist ein kleiner Standspiegel, in seinem handlichen Format wohl bestimmt für den Tisch des intimen Boudoirs. Winzige Putten klettern an feinem Weinlaub empor, das sich um die Spiegelränder hinaufrankt. Doch von der flüchtigen Betrachtung dieses Kleindetails schweift der Blick zwangsläufig zurück auf das Rätselwort: „Salute Paolina". Hier sehe ich mich von Paolina Borghese gegrüßt, von Napoleons Schwester persönlich – während ich Auge in Auge stehe mit meinem eigenen Spiegelbild. Nur noch die „Handschrift" sehe ich von Paolina: von der ich daher aber weiß, dass sie einst wie ich jetzt, genau so und doch wohl anders da stand, in Betrachtung des Bilds in diesem Spiegel. Und könnte die Spiegelfläche Blicke speichern – und ein bisschen tut sie das, insinuiert Paolinas Gruß-Schrift –, so würden sich jetzt, im Spiegel, unsere Blicke treffen, der Paolinas und meiner.

Selbstironie

Väterlicherseits von schweizer Herkunft, entstammt Praz mütterlicherseits einer altitalienischen Adelsfamilie. Über einige Seitenranken des Stammbaumes aber lassen sich Konnotationen ausmachen auch zu Napoleon und dessen Schwester Paolina. Und merkwürdig ist nur, wie Praz Paolinas Spiegel, beinahe ein Familien-Andenken also, in Lucias, seiner Tochter Kinderzimmer stellte. Zuerst nämlich in das Puppenhaus, dann in ein Vitrine. In ein Fach, über dem eine karikatureske Figurengruppe prangt mit dem Thema einer Schulhausszene; darunter steht ein Spielzeugauto aus Blech. Praz dekorierte gern in solchen Kontrasten. Auch ist es zuzugeben, dass das Unvermutete seiner Platzierung das ehrwürdige Spiegel-Andenken unter dem Spielkram nur überraschter, frappierter entdecken lässt. Und dann spricht aus der spielerischen Konfrontation der würdigsten mit den banalsten, der anrührendsten mit den kuriosesten Dingen eine Selbstironie: die die andere, humoristische Selbstreflexion des Wohnraumkünstlers und -kritikers Praz ist.

Das Puppenhaus

richtete Praz im Schreibsekretär seiner Tochter ein, als Lucia schon längst ausgezogen war und, im Unterschied zu ihrem Vater, dem Alter der Puppenleidenschaft entwachsen. Wer nun die Puppenstube im Sekretär entdeckt, fühlt sich zugleich komisch und nachdenklich betroffen. Ist dieses Stübchen mit Sesselchen und Sekretärchen nicht das perfekte Intérieur in Miniatur? Ja kann man nicht ganz ernsthaft daran studieren, was an Dingen in einen Raum gehört, um „ein Intérieur" zu bilden? Und ist es nicht gerade dieses, das Praz-Intérieur, dem das in Miniatur auffallend ähnelt? Und stehen wir selbst nicht eben in Lucias Zimmer vor dem Sekretär mit dem Puppenzimmer: wie die Püppchen, die zwar keine Kinderhand mehr vor dem kleinen Puppensekretär platzierte, die man sich aber sehr passend dazu vorstellen kann? – Und kurios wird einem zumute, in diesem größeren Haus eines Puppenhaus-Liebhabers. Was ist hier großartig, was ist klein, was ist Genie, was ist Manie, was ist hier Kunst, was Puppenspiel: Bedenkt man's recht, ist Praz' (selbst)ironischer Akt, im Intérieur mit dem Puppen-Intérieur zu verblüffen, anstößig genug. Zumal sich der kurios-bedenkliche Seitenhieb auf die (eigene) Wohnraumkunst vor jedem theaterhaften Glasschichtenbild des 17. Jahrhunderts, vor jeder dramatischen Miniaturszenerie in den Kästchen mit den Wachsfiguren, vor jedem anderen der Miniatur-Räume innerhalb der Räume des Mario Praz wiederholen, und in vervielfachten Variationen wiederaufdrängen muss...

Glasschichtenbilder und Objets trouvés

Die Glasschichtenbilder, die im Holland des 17. Jahrhunderts Mode waren, zeigten auf hintereinandergestaffelten bemalten Glasscheiben Miniaturseestücke mit Raumtiefeneffekt oder, wie die Schaukästchen der Sammlung Praz',

Gartenfestszenerien mit Feuerwerk. Praz sieht sie als bezeichnend für eine „Epoche des Schauens, der Religion und Moral", in der es gefiel, in emblematischen Darstellungen „das Wort durch die plastische Darstellung zu potenzieren".[10] – Dreihundert Jahre später stellen Marcel Duchamp, Man Ray oder Joseph Cornell kleine Objekte in Kästchen aus, die so, ihren alltäglichen Kontexten entrissen, an Suggestivvermögen gewinnen. Diese objets trouvés lösen Ketten von Assoziationen aus: weil sie „mehr oder weniger zur Entzifferung"[11] herausfordern. Und das endlos; denn nun ist kein bestimmtes Wort mehr vorgegeben, keine konkrete Idee und Moral, die mit dem Objekt nur plastischer zu begreifen wäre...

Mario Praz zu Chiara Briganti

Praz beschreibt die Bild- oder Vexierschachteln der Chiara Briganti als Zitatcollagen, deren einzelne Versatzstücke auf Glasscheiben geklebt und hintereinandergestaffelt sind im Rahmen eines Kästchens. Vielschichtig sind diese „Ideorama"-Kästchen[12] aber auch auf metaphorische Weise. Denn aus dem einzelnen Bildzitat und dann aus der Kombination solcher Bildzitate und dann aus dem Verhältnis der Bildzitat-Kombination zu einem titelgebenden literarischen Stichwort, eröffnet sich eine Fülle verwobener Assoziationen und Erinnerungen dem Betrachter. Darüber aber, so Praz, eine tiefere Idee, eine, freilich selbst intuitiv zusammenzureimende, „Moral". Und diese lasse die tiefsinnigen „boîtes à joujoux"[13] Brigantis in eine Traditionslinie stellen, die ausgehe von den Glasschichtenbildern des 17. Jahrhunderts und hinausgehe über die Objets trouvés-Kästchen Duchamps, Man Rays, Cornells. Denn Objets trouvés finden sich auch in den Kästchen Brigantis. Doch kein Gummiband, zerbrochenes Glas oder geplatzte Federn. Bei Briganti sind es „polierte Steinchen, kostbare Sandarten": „delikate objets trouvés anstelle von Ramsch und Schrott".[14] Und so hat sich der Sinn selbst der neuen Schau- und Fundstück-Kästchen raffiniert und verfeinert, über eine elegante Wendung zurück. Mit Briganti habe sich, so Praz, die rotrevolutionäre Kunst der Objets trouvés „zu einer rosa Revolution gemausert [...], die so, wie sämtliche Revolutionen, wieder zu den Ursprüngen zurückgekehrt ist, zu den Technopaegnia des 17. Jahrhunderts, zu den Emblemen, zu den würdevollen Ikonologien, zu den anmutigen Fabulierungen."[15]

[10] Praz 1980, S. 43.
[11] Praz 1980, S. 44.
[12] Praz 1980, S. 43.
[13] Praz 1980, S. 47-48.
[14] Praz 1980, S. 52.
[15] Ebd.

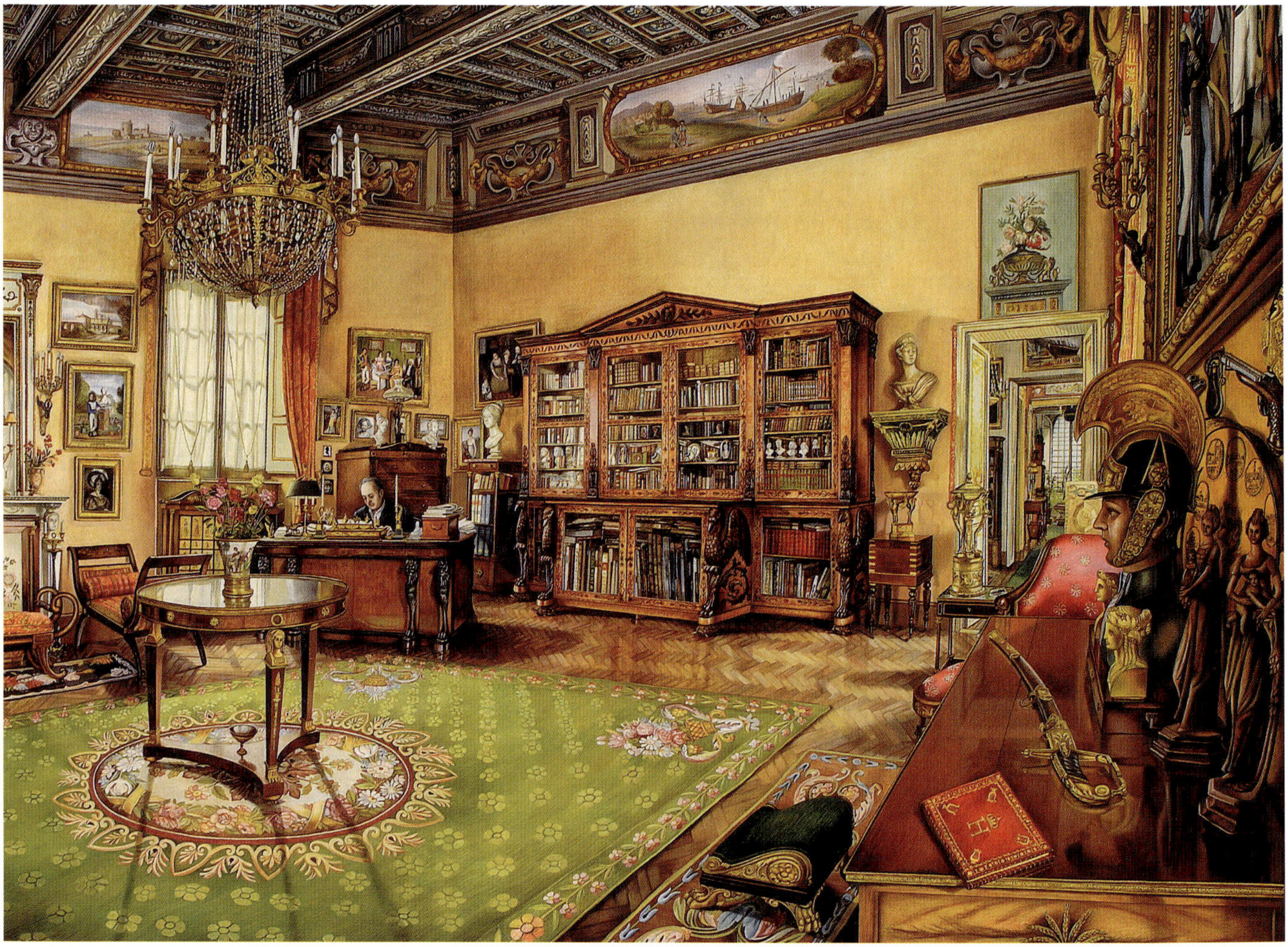

Abb. 2, Sergio De Francisco (1924 Turin)
Der Salon des Palazzo Ricci, 1965
Öl auf Holztafel
Rom, Galleria Nazionale d'Arte Moderna, Museo Mario Praz,
Inv. Nr. 706

Patrizia Rosazza

Konstruktion einer Erinnerung

„Sergio de Francisco ist immer noch hier, um den Raum zu malen: Es wird ein schönes Bild, und die andauernde Anwesenheit des Malers stört mich nicht."[1] So schrieb Mario Praz im April 1963 an Perla C., die junge Frau, in die der Anglist lange Zeit hoffnungslos verliebt war und für die er eine sentimentale Freundschaft bewahrt hatte. Perla erscheint unter dem Pseudonym Diamant in „La Casa della vita", jener Art Biographie, in der die Personen und Dinge sich ineinander verstricken, bis schließlich letztere dominieren. Die Dinge, so Praz, „enttäuschen uns nie".[2] Als der Professor an die junge Frau schrieb, konnte er nicht wissen, dass das Bild, das Sergio de Francisco malen würde – sein Portrait, das ihn am Schreibtisch im Salon des Palazzo Ricci sitzend zeigt – innerhalb von kaum fünf Jahren zum Zeugnis eines verlorenen Ortes werden würde, an den es nun erinnert: zu einem Souvenir. In der Tat wies das Schicksal diese Arbeit, eine der überaus wenigen, die Praz in Auftrag gab, ironischerweise der Kategorie all jener von ihm im Lauf der Jahre auf dem Antiquitätenmarkt erworbenen Stücke zu: Sie wurde Andenken und zugleich Zeugnis einer verlorenen Zeit. Schon 1969 zieht Praz mitsamt seiner Sammlung in die weniger luxuriösen Räume des Palazzo Primoli, und vom „Casa della vita", dem „Haus des Lebens", bleiben ihm lediglich seine Aufzeichnungen, einige Fotos und jenes Gemälde.
So schrieb Giovanni Macchia 1985 im Vorwort zum „Briefwechsel Cecchi-Praz": „Die Liebe zu den Objekten nahm in seinem Leben immer mehr Raum ein, vor allem zu den Objekten, die das ein wenig düstere Geheimnis des alltäglichen Lebens einer vergangenen Epoche in sich trugen. Objekte, die er nicht nur ihrer Schönheit wegen liebte, sondern weil sie auf wundersame Weise gerettete Relikte eines Untergangs waren."[3]
Und zwei Jahre darauf resümierte Stefano Susinno im Katalog zur Ausstellung „Le Stanze della Memoria": „Wenn die Sammelsucht, wie auch schon bestätigt wurde, existenzielle Panik und Angst vor der Leere ist, wird man bei Praz – er selbst verweist auf eine Betrachtung in diesem Sinne – die Wurzel dieser Spannungen möglicherweise in der Beziehung des Jungen zu seiner Mutter suchen. Das unglückliche Leben der Mutter, ihre allzu frühe Witwenschaft, und die Ängste, die das Feststellen einer leichten physischen Deformation bei ihrem Kind vermutlich hervorrief – all dies verlangte in gewisser Weise eine Wiedergutmachung. [...] Giulia di Marsciano trug einen alten und edlen Namen, dem jedoch ihr Stand nicht angemessen war. [...] Die Ehe mit dem bürgerlichen Praz sollte diese leichte Diskrepanz noch unterstreichen, und wer weiß, ob nicht diese Erinnerung, oder vielmehr der Mythos der Herkunft der Grafen von Marsciano in dem hypersensiblen Jungen eine Art subtiler Kränkung hervorgerufen hat, die den Raum für Revanche- und Wiedererlangungsphantasien öffnete und zu einer indirekten Art der Wiedergewinnung einer alten, verlorenen und irrealen Stellung führte. [...] Das außergewöhnliche Haus, das Giulia di Marsciano niemals sehen würde, scheint dafür gemacht zu sein, ihre Abwesenheit zu beherbergen."[4]
Es ist daher tatsächlich ein riesiger und illusorischer Souvenir, ein geschaffener Erinnerungsträger. Praz baut seine Sammlung auf und positioniert sich im Gemälde des befreundeten Malers wie eine der Personen auf den Innenraumansichten seiner Sammlung – Personen, die er selbst als „Karikaturen oder Schaufensterpuppen"[5] beschreibt – und überlässt die Hauptrolle in der Komposition des Gemäldes, wie in seinem Leben selbst, den Einrichtungsgegenständen.

Einrichtung als „Recherche"

Die ersten wirklichen Einrichtungs-„Experimente" unternimmt Praz noch als Student, damals wohnt er mit seiner Mutter und seinem Stiefvater in Florenz. Von seinem Stiefvater bekommt er eine kleine Empire-Kommode toskanischer Herkunft geschenkt. „Mein Stiefvater hat mir

---

[1] „Ho qui sempre Sergio de Francisco a dipingere la stanza: viene un bel quadro e a me la presenza continua del pittore nella stanza non dà disturbo." (Carteggio Praz, Fondo Manoscritti, Università degli Studi di Pavia).

[2] „non deludono mai" (Praz 1958, S. 378).

[3] „Prendeva sempre più consistenza nella sua vita l'amore per l'oggetto, sopratutto l'oggetto che gli portasse il mistero un po' funebre dell'esistenza quotidiana di un'epoca che non esisteva più, oggetti amati non soltanto perchè belli, ma perchè relitti salvatisi miracolosamente dal naufragio." (Crucitti/Francesca 1985, S. XIX).

[4] „Se il collezionismo è, come è già stato affermato, panico esistenziale e paura del vuoto, la radice di queste tensioni va forse ricercata – ed è lo stesso Praz ad aprire uno spiraglio in questo senso – nel rapporto del fanciullo con la madre: la vita sfortunata di questa, la sua precoce vedovanza, le presumibili angosce causatele dallo scoprire nel suo bambino una lieve deformità fisica, tutto questo esigeva in qualche modo una riparazione. [...] Giulia di Marsciano portava un nome antico e gentilizio cui non rispondeva però uno status adeguato. [...] Il matrimonio con il borghesissimo Praz dovette accentuare questa lieve discrepanza, e chissà che il ricordo,anzi il mito delle lontane origini della famiglia dei Conti di Marsciano non abbia prodotto nel fanciullo ipersensibile una sorta di sottile mortificazione, aprendo lo spazio per fantasie di rivincita e di recupero, suggerendo i modi indiretti per la riaffermazione di

eine Empire-Kommode aus seinem Landhaus in Sesto überlassen: aus Mahagoni, mit zwei kleinen schwarzen Säulen und Pinienzapfen als Füßen. Mit ihr wollte ich später die anderen Möbelstücke meines Zimmers in Einklang bringen, aber vor der Hand stellte ich sie in Verbindung mit den eleganten Bildtafeln aus La Vie Parisienne“, schreibt Praz Jahre später in „La Casa della vita“[6].

Durch diese Begebenheit hatte er Gefallen an der Inneneinrichtung gefunden, seine Sammlung war geboren. Aber ebenso wichtig für diese erste Auswahl war sicherlich sein in diesen Jahren intensiver Kontakt zu den Häusern der englischen Kolonie in Florenz, zu ungewöhnlichen und leicht versnobten Persönlichkeiten, die in den um Florenz verstreuten Landhäusern lebten, mit ihren ganz eigenen Ritualen und ihrem Regency-Mobiliar. Vor allem das Haus seiner Freundin Violet Page, besser bekannt unter dem Pseudonym Vernon Lee, das sie als Schriftstellerin benutzte, besuchte er häufig. An dieses Haus, über das zahlreiche Literaten, von Henry James über Osborne Sitwell und Norman Douglas bis zu Harold Acton, geschrieben haben, und die „civiltà delle ville“ wird er sich Jahre später wehmütig erinnern.

Nach dem tragischen Tod seiner Mutter, die mit knapp 59 Jahren im Sommer 1932 stirbt, verlässt er das Haus des Stiefvaters und mietet sich ein kleine Zweizimmerwohnung, in der er sich aufhält, wenn er nicht in England lehrt. Erst jetzt beginnt er regelmäßig bei den florentinischen Antiquitätengeschäften einzukaufen. Als er in die Wohnung einzieht, besitzt er schon einige Stücke: ein toskanisches Bett „en bateau“, erstanden 1925, eine bemerkenswerte Bronzekonsole mit Marmorintarsien, eine Arbeit aus der mailändischen Manfredini Werkstatt, erstanden 1930 in Mailand, und eine neoklassische Psyche aus dem Königreich beider Sizilien, die er sich zu seinem dreißigsten Geburtstag geschenkt hatte und über die er an eine englische Freundin schrieb: „Dein Portrait hat mich heute am Tag meines dreißigsten Geburtstags erreicht. Natürlich ist es das entzückendste Geschenk, das ich zu dieser Gelegenheit erhalten habe. Ich glaube es mit noch mehr Zuneigung, als selbst die Psyche aus dem Directoire zu betrachten [...], die ich mir heute selbst geschenkt habe.“[7]

Wenn man bedenkt, dass Praz mit der jungen Engländerin damals eine Liebesbeziehung verband, ist der Vergleich des Möbelstücks mit ihrem Portrait zweifellos bezeichnend für die Bedeutung, die Einrichtungsgegenstände in seinem Leben haben und haben werden. Gleich nach dem Umzug tätigt Praz daher – vorgeblich aus der Notwendigkeit, die beiden Zimmer einzurichten – in kurzen Abständen zahlreiche Neuerwerbungen. Er erwirbt vor allem Einrichtungsstücke: einen Schreibtisch, einen kleinen runden Directoire Tisch mit einer aufklappbaren Platte, eine große Weisweiler Vase, eine Gruppe von gut zwölf toskanischen Stühlen, die ihm die Ironie eines Freundes einbringt (Es sind zu viele für die zwei kleinen Zimmer!), eine Serie von vier feuervergoldeten Wandleuchtern aus Bronze. Allesamt waren also Einrichtungsgegenstände aus dem frühen 18. Jahrhundert, die Praz mit sicherem Geschmack auswählte, und die, bis auf den Schreibtisch, der in den fünfziger Jahren durch ein bedeutendes französisches Möbelstück ersetzt wurde, noch heute im Wohnhaus-Museum Praz stehen.

Zu dieser Zeit besitzt er noch wenige Gemälde, unter ihnen befindet sich das bereits 1930 erstandene Familienportrait der Desmarais von 1790. Es war Ausgangspunkt für die Sammlung jener Conversation Pieces, der Praz 1961 eine reich illustrierte Studie widmet, die große Beachtung fand.

1934 zieht der Professor mit seiner jungen englischen Ehefrau nach Rom, wo das Paar im Palazzo Ricci leben wird. Diesen Aufenthalt beschreibt er in seinem Buch „La casa della vita“, das 1958 erstmals erscheint. Am besten dokumentiert jedoch eine Serie von Fotografien, die über die Jahre von unterschiedlichen Personen im Haus auf

---

un antico, perduto, irreale primato. [...] La casa eccezionale che Giulia di Marsciano non vedrà mai sembra fatta per ospitare un'assenza.“ (Susinno/di Majo 1987, S. 12).

5 „macchietta o manichino“ (Praz 1858, S. 325).

6 „Il mio patrigno m'aveva ceduto un cassettone impero che veniva dalla sua casa di campagna a Sesto: di mogano con due colonnine nere e pigne invertite per piedi. Con quello più tardi volli armonizzare gli altri mobili della mia stanza ma intanto mettevo in cornice certe donnette scollacciate, di una facile eleganza che trovavo nelle tavole fuori testo de La Vie Parisienne.“ (Praz 1958, S. 36).

7 „Il tuo ritratto mi è giunto proprio oggi, giorno del mio trentesimo compleanno. Naturalmente è stato il più delizioso regalo che io abbia ricevuto in questa circostanza. Credo di guardarlo con più affetto ancora di quanto io non guardi la psiche Direttorio [...] che ho regalato a me stesso oggi.“ (Praz 1958, S. 110).

genommen wurden, die tatsächliche Überfülle an Objekten – ihr entzieht sich die Ehefrau Vivyan 1943 durch die Scheidung von Praz –, Ergebnis der immer ausschließlicheren, alles einnehmenden Leidenschaft des Sammelns. Die Bilderreihe zur so genannten Saletta di passagio zeigt deren Ausstattung vom Beginn der Dreißiger bis zum Ende der Fünfziger Jahre, ein Beispiel, das das Wachstum der Sammlung ebenso aufzeigt wie die fortschreitende Belagerung der Wände, eine wahre Invasion: Zu Beginn noch gewissen Regeln des Rhythmus und der Symmetrie folgend, wird nach und nach nunmehr ohne erkenntliche Regeln jeder freie Platz eingenommen, der diesem „horror vacui" zum Opfer fällt. Anhand des überaus akkurat geführten Inventarbuchs, in dem Praz all seine Erwerbungen mit sämtlichen Daten, dem Preis jedes einzelnen Objektes, der Herkunft ebenso wie dem Eingangsdatum in das Haus und dem ihm zugewiesenen Standort, auflistete, kann nachvollzogen werden, dass der Anglist in diesen Jahren vieles auf dem römischen Antiquitätenmarkt bezog. So kaufte er zum Beispiel bei Di Castro, Sestieri und Apolloni. Aber auch aus ganz Europa bezog er Einrichtungsgegenstände, in erster Linie aus Frankreich, außerdem aus England, aus Österreich und Deutschland, Spanien, Polen und den Niederlanden. Dabei suchte er die Objekte nach ihrer Qualität aus und danach, ob sie eine Assoziation erzeugten, einen kulturellen, sentimentalen, literarischen oder historischen Bezug herstellten, zu jenen hundert Jahren zwischen 1770 und 1870, deren Wachrufen und deren Erneuerung er sich vorgenommen hatte. Er selbst spricht von seiner Auswahl als jenem „Haus- und Gebrauchsklassizismus, der seinen Frühling im Frankreich Ludwig XVI, seinen Sommer im Kaiserreich Napoleons und seinen matten Herbst in den köstlichen Albernheiten der Biedermeierzeit hatte."[8]

Nicht nur aus wirtschaftlichen Gründen entschied er sich nicht für die Werke der bekanntesten Künstler: Auch als er sie sich, in späteren Jahren und finanziell besser gestellt, hätte leisten können, bevorzugte er immer die Arbeiten unbedeutender Künstler oder selbst Stücke, die nicht signiert, aber mit jenem besonderen ‚sentimentalen' Wert aufgeladen und geeignet waren, mit den Dingen in seinem Wohnraum in einen stummen Dialog zu treten. Daraus erwuchs ihr Wert: Dass heute die Namen von Künstlern wie Boilly, Sablet, Hackert, Caffi oder Migliara so bekannt sind und wir ihre Werke in zahlreichen wissenschaftlichen Publikationen studieren können, ist zum großen Teil Verdienst unseres Sammlers, in dessen Veröffentlichungen und dessen Auswahl Namen und Werke, die vor fünfzig Jahren noch als unbedeutend galten, Beachtung fanden.

Für das Entstehen der Sammlung sorgte ein Geist, der, wie wir gesehen haben, dem der proustianischen „Recherche" nicht unähnlich ist: Wenn dort die Worte die Erinnerung vom Gefängnis der Zeit befreien, sind es hier die Dinge, die die Erinnerung wieder aufblühen lassen, die eine verlorene Zeit wiedererschaffen. Eine bewunderte Mutterfigur, die früh verstarb, ist in beiden Fällen bestimmend, und auch wenn Praz sicherlich niemals die Möbel seines Hauses entweiht hätte, indem er sie an eine Prostituierte verschenkt, wie Marcel Proust es den Ich-Erzähler der „Recherche" tun lässt, so erleidet er stattdessen die Kränkung, zusehen zu müssen, wie diese Möbel in die Hände der Hausangestellten seiner Mutter übergehen, die der Stiefvater in zweiter Ehe heiratet. Grund zu einem wenn nötig hartnäckigen Beharren auf der Rekonstruktion eines Wohnraumes, der verloren oder vielleicht nie gewesen, aber deshalb nicht weniger real ist.

(Übersetzung aus dem Italienischen von Birgit Gablowski)

---

[8] „Un neoclassicismo domestico e alla mano, che ebbe la sua piena primavera nella Francia di Luigi XVI, la sua calda estate nell'Impero e il suo languido autunno nelle deliziose goffaggini del Biedermeier." (Praz 1964, S. 64). Deutsche Übersetzung: Praz, Mario: Die Inneneinrichtung. Von der Antike bis zum Jugendstil. München 1965, S. 64.

Eva Linhart

Vom Stammbuch zum Souvenir d'amitié

Deutscher Schicksalsfaden

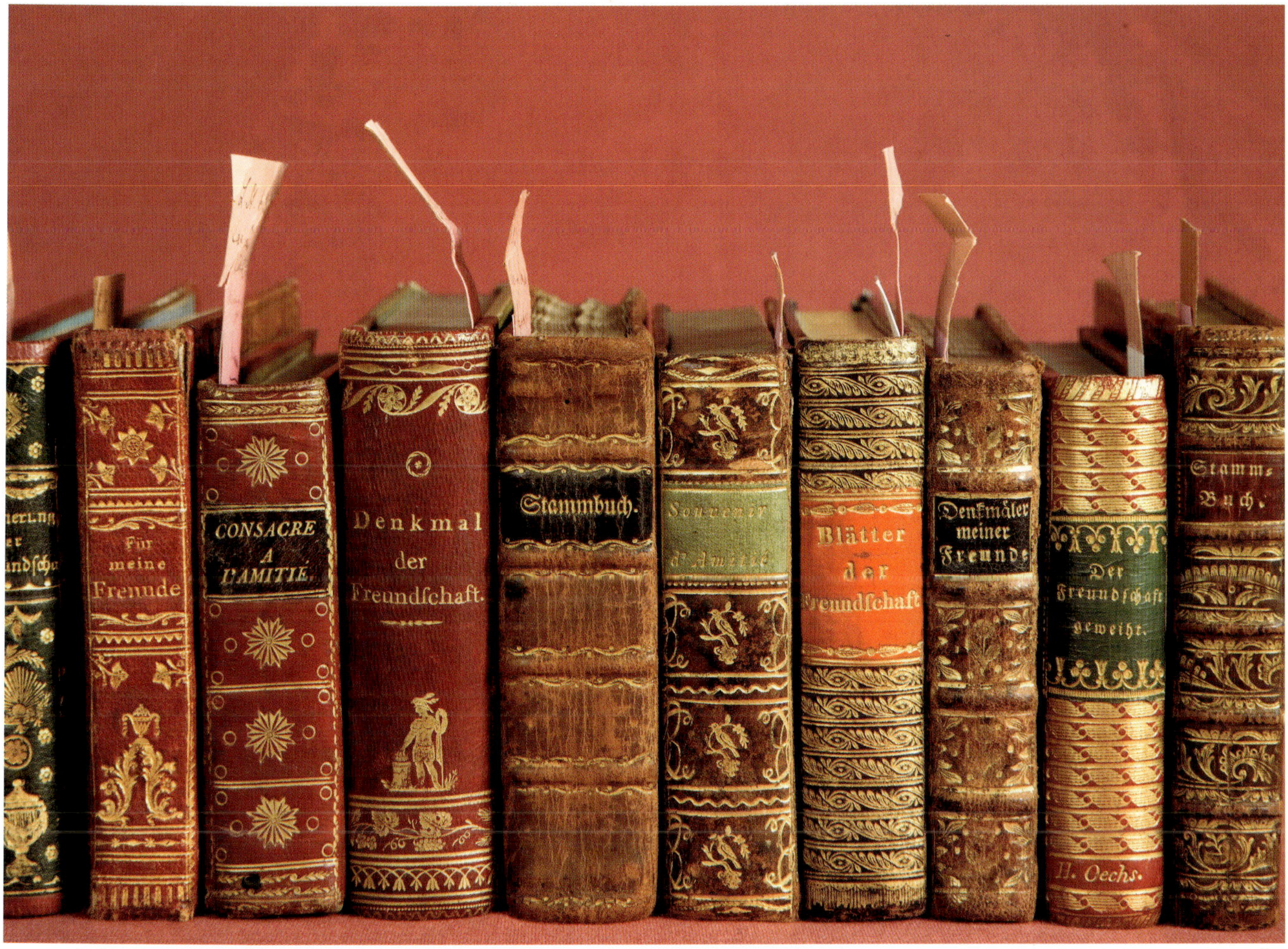

Abb.1, Stammbücher der Linel Sammlung des Museums
für Angewandte Kunst Frankfurt aus 350 Jahren.

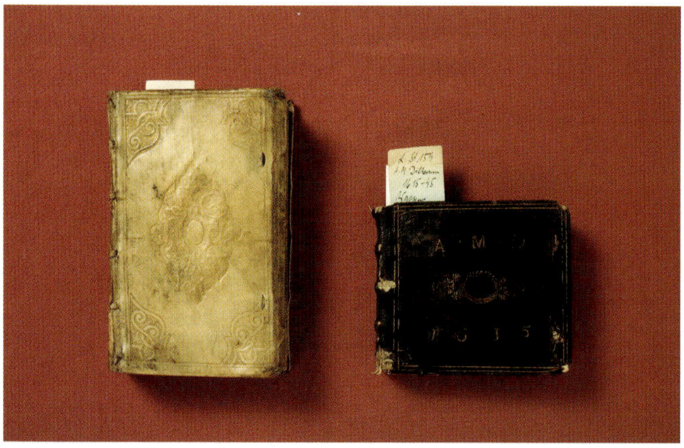

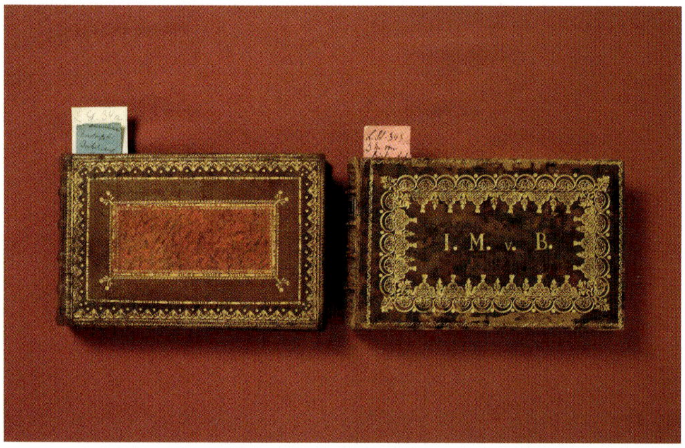

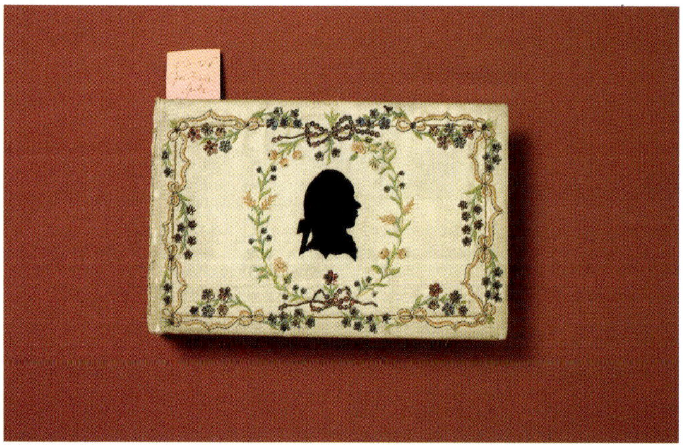

Das reiche Spektrum persönlicher wie zugleich formalisierter Widmungseinträge in Büchern, die unter dem Begriff „Stammbuch“ firmieren, ist das Thema, dem sich die Abteilung „Buchkunst und Graphik“ des Museums für Angewandte Kunst Frankfurt im Rahmen der Ausstellung „Der Souvenir – Erinnerung in Dingen von der Reliquie zum Andenken“ widmet. Überaus reizvoll und vielgestaltig ist das Material, dessen Faszinosum von dem Wunsch früherer Generationen ausgeht, an bereisten Orten freundschaftliche Begegnungen in einem dafür eigens angelegten Buch gesammelt zu haben. Andenken an das Jetzt für später zu bilden, war ihr Ziel. Folglich geht es hier um eine Erinnerung, die sich als ein kulturelles Phänomen bestimmt, bei dem sich ein Individuum in seiner sozialen Dimension positiv und aus der Perspektive eigener Lebensentwicklung denkt. Beim Führen des Stammbuchs in Jetztzeit hat sich der Besitzer vorgestellt, sich in einer späteren Lebensphase zurückerinnern zu wollen. Doch wie gestalten sich die Einträge, die im Namen der Freundschaft auf die Erinnerungswürdigkeit desjenigen hin abgefasst sind, der um die Widmung bat?

Das ausgestellte Material folgt dieser Fragestellung und zeigt, welche unterschiedlichen Ausdrucksformen die Stammbuchsitte in den 350 Jahren ihres Bestehens entwickelt hat, welche Personengruppen daran beteiligt waren und warum diese gerade das Erinnerungs- und Kommunikationsmedium „Stammbuch“ für sich entdeckt und im Sinne eigener Ich-Entwürfe geprägt haben. Dabei fällt auf, dass die Mehrzahl der Alben in der Phase der Jugend geführt wurde. Dieser Lebensabschnitt markiert den Kontrast zum nachfolgenden „ernsten“ und definiert sich als ein Freiraum für die Charakterbildung der Persönlichkeit:

zunächst Studenten, später kamen Gesellen hinzu und schließlich – im Zuge der Epoche der Empfindsamkeit – begannen die noch unverheirateten jungen Frauen die Stammbuchsitte zu dominieren. Eine weitere Konstante dieser Freundschaftspraxis ist, dass ihre Ausübung stets auf Angehörige des Deutschen Reichs beschränkt blieb.

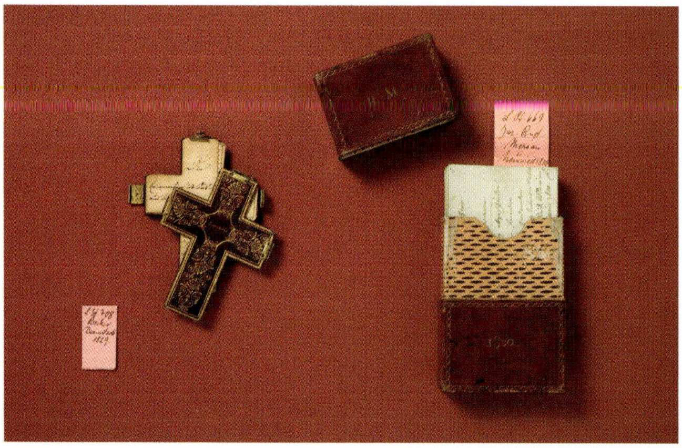

Abb. 2, Links: Stammbuch des Karl Rotarius, Steinfurth Groningen, Köln u. a., 1614-24 Inv. Nr. L. St. 4.
Rechts: Stammbuch der Anna Maria Dillherrin München 1615-459 Inv. Nr. L. St. 159, vgl. Abb. 14
Abb. 3, Links: Stammbuch des Lorenz Zimmermann Nord- und Ostdeutschland, 1734-39, Inv. Nr. L. St. 34a.
Rechts: Stammbuch des Johann Melchior von Birkenstock Erfurt, 1761, Inv. Nr. L. St. 343, vgl. Abb. 8
Abb. 4, Stammbuch des Johann Friedrich Spitta Brandenburg, 1780, Inv. Nr. L. St. 465
Abb. 5, Links: Stammbuch Becker. Darmstadt, 1829 Inv. Nr. L. St. 708. Rechts: Stammbuch des Jac. Rudolph MerianNeuwied, 1800, Inv. Nr. L. St. 669

Stammbücher der Linel Sammlung und die Erinnerung in Dingen

Das Museum für Angewandte Kunst Frankfurt besitzt die wohl größte Sammlung von Stammbüchern in Europa.[1] Diese umfasst 685 Exponate und gehört zu der umfangreichsten Gattung innerhalb der Abteilung „Buchkunst und Graphik". Mit der Ausstellung „Der Souvenir" ist sie erstmalig komplett präsentiert. Aufgrund der Fülle des Materials ist die Gesamtentwicklung des Stammbuchs gut dokumentiert. Die „Freundschaftsalben" der Goethezeit bilden den Schwerpunkt. Hinsichtlich der Sammlung ist zu bemerken, dass ihre Begründer – die beiden Brüder Michael und Anton Linel – diese weniger nach historisch-wissenschaftlichen als vor allem im Geiste des Historismus nach ästhetischen Gesichtspunkten angelegt haben.[2] Dies hat zur Folge, dass die Sammlung territoriale oder historische Spezialentwicklungen nicht immer ausreichend repräsentiert. Betreffs der kunstwissenschaftlichen und kulturhistorischen Aufarbeitung des Stammbuchbestandes ist festzuhalten, dass etwa nur ein Viertel ausgewertet ist. Dabei handelt es sich vor allem um die in bildnerischer Hinsicht qualitätsvolleren Alben. Zahlreiche Einträge verschiedener Stammbücher sind wiederum in einer singulären Weise als Quellen für historische Forschungen und ihre jeweiligen Aspekte genutzt worden.[3]
Im Unterschied dazu gehen die hiesige Thematisierung und die Ausstellung vom Profil des gesamten Bestandes der Stammbücher der Linel Sammlung aus und suchen Kriterien im Sinne von Kunst zu entwickeln. Bei der Auseinandersetzung spielt das Bewusstsein vom Buch als ein komplex und ganzheitlich ineinander greifendes Wirkungsphänomen aus Schrift, Bild, angewendeten Techniken und eingesetzten Materialien – und nicht etwa bloß als ein Trägerinstrument für Text- oder Bildinhalte und ihre Verzierungen – eine zentrale Rolle. Oder anders gewendet: Das Thema „Der Souvenir", und damit die Frage nach der „Erinnerung in Dingen" bedeutet für das Museum für Angewandte Kunst Frankfurt zugleich auch, die eigene Sammlung in ihrer Argumentation und Legitimation sowie in ihren ästhetischen Strategien für die Bildung von Erinnerung zu

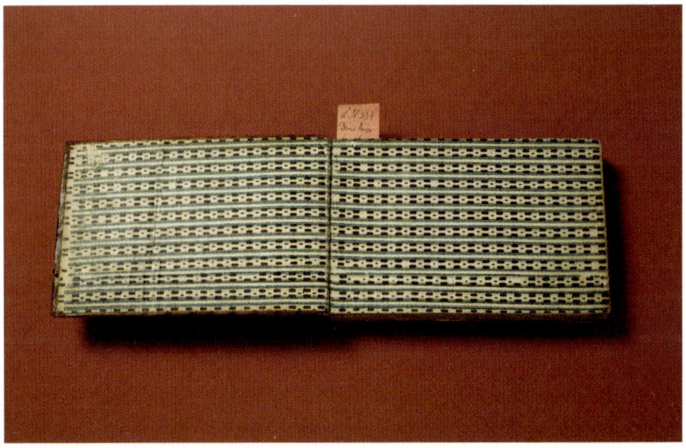

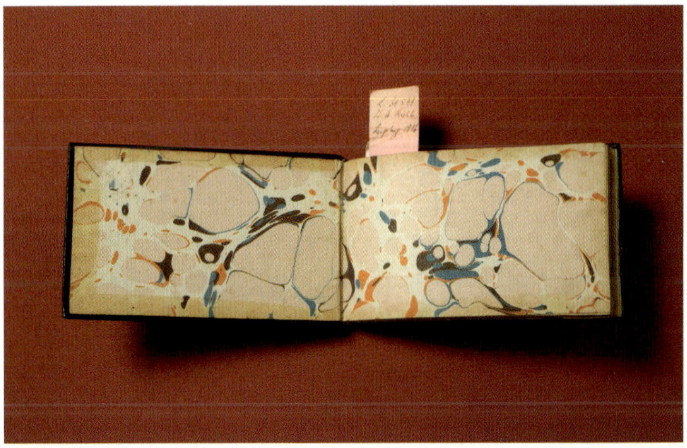

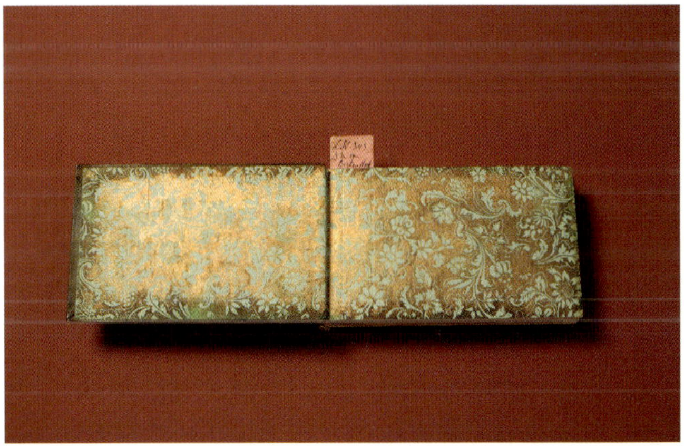

[1] Soltek/Neugebauer 1991, S. 119.
[2] Vgl. Hanebutt-Benz 1983, S. 183.
[3] So zum Beispiel als historische Quelle im Zusammenhang mit der Studentenbewegung in Deutschland zur Zeit der Französischen Revolution, s. Kuhn/Schweigard 2006, S. 6 f und S. 442: hier Auflistung der Stammbücher des Museum für Angewandte Kunst Frankfurt, die mit der Thematik der Französischen Revolution in Verbindung stehen.

Abb. 6, Stammbuch des Daniel Meier
Kyritz, 1793, Inv. Nr. L. St. 334

Abb. 7, Stammbuch von I. A. Richter
Leipzig, 1816, Inv. Nr. L. St. 579

Abb. 8, Stammbuch des Johann Melchior
von Birkenstock, Erfurt, 1761
Inv. Nr. L. St. 343, (Vgl. Abb. 3, rechts)

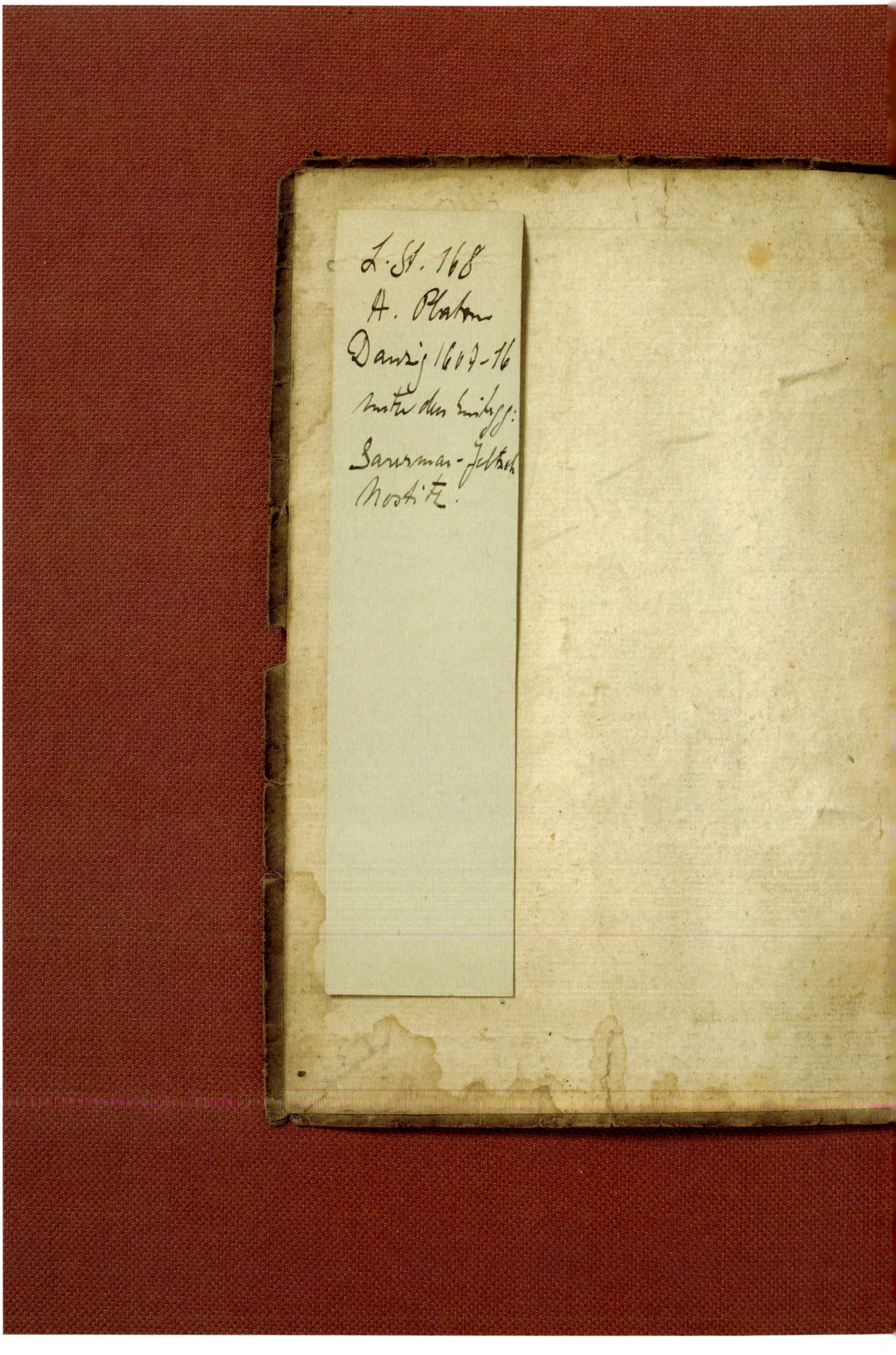
L. St. 168
A. Platen
Danzig 1609-16
Saurma-Jeltsch
Nostitz.

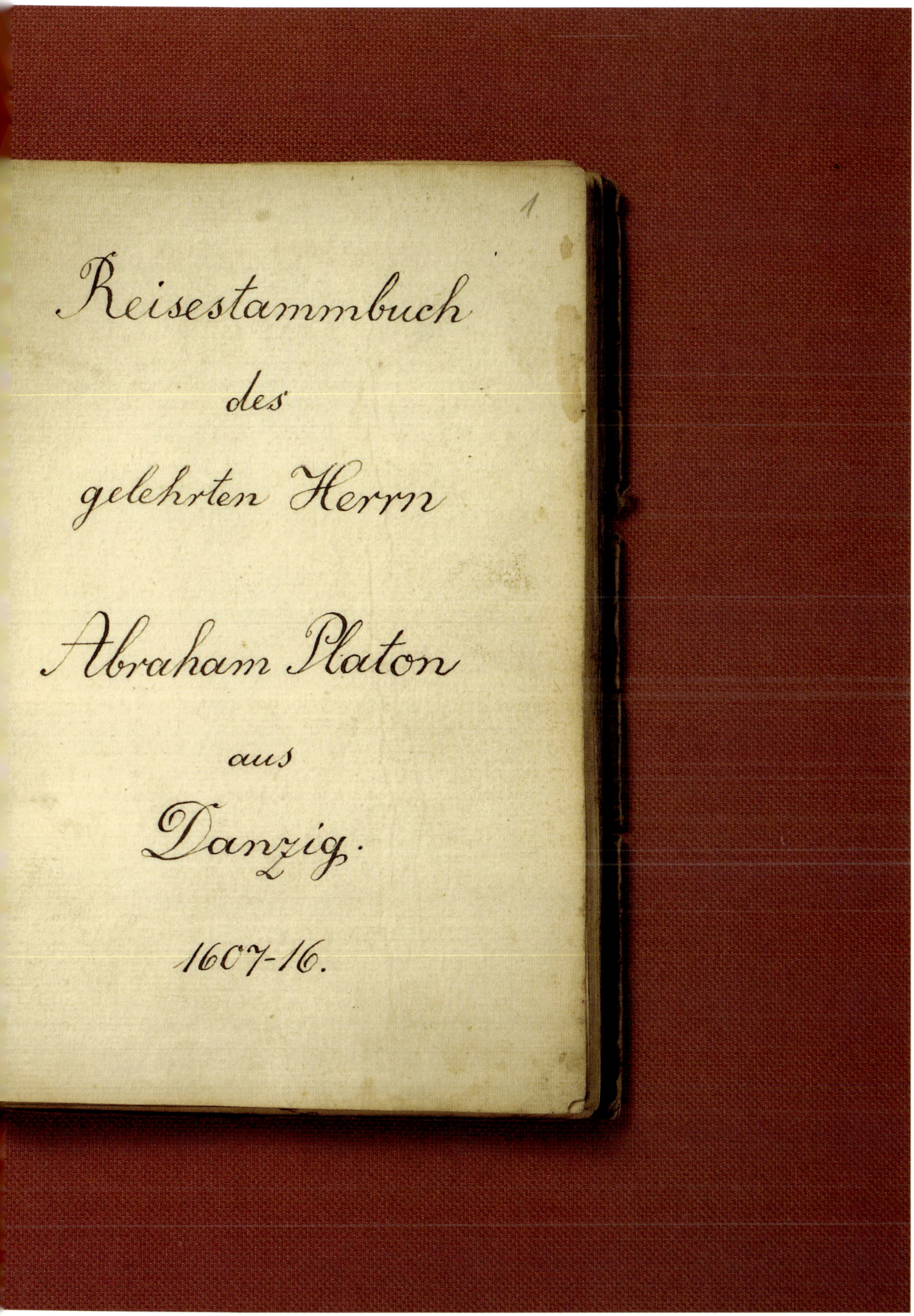
1
Reisestammbuch
des
gelehrten Herrn
Abraham Platon
aus
Danzig.
1607-16.

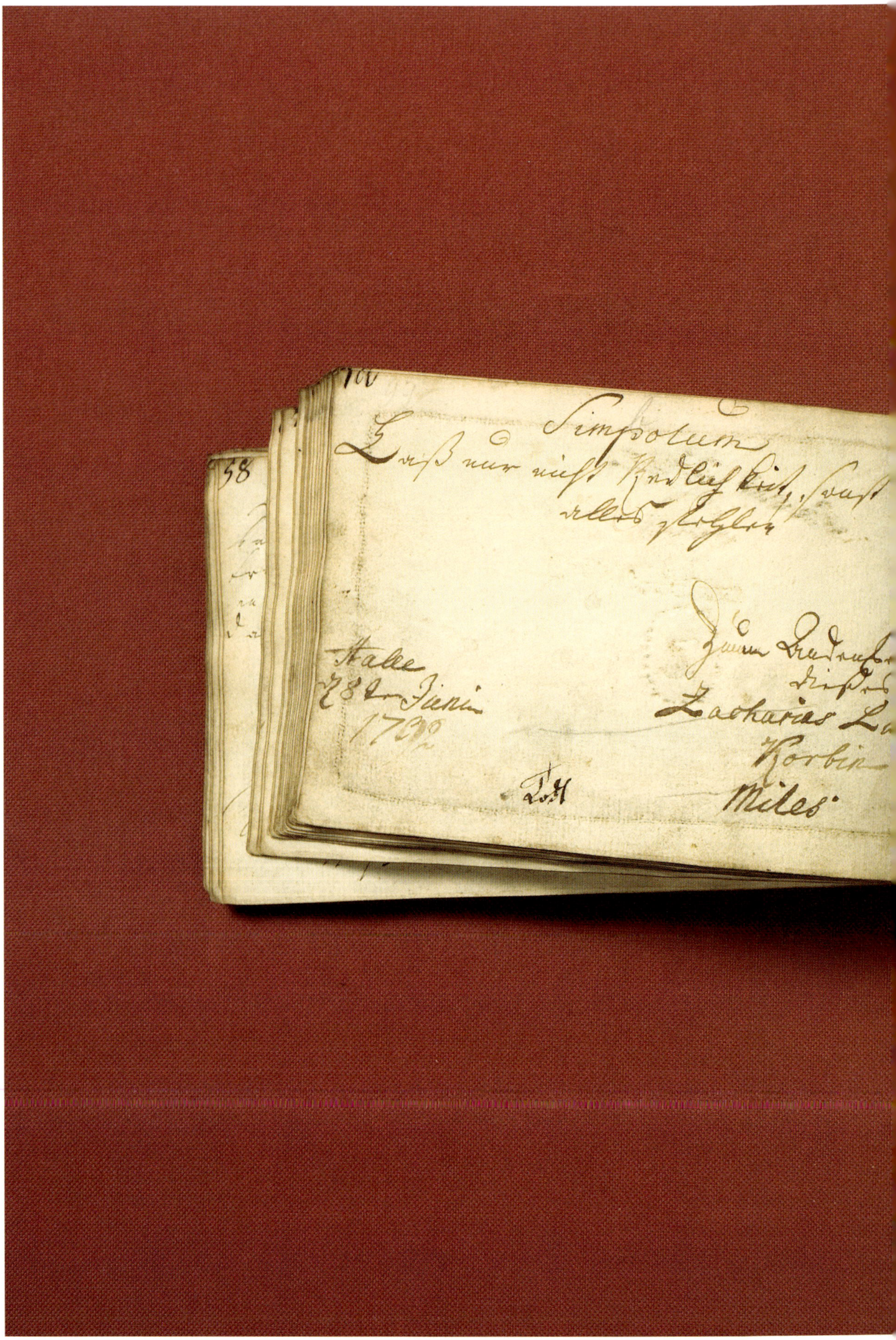
Simpolum
Halle
Zacharias
Miles

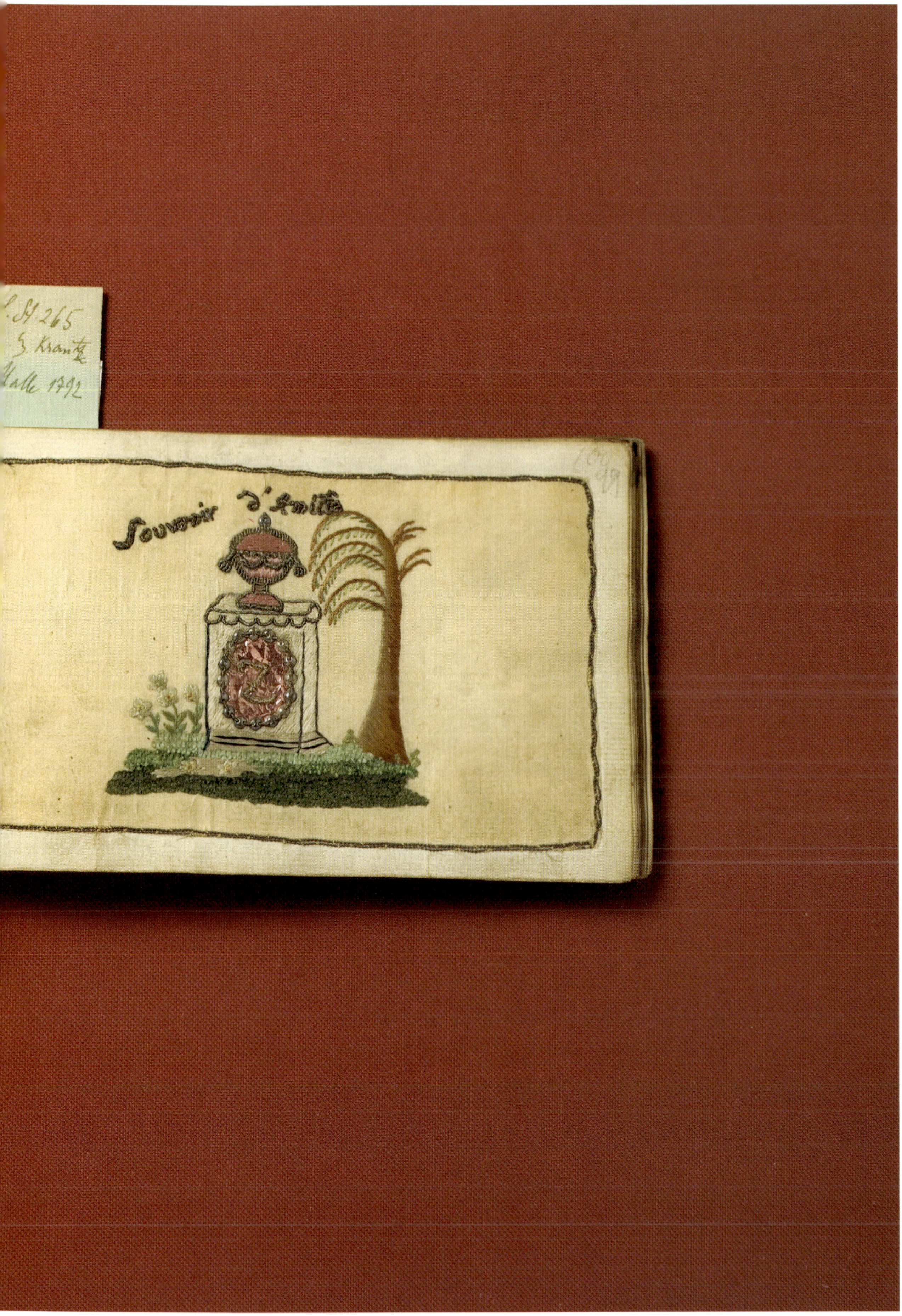
Souvenir d'Amitié

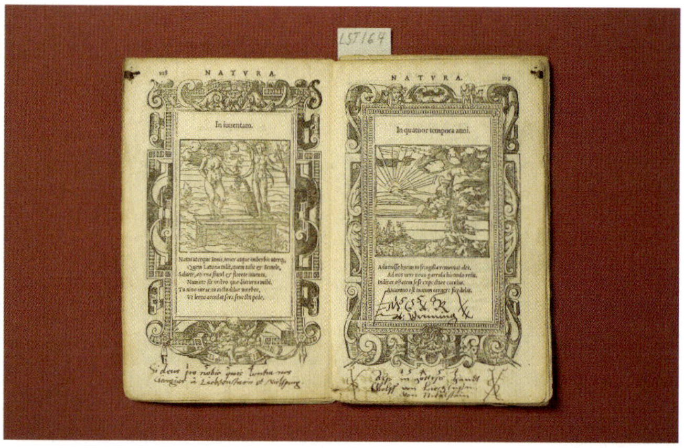

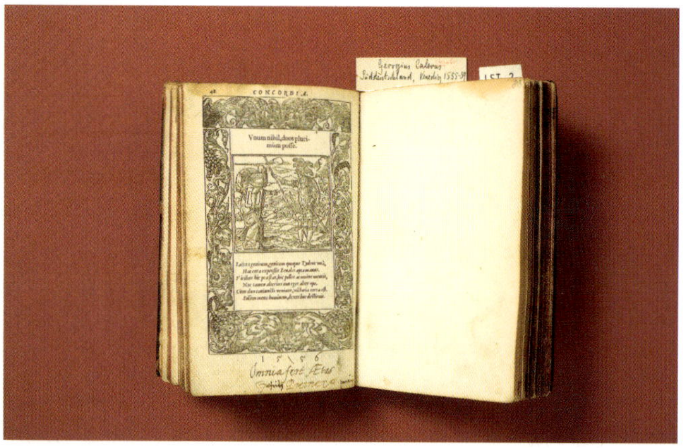

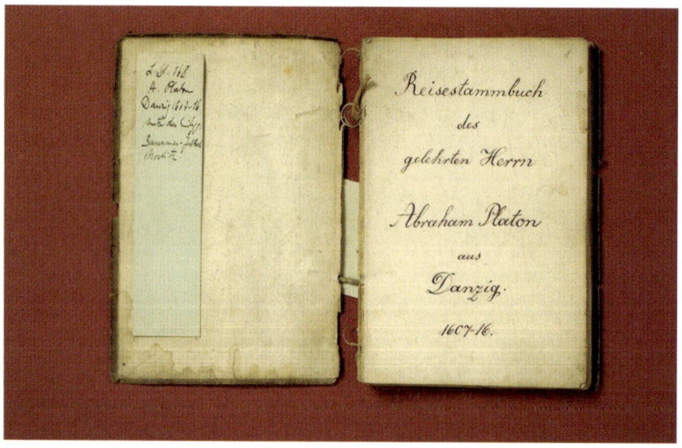

problematisieren. Das „Stammbuch“ eignet sich dafür vorzüglich, da sich in dieser Buchkunstgattung die Entwicklung der Ästhetisierung der Welt im Zeichen bürgerlicher Ideale und Idealität einschließlich der Ausbildung einer Erinnerungskultur im Zeichen des Subjektbegriffs reflektiert: also des erkennenden, mit Bewusstsein ausgestatteten und das eigene Leben autonom formenden Ich.
Gesellschaftliche Kontakte und freundschaftliche Beziehungen zu sammeln und in Buchform zu bewahren sowie über literarische Momente hinaus mit verzierten Ledereinbänden (Abb. 1-3), eingebundenem Buntpapier (Abb. 6-8), Zierschriften (Abb. 34), Miniaturen (Abb. 12-23, 27-32) , Federzeichnungen (Abb. 13), Druckgraphiken (Abb. 9, 10), Stickereien (Abb. 4, 33, 41, 43), Haararbeiten (Abb. 38) oder sonstigem Schmuck sowie aufwendiger Handarbeit zu ästhetisieren, ist ihre Bestimmung. Die Verbindung aus Reiseutensil und der Absicht, „Andenken“ zu bilden, erklärt das Stammbuch zu einem Erinnerungsmedium im Sinne des Souvenirs.
Dass die Alben mit der Ausstellung „Der Souvenir“ überhaupt in einen, ihre Gattung vor allem auch in ästhetischer Hinsicht übergreifenden, historischen, soziologisch-phänomenologischen Erinnerungskontext versetzt werden, stellt bereits eine Abweichung gegenüber der üblichen Rezeptionspraxis als „Sonderliteratur“ oder als „historisches Quellenmaterial“[4] dar. Es wird mit der Ausstellung konkret der Versuch unternommen, die Stammbücher der einseitigen Reduktion auf historische Hilfswissenschaft zu entziehen, um stattdessen der darin so intensiv betriebenen Ästhetisierung Aufmerksamkeit zu schenken – und zwar mehr als einem bloß schmückenden Beiwerk[5]. Insbesondere dem mehrmaligen Überformungsprozess hinsichtlich der Erscheinung der Alben gilt unsere Betrachtung: vom Träger für handschriftliche Einträge in Druckwerken (vgl. Abb. 9, 10), später zu einem aus Blankoseiten bestehenden Band mit dessen Bebilderung Briefmaler beauftragt wurden (vgl. Abb. 12-23), und schließlich die Wendung zur eigenhändigen Ausführung des Eintrags (vgl. Abb. 11, 31-38) sowie die Ausgestaltung der Alben auf ein Buchobjekt hin (vgl. Abb. 4, 5, 35-43).

Abb. 9, Stammbuch eines Unbekannten (bestehend aus 22 losen Blättern der „Emblemata“ des Andreas Alciati) Deutschland, 1554-59, Inv. Nr. L. St. 164
Abb. 10, Stammbuch des Georgius Chamler Venedig, Padua, Nürnberg, 1555-59, Inv. Nr. L. St. 2.
Abb. 11, Stammbuch des Abraham Platon (mit Eintragungen u. a. von Burkhard und Rudolph von Haustein, Bernhard Saurmar Jeltsch, Traugott Saurmar von der Jeltsch, Conradus Saurmar a Jeltschio, Johann Nicolaus von Nostitz, Christoph von Nostiz) Danzig, 1607-16, Inv. Nr. L. St. 168

[4] So ist etwa Wolfgang Kloses Beschreibung der Stammbücher als interessante „Primärquellen ihrer Zeit“ für die Rezeption symptomatisch. Bei seiner Aufzählung derjenigen Wissenschaften, für welche die Stammbücher relevant sind, die „historischen und Sozialwissenschaften, Theologie, Medizin und Rechtswissenschaften, und natürlich für die Literaturgeschichte“ bleibt die Kunstgeschichte unerwähnt. In: Wittenberger Gelehrtenstammbuch, 2000, Bd. 2, S.12.

[5] Zur Aufwertung der Ornamente vom Bei- zum Hauptwerk als exemplarisch für die Ästhetisierung des Lebens im Sinne des Autonomiebegriffs der Künste, vgl. Oesterle 1984, insbesondere S. 122 f.

Die Stammbuchsitte und ihr Medium

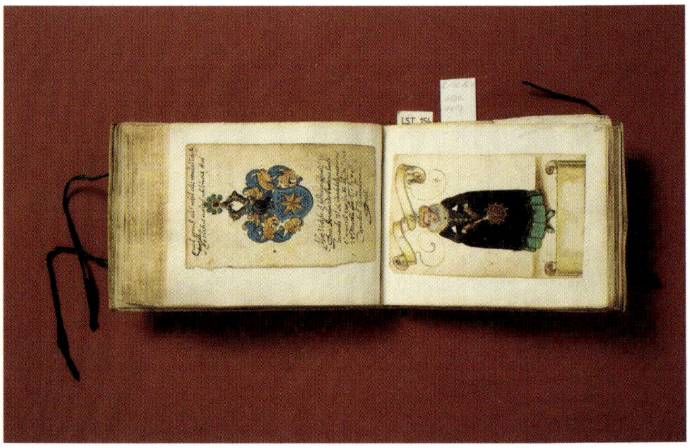

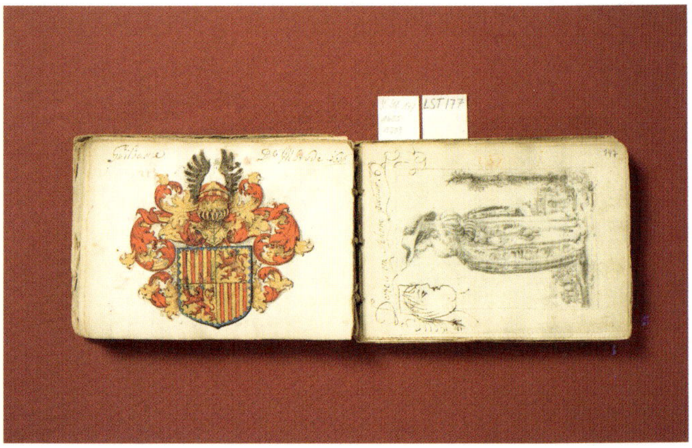

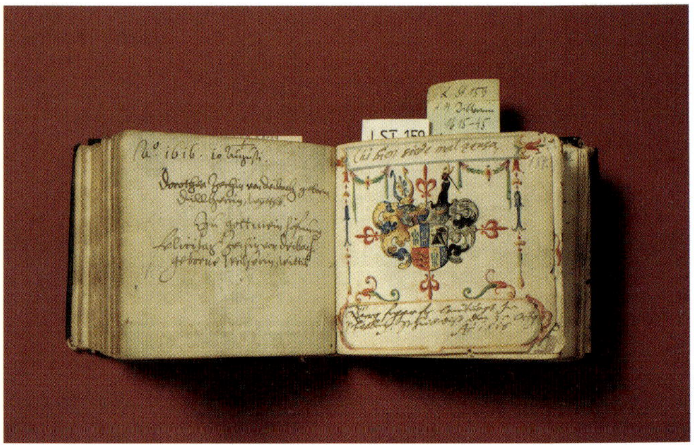

Zu Beginn ihres Entstehens um die Mitte des 16. Jahrhunderts nannte man Stammbücher „liber amicorum“ oder „album amicorum“[6]. Diese beiden Termini blieben außerhalb des deutschen Sprachraums auch weiterhin wirksam. Erst 25 Jahre später, ab 1573, sind die Bezeichnungen „Stamm- oder Gesellenbuch[7]“ nachweisbar.[8] Die charmanteren Betitelungen wie „Souvenir d'amitié“ oder „Denkmal der Freundschaft“ stammen aus späteren Zeiten und verweisen auf die Epoche der Empfindsamkeit. Auf den Buchrücken der ausgestellten Alben finden sich die verschiedenen Bezeichnungen in zahlreichen Variationen wieder (Abb. 1). Die handliche Größe der Stammbücher – zunächst Hoch- und später ausschließlich im Quer-Oktavformat (vgl. Abb. 2-4) – entspringt ihrem Benutzungszusammenhang, nämlich auf Reisen mitgenommen zu werden. Die Anpassung des Formats an die leicht transportable Mobilität ist ein wesentliches Charakteristikum dieser Buchgattung.

Die Linel Sammlung besitzt 50 Exponate aus dem Zeitraum von 1554 bis 1650. Elf dieser frühen Stammbücher nutzten Druckwerke – vornehmlich Emblematiken – für ihre Einträge. Die drei nachfolgenden Beispiele mögen den Anpassungsprozess auf die Funktion eines Stammbuchs hin veranschaulichen.

Das früheste Stammbuch der Linel Sammlung – und eines der ältesten erhaltenen Stammbücher überhaupt – wurde von einem Unbekannten zwischen den Jahren von 1554 bis 1559 in Deutschland geführt und trägt die Inventarnummer L. St. 164 (Abb.9). Hierbei handelt es sich um 22 lose und 19,5 x 12cm große Blätter der „Emblemata“ des Andreas Alciati (1492 Alzate bei Mailand – 1550 Pavia) mit 25 handschriftlichen Eintragungen. Diese sind im Stil der Minimaleintragungen gehalten, die für die erste Anlaufzeit der Alben typisch sind: Jahreszahl, Devise/Motto, Name.[9] Der „emblematur liber“ als eine Sammlung allegorischer Darstellungen mit erläuternden Motti und Versen moralisierend-belehrenden Gehalts des Andreas Alciati erlebte mehr als 150 Auflagen. Er wurde von Jörg Breu d. Ä. oder so bedeutenden Künstlern wie Jost Amman und Virgil Solis illustriert. Die Blätter der hiesigen Ausgabe mit den

---

[6] Klose, CAAC, S. IX.

[7] Das Wort „Geselle“ meint im veralteten deutschen Sprachgebrauch: jemand, der mit einem zusammen aß („Tischgesellschaft“) oder reiste („Reisegesellschaft“).

[8] Wolfgang Klose, in: Wittenberger Gelehrtenstammbuch, 2000, Bd. 2, S. 12.

[9] Klose, CAAC, S. XI.

Abb. 12, Stammbuch des Hans Joachim Dreyburg und anderer (Sammelalbum)
Süddeutschland, 1565-1702, Inv. Nr. L. St. 154

Abb. 13, Stammbuch eines Unbekannten
Holland, 1605-1709, Inv. Nr. L. St. 177.

Abb. 14, Stammbuch der Anna Maria Dillherrin, mit Eintragungen von meist bekannten adeligen und bürgerlichen Familien Süddeutschlands (darunter Hohenzollern, Ehroltzheim, Thurn und Imhof)
München, 1615-459, Inv. Nr. L. St. 159, vgl. Abb. 2 rechts.

qualitätsvollen Holzschnitten[10] sind zwischen 1548 und 1551 bei Matthieu und Macé Bonhomme oder bei Guillaume Roville in Lyon erschienen[11]. Den Eintragenden dieses Albums stand für ihre Widmung kein eigens vorgesehener Platz zur Verfügung. Vielmehr hatten sie sich mit dem spärlichen Freiraum im unteren Seitenbereich der vom breiten Rahmen eingefassten üblichen Gliederung der Emblemata aus Lemma (Titel), Ikon und der unter dem Bild stehenden Subscriptio zu begnügen. Das nächstälteste Stammbuch der Sammlung L. St. 2 (Abb. 10), das die gleichen Emblemata des Alciati aus Lyon von 1551 aufweist, begleitete Georgius Chamler von 1555 bis 1559 auf seinen Reisen nach Venedig, Padua und Nürnberg.[12] Im Unterschied zu L. St. 164 weist es leere interfolierte Seiten auf. Diese Praxis ist für die Frühzeit der Stammbücher – Druckwerke auf die Nutzung als Album amicorum angepasst zu haben – exemplarisch.[13] L. St. 2 ist jedoch nicht nur allein darum bemerkenswert, weil es bereits Blankoseiten für die handschriftlichen Widmungen vorsieht und es sich dadurch bereits eigens als ein Stammbuch begründet. Es ist zudem auch interessant, weil die Eintragenden die leeren Seiten gar nicht oder nur zögerlich zu beschreiben gewillt waren. Viel lieber hielten sie sich an den bereits mit Wort und Bild gefüllten Seiten fest. Entweder beschränkt sich ihr Eintrag auf die Emblemseite oder diese wird als Beginn der Widmung genutzt, um dann auf der unbedruckten Seite lediglich ihren Abschluss zu finden. Das Stammbuch L. St. 4 des Karl Rotarius, das dieser in Steinfurth, Groningen, Köln sowie in anderen Städten zwei Dekaden später zwischen den Jahren 1614 und 1624 geführt hat, ist mit seinen durchschossenen Blankoseiten ebenfalls auf die Bestimmung eines Stammbuchs hin angelegt. Es besteht aus dem „Nicolai Reusneri Leorini Aureolorum Emblematum liber singularis". Die Art der sich nun auf die unbedruckten Seiten beschränkenden Einträge zeugt jedoch von einem deutlich versierteren Umgang mit dem für die Widmungen vorgesehen Blättern und damit von der Etablierung der Stammbuchsitte in medialer wie praktischer Hinsicht. Zum Emblem „Foetura" (Zucht) mit einem Holzschnitt von Tobias Stimmer schrieb Joannes Ger. Vossius aus Dordrecht, datiert 4. September 1624: „Fortior est qui se, quam qui fortissima vincit Moenia: nec virtus altius ire potest" (Der ist stärker, der sich selbst überwindet – nicht die stärkste Mauer: höhere Tugend kann nicht erreicht werden).[14]

Wann, wie und wo sich das Bedürfnis ausprägte, das zur Entstehung des ersten „Album Amicorum als Reisebegleiter" führte, lässt sich nicht genau bestimmen.[15] Nach dem Stand der heutigen Forschung sind die ersten Stammbücher wohl in den vierziger Jahren des sechzehnten Jahrhunderts in Wittenberg angelegt worden. Es zeichnet sich ab, dass die Sitte des Stammbuchs kurz vor der Mitte des 16. Jahrhunderts vor allem an deutschen Universitäten entstanden ist und auf der Kompilation verschiedener Traditionen basiert.
Als eine wesentliche Vorform und als der dominante Impuls für die Ausprägung der Stammbuchsitte ist die Gepflogenheit protestantischer Gelehrter zu bewerten, Buchgeschenke, von Reformationsanhängern vorgelegte Katechismen oder Gesangbücher mit kleinen Exegesen und religiösen Bekenntnissen auf den leeren Vorstoßblättern zu versehen. Allein von Luther gibt es Hunderte handschriftliche Beischriften dieser Art. Dabei ist anzumerken, dass diese Einträge keinen persönlichen Charakter aufweisen.[16] Das älteste bisher bekannte Stammbuch wurde 1545 in Wittenberg begonnen und empfing anlässlich des Zweiten Regensburger Religionsgesprächs die erste persönliche Widmung. Sein Besitzer Claude de Senarclens gehörte damals in Genf zum nächsten Umkreis Calvins und wurde von diesem zu Melanchthon nach Wittenberg entsandt.[17] Auch die nächstältesten Stammbücher stehen mit Wittenberg in Verbindung, so dass man die protestantische Universität Wittenberg als geografischen und kulturhistorischen Ausgangspunkt des studentischen Brauchs, von wo aus sich die Sitte verbreitete, ansieht. Um die Mitte des 16. Jahrhunderts begannen die Stammbücher zum Reisegepäck der Studenten zu gehören, die an ihrem auswärtigen Studienort Freunde, Mitstudenten, Professoren und Honoratioren um Einträge baten. Diese waren – neben dem generellen und nach und nach zunehmenden Schwerpunkt auf die deutsche Sprache – zunächst in Latein, Griechisch und seltener auch in Hebräisch abgefasst. Im späten 17. Jahrhundert begann Französisch beliebt zu werden. Dass ein Album mehrere Sprachen vereinigt, ist keine Seltenheit.

Auch wenn die Stammbücher der Linel Sammlung kaum geeignet sind, adäquat die Frühzeit dieser Sitte und damit Wittenberg als Entstehungsort zu repräsentieren, so ist immerhin festzuhalten, dass acht der Alben nachweislich

---

[10] Der Formschneider PV der Holzschnitte war in Lyon tätig und ist namentlich unbekannt. In: Soltek/Neugebauer 1991, S. 121.
[11] Ebd.
[12] Klose, CAAC, 55. CHA. GEO.
[13] Klose 1989, S. 16.
[14] Soltek/Neugebauer 1991, S. 122f. einschl. Abb. d. zit. S. 334 und 335 des Stammbuchs L. St. 4; hier abgb. Einband (Abb. 2, links)
[15] Klose, CAAC, S. XVII.
[16] A.a.O., S. XVI.
[17] Heinzer 1989; Kurras 2005, S. 487.
[18] Stammbücher der Linel Sammlung, die in Wittenberg geführt wurden, bis 1600:
L. St. 151, Nürnberg und Wittenberg 1584-1604, Marcus Friedrich Pfauth u. a. (Sammelband), 66 Blatt, 25 Eintragungen, 45 kolorierte Wappen, 7 Aquarelle.
L. St. 144, Lüneburg, Wittenberg und Marburg 1589-1637, Einband 1617, Balthasar Goedemann (Kaiserlicher Notar und Präfekt), 256 Blatt, 157 Einträge (darunter vom letzten Herzog von Pommern, Borislaw XIV, dem Herzog Adolf Friedrich von Mecklenburg und seiner Gemahlin Maria Katharina und anderen Adeligen, ferner von Beamten, Gelehrten und Studenten), 10 kolorierte Wappen, 6 Aquarelle., 2 Federzeichnungen. Siehe auch Soltek/Neugebauer 1991, S. 135 m. Abb. S. 347, die ein Aquarell von Johannes Dithmus, das den Studentenritt über den (Wittenberger?) Marktplatz zeigt.

hier geführt wurden, davon drei aus der Zeit bis 1600[18], drei bis 1700[19] und zwei bis 1800[20]. Wie häufig jedoch zugleich bis zum Ende des 18. Jahrhunderts die zahlreichen Einträge verschiedener anderer Alben der Sammlung zeigen, umkreisen diese immer wieder die Themen Protestantismus bzw. Luther sowie die Universität Wittenberg. So hat zum Beispiel der braune Ledereinband von L. St. 142 aus dem Jahr 1570 in seinem Vorderdeckel das Porträt Martin Luthers und im Rückdeckel das des Melanchthon eingeprägt; L. St. 144, S. 347 (1589 -1637), das von dem kaiserlichen Notar und Präfekten Balthasar Goedemann neben den Städten Lüneburg und Marburg auch in Wittenberg geführt wurde, zeigt einen Studentenritt über den vermutlich Wittenberger Marktplatz[21]; die Gouache aus dem Stammbuch des Studenten Moehring, Halle 1770-72, L. St. 86, S. 117 weist ihrerseits den folgenden Spruchbandtext auf: „Das wahre Gottes Wort und Luthers reine Lehr wiegt mehr den Cardinal, Papst, Sattan u. sein Heer"(Abb. 19).[22]

Bereits die Tatsache, dass die konfessionelle Bindung der ersten Alben von der Forschung diskutiert wird, da religiöse Aussagen nicht vorkommen[23], kann als ein Hinweis auf den Entstehungscharakter der eingeführten Alba amicorum und ihre kommunikative Funktion gewertet werden. In diesem Zusammenhang ist es relevant, sich bewusst zu machen, dass das ursprüngliche Selbstverständnis der Stammbuchsitte im neuzeitlichen und die Antike rezipierenden Geist des Humanismus liegt, bei dem das Ideal der „amicitia" den Hauptbezugspunkt bildet.[24] Weil sich der Widmungseintrag in der Regel an einen Studenten richtete, der sich damit eben erst in der „Ausbildung" zum Erwachsenen befand, dienten die Inschriften auf den Emblemseiten der Charakterbildung. Das Ideal der „Tugend" galt als Grundlage menschlicher Gemeinschaft.[25] Die Tugend sollte das Leben des Jünglings bilden und Erinnerungswürdigkeit erwirken. Soweit sich die Stammbuchsitte auf die inneren Anlagen in Abhängigkeit von der Kultur der Renaissance konzentrierte und die Einträge keine persönliche Färbung annahmen, prägten zwar biblisch-religiöse, jedoch keine direkten konfessionellen Aussagen die Stammbücher.

In welcher Form aber die Stammbuchsitte dennoch — und zwar auf eine mittelbar-strukturelle Weise — reformatorisch

---

L. St. 154; Süddeutschland, Nürnberg, Ingoldstadt 1565-1702, Hans Joachim Dreyburg und andere (zum Beispiel Hieronymus v. Pflaumern und Phillip von Hausen) Sammelband, 138 Blatt, 109 Eintragungen (darunter Friedrich Taubmann, humanistischer Gelehrter und Dichter, der in Wittenberg studiert, später Professor wurde und hier auch 1613 verstarb), 106 kolorierte Wappen, 18 Gouachen, 3 Tuschzeichnungen, 1 Bleistiftzeichnung, 1 kolorierter Kupferstich, Abb. 12. S. a. Soltek/Neugebauer 1991, S. 128-130.

19 Stammbücher der Linel Sammlung, die in Wittenberg geführt wurden, bis 1700:
L. St. 157, Wittenberg, Heidelberg, Frankfurt am Main, Oxford, Lyon, Basel 1620-1626, Johann Christian Hübner (Theologiestudent), 120 Blatt, 81 Eintragungen in lateinischer, griechischer, deutscher, hebräischer und türkischer Sprache.
L. St. 166, Wittenberg 1622-1627, Andreas Hartraufft, Medizinstudent, 17 Blatt, 18 Eintragungen, 1 koloriertes Wappen, 2 Federzeichnungen, lose Blätter.
L. St. 178, Wittenberg und Bautzen1655, Christian Hölzel (promovierter Theologe), 91 Blatt, 78 Eintragungen, 2 kolorierte Wappen, 3 Porträts von Theologen, 3 Aquarelle., 1 Notenniederschrift.

20 Stammbücher der Linel Sammlung, die in Wittenberg geführt wurden, bis 1800:
L. St. 203, Wittenberg, Magdeburg und Halle 1712, Unbekannt (Medizinstudent), 141 Blatt, 82 Eintragungen, 2 Zeichnungen,

geprägt ist, sollen die nachfolgenden Argumente „Buchdruck" und „Solidarität" veranschaulichen.
Wie bereits ausgeführt, bestanden die ersten Stammbücher aus Druckwerken. Damit wird für die Stammbuchsitte, für die der einmalige und persönliche Eintrag von Hand charakteristisch ist, folgendes deutlich: Erstens ist sie ohne die Erfindung des Buchdrucks im Jahr 1440 – der beweglichen Metalllettern von Johannes Gutenberg – und des damit verbundenem Verbreitungspotentials nicht denkbar. Zum anderen ist der Entstehungskontext Wittenberg bzw. der Umkreis von Martin Luther, der ja die Erfindung des Buchdrucks zu nutzen verstanden hat, etwa für die Verbreitung der 95 Thesen im ganzen Deutschen Reich, bemerkenswert. Hinzu kommt, dass Luther das Buch als solches durch die Verbreitung der gedruckten Bibel, die ja Gottes Wort bezeugt, mit höchster Autorität im Sinne des Wahrheitsanspruchs ausgestattet hatte. In diesen Kontext gerückt, gewinnt die Stammbuchbewegung als Konstituierung von Erinnerung und die Bildung eines persönlichen Andenkens in Buchform eine moderne technische und auch eine neue ideelle Dimension. D. h., dass die Serialität des Buchdrucks in Abhängigkeit von einer überpersönlichen Wahrheitsautorität eine Erinnerungskultur freisetzte, die in Form der Stammbuchsitte zur persönlichen Bildung von Andenken eines Individuums als „gesellschaftliche Kommunikation" führte.
Als weiteres Argument ist die mit dem Protestantismus einhergehende politische Instabilität anzuführen. Zum einen spielt sicherlich der Umstand eine wichtige Rolle, dass der Student, nachdem er Wittenberg verlassen hat, in Gebiete zurückkam, in denen die Lutherische Lehre umkämpft war. Nach Klose wird diese Reise ins Ungewisse bei den Studenten das Bedürfnis ausgelöst haben, persönliche Andenken ihrer Lehrer aus Wittenberg in ihre Heimat mitnehmen zu wollen.[26] Angesichts religiöser Differenzen im Land[27] gewinnt der kommunikative Aspekt der Stammbuchsitte auch die Qualität einer überlebensnotwendigen Strategie, die wir heute als „Networking" zu bezeichnen gewohnt sind und die ihrer Natur nach die Bildung von Solidarität und Zusammengehörigkeit bedeutet. Damit wird zugleich klar, dass die Stammbücher auch als „Empfehlungsschreiben" genutzt wurden. „amicitia" gewinnt den Charakter von Gleichgesinnung.
Im Zusammenhang mit der politischen Situation sei schließlich auch die Verbreitung der Stammbuchsitte bedacht. Von Wittenberg, ab 1551 über Padua, Ingolstadt, Bourges und Orléans (1556), Straßburg (1557), Nürnberg (1558) und Dôle (1560) setzt ihre Entwicklung ein und erreichte erst danach Köln, Heidelberg, Leipzig, Paris, Speyer, Tübingen, Basel, Löwen, Augsburg, Bologna und Douai.[28] Trotz des zunehmend hohen Verbreitungsgrads in Europa blieb das Führen von Stammbüchern auch in der Folgezeit ausschließlich auf Angehörige des Deutschen Reichs beschränkt. Trafen sich diese im Ausland, suchten sie sich gegenseitig auf und erbaten Einträge.[29] Die Entstehung der so intensiv betriebenen Sitte und ihre langjährige Beliebtheit bei den Deutschen, wird in der Forschung mit der Sondersituation eines fehlenden Nationalstaats bzw. dem nicht gewachsenen Zusammengehörigkeitsgefühl erklärt.[30] Demnach übertrug sich die erste von protestantischer Solidarität und humanistischem Bildungsideal geprägte Motivation der Stammbuchsitte auf eine ganze Nation und wurde zu einem wesentlichen Ausdruck seiner Identitätsproblematik. Was an institutionellen Ritualen und überpersönlichem Aufgehobensein in einem Nationalstaat fehlte, wurde – so deutet sich an – psychologisch mit der Stammbuchsitte kompensiert. Demnach stellen die Stammbücher nicht nur eine humanistisch, sondern zugleich auch eine deutsch-national sich definierende Erinnerungskultur dar. Auf Ausländer hat der Brauch stets eher „merkwürdig" gewirkt, wie ein Zitat aus James Boswells „Journal" verdeutlicht: „Zum Abschied bekam ich ein Album amicorum – in Holland, Deutschland und in den skandinavischen Ländern ist das eine beliebte Sitte. Man geht mit diesem Buch zu einem Freund, der etwas Selbsterfundenes hineinschreibt, oder einen Ausspruch irgendeines Autors, und seinen Namen daruntersetzt; wenn er kann, zeichnet er noch etwas hinzu. So hat man etwas, mit dessen Hilfe man sich an seine Freunde erinnern kann. Keine schlechte Idee, aber auch ein bisschen skuril." (Berlin, 10. September 1764)[31].

---

1 koloriertes Wappen.
L. St. 405, Wittenberg 1785, A. Hantuch (Student), 185 Blatt, 189 Eintragungen und 7 Aquarelle.

21 Vgl. Anm. 18.

22 Soltek/Neugebauer 1991, S. 139 (hier fälschlicherweise die Seitenangabe 177 statt 117)

23 Zur Problematik s. Klose, CAAC, S. XVII und hier Fußnote 12: Jörg-Ulrich Fechner: Calvinistische Stammbücher, publiziert in: Klose 1989.

24 Klose, CAAC, S. XV.

25 Kuhn/Schweigard 2006, S. 49.

26 Klose, CAAC, S. XVI.

27 Ebd. wo Klose auf den Schmalkaldischen Krieg und seine Konsequenzen für das protestantische Deutschland verweist.; s. a. Klose. In: Wittenberger Gelehrtenstammbuch 2000, Bd. 2, S. 19-23.

28 Klose, CAAC, S.XVIII.

29 Vgl. Klose. Iin: Wittenberger Gelehrtenstammbuch 2000, Bd. 2, S. 14.

30 Klose, CAAC, S. XVI.

31 Boswell 1986, S. 99.

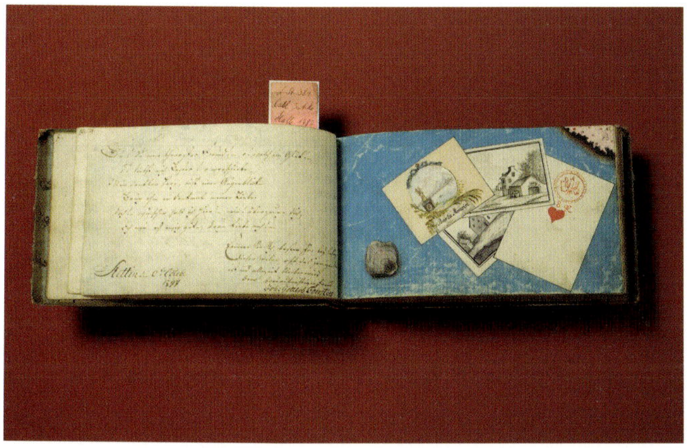

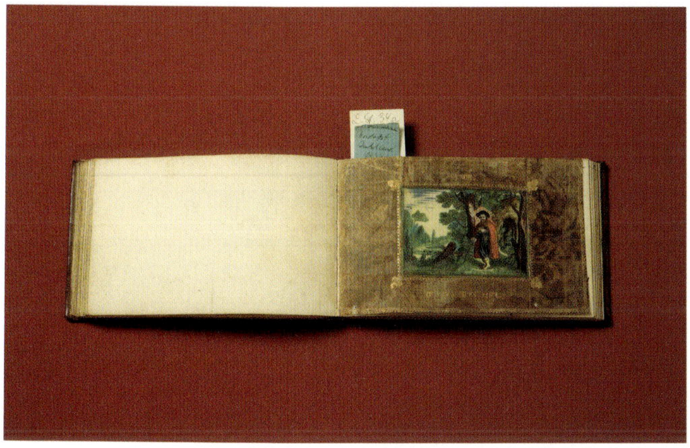

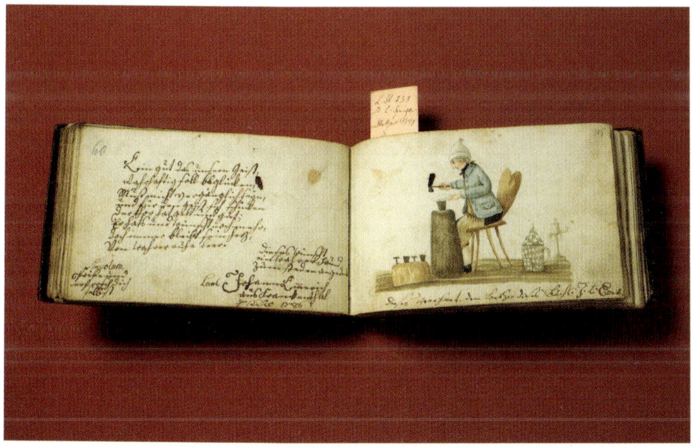

Stammbuchsitte und Demokratisierung

Eine zweite wesentliche Tradition, die als Vorform bei der Entstehung der Stammbuchsitte – ohne sie jedoch im eigentlichen Sinn initiiert zu haben – wirksam wurde, werden die „libri gentilitatis" angesehen.[32] Hierbei handelt es sich um Herkunftsnachweise als Ahnen- und Wappenproben, mit denen der Adel auf Turnieren, Hoffesten oder Reichstagen seine Teilnahme zu legitimieren hatte. Diese Tradition wirkt insofern auf die Stammbücher, als die Einträge um die fortgeschrittene Mitte des 16. Jahrhunderts vermehrt aus Familien- und Geschlechterwappen bestehen und schließlich bis ins 17. Jahrhundert die Alben auszeichnen (vgl. Abb. 12-14).[33]

Der Wappenschmuck besteht aus Schild, Helm und Zimier. Oben und unten wird er meist von Spruchbändern oder ornamentalen Rahmen für die persönliche Devise, formelhafte Dedikation, Datum und Unterschrift des Auftraggebers ergänzt. Merksprüche, die sich auf ein bestimmtes, den Stammbuchbesitzer betreffendes Ereignis beziehen, kommen nur sehr selten vor (vgl. Abb.14).[34]

Von den 50 Alben der Linel Sammlung aus den ersten hundert Jahren sind 39 solche, die überwiegend aus Wappeneinträgen bestehen. Das älteste wurde von Tobias Scultefus in Deutschland und Norditalien in den Jahren 1565 bis 1593 geführt (L. St. 148). Es findet eine Verlagerung von der rein schriftlichen auf die bildliche Artikulation des Eintrags statt. Diese Wappeneinträge wurden als Auftragsarbeit von professionellen Wappen- oder Briefmalern in Gouachetechnik ausgeführt. Mit dem Kostenaufwand und der Prachtentfaltung war zugleich das Streben nach Prestige verbunden. Diese Art der Alba amicorum besteht nur noch in seltenen Fällen aus vorgedruckten Emblemata, sondern aus überwiegend leeren Seiten.

Bereits in den fünfziger Jahren des 16. Jahrhunderts begannen Verleger auf die Popularität der Stammbuchsitte zu reagieren und brachten spezielle Stammbücher auf den Markt. Sie haben entweder vorgedruckte Wappenschilde, in die der Eintragende sein eigenes Wappen malen lassen konnte oder auch nur mit Schmuckbordüren bedruckte Seiten. Das Aussehen der Alben ist durch den Einsatz von Malerei nun deutlich farborientierter und sinnenfroher

Abb. 15, Stammbuch des Stud. jur. Carl Gutike
Halle, 1787
Inv. Nr. L. St. 384

Abb. 16, Stammbuch des Theologen J. M. Klefeker
Hamburg, 1765, Inv. Nr. L. St. 349

Abb. 17, Stammbuch des Flaschnermeisters Johann Christoph Springer (geb. 1766)
Mannheim, Straßburg u. a., 1786-90
Inv. Nr. L. St. 230

[32] Soltek/Neugebauer 1991, S. 118; vgl. auch Göhmann-Lehmann 1994, S. 13 f.

[33] vgl. Kurras 2005.

[34] Soltek/Neugebauer 1991, mit Beschreibung des Stammbuchs L. St. 159, S. 131.

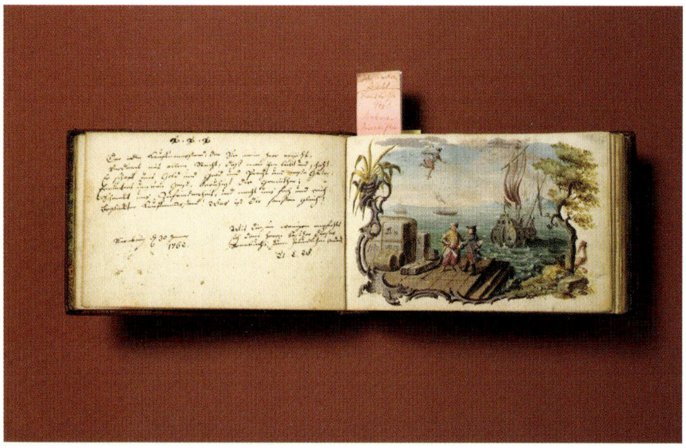

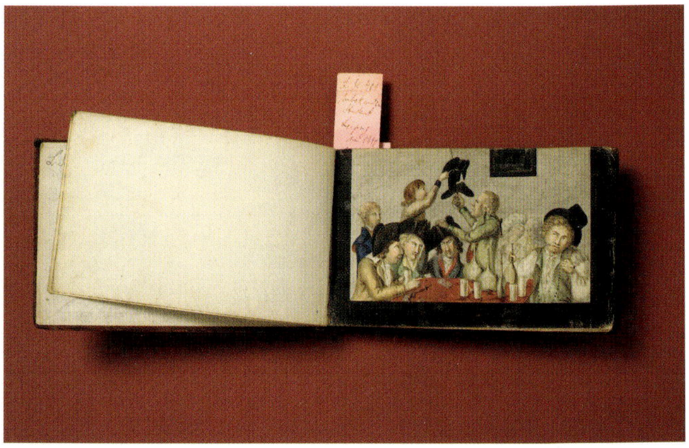

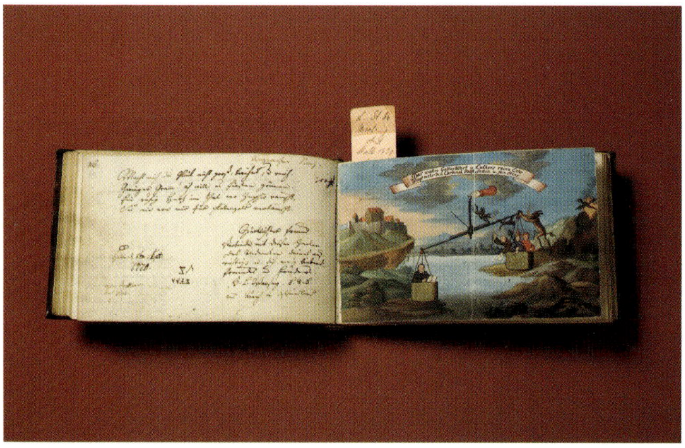

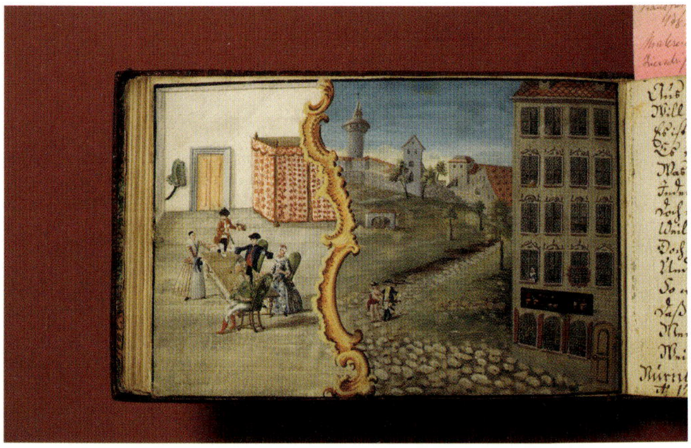

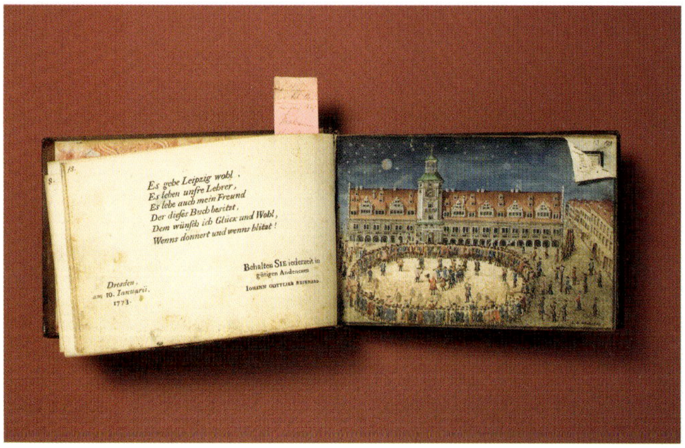

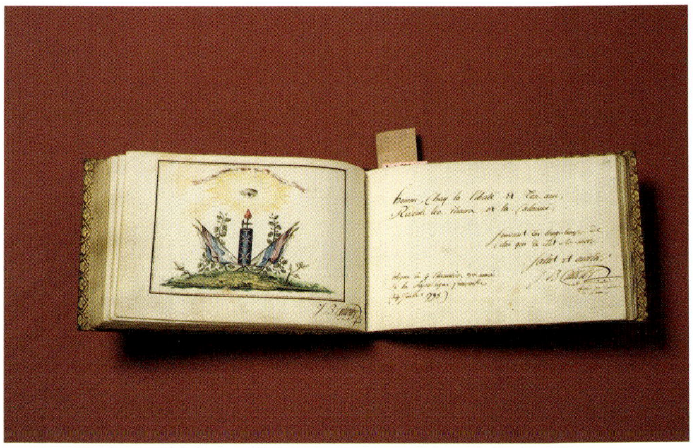

Abb. 18, Stammbuch des Joh. Christian Diehl
Frankfurt, 1761-64
Inv. Nr. L. St. Z 1, S. 16/17, vgl. Abb. 22
Abb. 19, Stammbuch des Studenten Moehring
Halle, 1770-72, Inv. Nr. L. St. 86
Abb. 20, Stammbuch des Stud. jur. C. C. Achilles
Leipzig, 1770-73, Inv. Nr. L. St. 90

Abb. 21, Stammbuch eines unbekannten Studenten
Leipzig, um 1790, Inv. Nr. L. St. 401
Abb. 22, Stammbuch des Johann Christian Diehl
Frankfurt, 1761-64, Inv. Nr. L. St. Z 1, S. 16/17,
vgl. Abb. 18
Abb. 23, Stammbuch von J. P. Schaefer
Köln, 1792, Inv. Nr. L. St. 323

sowie sukzessive um Motivthemen wie Trachten, Allegorien, Landschaft- oder Historiendarstellung, Genrebilder, christlich-biblische Szenen und später um Stillleben, auch um Vanitasmotive oder um Quodlibets erweitert (vgl. Abb. 12-16). Damit einher geht zugleich, dass die jeweiligen Einträge – trotz der schematischen Anordnung oder motivischen Reproduktion – nun individuellere, variationsreichere und raumeinnehmendere Ausprägungen annehmen. Ihre Präsenz wird ausdrücklicher. Der Bezug der Freundschaft zum Ideal der „Tugend“ bleibt jedoch weiterhin maßgeblich.

Die Tatsache, dass sich die Eintragenden mehrheitlich über Wappen repräsentieren, korrespondiert nicht zuletzt auch mit dem traditionellen Verewigungsverhalten des Adels auf seinen Pilgerreisen in das Heilige Land. Nach Kraack gehörte es zur Reisetypologie adliger Reisender des späten Mittelalters und der Frühen Neuzeit, epigraphische Spuren an Wallfahrtsorten zu hinterlassen, wie etwa eine ganze Wand mit heraldischem Schmuck zu verzieren.[35] Diese waren in erster Linie auf eine Markierung ihrer Anwesenheit ausgerichtet. Als Monumente legten sie zudem ein repräsentatives Zeugnis von dem Reisenden ab und dienten so der Stiftung einer ehrenvollen Erinnerung an ihn. Dass diese allgemeine epigraphische Verewigungspraxis adliger Reisender zugleich auch über Reiseströme informierte bzw. diese an Ort und Stelle dokumentierte, versteht sich von selbst. Blieben jedoch diese „Einträge“ ortsgebunden, hatte die Einführung der Stammbuchmode den Vorteil der Mobilität hinsichtlich des Eintrags sowie der Kontrolle darüber, wer sich eintrug.

In Bezug auf den Adel und seine Teilnahme an der Stammbuchmode einschließlich seiner Gewohnheit, sich durch Wappen zu repräsentieren, ist davon auszugehen, dass das traditionelle Verewigungsverhalten dieses Standes damit seine Fortsetzung – wenn auch unter veränderten strukturellen „Koordinaten“ – findet. Dabei geht Kraack davon aus, dass es bei den rein adligen Alba amicorum nicht allein um Verflechtungen und regelrechte Netzwerke der Ehre und des Zusammengehörigkeitsgefühls gehe, sondern vor allem auch um die Reproduktion einer sozialen Elite, folglich um die Abgrenzung zum Nicht-Adel.[36]

Auch wenn ungeklärt ist, wie sich die humanistisch geprägte „amicitia“ der protestantischen Studenten zu der auf Exklusivität zielenden Verewigungsbezeugung des Adels historisch-soziologisch verhält, soll der folgende Vergleich erlaubt sein: In beiden Fällen zielt die Stammbuchsitte auf die Bildung von Zusammengehörigkeit, wobei die eine sich als grundsätzlich expansiv, die andere als exklusiv begreift.[37]

Dass die Stammbuchsitte prinzipiell in ihrer Tendenz jedoch eher von selektiv-offener statt von ausgrenzender Natur war, belegt die Tatsache, dass für sie von Anfang an die Gleichzeitigkeit von adligen und bürgerlichen Einträgen und Wappen charakteristisch ist. [38] Hinzu kommt, dass der Brauch sehr schnell nicht allein auf Akademiker und Adlige beschränkt bleibt, sondern auch von Gesellen (Abb. 17), fahrenden Handwerkern, Kaufleuten (Abb. 18) oder von Angehörigen des Militärs für sich entdeckt wurde. All diese nutzten mit Beginn des 17. Jahrhunderts zunehmend die Stammbuchsitte, um freundschaftliche Kontakte im Kreise ihrer „Berufsgruppe“[39] und gemäß ihrer sozialen Stellung zu sammeln. Im 18. Jahrhundert beginnt zudem der Anteil von Frauen zu steigen; sei es in Form von Widmungseinträgen, sei es, dass sie ein Stammbuch für den eigenen Mann angelegt (Abb. 4)[40] oder ihr eigenes geführt haben (Abb. 14). Mit dieser sozialen „Expansion“ geht einher, dass die Alben in thematischer, formaler und personaler Hinsicht facettenreicher und ihre Qualitätsunterschiede markanter werden. Die Stammbuchsitte ist zu einer allgemeinen Modeerscheinung, zu einem „Sittenspiegel ihrer Zeit“[41] geworden und zeugt von den Demokratisierungstendenzen der deutschen[42] Gesellschaft.[43]

Im Bestand der Abteilung „Buchkunst und Graphik“ drückt sich das soziale Spektrum der Stammbuchbesitzer grob zusammengefasst wie folgt aus: Von den 685 Stammbüchern der Linel Sammlung sind als eindeutig von Studenten geführte 97 Alben nachweisbar. Dabei bilden Studenten der Theologie mit 37 die größte Gruppe, gefolgt von neun Studenten der Medizin, sieben der Jurisprudenz und vier der Chemie oder Pharmazie. Etwa 300 der anderen Stammbücher lassen eine Beteiligung von Studenten erkennen bzw. sind von diesen vermutlich geführt worden. An vertretenen Berufsgruppen enthält der Bestand 47 Alben und vier darüber hinaus von Gesellen. Das Berufsspektrum verzeichnet Juristen, Theologen, Mediziner, Beamte, Kaufleute, Militär, vereinzelt kommen Universitätstanzlehrer, Oberwachtmeister, Silberanbieter, auch ein Goldschmied, Ingenieur, ein Harmonikavirtuose, Pianist, Schauspieler und Maler vor.

Von Frauen geführte Stammbücher sind 138 gesichert nachweisbar, davon bezeichnen vier ihren Beruf: eine Mamsell, eine Pianistin, eine Schauspielerin und eine Harfenvirtuosin. Stammbuchbesitzer und Stammbuch-

---

[35] Kraack 2005, S. 148f.

[36] A.a.O., S.169.

[37] Die Stammbuchsitte markiert damit zugleich einen wesentlichen Unterschied zu der im 12. Jahrhundert eingeführten Tradition der Adelsprobe bei Turnieren. Diese – nachdem im Mittelalter aus den Berufsständen Geburtsstände wurden – ist als Abgrenzung von den anderen Ständen entstanden und wurde über den so genannten Vier-Ahnen-Beweis praktiziert. Er umfasste die Regel, dass alle vier Großeltern des Probanden demselben Stand anzugehören hatten.

[38] Vgl. Kurras 2005; sowie Kurras 1987, S. 30ff.

[39] Hanebutt-Benz 1982, Katalog: Berufsdarstellungen, Nr. 54-61.

[40] Das Stammbuch L. St. 465 (Abb. 4) verzeichnet zwar Johann Friedrich Spitta als Besitzer, es ist ihm jedoch von seiner Frau geschenkt, ausgestattet und von ihr auch geführt worden.

[41] Soltek/Neugebauer 1991, S. 119.

[42] Kuhn/Schweigard 2006, S. 17ff.

[43] Zum Fehlen einer gemeinsamen, verbindenden Sprache im Deutschen Reich: Klose, CAAC, S. XVII.

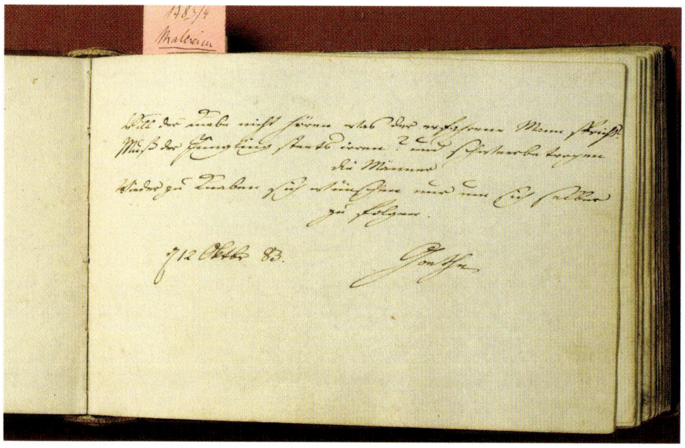

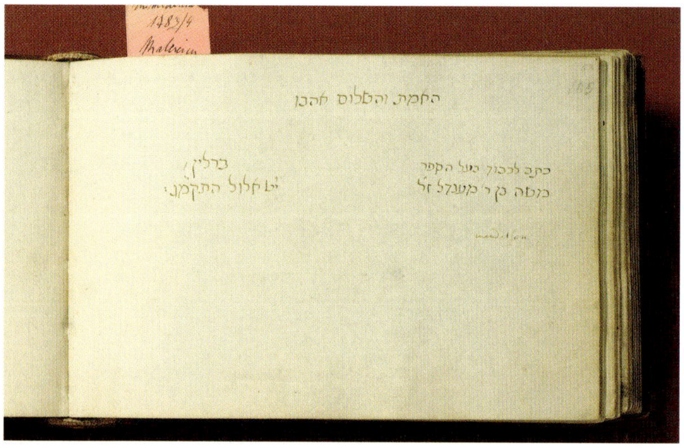

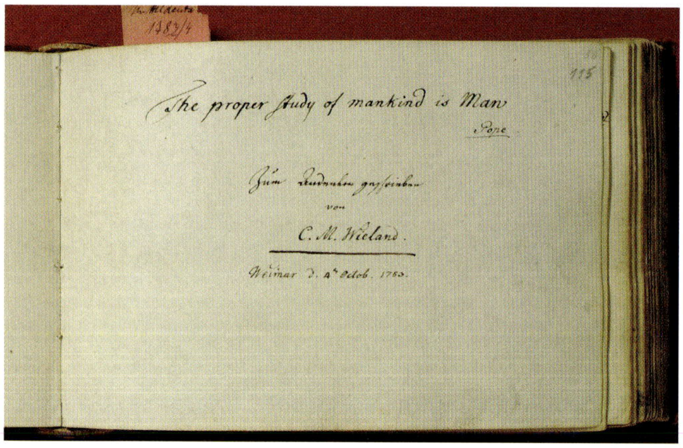

besitzerinnen adliger Herkunft machen etwa 35 Prozent des Bestandes aus. Die Tatsache, dass etwa 25 Prozent der Stammbücher – und zwar über den gesamten Zeitraum – ihren Besitzer oder ihre Besitzerin nicht preisgeben bzw. als „unbekannt" verzeichnet sind, deutet darauf hin, dass mit dem Wunsch, sich später erinnern zu wollen, nicht selbstverständlich auch das Bedürfnis verbunden war, die eigene Person zu verewigen bzw. sich selbst mittels des „Souvenir d'amitié" ein repräsentatives Denkmal zu setzen.

Im Laufe des 17. Jahrhunderts und bis zum Beginn der Französischen Revolution am Ende des 18. Jahrhunderts wandelt sich der Charakter der Studentenstammbücher. Obwohl die Tugend und die „amicitia" nach wie vor den ideellen Bezugspunkt bilden[44], wird nun der „Freiraum" im Kontrast zum Ernst des Studierens und vor dem Berufseinstieg betont. Zechgelage, galante Szenen, Raufereien oder Geldnöte werden in den Darstellungen (vgl. Abb.19-22) ungehemmt gefeiert. Darin spiegelt sich der privilegierte Zustand der Studenten – die allgemein als Burschen bezeichnet wurden – wieder, der im übrigen von der akademischen Gerichtsbarkeit, der sie unterstanden, getragen wurde. Dieses Privileg – das für andere Gruppen der Gesellschaft nicht galt – bedeutete, dass der Student von ständischen, kirchlichen, sozialen und nationalen Banden losgelöst war. Die „Burschenfreiheit" – wie Axel Kuhn und Jörg Schweigard ausführen – sei zu einer selbständigen Existenzform geworden, unter der Stadt- und Dorfbewohner vielfach zu leiden hatten.[45] Für die Frage nach der Qualität der Erinnerungswürdigkeit ist daher zu berücksichtigen, dass entlang des Privilegs „Student zu sein" die männlich-geschlechtliche Identität gesucht, über „Solidaritätsrituale" bestimmt und in Stammbüchern idealisiert wurde. Zudem halten bildnerische Motive, die eigens auf die Bewusstwerdung des Sich-Erinnerns zielen, in die Stammbücher Einzug: wie die Darstellung der angebrannten oder umgeklappten Ecke als Trompe l'oeil der Stammbücher L. St. 384 (Abb. 15) und L. St. 90 (Abb. 20) zeigen[46].

Im Zuge der Aufklärung und mit dem Beginn der Französischen Revolution ändert sich das Selbstverständnis der Studenten und damit auch der Charakter ihrer Einträge erneut. Die Stammbücher werden politisch bzw. politischer: die Existenz des Adels beginnt grundsätzlich infrage gestellt zu werden. Vernunft und Freiheit und das Setzen auf das eigene Leistungspotential, mit dem die Natur jeden Menschen ausstattet und dessen Ausprägung und Anwen-

Abb. 24-30, Stammbuch des Herrn von Brack
Göttingen, Leipzig, Weimar, Rom u. a., 1782-84
Inv. Nr. L. St. 75; Abb. 24: S. 117. Eintrag von Johann Wolfgang von Goethe
Abb. 25, L. St. 75; S. 105
Eintrag von Moses Mendelso[h]n
Abb. 26, L. St. 75; S. 115
Eintrag von C[hristoph] M[artin] Wieland

[44] Kuhn/Schweigard 2006, S. 47f.

[45] A.a.O., S. 32f.

[46] Auch die Darstellung des Buches im Buch wird zu einem beliebten Motiv der Erinnerung, vgl. L. St. 467 Titel

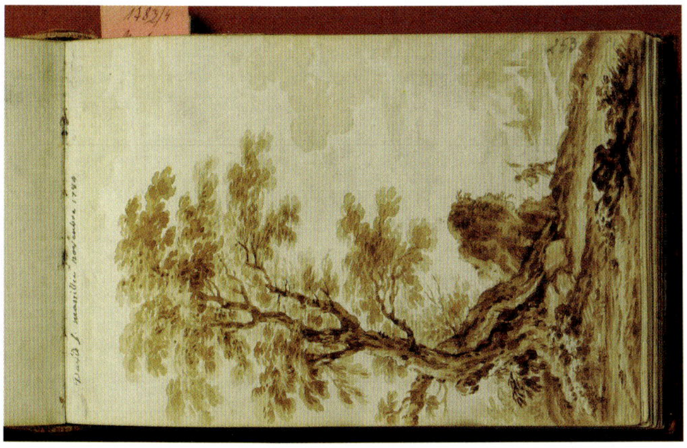

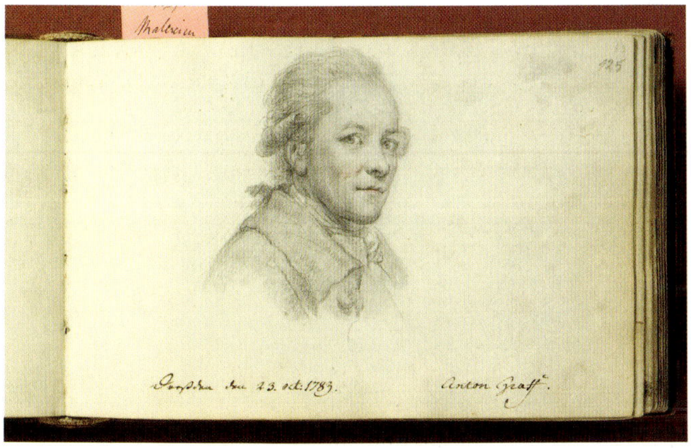

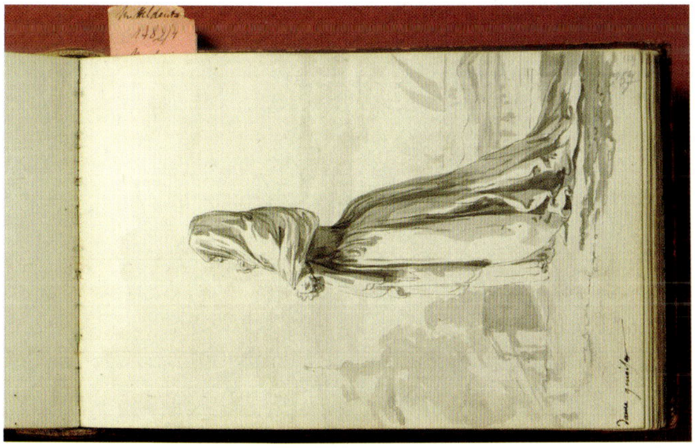

dung über seinen gesellschaftlichen Wert entscheidet, bilden nun die Motive der Zusammengehörigkeit. Die neuen bürgerlichen Ideale und ihr Anspruch auf gesellschaftliche Durchsetzung bezeugen sich in Opposition zum Geburtsadel und seinen genealogisch definierten Herrschaftsprivilegien in dem überhöhenden Gegenmodell des „Seelenadels".[47] Die Solidarität im Namen der „amicitia" bedeutet nun auch den Zusammenschluss gegen die Obrigkeit. Dies und der Umstand, dass die Äußerungen in einem Stammbuch zwar persönlich ausgerichtet aber durch das Weiterreichen an Dritte zugleich öffentlich waren, führte dazu, dass die revolutionäre Gesinnung lediglich mittelbar in Symbolen und verklausulierten Andeutungen zum Tragen kommt. Hinter dem häufig auftretenden Kleeblatt etwa, verbergen sich die revolutionären Devisen „Liberté, Égalité, Fraternité".[48] Hingegen bedient sich der französische Offizier J. B. Nicolot (Köln 1795) mit seinen republikanischen Symbolen um die herum das deutsche Eichenlaub unter dem Auge Gottes gerade zu wachsen beginnt, einer unmittelbaren Bildsprache. Dabei handelt es sich um ein Blatt aus dem Stammbuch L. St. 323 des Studenten F. P. Schäfer (Abb. 23). Der pathetische Tenor dieser Widmung bezeugt, dass Studenten damals die Revolutionstruppen auf deutschem Territorium als Befreier emphatisch begrüßt haben.[49]

Stammbuchsitte und Ästhetisierung

Die im Zuge der Aufklärung im 18. Jahrhundert entwickelte Ästhetik als eine Disziplin der Philosophie überformt die Stammbuchsitte abermals. Ihr demokratisch-emanzipatorisches Grundprinzip prägt sich nun auf ästhetische Ideale hin aus.
Entsprechend dem gewandelten Freundschaftsbegriff, der nun weniger religiös als philosophisch in Abhängigkeit vom Subjektbegriff begründet ist, ändert sich die Ausrichtung der Widmungen. Freundschaft wird als hohe sittliche Aufgabe begriffen und in hehren Metaphern beschworen. Die Gestaltung der Seiten tritt reduzierter auf. Silhouetten, die nicht nur relativ einfach herzustellen sind, sondern auch der Idee der Annährung an das Wesenhafte, in Korrespondenz des klassizistischen Ideals von Kontur und Stille stehen, beherrschen nun das Stammbuch. Persönlichkeiten aus Wissenschaft und Kunst werden von zentraler Bedeutung.

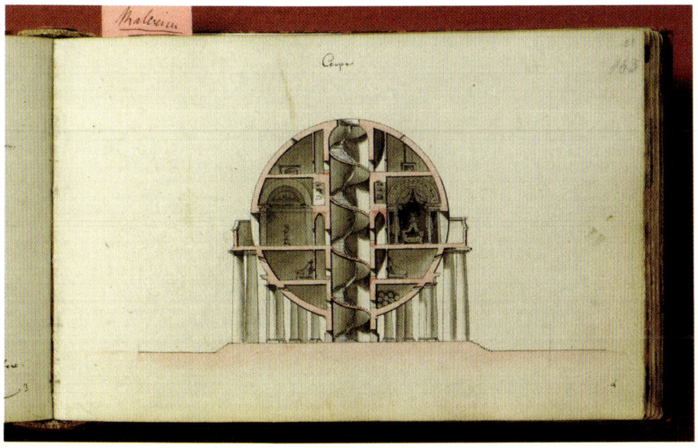

Abb. 27, L. St. 75; S. 253
G[iovanni] David (1743 Gabella – Genua 1790)
Aquarell, dat. 18. Oktober 1784
Abb. 28, L. St. 75; S. 125
Anton Graff (1736 Winterthur – Dresden 1813)
lavierte und aquarellierte Bleistiftzeichnung (Selbstporträt), dat. Dresden 23. Oktober 1783
Abb. 29, L. St. 75; S. 257
Unbekannter Künstler
lavierte Federzeichnung (Dame genoise?), nicht datiert
Abb. 30, L. St. 75; S. 163
„Cosmopolito dicatum", Entwurf eines Kugelhauses von Laurant Vaudoyer, Querschnitt, dat. Rom, Mai 1784

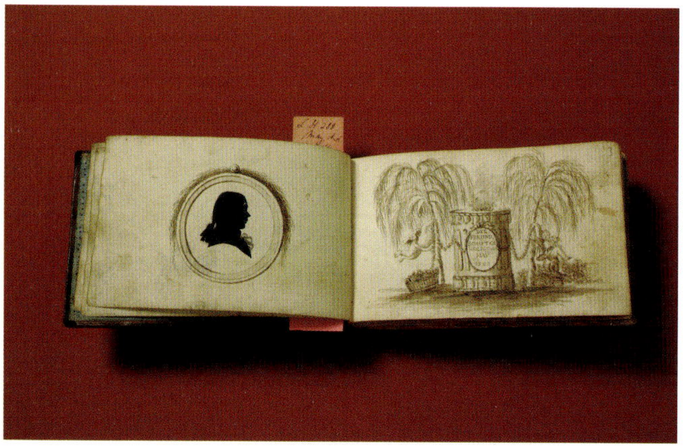

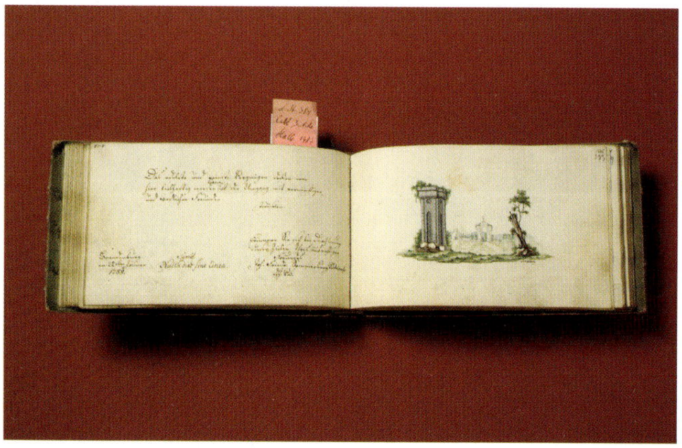

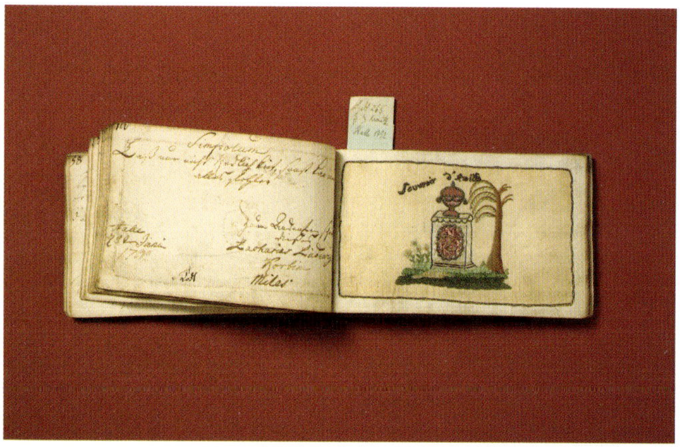

In der Sammlung ist das prominenteste Beispiel dieser Epoche das Stammbuch L. St. 75 des Herrn von Brack (Abb. 24-30).[50] Er führte es in Göttingen, Leipzig, Weimar, Rom und anderen Städten. In den Jahren 1782 bis 1784 hat er Einträge von bedeutenden Dichtern, Gelehrten und Künstlern in seinem Stammbuch zu vereinigen gewusst, darunter Johann Wolfgang von Goethe (Abb. 24), Moses Mendelsson (Abb. 25), Jean Bernard Basedow, Christoph Martin Wieland (Abb.26), oder Johann Gottfried Herder. Druckgraphische Blätter von namhaften Künstlern wie Rembrandt, ein qualitätsvolles Selbstporträt von Anton Graff (Abb. 28) und Architekturentwürfe bereichern es – so etwa der eines Kugelhauses von Lauren Vaudoyer (Abb. 30) – darüber hinaus.
Auch wenn sich dieses Buch wie ein Who's who seiner Zeit liest, sind von Herrn von Brack nicht mehr als sein Name und das Stammbuch bekannt. Zu vermuten ist, dass er es in seiner Eigenschaft als Fürstenerzieher geführt hat. In einer eindrucksvollen Weise zeugt dies Buch vom Glauben des deutschen Klassizismus an die Verbesserung, an die Erhebung der Menschheit auf eine höhere Stufe durch die Künste, an die „Bildung des Menschen" bzw. die Ästhetisierung des Lebens im Namen des Wahren, Schönen und Guten in seiner gesellschaftsemanzipatorischen Idealität.

Die Stammbücher der letzten Dekade des 18. Jahrhunderts entstehen entsprechend ihrer Zeit im Zeichen der deutschen Empfindsamkeit. Altäre, ja ganze Tempel der Freundschaft, werden nun dem Gehuldigten in Wort und Bild errichtet[51], um im Zuge romantischer Ausdifferenzierung im Kult dunkler Emotionalität und melancholischer Wehmutslust zu münden[52] (vgl. Abb. 31-33). Das Gefühl bzw. die Empfindsamkeit – durch die Ästhetik zur natürlichen Form der Erkenntnis und als authentischer Ausdruck von Wahrheit aufgewertet – wird zum existenziellen Bezugspunkt, welcher in der Freundschaft seine Realisation sucht. In dem Maße, wie sich die Künste von der Nachahmung der äußeren Wirklichkeit auf den „wahrhaftigen Ausdruck des Innenlebens" zu konzentrieren beginnen, setzt parallel bei den Stammbüchern das Bemühen um einen schöpferischen Eigenwert ein. Als von eigener Hand und immer aufwendiger betriebenen Gestaltungen von Laien unterstehen die Widmungen nun Kriterien von Originalität und Authentizität, um gegenüber dem Stammbuchhalter die Wahrhaftigkeit der empfundenen Wertschätzung zum Ausdruck zu bringen.

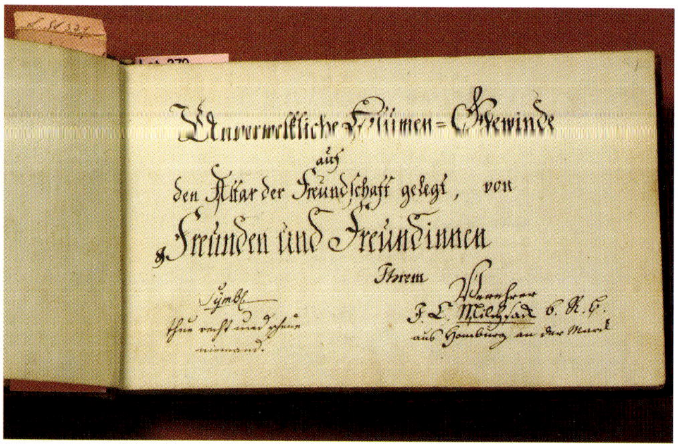

Abb. 31, Stammbuch des Studenten May
Eberstadt bei Darmstadt, Gießen, 1788
Inv. Nr. L. St. 288, hier S. 32/33
Abb. 32, Stammbuch des Stud. jur. Carl Gutike
Halle, 1787, Inv. Nr. L. St. 384
Abb. 33, Stammbuch des Johann Gottlob Krantz
Halle, 1792, Inv. Nr. L. St. 265
Abb. 34, Stammbuch von I. L. Milchsack
Homburg a. d. Mark, 1790, Inv. Nr. L. St. 379

Für diesen wiederum – also den Stammbuchbetreiber – ist ebenfalls die Umdeutung seiner Rolle im Sinne einer Ästhetisierung zu verzeichnen: Die Führung des Stammbuchs wird jetzt als „Materialsammlung zum Roman des eigenen Lebens“ (L. St. 74)[53] gedeutet. Das Reisen von Ort zu Ort wird seinerseits überformt zur Folie für die Abenteuerreise zum eigenen Innenleben, wobei die Begegnung mit einem immer neuen Du von Station zu Station als Steigerung der inneren Freiheit gewertet wird.
Was sich mit und in den Stammbüchern des 18. Jahrhunderts vollzieht, zeigt folglich ausgeprägte Reflexe der Genieästhetik. Als solche spiegeln die Stammbücher des 18. Jahrhunderts die gesellschaftliche Vorbilderrolle, die der Konzeption des Genies zukommt: das Genie als Modell für den auf seine schöpferischen Kräfte vertrauenden Bürger.[54] Dem schöpferischen Potential des Menschen wird somit identitätsstiftende Qualität zugebilligt und d.h. die Autonomie seiner Subjektivität legitimiert.
Oder anders gesagt: Im Zuge der Ausbildung von Genieästhetik und damit verbunden, mit der Ästhetisierung des Lebens, erfährt die Stammbuchsitte eine Ausprägung auf die Funktion hin, mit dem Sammeln von Einträgen zugleich Lebenserinnerungen zu formen. Die Stammbuchsitte und mit ihr die Bildung von Erinnerung hat damit die Qualität eines Formungsprozesses angenommen, mit der Konsequenz, eigene selbst erschaffene Biographien zu ermöglichen bzw. über diese zu bestimmen.
Wenn es bei der Stammbuchsitte jedoch tatsächlich darum geht, via sozialer Vernetzungsleistung die eigene Biographie zu formen und sich so selbst als ein sozial relevantes Subjekt zu erschaffen, dann bezeugt sich das Album amicorum zugleich als ein bürgerlich-emanzipatorisches Gegenmodell zu demjenigen Abstammungsverständnis, das den Menschen über Geburt definiert und seinen sozialen Stand innerhalb einer gesellschaftlichen Hierarchie unabänderlich fixiert.

Wenn wir die Stammbuchsitte als ein kulturelles Phänomen verstehen, das es dem sozialen Subjekt ermöglicht, Genealogien selbst zu erschaffen, heißt das auch, die bisherige Rezeption des Begriffs „Stammbuch“ zu hinterfragen.Der Begriff „Stammbuch“ wird bisweilen[55] als sprachliche Ungenauigkeit gewertet, da es beim Stammbuch nicht mehr wie bei den „libri gentilitatis“ des Adels um Herkunftsnachweise gehe. Vielmehr sei ein bereits gegebener Begriff auf einen davon unabhängigen neuen Handlungszusammenhang übertragen worden.

Im Unterschied dazu sucht dieser Ausstellungsbeitrag aufzuzeigen, dass der genealogische Gedanke durchaus den Begriff des Stammbuches – wenn auch oppositionell – prägt. Als solche stellt die Stammbuchsitte seit der Reformation unablässig die Frage nach der Identität des Ich und wertet den Sinn von Abstammung zur „innere Verwandtschaft“ um. Je bedeutender die Vernetzungsleistung des Stammbucheigners in ideell-seelischer Hinsicht ausfällt, desto bedeutender ist sein sozialer Wert. Das Stammbuch bekundet sich als Ausdruck von Demokratisierung und als ein Findungsprogress, der in seiner Konsequenz zur bürgerlichen Emanzipation und ihrem Ideal von einem selbstbestimmten Leben führt, indem man sich die „Verwandten“ seiner Natur gemäß selbst aussucht.
Diese Deutung ist eine Erweiterung des Ansatzes von Klose, der auf das in deutscher Sprache mögliche Wortspiel „stamen-Stamm“ und die bei klassischen Autoren verwendete Bedeutung des Wortes „stamen für Schicksalsfaden, Schicksal“ verweist. Im „Stamen-Buch“ manifestiere sich die intellektuelle „Abstammung“ als Pendant zum genealogischen Stammbuch, womit jenes ein Ausweis für Intellektuelle sei (vgl. Abb. 11).[56]

Stammbuchsitte und Feminisierung

Das Bisherige voraussetzend, wenden wir uns dem letzten Jahrhundert der Linel Sammlung, dem 19. Jahrhundert, zu. Hier erfährt die Stammbuchsitte einen neuerlichen Bruch. Das männliche Geschlecht zieht sich aus dem Brauch des Album amicorum beinah gänzlich zurück. Nun werden die Stammbücher weiblich dominiert.[57] Wie die meisten männlichen Alben konzentrieren sich die weiblichen ebenfalls auf die Zeit der Jugend und zwar auf die voreheliche Zeit. Dabei ist jedoch die folgende Differenz gegenüber den männlichen festzustellen: Viele der weiblichen Alben weisen einen längeren Zeitraum für ihren Einsatz auf. In der Tendenz werden sie etwa zehn Jahre lang geführt, wohingegen die der Studenten oder Gesellen in der Regel eine Aktivzeit von zwei bis vier Jahren aufweisen. Den Bezugspunkt der weiblichen Alben bildet die Heirat, um beim späteren Verlassen der elterlichen Umgebung eine Erinnerung an die noch ungebundene Zeit zu haben. Trennung und Mahnung, sich gegenseitig nicht zu

---

47 Kuhn/Schweigard 2006, S. 49.
48 A.a.O., S. 442: hier Auflistung der Stammbücher des Museum für Angewandte Kunst Frankfurt, die mit der Thematik der Französischen Revolution in Verbindung stehen.
49 Vgl. Kuhn/Schweigard 2006, S. 442.
50 Soltek/Neugebauer 1991, S. 154-161; Hanebutt-Benz 1982, S. 8.
51 Hanebutt-Benz 1982, Freundschaftskult S. 12 f.; vgl. auch Taegert 1995.
52 Schmidt 1985, Bd. 1 S. 102ff.
53 Hanebutt-Benz 1982, S. 4.
54 Schmidt 1985, Bd. 1. S. 9f.
55 Hanebutt-Benz 1982, S. 3.
56 Klose, CAAC, S. XVIII.
57 Göhmann-Lehmann 1994.

vergessen oder sich ewig die freundschaftliche Treue zu halten, das Band nicht abreißen zu lassen, markieren die Themen.

Dass Stammbücher von gebildeten Damen geführt wurden, ist bereits für das 17. Jahrhundert (Abb. 2 rechts, 14) und in zunehmendem Maß für das 18. Jahrhundert nachweisbar. Dabei ist bemerkenswert, dass diese Stammbücher seltener auf Reisen mitgenommen wurden, sondern dass sich eher reisende Besucher in diese eintrugen. Bei den Besuchern handelt es sich vornehmlich um Gäste des Vaters. Dies lässt vermuten, dass sich die Stammbuchsitte der vorherigen Generationen auch schon auf die voreheliche Zeit konzentrierte. Die Widmung aus dem Stammbuch L. St. 159 der Anna Maria Dillherrin (Abb. 14) zeugt von dem werbenden Charakter mancher Einträge: „der das Glick hatt, der viredt die braut nach haus“.[58]

Warum aber kommt es im 18. Jahrhundert zum Anstieg der weiblichen Beteiligung? Dabei ist – neben dem bereits angesprochenem offenen Verbreitungsprinzip der Stammbuchsitte – die mit dem philosophisch geprägten Freundschaftskult einhergehende Betonung der Empfindsamkeit zu nennen: also diejenige Eigenschaft, die traditionell dem weiblichen Geschlecht zugesprochen wurde. Über die nun ideell-ästhetisch aufgewertete Empfindsamkeit rückten „weibliche Eigenschaften“ in die männliche Aufmerksamkeit und begünstigten eine Annäherung der beiden Geschlechter im Namen zärtlicher Freundschaft.[59] Das Titelblatt des Stammbuchs L. St. 379 von J. L. Milchsack (Abb. 34) etwa richtet sich nun ausdrücklich an Freunde und Freundinnen. Über die Verlagerung der „amicitia“ auf die Instanz der Empfindsamkeit als subjektives Welterleben und mit der Forderung nach Authentizität und Originalität begannen neben literarisch-poetischen auch bildnerische Ausdrucks- und Darstellungstechniken Bedeutung zu erlangen. Nicht allein das Zeichnen und Malen wurde für die Darstellungen der „Tempel der Freundschaft“ genutzt, sondern auch das Sticken als die in Europa traditionell weibliche Handarbeitstechnik. Ihr Einfallsreichtum – häufig in Verbindung mit schimmernden Pailletten – gerät zu effektvollen Inszenierungen und beginnt die Stammbücher „liebevoll“ zu verändern (vgl. Abb. 4, 33), um sie schließlich im 19. Jahrhundert zu prägen. Die Anwendung kunsthandwerklicher Techniken ist dabei vielgestaltig, oft aufwendig und

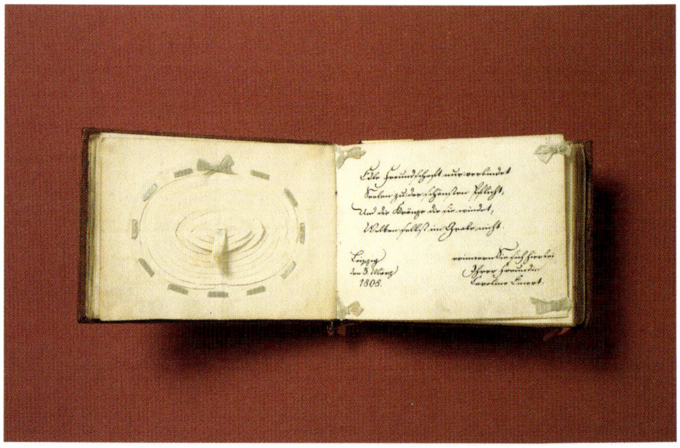

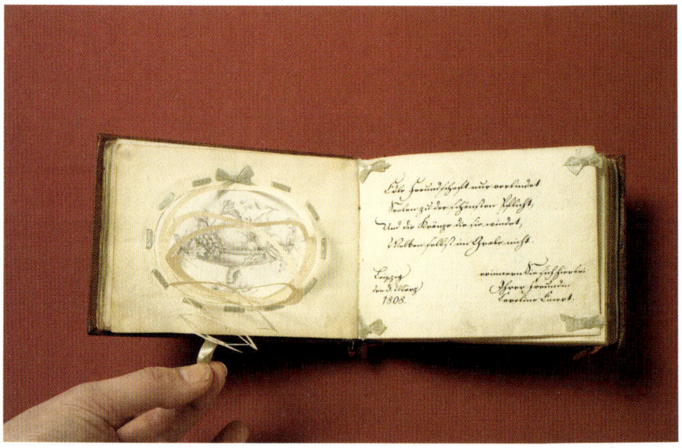

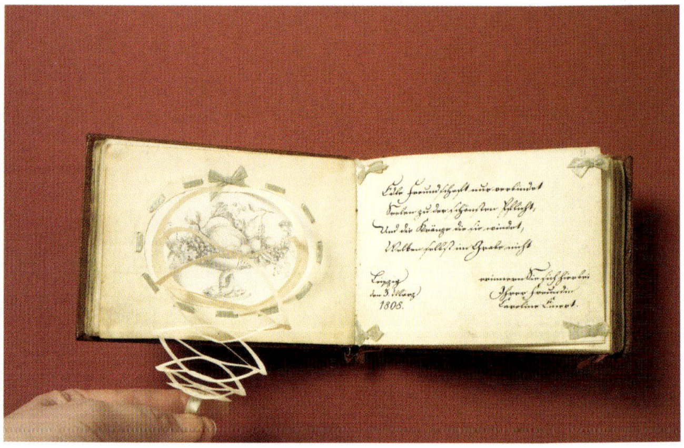

Abb. 35, 36, 37
Stammbuch der Amalie Neubert
Sachsen 1800
Klebe- und Schneidearbeit mit Stillebenzeichnung
Inv. Nr. L. St. 661

[58] Widmung auf der Seite 35 von Maximilian Fugger Freiherr von Kirchberg und Weissenborn, datiert 27. Oktober 1616, mit koloriertem Familienwappen. Vgl. auch Soltek/Neugebauer 1991, S. 131.

[59] Zur Stammbuchsitte als Kompensation mangelnder Zärtlichkeit im Elternhaus und zur Aufwertung der Freundschaft als „höchstes Glück“, s. Hanebutt-Benz 1982, S. 11.

zeitintensiv und sucht so einen Zweifel an der Zuneigung gegenüber den Stammbuchbesitzerinnen erst gar nicht aufkommen zu lassen.
Mit der Übernahme der Stammbuchsitte durch Frauen gehen verschiedene Gestaltungsmodifikationen einher. Vornehmlich hören die Stammbücher auf, gebundene Bücher zu sein. Stattdessen werden sie zu Kassetten, deren Gestaltung Bucheinbände nachahmt (vgl. Abb. 38-42). Ihr Inhalt besteht aus losen Blättern, wodurch die Anordnung der Einträge beliebig verändert werden konnte. Herausnehmen und Zufügen war jederzeit möglich. War es bei den gebundenen Stammbüchern häufig gegeben, dass sie nur partiell und meist von hinten nach vorne Einträge zu verzeichnen hatten, war jetzt eine größere Flexibilität der Vorteil. Die Kassetten-Stammbücher konnten zu Schatzkistchen und Schmuckkästchen stilisiert werden und Briefe, getrocknete Blumen (Abb. 39) oder andere Gegenstände als Andenken aufnehmen. Insgesamt ist bei diesen Stammbüchern ganz deutlich die Tendenz zu einer schmuckorientierten Verstofflichung und Verkörperlichung des Albums und der Stammbuchsitte zu verzeichnen. Ganz so, als ob die abwesenden Freunde und Freundinnen nicht nur über gedachte Erinnerung bloß vorgestellt, sondern als ob über die dreidimensionalen Objekte ihre Anwesenheit herbeigefühlt werden sollte. Dabei spielen die zu kleinen Kränzen geflochtenen Haarlocken[60] (vgl. Abb. 38), die Blätter durchziehenden Bänder oder ausklappbare Papierarbeiten[61] (vgl. Abb. 35-37), die einen „Schatz“ verbergen, eine zentrale Rolle für die formale Andenkenbildung und den emotional-körperlichen Ausdruck von Erinnerung.
Dieser „Verpersönlichung“ durch Handarbeit steht andererseits eine deutliche Entwicklung zur Standardisierung gegenüber. Zum einen werden die Alben und ihr „Innenleben“ überwiegend seriell bzw. industriell produziert. Präge- und Stanzspitzenkarten oder vielfältig applizierte und reliefartig collagierte Kunstbillets (vgl. Abb. 40-42), die nicht allein für Stammbücher, sondern auch als Glückwunschkarten ihre Anwendung fanden[62], tragen zur Vereinheitlichung bei und weichen nicht zuletzt die Stammbuchsitte auf. Die Bandbreite der handschriftlichen Einträge orientiert sich entweder stark an den hoch im Kurs der damaligen Zeit stehenden Vorlageschriften für Stammbuchverse oder gehen in einem einfachen Eintragungsschema auf: Spruch, Widmung, Orts- und Datumsangabe (vgl. Abb.41).
Die Stammbücher des 19. Jahrhunderts sind diejenigen, die in der Forschung am wenigsten Beachtung gefunden haben.[63] Die Gründe liegen auf der Hand: erstens bleiben berühmte Namen aus und zweitens sind die Bücher nicht mehr als „Literatur“ rezipierbar. Stattdessen gelten sie summarisch als Vorformen des Poesiealbums. Nach Klose soll der Verfall (!) der Stammbuchmode vielleicht nicht allein auf den mit der Industrialisierung verbundenen allgemeinen Wertewandel, sondern möglicherweise auch auf den immer größeren Anspruch an die Eintragenden, etwas Besonderes zu produzieren, zurückgehen.[64] Die ideelle Aufladung des Kunsthandwerks im 19. Jahrhundert als einer selbständigen ästhetischen Disziplin im Sinne von Authentizität und Originalität des Subjekts und in der Dimension eines Gegenmodells zur Industrialisierung bleibt demnach unbedacht. Die Konsequenz davon ist, dass die mit der Stammbuchsitte verbundenen emanzipatorischen Intentionen für das 19. Jahrhundert als eine an diese Buchkunstgattung zu richtende Fragestellung bislang nicht entwickelt worden ist.[65] Für den Rückzug der Männer aus der Stammbuchsitte wird – wenn überhaupt erwähnt – die Sentimentalisierung seitens der weiblichen Einträge[66] ursächlich gemacht. Interessanterweise wird aber umgekehrt, die für die frühen Stammbücher geltende Abhängigkeit zwischen der Stammbuchsitte und dem Fehlen des Nationalstaats als ein auch für das 19. Jahrhundert relevantes Argument nicht mehr weiter verfolgt.
Aus diesem Manko heraus soll mit der Ausstellung jedoch gerade den Stammbüchern dieser Epoche ein Betrachtungsraum zugebilligt werden, um im Hinblick auf ihre Phänomenalität in soziologischer und ästhetischer Hinsicht adäquate Fragestellungen anzuregen bzw. überhaupt erst zu entwickeln. Damit will gesagt sein, dass die handwerklichen Strategien von Sticken, Kleben, Prägen oder Schneiden bei gleichzeitiger Verwendung von Ausdrucks- und Kommunikationsstandards in Abhängigkeit vom Einsatz der industriell vorgefertigten Elemente auf ihre Sprachkraft zu sondieren sind – und das im Kontext der Ästhetisierung des Lebens im 19. Jahrhundert. Vor allem aber sind die Artikulationsformen dieser „Denkmäler der Freundschaft“ auch in Beziehung zu Erkenntnissen zu bringen, welche die Stammbücher früherer Epochen bestimmen: Das Stammbuch als ein emanzipatorisches Medium für die Schaffung einer eigenen Identität mittels der Bildung von Erinnerung und Andenken entlang gesellschaftlicher Vernetzung.

---

60 Göhmann-Lehmann 1994, S. 40ff.

61 Zur Typologie des selbst gefertigten Schmucks s. A.a.O., S. 37ff.

62 Doosry 2004, S. 13.

63 Zur wissenschaftlichen Rezeption der Frauenstammbücher s. Göhmann-Lehmann 1994, S. 14ff.

64 Klose. In: Wittenberger Gelehrtenstammbuch, 2000, Bd. 1, S. 14.

65 Die von Göhmann-Lehmann entwickelten Verweise auf das Kunsthandwerk als integraler Bestandteil des Bildungsbürgertums reichen ebenfalls nicht aus, um das Argument „Emanzipation“ im Zusammenhang mit der Stammbuchsitte des 19. Jahrhunderts zu befragen; s. Göhmann-Lehmann 1994, S. 39f.

66 Hanebutt-Benz 1982, S. 6.

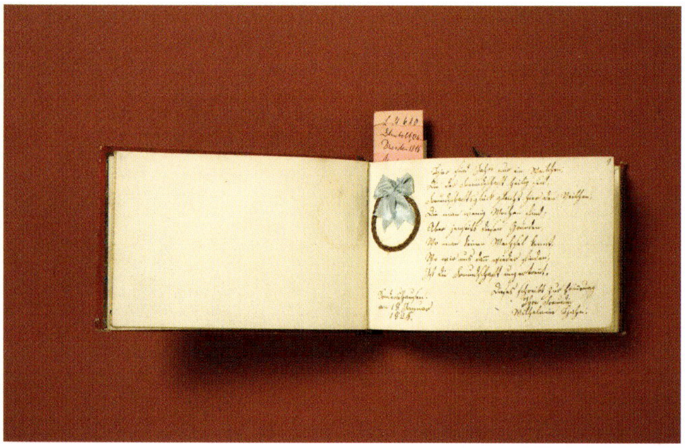

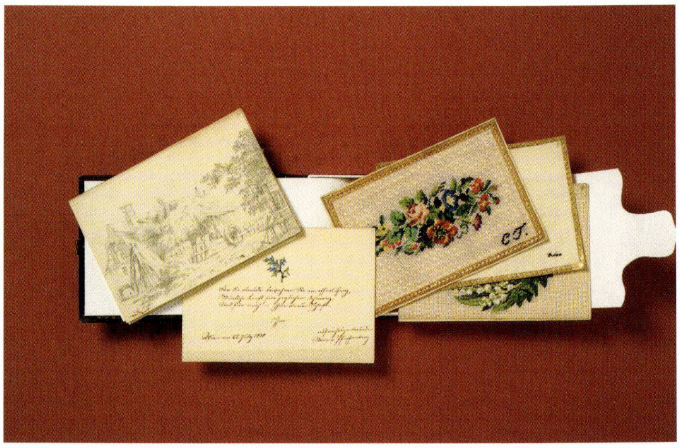

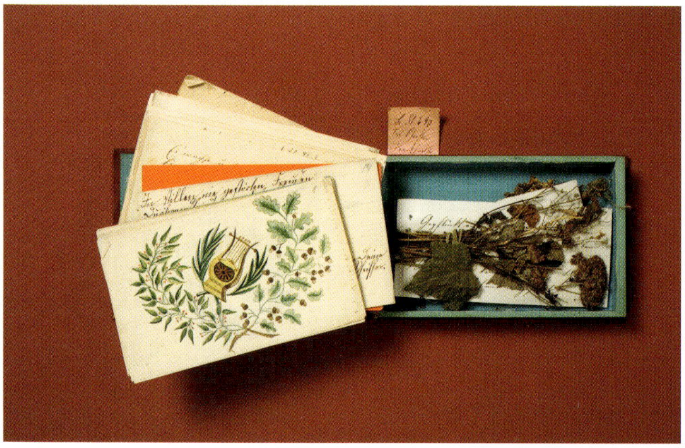

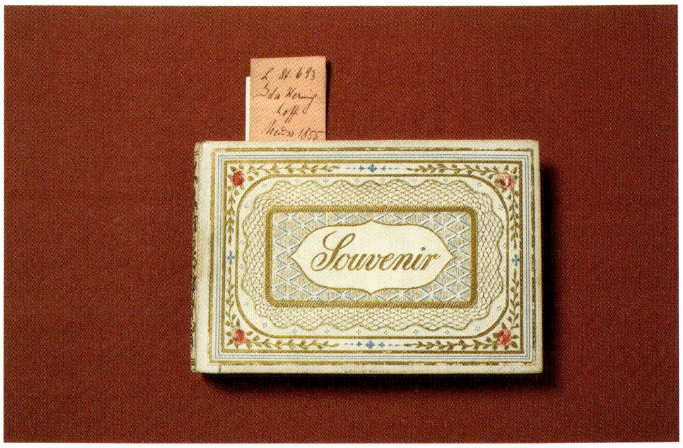

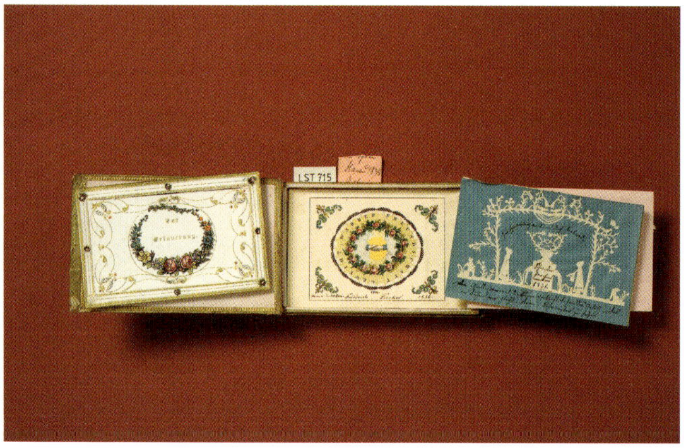

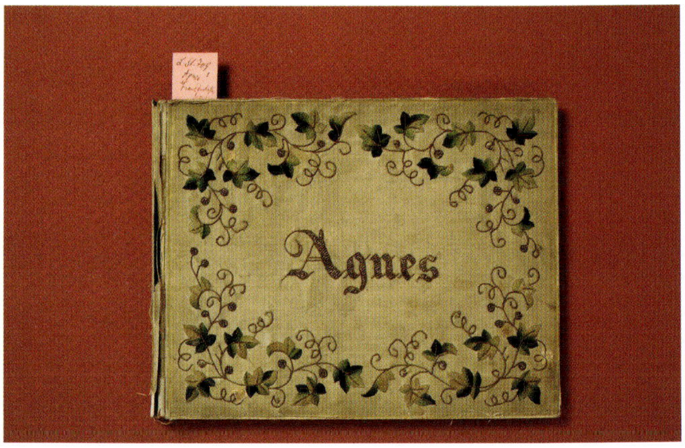

Abb. 38, Stammbuch von D. W. Strubelt
Dresden, 1816, Inv. Nr. L. St. 680
Abb. 39, Stammbuch des Fräulein Pfeiffer
Frankfurt, 1830, Inv. Nr. L. St. 690
Abb. 40, Stammbuch des Fräulein Spohn
Hanau, 1835, Inv. Nr. L. St. 715

Alle hier abgebildeten Stammbücher gehören zum Bestand der Linel Sammlung des Museums für Angewandte Kunst Frankfurt und tragen L. St. als Inventarisierungskennung.

Abb. 41, Stammbuch des Maximilian Piehl
Wien, 1835, Inv. Nr. L. St. 545
Abb. 42, Stammbuch der Ida Werninghoff
Neuss, 1855, reliefierter Pappkasten
Inv. Nr. L. St. 693
Abb. 43, Stammbuch der Agnes
Frankfurt, 1854, bestickter Seidenband
Inv. Nr. L. St. 700

Der Schicksalsfaden aus der Sicht zeitgenössischer Kunst

Um im Ausstellungszusammenhang der ästhetischen Perspektive Nachdruck zu verleihen, sind den Stammbüchern der Linel Sammlung vier Werke zeitgenössischer Kunst gegenübergestellt. Sie mögen nicht nur von heute aus die Brücke zum Gestern bilden, sondern mit ihren ästhetischen Strategien die „Erinnerung in Dingen" als auch die Ästhetisierung der Erinnerung reflektieren.

Jochen Flinzer, „53 Wochen Glück", 1994/95, Museum für Moderne Kunst, Frankfurt am Main (Abb. 44-46)
Als das erste zeitgenössische Kunstwerk begegnet uns die frei im Raum von der Decke hängende Kimonoschärpe von Jochen Flinzer (*1959). Es handelt sich dabei um eine 430cm lange und 32,5 schmale Stickarbeit auf Seide. In die türkisblaue mit Blumenmedaillons bestickte Schärpe hat der Künstler mit roter Nähseide in doppelter Linienführung Buchstaben eigenhändig eingestickt. Diese sind Bestandteil einer Namensliste in chronologischer Anordnung: Vornamen oder mit „N. N." als namentlich nicht erinnert gekennzeichnete Liebhaber, die er wöchentlich zwischen Januar bis Dezember 1994 neu hatte.[67] Doch geht es Jochen Flinzer nicht allein darum, das in 53 Wochen Erlebte entlang von Vornamen oder ihren Platzhaltern in der Manier wissenschaftlicher Klassifikation zu dokumentieren. Vielmehr rekurrieren die Kimonoschärpe in ihrem hochstilisierten Bezug zum Ver- und Enthüllen des Körpers, dem sich stets klimatisch optimal anpassenden Material Seide sowie dem Vorgang des Stickens darauf, als gleichwertige Sinnesdaten für das „Glück" erfahren zu werden. Was die Namen in ihrer nüchternen Auflistung an Obsession nicht verraten, lässt uns folglich die Erscheinung und die stets über das Sticken sichtbar werdende Überformung der Kimonoschärpe zu einem autonomen Kunstwerk erahnen. Die sachliche Auflistung geht in die sinnliche Sprachkraft des eigenhändig auf eine Erinnerungswürdigkeit stilisierten Objekts über. Eine Gleichrangigkeit von gewusster, erfühlter und fühlbarer Erinnerung ist hier zum Ausdruck gebracht und der alte Kampf gegen die Vorherrschaft der Ratio contra Sentiment zitiert. Diesem „Kampfmotiv", das seit der Romantik ein zentrales Thema der Künste ist,

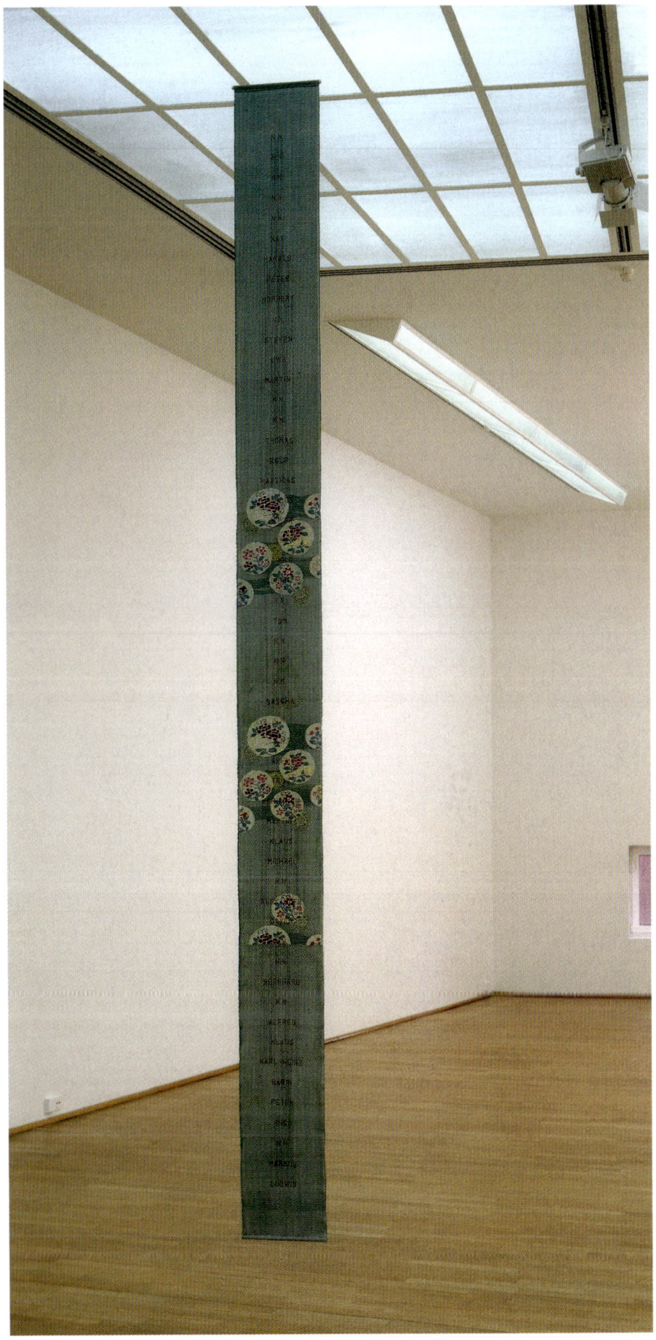

[67] Ammann 1996, S. 38f.

Abb. 44-46, Jochen Flinzer. 53 Wochen Glück, 1994/95
Stickgarn auf Seide, 430 x 32,5cm
Frankfurt, Museum für Moderne Kunst

Abb. 44, Raumaufnahme
Frankfurt, Museum für Moderne Kunst

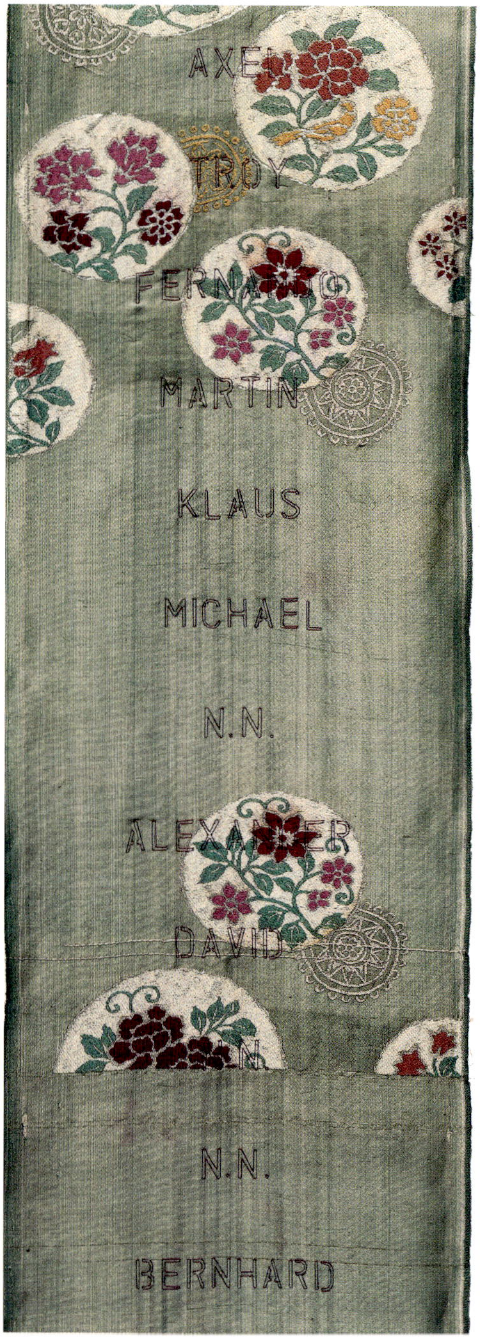

Abb. 45 Detail, A-Seite

verleiht Jochen Flinzer einen zusätzlichen emanzipatorischen Aktionsraum, indem er darauf besteht, dass die Rückseite mit der Vorderseite gleichberechtigt ist. Denn könnte er – wenn es tatsächlich nur um das Einsticken der Namen ginge – die Stickarbeit an professionelle Hände „abgeben", zieht er es vor, die Hand selbst anzulegen. Seine Motivation dabei ist das Komponieren der Fäden zu einem Bildereignis auf derjenigen Seite des Kunstwerks, die wir aus der Sicht des „wiedererkennenden" Sehens bzw. hier des „lesenden" Sehens als Rückseite betrachten. Aus der Perspektive des „sehenden Sehens"[68] ist diese jedoch die an Farb- und Formenspiel weit reichere. Leidenschaft und Authentizität als bildnerischer Kompositionsprozess wird hier nicht durch Pinselaktionen, sondern durch Sticken erzeugt, sodass die Namen aller neuen Liebhaber der 53 Wochen durch die Führung der Fäden miteinander verbunden sind und sich so zu einem Erinnerungskomplex als Werk Jochen Flinzers verdichten.

Carola Willbrand, „Bewegung um den Lebensfaden", 1996 (Abb. 47)
Bei dem zweiten Kunstwerk handelt es sich um ein Buchobjekt der Buch- und Performancekünstlerin Carola Willbrand (*1952). Zwischen den geleimten und rotviolett aquarellierten Pergamentblättern lässt sie jeweils einem weißen Faden seinen freien Lauf. Den Blättern selbst ist die Erscheinung von Membranschichten und damit von organischer Körperlichkeit eigen. Im tänzerischen Wechselspiel zum weißen Faden ist in jede Seite eine Figur aus rotem Garn mit den Stichen einer Nähmaschine genäht und perforiert so die Oberfläche. Schicksalsfaden wird zum Sinnbild für den Lebenslauf, der hier als eine prozessual-organische Entwicklung wirksam ist. Das Ineinandergreifen von kontrollierten und unkontrollierten Momenten bei dem Entstehungsprozess der Oberfläche und ihrer Bildlichkeit mobilisiert Analogien zum Leben und den Möglichkeiten, seine Biografie zu steuern oder von dieser gesteuert zu werden.
Die Verwendung der Nähmaschine bringt das Buchwerk in den Kontext der Tradition weiblicher Handarbeit, wobei der technoide Aspekt zugleich eine Distanz zu dieser schafft. Carola Willbrands Werk zielt auf die eigene weibliche Identität als Künstlerin. Sie akzeptiert die traditionellen Ausdruckstechniken von Frauen, durchbricht jedoch mit ihrer so wenig auf kunsthandwerkliche Perfektion abhebenden Produktion diejenigen Klichees von Weiblichkeit, die mit Sticken oder Nähen verbunden sind. Ihre Nähmaschinen-

[68] Zum Begriff des „sehenden Sehens" in unterscheidender Korrespondenz zum „wiedererkennden Sehen" s. Imdahl 1974, S. 328 ff; vgl. auch Boehm 1980, S. 118-132.

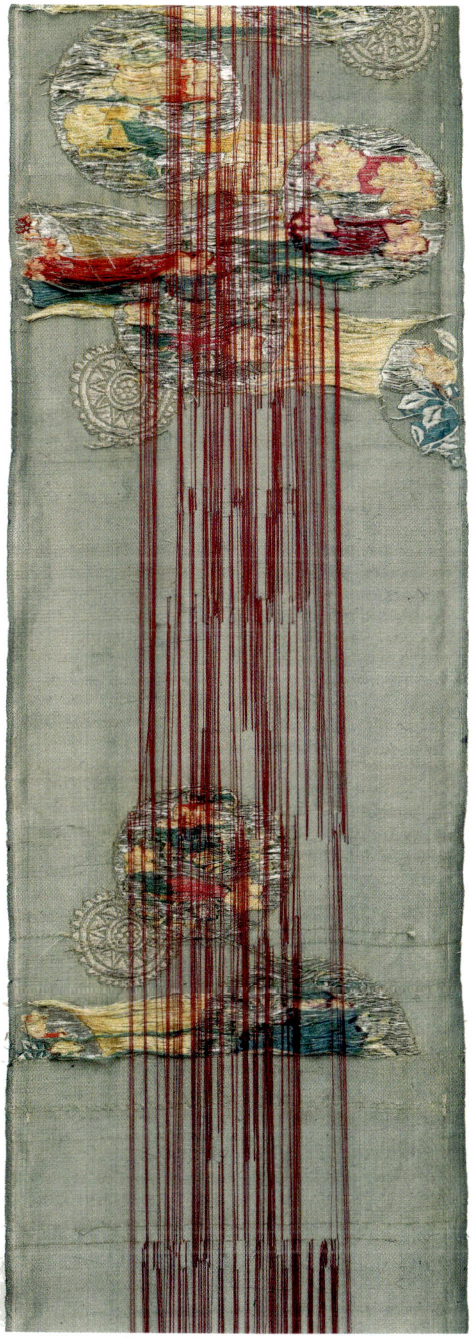

zeichnungen lassen die Assoziationen sittsamer Häuslichkeit und „hübscher“ Freizeitgestaltung nicht zu, ja sind als Gegenmodelle begreifbar. Wegen ihrer Verbindung aus Buch, Näharbeit und Befragung des eigenen Lebens als Frau und Künstlerin baten wir Carola Willbrand um das Insert zu diesem Kapitel. Eine Performance zum Thema „Stammbuch“ rundet ihre Präsenz im Zusammenhang mit der Ausstellung ab.

Thorsten Baensch und Christine Dupuis,
„Chicken“, 2004 (Abb. 48)
Die bei Bartleby & Co. erschienene Edition, deren Auflage aus zehn Exemplaren besteht, setzt sich aus mehreren Elementen zusammen. Sie werden in einer Box, die 17,3 x 25,5 x 11,1cm groß und mit blaugrauem Leinen bezogenen ist, aufbewahrt. Eines davon ist ein „Livret“[69] aus roter Druckfarbe auf rosafarbigem Papier. Seine 13,7cm x 21,2cm großen Seiten enthalten vier Illustrationen und sechs Rezepte. Zwei davon sind in Handschrift, die vier weiteren im Schrifttyp „Courrier New“ reproduziert. Die Rezepte widmen sich der Hähnchenzubereitung und stammen von sechs verschiedenen Personen. Bun Ching Lam, Axel Schneider, Ahsan, Kenza, Rita und Akie Tsuzuki haben entsprechend ihrer Nationalität die Texte in ihrer Landessprache verfasst: deutsch, englisch, französisch und japanisch. Die hier stattfindende Sammlung und der Austausch von Kochrezepten hat die Qualität einer Kommunikation, deren Bezugspunkt „Essen und seine Zubereitung“ sowohl die jeweilige Landeskultur als auch individuelle Vorlieben vereinigt. Das Thema Essen verweist auf die existentielle Notwendigkeit des Menschen, sich Nahrung zu verschaffen, um sie zu verzehren, was er aber stets im Kollektiv tat. Nahrung und Gemeinschaft gehen eine unzertrennliche Einheit ein und sind ein wesentlicher Ausdruck seiner sozialen Alltags- wie Kommunikationskultur. Dass die Nahrungsaufnahme ein gemeinschaftsbildendes Ritual und bewahrungswürdiges Gut ist, damit setzen sich die weiteren Elemente der Edition auseinander. Überwiegend handelt es sich bei ihnen um Relikte aus einem Film von Charlotte Grégoire, der den Titel „Chicken“ trägt. Dieser Film zeigt die Schauspielerin Agnès Guignard beim Verspeisen eines halben gegrillten Hähnchens. Die Knochen hat Thorsten Baensch anschließend gesammelt, gereinigt und ausgekocht. Auf die Edition verteilt, sind die Knochen in den Schachteln zu einem Arrangement fixiert und repräsentieren das Ereignis. Ebenfalls das Tischtuch aus Leinen, das im Film zu sehen ist, wurde später zerteilt und

Abb. 46 Detail, B-Seite

69 „livret“ zu deutsch: kleines Buch mit Vordruck für Eintragungen und wird auch als Entsprechung für „Stammbuch“ gebraucht.

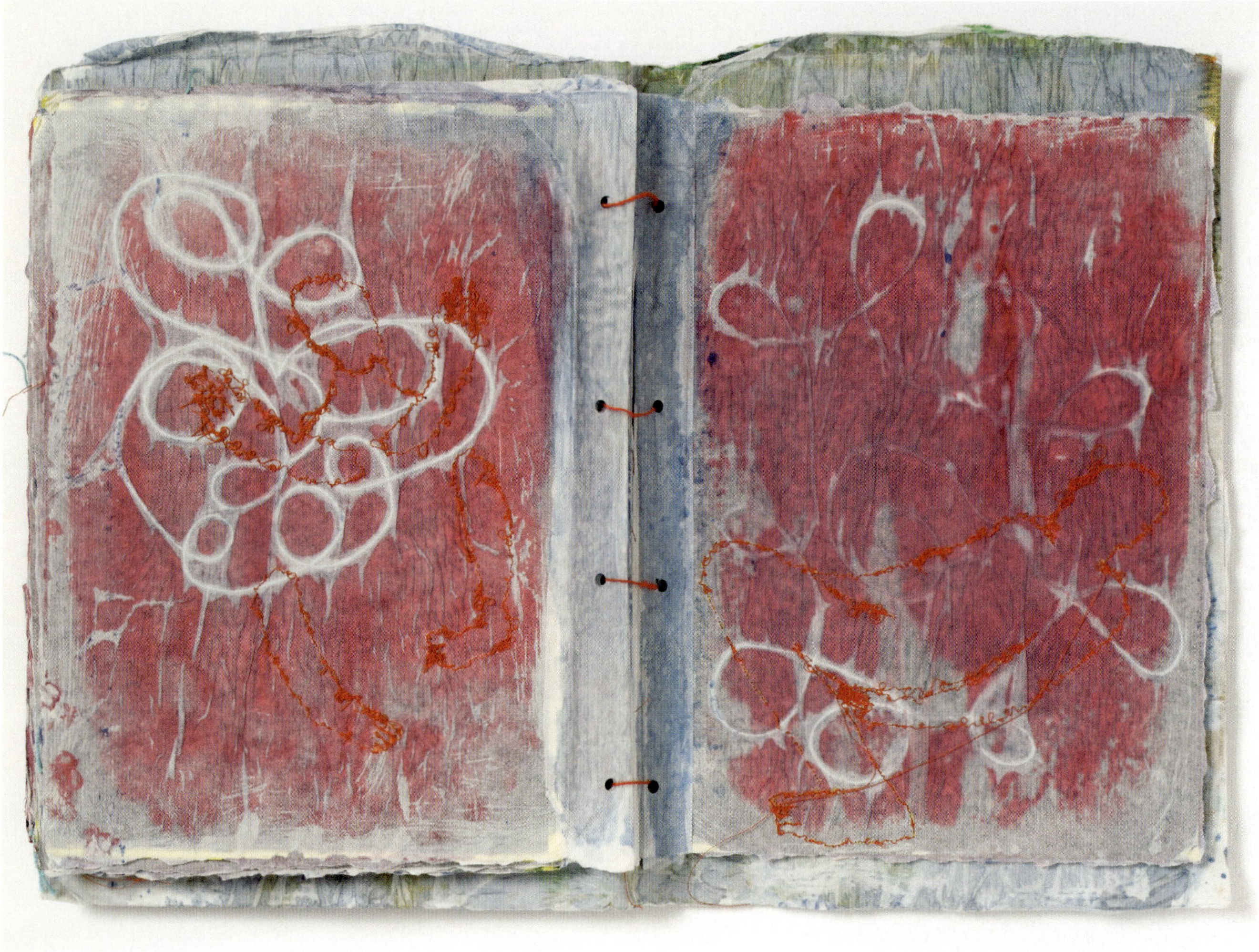

Abb. 47, Carola Willbrand
Bewegung um den Lebensfaden, 1996
ca. 35 x 25cm. Tübingen, Galerie DRUCK & BUCH

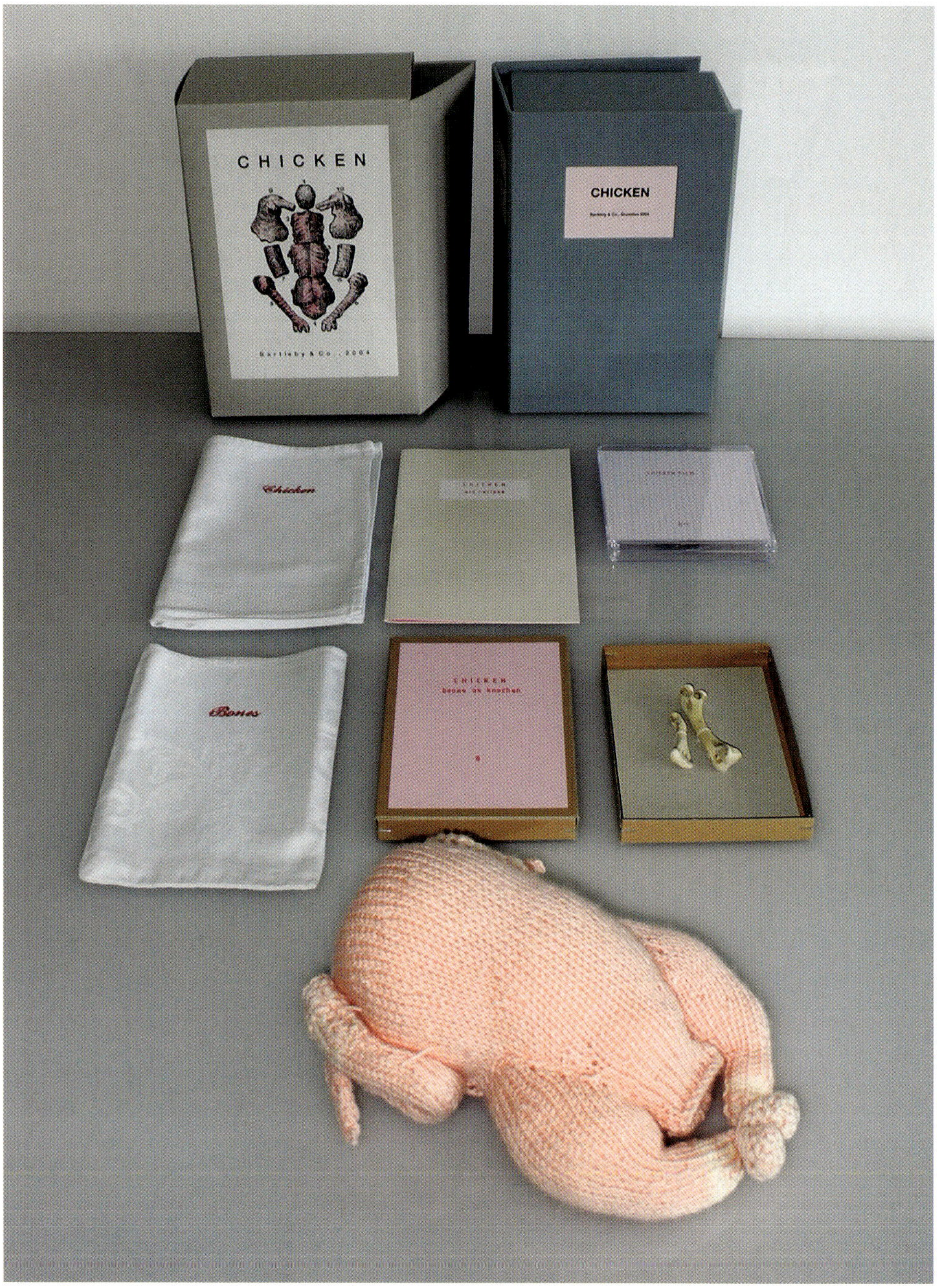

Abb. 48, Thorsten Baensch und Christine Dupuis
Chicken, 2004. Sammlung Moritz Hunzinger

zu Schutzhüllen für die Schachteln mit den Knochenüberresten umgestaltet. Die Näharbeit hat Diana Franssen, die Bibliothekarin des Van Abbemuseum de Eindhoven ausgeführt. Zudem ist eine Schutzhülle aus Leinen für eine DVD, die den Film enthält, in die Edition integriert. Um aber dem „Hauptakteur" des Ganzen, dem Hähnchen, ein Denkmal zu setzen, beauftragten Thorsten Baensch und Christine Dupuis die Kunsthandwerkerin Gaby Lacomblez, dieses aus rosa Wolle zu stricken.
Das arbeitsteilige Kulturereignis „Züchten, Zubereiten und Essen eines Hähnchens" haben die beiden Künstler in Buchkunst übersetzt bzw. zu einem Buchkunstereignis stilisiert. Denn sie thematisieren nicht nur die „Erinnerung in Dingen", sondern die Bildung von Erinnerung als eine kulturschaffende und soziale Beziehungen voraussetzende Tätigkeit, bei der das Medium „Buch" lediglich eine Station im Kommunikationsfluss darstellt. Dass das Buch jedoch zugleich ein Erinnerungsarchiv und ein Denkmal ist, wird über das Spiel mit dem Thema „Einband" zum Ausdruck gebracht: der Inszenierung des Buchinhalts, der mit den mehrfach vorkommenden sorgfältig gestalteten „Verpackungen" nach und nach entrückt und damit als ein kostbarer präsentiert ist. In Verbindung mit den Knochen und Leinentuchparzellen werden so Assoziationen zur Dramaturgie von Reliquiaren freigesetzt. Dieser überhöhenden Strategie auf eine kultischsakrale Erinnerungswürdigkeit hin steuert das gestrickte Monument in seiner Skurrilität (rosa Wolle als Ausdruck von Nacktheit) und Banalität (Hähnchen) entgegen. Es führt in das Leben zurück, indem es das Publikum mit Heiterkeit erfüllt. Jenseits aller Sprachbarrieren regt es die Betrachter zum Austausch von Rezepten an und erklärt sich im Zeitalter der Globalisierung zum identitätsstiftenden kommunikativen Bezugspunkt der Menschheit.

Pina Delvaux, „miroir blessé" (Verletzter Spiegel), Luxemburg 2002 (Abb. 49)
Die buchkünstlerische Arbeit Pina Delvaux's (*1958) schließlich thematisiert das weibliche Haar und sein Bedeutungsspektrum zwischen erotisch-sexueller Macht und existentieller Ohnmacht. Das 42 Seiten umfassende „Heft", das in einer Auflage von 400 Exemplaren erschienen ist, wird vom Prinzip der Collage bestimmt. Auf einzelnen Blättern hat die Künstlerin diese zuvor angelegt. Zeichnungen, Notizen, abgerissene Zettel, eigene und fremde Brieffragmente, Zeitungsausschnitte, Papp- und Stoffstücke, Fotografien oder gestanzte Papierdeckchen sind ineinander oder übereinander geklebt oder genäht und mit handschriftlichen Einträgen versehen. Zwischen den Seiten, welche die Collagen reproduzieren, sind transparente, leere, weiße Blätter interfoliert, die an das beschützende Seidenpapier etwa in Fotoalben erinnern. Die Zartheit dieser Seiten korrespondiert mit der Fragilität der Zeichnungen sowie der Kleinteiligkeit der eingesetzten Versatzstücke. Der Eindruck von privatpersönlichen, ja intimen Zeugnissen, die zusammengetragen worden sind, um eine Geschichte, eine Lebensgeschichte festzuhalten, entsteht: „Mit Gott fang an, mit Gott hör auf. Das ist der schönste Lebenslauf" lautet ein Spruch, der einen Druck in gotischen Lettern wiedergibt. Wie ein Motto sticht es aus der Blätterfolge heraus und stellt die Assoziation zu Poesiealben her. Im Unterschied zu seiner sofort erfassbaren Eindringlichkeit, entziehen sich jedoch alle übrigen Elemente und ihre Gestaltungen dem schnellen Blick. Von Seite zu Seite erschließen sich neue, andere Aspekte auf eine immer andere Weise und erweitern sich zu einem assoziationsreichen und vielschichtig-offenem, oft verrätseltem Beziehungsgeflecht. „miroir blessé" verdichtet sich nach und nach zu einem unzertrennbaren Einheitskomplex und erweist sich als ein Werk von überpersönlicher Bedeutung.
Welchen lebenden und verstorbenen Personen und Institutionen Pina Delvaux „miroir blessé" widmet und was sie mit ihnen verbindet, hat sie auf der Seite 38 aufgelistet. Ihren Nennungen hat die Künstlerin die Zeichnung eines aufrechten, geraden Rückgrats beigefügt, die in ihrer Art der Darstellung an einen geflochtenen Zopf erinnert.
Der geflochtene Zopf erscheint als ein stets wiederkehrendes Motiv. Der Ausschnitt einer Kleinanzeige etwa, in der die Künstlerin selbst „rotes Haar vor allem Zöpfe" sucht, überlagert eine handschriftlich notierte Strickanleitung in flämischer Sprache für Strümpfe mit Zopfmuster. Darüber sind wiederum zwei Fotografiestreifen gelegt, auf denen glattrasierte Frauenbeine aus der Turnerstellung der „Kerze" heraus, sich emporheben. Auf den nächsten Seiten, die das Papier eines Schulheftes wiedergeben, ist eine analytisch angelegte Zeichnung eines Zopfknotens zu sehen, die mit einer runden Schriftformation aus blauer Tinte korrespondiert. Diese stellt ein Textfragment vor, das aus der Sicht einer Heranwachsenden verfasst ist und welches das Thema „Haare" in einer psychopathologischen Dimension anspricht: „Ich zupfe mir Büschel..." oder „Eine Frau ohne Haare findet keinen Mann, sagt meine Mutter...". Durch das Schutzpapier hindurch scheinen Motive auf, die auf das Märchen „Rapunzel" verweisen und damit auf das

Abschneiden des Zopfes in seiner sexuellen Symbolik. An die hier sich andeutende Gewalt in Abhängigkeit von Sexualität und Haar knüpft das Motiv der Heiligen Agnes an. Der Legende nach, als der Sohn des Präfekten von Rom die zwölfjährige Agnes zur Frau nehmen wollte, soll sie bekannt haben, dass sie ihn niemals heiraten könne, da sie schon Jesus Christus versprochen sei. Daraufhin ließ man Agnes vor Gericht stellen. Doch auch die Drohungen des Richters vermochten nicht, sie von ihrem Versprechen abzubringen. Da das römische Recht die Hinrichtung von Jungfrauen verbot, befahl man, sie vollständig zu entkleiden und anschließend zu vergewaltigen. Doch ihre Haare bedeckten – laut Überlieferung – auf wundersame Weise ihren gesamten Körper und der ganze Platz erstrahlte in weißem Licht. Bei dem Versuch sie zu vergewaltigen wurde der Sohn des Präfekten von einem Dämon heimgesucht und starb. Agnes hat ihn aber durch ihr Gebet ins Leben zurückgerufen, worauf sie als Zauberin oder Hexe bezeichnet wurde. Als man Agnes daraufhin auf dem Scheiterhaufen verbrennen wollte, wich selbst das Feuer vor ihr zurück. Schließlich köpfte sie ein römischer Soldat.
Für Pina Delvaux ist hierbei besonders die Wechselwirkung von Charakterstärke und Opfertod sowie die Korrespondenz von Nacktheit und Scham von Bedeutung – ein Thema, das sie mit dem Ausschnitt aus der bekannten Fotografie von Robert Capa in ambivalenter Sinnabsicht weiterführt. Diese zeigt eine kahlgeschorene Frau mit einem Säugling in Chartres im August 1944, die, von einer Menschenmenge durch die Stadt getrieben wird. Die Aufnahme dokumentiert den Brauch, Frauen, die sich mit deutschen Soldaten während der Besatzungszeit „eingelassen“ hatten, nach der Befreiung mit der Rasur ihres Haupthaars öffentlich zu brandmarken.
Andere Seiten des „miroir blessé“ widmen sich dem Frauenhaar und der Gewalt in Verbindung mit deutschen Konzentrationslagern. Eine Fotografie, welche die industrielle Weiterverarbeitung von geschorenen Haaren in Auschwitz als systematisches Sammeln in Säcken zeigt, ist auf eine angebrannte Wellpappe in den Farbnuancen Schwarz, Rot und Ocker geklebt. Darunter findet sich ein handschriftliches Zitat aus Paul Celans „Todesfuge“. Auf der gegenüberliegenden Seite ist eine Passage aus Stella Müller-Madejs „Aufzeichnungen einer KZ-Überlebenden“ wiedergegeben. Die Stilisierung der Handschrift ins Kindliche trägt dem Umstand Rechnung, dass die „Erinnerung“, die im Polnischen den Originaltitel „Mit den Augen eines Kindes“ trägt, die Sicht eines jungen Mädchens auf das Erlebte wiedererstehen lassen und zwischen Traum und Trauma changieren.[70]

Bereits vier Seiten zuvor ist das weibliche Haar als „Rohstoff“ für Filz und damit die bestialische Erniedrigung des Menschen seitens der Nationalsozialisten zum Materiallieferanten aufgegriffen: „...des cheveux humains pour les transformer en fuetre.“ Die Worte dieses Textes hat die Künstlerin mit blauer Tinte zwischen die Zeilen eines anderen Handschriftenfragments geschrieben. Eine Überlagerung von vereinzelten, offenen und möglichen Sinnbedeutungen stellt sich ein, die wiederum zu einem weiteren, zu oberst liegendem bereits vergilbtem Papierstreifen führen. Seine Zeilen zitieren aus Vladimir Pozners „Descente Aux Enfers – Récits De Déportés Et De S.S. D'auschwitz“[71], der in dem Festhalten der Tatsache mündet, dass bei der Befreiung 7000 Kilogramm Haar – bereits versandfertig – gefunden wurde. Die vertikale Anordnung dieser Texte befindet sich im Einklang mit der Zeichnung einer an ihren Haaren erhängten Frauengestalt, der wiederum ein Papierkarton mit Brandspuren vorgelagert ist.
Die Vertikalität ist ein immer wiederkehrendes Element und gestaltet sich als abstrahierter Widerhall des Zopfthemas. Auf der hier abgebildeten Seite (Abb. 49) hat Pina Delvaux die langen Haare eines Mädchenkopfs und die drei Möglichkeiten ihres Zusammenbindens gezeichnet. Damit geht sie der Sehnsucht ihrer eigenen Kindheit, sich die Haare lang wachsen lassen zu dürfen, nach. Persönliches bestimmt auch die weiteren Versatzstücke dieser Seite. Der karierte Stoff als Stück jenen Rocks, den die Mutter, als sie mit ihr schwanger ging, trug; die Fotografie, welche die Mutter zeigt während sie lächelnd die kleine Pina ins Bild hält und die zu Irritationen, wie bei der Geburt der Tochter über ihre Behaarung am ganzen Körper – „elle est née avec des cheveux partout“ –, keinen Anlass mehr hat. Rechts in der Ecke eine Abbildung der eigenen Tochter. Die Tatsache, dass die Künstlerin bei allen Näharbeiten dieses Werks Haare als den die Materialien verbindenden Stoff einsetzt, ist eine weitere Konsequenz ihres Themas: das Haar in seiner Eigenschaft, hochsensibel zu fühlen und zugleich vom Körper losgelöst überleben zu können. Indem Pina Delvaux Haare zum Nähen von „Bildern“ verwendet, bringt sie diese auch in die Nähe eines Werkzeugs zum Zeichnen. Das Haar wird ihr so zu einem Ausdrucksmedium, das in einer sehr spezifischen Dimension von der kulturellen, weiblichen und stets individuellen Identität – bis auf das Lebensjahr genau – authentisches Zeugnis ablegt.

---

70 Das Buch ist 1991 in Krakau erschienen; deutsch: Stella Müller-Madej: Das Mädchen von der Schindler-Liste. Aufzeichnungen einer KZ-Überlebenden. München 1998.

71 erschienen bei Julliard, 1980; deutsch: Vladimir Pozner: Abstieg in die Hölle. Zeugnisse über Auschwitz. Berlin 1985.

Abb. 49, Pina Delvaux
„miroir blessé“, 2002
Seiten 37, 38. 20,5 x 16,5cm

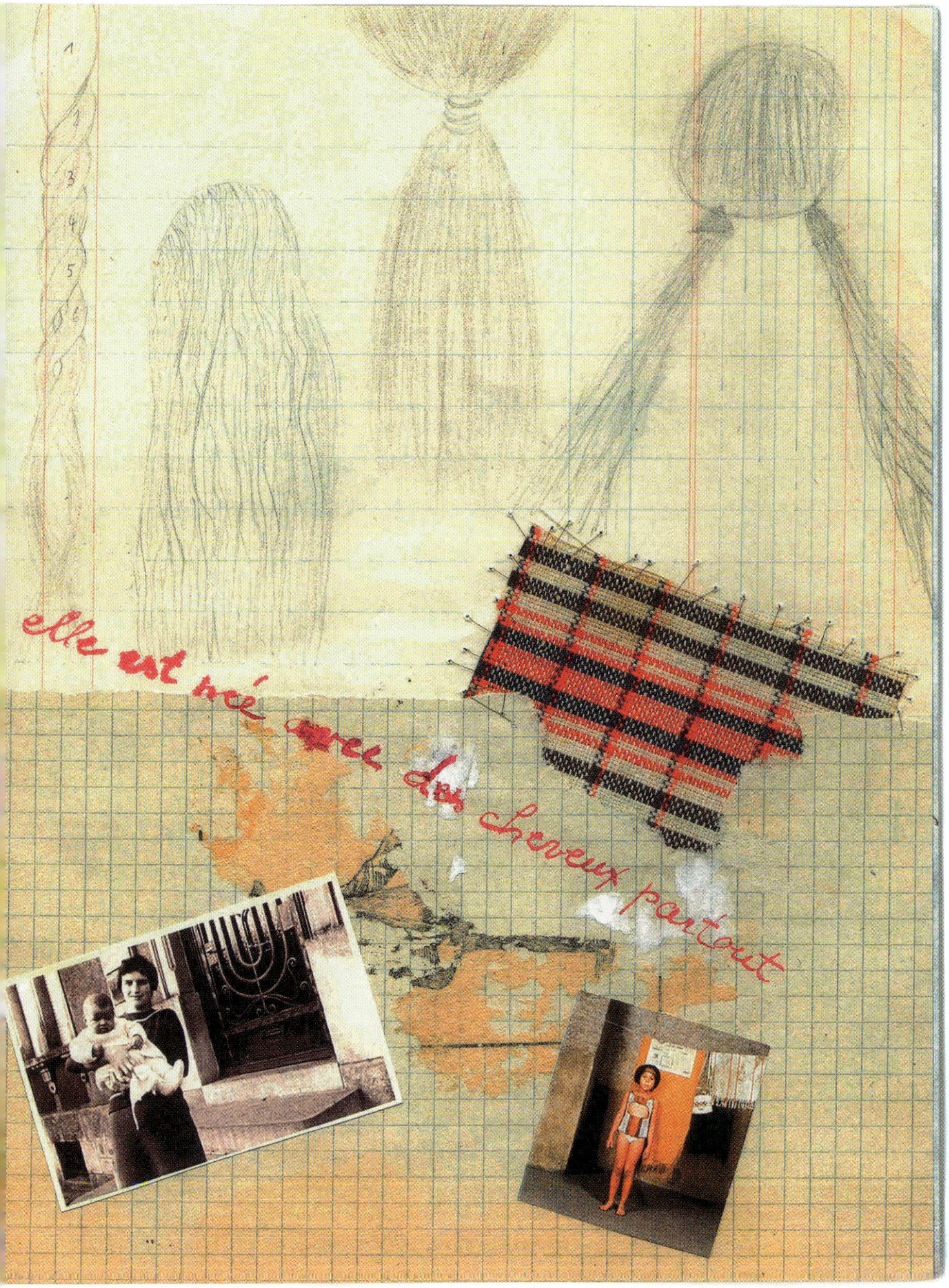
elle est née avec des cheveux partout

Carola Willbrand

„Freundinnen – Bewegung um den Lebensfaden“

Die Arbeit ist eigens als Insert für die Publikation zur Ausstellung „Der Souvenir – Erinnerung in Dingen“ in Korrespondenz zu den „Stammbüchern“ – insbesondere der weiblich dominierten des 19. Jahrhunderts – entstanden. Erinnerung an drei Frauen und Künstlerinnen ihres Lebens und die Befragung der eigenen Identität als Frau und Künstlerin wird thematisiert. Mit der Verbindung aus Bilder reproduzierenden, scheinbar „neutralen“ Techniken und dem Nähen mit der Maschine artikuliert sich ein Verweis auf die weibliche Tradition. Die Frage nach dem Preis und den Anstrengungen für das Leben als Künstlerinnen – insbesondere auch während der Zeit des Nationalsozialismus – findet hier ihren medialästhetischen Ausdruck.
Original: im Museum für Angewandte Kunst Frankfurt, Inv. Nr. LNBZ 757

Carola Willbrand,
„Freundinnen – Bewegung um den Lebensfaden“,
Köln 2006, Fotografie, Schwarz-Weiß-Handabzug,
auf Fotoleinen, Nähmaschinentechnik, glitzernde und
monochrome Permanentstifte, gescannt,
Durchmesser 22cm, Maß der Mittelnorm eines
Stickrahmens entnommen.

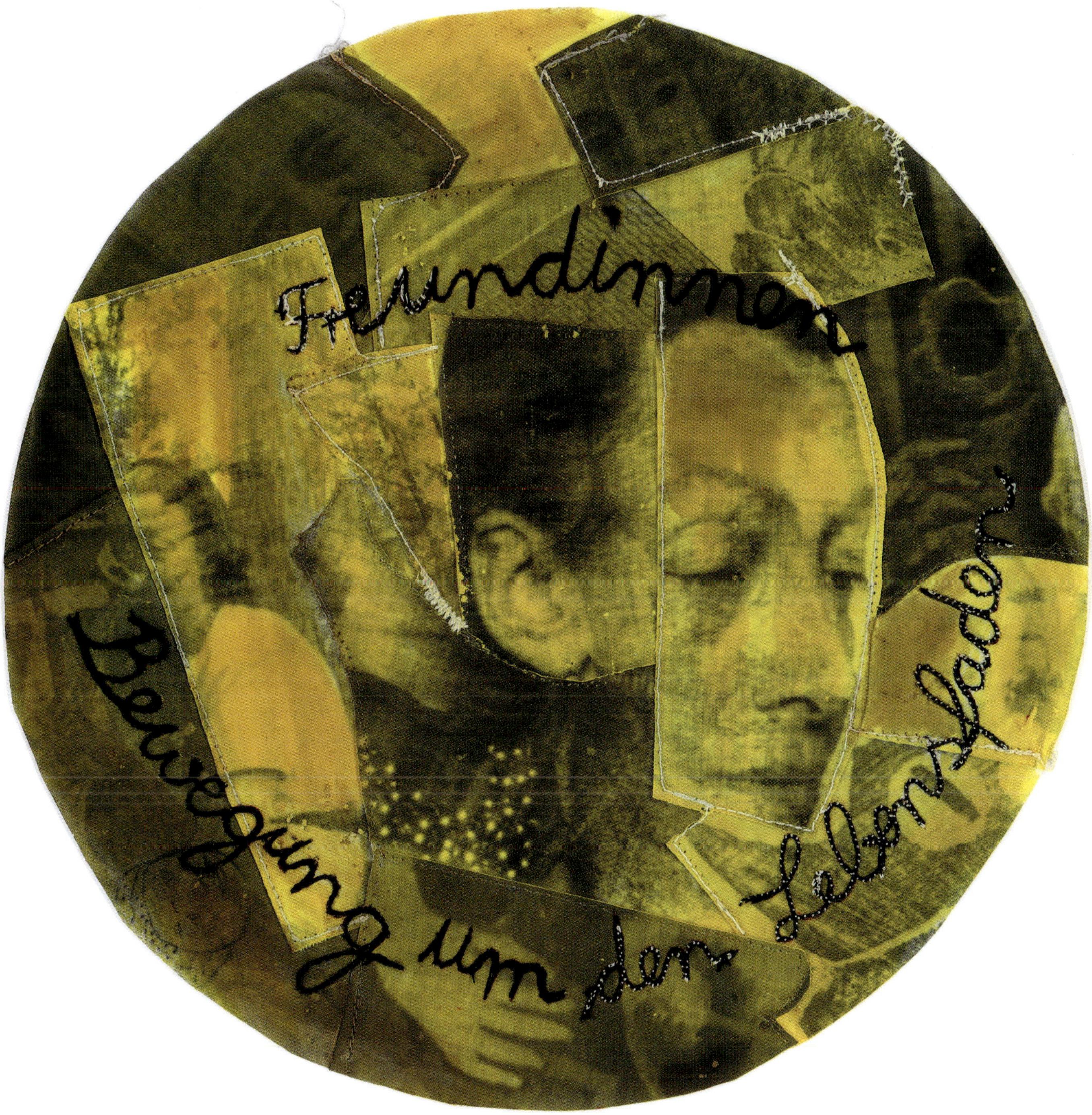
Freundinnen
Bewegung um den Lebensfaden

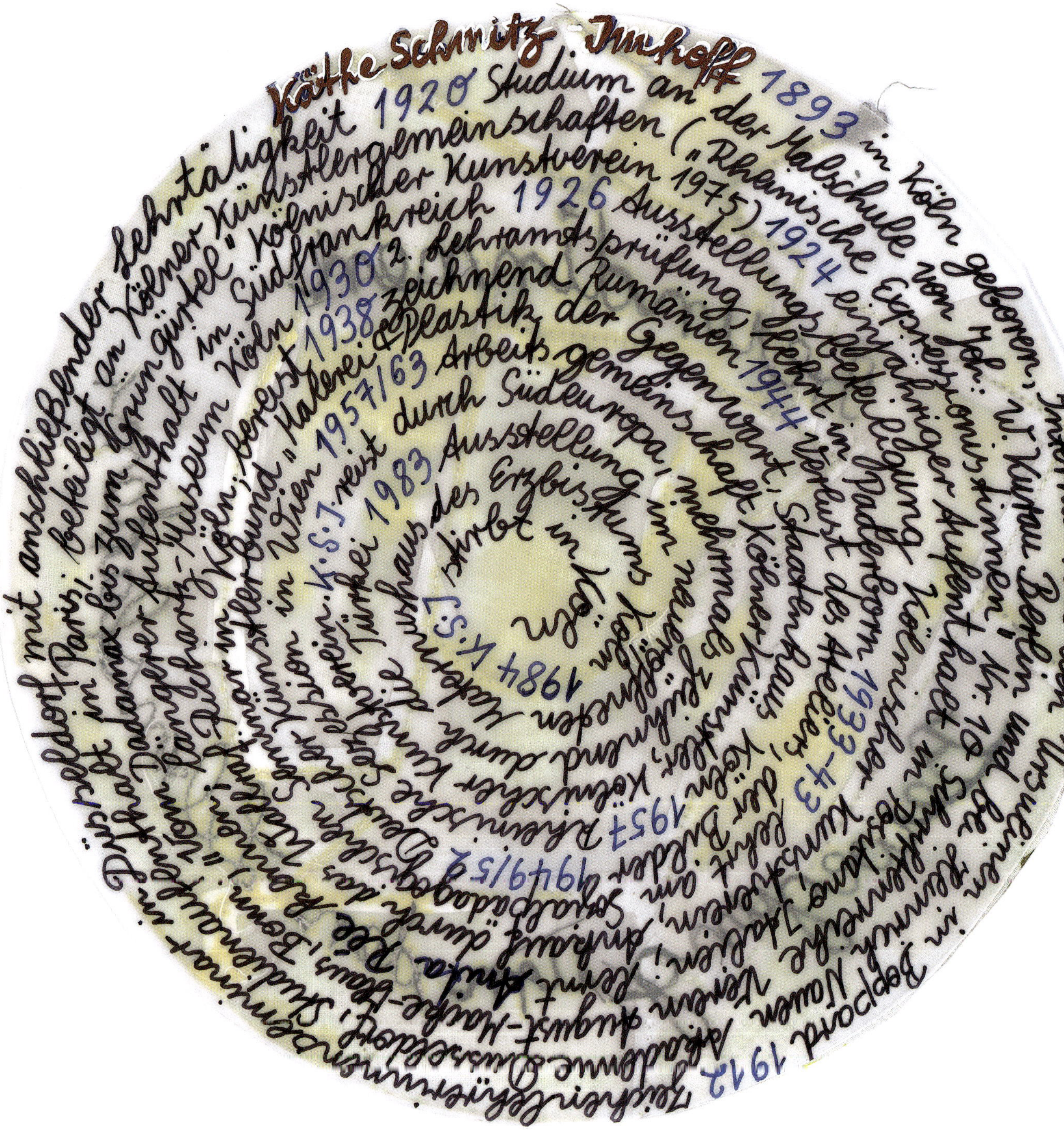
Käthe Schmitz-Imhoff
1893 in Köln geboren

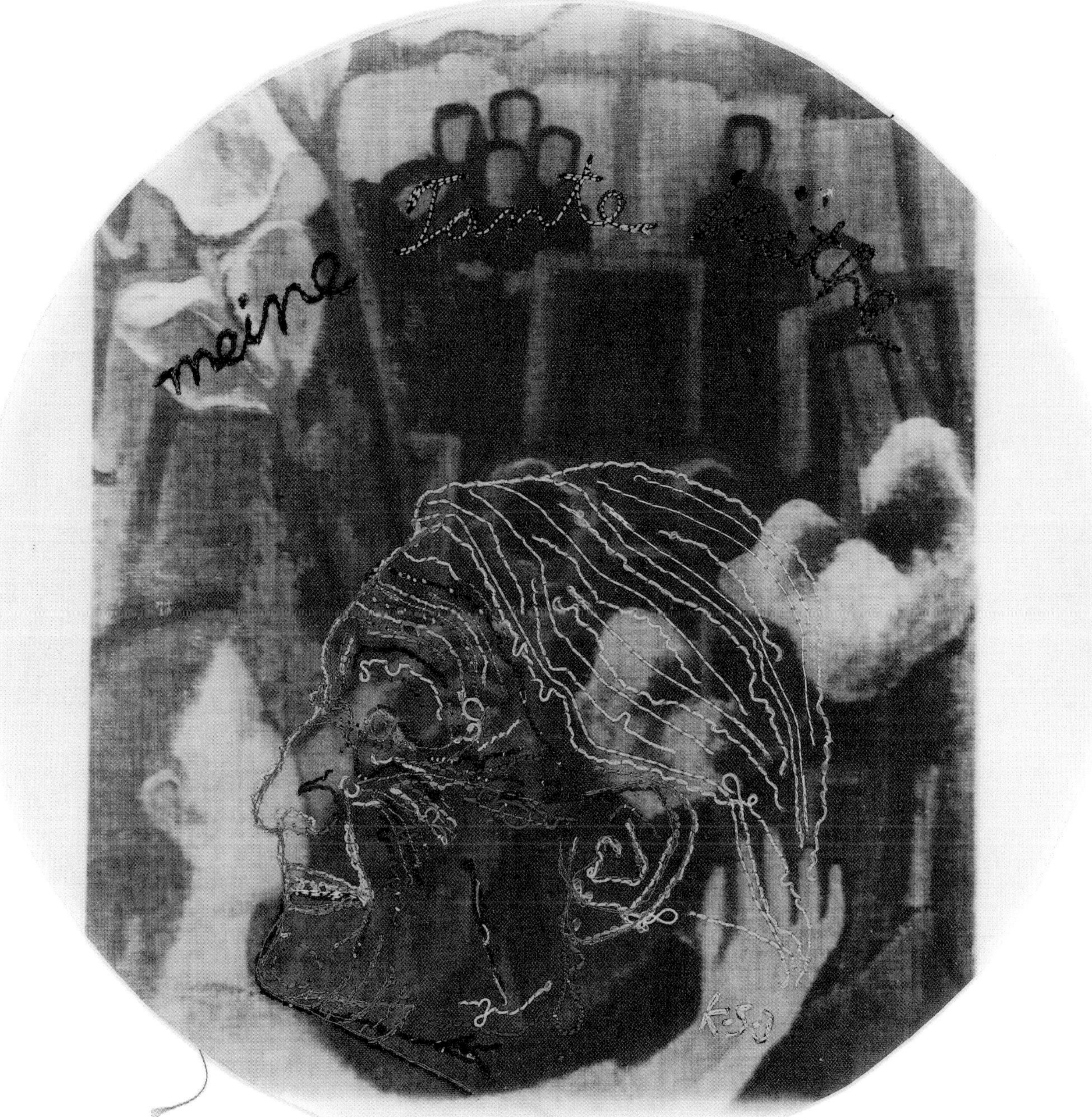
meine Tante

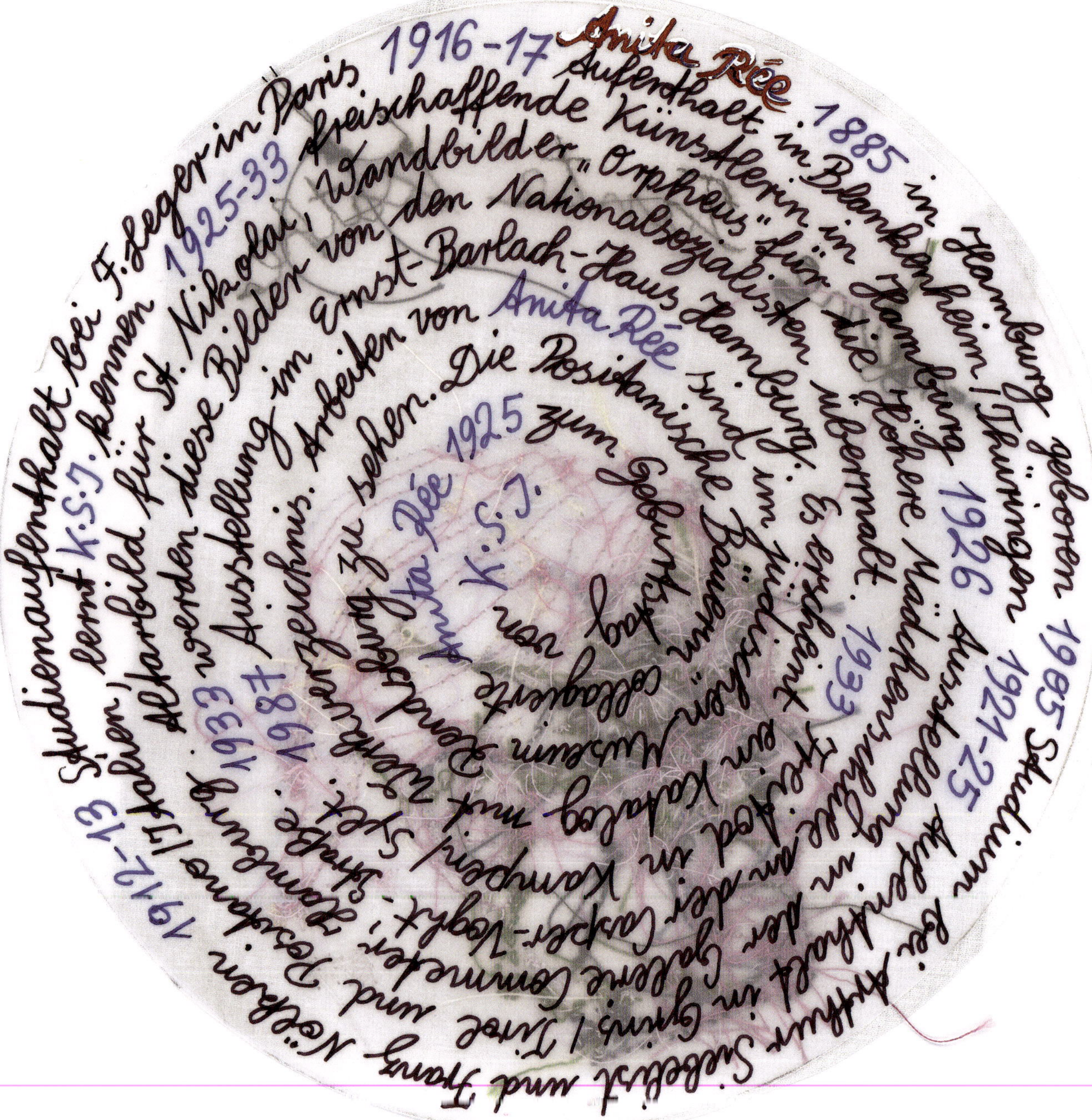
Anita Rée
1885 in Hamburg geboren
1905 Studium bei Arthur Siebelist und Franz Nölken
1912-13 Studienaufenthalt bei F. Leger in Paris
1916-17 Aufenthalt in Blankenheim/Thüringen
1921-25 Aufenthalt in Grins/Tirol und Positano (Italien), lernt K.S.J. kennen
1925-33 freischaffende Künstlerin in Hamburg
1926 Ausstellung in der Galerie Commeter; Caspar-Voght-Schule, Hamburg; Altarbild für St. Nikolai; Wandbilder „Orpheus" für die Höhere Mädchenschule.
1937 werden diese Bilder von den Nationalsozialisten übermalt.
1933 Freitod in Kampen/Sylt.
1987 Ausstellung im Ernst-Barlach-Haus Hamburg. Es erscheint ein Katalog mit Werkverzeichnis.
Arbeiten von Anita Rée sind im Jüdischen Museum Rendsburg zu sehen.
Die Positanische Bäuerin zum Geburtstag von Anita Rée 1925 collagiert von K.S.J.

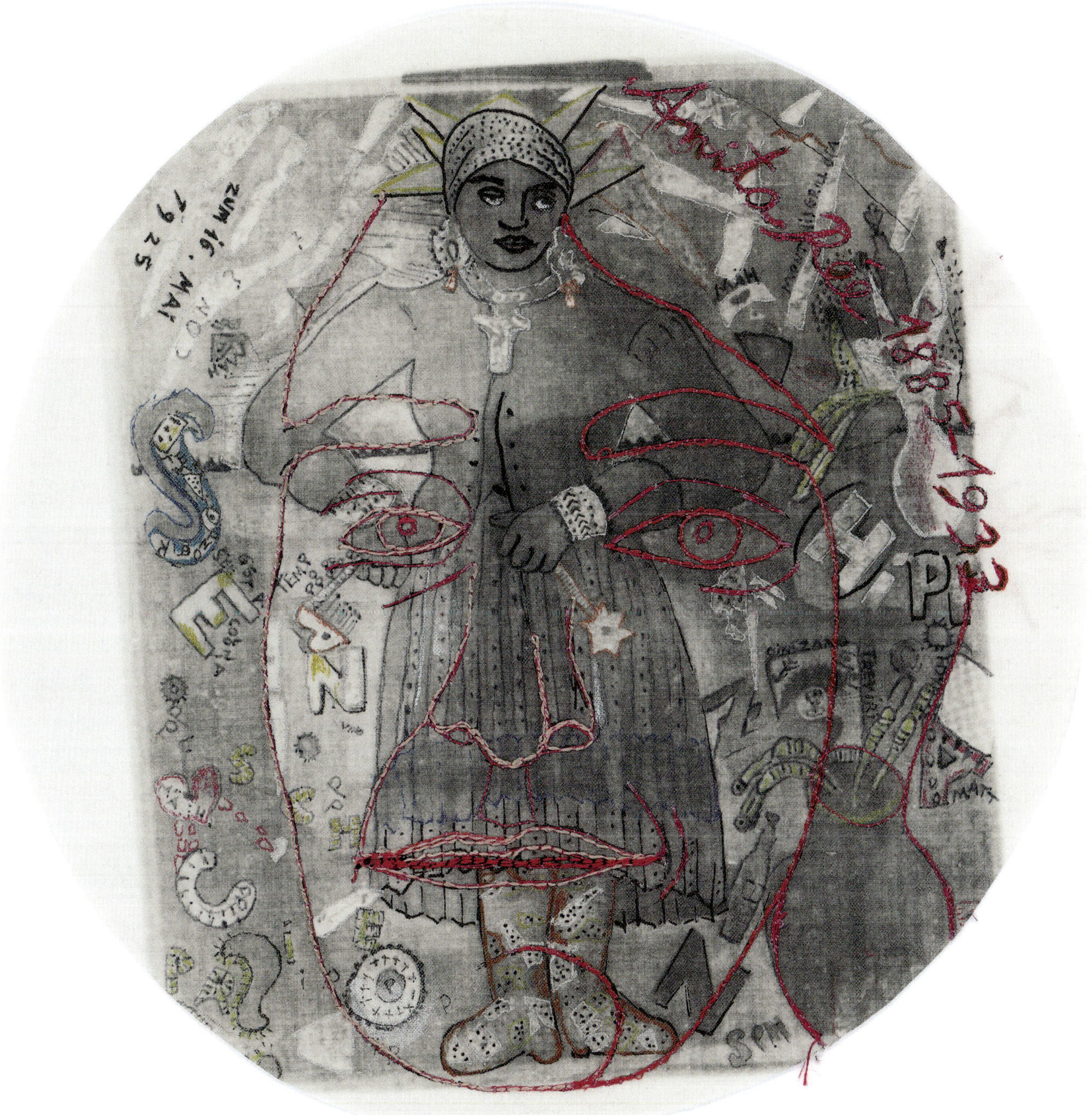
Anita Rée 1885–1933
ZUM 16. MAI
1925

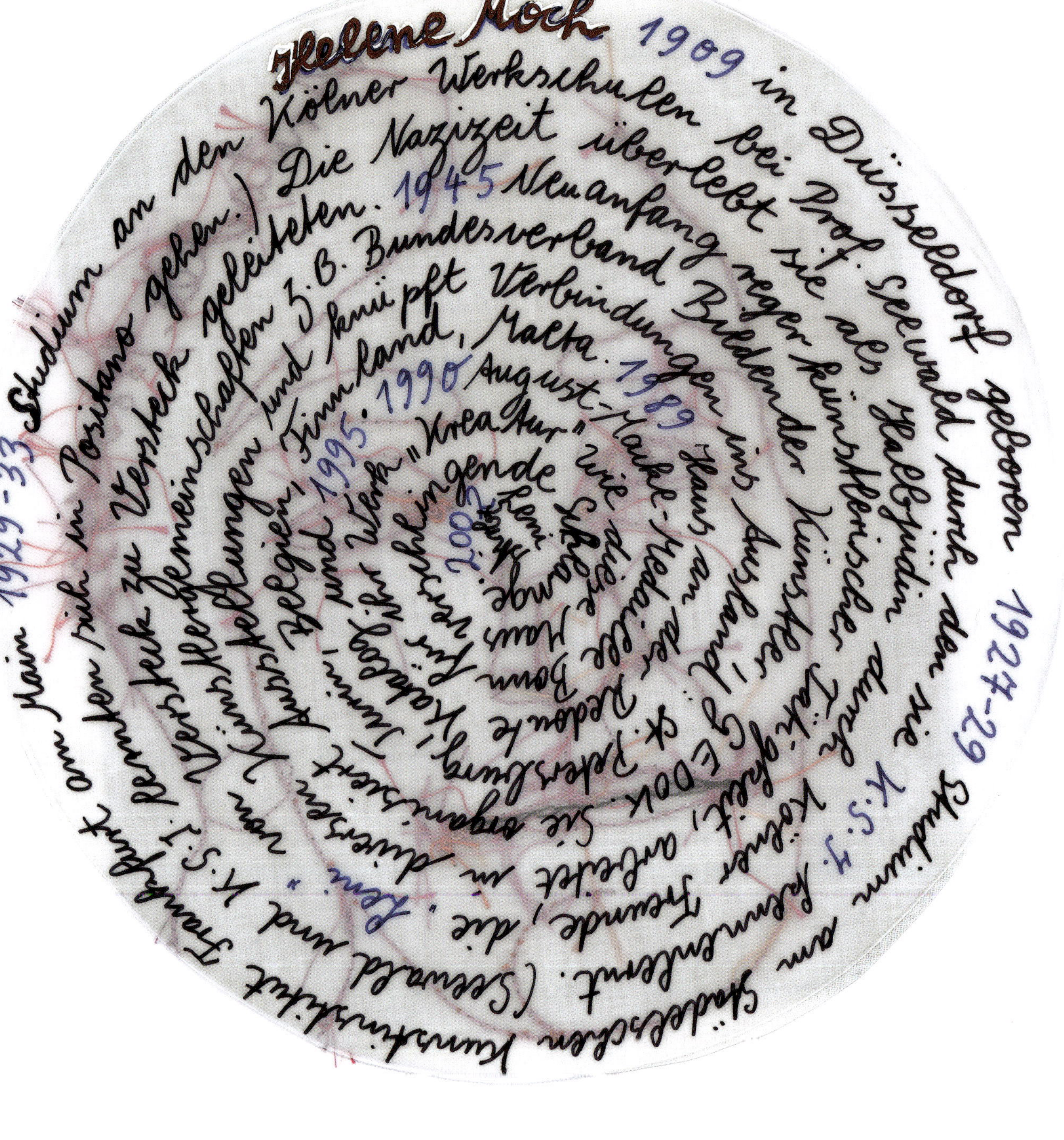
Helene Moch
1909 in Düsseldorf geboren
1927-29 K.S.I. Studium am Städelschen Kunstinstitut Frankfurt am Main
1929-33 Studium an den Kölner Werkschulen bei Prof. Seewald
Die Nazizeit überlebt sie
1945 Neuanfang
Bundesverband Bildender Künstler
GEDOK
Finnland, Malta
1989
1990
1995
2003

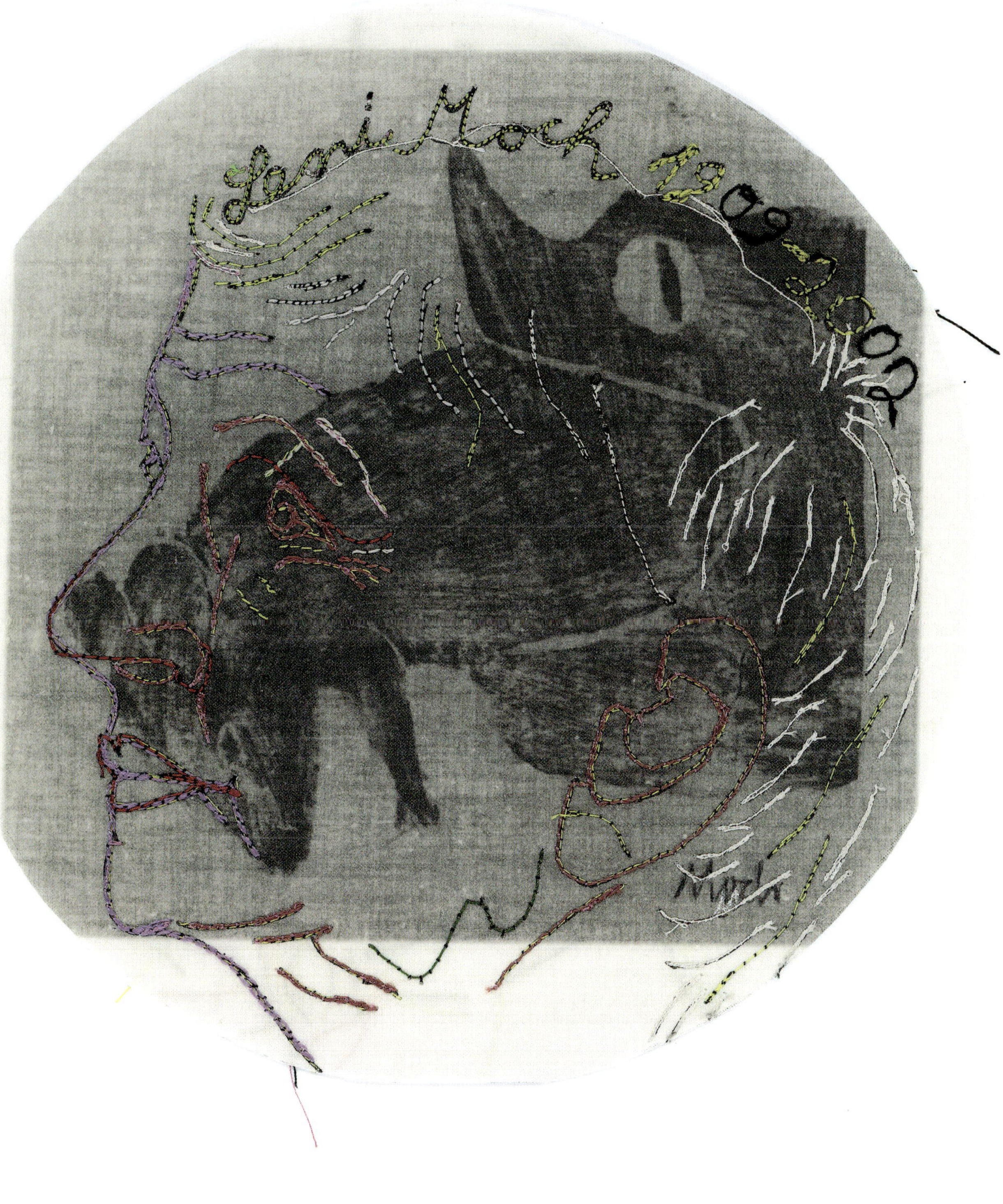
Leoni Moch 1909-2002
Moch

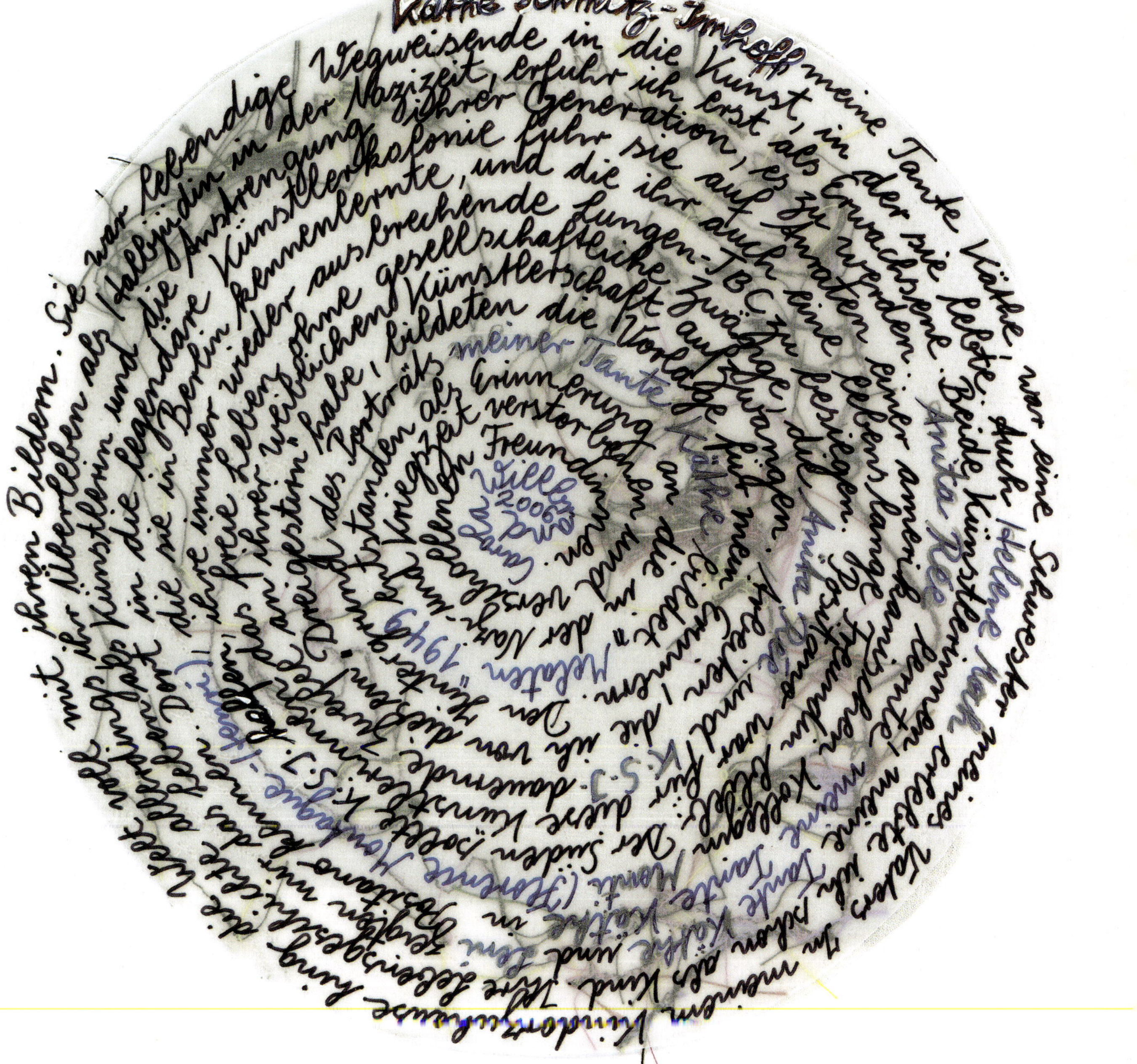
Käthe Schmitz-Imhoff
meine Tante Käthe war eine Schwester meines Vaters.
Sie war lebendige Wegweisende in die Kunst,
Helene Nathan
Anita Rée
meiner Tante Käthe
Willy 2006

Sabine Runde

Traumatische Erinnerung

Erinnerungsstücke an den Holocaust – eine unvollendete Vergangenheit

„Margot und ich fingen an, das Nötigste in unsere Schultaschen zu packen. Das Erste, was ich hineintat, war dieses gebundene Heft, danach Lockenwickler, Taschentücher, Schulbücher, einen Kamm, alte Briefe. Ich dachte ans Untertauchen und stopfte deshalb die unsinnigsten Sachen in die Tasche. Aber es tut mir nicht Leid, ich mache mir mehr aus Erinnerungen als aus Kleidern."
Anne Frank, Mittwoch 8. Juli 1942[1]

Die Bezeichnung „traumatische Erinnerung" ist genau genommen ein Oxymoron. Denn der schwere seelische Schock, der auch Trauma genannt wird, ist oft gerade durch die Abwesenheit einer Erinnerung charakterisiert. Eine traumatische Erfahrung wird als eine derartige Erschütterung erfahren, dass der Mensch vorübergehend die Fähigkeit verliert, den Eindruck zu verarbeiten. Die Erfahrung kann nicht in den biographischen Zusammenhang integriert werden, sie kommt nicht zu Bewusstsein und wirkt vom Unbewussten auf den Menschen ein.[2] Gleichzeitig zeigt sich in der psychoanalytischen Praxis und Forschung eine Fähigkeit des Menschen, sich aus dem Kreislauf des wiederholenden Ausagierens zu befreien, und nicht nur ein Narrativ entstehen zu lassen, sondern das Erfahrene auf eine metaphorische Ebene zu verschieben.[3] Diese besondere Fähigkeit zur Symbolbildung kann als eine wesentliche Grundlage für die Betrachtung aller Erinnerung in Dingen angesehen werden.

Als rhetorische Figur scheint diese Addition zweier widersprechender Begriffe geeignet, das weite Feld dunkler Erinnerungen aufscheinen zu lassen, das hier im Katalog schlaglichtartig durch einige sehr verschiedene Aspekte in Form von Inserts beleuchtet wird. Beschrieben wird am Beispiel grausiger politischer Andenken,[4] und wir beobachten deren nicht zu rechtfertigende Neutralisierung durch die Zeit;[5] ein schwarzer Koffer wird geöffnet und ein kurzer Blick auf die fetischistische Rückseite des Souvenirs geworfen[6] und es wird sich, erinnerungstheoretisch analysierend[7] oder künstlerisch unverfroren[8], dem Andenken an die Nazizeit zugewandt.

In dem hier anschließenden Aufsatz und in diesem Teil der Ausstellung werden ausschließlich Aspekte der Erinnerung an den Holocaust betrachtet, dessen Unvergleichbarkeit diese Alleinstellung rechtfertigt.

Jedwede Erinnerung an den Holocaust sperrt sich gegen die Unbeschwertheit der Überschrift „Der Souvenir", unter der im Ausstellungszusammenhang auch dieser Teil deutscher/unserer Geschichte nicht ausgelassen werden soll. Verlieren wir uns an dieser Stelle jedoch nicht in Klangassoziationen und Reiseerinnerungen, die das französische Wort 'Souvenir' in uns aufruft, sondern blicken wir auf die eigentliche Bedeutung des Wortes, das 'Sich Erinnern'.[9]

In der Form des öffentlichen Gedenkens an den Holocaust in Deutschland versinnbildlicht das 'Sich Erinnern' die Anerkennung der Schuld; sie ist Ausdruck der Verantwortung, daraus allgemeingültige Handlungsprämissen für Gegenwart und Zukunft abzuleiten.[10] Im Sinne dieser gesellschaftlichen Verantwortung zur Erinnerung an den Holocaust und dem tiefen Anliegen, die Banalität des Bösen[11] und das „radikal Böse" als menschliche Möglichkeit im Sinne Semprúns[12] nie zu vergessen, wendet sich die Ausstellung hier dem individuellen Gedenken, dem persönlichen 'Sich Erinnern' zu.

---

[1] Frank 2004.
[2] Mein besonderer Dank gilt Gudrun Körner, die die Arbeit an diesem Aufsatz von Anfang bis Ende hilfreich begleitet hat. Für wertvolle Hinweise in Gesprächen danke ich Angelika Zoubek-Windaus und Johanna Bodenstab für den instruktiven Gedankenaustausch per E-mail und nachfolgend aufgeführte Literaturhinweise. Caruth 1995; Laub 1998, S. 507-529.
[3] Grubrich-Simitis 1984, S. 1-28.
[4] W. Cilleßen, hier S. 284ff.
[5] Die menschliche Begabung zur Abstraktion zeigt sich hier in ihren Möglichkeiten zur Distanzierung von ihrer dunklen Seite.
[6] R. Reiche, hier S. 293ff.
[7] M. Brumlik, hier S. 276ff.
[8] Zu B. Kühnemann und K. Kaskeline, S. 269ff.
[9] Le souvenir = das Andenken/das Angedenken/die Erinnerung/das Erinnerungsstück/die Memorabilie/das Reiseandenken und der Souvenir.
Sich erinnern = se souvenir de qc./qn./évoquer/rappeler/se resouvenir de qc./se rappeler; genauer zu Herkunft und Bedeutung s. hier Günter Oesterle, S. 20ff.
[10] Vgl. dazu allg.: Eschebach 2005. Insa Eschebach, jetzige Leiterin der Mahn- und Gedenkstätte Ravensbrück, verdanken wir freundliche Unterstützung bei der Entwicklung des Ausstellungsvorhabens und instruktive Gespräche.
[11] Nach Arendt 1964.
[12] Semprún 1995, S. 108f.

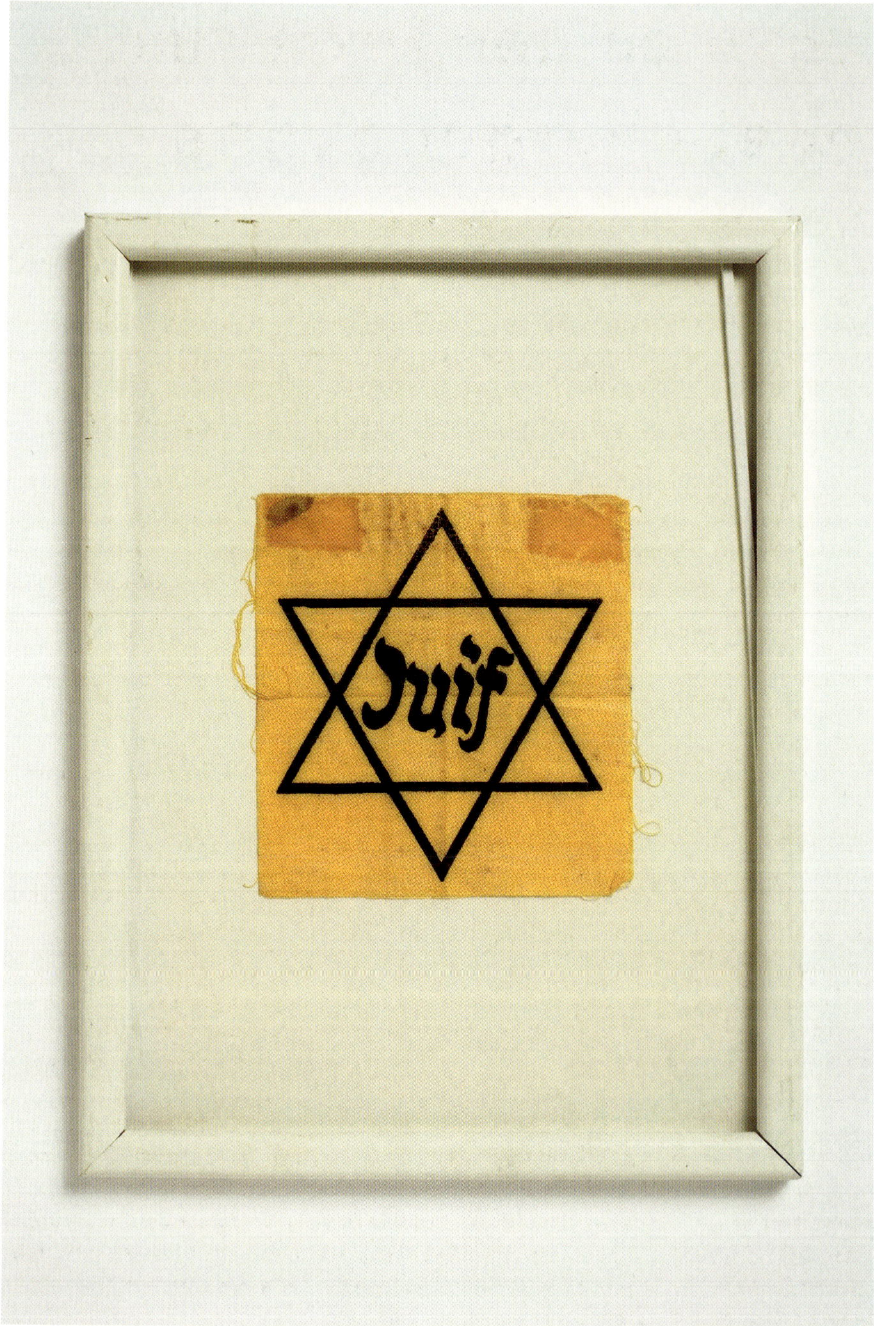

Abb. 1, Judenstern von Maurice (Moshe Meir) Wolman, gerahmt, mit Widmung „Tel Aviv 13 mars 1996/50e Année que cette étoile/est posée sur mon coeur. Meilleurs Amitiées/Michel Wolman" (Sohn)

Die Erinnerung ist ein komplexes Phänomen und schließt schöne wie grauenvolle Ereignisse ein. Jeder kennt nutzlose Versuche, Erinnerungen an ein schlimmes Erlebnis abzuschütteln, und dennoch vermag diese Erfahrung uns nichts über die Dimensionen des Ausgeliefertseins an eine so unbeschreiblich schreckliche Erinnerung zu vermitteln, wie das persönliche Erleben, das Betroffensein durch den Holocaust. Zahlreich[13] sind die literarisch verarbeiteten Erinnerungen und Berichte Betroffener, die sich durch diese Form des Zeugnis-Ablegens die schwere Beweislast für dieses unglaubliche Verbrechen abgerungen haben. Sie beschreiben und weisen auf diesen Abgrund des Menschlichen zur ewigen Mahnung.[14] Dass auch die Erinnerung der Opfer, der Überlebenden des Holocaust mit Dingen verbunden sein kann, dass diese von Opfern/Überlebenden selbst bewahrt worden sind, weitergegeben wurden und werden, was sie bezeugen, was Sie zu erzählen haben und welche Bedeutung ihnen zukommt, das versucht eine kleine Auswahl von solchen authentischen Erinnerungsstücken zu zeigen.[15] Auch der Frage, welche besondere Rolle dem Ding, seiner anderen Erzählform im Gegensatz zum Wort dabei zukommt, soll in der Ausstellung nachgegangen werden.

So ist der erste Abschnitt dieses Aufsatzes, ganz im Sinne einer Hommage, den Opfern und Überlebenden des Holocaust und ihrer Erinnerung in Dingen gewidmet. Allem weiteren vorangestellt wird ein Andenken, welches von so großer allgemeingültiger Verstehbarkeit ist und mit seiner bis ins Mittelalter zurückreichenden Geschichte[16] wie ein pars pro toto angesehen werden kann und so zu einem Symbol für den Holocaust und seine unzähligen Gesichter geworden ist. Es ist der gelbe Judenstern von Maurice (Moshe Meir) Wolman (Abb. 1).
Ganz im Gegensatz zu allen Erfahrungen, die wir heute mit Abzeichen jeweils selbst gewählter Art verbinden können, fehlt uns jegliche Kenntnis von der weitreichenden Erfahrung, die mit Ausgrenzung und Entrechtung durch Kleiderordnungen, dem 'Tragen Müssen' des Judensterns verbunden war. Victor Klemperer schreibt, er habe nie eine andere Antwort auf die Frage gehört: „welches war der schwerste Tag der Juden in den zwölf Höllenjahren?“ als „der 19. September 1941. Von da an war der Judenstern zu tragen.“[17] Imre Kertész beschreibt anfangs noch ganz aus der Perspektive eines Kindes gleichsam naiv und abgründig das Bemühen um selbstverständlichste Erklärung: „Neuerdings gibt es bei Ihnen auch gelbe Sterne aus eigener Herstellung zu kaufen, denn an gelbem Stoff herrscht jetzt natürlich großer Mangel (Was wir brauchten, hat meine Stiefmutter noch rechtzeitig besorgt.)“[18], um schon wenig später durch die Wahrnehmung eines älteren Mädchens seine Figur einen nächsten Schritt hinab in das Bodenlose der Stigmatisierung und Ausgrenzung zu begleiten: „Meistens spielen wir Karten, aber heute hatte die ältere Schwester keine Lust dazu. Sie wolle zuerst mit uns über ein Problem sprechen, über eine Frage, die sie neuerdings sehr beschäftigt: es ist nämlich so, daß ihr der gelbe Stern einiges Kopfzerbrechen bereitet. Eigentlich habe erst »der Blick der Leute« sie auf die Veränderung aufmerksam gemacht -“.[19] Wir stoßen hier auf dieses repetitive Moment, das uns an vielen Stellen der Erinnerung an die Nazizeit in immer etwas anderer Gestalt begegnet. Es ist die weitreichende Auswirkung einer sogenannten 'offiziellen Verordnung', von deren Ordnungsmäßigkeit sich der Einzelne die Eigenverantwortung in seinem Handeln abnehmen lassen konnte, sich eigener Maßstäbe enthob und damit quasi selbst entmündigte.

All das steht am Anfang jeder Geschichte mit dem gelben Stern. Ohne mehr über Maurice Wolman zu wissen, ist uns bewusst, dass er neben seinem persönlichen Erleben diese Erfahrungen der Stigmatisierung mit unzähligen anderen geteilt hat.

Gleichzeitig verkörpert dieser Souvenir ein individuelles Erinnerungsstück, aufgeladen mit der Erinnerung eines einzelnen Menschen. Dieser Stern birgt die Geschichte dieses polnischen Jungen, der nach Paris kam, dort lebte, als 33jähriger nach Auschwitz deportiert wurde, in einem Zug mit hunderten von Menschen, von denen nur zwei 1946 lebend nach Paris zurückkehrten. Er gehörte zu denen, die aus Auschwitz nach Warschau 'überstellt' wurden und dort die Aufgabe hatten, nach dem niedergeschlagenen Aufstand der Juden die Trümmer des Ghettos zu beseitigen.

---

13 Zahlreich sind sie und dennoch nie ausreichend, um das Geschehen in seinem ganzen Umfang übermitteln zu können, „Es bedürfte viele Stunden, ganzer Jahreszeiten, der Ewigkeit des Berichts, um es in etwa wiederzugeben.“ Semprún 1995, S. 22.

14 Wenn auch an dieser Stelle dazu nicht mehr geschrieben werden kann, so mögen doch zwei Beispiele für viele stehen: Katzenelson, Jizchak: Dos lied vunem ojsgehargetn jidischn volk/Großer Gesang vom ausgerotteten jüdischen Volk, Wolf Biermann. Köln 1994. Der Soldat Tolkatchev an den Toren zur Hölle, Befreiung von Majdanek und Auschwitz: Zeugnis eines Künstlers/Private Tolkatchev at the Gates of Hell, Majdanek and Auschwitz Liberated: Testimony of an Artist. Yad Vashem Kunstmuseum Jerusalem 2005. Für diese und andere wichtige Literaturhinweise danke ich Ulrich Schneider.

15 Ich danke Christiane Holm für den Hinweis auf die Mahn- und Gedenkstätte Ravensbrück und dortige Sammlungen.

16 S. dazu Schreiner, Jens J.: Vom „Gelben Flicken“ zum „Judenstern“? Genese und Applikation von Judenabzeichen im Islam und christlichen Europa (841-1941). Frankfurt u.a. 2004.

17 Klemperer 2001, Kap. XXV, Der Stern, S. 213-219.

18 Kertész 2003, S. 15.

19 Kertész 2003, S. 42.

20 Vergleichend entnommen aus: Dachauer Hefte 1/1985, S. 126-128.

Im Juli 1944 wurden diese Häftlinge, soweit sie noch lebten, auf einen über 1000km langen Marsch, einen von vielen „Todesmärschen", nach Dachau „evakuiert".[20] Er überlebte. Als ihm nach der Befreiung von einem amerikanischen Soldaten ein Maschinengewehr in die Hand gedrückt wurde, kam er der Aufforderung, Rache zu nehmen, nicht nach. Das Wenige, das wir hier über ihn schreiben, ist uns von Menashe Kadishman erzählt worden, der mit Maurice Wolman befreundet war und uns den Stern als Leihgabe für die Ausstellung zur Verfügung stellt. Ihm ist der Stern von Michel Wolman, dem Sohn, zum Andenken überlassen worden, der ihn wiederum von seinem Vater erhalten hatte. Menashe Kadishmann schließt seine Ausführungen, dass Michel Vollmann wohl erst durch seinen Tod wirklich befreit worden sei.

Symbole der Selbstbehauptung – Proklamationen der Zwischenmenschlichkeit

Das zweite Erinnerungsstück (Abb. 2) hat mit diesem ersten gemeinsam, dass wir – ohne seine Geschichte zu kennen – etwas von seiner Geschichte erahnen können, wenn denn das Bewusstsein und das Wissen um geschichtliche Umstände und Geschehen vorhanden sind. Die Notwendigkeit der Verknüpfung von Erinnerung und historischer Einordnung betont Salomon Korn und resümiert: „Daher bedarf es einerseits der einfühlsamen Annäherung an den Gegenstand der Erinnerung [...] wie auch der Kühle des analytischen Verstandes, zur Einordnung der Erinnerungsinhalte in historische Zusammenhänge. Im Spannungsfeld solch unterschiedlicher Anforderungen kann eine sich im Wandel befindliche Erinnerung an das nationalsozialistische Menschheitsverbrechen dauerhaft mit Leben erfüllt und glaubwürdig an die nächste Generation weitergegeben werden."[21]

Beginnen wir mit dem Augenfälligen. Wir sehen den blau gestreiften Stoff, unverkennbar ist auch dieser kleine Stoffrest ein Überrest der Sträflingskleidung. Das Streifenmuster kann man nicht anschauen, ohne an Kriminalisierung und die damit verbildlichte Herabsetzung zu denken. Der bedrückende Vorgang der Vereinheitlichung und Entindividualisierung kann uns vor Augen treten. Dann registrieren wir ein Abzeichen. Ein rotes Dreieck, korrekt den „Roten Winkel" mit einem P für die polnische Herkunft. Der „Rote Winkel" ist eines von vielen Abzeichen in der Lagerhierarchie. Sie waren Zeichen einer Bevorzugung oder Benachteiligung im Überlebenskampf. So verhinderten sie als infame Kontrollinstrumente große Gemeinschaftsbildungen unter den Gefangenen und trugen dadurch zur inneren Vernichtung des Einzelnen bei.
Dann sehen wir einen weißen Streifen mit der schwarzen Nummer 13744. Diese Nummer – wir lesen dreizehntausendsiebenhundertvierundvierzig – steht für einen Menschen, hier den dreizehntausendsiebenhundertvierundvierzigsten Menschen im Frauenkonzentrationslager von Ravensbrück. Der Name dieses Menschen ist Kunegunda Świeczkowska und wir wissen von ihr, dass sie nach drei Monaten Gestapohaft in Danzig 1942 nach Ravensbrück deportiert wurde.

Diese Nummer ist mit dem Schicksal von Kunegunda Świeczkowska verbunden, und gleichzeitig gemahnt sie, wie der Winkel, wie das Streifenmuster an jeden einzelnen von wie vielen Millionen (?) Menschen, dem so eine Nummer oktroiert wurde. Sie erinnert an die Inhaftierung, den Prozess der Tilgung aller Identifikationsmerkmale bis zu dem Namen, der durch eine Nummer ersetzt werden musste. Sie erinnert an die unwürdigen Vorstufen der Vernichtung, die mit der Auslöschung der Erinnerung, der Entfernung aller dinglichen Erinnerung ihren schrecklichen Anfang nimmt.[22]
Das dritte Erinnerungsstück, dem wir uns zuwenden, ist ein Lagerkleid, ein Kleidungsstück, wie es von vielen Opfern noch am Ort der Befreiung ausgezogen und weggeworfen wurde. Dieses hier gehörte Erna Korn, heute de Vries, die es im September 1943 in Ravensbrück erhielt und bis 1998 liebevoll bewahrte (Abb. 3).[23]

Vergegenwärtigen wir uns bei der Betrachtung, dass jedes einzelne kleine Detail dieses Erinnerungsstückes, es mag noch so unauffällig erscheinen, von dem Geschehen zu erzählen weiß. Das liebevolle Arrangement – und das ist mit

---

[21] Korn 2006, S. 8.

[22] Levi 1988, Kap. In der Tiefe, bes. S. 48-50. Tilgung der Erinnerung auch durch Vernichtung aller Darstellungen ist ein altes, schon in der Antike erprobtes Prinzip, das u.a. von Stalin perfektioniert worden ist, vgl. dazu Pfeiffer 2004.

[23] Wir danken Erna de Vries ganz besonders für ihre Offenheit und das nachhaltige Gespräch. Erst 1995 wurde Erna de Vries gebeten, über ihre Geschichte zu berichten. Seit 1997 spricht sie auf Anfrage vor allem in Schulen über ihre Erfahrungen. Es geht ihr um Mahnung und Warnung. Für dieses Engagement erhielt sie den Ring der Stadt Lathen als Ehrbürgerin sowie die Ehrenmedaille für Verdienste um die Bundesrepublik Deutschland.

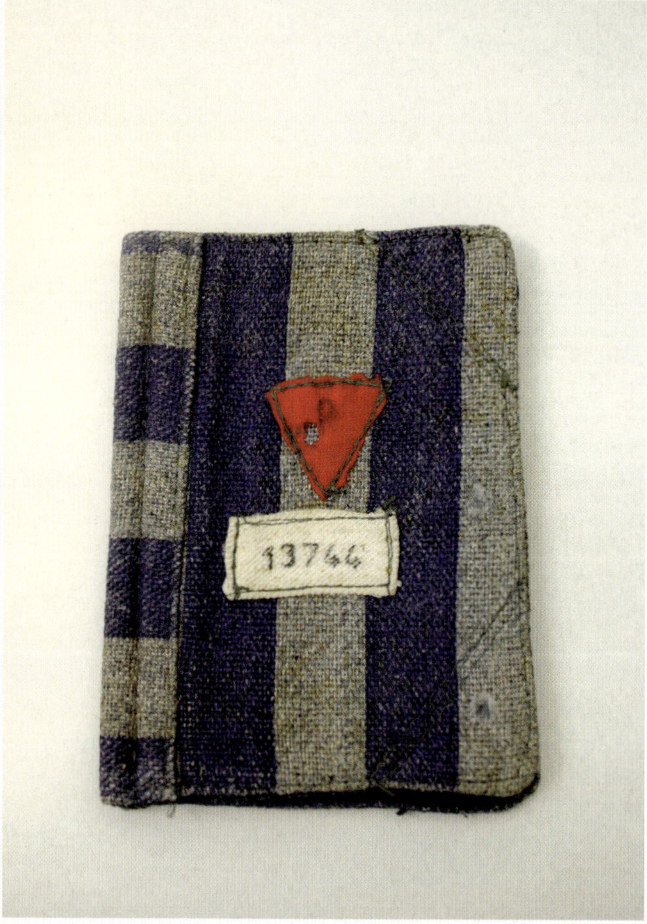

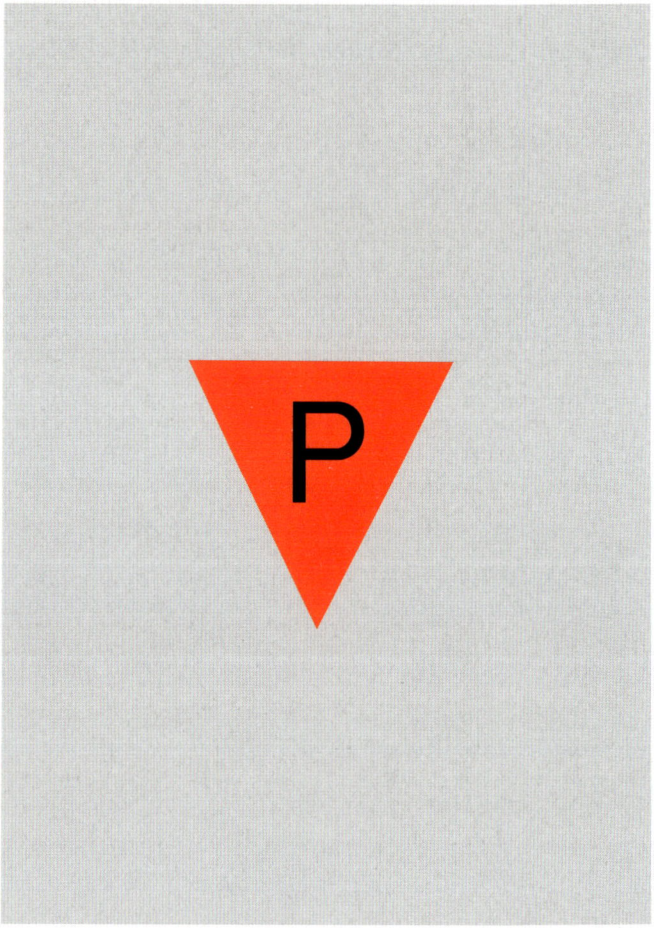

Das Büchlein kam als Geschenk nach Ravensbrück durch Margret und Werner Müller, die damit dem Wunsch von Kunegunda Świeczkowska aus Lipusz nachkamen, mit der sie am 13. Oktober 2000 gesprochen haben. Einiges von dem, was die damals 84jährige ihnen erzählte, ist auf einem DIN A4-Blatt festgehalten. Als sie vom Todesmarsch[24] sprach, fragte Margret Müller sie, ob sie auf dem Marsch die gestreifte Häftlingskleidung getragen habe, da holte sie das Büchlein. Den Stoff für den Einband hat sie damals in Ravensbrück, wo sie Uniformen nähen musste, entwendet. In das Büchlein haben Kameradinnen geschrieben und gezeichnet. Aus der Rückseite des Einbandes ist ein Stück Stoff ausgeschnitten, um es der früheren Schule als Andenken zu überlassen.[25]

Abb. 2 Büchlein von Kunegunda Świeczkowska, ul. Brozozowa 2, 83-424 Lipusz, übergeben am 13.10.2000 von M. und W. Müller, Köln; Fürstenberg, Mahn- und Gedenkstätte Ravensbrück, Inv. Nr. V 2108 F2

Abb. 2a „Roter Winkel“ mit P, Abzeichen von Häftlingen in den Konzentrationslagern des Nationalsozialismus, Bezeichnung für den politischen Häftling polnischer Abkunft

[24] Todesmärsche s. http://www.ravensbrueck.de/mgr/deutsch/ausstellung/wanderausst/todesmaersche.htm (27. April 2006).

[25] Darstellung nach M. und W. Müller, Korrespondenz mit Ravensbrück, ohne Datum, Archiv Ravensbrück.

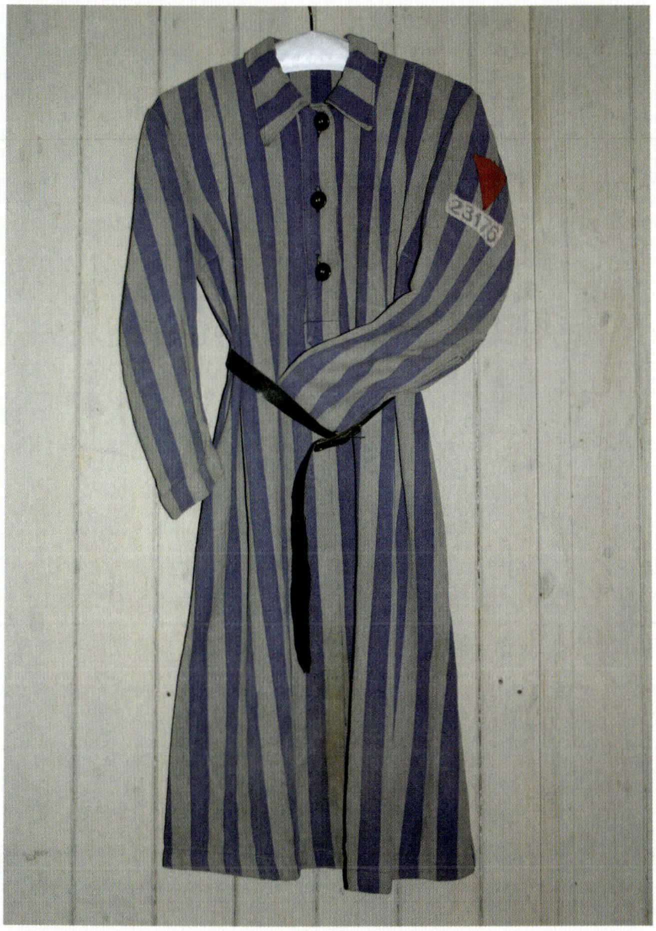

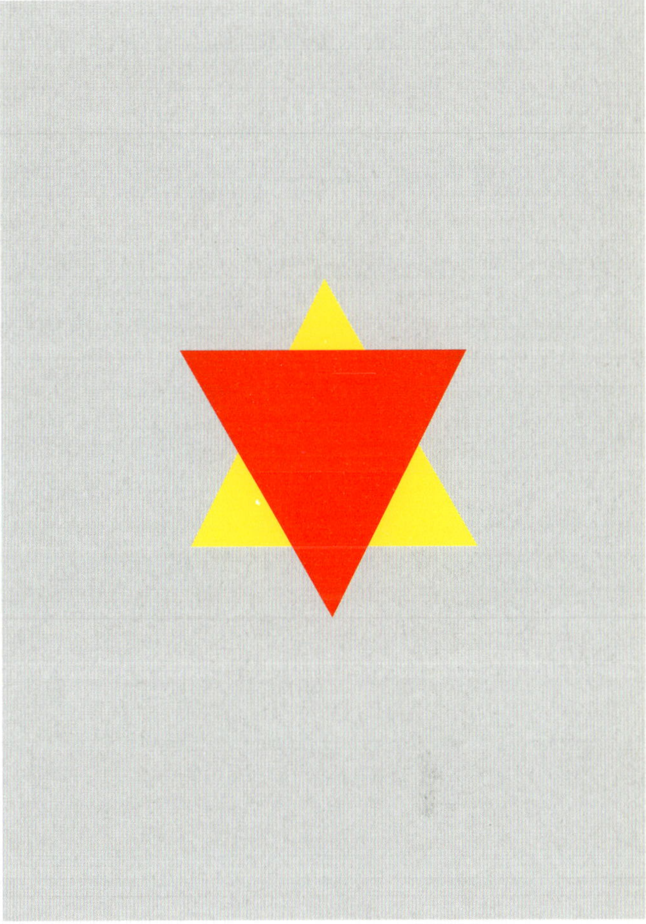

Als Erna Korn 1943 von Auschwitz nach Ravensbrück verbracht wurde, trug sie den „rot-gelben Stern“, das Zeichen für eine politische Jüdin. In Ravensbrück musste sie, so schreibt sie,[26] das Zeichen für ihre jüdische Herkunft entfernen.[27] Als Erna de Vries 1998 „ihr Lagerkleid“ nach Ravensbrück gab, damit, wie sie schreibt, „die Erinnerung nicht verloren geht“, legte sie Wert darauf, dass der „rot-gelbe Stern,“ (ein „Roter Winkel“, der über den „Gelben Winkel“ genäht werden musste, damit beides zusammen den Stern bilden würden) das Zeichen ihrer jüdischen Herkunft „wieder angebracht ist“.[28]

---

[26] Brief von Erna de Vries vom 12. Juli 1998 an Frau Dr. Sigrid Jacobeit, ehem. Leiterin der Mahn- und Gedenkstätte Ravensbrück, Archiv Ravensbrück.

[27] Ähnliches wird auch von anderen Ravensbrücker Häftlingsfrauen (Irmgard Konrad und Esther Bejarano) erzählt, die den Vorgang als „Arisierung“ interpretieren, damit die jüdischen Frauen in der Kriegsproduktion bei Siemens als Zwangsarbeiterinnen eingesetzt werden konnten, mündliche Auskunft Mahn- und Gedenkstätte Ravensbrück.

[28] Darstellung nach E. de Vries Korrespondenz mit S. Jacobeit, Archiv Ravensbrück – Ungeachtet dessen, ist das Kleid im Katalog der Ausstellung des DHM, ohne diesen Hinweis veröffentlicht, Berlin 2002, Nr. 4/115, S. 195.

Abb. 3 Häftlingskleid von Erna Korn, später de Vries, Geschenk von Erna de Vries 1998, Fürstenberg, Mahn- und Gedenkstätte Ravensbrück, Inv. Nr. V 2105 D2

Abb. 3a „Roter Winkel“ über „Gelbem Winkel“, Abzeichen von Häftlingen in den Konzentrationslager des Nationalsozialismus, „Gelber Winkel“ für Jüdin; „Roter Winkel“ für den politischen Häftling, zusammen ergänzen sich die Formen zum Stern.

Bedacht unverändert abgebildet – scheint uns in Versuchung zu führen, von der Schwere der Erfahrungen abzusehen, aber es entspricht der innigen Beziehung, die Erna de Vries zu dem Kleid beschreibt, wenn sie von „ihrem Lagerkleid“[29], spricht, das sie durch zwanzig Monate Gefangenschaft in Ravensbrück und im April 1945 auf dem achttägigen Todesmarsch[30] gekleidet und geschützt hat.

Am linken Ärmel finden sich die Abzeichen, deren perfide Bedeutung wir uns immer wieder neu bewusst machen müssen, der „Rote Winkel“, der weiße Streifen mit der verblichenen schwarzen Nummer 23176, Erna Korns Haft-Nummer im Frauenkonzentrationslager Ravensbrück. Wir rekonstruieren, sie war der 9432ste Mensch, der ein Jahr nach Kunegunda Świeczkowska in Ravensbrück interniert wurde.[31]
Erna Korn war durch ihren – damals bereits verstorbenen – christlichen Vater gewissermaßen „privilegiert“. Dennoch entschied sie sich schon als 15jährige gegen die Taufe und im Sommer 1943 wollte die 19jährige mit ihrer Mutter gemeinsam den Weg nach Auschwitz-Birkenau gehen.[32] Es beschämt uns, auf ihrem Arm heute die tätowierte Nummer des Vernichtungslagers 50462 und darunter eine 7 zu lesen. Erna Korn war nur zwei Monate in Auschwitz, zwei Monate in ihrer Zivilkleidung, die mit einem großen schwarzen Farbkreuz auf dem Rücken gekennzeichnet war, zwei Monate Arbeiten in brackigem Wasser, ohne je trockene Kleidung, ohne Möglichkeiten, die Kleidung zu wechseln, ohne Waschgelegenheit, mit Ungeziefer im „Bettzeug“, einer Bindegewebsentzündung als Folge. Am 15. September 1943 wurde sie mit 600 anderen Frauen „selektiert“. Im Vorhof zur Gaskammer, nach einer Nacht des Wartens auf den Tod, hörte sie, wie ihre Nummer – nicht ihr Name – gerufen wurde. Wie durch ein Wunder war sie für einen Sondertransport nach Ravensbrück bestimmt, gerettet. Ihre Mutter musste sie in Auschwitz zurück lassen, wo jene am 8. August 1943 ermordet wurde.
In Ravensbrück kam sie an – in Kleidung, die sie aus dem Haufen nehmen musste, auf den diese von den mit ihr zum Tode „Ausgesonderten“ abgelegt worden war. In Ravensbrück erhielt sie das neue, gestreifte Lagerkleid. Für Erna Korn hatte, nach Auschwitz, selbst Ravensbrück den Schrecken verloren.

Was erzählt das Erinnerungsstück selbst? Schauen wir auf den Stoff, die Spuren des Verschleißes, die das Kleid gezeichnet haben. Erna de Vries hat es bewahrt „in all den Jahren“, schreibt sie, „und wenn ich es einmal zur Hand nahm, sah ich, wie schäbig es ist, es ist eben mein Lagerkleid“. Sie schreibt: es ist (!) und nicht: es war; und so ist auch die Art zu lesen, nach der das Kleid auf dem Foto drapiert ist, liebevoll, wie auch Erna de Vries ihr Lagerkleid betrachtet, in der Taille zusammen genommen durch einen Gürtel, den linken Ärmel, wie in einer Pose, im Gürtel etwas festgesteckt. Wie die Geste wirkt auch der Gürtel – bedenkt man es recht – sehr seltsam im Kontext des Konzentrationslagers und dieses Irritierende sollte uns aufmerken lassen, den Gürtel, wie das Kleid, mit anderen Augen anzuschauen.

„Der Gürtel“ schreibt Erna de Vries, „ist »Handarbeit«, der teuerste, den ich je besaß: für das Leder, ein Stück einer Handtasche, gab ich Brot. Das Leder wurde »organisiert«, wohl aus der Effektenkammer.“

In zwei Sätze fasst Erna de Vries, wozu so viel mehr zu sagen wäre, was nicht vergessen werden darf, und hebt nur zwei in Anführungszeichen gesetzte Worte hervor. Worte, hinter denen sich viel mehr verbirgt. Mit 'organisiert' ist in einem Wort die unglaubliche Struktur der Vernichtungslager subsumiert,[33] die unterschiedlichen Überlebensmöglichkeiten, an denen deutlich werden kann, dass die „Häftlingsgesellschaft [...] hierarchisch gegliedert war, aufgrund der von der SS aufgezwungenen [...] extremen Überlebenskonkurrenz“.[34]

Mit dem Wort „Handarbeit“ wird etwas hervorgehoben, das im Kontext der Holocaust-Forschung nicht näher betrachtet worden ist und auf dessen komplexe Bedeutung hier aber besonders hingewiesen werden soll.

---

[29] Brief von Erna de Vries an Frau Jacobeit, Ravensbrück, vom 1. September 1998.

[30] S. Anm. 23.

[31] Kunegunda wurde 1942 nach Ravenbrück deportiert und trug die Haft-Nr. 13744, Archiv Ravensbrück.

[32] Zu Erna de Vries (geb. Korn) vgl. http://www.projektzeitlupe.de/ (13. Mai 2006). „Zeitlupe“ ist ein Projekt von zehn Studierenden des Fachbereichs Geschichte der Westfälischen Wilhelms Universität Münster, an dem seit Juli 2005 gearbeitet wird. Die mediale Darstellung von Geschichte bildet einen Schwerpunkt des Studiums der Beteiligten, wobei ein besonderes Interesse der Zeit des Nationalsozialismus gilt.

[33] Levi 1988, bes. Kap. Die Einführung, S. 64ff. oder Semprún 1995, S. 29ff.

[34] Knigge 1998, S. 92-173, dort S. 119.

[35] An dieser Stelle ist es nicht angemessen, mehr als auf die grundsätzlichen Konnotationen hinzuweisen, die der Handarbeit als wenig geschätzte weibliche Tätigkeit anhaften. Schon lange arbeiten Künstlerinnen an diesem Themenkomplex, nutzen den Einsatz dieser Arbeitstechniken, die als weiblich bezeichnet, damit völlig ungerechtfertigt stigmatisiert werden, für eine neue Sehweise. Handarbeit ist als Ausdrucksmedium neu zu betrachten. Hier in der Ausstellung und der Publikation vertritt Carola Willbrand mit einem Werkkomplex diese feministische Position, die die

Was kann Handarbeit[35] in einer Situation, die den Menschen physisch und psychisch aushöhlt, letztlich vernichtet, bedeuten? In einer Situation, da es ums Überleben geht? Für ein Stück Leder gab sie Brot ..., können wir heute – satt und mit mehr als dem Lebensnotwendigen versehen – ermessen, was das bedeutet? Erna Korn bedeutete das Stück Leder mehr als das Brot, es war wichtiger. Es war teuer, aber es war den Preis wert, denn das Getauschte hatte einen anderen, höheren Wert, es war auf andere Weise imstande, sie am Leben zu erhalten. Es forderte von ihr, aus diesem Rest einer Ledertasche etwas herzustellen, das weit mehr als die Funktion eines Gürtels erfüllte. Es entstand etwas durch seine Entstehungsgeschichte Potenziertes, Ideelles, etwas, das wesentlich zum Überleben als Mensch beitrug.

Ein vielleicht noch viel kompletterer Souvenir, im Sinne eines Andenkens, das auch zur Erinnerung angefertigt wurde, ist ein dunkelblaues Tuch mit den Namen von 23 Frauen, Freundinnen, mit denen Erna Korn während ihrer Gefangenschaft in Ravensbrück als Zwangsarbeiterin bei Siemens zusammen arbeitete.[36] Von Erna de Vries wissen wir, dass sich die Frauen im Lager seit Ende 1944 an die Hoffnung klammerten: „Weihnachten 1945 sind wir wieder zu Hause".[37] Um ein Andenken an die wertvollen Freundschaften mit in die Freiheit zu nehmen, „organisierte" Erna de Vries das Stück dunklen Stoff, einen weißen Stift und ließ ihre Freundinnen auf das Tuch ihre Namen schreiben. Die Namenszüge hat sie selbst dann mit ebenfalls „organisiertem" weißem Garn nachgestickt. Dort stehen Luise / Else Götzel / Gerda / Henny / Irenka / Gretel K. / Ziuta / Ima / Else S. / Renate / Gina / Krümel (Esther Löwy) / Margot / Lore / Majda / Carola / Irmgard (Adam) / Toni (Fuchs) / Brunhilde / Maud / Thea / Eva / Sina. Der Name von Libuscha Ingrowa aus Prag, die ihr gleich am Anfang ihrer Lagerzeit in Ravensbrück begegnete und die sah, wie sie das in Auschwitz Erlebte nicht verwand und dabei war, sich aufzugeben, und die sie mit dem regelmäßigen Geschenk einer Ration Brotes aufrichtete, findet sich nicht auf dem Tuch, aber ewig im Gedächtnis von Erna de Vries. Diese besondere Potenzierung des Tuches und des Gürtels ist auch anderen Erinnerungsstücken, die hier von der Mahn- und Gedenkstätte Ravensbrück für die Ausstellung entliehen wurden, zu eigen und wesentlich. Ihnen und ungezählten anderen Gegenständen, die in Ravensbrück und an anderen Orten zur Erinnerung an den Holocaust bewahrt werden, sieht man ihre Bedeutung oder ihren besonderen Wert nicht an. Sie sind keine Werke auf Befehl,[38] auch keine künstlerischen Produkte, sie haben keine offensichtliche Gebrauchsfunktion, sie sind unscheinbar und dennoch sind sie Belege einer Überlebensstrategie, die sich in der Bedeutung von „Handarbeit" und der Aufrechterhaltung menschlicher Beziehungen manifestiert. Sie legen ganz leise Zeugnis ab von einem im Kontext des Überlebenskampfes scheinbar sinnlosen Aufwand. Sie enthalten die Kraftanstrengung des „Organisierens", der Bearbeitung, des Nähens, Stickens, Schreibens, sie bergen den subversiven Widerstand gegen die Unmenschlichkeit zur Aufrechterhaltung humaner Werte. Dieses Potential, das wider alle anderen Umstände aufgebracht wurde, ist in jedem so entstandenen Objekt enthalten.

Diesen Erinnerungsstücken können wir uns nur annähern, etwas von ihrer Bedeutung und ihrem ideellen Wert verstehen, wenn wir versuchen, das Leben im Konzentrationslager auch nur andeutungsweise in unsere Vorstellung zu holen. Erst die Bereitschaft zur Vorstellung dessen, was sich hinter Worten und Zahlen, hinter den einfachen Dingen verbirgt, macht es möglich, etwas von den Erinnerungsstücken zu erfahren.

Ravensbrück war ein Frauenarbeitslager in dem, „zwischen 40.000 und 50.000 Menschen durch Hunger, Seuchen, medizinische Versuche, Exekutionen, durch Giftgas und auf den großen Evakuierungsmärschen zum Kriegsende ermordet [wurden]".[39] Noch 1948 lagen im Bereich des Krematoriums „Aschehaufen und Knochenreste [...] zu Bergen herum."[40]
Und dennoch haben diese persönlichen handwerklichen Dinge entstehen können. Die besticke Tasche aus wer weiß welchem Stoff (Abb. 4), das Taschentuch mit Lausmotiv (Abb. 5), das Poesiealbum in Herzform mit Gebeten und Gedichten (Abb. 7) oder die Briefkarte mit den besten Wünschen im Couvert (Abb. 6), die unter den

---

„weibliche" Technik des Stickens/Nähens mit der Erinnerungsarbeit an weiblichen Biographien verbindet. S. hier C. Willbrand, Freundinnen – Bewegung um den Lebensfaden, Köln 2006, hier S. 234ff. Vgl. auch Pina Delvaux, „miroir blessé" (Verletzter Spiegel), Luxemburg 2002, hier S. 230ff.

[36] Das Tuch konnte leider von der Mahn- und Gedenkstätte Ravensbrück wegen eigener Veranstaltungen und Seminare zum Lebensschicksal von Erna de Vries als Leihgabe nicht zur Verfügung gestellt werden.

[37] Gespräch mit Erna de Vries in Lathen am 12. Mai 2006.

[38] Vgl. dazu Berlin 2005.

[39] Endlich u.a. 2000, Bd. II, S. 271-275.

[40] S. Eschebach, S. 117 f.

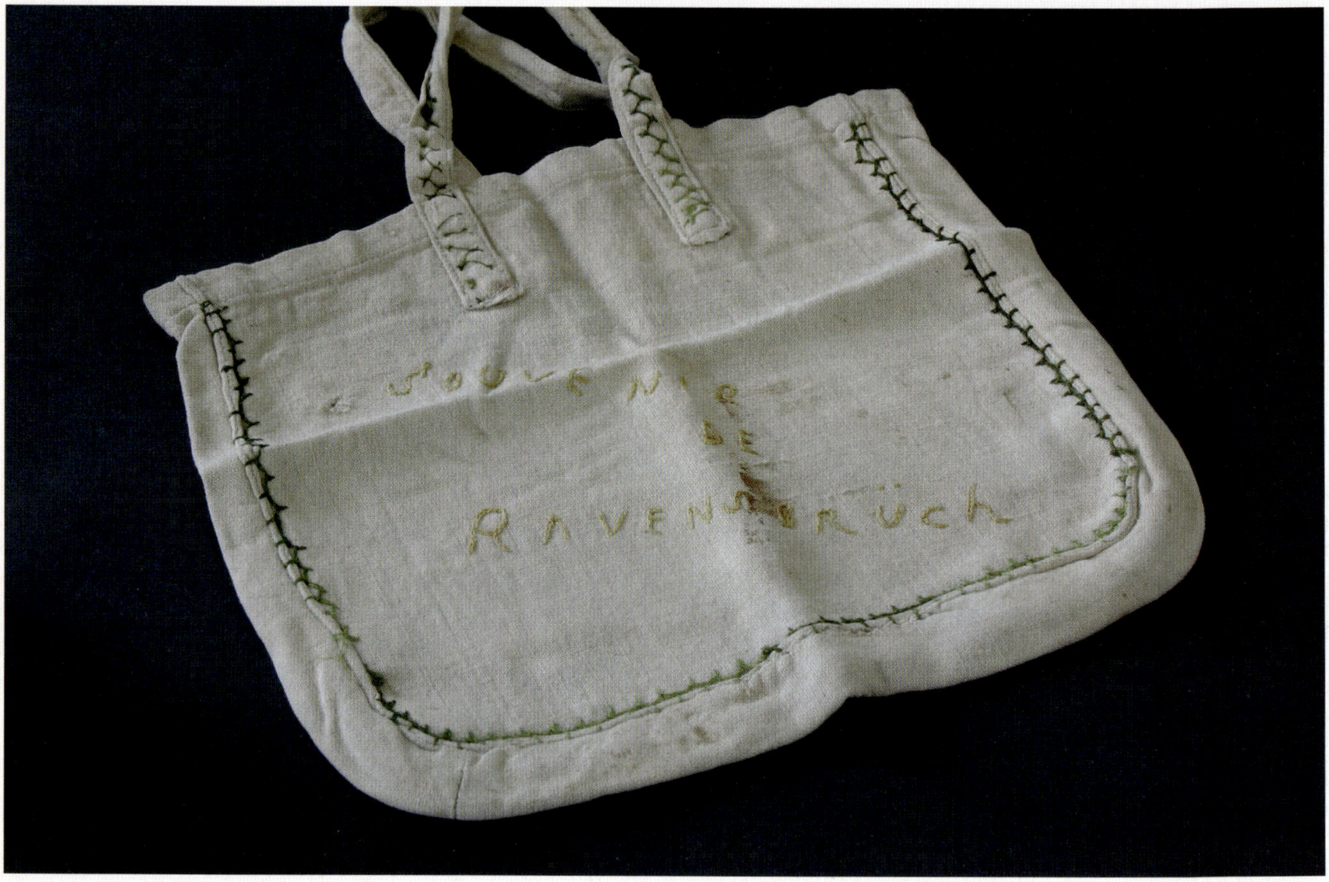

Schauen wir auf die Tasche, die in Ravensbrück mit dem knappen Hinweis „Schenkung von Marguerite Jacquim Soen Mm. Chantal" bewahrt worden ist, kein Datum, kein Brief, Informationen zu ihrer Person und persönlichen Geschichte liegen nicht vor. Alles, was wir erfahren können, steckt in dem Stück selbst, in seinem Material, seinem Zustand, der Stickerei. Die Henkel sind mit Hexenstich in grünem Garn geziert, eine weniger erwünschte Naht wurde mit dunklem Garn zusammengehalten und mit einem Schmuckstich überspielt. Auf der Taschenvorderseite sind in hellem Garn in ungelenkem „Schlingstich" die Worte „SOUVENIR DE RΔVENSBRüch" verewigt.

Abb. 4, Tasche von Marguerite Jacquim Soen Mm. Chantal, Fürstenberg, Mahn- und Gedenkstätte Ravensbrück, Inv. Nr. V 628 D4. Angaben zur Person nicht vorhanden.

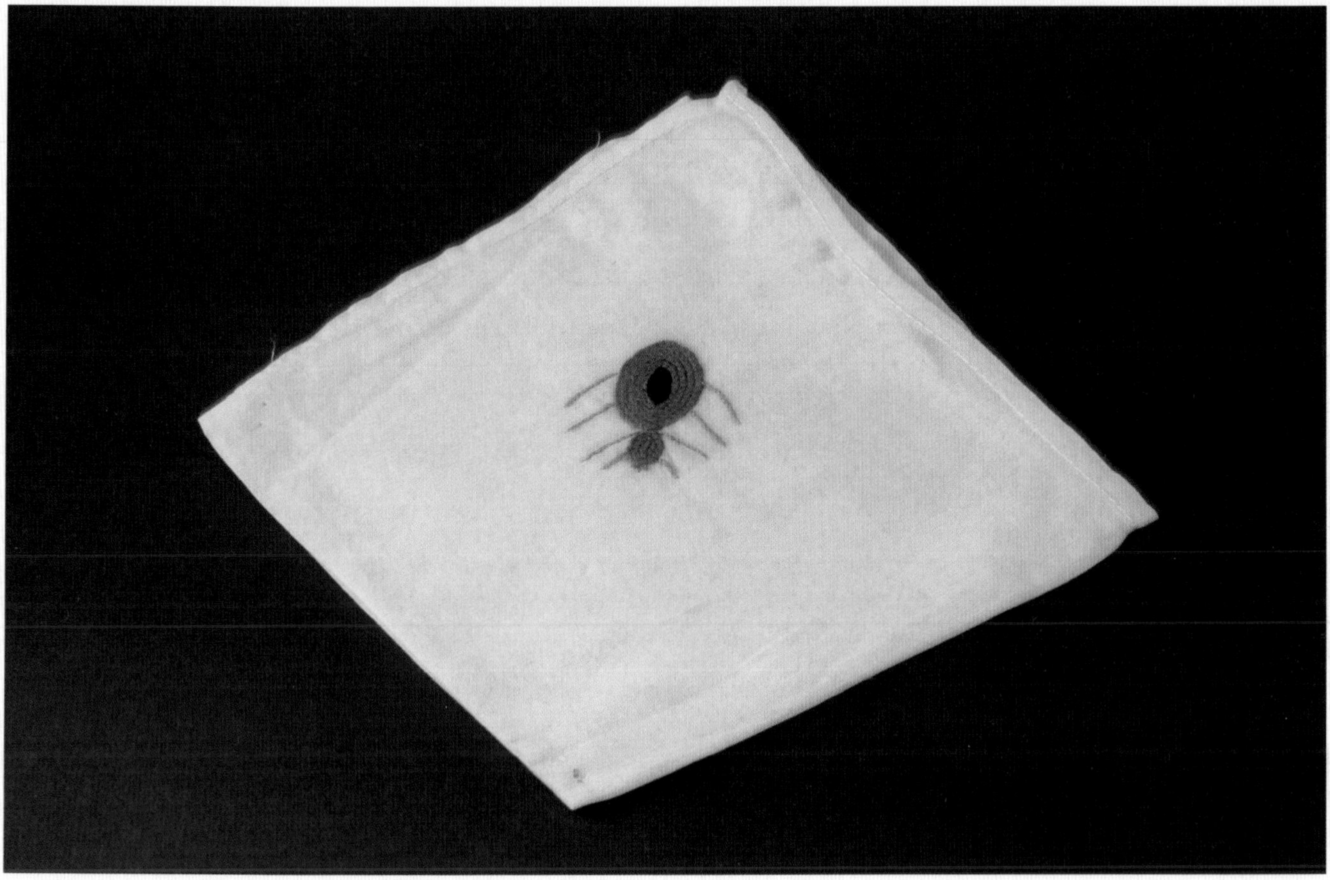

Welcher Humor spricht aus dieser kleinen Stickerei, welche Gabe, die nackte Realität des Lagerlebens, in der Läuse zu den alltäglichen Gefährdungen von Gesundheit und Überleben gehörten, mit so viel Witz, Schönheit, und Zartheit beantworten zu können.

Abb. 5, Taschentuch mit Lausmotiv, Fürstenberg, Mahn- und Gedenkstätte Ravensbrück, ohne Angaben, Inv. Nr. V732 D5. Ohne nähere Angaben.

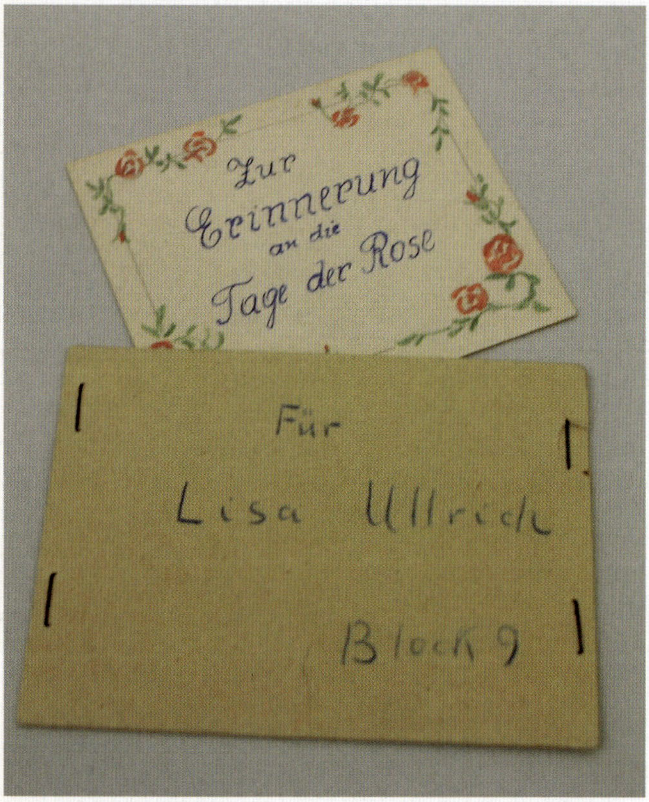

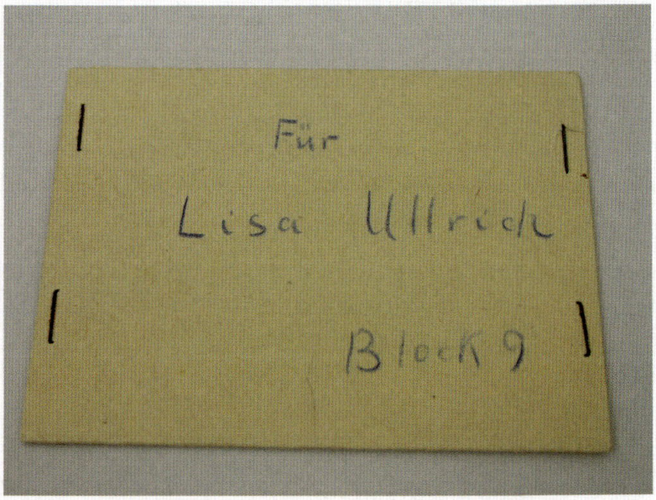

Abb. 6, Couvert mit Karte aus dem Nachlaß von Lisa Ullrich, übergeben durch Barbara Reimann, Hamburg am 29.9.1994, Fürstenberg, Mahn- und Gedenkstätte Ravensbrück, Inv. Nr. V 1893 F3; Angaben nach Informationen der Mahn- und Gedenkstätte Ravensbrück, Archiv.

Von Lisa Ullrich wissen wir, dass sie dieses Briefchen bis zu ihrem Tod aufbewahrt hat. In den Ausführungen zu ihrem Leben[41] erfahren wir von ihr als Blockältester, die ihre Vertrauensstellung zugunsten der Häftlingsgemeinschaft nutzte. Ihr politisches Engagement seit frühester Jugend hat ihre soziale Haltung während der Gefangenschaft in Ravensbrück geprägt. Es finden sich keine näheren Angaben zu diesem Erinnerungsstück im Text, doch der Inhalt des Couverts spricht in diesem Sinne. Das Briefchen gelangte erst sieben Jahre nach ihrem Tod (nach der Wiedervereinigung Deutschlands) an die Gedenkstätte Ravensbrück.[42]
Aufgehoben hat Lisa Ullrich diese kleine Karte, sie war ihr bedeutungsvoll. Das alte vergilbte Papier ist sorgfältig zugeschnitten und zu einem Umschlag mit Karte verarbeitet. Adressiert ist es in etwas ungelenken Buchstaben, während der Gruß wie in einem Schönschreibheft geschrieben ist. Den Rand zieren Rosenblüten und Blattranken. Sie sind mit Geschick angeordnet und farbig gestaltet. Die kleine Farbstiftzeichnung, die das Gedicht bekrönt, scheint den Text durch die Darstellung des singenden Vogels auf einem Zweig zu interpretieren. Die Absenderin signiert nur mit Buchstaben „mit besten Wünschen ...“ „A (I)H“.

---

[41] Jacobeit/Thoms-Heinrich 1987, S. 206-221.

[42] Aus ihrem Nachlass durch Barbara Reimann, Hamburg am 29.9.1994 als Geschenk an die Gedenkstätte Ravensbrück gegeben, Angaben nach Informationen der Mahn und Gedenkstätte Ravensbrück, Archiv.

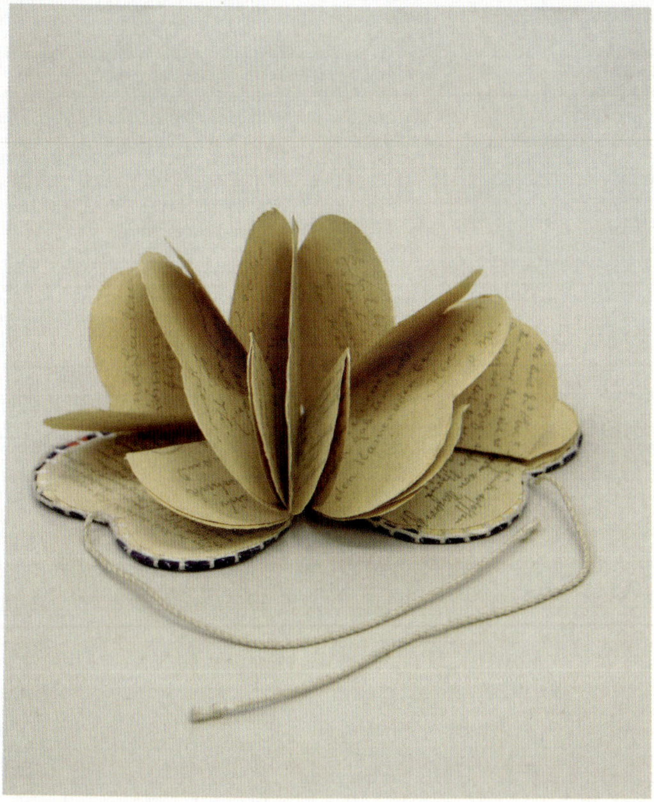

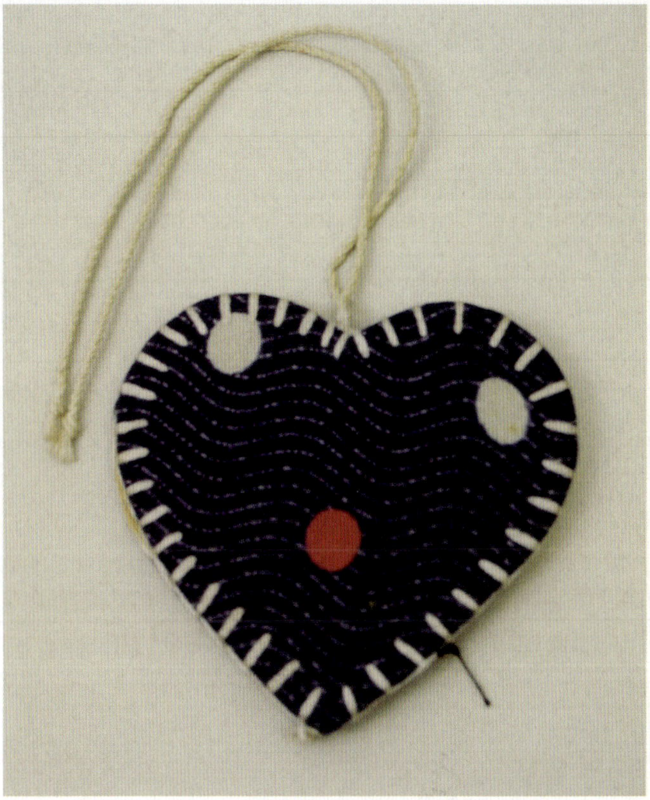

Ohne über das Objekt hinausgehende Information müssen wir auch das Poesiealbum in Herzform betrachten. Seine Form, die Anlage der Seiten und Faltung, aus allem spürt man die Lebensenergie, die es hat entstehen lassen. Gebete, Gedichte sind eingeschrieben, aus dem Gedächtnis notiert, angelehnt an Rilke, artikulieren sie den Wunsch nach Zwischenmenschlichkeit. Gezeichnet wurde immer abgekürzt, manchmal mit dem Hinweis auf die Heimatstadt, einmal mit Datum, im Wenigen musste sich alles mitteilen:
R.S., Ellen, A.B. Wien, Z.R. Berlin, E.Th. Wien, C.Z. Liegnitz, Tisch 3, K.M., E.W. Wiesbaden, S.K. 3.2.43, N.H. Münster/Westf..

Abb. 7, Poesiealbum, Fürstenberg, Mahn- und Gedenkstätte Ravensbrück, Inv. Nr. V 957 F2. Ohne nähere Angaben zur Besitzerin. Transkript liegt vor.

widrigsten Umständen entstanden sein muss. Denn wir wissen von Lisa Ullrich, dass sie 1944 die Haft-Nummer 58292 auf ihre Kleidung nähen musste[43] und es übersteigt unsere Vorstellung, wenn wir ausrechnen, dass sie der 35116-ste. inhaftierte Mensch nicht einmal ein Jahr nach Erna Korn in Ravensbrück war.[44]
Gegen diese Realitäten des Entstehungszusammenhangs artikuliert sich die Energie der Selbstbehauptung, erhebt sich der Wille zur Menschlichkeit durch jedes geschriebene, gestickte Wort, jedes Ornament, jede geschnittene Form. Jedes Detail erzählt, was dem Grauen, der Entwertung entgegen zu halten war. Gesehen und verstanden wird letztlich jedoch nur das, was unserer durch Wissen geschärften Wahrnehmung nicht entgeht.

Zeichen des Überlebthabens

Eine andere Seite der Erinnerung eröffnet dieser einfache, verbeulte Blechnapf von Aenne Saefkow (Abb. 8).[45] In seiner ganzen Einfachheit und mit seinen Gebrauchsspuren ist er schlicht ein Instrument des Überlebens. Aus ihm spricht die elementare Bedeutung der Ernährung. Wir wissen um die schlechte Ernährungssituation während der Lagerzeit, die sich mit zunehmenden Masseneinquartierungen in Ravensbrück Jahr um Jahr zuspitzte. Im März 1945, nur Wochen vor Kriegsende, als Aenne Saefkow[46] interniert wurde, müssen über 50.000 Menschen in Ravensbrück eingepfercht gewesen sein. Als Außenstehender kann man sich kaum vorstellen, wie wertvoll ein solches Behältnis unter diesen Umständen war. Der Napf hat Aenne Saefkow geholfen, das Lager zu überleben. Im aufgezwungenen Überlebenskampf der Lagerhierarchie privilegierte er sie gegenüber anderen. Als Erinnerungsstück wird aus dem unscheinbaren Aluminiumbecher ein Siegeszeichen, mit all seinen Konnotationen. Ein Siegeszeichen für einen allerdings traurig bitteren Sieg, gelindert durch die Freundschaft, die guten Wünsche und Gedanken derer, die ihn der Gefangenen zukommen ließen. Es war ihr so wertvoll, dass sie es bis zu ihrem Tode bewahrte.

„Die Unschuld trägt einen Ring aus jüdischem Zahngold“[47]

Ein seltsames Erinnerungsstück stellt der Goldring aus Ravensbrück vor (Abb. 9). Ohne näheren Zusammenhang entspricht ein Ring aus Gold in vieler Hinsicht dem, was man von einem Erinnerungsstück erwarten kann. Der durch die blockartige Gestaltung und Größe auffällige Ring präsentiert sich als materieller Wert und als Demonstrativum. Schmerzhaft weisen die verwendeten Zeichen – der Winkel, die herrischen Buchstaben „KZ“, die Abkürzung für Konzentrationslager, und die Haft-Nummer 5304 – auf die grausame Zeit der Erniedrigung und Entwertung.
Die ganze Form und Ikonographie des Ringes besitzen eine irritierend große Nähe zu den Gestaltungsprinzipien der Nazizeit. Nach der Erinnerung des Neffen der Besitzerin entstand der Ring im Auftrag der Vereinigung der Verfolgten des Naziregimes direkt nach dem Krieg, noch 1945. Die Vereinigung selbst hat sich für ein vergleichbares Signet entschieden, das über dem „Roten Winkel“ in der gleichen Blockschrift die Abkürzung der Vereinigung VVN trägt (Abb. 9a). Die Bilder der großen Gedenkfeiern 1945 und 1946 für die Opfer des Faschismus in Berlin,[48] die in der von der Vereinigung herausgegebenen Zeitschrift erschienen sind, zeigen die ästhetische Fortführung der faschistischen Gestaltungstradition.[49] Wir sehen den Winkel wie ein riesiges Siegeszeichen über die Versammlungen hinausragen, wir sehen stolz und selbstwußt auftretende Menschen in Häftlingskleidung.

Ein weiterer spezieller Aspekt dieses Erinnerungsstückes betrifft eine im Rahmen dieser Betrachtung nicht nachprüfbare Information, die durch den Neffen nach dem Hörensagen weitergegeben worden ist. Der Neffe schreibt: „Auf meine Frage sagte sie mir, er bestehe aus Zahngold aus Auschwitz.“ An dieser Stelle kann nur den verschiedenen Implikationen, die diese Information enthalten kann, nachgegangen werden.
Im Zusammenhang jeder Zahnarztpraxis ist „Zahngold“ ein ganz alltägliches Wort. In Deutschland kann dieses Wort jedoch nicht ohne seine unsägliche Bedeutung während der Nazizeit verwendet werden.[50] Die aus der Erinnerung gegebene Auskunft des Neffen, es handle sich um Zahngold

---

[43] Jacobeit/Thoms-Heinrich 1987, S. 217.

[44] Erna Korn wurde im September 1943 nach Ravensbrück deportiert, sie trug dort die Haft-Nr. 23176, Archiv Ravensbrück. Lisa Ullrich wurde am 22. August 1944 verhaftet und nach Ravensbrück gebracht und trug die Haft-Nr. 58292, Jacobeit/Thoms-Heinrich 1987, S. 217.

[45] „Aenne Saefkow (1902-1962) war bis 1933 bei der KPD tätig und half beim Aufbau der illegalen Organisation des Widerstandes. Sie wurde 1944 in 'Schutzhaft' genommen und im März 1945 in das Frauen-KZ Ravensbrück überführt.“ Angaben Mahn- und Gedenkstätte Ravensbrück. Zur Biograpie von A. Saefkow, die als Widerstandskämpferin, Frau von Anton Saefkow, der am 18. September 1944 im Zuchthaus Brandenburg hingerichtet worden ist, und damit als historische Person besser dokumentiert ist als die Mehrzahl ihrer Mitgefangenen, s. Vollherbst 2002; Freyberg/Krause-Schmitt 1997; Jacobeit/Thoms-Heinrich 1987.

[46] Nach Auskunft von Bärbel Schindler-Saefkow, der Tochter, erhielt Aenne Saefkow ihre Haft-Nummer von einer Häftlingsfrau, die im Arbeitseinsatz tätig war. Es war die Nummer 108 273 von einer bereits Verstorbenen. Auskunft Ravensbrück, Archiv.

[47] Hans Arnfried Astel hat diesen schmerzlichen Aphorismus formuliert, in: Astel 1968.

[48] Unser Appell 1/1947, S. 12f., und generell zum Wandel der Gestaltung der Zeitschrift vgl. auch frühere und spätere Hefte.

[49] Vgl. zu der „Beharrungskraft“ und dem „formensprachlichen Konservatismus“ Eschebach 2005.

[50] Bleker/Jachertz 1989. Bromberger/Mausbach/Thomann 1990. Caregorodcev/Thom 1989.

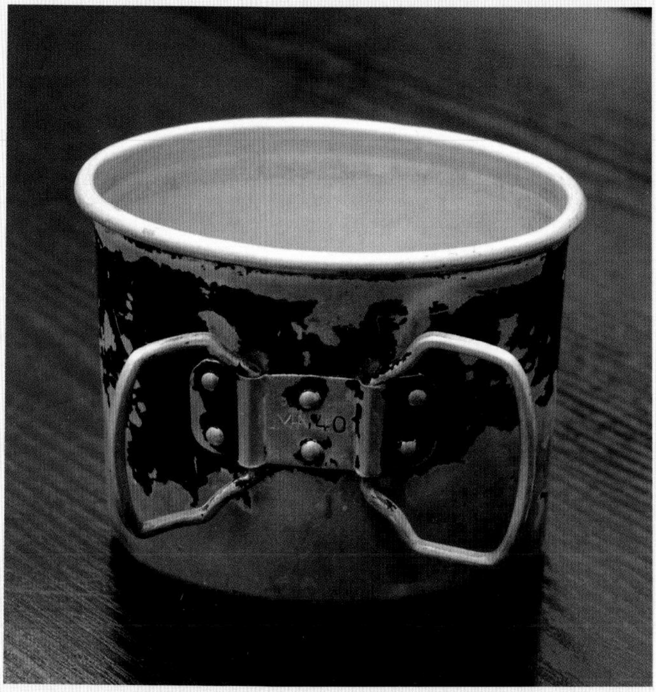

Die Tochter schreibt: „Anfang März 1945 wurde meine Mutter, Aenne Saefkow in das KZ Ravensbrück eingeliefert. Die Nachricht von ihrer Ankunft verbreitete sich schnell unter den Genossinnen. Sie halfen ihr sofort mit warmer Kleidung und anderen lebensnotwendigen Dingen. Darunter befand sich auch dieses Näpfchen. Wer nämlich kein Gefäß besaß, konnte nicht einmal das primitive, gehaltlose Essen und Trinken in Empfang nehmen. Als die Genossinnen sie dann fragten, ob sie noch etwas dringend brauche, bat meine Mutter um einen Strick oder ein Stück Strippe, um sich den Napf um den Bauch binden zu können, damit er nicht verloren ginge."[51]

[51] Angaben nach Informationen der Mahn- und Gedenkstätte Ravensbrück, Archiv.

Abb. 8, Napf von Aenne Saefkow, Geschenk vom 14.3.1985, durch Edith Warner, Berlin, Tochter der Verstorbenen. Fürstenberg, Mahn- und Gedenkstätte Ravensbrück, Inv. Nr. V1073 B4

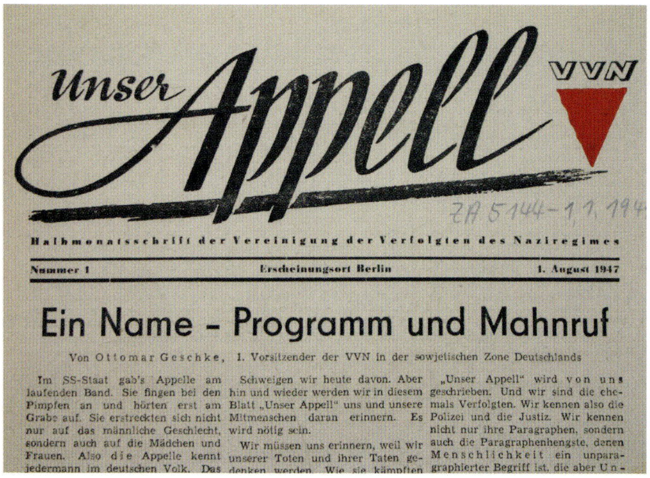

unser Appell VVN

ZA 5144-1,1,194

Halbmonatsschrift der Vereinigung der Verfolgten des Naziregimes

Nummer 1 — Erscheinungsort Berlin — 1. August 1947

Ein Name – Programm und Mahnruf

Von Ottomar Geschke, 1. Vorsitzender der VVN in der sowjetischen Zone Deutschlands

Im SS-Staat gab's Appelle am laufenden Band. Sie fingen bei den Pimpfen an und hörten erst am Grabe auf. Sie erstreckten sich nicht nur auf das männliche Geschlecht, sondern auch auf die Mädchen und Frauen. Also die Appelle kennt jedermann im deutschen Volk. Das

Schweigen wir heute davon. Aber hin und wieder werden wir in diesem Blatt „Unser Appell“ uns und unsere Mitmenschen daran erinnern. Es wird nötig sein.

Wir müssen uns erinnern, weil wir unserer Toten und ihrer Taten gedenken werden. Wie sie kämpften

„Unser Appell“ wird von uns geschrieben. Und wir sind die ehemals Verfolgten. Wir kennen also die Polizei und die Justiz. Wir kennen nicht nur ihre Paragraphen, sondern auch die Paragraphenhengste, denen Menschlichkeit ein unparagraphierter Begriff ist, die aber Un-

aus Auschwitz, ließe in ihrer Aussage keinerlei anderen Schluss zu, als dass dieser Ring „die Würde der einen überlebenden Person wieder herstellen soll, auf Kosten der Würde derjenigen, der nun dieses Zahngold – wenn es denn stimmt – aus dem Mund heraus gebrochen worden ist.“[52] Faktisch spricht nicht sehr viel dafür, dass diese Information aus der Erinnerung der Wirklichkeit entspricht.[53] Es ist sehr fraglich, wie solches „Zahngold aus Auschwitz“ dem Verband der Verfolgten des Naziregimes überhaupt zugänglich gewesen sein sollte; ganz abgesehen davon, ob diese Vereinigung überhaupt auf die Idee hätte kommen können, dieses Gold verwenden zu wollen.
Dennoch ist ein Erinnerungsring aus Zahngold nicht ohne Beispiel in der Geschichte der Opfer des Holocaust. So schenkten die von Oskar Schindler Geretteten ihm einen goldenen Ring mit dem Talmudspruch „Wer auch nur ein einziges Leben rettet, rettet die ganze Welt“. Aus eigenem Zahngold gemacht, war der Ring am 8.5.1945 das einzige, was sie besaßen um Schindler für ihr Leben zu danken.[54]

Dieser Ring hier ist durch die Haft-Nummer als sehr persönliches Erinnerungsstück gekennzeichnet. Er dient zuallererst dem Zweck, das erlittene Trauma auf irgendeine Weise zu bewältigen. Er wurde getragen, wie ein Schmuck, wie ein – wenn auch makabres – Würdezeichen. Seine Gestaltungselemente verstehen sich in ihren Details – wie die Formen öffentlichen Gedenkens – als Umdeutung der Leiden in Heldengeschichten. Sie müssen als Siegeszeichen gelesen werden. Unsere Schwierigkeiten, diesen Spagat zwischen den Symbolen und Gestaltungsprinzipien der Nazizeit, dem (Zahn)Gold und der persönlichen Leidensgeschichte nachzuvollziehen, mag eine minimale Vorstellung von der (Un)möglichkeit der Traumabewältigung geben.

---

52 Michel Brumlik, Redebeitrag in der Diskussion anlässlich des Symposions zur Vorbereitung der Ausstellung „Der Souvenir. Erinnerung in Dingen von der Reliquie zum Andenken“, am 15. Dezember 2005, Museum für Angewandte Kunst Frankfurt.

53 Vgl. Hayes 2004, sowie http://www.hagalil.com/archiv/98/08/zahngold.htm – (26. April 2006). Zum Zahngold aus den Konzentrationslagern gibt es bezeichnender Weise keine zusammenfassende Darstellung.

54 Keneally 1994, S. 317, 321.

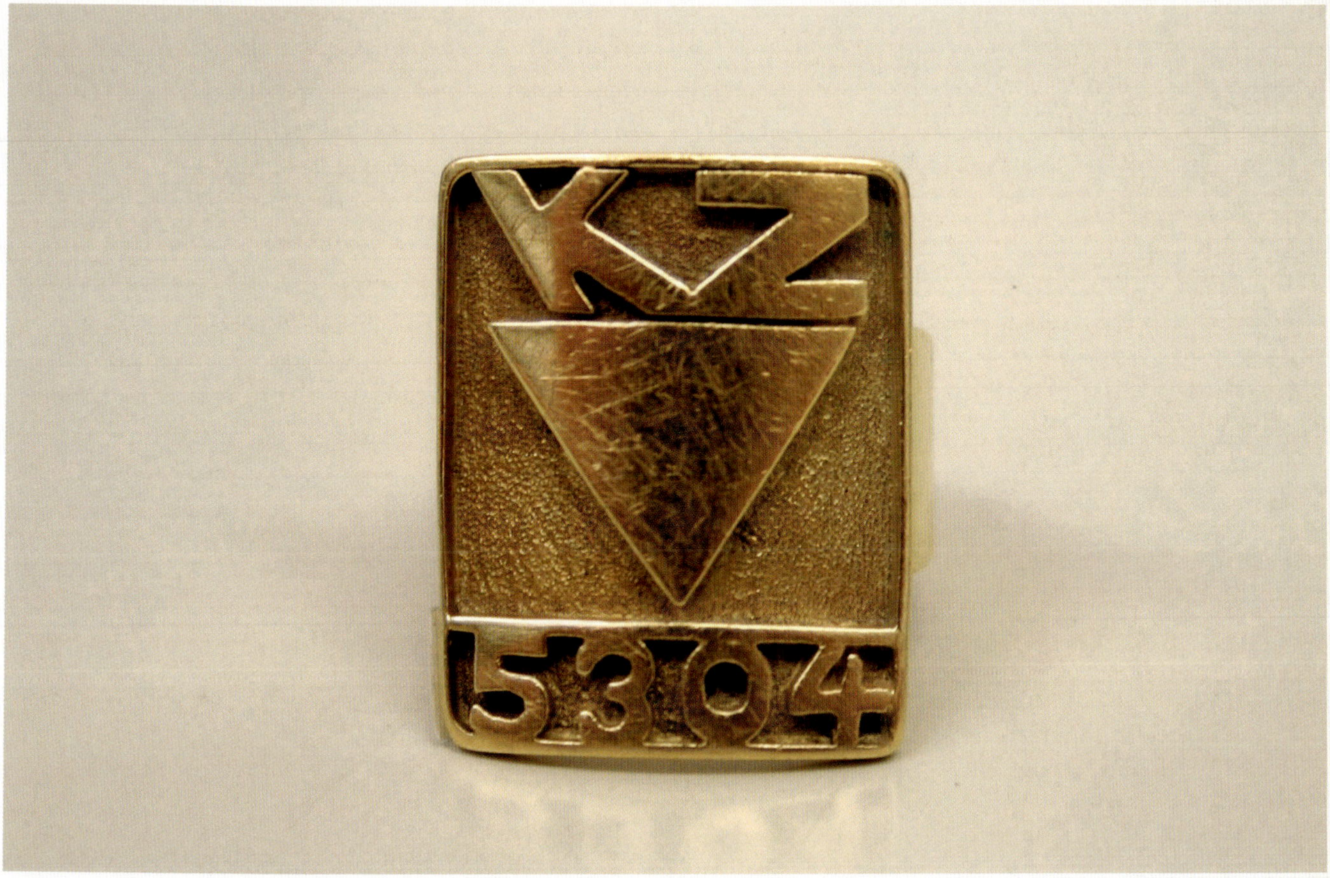

Elfriede Brandt geb. Pöhlant war Häftling im Frauen-Konzentrationslager Ravensbrück und trug die Haft-Nummer 5304. „Den auffälligen Fingerring habe ich vermutlich 1947 zum ersten mal wahrgenommen. [...] Bei einem Besuch einer „Kameradin“ aus Ravensbrück, einer französischen Jüdin, die vor dem Krieg in Berlin als Zeitungskorrespondentin gelebt und nach der Befreiung des Lagers in Berlin-Steglitz eine Bleibe gefunden hatte, sah ich den zweiten Ring dieser Machart, mit einer anderen Nummer. Es waren ihre Häftlingsnummern, die auf dem Unterarm eintätowiert waren. Wir sprachen kurz darüber. Ich erinnere mich, dass gesagt wurde, kurz nach dem Krieg sei eine kleine Zahl davon angefertigt worden, von einem ehemaligen KZ-Häftling in Ost-Berlin auf Veranlassung der VVN [Vereinigung der Verfolgten des Naziregimes].“[55]

[55] Angaben nach Informationen der Mahn- und Gedenkstätte Ravensbrück; Brief vom 27. September 1997, zitiert nach der Karteikarte, Archiv.

Abb. 9, Ring von Elfriede Pöhlant, später Brandt. Geschenk vom 27.10.1997 durch Klaus Höhle, Petit-Lancy, Genf, Schweiz, Neffe der Verstorbenen. Fürstenberg, Mahn- und Gedenkstätte Ravensbrück, Inv. Nr. 533 V 1831 D1

Abb. 9a, Unser Appell, Halbmonatsschrift der Vereinigung der Verfolgten des Naziregimes mit deren Signet

Bekenntnis zur Unvollkommenheit

Wie Erinnerungsstücke von Opfern in die nächste Generation weitergegeben werden, so findet auch die Erinnerung als verinnerlichter Schock, das Trauma, seinen Weg in die nächste Generation, auch dazu gibt es vielfältige Untersuchungen[56] und ebenfalls literarische Vermächtnisse.[62] Beispielhaft soll hier ein Werk der israelischen Künstlerin Rayah Redlich (1946-2002) gezeigt werden, das am Ende ihres künstlerischen Schaffens entstand, am Ende ihres Lebens, aus dem sie vorzeitig durch Krebs schied. Geboren wurde Rayah Redlich in Haifa als Kind deutsch-jüdischer Eltern, die 1934 bzw. 1936 aus Deutschland geflohen waren.[58] Sie gehörte der ersten jüdischen Generation an, die nach dem Holocaust in Israel geboren wurde. Im Alter von 15 Jahren verfolgte sie, wie ganz Israel, am Radio den Eichmann-Prozess.[59] Diese Erfahrung – so sagte sie selbst – traumatisierte ihr Bewusstsein, hinterließ eine tiefe Desillusionierung und hat unauslöschlich ihr weiteres Leben geprägt. Mit großer Bestürzung fühlte sie alle Phantasien zu ihrer künstlerischen Zukunft zerbrechen und durch die innere Gewissheit ersetzt, dass für sie die Schönheit nicht länger als etwas Selbstverständliches, etwas erreichbar Wesentliches in ihre künstlerische Vision eingeschlossen sein konnte.[60] Ihr künstlerisches Oeuvre reflektiert diese persönlich erlebten und die kollektiven ererbten Erinnerungen. Ihre Arbeitsweise war bildhauerisch, philosophisch, konzeptionell, immer politisch und zeitlebens eine Stellungnahme gegen jegliche Gewalt.[61] Sie hat ihr Werk mit zwei Zyklen beschlossen, deren Gestalt auf die einfachsten, vollkommensten Formen überhaupt, auf den Kreis oder die Kugel zurückgeführt ist. Gezeigt wird hier der letzte Zyklus „Beauty of Incompleteness“, eine Abfolge von Kugeln, die an der Idealform gemessen die Schönheit des Unvollkommenen thematisieren (Abb. 10a-c). Es erscheint nicht zufällig, dass die Folge von „elf Kugeln + einer“ zu ihrer letzten, ihr künstlerisches und politisches Leben abschließenden Arbeit wurde. Im Unterschied zu früheren Werken hat Rayah Redlich sich in dieser Arbeit von den direkten Bezügen zu im Gedächtnis eingebranntem Geschehen gelöst. Jede Kugel für sich ist durch Verformungen, Durchbohrungen, Quetschungen, Schürfungen, Bisswunden und Risse in ihrer Vollkommenheit beeinträchtigt, gestört oder durch das Zusammenkneten aus unwertem Abfall, keramischen Resten unvollkommen. Vielfältige Bezüge zu Verletzungen und alltäglichen Bedrohungen eröffnen sich und gleichzeitig sind diese Deformationen von matten oder glänzenden Glasuren überzogen, umfangen, geglättet; sie zeigen sich schön im Glanz ihrer Farbe, in ihrer Vielansichtigkeit und ihrer Materialität. In der symbolhaltigen Form der Kugel, dem Apfel oder dem Behältnis kann die Kugel ein Wurfgeschoss sein genauso wie ein Stein der Erinnerung, der wie im Spiel von Hand zu Hand geht, wie eine Geste der Freundschaft verbindet.

Rayah Redlich entwickelte nach ihren Worten eine Art Formel, ein nahezu vollständig verinnerlichtes Zeichen, das sich über das Trauma, über die Gräueltat, über das Reale der Vergangenheit und Gegenwart hinaus vermittelt. Die künstlerische Form sei keine Geste der Trauer oder der Klage, die das emotionale Elend der Generation der Überlebenden fühlbar mache, sie diene auch nicht der Erinnerung, schrieb die Künstlerin, sondern sie sei die sublimierte Form, die über das Nachdenken hinausgehe.[62]

---

[56] Vgl. dazu Kühl 2001; Laub 1998, S. 507-529.

[57] Als ein Beispiel unter vielen: Semel 2000.

[58] Die Mutter Hana/Yohana (geb. 1918 in Kassel) hatte ihre Mutter schon mit 4 Jahren verloren und wurde 1933, gleich nachdem Hitler an die Macht kam, vom Mann ihrer 14 Jahre älteren Schwester, der Niederländer war, in die Niederlanden geholt. Von dort folgte sie 1936 ihrem Vater und ihren beiden Brüdern, die schon nach Israel geflohen waren. Ihren Mann, den Vater von Rayah, Ernest/Eliahoo (geb. 1919 in Berlin) lernte sie in Israel kennen, wohin er mit einem Kindertransport im Jahr 1934 gelangt war, mündliche Auskunft von Hana Redlich, Tel Aviv. Wir danken Hana Redlich und Shimon Redlich für die immerwährende Bereitschaft zur Auskunft.

[59] 15jährig und eindrucksfähig gehörte Rayah Redlich auch zu der „Generation von Israelis, die nach der Katastrophe herangewachsen ist [...] die daran erinnert werden soll, was dem jüdischen Volk geschehen ist.“ Sie gehört zu der Generation, die sich der Wirkung des politisch intendierten, als Demonstration geführten Prozesses nicht entziehen konnte. Vgl. Arendt 1964, S. 28ff.

[60] Redlich 2001.

[61] Ayal 2002; Runde 2004.

[62] Unpublizierter Text von Rayah Redlich, The Beauty of Incompleteness, Jerusalem 2000.

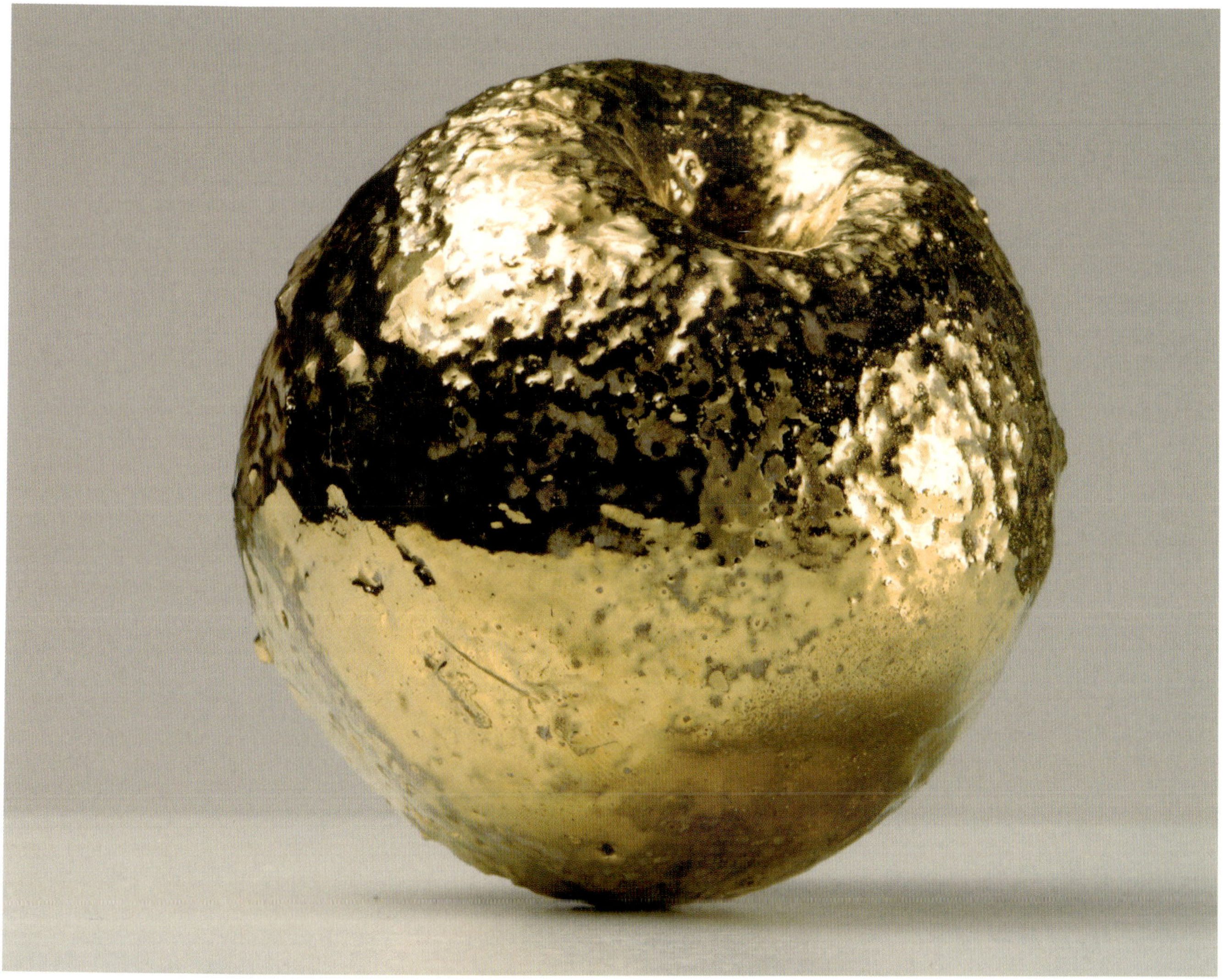

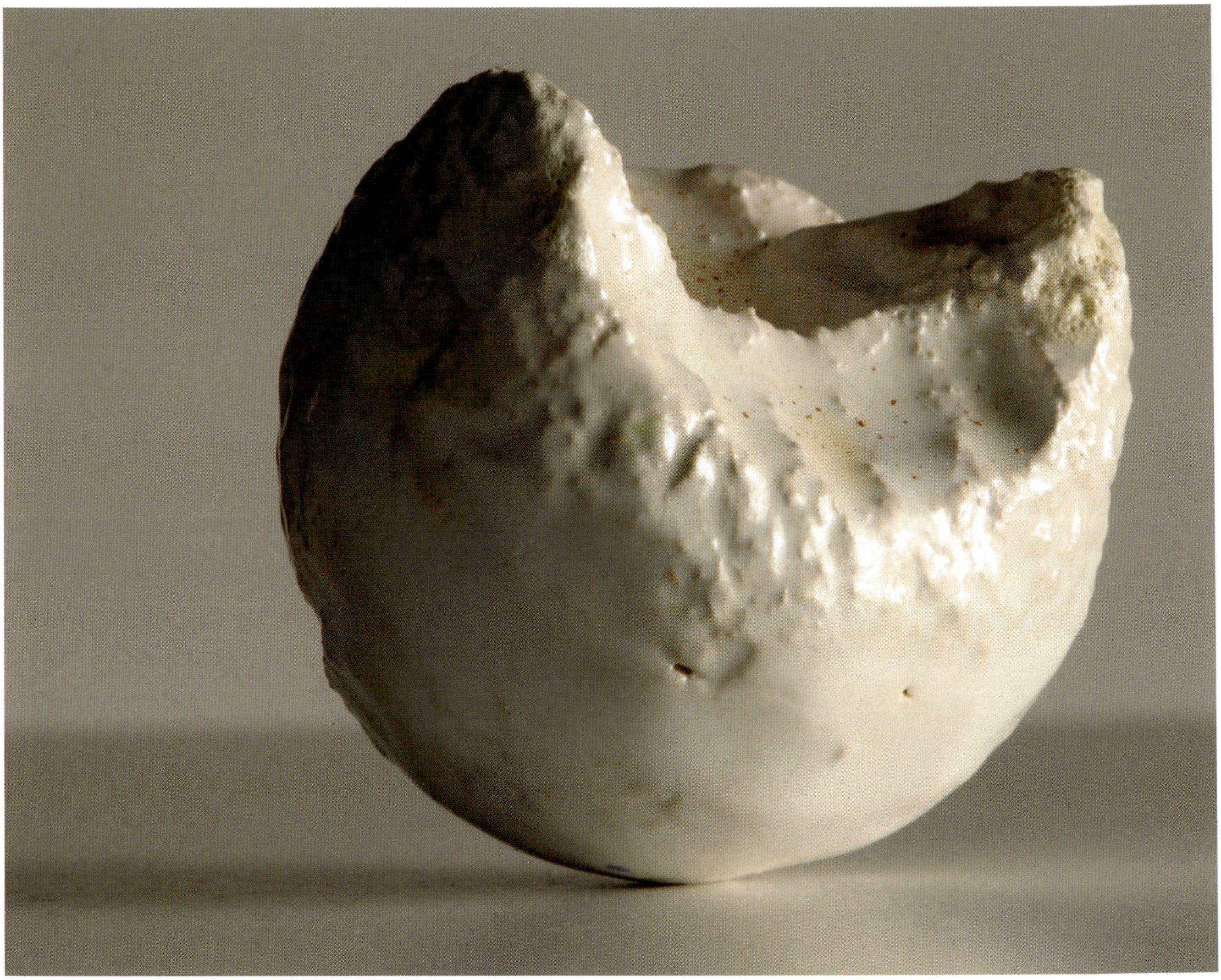

Abb. 10a–c, Rayah Redlich (1946–2002),
Beauty of Incompleteness, 11teilig + 1, Haifa 2002.
11 Teile, Museum für Angewandte Kunst Frankfurt,
Inv. Nr. 16588 a–l. Schenkung Shimon Redlich.
1 Teil Leihgabe K. N. Eitel, Marburg

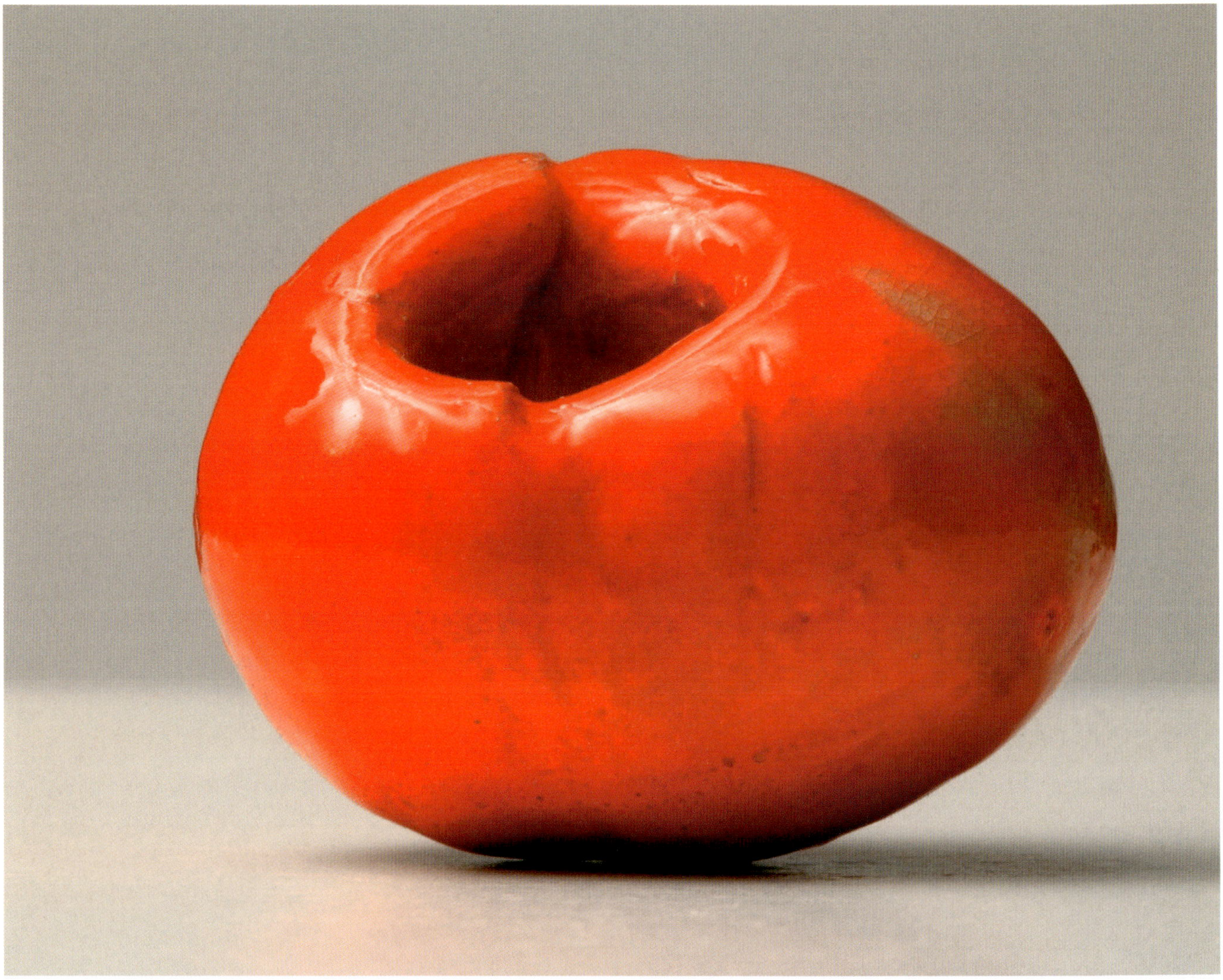

„Ja, meine Familie hatte es in Auschwitz gut ...“[63]

Wenn wir uns dem Gedächtnis der Täter zuwenden, begegnen wir vielfältig gelöschter Erinnerung. Grausam greifbar werden Erinnerungsverlust oder Ausblenden als hartnäckig perseverative[64] Strategien, Verantwortung auch vor sich selbst zu leugnen. Beispielhaft ist das in Claude Lanzmanns Interviews in Buch und Film dokumentiert.[65] Hier soll die Formung der Wahrnehmung nach dem eigenen Wollen das Hauptthema sein, als herausgehobene Erscheinungsform, die es zu erinnern gilt. Zunächst wird das unfassliche Phänomen dieses berührungslosen Nebeneinanders von Sprache und Aussage[66] in einer künstlerischen Arbeit des Schauspielers Stefan Hunstein offenbar.[67] Hunstein liest aus den Selbstrechtfertigungen des Auschwitzkommandanten Rudolf Höß[68], der in polnischer Gefangenschaft seine Autobiographie mit dem unsäglichen Titel „Meine Psyche, Werden, Leben und Erleben“ schrieb. Vielsagend nennt Stefan Hunstein seine Hörbuchedition nach Victor Klemperer[69] „Die Sprache bringt es an den Tag“.[70] Wir können die Details analysieren, wir sehen das Zerlegen des Gesagten in Einzelaspekte, in technische Daten, in organisatorische Strukturen, in Aufträge und Ziele, ohne Zusammenhang, ohne kausale Verbindung, ohne Bewertung der verschiedenen Implikationen. Wir werden gewahr – ob wir uns der unerträglichen, fast zweistündigen Darstellung aussetzen, oder jeweils nur einem Ausschnitt folgen wollen – wie sich der Mensch des Wortes als sinnentleerte Hülse durch willentliche Ignoranz bedient, wie die Sprache ihrer Bedeutung entfremdet wird. Wir registrieren die Methode als Instrument, sich der Verantwortung zu entziehen.[71]

„Das Ganze ist immer etwas anderes als die bloße Summe seiner Teile“ (Fritjof Capra)

Wie entstand Auschwitz? Hier setzt die künstlerische Arbeit von Ulrich Wagner an, der uns vor Augen hält, dass allem, was in Auschwitz geschah, die „Erfindung“ des Lagers vorausgegangen ist.[72]

Vorausgegangen ist die Logistik des zukünftigen Betriebes, die Umsetzung in Bauten und Areale, die Verschleierung durch Sprache – die „Effektenbaracke für Sonderbehandlung“, die „Sonderkeller“ oder „Badeanstalten für Sonderaktionen“[73] – und hier, das ist besonders hervorzuheben, das „Sonderprogramm Prof. Speer“[74], mit dem sich Speer mit seinen Begabungen ganz in den Dienst der rational kalkulierten Unmenschlichkeit, der massenhaften Ausbeutung, der unter industriellen Prinzipien entwickelten Massenvernichtung von Menschen stellte.
Nichts von dem wird in der Arbeit von Ulrich Wagner ausgesprochen oder abgebildet (s. Abb. 12). Gezeigt wird uns der Plan, der dem Ganzen zugrunde liegt, der Plan, der zusammengefaltet uns abschnittweise Zeichen und Struktur vorlegt, die noch kein Ganzes bilden und, Seite um Seite umgeschlagen, die Teile zeigt. – Die Teile beispielsweise, die sich hinter den Worthülsen „Sonderprogramm Prof. Speer“ und „zusätzliches Bauvolumen Reichsminister Prof. Speer“ verbergen, belegen die Verknüpfung ehrgeizigster architektonischer Pläne für Berlin, maskiert als künstlerische Ziele, mit dadurch kaltblütig gerechtfertigten Massenräumungen, Massendeportationen und wiederum dadurch gerechtfertigten Ausbau des Lagers Auschwitz-Birkenau zum Arbeits- und Vernichtungslager.[75] –
An dieser, wie an jeder anderen Stelle der Erinnerung an den Holocaust, wird uns drastisch vorgeführt, dass die wahre Dimension der Verbrechen, die in Auschwitz und anderen Orten begangen wurden, sich grundsätzlich der Darstellbarkeit entzieht. Ulrich Wagner drückt auf seine Weise wortlos diese Grundschwierigkeit im Umgang mit dem Holocaust aus und zeigt auf die Zeichen, die von jedem fordern, den Zeichen für das Geschehene von Grund auf im Klein-Klein des Sammelns und des Spurensuchens und Sicherns nachzugehen.[76]

„Das Ganze ist immer etwas anderes als die bloße Summe seiner Teile“ erinnert daran, dass wir aus den Teilen, Seiten, Linien und Feldern zum Grundriß gelangen können, einen Raumzusammenhang ergänzen können, der einen ganz bestimmten Ort bezeichnet, mit seiner gekannten und seiner ungekannten Geschichte. Wir sehen den Plan dieser Handlungsstätte, einen Plan, der vieles andere hätte sein können, den aber heute jeder verstehen und letztlich als Instrument, als System der Vernichtung erkennen kann.

---

[63] Zitat Rudolf Höß. Zitiert nach Hunstein 2006, CD aus den Aufzeichnungen von R. Höß, Teil 2, 6. Abschnitt.

[64] Perseveration: krankhaftes Verweilen in immer gleichen Denkmustern.

[65] Lanzmann 1986; der über neunstündige Film wurde in Paris am 30.4.1985 uraufgeführt. Erstaufführung in Berlin West am 17.und 18.2.1986 (36. Internationale Filmfestspiele, Delphi, 16. Internationales Forum des Jungen Films).

[66] Widersprüche 81/2001, S. 49-66; Welzer/Moller/Tschuggnall 2002.

[67] Ich danke Constanze Crüwell für den Hinweis.

[68] Rudolf Höß' Erklärung unter Eid im Nürnberger Pohl-Prozeß über die Massenmorde in Auschwitz, 1946/47. „Ich befehligte Auschwitz bis zum 1. Dezember 1943 und schätze, daß mindestens 2.500.000 Opfer dort durch Vergasung und Verbrennen hingerichtet und ausgerottet wurden; mindestens eine weitere halbe Million starben durch Hunger und Krankheit, was eine Gesamtzahl von ungefähr 3.000.000 Toten ausmacht. Diese Zahl stellt ungefähr 70 oder 80% aller Personen dar, die als Gefangene nach Auschwitz geschickt wurden, die übrigen wurden ausgesucht und für Sklavenarbeit in den Industrien im und um das Konzentrationslager verwendet ...“. http://www.shoa.de/content/view/342/85/ – (27. April 2006).

[69] Klemperer 2001, S. 21.

[70] Hunstein 2006, Hör-Buchedition.

[71] Zur Beugung der Sprache vgl. Hilberg 2003, s. Kap. 3, Drastische und verschleiernde Sprache, S. 123-143.

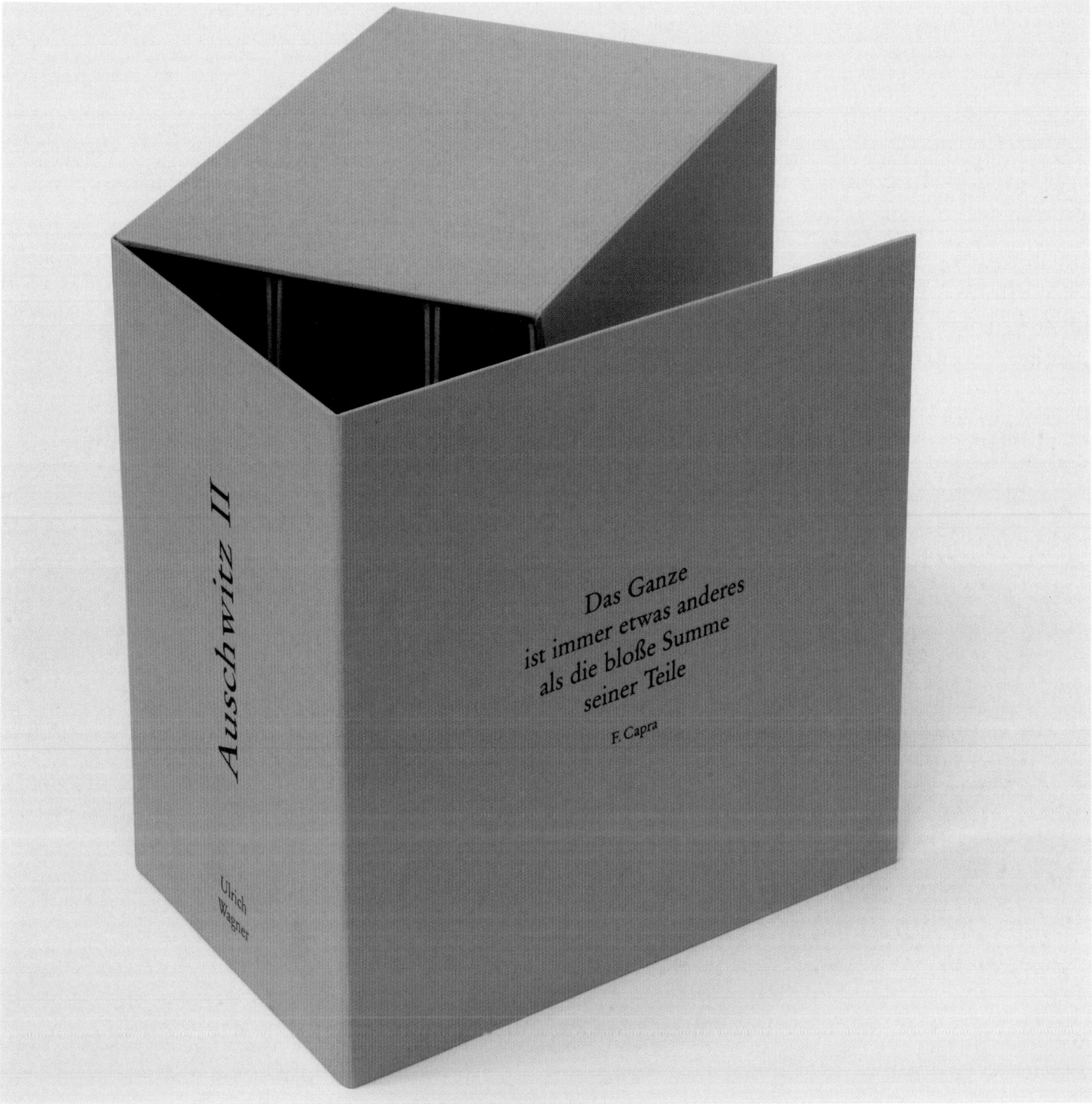

„Die besonderen Merkmale einer Bürokratie sind Zweckrationalität und Routine; typische Haltung ist Leidenschaftslosigkeit, und ihre Sprache, angereichert durch Fach- und Spezialbegriffe, ermöglicht Erörterung der unterschiedlichsten Themen in stets demselben gefühllosen Ton.“ […] „Die Praxis, die häufig weniger von der Notwendigkeit diktiert wurde, Geheimnisse vor Außenstehenden zu bewahren, als von dem Wunsch geleitet war, das eigene Gewissen nicht zu sehr zu strapazieren, lässt sich in drei Varianten unterteilen. Die erste war der äußere Anstrich der Legitimierung […]. Eine einfache Methode, Schandtaten mit der Berufung auf das Recht zu bemänteln […].“ Weiterhin auch: Bauer 1988; Schmitz-Berning 1998; Bohleber/Drews 1991. Klemperer 2001.

72 S. dazu Soltek/Gomringer/Vomm 1995, S. 32-42. Vgl. auch www.ulrichwagner.com – (27. April 2006); Ely u.a. 1997. Kaldewey 2000; Madrid 2006, Katalog 1, S. 263.

73 Hilberg 2003, S. 132.

74 Vgl. Freund/Perz/Stuhlpfarrer 1993, S. 187-214; sowie neue Forschung von Susanne Willems unter: http://www.wdr.de/tv/speer_und_er/02Nachspiel02AufsatzWillems.phtml – (26. April 2006).

75 Willems 2002, s.a. http://www.susanne-willems.de/archiv.php?page=Chronologie-Speer – (26. April 2006).

76 Stefan Soltek verweist in seinem Text bezeichnend auf die spärlichen, oder auch nicht existenten, minimal auf Sekundärliteratur verweisenden Einträge in einer der führenden deutschsprachigen Enzyklopädien unserer Zeit: Meyers Enzyklopädisches Lexikon in 25 Bänden, Mannheim 1980/81, s. Soltek/Gomringer/Vomm 1995.

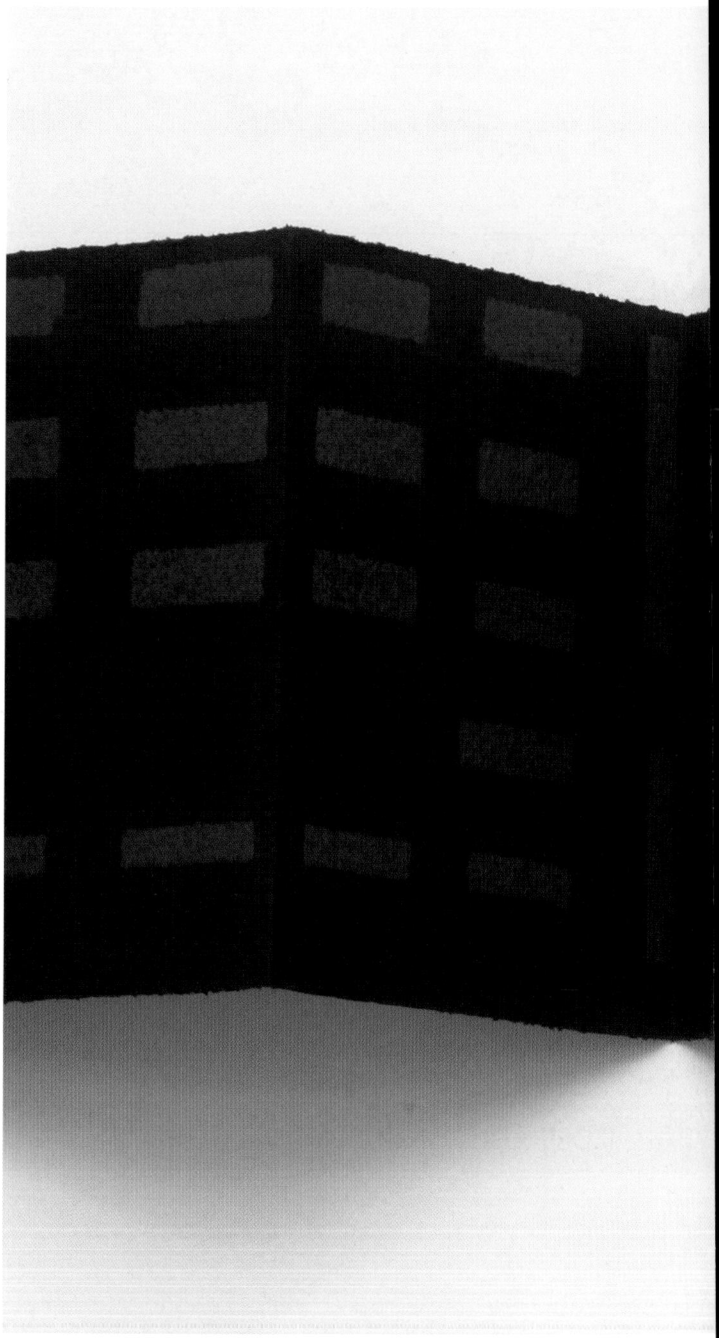

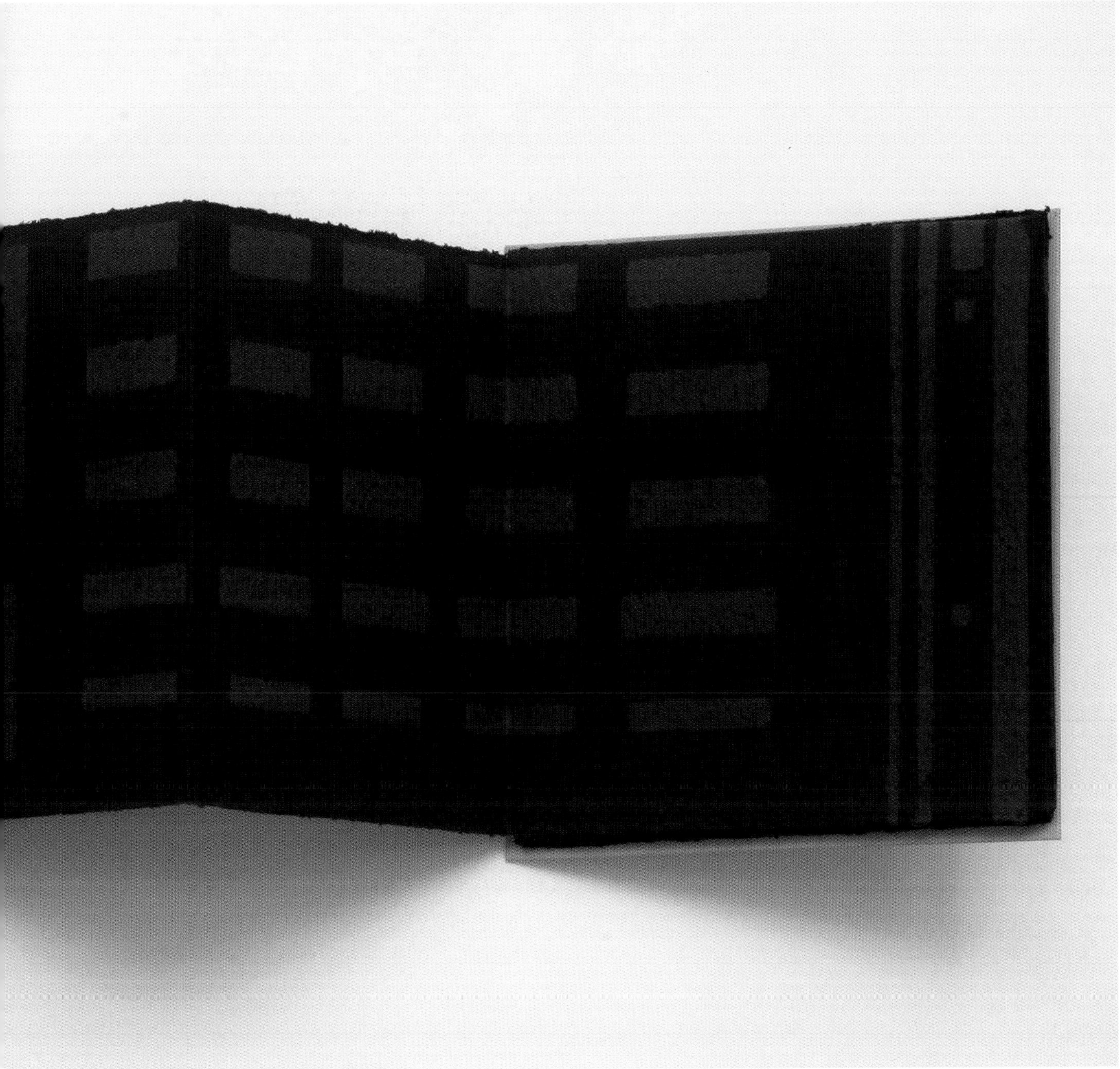

Abb. 12, Ulrich Wagner (geb. 1959), Auschwitz II (Birkenau), Drei Leporellos, schwarzes handgeschöpftes Büttenpapier mit grauem aufgegossenem Grundriss des Konzentrationslagers Birkenau aus pigmentierter Papiermasse;
Seitengröße: 31 x 31 cm, Leporellogröße: 31 x 2600 cm, Gesamtgröße (als Fläche ausgefaltet): 250 x 405 cm, Auflage: 10 Exemplare, 1995, Frankfurt, Museum für Angewandte Kunst Frankfurt, Inv. Nr. LNBZ 420 d

Erinnerung an die Banalität des Bösen

Eine treffende, sehr starke Metapher für den Umgang mit Erinnerungsstücken an die Nazizeit und die damit untrennbar verbundene Verantwortung der Täter/Helfer/Zuschauer hat Günter Grass in seinem Roman „Die Blechtrommel“ gefunden.[77] Das Parteiabzeichen, Hinweis auf die Nazizugehörigkeit, führt bei dem Versuch, es vor dem Blick der Sieger durch Verschlingen verschwinden zu lassen, zum Tod seines Besitzers. Dieses von Grass erfundene, hintergründige Bild vermittelt in wesentlichen Details des Vorgangs die Unverdaulichkeit der Schuld, an der man beim Versuch, sie zu unterschlagen, zu verdrängen, ersticken müsste, aber letztlich nicht (an der Schuld) erstickt, sondern aus irgendeinem anderem Grund ums Leben kommt.

---

[77] Die Bewohner des Mietshauses verstecken sich vor den anrückenden Russen im Keller. Alfred Matzerath löst das Parteiabzeichen vom Jackenaufschlag und lässt es fallen. Kurt und Oskar balgen sich darum. In dem Augenblick, als eine Gruppe mit Maschinenpistolen bewaffneter russischer Soldaten die Falltür aufklappt, kriegt Oskar das Parteiabzeichen seines Vaters zu fassen. Während drei Russen der Reihe nach Lina Greff vergewaltigen, nimmt ein anderer Soldat Oskar auf den Schoß. Der entdeckt Läuse am Kragenrand des Mannes. Um sie fangen zu können, muss er beide Hände frei haben. Deshalb drückt er das Parteiabzeichen seinem Vater in die Hand. Alfred Matzerath erschrickt und versucht es zu verschlingen, mit der offenen Nadel bleibt es im Hals stecken. Er würgt, hustet, weint und kann die Hände nicht mehr oben halten. Da werden die Russen nervös und erschießen Alfred Matzerath.

Andenken aus „großdeutschen Zeiten“

Jedes Detail des Arrangements spiegelt einen Teil einer Wirklichkeit, an die sich in ihrer ganzen Bedeutung nur diejenigen erinnern können, die darin gelebt haben. Die Künstlerin, Jahrgang 1935, versteht es, ihre Zusammenstellung atmosphärisch aus dem Blickwinkel des gutgläubigen Kindes zu entwickeln. Die Gegenstände werden in dieser naiven Realität wiedergegeben, in der es sich zu viele bequem gemacht hatten: die Hundchen als süße Modehündchen (die auch Eva Braun süß fand), das Schäferhundfoto wie ein Familienbild, als geeignetes Geschenk eines Kindes zum Geburtstag der Mutter[78] (ein Fotomotiv, das als Führerersatz auch Erwachsene glücklich machte[79]), das Sammelalbum, das Autogramm, das Bild, der Traum vieler kleiner deutscher Mädchen ... — Kinder unschwer zu indoktrinieren — und dann das erfundene Poesiebuch mit dem von Brecht im Exil verfassten Kindergedicht und der gefälschten Unterschrift mit dem bezeichnend gespiegelten Zahlenspiel als Datum zum 1. April. Die besondere Ausdrucksqualität dieses Ensembles ist darüber hinaus auch der Abformung in Pappmaché zu danken. Wohlüberlegt nimmt die Künstlerin die Form nicht von der Negativform ab, sondern direkt vom Objekt und provoziert damit eine zusätzliche Vergröberung der Form durch den Papierbrei. Verstärkt wird die Attraktivität der Grobheit durch die „Potenz von Malerei“[80], die Burgi Kühnemann summarisch und gleichzeitig als Mimesis im Sinne der antiken Rhetorik[81] einsetzt.

Stellen wir uns jetzt noch vor, wir nähmen eines dieser Objekte in die Hand, und werden über das Gewicht gewahr: — alles nur Luft ... wie sinnfällig der Einsatz des Papierbrei als Material-Ausdruck.

---

[78] Aus der Erinnerung der Künstlerin, deren Bruder die Mutter so beschenkte.

[79] Klemperer, Kap. XVIII, ich glaube an ihn, bes. S. 138f.

[80] Zum Ausdruck der Malerei bei B. Kühnemann vgl. Linhart, S. 66 ff.

[81] Spottende Wiederholung der Rede eines anderen.

[82] Nach dem „Alfabet“ von Bertolt Brecht von 1934, s. Brecht 1975, Bd. 2, Gedichte 1933-1938, S. 511.

[83] Publikation „Adolf Hitler. Bilder aus dem Leben des Führers. Herausgegeben vom Cigaretten/Bilderdienst Hamburg/ Bahrenfeld. 1701.-1800. Tausend. Auswahl und künstlerische Bearbeitung der Bilder dieses Werkes lagen in den Händen des Reichs=Bildberichterstatters der NSDAP, Heinrich Hoffmann, München [...] Entwurf für Einband und Titel von O. W. Hadank, Berlin. Graphische Gestaltung: Carl Ernst Poeschel, Leipzig. Gegen die Herausgabe dieser Schrift werden seitens der NSDAP keine Bedenken erhoben. Der Vorsitzende der parteiamtlichen Prüfungskommission zum Schutze des NS=Schrifttums. Copyright 1936 by Cigaretten=Bilderdienst Hamburg=Bahrenfeld. Printed in Germany Druck und Einband F. A. Brockhaus, Leipzig“, mit einem Dankabsatz von „Göring, Der Reichstagspräsident vor dem Deutschen Reichstag zu Nürnberg am 15. September 1935“ und einen Vorwort von „Dr. Joseph Goebbels“.

[84] Bild und Text sind Zitate aus dem Zigarettenalbum.

[85] Schmidt/Dietz 1983, S. 18.

[86] Schmidt/Dietz 1983, S. 18.

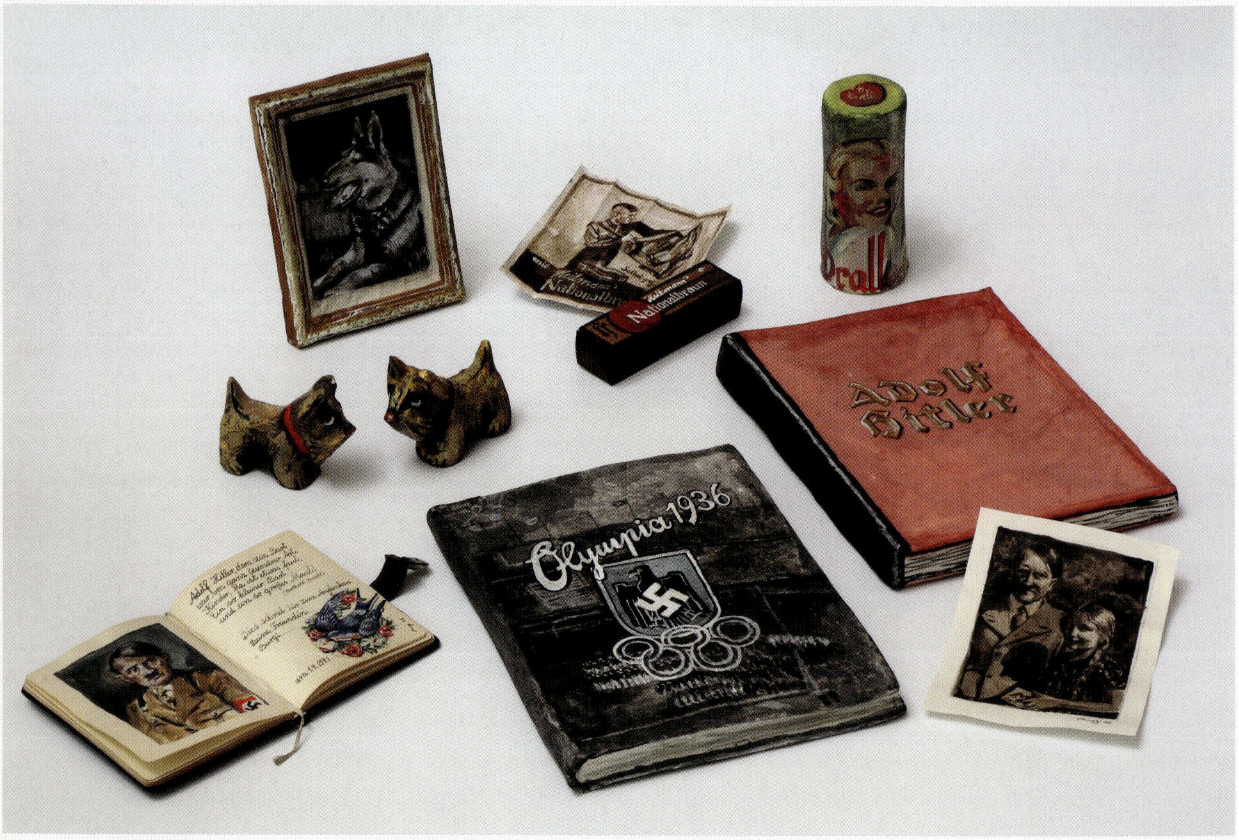

Abb.13, Burgi Kühnemann (geb. 1935), Andenken aus „großdeutschen Zeiten“, Installation 2006. Frankfurt, Museum für Angewandte Kunst Frankfurt, Inv. Nr. LNBZ 750 - 756.

- Poesiealbum in blauem Kunstleder mit Schloß (Flohmarkt), Doppelseite von der Künstlerin beschrieben und bemalt. Inv. Nr. LNBZ 754. Text v. Bert Brecht „Adolf Hitler, dem sein Bart / war von ganz besondrer Art. / Kinder, da ist etwas faul, / Ein so kleiner Bart / und sein so großes Maul!“[82] „Deine Freundin Burgi, 1.4.1941“, sign. Burgi 06;
- „Zwei Modehündchen“, Papierabformungen von einer geschnitzten Holzbücherstütze, Malerei, Acryl, Tusche. Inv. Nr. LNBZ 751 a, b.
- „Adolf Hitler“, Zigarettenbilderalbum,[83] Papierabformung und Malerei, Acryl, Tusche. Inv. Nr. LNBZ 756 a.
- Zigarettenbild aus dem Adolf-Hitler-Album, Tuschemalerei nach Originalvorlage. Inv. Nr. LNBZ 756 b. „Nachdem der Führer ihr ein Autogramm gab, hat sie auch noch das Glück mit ihm fotografiert zu werden“[84]
- „Olympia 1936“, Zigarettenbilderalbum, Papierabformung vom Original, Malerei, Acryl, Tusche. Inv. Nr. LNBZ 755.
- „Blondi“, Hitlers Schäferhündin, gerahmt. Papierabformung eines Bilderrahmens, Malerei nach Postkarte, Tusche, Acryl. Inv. Nr. LNBZ 750.
- „Extra Blond“, Schampon der Blondine, Rekonstruktion nach Reklamevorlage, Pappmaché, Malerei. Inv. Nr. LNBZ 753.
- „60 von 100 deutschen Mädels sind im Alter bis zu sechs Jahren blond – später haben aber nur noch 19 ihr gold-blondes Haar! Blonde Mädels sollten deshalb beizeiten etwas Besonderes für ihr Haar tun und es mit Schwarzkopf-Extra-Blond pflegen, dem Schampon der Blondine.“ Reklametext.[85]
- „Nationalbraun“, Packung und Reklamefaltblatt rekonstruiert nach der originalen Anzeige, Malerei, Tusche, Acryl. Inv. Nr. LNBZ 752 a, b. „Selbst gefärbt mit Heitmanns's Nationalbraun und imprägniert mit Heitmann's Imprägnierung IMPRÄGNOL“ Reklametext.[86]

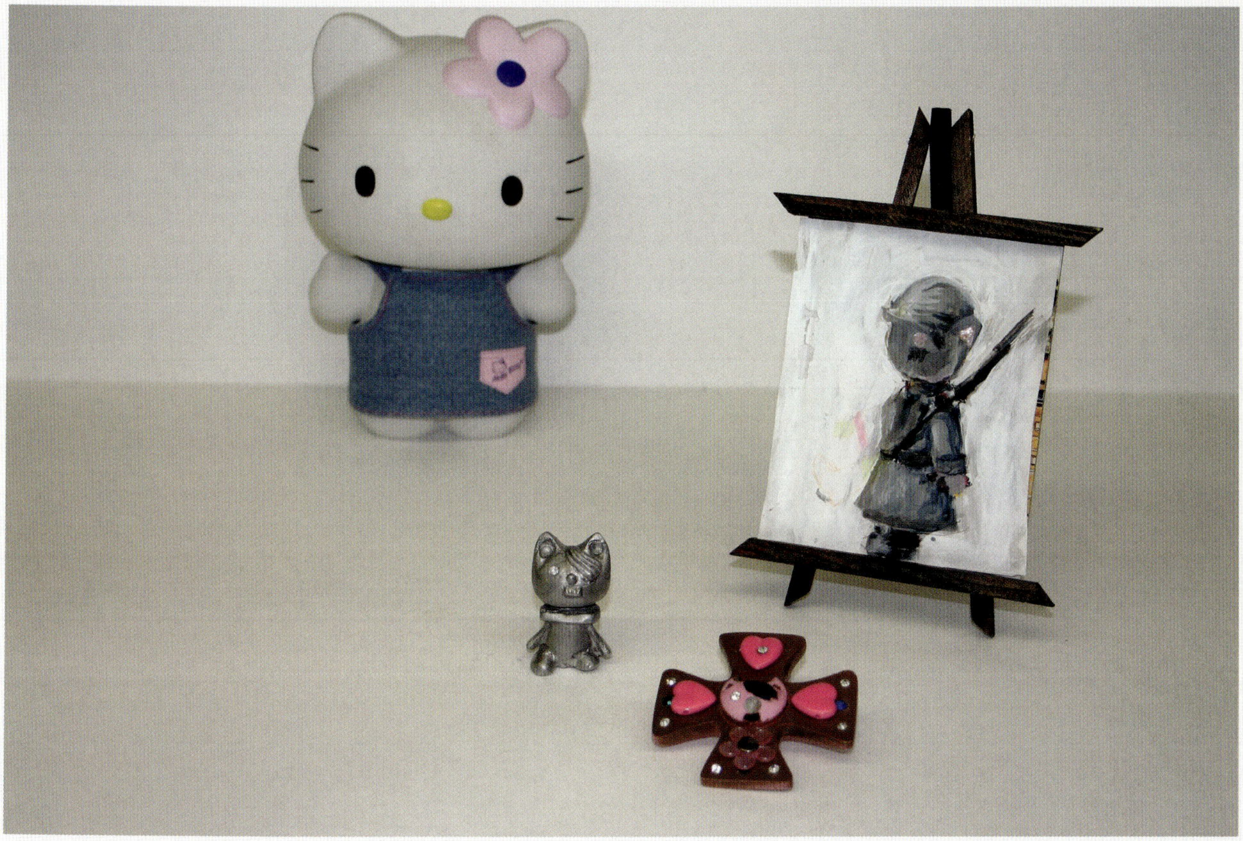

Hi Hitty – German History light

Wenn es um das Bild des Deutschen geht, dann sind die Ingredienzien aus Scheitel, Bart und erhobenem rechten Arm die effektivste Kombination von Zeichen. Dass das Bild Adolf Hitlers bis heute das deutsche Image prägt, ist das Resultat einer erfolgreichen Inszenierung. Diese funktioniert nach gültigen Gesetzen von Marketingstrategien. Gerade das Scheitern des Dritten Reichs legte die Diskrepanz zwischen Schein und Sein offen und sensibilisierte für die kalkulierte Manipulation durch Massenmedien. Die Künstlerin Katinka Kaskeline (geb. 1960) treibt das Spiel mit massenmedialer Verführung durch cleveres Marketing eines Fashion-, Look- und Lifestyle-Freundes auf die Spitze. Das Design der Japanese Gift & Souvenir Kultfigur, „Hello Kitty" (Nachfahrin eines traditionellen japanischen Glückssymbols, der Winkekatze „Manekineko") kreuzt sie mit deutschen Icons in Braun und Rosa. Deutsche Nazigeschichte gerät ihr so zu einem Andenken der besonderen subversiven Art.
Im Umfeld der Kidults-Produktpalette[87], deren niedlicher Ausdruck bei Betrachterinnen jeden Alters spitze Schreie des Entzückens auslöst, ist Deutsche Geschichte in die Nähe eines emotionalen Konsumartikels gebracht. Das Gespenst von der Herrenrasse entlarvt sich im komischen Designprodukt.

---

[87] Spielzeug für Kinder und Erwachsene, die kindliche Verhaltensweisen und Vorlieben bewusst beibehalten.

Abb. 14, Katinka Kaskeline (geb. 1960)
German History light – Hi Hitty
Blei, gegossen, Glassteine; Plastikorden, farbig gefasst, Kunststoffsteine, montiert, Detailbemalung; Holz, montiert, Acryl auf Papier, Berlin 2005, Leihgabe aus Privatbesitz

Hello Kitty „Accessoires", Silvester Kitty-Glitter Schaumbad/Cremebad, Sonderedition für Douglas, Leihgabe aus Privatbesitz

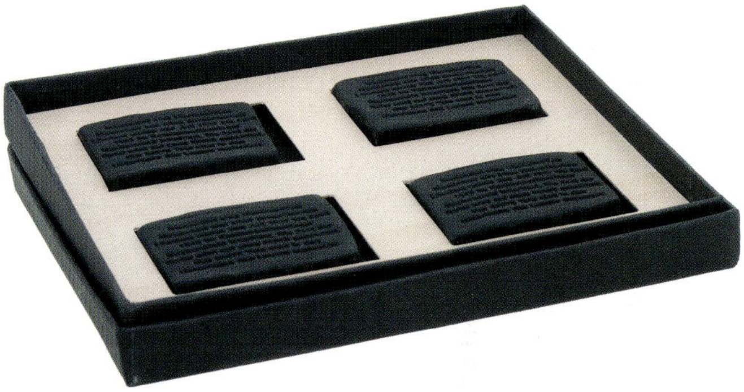

An.Teil.Nahme – Mobile Gedenkzeichen für Buchenwald

Nicht nur die Kunst ist gezwungen über den Gestus des Symbols zu gehen, auch der Alltag bedarf dieses Schrittes. Wie sehr das Leben und das Bewusstsein zu leben von Erinnerung bestimmt ist und wie eng diese an das Ding gebunden ist, ist im Vorangegangenen vielfach beschrieben. Wie untergeordnet die Form des Erinnerungsstückes ist und wie seine Wesenhaftigkeit durch das definiert ist, was der Einzelne mit dem Gegenstand verbindet, das diese Projektion und Stimulation seinen eigentlichen Wert ausmacht, wird in allen Bereichen der Ausstellung sichtbar.

2004 stellte sich die Bauhaus-Universität Weimar auf Anregung des „Vereins zur Förderung der Erinnerung an das Konzentrationslager Buchenwald e.V.“ in Kooperation mit den Einrichtungen der Gedenkstätte Buchenwald der schwierigen Aufgabe, ein Konzept zu entwickeln und Objekte zu gestalten, die als „mobile Gedenkzeichen für Buchenwald“ dem Besucher der Gedenkstätte angeboten werden könnten.[88]

Im Gedenkjahr 2005[89] wurde jedem bewusst, dass die Zeit, in der die Zeugen, die die Erinnerung an den Holocaust durch ihr lebendiges Zeugnis wach halten können, abläuft. Ebenso bewusst wurde jedem, dass zukünftige Generationen der Erinnerung an den Holocaust neu und mit weniger persönlicher Betroffenheit begegnen werden.

Eine Notwendigkeit, sich an dieses unfassliche Geschehen der Menschheitsgeschichte zu erinnern, bleibt. Eine neue Aufgabe wird es sein, den Abstand zu überbrücken, der durch die immer größer werdende zeitliche Distanz entsteht.[90] Mit dem Erinnerungsprojekt der Bauhaus-Universität Weimar haben sich Studenten dieser jungen Generation damit auseinander gesetzt, wie man Erinnerung an Buchenwald, an das dort Erlebte, das an niemandem spurlos vorüber geht, in ein persönliches Erinnerungszeichen, einen Souvenir zum Mitnehmen formen kann.

---

[88] S. dazu Dittrich/Jacobeit 2005; Weimar 2005; vgl. Hoffmann 1998.

[89] 60 Jahre nach Kriegsende, nach der Befreiung von Auschwitz, wird das Jahr 2005 zum Gedenk- und Mahnjahr.
Der französische Staatspräsident eröffnet das neue Holocaust-Museum, das „Mémorial de la Shoa“ in Paris. Am 15. März 2005 wird in Jerusalem die Erweiterung der Holocaust Gedenkstätte YAD VASHEM zum Museum eingeweiht und ist wie das vorbildlich konzipierte United States Holocaust Memorial Museum – Washington DC (gegründet 1993) so unvergleichlich viel komplexer und essentieller als das, was in der Bundesrepublik als Gedenkstätte in Berlin mit dem Stehlenfeld am 10. Mai 2005 eingeweiht worden ist.

[90] Vgl. dazu Knigge 2001, S. 136ff.

„Warum sich auf die mühsame Suche nach „mobilen Gedenkzeichen" begeben?
Rikola-Gunnar Lüttgenau

Besucher einer KZ-Gedenkstätte kommen nicht, um zu lesen. Das können sie daheim, in einem Buch, viel besser. Sie wollen „da" sein, wollen vor Ort spüren, wie es ist, an einem Platz zu sein, der wie kein anderer – im Schlechten – aus der Welt gefallen ist. Es ist ein Besuch, der nicht nur den Kopf bewegt. Auch das Herz muss hier Stellung beziehen. Und so vergisst im Nachhinein auch keiner, dass er an diesem Ort gewesen ist. So ein Besuch geht nicht spurlos an einem vorbei. Das behält man sich. Unwillkürlich. Denn es ist einem – offensichtlich – wichtig.

Es geht nicht um Souvenirs aus einem KZ. Nur Überlebende hätten das Recht, so etwas mit sich zu nehmen. Es geht noch nicht einmal um eine Annäherung an das KZ. Es wäre unanständig, den Kosmos eines KZ in einem Andenken zusammenfassen zu wollen. In jedem Fall würde man sich an einem derartigen Ding überheben.

Nicht die Repräsentation von Vergangenheit ist hier also das Thema, sondern die der Gegenwart. Es geht darum, der Bedeutung, die ein heutiger Besuch einer KZ-Gedenkstätte für den Einzelnen haben kann, eine mögliche Form zu geben. Eine Form, die man mit sich nehmen kann, um sich mit ihrer Hilfe auch später noch, wenn man zurückgekehrt ist in seinen Alltag, an seinen Besuch und die Bedeutung, die er für einen hat, erinnern zu können. Es geht um Vergewisserung, um Verstetigung zarter, ephemerer, aber wichtiger Augenblicke. Es sind „mobile Gedenkzeichen", wie ich sie genannt habe, nicht an ein KZ, sondern an das eigene Da(gewesen)Sein an diesem vermaledeiten Ort.

Und Aufgabe einer Gedenkstätte ist es, das Gefühl des Besuchers, vor Ort etwas Bedeutsames zu erleben, ernst zu nehmen. Und so haben wir den Förderverein der Gedenkstätte und die Bauhaus-Universität ermuntert, sich auf die Suche zu machen, wie Andenken an einen Besuch eines KZ aussehen könnten. Die Ergebnisse ermutigen uns wiederum, sie im Vorfeld des 50. Jahrestages der Gedenkstätte Buchenwald – sie existiert seit 1958 – als Bausteine eines Erinnerns zu präsentieren, das nicht in die Vergangenheit, sondern in die Zukunft weist."[91]

Vier Beispiele aus diesem Studien-Projekt sollen hier vorgestellt werden. Voran zwei Konzeptionen, die auf eine besondere Weise versuchen, dem Besucher der Gedenkstätte eine Möglichkeit zu eröffnen, das Andenken mit dem persönlichen Erleben zu verbinden.

Henning Meeves, Klangdenken, Geräusch-box

„Konzept: Die Erinnerung an den Besuch in Buchenwald und die damit gewonnene Erkenntnis findet im Kopf des Besuchers statt. Der Sinn des Andenkens besteht dabei in der Unterstützung dieses Vorgangs. Der Besucher erhält in Buchenwald eine fest verschlossene, transluzente Hohlform, deren Inhalt, ein Stachel, zu ahnen, aber nicht zu erkennen ist. Wenn das Objekt bewegt wird, erzeugt der eingeschlossene Gegenstand ein Geräusch, der Hörer ist sich ihm bewusst. Damit wird eine schemenhafte Gewissheit des Objektes erzeugt, die der Besucher mit seinem subjektiven Erlebnis ergänzt und mit dem Besuch der Gedenkstätte Buchenwald verbindet. Für nicht Eingeweihte nicht lesbar bedarf das Objekt der individuellen Geschichte."[92]

Jan Weinmann, mobile Gedenktafeln, Knetmasse-Abdruck

„Konzept: Sich etwas einprägen, im übertragenen und direkten Sinn. Wissen mit sich tragen, weitergeben, und es selbst nicht vergessen. Durch eine Aktion, ohne Ablenkung durch spektakuläre Aufbauten, aber mit Konzentration alleine auf die Handlung, Inhalte verinnerlichen.
Der Besucher kann gegen eine Schutzgebühr eine Knetmasse erwerben. An einem oder mehreren unscheinbaren, aber gekennzeichneten Prägepunkten, beispielsweise in der Dauerausstellung, kann die Knetmasse auf einen dort vorbereiteten Relieftext gedrückt werden – ohne ablenkende Mechaniken, die einfache Aktion zählt. Das eingeprägte Wissen ergibt nun eine kleine, „mobile" Gedenktafel mit Text oder einer symbolischen, eindeutigen Grafik.
Das fertige Objekt bietet Gesprächsstoff für jeden Betrachter, ein Stück Buchenwald wird transportiert und weit verbreitet – der konkrete Bezug zum damaligen Herrschaftssystem bleibt erhalten."[93]

---

[91] Text von R.-G. Lüttgenau, Stellvertretender Direktor der Stiftung Gedenkstätte Buchenwald und Mittelbau-Dora.
[92] Weimar 2005, S. 68f.
[93] Weimar 2005, S. 18f.

Eine besondere Anspielung auf die Beteiligung oder Verantwortung des Einzelnen stellt das nachfolgende Konzept dar. Indirekt ist dieses Andenken eine Stellungnahme zu der landläufigen Behauptung: „Wir haben nichts gewusst“. Es ist eine Aufforderung zu kritischem Bewusstsein und politischer Aufmerksamkeit im Alltag.

Sabine Buresch, Zeitungshalterung, konzentrierter lesen

„Konzept: Unfassbar ist das Geschehen im ehemaligen Konzentrationslager Buchenwald für den Besucher in mehrerer Hinsicht: es ist als Relikt nur erahnbar und als Empfindung flüchtig, sobald man nicht mehr dort ist. Was man mit nimmt, ist das Entsetzen ... Schlimme Geschichte !
Schlimme Geschichte? Völkermord durch sudanesische Milizen, Guantánamo als blinder Fleck zivilisatorischer Justiz, durchschnittliche Lebenserwartung von 37 Jahren in Sierra Leone ...
Ich sehe in Buchenwald die Möglichkeit, dem Besucher durch die Darlegung vergangener Missstände nicht nur die Geschichte, sondern auch die Gegenwart begreiflicher zu machen – im Bezug aufeinander. Das Weltgeschehen in einer Tageszeitung wird nach dem Besuch der Gedenkstätte womöglich sensibler reflektiert – durch die Einsicht in die Vergangenheit zum Denken angeregt, kann Denken zum besseren Verständnis der Gegenwart beitragen und fataler Engstirnigkeit entgegenwirken.[94]

Das Anliegen, die Erinnerung an den Holocaust auch in den Alltag einzubeziehen, vermittelt der vierte hier vorgestellte Entwurf. Bei einer ganz alltäglichen Handlung wird man wie selbstverständlich erinnert. Vielleicht stellt sich die Frage, warum muss ich mich täglich an Buchenwald erinnern? und im Nachdenken darüber, im Erinnern an alles, was Buchenwald bedeutet, beantwortet sich die Frage selbst.

Caroline Dushe, Knopf mit Prägung, Knopf

„Konzept: Ein Knopf assoziiert menschliche Existenz, ein abgerissener oder zerbrochener Knopf deren Verletzlichkeit. Die lange Vitrine in der Dauerausstellung in der Gedenkstätte, die fast ausschließlich Knöpfe birgt, lässt diese Verletzlichkeit klar hervortreten. Kleidung ist eine schützende Hülle des Körpers, der Knopf hält diesen Schutz zusammen. Gerade die Anhäufung dieses Gebrauchsobjektes stellt für mich eine extreme Schutzlosigkeit dar. Der Knopf steht als Symbol für die menschliche Existenz und ihrer Schutzlosigkeit in Buchenwald. Ganz bewusst ist er keine Nachbildung, sondern zeichnet sich durch Material und Form als ein Produkt unserer Zeit aus. Die Prägung »Gedenkstätte Buchenwald« verweist auf den Ort des Geschehens, aber auch auf das heutige Buchenwald in seiner Funktion als Gedenkstätte.“[95]

[94] Weimar 2005, S. 62f.
[95] Weimar 2005, S. 78f.

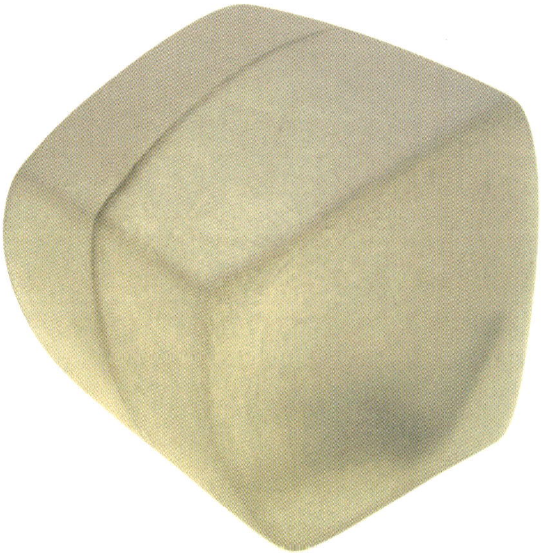

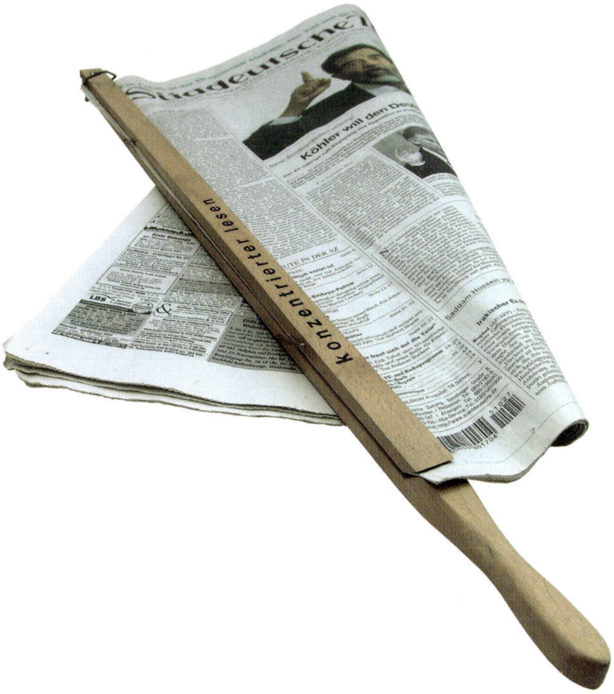
konzentrierter lesen

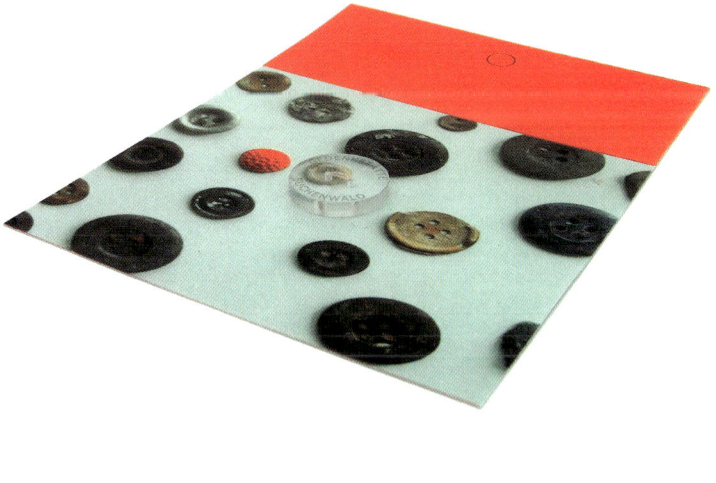

Micha Brumlik

Vorgreifende Erinnerung an Tod und Ewigkeit – Der Nazi Souvenir

In Helmut Dietls Film „Schtonk“ gibt der Schauspieler Götz George einen stets breit grinsenden, neureichen Schwadroneur in der Bundesrepublik der achtziger Jahre, dem alles darauf ankommt, in den Besitz einer Yacht zu kommen, die einst dem Reichsmarschall Göring gehört hat. Treffsicher karikiert Dietl dort eine sensationslüsterne Münchner Schickeria, die es – wie Jahre später Malte Ludins Dokumentarfilm „Zwei, drei Dinge, die ich von ihm weiß“ schlagend nachgewiesen hat – tatsächlich gibt. Liberal sprechende, gut gekleidete Erfolgsmenschen, die sich indes kaum gruseln, wenn sie sich an die NS Zeit erinnern. „Schtonk“ war die filmische Verarbeitung der Affäre um die sogenannten „Hitlertagebücher“, die der geniale Fälscher Alfred Kujau hergestellt und der bekannten Illustrierten „Stern“ angedreht hatte – eine Affäre, die, als sie aufflog, das Blatt nicht nur seine bisherige Seriosität, sondern beinahe die Existenz gekostet hätte. Die Erregung, die sich damals der Republik bemächtigte, kreiste um die Imagination, nun – endlich – vier Jahrzehnte nach dem Ende des Krieges aus Hitlers eigener Feder zu erfahren, wie es denn wohl wirklich gewesen war; es war, als ob ein gleichsam irregeleitetes Gerechtigkeitsgefühl die Öffentlichkeit gepackt hätte; nun, endlich, endlich sollte auch die andere Seite gehört werden. Doch war diese andere Seite eben doch nichts anderes als Ausdruck einer genialen historischen Einbildungskraft, die zu würdigen auch die Geschichtswissenschaft irgendwann einmal nicht umhin kommen wird.

Wer wissen will, wie man sich liebevoll oder nostalgisch an den Nationalsozialismus erinnert, ist daher gezwungen, sich entweder an Wochenenden auf die Flohmärkte zu begeben, sich in den Anzeigenteilen rechtsextremistischer Wochenzeitungen umzutun, in halbwegs seriösen Antiquariaten schönfärberisch nach „Militaria“ zu fragen, oder sich ins Internet zu begeben, wo dann schließlich doch alles, was man sucht, angeboten wird: vom SS Dolch über „Mein Kampf“ in Goldschnittausgaben, als Erinnerung an die Eheschließung in großer Zeit, bis zu Familienfotoalben, die Großvater schon einmal, in lustiger Runde, dabei zeigen, alten Juden die Bärte abzuschneiden.

Freilich sind Erinnerungen an die NS Zeit von jenen Souvenirs zu unterscheiden, die schon während der NS Zeit selbst als Erinnerung an die große Zeit hergestellt wurden. Sie finden sich seltener auf dem freien Markt, aber manches Museum stellt entsprechende Stücke aus.

Vor einer Einzelbetrachtung ist es allerdings unerlässlich, näher auf die Kultur des Nationalsozialismus einzugehen, wobei klar sein muss, dass der Begriff der „Kultur“ in diesem Zusammenhang nicht normativ, sondern wertfrei, beschreibend verwendet wird: Unter „Kultur“ soll so gar nichts anderes verstanden werden als ein typisches Ensemble unterschiedlich medial artikulierter Symbole, in denen führende Kreise einer Gesellschaft ihr Verständnis dieser Gesellschaft objektivieren.

Der israelische Historiker Saul Friedländer hat das Wesen des Nationalsozialismus, seine Kultur schon vor Jahren als Produkt von „Kitsch und Tod“ untersucht. Dabei verweist „Tod“ hier sowohl auf den Tötungswillen als auch auf Sterbefreudigkeit, während „Kitsch“ vor allem auf die Disproportionalität zwischen angestrebtem Ausdrucksziel und eingesetzten künstlerischen Mitteln verweist. Ziel des Nationalsozialismus war – keineswegs nur in metapolitischer Perspektive – aller Zeugungs- und Gebärrhetorik zum Trotz Töten und Sterben auf dem damals am weitesten verfügbaren technologischen Niveau.

Töten und Sterben, Morden und qualvoll zu verenden – das waren schon seit jeher zentrale Themen jeder Kultur, und nicht wenige feierten diese Abbrüche. Doch was in den meisten anderen Kulturen – evtl. mit Ausnahme der klassischen ägyptischen Kultur – ein zugegebenermaßen wichtiger Randbereich blieb, stand im Nationalsozialismus von Anfang an im Zentrum und zwar so – im Unterschied zum alten Ägypten -, dass Ausdruckswille und Darstellungskraft einander grotesk widersprachen. Gleichwohl:
der Nationalsozialismus war, jedenfalls in der Variante, die Adolf Hitler, der Diktator, vorgab, von allem Anfang an als eine Erinnerungskultur geplant. Freilich war sie nicht geplant als eine Kultur der Erinnerung des alltäglichen Lebens der Individuen, sondern als eine Kultur der Erinnerung an die ausseralltäglichen, tragischen Großtaten eines herausragenden Einzelnen, der sich selbst als durchaus vergänglichen Reichsgründer verstand, als Führer einer Generation, die

im Sterben für die Idee des Reiches ihre Erfüllung fand. Wenn man so will: Hitler betrachtete sich, seine Politik und die ihm darin folgenden Deutschen immer schon mit einem Blick aus unvordenklicher Zukunft – mit dem Blick eines künftigen Betrachters, der aus fernster Zukunft auf die Ruinen einer sich von den Niederlanden bis in die Ukraine erstreckenden Landschaft monumentalster Paläste, erhabener Soldatenfriedhöfe und sonstiger Erdbefestigungen blickt.

Das „Dritte Reich" war von seinem Erfinder immer schon nicht nur als „Gesamtkunstwerk" im Sinne Richard Wagners geplant, sondern vor allem auch als „Gesamtsouvenir", als eine Kultur, der es vor allem um die Erinnerung ihrer selbst ging. Das verweist auf das Verhältnis von Nationalsozialismus und Zeit und es erstaunt daher kaum, dass sich dieser Kulturentwurf sein Verfallsdatum schon in seinen Namen geschrieben hat: Gewiss währen tausend Jahre vor dem einzelnen menschlichen Leben gewaltig lange, gleichwohl: einem „tausendjährigen" Reich ist nicht nur eine lange Dauer, sondern eben auch sein sicheres Ende beschieden. Die vorweggenommene Erinnerung an Aufstieg, Kampf, Konsolidierung und Ende bedarf indes der Zeugen, der Zeugenschaft.

Bei dem dilettantisch geplanten Münchner Putsch im November 1923 wurden einige von Adolf Hitlers Mitstreitern von der Münchner Polizei tödlich niedergestreckt, der SA Mann, Zuhälter und Verfasser des nach ihm benannten Liedes, Horst Wessel, fand bei politisch motivierten Schlägereien im Berlin der späten Weimarer Republik sein Ende. Diesen und anderen „Gefallenen der Bewegung" galt nicht erst seit der Machtübernahme der Nationalsozialisten ein beispielloser Märtyrer- und Totenkult:

Im christlichen Abendmahl, im christlichen Märtyrerkult wie vor allem im Blutsmythos der NSDAP hat sich eine symbolische, keineswegs immer durch den realen Austausch von Körperflüssigkeiten gekennzeichnete Vergemeinschaftung durch das Blut erhalten. Bei den Reichsparteitagen der NSDAP war es für die alten Kameraden üblich, unter dumpfem Trommelwirbel, in der gleissenden Helligkeit von Albert Speers Lichtdomen die Blutfahne der Bewegung, also jene Hakenkreuzfahne, die angeblich am 9. November 1923 durch die Münchner Innenstadt getragen worden war, zu berühren. Der offizielle Bericht vom Reichsparteitag in Nürnberg enthält dazu den folgenden, vom SA Stabschef Lutze verkündeten Text zur Fahnenweihe:

„Durch die Berührung der Standarten mit der Blutfahne haben wir das Vermächtnis unserer Toten übernommen, unserer Kameraden, die einst in Reih und Glied mit uns marschierten, und die ihre Treue zur Idee und ihren Glauben an Sie, mein Führer, mit ihrem Blute besiegelten. Würdig dieser Toten haben diese Männer in den vergangenen Jahren des Kampfes und des Sieges gestanden, gearbeitet, gekämpft und geopfert."[1]

Indem einzelne SA Männer die als blutgetränkt ausgegebene Fahne vom 9. 11. 1923 berühren, geht ein Teil von deren heilbringender Kraft in sie über, wobei das Heil, das hier beschworen wird, eben nicht das Heil einzelner Personen ist, sondern das Heil einer übergreifenden Gemeinschaft. Das verweist auf die schon seit längerem diskutierte These vom Nationalsozialismus als einer politischen Religion, wobei sich die Frage stellt, ob Bluts- oder Opferbrüderschaft ein den Religionen spezifischer, von politischer Vergemeinschaftung eigentlich strikt unterschiedener Vergemeinschaftungsmodus ist. Auf jeden Fall: Sollte die These vom Nationalsozialismus als politischer Religion stichhaltig sein, so wäre der nationalsozialistische Souvenir ein religiöser Souvenir, Andenken an Wallfahrten so gut wie an charismatische Augenblicke, mehr noch: Merkposten für einen Alltag, der ganz und gar von der Wiederholung des charismatischen Augenblicks und vom Eingedenken an den charismatischen Führer überschattet wird. Das hat der Soziologe Tilmann Allert mit einer subtilen Xalyse des sogenannten Hitlergrußes nachgewiesen. Sie überzeugt deshalb, weil hier nicht irgendwelche Kategorien von außen an den Gegenstand herangetragen werden, sondern weil an der veralltäglichten Korruption einer auf basale Anerkennung zielenden leiblichen und sprachlichen Geste, des Grusses eben, die Vernichtung humaner Verhältnisse von Anfang an deutlich wird.

Macht man sich klar, dass das Grüßen Sozialität begründet

---

[1] Karow 1997.

und damit jenes Ritual darstellt, das im stets riskanten menschlichen Zusammenleben die je und je von Neuem aufbrechende „Krise der Begegnung" zu moderieren und bewältigen hilft, dann zeichnet sich schon im läppischen, allen Mitgliedern der nationalsozialistischen Volksgemeinschaft aufgenötigten „Heil Hitler" die Blaupause nicht nur einer Gesinnung, sondern eben auch einer gänzlich entsolidarisierten Zwischenmenschlichkeit ab. Sie führte am Ende konsequent in die Aussonderung und Vernichtung ganzer Menschengruppen: Juden war es verboten, den deutschen Gruß auszuüben.

Ein genauer Blick zeigt, dass sich im Hitlergruß nicht weniger vollzog als eine auf Unterwerfung, Anspannung und unbedingte Folgebereitschaft zielende Sakralisierung des Alltags, die im Führer und Reichskanzler Adolf Hitler ihr Heilsmysterium fand. Die Alltagsgeschichte des Dritten Reiches zeigt, dass die einzige Person, die diesen Gruß lässig ausüben durfte, ohne dabei Gefahr zu laufen, sich als Person zu gefährden, eben der Diktator selbst war. Im Hitlergruß, und wurde er auch nur von zwei allenfalls mäßig miteinander bekannten Personen entboten, verpflichteten sich die Grüßenden nicht nur, sich jeden autonomen Handelns im Alltag zu enthalten, sondern sie teilten sich ebenfalls mit, dass sie miteinander unmittelbar zu Hitler standen und somit einer – wie Allert sagt – „Komplementarität von Formalismus und Pathetik, von Schicksalsergriffenheit und ethischer Unerbittlichkeit"[2] dienten.

Den Hakenkreuzgruß entbietet auch eine kleine Spielzeugfigur, ein etwa acht Zentimeter hohes SA Männchen, das von rechts, hinter einem Standartenträger, selbst aber von einem SA Trommler gefolgt, auf den in der Mitte stehenden Adolf Hitler zumarschiert.[3] Das hier gezeigte Ensemble von SA Männern mit Hakenkreuzstandarten, liebevoll in den originalen Farben handbemalt, hat reale Aufstellungen von Hitler und seinen Männern anlässlich eines Besuches von Benito Mussolini Ende September des Jahres 1937 zum Vorbild. Typisch ist die schwungvolle, dynamische Bewegung, in der sich die SA Männer befinden, SA Männer, die von rechts und von links auf zwei Pylone zumarschieren, wie sie sich auf dem Nürnberger Reichsparteitagsgelände befinden, Pylone, die sich ihrerseits an Säulen und Pylonen antiker Hochkulturen orientieren und die Größe und Erhabenheit ausstrahlen sollen. Die Pylone sind mit bronzenen Adlern geschmückt, Adlern, die in ihren Krallen große Vignetten tragen, die ihrerseits Hakenkreuze enthalten. Sie stehen der Dynamik der Figürchen ebenso entgegen, wie die hinter einem Rednerpult stehende Figur Hitlers, die wiederum detailfreudig und liebevoll gestaltet ist. Während die SA Figuren Mustern entnommen sind, die der Hersteller des Spielzeugs zum Darstellen anderer Uniformträger, etwa Weltkriegssoldaten verwendet hatte, scheint die Hitlerfigur eine Neuerung, ein Unikat zu sein, das so in älteren Kollektionen kein Vorbild fand. Hinter einem mit einer Hakenkreuzfahne geschmückten Pult stehend, verkörpert diese Figur, zumal in ihrer Statik, die schon von Allert bemerkte „Komplementarität von Schicksalsergriffenheit und ethischer Unerbittlichkeit."

Die Figur ist bis ins letzte Detail naturalistisch ausgestaltet, die rechte Schulter charakteristisch zurückgezogen, der linke Oberarm vorschriftsmäßig mit einer Hakenkreuzbanderole überzogen, die Uniformjacke bis zu Knöpfen und Taschen, zu Falten und Koppel der Realität abgeschaut. Auch der Kopf des Führers ist mit äußerster Detailtreue gestaltet: Scheitel, Schnurrbart und starrer, stechender Blick lassen den Führer als Kinderzimmerikone auferstehen. Man fragt sich, ob – und wenn überhaupt – welche Kinder sich dieses Spielzeugs bedient haben, bzw. welche Erwachsenen es welchen Kindern mit welchen Hintergedanken im Kopf gekauft oder geschenkt haben mögen. Die museale Präsentation[4] arrangiert die Figürchen linear zweidimensional – womöglich konnten andere Nutzer die Figuren im Kreis oder höhenversetzt aufstellen. 1937 gefertigt, zeigt die Spielzeugfigur den deutschen Diktator als Mitglied und Führer einer inzwischen pazifizierten Parteiarmee noch nicht als Militär in einer Uniform, die ihn als Inhaber der höchsten Kommandogewalt einer Armee zeigt. Die Parteiarmee jedoch diente der Durchsetzung einer rassistischen, dem Anspruch nach egalitären und totalitären Volksgemeinschaft. Zwar kannte auch die SA Dienstgrade, doch suggerierte das lehmige, kotige Braun ihrer Uniform-

---

[2] Allert 2005.

[3] Die auch im Folgenden beschriebenen Objekte befinden sich im Berliner Stadtmuseum.

[4] Derzeit im Märkischen Museum, Berlin.

hemden eine substanzielle Gleichheit in der Herkunft aus dem erdig Völkischen; die Gleichheit einer Gemeinschaft, die im Wesentlichen nur einen Rangunterschied kannte, den Rangunterschied von Führer und Gefolgschaft.
Diese Gemeinschaft habe sich, so die anfängliche These, grundsätzlich als eine sich ihrer Endlichkeit bewusste Erinnerungsgemeinschaft verfasst, als Erinnerungsgemeinschaft, die wesentlich durch Tod und Sterben gekennzeichnet war. Die politische Kultur des Westens kennt seit der Neuzeit als Form des Politischen die „Nation", eine Form, die sich auf Herkunft und auf gemeinsame Zukunft bezieht, beides enthalten im Begriff „Nation", der sich ja vom lateinischen „natio" ableitet, was so viel wie „Geburts-" oder doch mindestens „Gebürtigkeitsgemeinschaft" bedeutet. Hannah Arendt hat ihrem zentralen Werk „Vita activa"[5] die Kategorie der „Geburtlichkeit" der zentralen Kategorie ihres Lehrers und Geliebten Martin Heidegger, der „Sterblichkeit", entgegengesetzt. Mit der „Geburtlichkeit" des Menschen verbindet Arendt dessen Zukunfts- und Aufbruchsfähigkeit, die grundsätzliche Gabe, im gemeinsamen Leben etwas Neues beginnen zu können.
Kann es ein Souvenir an die Zukunft geben?
Die der Endlichkeit und Sterblichkeit, dem Töten und Sterben geweihte nationalsozialistische Volksgemeinschaft hingegen ließe sich analog als „Mortion" bezeichnen — hieß doch das lateinische Wort für Tod „Mors". Dabei war die nationalsozialistische Volksgemeinschaft sozialpolitisch durchaus modern verfasst — jedenfalls für jene Bürger, die dem rassischen Kern der Staatsbürger, den arischen Deutschen, zugerechnet wurden. Ihnen stand ein für damalige Verhältnisse moderner Sozialstaat zur Verfügung: unter anderem erstmals bezahlter Urlaub und die Möglichkeit, — im Rahmen staatlicher Reiseunternehmen und geführter Reisegruppen — weite Auslandsreisen voller Geselligkeit und Bildung zu unternehmen. Noch heute sind die filmisch festgehaltenen Schiffstouren deutscher Arbeiter- und Angestelltenfamilien durch die Fjorde Norwegens ein anschauliches Beispiel für die Begründung eines modernen Massentourismus in Deutschland. Die Instanz indes, die all dies einrichtete, war die vom Führer der „Deutschen Arbeitsfront" mit begründete Organisation „Kraft durch Freude" — ein sozialrassistischer Wohlfahrtskonzern, der nicht nur mit Reisen, sondern auch mit Gesundheits-, Sport- und Freizeitveranstaltungen das Volk in eine Tötungs- und Sterbensgemeinschaft zusammenführen und dort festhalten sollte.
Dort auch entpuppte sich der nationalsozialistische Souvenir als Unterpfand von Tod und Erinnerung.
Ein Plakat von „Kraft durch Freude" vom Vorabend des Zweiten Weltkrieges, im Jahr 1939, wirbt mit überdimensionierter roter Frakturschrift auf grauem Grund für „Sammeln am Feierabend", eine, den Mitgliedern des Volksgemeinschaft angemessene Freizeitaktivität. Ohne die Adressaten direkt anzusprechen, nur mit einem im Infinitiv gehaltenen Vorschlag wirbt das Plakat für eine Tätigkeit, freilich „Am Feierabend" — womit der implizite, aber umso deutlichere Bezug auf die Arbeitswoche hergestellt ist. Wird tagsüber produziert oder verwaltet, so soll „am Feierabend" gesammelt werden und dabei die Erinnerung an Not und Sieg der Volksgemeinschaft verstärkt werden. Und zwar — so das Plakat ebenfalls, nun in kleinerer, grauer Frakturschrift — „Abzeichen, Münzen, Notgeld, Briefmarken, Zeithistorische Dokumente."

Dabei geht es um die Erinnerung an Rang und Ort („Abzeichen"); an das, was eine Gemeinschaft sowohl ökonomisch als auch in den Emblemen der Herrschaft zusammenhält („Münzen"); um Symbole, die von dem Zerfall von beidem, Ökonomie und Herrschaft, zeugen („Notgeld"). Aufgenommen wird auch die klassische Obsession all jener, die sich an der farbigen Kultur- und Herrschaftsobjektivation der, die Verkehrswege kontrollierenden und steuernden Staaten begeistern („Briefmarken"); sowie endlich, ganz direkt, „zeithistorische Dokumente". So scheint es, als ob man die nationalsozialistische Kultur eines Lasters wegen nicht wird tadeln können: der Geschichtsvergessenheit.
Allerdings: Der Aufruf zur historischen Besinnung, der hier vor allem auf das Anhäufen von Relikten zielt, nicht aber auf das Durchmustern und Verstehen der nationalen oder volksgemeinschaftlichen Vergangenheit, wird — optisch

---

[5] Arendt 1967.

und grafisch – durch ein Bekenntnis zur technischen Moderne ausgeglichen, ja davon geradezu übertroffen.

Links unten zeigt das Plakat nämlich das Enblem von „Kraft durch Freude“, ein dynamisch beschwingtes Turbinensymbol, in dessen Zentrum sich gleichsam als Motorschraube, inmitten eines Zahnradkranzes, ein Hakenkreuz befindet. Ohnehin weist das Plakat, seiner altdeutsch wirkenden Frakturschrift zum Trotz eine ganze Reihe technischer Symbole auf: Das gilt nicht nur für das KdF Symbol, sondern auch für ein blau gehaltenes, von oben gezeigtes Kampfflugzeug mit zwei deutlich sichtbaren Propellern und eine ebenfalls blaue Briefmarke, die ein Auto zeigt. Die „25 + 10“ Briefmarke soll an die „Internationale Automobil- und Motorradausstellung Berlin 1939“ erinnern und zeigt einen beschwingt durch eine vorüberrauschende Landschaft fahrenden VW – mit der Lupe lässt sich auf dem Beifahrersitz eine moderne, mit Baskenmütze bekleidete Frau erkennen. Wie der im italienischen Faschismus gepflogene Futurismus kannte auch der Nationalsozialismus den Kult von Motoren und Turbinen, suchte sich indes – im Unterschied zum Faschismus – stets seines Halts in den Tiefen der Geschichte zu versichern. Während sich links von der Briefmarke ein von oben gezeigtes Kampfflugzeug befindet – es ist an der Schützenkuppel im Dach sowie an dem Panoramafenster im Bug als solches zu erkennen, ist unter dem VW, dem Einheitsauto für die arische Volksgemeinschaft, ein Dolch, oder genauer: ein im Unterschied zu den geraden römischen Kurzschwertern ein gebogenes, geschwungenes, wohl bronzezeitliches germanisches Kurzschwert zu sehen. Rotoren, Motoren, Turbinen, Automobile und Flugzeuge schließen sich so mit einem antiken Schwert zu einem Ganzen zusammen, das nichts anderes zu besagen scheint, als seien jene die Fortsetzungen oder Verlängerungen von diesem.
Das KdF Plakat wirbt so für eine Synthese aus Moderne und Archaik: Motoren und Schwerter, Massentourismus und Volksgemeinschaft. Unter diesem Motto geht es dann auch nicht mehr lediglich um einen möglichen Vorschlag „Sammeln am Feierabend“, sondern jetzt auch um eine konkrete, genau bestimmte Aufforderung: „Besucht die Sammlergruppen der NS Gemeinschaft Kdf“.
So soll die Volksgemeinschaft im Erinnern zusammengeschmiedet werden, zu einer Gemeinschaft, die ihr Selbstverständnis in der Erinnerung an vergangene Größe und vergangene Not findet, sich des wiedergewonnenen Stolzes in der Gegenwart erfreut und im Vertrauen in die Kraft der Technik einem tödlichen Krieg entgegensieht. Während also eine abgebildete Münze an Preußens Gloria, an den „Großen Kurfürsten“ erinnert, mahnt daneben das Notgeld der Stadt Erfurt an Luther und die Reformation. Diese, in der Zeit der Inflation ausgeschriebenen Scheine enthalten, wiederum in Fraktur, die Garantie des Magistrats. Ihre Rückseite zeigt im Stil der in der Zwischenkriegszeit von Rechts bis Links beliebten Holzschnitte, die das menschliche Antlitz in seiner leidenden Grundstruktur besonders prägnant hervortreten lässt, Martin Luther, wie er zu Menschen, die sich bittend um ihn scharen, spricht. Das mit modernster Technik hergestellte Mittel modernster Währungsmanipulation wird in seiner Ambivalenz durch einen weiteren falschen Archaismus noch einmal hervorgehoben.
Ebenfalls dargestellt ist eine rötliche Vignette, die ein pommersches Wappen zeigt, einen, der mittelalterlichen Heraldik entlehnten Greifen in einem Wappenschild. Die drei Buchstaben im Kopf des Wappens, „ W H W“, die sich in der hier verwendeten, besonders schlicht anmutenden, nun lateinischen Druckschrift wiederum, besonders altertümlich ausnehmen, stellen indes nichts anderes dar als die Abkürzung einer weiteren, modern-wohlfahrtsstaatlichen Organisation, nämlich des WinterHilfsWerks. Dabei handelte es sich um eine auf professionellem Eintreiben von Spenden basierenden Aktion, die notleidenden arischen Volksgenossen auch jenseits der kodifizierten Sozialgesetzgebung beim Ausgleich jahreszeitbedingter Härten behilflich war.
Auffällig ist an dieser Vignette nicht so sehr die schon mehrfach vermerkte Vermischung von Archaik und Modernismus, sondern – ebenso wie bei der, einen VW zeigenden Briefmarke zur Erinnerung an die Automobil- und Motorradausstellung in Berlin – die Kürze des zu

überwindenden Zeitabstandes. Die Erinnerung, die hier gepflogen werden soll, beinhaltet die bestenfalls sechs Jahre alte Geschichte des „tausendjährigen Reiches“ und erklärt damit schon die eigene Gegenwart zur Vergangenheit. Womöglich – soviel Offenheit muss die Interpretation lassen – handelt es sich angesichts des inzwischen ausgebrochenen Krieges doch um einen Hauch von Nostalgie an die Zeit eines, wenn auch undemokratischen, rassistischen und deshalb verbrecherischen, faulen Friedens. Neben dem Emblem der KdF Organisation zeigt das werbende Plakat nämlich jenseits aller Fassung – gleichsam unmittelbar – das germanische Kurzschwert und einen Bomber. Doch zeigt sich die Perversion des Souvenirs als vorausgenommene Erinnerung ans Sterben nicht nur darin, sondern im ganzen Unterfangen der KdF. „Besucht die Sammlergruppen“, so heißt es am Ende des Plakats – und nun rot gedruckt – der NS Gemeinschaft „Kraft durch Freude“ .

Souvernirs sind in der Regel – und das nicht nur in der Moderne – private, mindestens individuelle Erinnerungsstücke an, wenn auch gemeinschaftlich erlebte, Begebenheiten, von Zeiten, von Orten, Erinnerungen an Reisen, an Wallfahrten oder Feiertage. Auch dort, wo der private Souvenir vergemeinschaftet wird, sei es in der Ansichtspostkarte, wo eine private Erfahrung adressiert und mitgeteilt wird, sei es in der berüchtigten Diashowparty der sechziger und siebziger Jahre, bei der mehr oder minder beteiligte Freunde bei Salzstangen und Cuba Libre gezwungen wurden, meist dilettantisch aufgenommene Reisebilder zu betrachten – immer war und ist es so, dass privat Erlebtes verallgemeinert wurde, sich aber dadurch gerade in seiner penetranten Privatheit besonders deutlich zeigt.

Im Souvenirkult der KdF wird dieses Muster in doppelter Weise umgedreht: zum einen sind die zu erinnernden Begebenheiten, genauer gesagt ihre Trägermedien alles andere als für den privaten Erlebniskonsum gefertigt. Notgeld, Münzen, zeithistorische Dokumente, Abzeichen und Briefmarken waren je schon für mehr und anderes gedacht als für die private Erinnerung – immer schon waren sie funktionale Medien des öffentlichen, oder genauer gesagt des politisch-ökonomischen Lebens. Doch ist es keineswegs nur dieser ursprünglich politische Charakter der Memorabilia, der im KdF Programm die Perversion des Souvenirs exekutiert, sondern der feste Wille, den Souvenir selbst aus seiner privaten Nutzung herauszureißen und ihn zu einem unmittelbaren öffentlichen Gedenken zu machen. Das spricht nicht gegen öffentliches Gedenken, das seine eigene soziale und politische Funktion und im moralisch angemessenen Fall seine eigene Würde hat, sondern dafür, dass öffentliches Gedenken und privater Souvenir zwei unterschiedliche, wenn auch einander komplementäre Funktionen in der Erinnerungskultur haben. Man mag sich zwar anhand von Souvenirs öffentlich bedeutsamer Ereignisse erinnern – es scheint aber widersinnig, private – also kontingente, individuelle und letztlich unpolitische Erfahrungssedimente in Formen öffentlichen Gedenkens zu überführen. Und tatsächlich unternimmt das KdF Programm diesen Versuch auch gar nicht – es tut etwas anderes: es zielt darauf, die vormals privatisierte Erinnerung an bedeutsame öffentliche Ereignisse erneut zu vergemeinschaften und damit die individuelle Erinnerung auch an öffentliche politische Ereignisse wieder in ein gemeinschaftliches Erinnern zu überführen, d.h. zu politisieren. Der totalitäre Sinn dieser Strategie lässt sich dann nicht mehr verbergen: das Private wird veröffentlicht, die inkommensurable individuelle Erinnerung ins kollektiv Bearbeitbare verschoben, der Souvenir zum Gedenken umfunktioniert und zwar so, dass – was die Inhalte der Erinnerung betrifft – die Erinnerung um der Zukunft willen ausgelöscht wird, einer Zukunft, die allen Beteuerungen des Lebens zum Trotz immer nur dem kollektiv geplanten und gewollten Tod gilt. Im gleichen Maß, in dem Privates in der öffentlichen Sammlergemeinschaft getilgt und die private, ein gelungenes Leben einholende Erinnerung zum Vorlauf in den kollektiven Tod umfunktioniert wird, wird der Souvenir zum Gedenken, bei dem nun deutlich wird, dass er nichts per se Gutes ist, sondern ganz und gar von seinen Inhalten und moralischen Zielen abhängt. Was aber passiert, wenn diese Form des perversen Souvernirs, der pervertierten Erinnerung nun ihrerseits wieder

zum privaten Souvenir wird? Was motiviert all jene Jäger des verlorenen Schatzes, hinter Ritterkreuzen mit und ohne Eichenlaub, hinter SS Dolchen und Verwundetenabzeichen („Gefrierfleischorden“) herzujagen, bei „Militaria“ Spezialisten Fahrpläne der Reichsbahn zu bestellen und - wie es die Autoren des „Stern“ in Wirklichkeit, die Protagonisten von „Schtonk“ aber nur im Film, in der Fiktion wollten? Rein äußerlich haben wir es hier auch mit einer Reprivatisierung der schon vergemeinschafteten Erinnerung an Tod und Sterben zu tun, mit einem sensationslüsternen Kitzel, das, was Tod und Unglück über Millionen von Menschen brachte, im Wohlgefühl derer zu genießen, die es überstanden haben und es sich daher leisten können, daran nicht mehr leiden zu müssen. Diese eher harmlose Variante der persönlichen Erinnerung aber wird durch eine ungleich gefährlichere, weil verlogene, geschichtsverleugnende persönliche Erinnerung ergänzt.
In Malte Ludins oben erwähntem Flm „Zwei, drei Dinge, die ich von ihm weiß“, findet sich eine Szene, in der eine von Ludins Schwestern, die im Unterschied zu ihm von der mörderischen Schuld eines Vaters, der als Statthalter des Reiches in der Slowakei auch die Vernichtung der Juden betrieben hatte, nicht überzeugt ist, es dennoch zulässt, dass in ihrem Keller Kisten geöffnet werden, die Souvenirs des 1947 gehängten Vaters enthalten. Das sind neben Fotografien eine Ernennungs- und Lobesurkunde des „Führers“ sowie ein Ehrendolch der SS; ihn heben u.a. auch ein Sohn der von der Schuld ihres Vaters nicht restlos überzeugten Tochter. Das Öffnen der Kiste im Scheinwerferlicht der Filmcrew erzeugt zunächst vor allem Verlegenheit und die Familienmitglieder der zweiten und dritten Generation bemühen sich, darauf hinzuweisen, wie sehr sie sich von der Doppelnatur von Vater bzw. Großvater in die Irre haben führen lassen. „Zwei, drei Dinge, die ich von ihm weiß“ stellt in gewisser Weise die Rücknahme von Programmen wie jenes der KdF dar. Auch hier werden private Erinnerungen veröffentlicht, auch hier wird die Grenze zwischen öffentlich und privat überschritten, werden ganz private Sichtweisen, Obsessionen und Überzeugungen der Öffentlichkeit zugeführt. Um den Unterschied zu markieren ist es gar nicht nötig, auf die unterschiedlichen politischen Zielsetzungen des KdF Programms hier und Ludins Film dort einzugehen – entscheidend bleibt die Form: Während der Aufforderung der KdF gewiss entgangen werden konnte, allerdings so, dass eine bestimmte soziale Kontrolle und zu vermerkende Reaktionen höherer Instanzen unvermeidlich waren, bleibt der Nichtbesuch des Films für die ohnehin nicht fixierbaren Gruppen (welcher Gruppe gehören Personen an, die ein kulturelles Ereignis nicht wahrnehmen?) ohne jede Folge.

Der Privatheit des Filmbesuchs entspricht die Privatheit der Bereitschaft, sich mit dem in diesem Film artikulierten Problem, nämlich der Wahrhaftigkeit der Erinnerung an die Verbrechen des Nationalsozialismus auseinanderzusetzen. Wahrhaftigkeit der Erinnerung aber bleibt gebunden an die Vorstellung eines moralisch autonomen Individuums, das von den leugnenden Schwestern des Autors doch deutlich bestritten wird.
Indes: haben wir mit diesen Fragen, die sich an einem in einer Kiste verwahrten SS Dolch eines zum Tode verurteilten Kriegsverbrechers entzündeten, die Dramatik dessen, worum es bei Souvenirs tatsächlich geht, nicht längst überspannt?
Walter Benjamin, dem in seinen 1940 verfassten „Geschichtsphilosophischen Thesen“ alles darauf ankam, die Erinnerung dem Strom der Konvention zu entreißen, hatte Jahre zuvor geäußert, dass – wenn es denn so etwas wie das Allgemeine Tatsächlich gäbe, es sich wohl eher um die Rüsche am Kleide denn um den Weltgeist handele. Die Vorstellung, im läppisch alltäglichen Produkt einer Epoche, denn das ist der Souvenir, deren wahres Wesen zu erkennen, dieser Anspruch mag sich allemal auf den Souvenir richten, der – wie die Ware nach Marx – „ein Ding mit ganz besonderen Mucken ist.“

Wolfgang Cilleßen

Politische Andenkenkultur in den Niederlanden

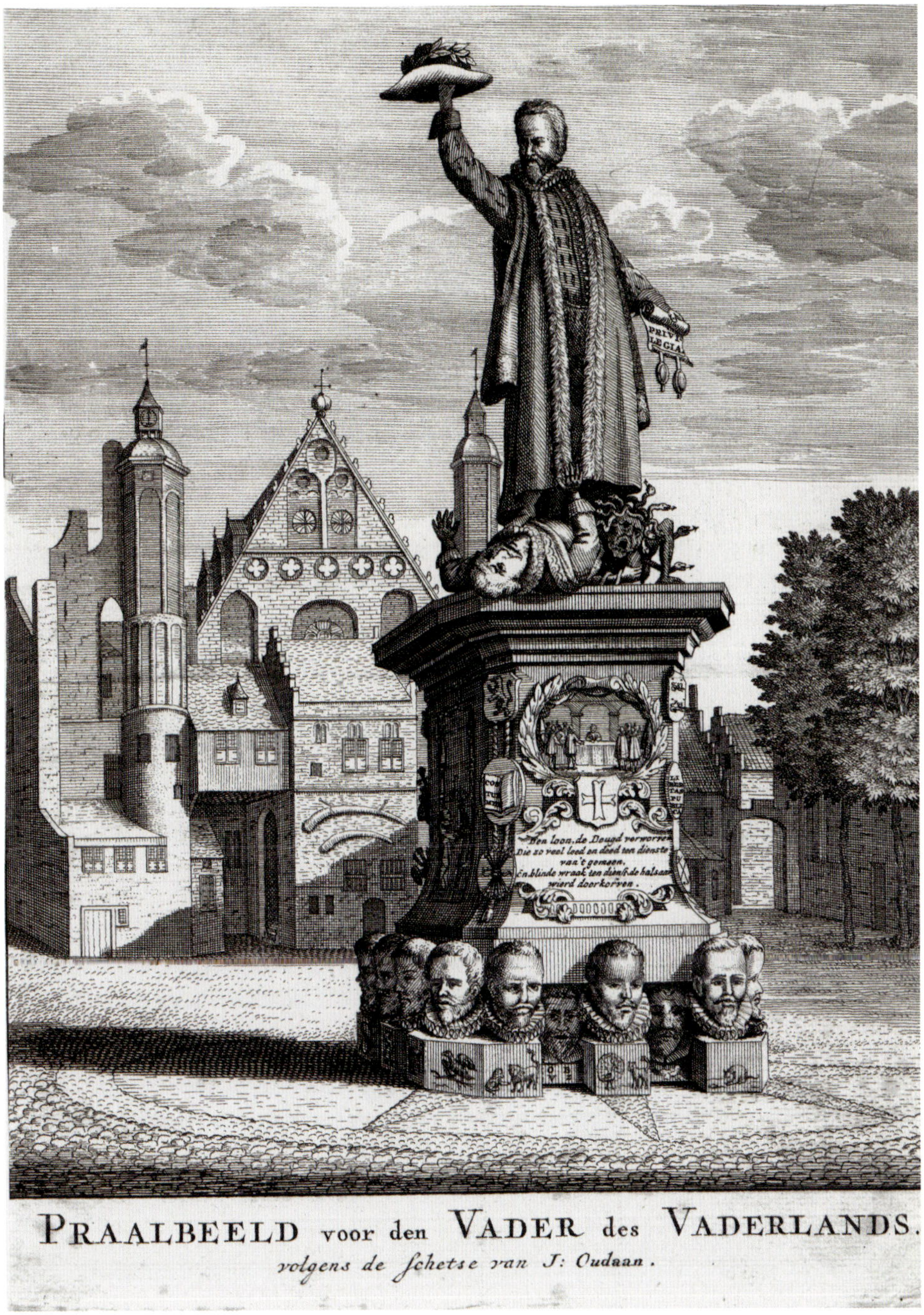

Abb. 1, Anonym
Praalbeeld voor den Vader des Vaderlands
Radierung
Nach: Nederduitse en latynse keurdigten, Rotterdam 1710,
nach S. 16. (Archiv des Verfassers)

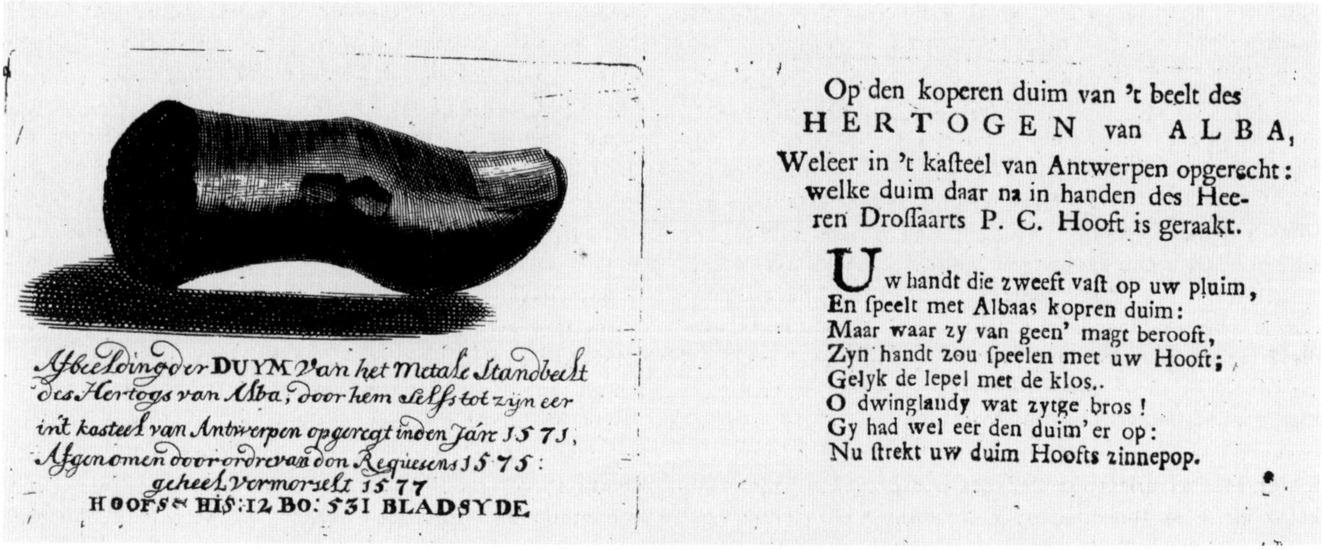

Op den koperen duim van 't beelt des
HERTOGEN van ALBA,
Weleer in 't kasteel van Antwerpen opgerecht:
welke duim daar na in handen des Heeren Drossaarts P. C. Hooft is geraakt.

Uw handt die zweeft vast op uw pluim,
En speelt met Albaas kopren duim:
Maar waar zy van geen' magt berooft,
Zyn handt zou speelen met uw Hooft;
Gelyk de lepel met de klos..
O dwinglandy wat zytge bros!
Gy had wel eer den duim'er op:
Nu strekt uw duim Hoofts zinnepop.

Abb 2, Joost van den Vondel
Op den koperen duim, 1641
Flugblatt mit anonymem Kupferstich, nach 1677
Rijksprentenkabinet Amsterdam
Nach: Smolderen 1971, Taf. XIII.

Auch die Niederländer hatten ihre Bastille: das zwischen Maas und Waal nahe Gorinchem gelegene Schloss Loevestein, ein Staatsgefängnis, in dem eine Reihe von bekannten staats- und remonstrantisch gesinnten Parteigängern und Predikanten, Männer wie Hugo de Groot, Rombout Hogerbeets, Arnoldus Geesteranus und Jacob de Witt für ihr politisches Engagement und ihre religiösen Überzeugungen büßten. In der republikanisch-staatsgesinnten Erinnerungskultur spielt Schloss Loevestein daher als Symbol statthalterlich-oranischer Tyrannei eine prominente Rolle. Bedurfte es aber des Gegenstands selbst, um die Erinnerung an mit ihm verbundene Begebenheiten und Personen wachzurufen? Der Arzt und Schriftsteller Jacob Ploos van Amstel befand anlässlich einer Reise nach Loevestein im Jahr 1772, zur mitfühlenden Erinnerung an Ereignisse, an erlittenes Unrecht und belohnte Tugend sei keine wirkliche Abbildung oder der Anblick von Überbleibseln eben dieser Ereignisse erforderlich, obwohl doch der Besuch des Schlosses genau solche Empfindungen und Reflexionen in ihm selbst ausgelöst hatte. Er plädierte vielmehr dafür, das „verwünschte Schloss" bis auf die Grundmauern niederzureißen, um einen „so hässlichen Beweis der Verfolgung und Mißhandlung der Tugend" aus dem menschlichen Gedächtnis zu löschen, und statt dessen als Träger der Erinnerung ein Prunkgrab für Hugo de Groot aufzurichten. Im Wissen um die geringe Aussicht auf die Verwirklichung seines Vorschlags ließ er zumindest ein Modell des Kenotaphs aus Karton erstellen.[1]
Einiges spricht für die Vermutung des niederländischen Historikers Van Sas, dass die Reste des Schlosses nach einem Abbruch – ähnlich wie schon bei der Bastille und später der Berliner Mauer – in die Hände von Souvenirjägern gelangt wären, auch wenn dies kaum den Absichten Ploos van Amstels entsprochen haben dürfte. In der Tat gab es hierfür in den Niederlanden zumindest einen historischen Präzedenzfall. Der Herzog von Alva hatte im Mai 1568 in Brüssel das Haus des Grafen von Culemborg, in dem der sogenannte „Kompromiss der Adeligen" geschlossen worden war, abreißen und an seine Stelle einen Marmorpfeiler errichten lassen. Eine Inschrift widmete ihn der „verfluchten Erinnerung" der in diesem Haus begangenen Verschwörung gegen die Majestät des Königs. Nach der Genter Pazifikation von 1576 zerstörten Brüsseler Bürger das Denkmal, und zwar „solcherart, dass jeder versuchte, ein Stück davon zu bekommen, um beweisen zu können, daß er geholfen hatte, ein solches Werk zu vernichten".[2] Die Spolien dienten mithin als doppeltes Andenken, nämlich an ein als schändlich empfundenes Denkmal und an die persönliche Teilnahme an einem als Wiedergutmachung zu begreifenden, kollektiv begangenen Denkmalsturz. Schloss Loevestein hingegen ging nicht in die politische Andenkenkultur, wohl aber in die politische Erinnerungskultur der Niederlande ein.
Gleichwohl spielen natürlich Andenken auch in der politischen Kultur der Niederlande eine wichtige Rolle, vor allem solche Andenken an zeitgenössische und historische Ereignisse und Personen, die in den jeweiligen politischen Konflikten von ihren Besitzern mit entsprechend gefärbten Konnotationen aufgeladen wurden und notfalls instrumentalisiert werden konnten. Die Mehrheit der politischen Andenken lässt sich zwei Gruppen zuordnen. Entweder stehen sie mit dem Freiheitskampf gegen die Spanier oder aber mit den konfessionell unterlegten Auseinandersetzungen zwischen den Gefolgsmännern der oranischen Statthalter einerseits und den Loevesteinschen Parteigängern andererseits in Verbindung. Zwischen dem 16. und dem 19. Jahrhundert unterlagen diese Andenken im Hinblick auf die Bedeutung für ihre jeweiligen Besitzer, Familienangehörige, Augenzeugen, politische Anhänger und Gegner, auf die Inszenierung in privaten und öffentlichen Sammlungskontexten, die Literarisierung und Verbildlichung und auf die Instrumentalisierung innerhalb einer öffentlichen Erinnerungskultur einem stetigen Wandel.[3] Einige Beispiele mögen dies illustrieren.
Alva manifestierte seinen Triumph über die niederländischen Ketzer und Verschwörer nicht nur in dem Pfeiler auf dem Boden des Palais Culemborg, sondern 1571 auch in dem berühmt-berüchtigten Standbild in Antwerpen, das selbst in Spanien als so anstößig und politisch kontraproduktiv empfunden wurde, dass Philipp II. es einschmelzen ließ. Obwohl das Denkmal also nicht zum Opfer des Volkszorns wurde, gelangte später eine Spolie in den Besitz des Historikers und Dichters Pieter Corneliszoon Hooft (1581-1647), ein bronzener Daumen, der zum Gegenstand eines Ge-

[1] Ploos van Amstel 1774, S. 1f, 35. S. hierzu Ploos van Amstel 1980, S. 39f, u. Sas 1995, S. 70.
[2] Gysius 1616, S. 271f. Bor 1621, Buch IV, f. 177v°. S. hierzu Schotel 1846, S. 71f.
[3] Grundlegend hierzu Vroom 1997.

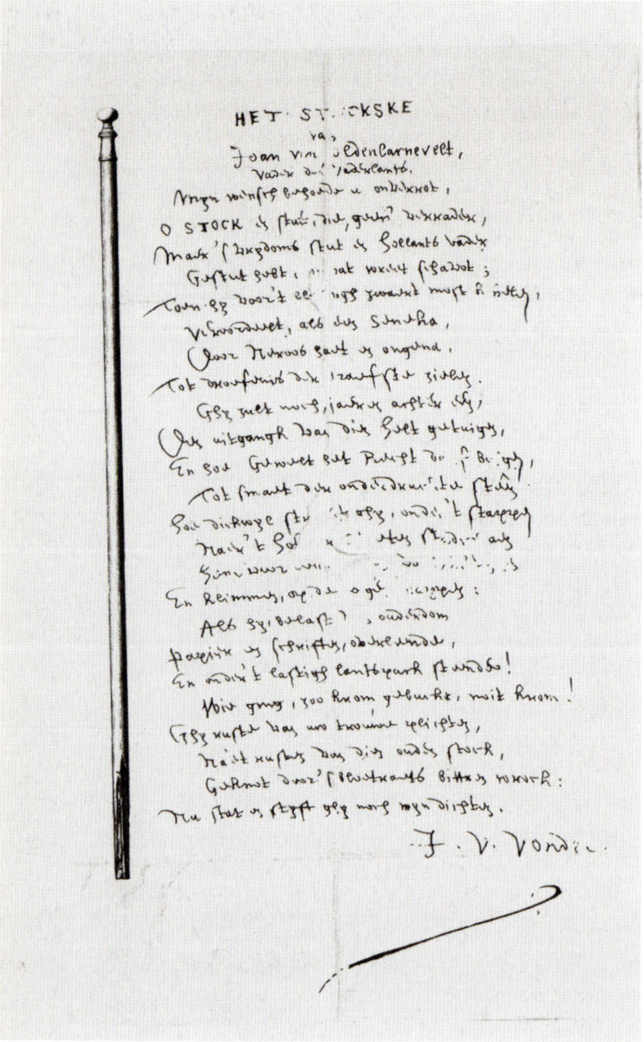

Abb. 3, Joost van den Vondel
Het stokske van Joan van Oldenbarnevelt, 1657
Faksimile des Autographen mit Zeichnung, aus: De werken van Vondel, hrsg. v. J. van Lennep, Amsterdam 1866, S. 714
Nach: Vroom 1997, S. 30.

dichtwechsels zwischen einigen Mitgliedern des sogenannten „Muider Kring", zwischen Hooft, Constantijn Huygens, Kasper van Baerle und Joost van den Vondel wurde, die über den Charakter des Relikts als Sinnbild von Macht und Tyrannei und deren Untergang nachsannen.[4] Vondels Gedicht erschien um einen Kupferstich mit der Abbildung des Daumens gleichsam zum Emblem ergänzt nach 1677 auch auf einem Einblattdruck.[5]

Der Daumen kam später in die Sammlung des Amsterdamer Bürgermeisters Jan van de Poll. Eine Serie von Gedichten, die 1719 in einer kleinen Anthologie veröffentlicht wurde, zeugt von der Aufmerksamkeit, die die Memorabilie auch hier unter Freunden und Besuchern genoss.[6] Der Anblick des Daumens löste bei den Dichtern unterschiedliche historische Erinnerungen und damit auch widerstreitende Empfindungen aus, Gefühle des mit Lust verbundenen Schreckens und des Triumphes. Das Andenken belehre und erfreue zugleich, „docet & delectat", wie einer der Dichter unter seine Verse setzt und damit eine Parallele zur Fabel zieht. „Et permovet" hätte er im Sinne der Rhetorik noch hinzufügen können, denn Alvas Daumen eignet überdies ein appellativer Charakter: Er soll nämlich nötigenfalls neuen Mut in den Betrachtern wecken, um aufkeimender Tyrannei mit Wachheit und Ernst entgegenzutreten und Freiheit und Einheit zu bewahren. Das Andenken erhält also einen moralischen Mehrwert zugesprochen. Es dient nicht nur der Vergegenwärtigung des Vergangenen, sondern trägt auch einen in die Zukunft gerichteten Aufruf in sich. Man kann sich indes fragen, ob es sich bei dem Daumen von Alvas Standbild – vor allem nach dem Friedensschluss von 1648 und dem Tod Willem II. von Oranien 1650 – nicht eher um ein historisches als um ein politisches Andenken handelt. Eindeutiger hingegen ist der folgende Fall.

Der Theologe, Arzt und Dichter Jacob Westerbaen (1599-1670) hatte 1625 Anna Weytsen, die reiche Witwe des ältesten Sohnes Johan van Oldenbarnevelts, geheiratet, und war so in den Besitz des Stockes gekommen, auf den der Landsyndikus sich auf dem Weg zum Schafott gestützt hatte. Der Remonstrant und Republikaner Westerbaen muss in dem Stock jedoch nicht nur ein Familienandenken gesehen haben, sondern auch eine politische Reliquie, die das geschehene Unrecht beständig in Erinnerung rief und ihn

[4] Becker 1971, S. 109-112. Zum „Muider Kring" s. Expositiondossier Fundation Custodia 2000.

[5] Die auf dem Blatt angeführte Stelle aus P.C. Hoofts Nederlandsche Historien erscheint erstmals mit dieser Blattnumerierung in der Ausgabe Amsterdam 1677.

[6] Gedachtenisse 1719.

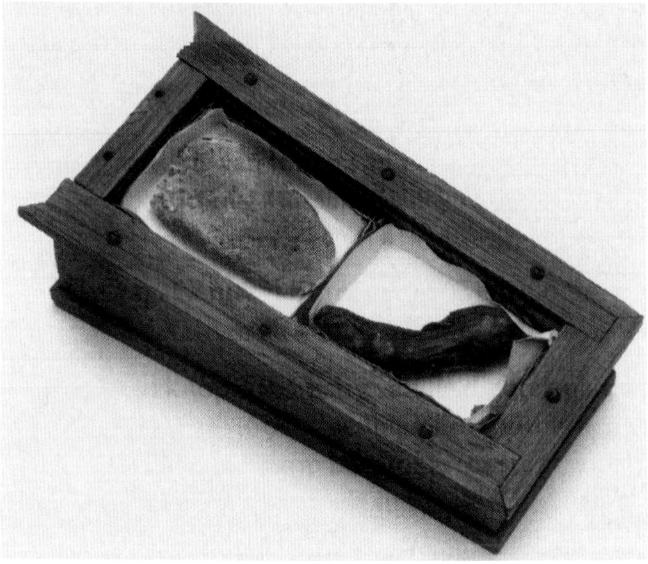

seiner Anschauungen versicherte. In einem Gedicht lässt Westerbaen den Stock die ihn betrachtenden „Wallfahrer" auffordern, die Dienste, die er Oldenbarnevelt geleistet habe, mit ihren Tränen zu würdigen.[7] Das klingt nach unpolitischer Innerlichkeit, aber die im Gedicht angelegte Analogie zwischen dem Stock und Oldenbarnevelt selbst macht deutlich, dass die Tränen zugleich und vor allem dem Diener des Vaterlands zu gelten haben. Westerbaen lässt auch in dem „hofdicht" Ockenburgh, das seinen Landsitz vor den Toren Den Haags besingt, keinen Zweifel daran, wo sein Herz schlägt und macht dies in einem doppelten Akt der Externalisierung deutlich. Seine politischen Überzeugungen gewinnen in den von ihm im „salet" versammelten Gemälden sichtbare Gestalt und werden im Druck nicht nur befreundeten Besuchern, sondern auch einer gebildeten Öffentlichkeit zur Kenntnis gebracht.[8] Im Mittelpunkt der Galeriebeschreibung stehen die Porträts der Märtyrer De Groot und Oldenbarnevelt. Gegner und Sympathisanten hätten – so Westerbaen in seinen Versen – das in Taschentüchern und Sand aufgesogene Blut des hingerichteten Landesvaters als Trophäe und als Reliquie respektive stetige Mahnung zur Sühne des Verbrechens nach Hause getragen.

Westerbaen wird bei einem Rundgang mit seinen Gästen auch die Stockreliquie andächtig betrachtet haben. Ob dies auch für Joost van den Vondel (1587-1679) gilt, der das Andenken 1657 seinerseits zum Gegenstand eines Gedichtes machte, muss angesichts der nicht ganz konfliktfreien Beziehung zwischen beiden Dichtern fraglich bleiben. Wie Westerbaen preist auch Vondel den Stock für seine direkten und indirekten Verdienste um Oldenbarnevelt und die Freiheit des Vaterlands und möchte ihn als Zeugnis für Gewalt und Rechtsbeugung, der er als historische Parallele Seneca und Nero an die Seite stellt, möglichst lange erhalten wissen.[9] Vondel hatte seine Verehrung für Oldenbarnevelt und seinen Hass auf Mauritz und die orthodoxen Predikanten schon 1625, dem Todesjahr des Prinzen, dem Drama „Palamedes oft Vermoorde Onnooselheyd" anvertraut und sich nicht unerwartet ein Verbot durch die Zensur eingehandelt. Westerbaen schenkte den Stock zusammen mit dem Autographen Vondels zu einem nicht bekannten Zeitpunkt dem

Abb. 4, Zunge von Johan de Witt und Zeh von Cornelis de Witt in einem hölzernen Sarg
Den Haag, Haags Historisch Museum
Nach: Vroom 1997, S. 68.

[7] Westerbaen 1657, Bd. 1, S. 480.
[8] Westerbaen 1654, S. 54-64.
[9] Vondel 1986, S. 982.

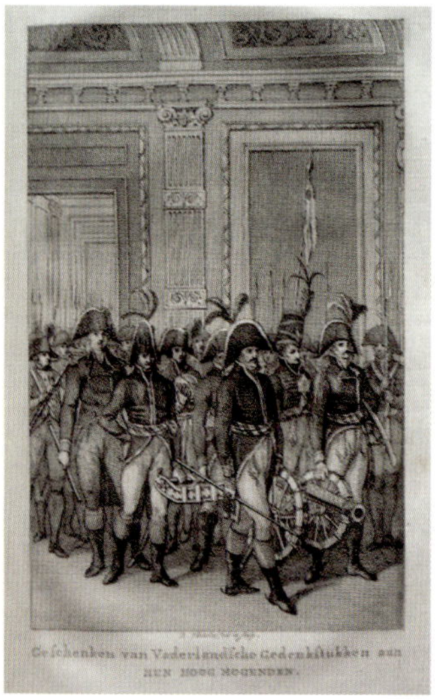

Dichter und Numismatiker Joachim Oudaan (1628-1692), der sie seiner umfänglichen Antiken- und Medaillensammlung einverleibte. Oudaan vertrat ähnliche politische und religiöse Auffassungen wie Westerbaen. Der Rijnsberger Kollegiat fühlte sich in theologischen Fragen dem Toleranzgedanken verpflichtet. Politisch war er ein überzeugter Republikaner und Anhänger des Ratspensionärs Jan de Witt. Wie Westerbaen huldigte er Oldenbarnevelt in seinen Gedichten als einem tugendhaften Opfer der Tyrannei, das den aufrechten Landsleuten als historisches Exemplum vor Augen stehen und nach Recht und Unrecht, nach Wahrheit und Unwahrheit gewogen werden solle, ja, er sieht Oldenbarnevelt in der Nachfolge Christi: So wie sich dessen Antlitz dem Schweißtuch der Veronika eingeprägt habe, so bewahre der Sand des Schafotts die Züge Oldenbarnevelts.[10] Im August 1672 hält sich Oudaan in Den Haag auf und wird Zeuge eines barbarischen Doppelmordes: Die Brüder Jan und Cornelis de Witt fallen unter dem Eindruck des französischen Vormarschs und dem Ruf nach Rückkehr der Oranier der Lynchjustiz des Pöbels zum Opfer und werden grauenvoll massakriert. Oudaans eindringlicher Augenzeugenbericht ist zugleich eine bedeutende Quelle für die Generierung von Reliquien.[11] Nach der Ermordung beraubt man die Leichen ihrer Kleider und eignet sich vor allem die blutigen Fetzen als Beute an. Andere waschen unter Flüchen ihre Hände mit dem Blut der Opfer. Sodann werden die Leichen an den Füßen an den Schnellgalgen gebunden. Man schneidet ihnen Finger, Zehen, Nasen, Lippen, Ohren, Zungen und die Schamteile ab – letzteres unter Gebrauch entsprechender Schmähungen und Scherze -, hält sie wie Trophäen empor und verkauft sie an die Umstehenden, die sie wiederum triumphierend ihren Bekannten präsentieren. Als man sich daran macht, auch Herzen, Leber und Eingeweide herauszuschneiden, verlässt Oudaan den grausigen Schauplatz. Auf dem Heimweg erwirbt er am folgenden Tag den Zeigefinger von Johan de Witt „für zwei Schillinge und ein Kännchen Altbier sowie drei Stüber für den Branntwein, in dem er die Nacht über gelegen hatte“. Den Reliquien eignet also eine zweifache, antithetische Konnotation. Den politischen Gegnern sind sie ein Zeugnis für die Teilnahme an einem rituellen Sühnemord für die gegen das Haus Oranien gerichtete

Abb. 5, Reinier Vinkeles
Geschenken van Vaderlandsche Gedenkstukken aan Hun Hoog Mogenden, Radierung
Nach: Petrus Loosjes: Vaderlandsche Historie, Bd. 30, Amsterdam 1803, nach S. 304. (Archiv des Verfassers)

[10] Oudaan 1712, Bd. 1, S. 317f. (Op de afbeelding van den heere van Oldenbarneveld). S. auch die Gedichte in Bd. 2, S. 29-32 u. 150-153.

[11] Manuskript in der Koninklijke Bibliotheek Den Haag, 133 M 126, f. 48r°-54r°.

Politik, vielleicht auch Talismänner zur Abwehr des innen- und außenpolitischen Bösen, den republikanischen Anhängern hingegen ein Gegenstand der Verehrung und Andacht, der Bestätigung politischer und religiöser Überzeugung, ein Erinnerungsmal, das gegebenenfalls seinerseits nach Sühne oder gar Rache ruft. Der Besitzerwechsel schließt mithin fallweise einen Perspektiv- und Bedeutungswechsel ein.
Oudaan verarbeitete das traumatische Erlebnis in einer Vielzahl von Gedichten, darunter auch solche auf verschiedene dingliche Memorabilia, die anonym auf Einblattdrucken und in der Gedichtanthologie „Het zwart toneelgordyn", ein Lobgesang auf das Leben und Sterben der Brüder De Witt, erschienen.[12] In der „Nutzanwendung" auf einen allegorischen Kupfer von Coenraet Decker stellt Oudaan-Chronos die Ermordung der Brüder an das Ende einer langen Reihe schändlicher politisch-konfessioneller Morde und setzt sie – in Anlehnung an die Radierung – in Parallele mit der Hinrichtung Oldenbarnevelts.[13] Nach dem Vorbild Vondels verfasste Oudaan sowohl ein Gedicht auf die Fingerreliquie als auch ein Drama auf den Lynchmord. Das Gedicht ehrt den Zeigefinger Johan de Witts, der zum Wohl des Landes den Schwur auf das Ewige Edikt geleistet, die Feder zur Unterschrift geführt und das Staatsruder gelenkt hat, gleichsam ein Gegenbild zum Daumen Alvas. Der „Haagsche Broeder-Moord of Dolle Blydschap" kleidet das aktuelle Geschehen hingegen nicht in ein historisches Gewand wie bei Vondel, sondern nennt die Akteure beim Namen, wobei Wilhelm III. von Oranien und seine Anhänger für den Mord direkt verantwortlich gemacht und – wiederum anhand historischer Exempla – vor der ausgleichenden Gerechtigkeit gewarnt werden. Johan de Witts Leidensweg erscheint hier ähnlich dem Oldenbarnevelts als gelebte Nachfolge Christi. Das Drama zirkulierte aus Angst vor politischer Verfolgung lediglich in Abschriften und wurde erst 1712 veröffentlicht.[14]
Joachim Oudaan, Neffe und Erbe seines gleichnamigen Onkels, reflektiert in einem Huldigungsgedicht an den staatsgesinnten Haager Bürgermeister Jan Hudde Dedel (1702-1777), dem er Oldenbarnevelts Stock Mitte des 18. Jahrhunderts verehrte, noch einmal Charakter und Funktion von dinglichen Andenken: Obwohl es sich häufig um nutzlose und unansehnliche Dinge handele, vermöchten sie doch mehr noch als Geschichtsbücher, dank ihrer Authentizität und Aura sozusagen, den Betrachter zu beeindrucken und seine Seele zu Höherem zu leiten.[15]
Die Besitzer der Andenken und Reliquien möchten den ihnen eingeschriebenen Erinnerungen und politischen Überzeugungen häufig eine über das Private und Halböffentliche hinausreichende, dauerhafte öffentliche Präsenz in Form von Denkmälern der von ihnen verehrten Vorbilder angedeihen lassen. Westerbaen spricht sich 1663 in dem Pamphlet „Krancken-Troost voor Israel in Holland" für die Wiedergutmachung des Oldenbarnevelt angetanen Unrechts, für die Rückerstattung des konfiszierten Vermögens an die Familie und für die Errichtung eines Denkmals auf dem Platz seiner Hinrichtung aus: „Een Beeld, een heerlijk Beeld, van marmer of metael / (Gelijk men die van ouds voor sulcke plagh te bouwen) / Daer men dees letteren op gieten doe of houwen: / DIT'S OLDENBARNEVELD, DIE TROUWE PATRIOT, / DIE HIER SYN LEVEN LIET VOOR 'T LAND OP EEN SCHAVOT."[16]
Oudaan hatte schon 1654 aus der gleichen politisch-religiösen Gesinnung heraus ein gereimtes „Praalbeeld voor den Vader des Vaderlands" entworfen.[17] Das ausführliche Bildprogramm enthüllt indes ein weit über Westerbaens Motive der Entschädigung und Rehabilitation hinausgehendes erinnerungspolitisches Anliegen. Dank und Lohn für das politische Lebenswerk im Dienste der Niederlande kommen in dem Denkmal ebenso zum Ausdruck wie die öffentliche Anerkennung und Wiedergutmachung des Unrechts. Oldenbarnevelt triumphiert daher – wie man auf einem erst um 1710 nach Oudaans Entwurf gefertigtem Kupfer sieht[18] – auf hohem Sockel mit emporgehobenem Freiheitshut in der Rechten und den Landesprivilegien in der Linken. Oudaan konzipiert das Standbild aber nicht allein als Ehrenmal für Oldenbarnevelt, sondern zugleich als Schandmal für dessen politische Gegner, die sich zu seinen Füßen in Gestalt eines Mannes – wahrscheinlich Mauritz von Oranien – und des Neides winden. Den mit politischen Sinnbildern geschmückten Sockel des Denkmals tragen nach dem biblischen Vorbild des „Ehernen Meers" die Köpfe der 24 Richter, die Oldenbarnevelt zum Tode verurteilt hatten, begleitet von charakterisierenden Tierdarstellungen. Diese

---

[12] Toneelgordyn 1678, Bd. 1, S. 17f., 27-31, 37f., 48-51; Bd. 2, S. 22f., 24f., 27-19, 81-85.

[13] Toneelgordyn 1678, Bd. 1, S. 48-51, hierzu: Ausst. 1997, S. 132f.

[14] Gemmert 1984.

[15] Oudaan 1747.

[16] Westerbaen 1663. S. hierzu Worp 1886, S. 215-217; Es 1952, S. 141.

[17] Oudaan 1712, Bd. 2, S. 150-153.

[18] Nederduitse keurdigten 1710, nach S. 16.

Schandbilder dienen nicht lediglich der Warnung und Abschreckung für künftige Tyrannen – wie es in den Versen heißt –, sondern zugleich der öffentlichen und dauerhaften Brandmarkung der als Verräter betrachteten Richter.[19]
Oudaan gab sich im Hinblick auf die politische Durchsetzbarkeit seines Denkmalprojekts jedoch keinen Illusionen hin, so er eine Realisierung überhaupt ernstlich erwogen haben sollte, und forderte daher sogleich ein weiteres, gedrucktes Denkmal für Oldenbarnevelt. Personendenkmäler im öffentlichen Raum waren in den kalvinistischen Niederlanden nicht zuletzt durch das bereits erwähnte Antwerpener Standbild Alvas diskreditiert.[20] Nun war der Entwurf Oudaans in seiner formalen und inhaltlichen Anlehnung an das Alva-Denkmal nicht weniger provokativ als dieses, zumal es nicht – wie in der früheren Bildpropaganda – Wilhelm von Oranien oder seinen Sohn Mauritz auf den Gegendenkmalssockel hob, sondern dessen so umstrittenen politischen Kontrahenten Oldenbarnevelt, ja auf subtile Weise Mauritz als alter ego Alvas erscheinen ließ.
Nun konnten historische und politische Souvenirs im Familienbesitz nur eine sehr begrenzte Wirkungskraft entfalten. Die Herausgabe der anfangs nur in den Kreisen gleichgesinnter Dichter und Gelehrten ausgetauschten Gedichte in Flugschriften und Anthologien sicherte den Andenken und den ihnen eingeschriebenen historischen und politischen Botschaften gleichwohl eine größere öffentliche Aufmerksamkeit. In Zuge der vaterländischen Geschichtsschreibung des 18. Jahrhunderts wurden die Reliquien verstärkt auch als historische Quellen wahrgenommen, auf Kupferstichen abgebildet und in den aktuellen politischen Konflikten instrumentalisiert. Die zweite Hälfte des 18. Jahrhunderts sah im Zuge der Entstehung einer neuen, politisch geprägten Soziabilität von Patrioten und Oraniern auch das Aufkommen einer Devotionalienindustrie, die aber eher Zugehörigkeitsgefühl als historische Andenken produzierte. Die Authentizität und Aura des originalen Andenkens sollten jedoch erst Museen einer potentiell unbeschränkten Öffentlichkeit zumeist in erzieherischer Absicht vermitteln.
Im März 1795 wurden die Bewohner Den Haags Zeuge einer ungewöhnlichen, in den Niederlanden bislang ungesehenen Zeremonie. In einer feierlichen Prozession trugen französische Generäle unter Leitung von Dumonceau und begleitet von ihrer Garnison und klingendem Spiel eine Reihe von Andenken der vaterländischen Geschichte zu den Generalstaaten im Binnenhof. Es handelte sich um den Säbel des Admirals Michiel de Ruyter, den Kommandostab des Admirals Tromp, einen der hölzernen Geusenbecher, mit dem sich die Adeligen zur Besiegelung ihres Bundes 1566 zutranken, einen der beiden hölzernen Kugeln, in die aus diesem Anlass jeder der Anwesenden einen Nagel schlug, sowie eine reich verzierte kleine Kanone, die De Ruyter angeblich von einem javanischen Prinzen zum Geschenk erhalten hatte. Diese historischen Andenken stammten aus dem Raritätenkabinett Wilhelms V. von Oranien und sollten nach Meinung der Franzosen, nun da das Zeitalter der wahren Freiheit für die Niederländer anbrach, aus dem Dunkel befreit und dem Volk als seinem rechtmäßigen Eigentümer als Zeichen der Freundschaft zurückgegeben werden; angesichts des umfänglichen Raubzugs der Franzosen durch die statthalterlichen Sammlungen und der den Niederländern auferlegten hohen Kontributionen ein geschickter propagandistischer Schachzug, der Freiheits- und Freundschaftssymbolik augenfällig miteinander verband. Der Anblick dieser „heiligen Denkmale“ und die Erinnerung an den Heldenmut der Vorväter solle, so beschworen die niederländischen Repräsentanten in ihrem Dank, sie selbst und das Volk mit heiligem, patriotischem Eifer erfüllen und zur Verteidigung von Freiheit und Vaterland bereit machen.[21] Um diesen Zweck erfüllen zu können, wurden die Reliquien in die neu aufgerichtete Nationale Kunstgalerie im Huis ten Bosch in Den Haag überführt, wo sie der Öffentlichkeit ab 1800 zusammen mit zahlreichen anderen nationalen Andenken und Gemälden zugänglich gemacht wurden.[22]
Die historischen Andenken erhielten durch ihre Legitimationsfunktion politischen Charakter, sie standen für den langen, nun erst zu bleibendem Erfolg geführten Freiheitskampf der Niederländer, für ihre zum Wohle des Vaterlands (und natürlich Frankreichs) wiederzugewinnende militärische Stärke und für die politische Verbundenheit mit der französischen Republik. Mit der Restauration der Oranier und der nachlassenden Polarisierung der niederländischen Gesellschaft im 19. Jahrhundert sollten die historischen Andenken dann einen Teil ihres politischen Bedeutungsgehalts endgültig verlieren.

---

[19] Oudaan kritisierte im übrigen das Prunkgrab eines der Richter, das wohl alle seine Titel vermelde, nicht aber, dass er als Richter über Oldenbarnevelt gesessen und dafür ein „Blut- und Judasgeld“ empfangen habe. Oudaan 1712, Bd. 2, S. 150.

[20] Becker 1971; Smolderen 1971.

[21] Jaarboeken 1795, S. 114-121.

[22] Thiel 1981, S. 170-227, Nr. 212 (Säbel), Nr. 213 (Unionskugel), Nr. 216 (Geusenbecher) und Nr. 219 (Kanone). Unionskugel, Geusenbecher und Kommandostab haben sich nicht erhalten.

Reimut Reiche

Sammelsucht und Perversion

Wir kennen vielfältige Schnittmengen und Übergänge vom Erinnerungsstück – als einem leibhaftigen Stellvertreter der Erinnerung – zur Sammlung, von der Sammlung zur Obsession, von der Obsession zum Zwang und zur Perversion, von der Perversion zum Exzess, und vom Exzess zur Selbstzerstörung, also der Auslöschung jeder Erinnerung. Das ist die phänomenologische Ebene, die soziologisch, psychiatrisch und kulturwissenschaftlich gut beschrieben ist.

Eine andere Übergangs- oder Ergänzungsreihe erhalten wir, wenn wir die Phänomene nach Kriterien der inneren Bedeutung des jeweiligen Tuns ordnen und dabei auf psychoanalytische Konzepte der Symbolisierung, des Trennungstraumas, der Depressionsabwehr zurückgreifen.
Ohne den Dingen Gewalt anzutun, kann man dann fünf Stufen unterscheiden.

1. Auf einem ersten, primitiven Niveau finden wir das vor, was seit einigen Jahren als Messie-Syndrom bezeichnet wird. Die Sache selbst ist natürlich sehr viel älter. Hier wird im engeren Sinn nicht gesammelt oder erinnert, sondern unterschiedslos alles aufbewahrt. Es gibt hier noch keine psychische Repräsentanz für Trennung – oder diese Repräsentanz ist regressiv wieder aufgelöst. Darum ist dieses Syndrom auch bei hirnorganischen Rückbildungen – also vermehrt im Alter – zu beobachten.
2. Es werden Erinnerungsstücke gesammelt. Sammeln impliziert die Verinnerlichung eines Unterscheidungsaktes: Es muss wie selbstverständlich zwischen sammelnswert und -unwert unterschieden werden. Es hat also eine symbolische Repräsentanzenbildung stattgefunden.
3. Es werden nicht einfach persönliche Erinnerungsstücke gesammelt, sondern ein Quiproquo zieht alle libidinöse Besetzung an sich: Bierdeckel, Briefmarken, seltene Rosen, durchweg alle Gegenstände der Außenwelt – und keineswegs nur Gegenstände – kommen dafür in Frage. Das zu sammelnde Objekt maskiert dabei nicht selten das unbewusste X, das libidinös besetzt ist, aber aufgegeben werden musste.
4. Das Subjekt macht sich frei von materiellen Erinnerungsstücken, aber es bedarf sozusagen noch eines einzigen Platzhalters (das können natürlich auch mehrere Souvenirs sein). Dieses eine Stück steht einerseits für die Anderen, von denen sich das Subjekt getrennt hat, andererseits aber auch dafür, dass das, worum es geht, nicht zur Gänze psychisiert oder mentalisiert werden kann. Es bedarf gleichsam eines körperhaften Restes, der nicht in Seele umgewandelt worden ist.
5. Erinnerung sensu strictu. Das geliebte oder das bedeutsame (inklusive: traumatische) Objekt wird vollständig verinnerlicht.

Die gemeinsame funktionelle Schnittmenge von religiöser Reliquie, jagdlicher Trophäe und perversem Fetisch liegt auf der Hand. Die klinischen Übergänge des einen Bereichs in den anderen sind psychoanalytisch immer wieder beschrieben worden, beginnend mit Otto Fenichels Arbeit „Über Trophäe und Triumph“ von 1937[1]. In allen drei Bereichen wird ein Etwas in materieller Gestalt – und nicht nur geistig – aufbewahrt. In allen drei Fällen reicht offenbar eine symbolisch-mentale Repräsentation, eine Erinnerung, gerade nicht aus, sondern diese muss durch das Ding ersetzt oder doch ergänzt werden – zur Anbetung, zur Selbstvergewisserung und zur sexuellen Erregung. Wenn wir von den drei Bezügen her denken, aus denen die drei Dinge abgeleitet sind: also vom Glauben, von der Jagd und vom Sex, dann sehen wir alsbald: Umso näher am Töten, desto unverzichtbarer das Ding: Es gibt Glauben ganz ohne Reliquienkult, Sex ohne Fetisch – aber keine Jagd ohne Trophäe. Letztere ist integraler Bestandteil des Jagdgeschehens; sie ist oft sogar das Eigentliche der Jagd und kann sogar, wie der Trophäenhandel zeigt, zum Stellvertreter der Jagd werden. Wem das Pech zustößt, dass es auf dem gebuchten kanadischen oder polnischen Jagd-Event nicht zu dem garantierten Abschuss kommt, der kann – und wird sich – vor Ort aus dem Reservoir des Reiseveranstalters eine Bärenklaue aussuchen.

Im Zentrum der Perversion steht der Fetisch. Es gibt keine Perversion, die ohne ihn auskommt. Es muss nicht unbedingt eine Peitsche oder eine Korsage sein; es kann auch ein Kleppermantel oder eine Windel sein; es kann auch ein einzelnes Wort oder ein genau festgelegter Ausschnitt aus einer Körperkontur sein. Letzteres ist etwa in der Pädophilie gegeben. Das Rätsel, das uns die Perversion bis heute aufgibt, ist in der Frage zusammengefasst: Warum wird dieses Fetisch-Ding sexualisiert und warum geht es nicht ohne dieses Ding?
Moderne psychoanalytische Konzepte greifen, um dieses Rätsel handhabbar zu machen, gern auf Plomben-Metaphern

---

[1] Fenichel 1937.

zurück. Die perverse Plombe füllt die Lücke im Selbst, die eine traumatisch erschütterte narzisstische Entwicklung aufgerissen hat – so heißt es etwa bei Fritz Morgenthaler[2]. Der Fetisch wirkt wie ein „plombierter" sexueller Auslösereiz.

Einen eleganten Zugang zu dieser Rätselfrage bietet auch das Konzept des Übergangsobjekts von D.W. Winnicott[3]. Nach unserer Auffassung bildet das Übergangsobjekt sogar die gemeinsame psychodynamische Wurzel für alle oben angeführten Schnittmengen und Übergänge: Trophäen, Souvenirs, Reliquien, Fetische.

Übergangsobjekte werden vom kleinen Kind zu einer bestimmten Zeit aus objektiv vorgefundenen Gegenständen subjektiv erschaffen und mit besonderer Bedeutung ausgestattet. Fortan schaffen diese Dinge eine Zeitlang eine Brücke von der subjektiven zur objektiven Welt und zurück. Bettzipfel, Tücher, Stoffpuppen mögen sich dafür wegen ihrer haptischen und olfaktorischen Eigenschaften besonders eignen. Es dürfen aber auch durchaus harte, kantige Gegenstände sein. Wenn seine Zeit um ist, wird das Übergangsobjekt wieder aufgegeben.

Eine ganz besondere Eigenschaft der Übergangsobjekte besteht darin, dass sie „wie belebte Objekte", also wie Menschen behandelt werden und dass sie einen bestimmten Menschen „vertreten". Das alles können wir natürlich nur aus einer retrospektiven Erwachsenenperspektive so benennen. Diese adultomorphe Perspektive ist notwendig verzerrt, denn sie kann nur aus einer Subjekt-Objekt-Logik heraus beobachten und urteilen, die für die Welt, die hier beobachtet wird, noch keine analoge Gültigkeit hat. Winnicott sagt über das Übergangsobjekt, es sei das erste reguläre Objekt, das „zugleich Nicht-Ich und doch niemals ganz Nicht-Ich ist" – wobei dieser Gegensatz nicht stört, sondern vielmehr weltbildend ist. Die Gemeinsamkeiten zwischen Übergangsobjekt und Fetisch treten umso deutlicher hervor desto genauer die Unterschiede zwischen beiden betont werden:
Eigenschaften des Übergangsobjektes, die zugleich Eigenschaften eines (späteren) Fetischs sind:
- ein unbelebtes Objekt wird adoptiert und mit subjektiven Eigenschaften ausgestattet
- doppeltes Wissen (das Subjekt weiß, dass das Ding nicht das ist, was es ist)
- das Ding schützt vor Einsamkeit usw.
- das Subjekt ist dem Ding treu
- das Subjekt lehnt Substitute ab
- leichte Bewegbarkeit des Dings
- individuelle Geruchs- und haptische Eigenschaften.

Im Unterschied zum Übergangsobjekt ist der Fetisch erregend und beruhigend zugleich (das Übergangsobjekt ist nur beruhigend); er verschwindet im Gegensatz zum Übergangsobjekt nicht mit der Entwicklung, sondern überdauert Zeit und Raum. Und also kehrt die Frage wieder: Warum dieses penetrante Überdauern? In größter Knappheit sei hier angedeutet: Wenn das Übergangsobjekt in einer bedrohlichen Situation von Verlassenheit, Schmerz und Überwältigung sich einmal mit der tröstenden Funktion der kindlichen Masturbation verbunden hat, dann kann (unter bestimmten, nur sehr schwer zu klärenden Bedingungen) eine fest plombierte sexuelle Bahnung geschaffen werden, die das gesamte weitere Leben hält. In diesem Sinn sprechen wir in der Psychoanalyse von einer perversen Plombe.

In besonders dramatischen Fällen wird das Anhäufen von Fetischen seinerseits zum Fetisch. In jüngerer Zeit werden immer häufiger Nachrichten über Männer veröffentlicht, auf deren PC-Speichern am Arbeitsplatz große Mengen von Bildern mit sogenannter Kinderpornografie entdeckt wurden. Wenn diese Männer, was gar nicht selten der Fall ist, höhere Beamte sind, werden sie sofort vom Dienst suspendiert und unter Anklage gestellt. Der Leser einer solchen Nachricht steht dann vor der gleichen Frage wie der von den Gerichten eingeschaltete sexualwissenschaftliche Gutachter: Was hat diesen Mann, der möglicherweise niemals ein Kind sexuell berührt hat, dem solches Tun jedenfalls nicht nachzuweisen ist, dazu getrieben, sich mit einer solchen Bildersammlung in den Ruin zu treiben? Warum hat er die Sammlung nicht dort lassen können, wo sie, nach der Erfindung des Internet, bequem und gut aufgehoben ist – nämlich im Internet, allzeit zu seiner sicheren Verfügung? Oder, ein Fall von vielen aus der psychoanalytischen Praxis: Ein Orthopäde veranlasste über Jahre alle Kinder und Jugendlichen, die seine Praxis aufsuchten, ohne Ansehen von Krankheit und Geschlecht, dazu, nackt auf einem von ihm konstruierten Schwebebalken zu balancieren. Dort warf er ihnen einen Ball zu – und fotografierte

---

[2] Morgenthaler 1974.
[3] Winnicott 1973a.

sie im Moment des Auffangens. Über diesen Moment legte er eine Sammlung an, die, als die Sache zur Anzeige kam, über 14.000 Bilder betrug. Er betrog sich zu diesem Zeitpunkt noch immer mit dem Glauben, er brauche diese Bilder für eine Promotion über ein Spezialthema zur Skoliose. Er brauchte sie aber für etwas anderes, das ihm so wichtig war, dass er dafür sein Leben zerstörte.

In allen solchen Fällen sind wir mit einem Exzess konfrontiert, der uns in abgeschwächter Form beim Aufräumen der Hinterlassenschaften einer geliebten Person immer wieder schaudern lässt. Diese geliebte Person ist im allgemeinen ein Mann, und in seinen Hinterlassenschaften befindet sich ein schwarzer Koffer, und dieser Koffer ist randvoll mit Bildern, Zeitungsausschnitten oder Heftchen – also auch eine Art Souvenirs – die im Leben verborgen werden mussten, aber so bedeutsam waren, dass sie offenbar der Nachwelt doch gezeigt werden sollten. Und auf diesen Souvenirs ist etwas ganz Intimes zu sehen, das die Hinterbliebenen niemals hatten sehen wollen, und das sie nun ver- und entsorgen müssen. Jetzt stehen die Hinterbliebenen wieder vor der Frage, vor der auch der Sammler schon gestanden sein mag: enthüllen oder verhüllen, veröffentlichen oder vernichten?

Im Falle des großen Sexualforschers Alfred Kinsey – und er ist nur einer aus dem großen Heer dieser armen Sammler – waren das Dutzende von Filmrollen und Hunderte von Bildern, auf denen dieser Mann sich im Keller seines Instituts bei grauenvollen sexuellen Selbstexperimenten selbst festgehalten hatte, in dem Wahn, damit der Menschheit einen Dienst zu tun, für den diese Menschheit – in seinen Augen – bei seinem nahenden Tod noch nicht reif war[4]. Und dann schliefen diese Bilder an die vierzig Jahre in eben diesem Keller. Bis der Leiter des Kinsey-Instituts diese Bilder einem Historiker übergab, der eine Biographie über diesen großen Mann schrieb, um diesen Historiker dann nach Veröffentlichung der sehr diskret gehaltenen Biographie empört als lüsternen Sensationsjäger zu verurteilen.

Man fragt sich: Warum hat dieser Institutsleiter diesen schwarzen Koffer nicht in einem Akt von Mut und Demut vernichtet? Nicht nur die Menschen, auch die Bilder wollen erlöst werden.

Es geht hier nicht um den Einzelfall, sondern um das Sichtbarmachen einer Struktur, die zur Schleife von Enthüllen und Vernichten der innersten Bedeutung des Souvenirs gehört. Am anderen Ende dieser Schleife steht die unter Biographen berüchtigte „verbrennende Witwe“: Sie hat den schwarzen Koffer schon verbrannt, bevor die wissenschaftlich akkreditierten Souvenirjäger das Trauerhaus betreten. Aus einer Perspektive des gnädigen Erinnerns ist sie eine Heroin: Sie bewahrt das Andenken des Heros vor der pornographischen Banalisierung, die der oben zitierte Institutsleiter dem Biographen Kinseys vorwarf.

Kinsey wird hier noch aus einem anderen Grunde stellvertretend für die fetischistische Rückseite des Souvenirs aufgerufen. Er war einer der großen Sammler des 20. Jahrhunderts und der größte Sammler sexueller Biographien in der Geschichte der Menschheit. Bevor seine wissenschaftliche Karriere in diese Richtung ging, war er Entomologe gewesen, hatte im Alleingang über 140.000 Gallwespen aufgespießt und nach taxonomischen Gesichtspunkten katalogisiert. Mit demselben Forscherdrang begann er, ganz auf sich gestellt, eine Methode zur Erfassung sexueller Biographien zu entwickeln, den Grundstock der später sogenannten Kinsey-Reporte. Bevor er seine Erhebungsmethode soweit entwickelt hatte, dass er daran denken konnte, in den prüden Vereinigten Staaten der vierziger Jahre Forschungsmittel zu akquirieren, hatte er bereits 1.700 sexuelle Biographien auf jeweils einer Karteikarte handverschlüsselt. Welch ein Jäger! Und doch hat er offenbar das geheimnisvolle X nie erjagt, das er dann in seinem schwarzen Koffer hinterlassen musste.

Diese dreigeschichtete Sammel-Reihe – zuoberst die Gallwespen-Schicht, dann die Schicht der sexuellen Biographien und zuunterst der Inhalt des schwarzen Koffers – verweist auf eine strukturelle Schichtung, die wir im Aufbau von Perversionen regelhaft antreffen und die vielleicht auch für den Souvenir überhaupt gilt[5]: Perversionen sind aufgebaut wie russische Puppen: In jeder Puppe mit ihrer glänzend lackierten Oberfläche verbirgt sich noch einmal eine – abgewehrte – Puppe, und in dieser noch einmal eine nächste.

---

[4] Jones 1997. Vgl. auch Reiche 1998.

[5] Ausführlich in Reiche 2000.

Volker Fischer

Altäre des Banalen – Surrogate des Intimen – Sollbruchstellen des Authentischen.

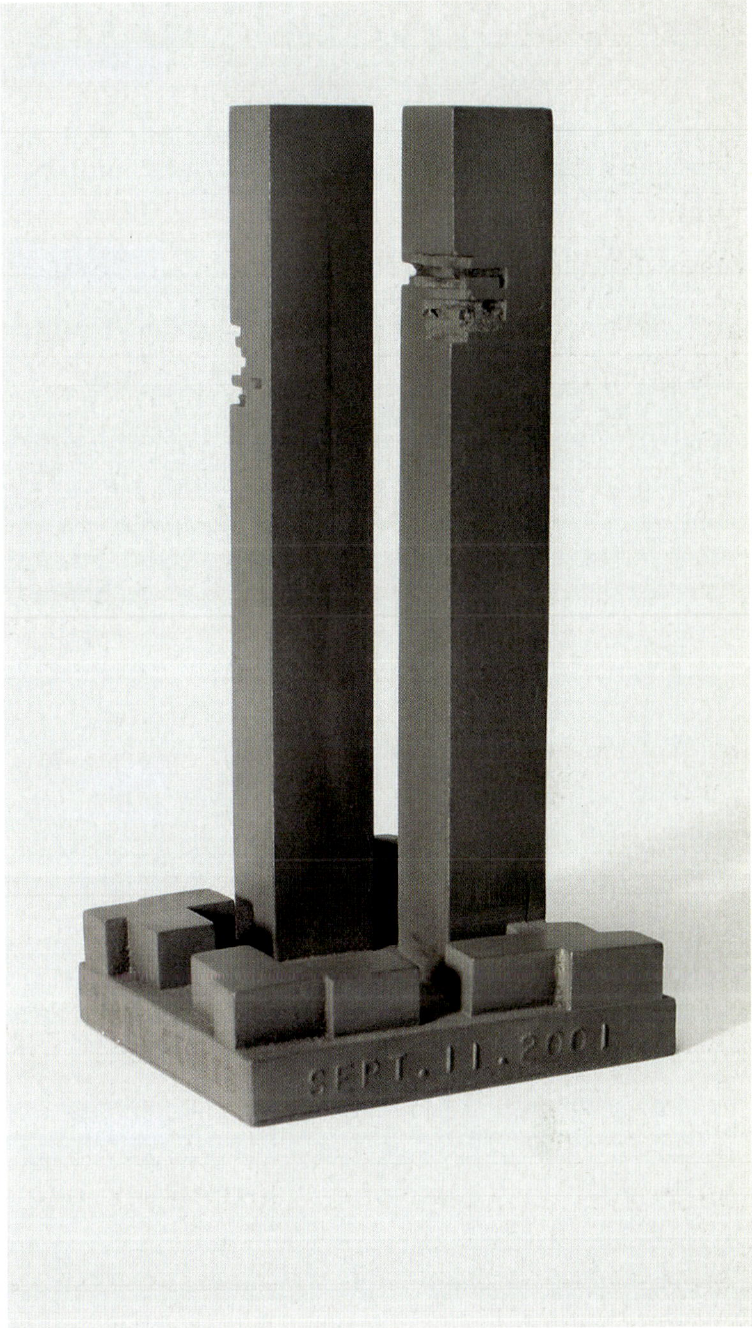

Abb. 1, Constantin Boym: The World Trade Center, Sept.11, 2001
(aus der Serie „Buildings of Desaster", ab 1998)
Nickel. Besitz des Künstlers

Zur Phänomenologie zeitgenössischer Erinnerungskultur in Souvenirs

Die Souvenirs der Gegenwart sind ein warenindustrielles Massenphänomen. Parallel zur Entwicklung von elitär-individuellen Einzelreisen, vornehmlich von Fürsten, Adeligen und etablierten Künstlern – so bei den „Grands Tours" des 17. und 18. Jahrhunderts und zum ubiquitären Tourismus, der heute einer der solidesten Wirtschaftszweige überhaupt ist (und – nebenbei – seinen Aufstieg der Demokratisierung des Fliegens verdankt), haben sich auch die „Souvenirs de voyage", die Reiseandenken demokratisiert, filialisiert und vervielfältigt. Dabei ist die „sight", die Sehenswürdigkeit, nicht nur genormtes Grundelement allen touristischen Reisens, sondern auch die „conditio sine qua non" jedes Souvenirs mit durchaus dialektischem Kontext: „Aus ihm [dem Begriff der Sehenswürdigkeit] geht zunächst hervor, dass der Tourist nicht frei von Gewissensbissen ist. ... Denn die Sehenswürdigkeit ist der Besichtigung nicht nur würdig, sie verlangt nach ihr auf gebieterische Weise. Sehenswürdig ist, was man gesehen haben muß. Mit der Erfüllung dieser Pflicht gibt der Tourist die Schuld ab, die er heimlich in seiner Flucht vor der Gesellschaft erblickt."[1]

Ganz überwiegend gehören Souvenirs zur Dingkultur, sind also in Gegenständen geronnene Erinnerungen an ferne Orte, Räume und Zeiten (obwohl man die Imaginationskraft von Gerüchen und Geräuschen nicht gering schätzen sollte). Allgemein werden sie wegen ihrer Fähigkeit geschätzt, das Andere im Hier und Jetzt zu evozieren und zeitliche wie räumliche Distanzen zu überwinden. Obwohl sie einen Ort für die Fremden charakterisieren, die diesen Ort besuchen, sind sie gedacht und gemacht zum Erwerb und zum Mitnehmen an den Heimatort der Reisenden. Was der international produzierte Souvenir an Identifikation evoziert, ist prinzipiell konfiguriert für seine zukünftige Wirkung in der anderen, ständigen Umgebung seines Erwerbers nach Rückkehr von der Reise. Dabei wird heute der Erfahrungsraum der Distanz in den warenindustriellen Souvenirs der Gegenwart fast immer in Formen des Erinnerungskitsches banalisiert und profaniert. Offenbar ist die ästhetische Distinktion beim Erwerb von Souvenirs marginalisiert, tendenziell außer Kraft gesetzt. Diese materiellen Erinnerungs-Anker, die wir kaufen, aufsammeln, entwenden; später dann hervorkramen, anschauen, einkleben, arrangieren in Schubladen und Schachteln, Vitrinen, Alben und Rahmen, sind bewusst-unbewusst kitschig und banal, weil sich in den Surrogaten allemal das Exzeptionelle, der Ausnahmecharakter einer Reise in den Alltag zurückfädelt. Darauf auch spielt der Titel dieses Essays (und der entsprechenden Ausstellungsabteilung) an, zudem aber auch darauf, dass diese Souvenirs der Gegenwart im häuslichen, auch im kommerziellen Bereich fast immer nobilitierend arrangiert werden. Durch ein solches Arrangement werden die Objekte dieses Erinnerungskitsches auratisiert, wenn nicht sakralisiert: Dies reicht von der „Setzkastenmentalität" für Miniaturen (die Museumsvitrine des kleinen Mannes), Sammelalben, privaten Vitrinen und Schuhkartons für die Urlaubsfotos im häuslichen Bereich über Reisebüros, in deren Schaufenstern aufgeschlagene Reisekataloge mit ein paar Muscheln und eine Prise Seesand exotisiert werden bis zu den „Fan-Kultur"-Distributionsinseln, sagen wir, des blau-weißen „Schalke 04"-Vereins oder von „Rot-Weiß Essen" in vielen Baumärkten Deutschlands. Souvenirs sind als dingliche Erinnerungen an vergangene Erlebnisse und andere Orte so alt wie das Reisen selbst. Ihr Charakter hat sich entsprechend der Veränderung des Charakters des Reisens reziprok gewandelt. Davon handelt das vorliegende Buch in vielfältiger Weise. Hier geht es um den Charakter zeitgenössischer Souvenirs, deren Produktstil zweifelsohne ihren großseriellen Produktionsstil abbildet

[1] Enzensberger 1964, S. 196.

und sich erst, aber dann konstitutiv, im Verhältnis von Subjekt und Objekt individualisiert.
Wenn in deutschen Lexika zur Erläuterung des Begriffs „Souvenir" statt der Bezeichnung „Andenken" oft auch jene des „Mitbringsels" gewählt wird, dann ist dies ebenso symptomatisch wie aufschlussreich. Denn die Verballhornung des Begriffs verweist kongenial auf die Verballhornung der Authentizität der Gegenstände selbst. Dabei ist der Diminutiv, die Verkleinerungsform, der „natürliche" Zustand der Souvenirs: reise- und kofferkompatibel und für den Zoll eher unauffällig. Die Miniaturisierung ist das Wesensmerkmal des Souvenirs.

Durch einen Souvenir schrumpfen für den Besitzer via Erinnerung und Reaktivierung vergangener Erlebnisse die Entfernungen und Zeiten. In seiner Stellvertreterfunktion fungiert der Souvenir geradezu als ein warenindustrielles Derivat Einsteinscher Relativität, indem er Ort- und Zeitrelationen der ursprünglichen Phänomene verändert. Die Stellvertreter-Funktion, damit aber auch die Symbolfunktion jedes Souvenirs ist also evident und zwingend. Denn man kann ja jene Orte, an denen man gewesen ist, weder tatsächlich mitnehmen noch Ereignisse vergangener Zeiten wie Konzerte und Theateraufführungen, literarische Lesungen oder Führungen, bedeutende Augenblicke oder Kontakte zu speziellen Personen immer wieder gewissermaßen in einer Endlosschleife perpetuieren. Wohl aber kann man all diese erwähnten Zusammenhänge erinnern und mit Hilfe von Gegenständen symbolisch reaktivieren: „Souvenirs dienen intentional primär der Erinnerung und sind deshalb aus den Alltagsroutinen ausgegliedert: sie dienen keinen praktischen Zwecken", wie Tilman Habermas zutreffend bemerkt.[2] Sie werden betrachtet oder angefasst, aber nicht praktisch genutzt oder manipuliert: deshalb auch sind sie an einer bestimmten Stelle deponiert. Warenindustrielle Dimensionen und Logistik sind für zeitgenössische Souvenirs kennzeichnend. So lässt ein berliner Händler gegenwärtig ca. 1500 verschiedene Souvenirs herstellen. Er bezeichnet den Kaffeepot und die Baseballcap in allen Varianten als die wichtigsten Werbeträger der Welt und betont als berlinspezifische Souvenirs: „Alles, was mit der ehemaligen Mauer zusammenhängt. Am liebsten als

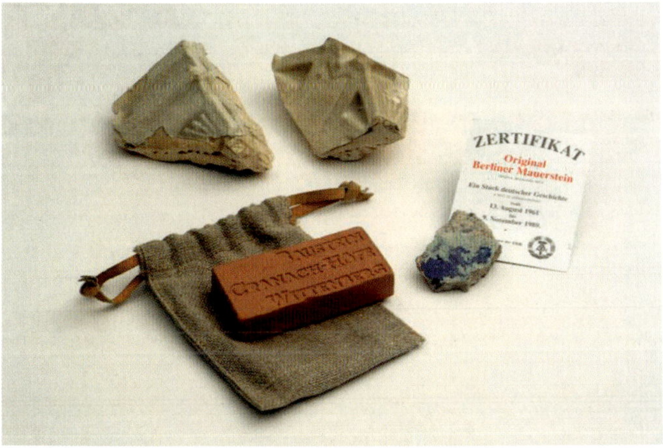

Abb. 2, Stuck-Spolien vom Abbruch des New Yorker Stock Exchange Building, Steinquader aus alten Originalsteinen zur Spendenaquirierung zum Wiederaufbau der Cranachhöfe in Wittenberg, ein Stück "Original Berliner Mauer" mit Zertifikat, ab ca. 1982

[2] Vgl. Habermas 1999; darin besonders Kap. IV.6. Souvenir und symbolische Bindungen, S. 284-317, hier S. 287.

Set von Mauerstückchen, Plastik-Trabi und irgendeinem DDR-Abzeichen. Letztere werden allerdings langsam knapp." Gefragt: „Und die Mauerreste nicht?", antwortet der Händler: „Nein, da haben sich einige rechtzeitig ein paar Tonnen beiseite geschafft; das reicht noch eine Weile."[3] Einer der offiziellen Berlin-Reiseführer ist da etwas skeptischer. Zu den Berlin-Souvenirs heißt es: „Brandenburger Tor mit Aschenbecher, Bierkrüge mit Wappen, T-Shirts und Ost-Ampelmännchen werden in großen Mengen verkauft, und die Produzenten angeblich echter Mauerstücke haben immer noch gut zu tun..."[4] Eine solche Art wundersamer Vermehrung erinnert durchaus an die Reliquienkulte vergangener Epochen mit vier, fünf Dutzend Fingerknochen pro Heiligem.

Verallgemeinert: Der Souvenir ist trotz seiner Gegenständlichkeit gerade dadurch charakterisiert, dass er so gut wie alle Bedingungen des ursprünglichen, authentischen Erlebnisses zu transzendieren vermag. „Reaktivierung" meint im Zusammenhang von Souvenirs also, dass sie als Anker der Rückversetzung in ehemals Erlebtes funktionieren. Dies geht weder ohne Affektmodellierung noch Affektbesetzung: beides konturiert den Identitätsraum des Souvenirs und seine „Macht der Erinnerung". Nun werden Souvenirs ja auch für Andere mitgebracht bzw. verschenkt: also ohne die persönliche Erlebnisqualität rezipiert. Aber dies ist nur eine Volte im emotionalen Haushalt, denn auch der so Beschenkte partizipiert ja am Zusammenhang des „Da-Gewesenseins". Auch wenn der Vater, der Onkel, der Neffe, die Großmutter ein „Mitbringsel", ein Reiseandenken verschenkt, assoziiert der Beschenkte „Vor-Ort-Sein" im Sinne einer übertragenen, gewissermaßen geborgten Authentizität, vielleicht sogar im Sinne eines Hineinschlüpfens in andere Identitäten und Erlebnisse, die nicht (oder noch nicht) die eigenen sind. Jeder Bahnreisende, der emphatisch den vorbeihuschenden Sonnenuntergang am Zugfenster mit den Worten kommentiert: „Das sieht ja aus wie Claude Monet", vergegenwärtigt eine Erinnerung, ob aus einem Bildband, auf Grund einer Postkarte oder eines Museumsbesuches, die durchaus den Charakter eines Souvenirs haben kann.

Der Erwerb von Souvenirs hat neben der Memorialfunktion für den Erwerber selbst auch die Funktion, das Erlebte den zu Hause Gebliebenen zu beweisen. Das hat eine schon fast kriminologische Latenz: Es geht gewissermaßen um Tatort-Besichtigungen. Souvenirs sind insofern Beweisstücke der ehemaligen Anwesenheit an einem anderen Ort: mit durchaus der gleichen Alibifunktion wie kriminologische Indizien und mit ebenso verräterischen Vorlieben und Obsessionen. Dem Souvenir-Erwerber schrumpft die Welt zum Beleg, zum Beweis. Dies mag der innerste Bedeutungskern aller Souvenirs sein: die „Konservierung gelebten Lebens".

Es gehört zur Aura solcher Objekte, dass ihr Aussagenzusammenhang sich von der materialen Trägerschaft lösen kann. Insofern sind die Souvenirs medienresistent, aber keineswegs kontextresistent. So kann etwa das „Abendmahl" von Leonardo da Vinci, im Original eine (in Öltempera gemalte) Fresko-Malerei in der Kirche „Santa Maria delle Grazie" in Mailand, auch als dreidimensionales Holzschnitzwerk (in welcher Größe auch immer) seine Aura behalten. Aber es mag auch denkbar sein, dass jenseits der dominanten Funktion eines Souvenirs, ein vergangenes reales Erlebnis präsent zu halten, ein Aspekt des noch nicht realisierten Sightseeing-Erlebnisses zu ihm gehört. Wenn man etwa während einer New York Reise das Kupfermodell des Empire State Buildings kauft und auf dem Nachttisch des Hotelzimmers positioniert, bevor man überhaupt das Gebäude besucht hat, dann mag bei der Kaufmotivation ja durchaus ein Souvenir-Gesichtspunkt eine Rolle spielen. Souvenirs also können durchaus auch Erinnerungswerte aus zweiter oder dritter Hand bedienen und insofern auch Belegstücke sein für den sozialpsychologischen Zusammenhang einer „Subjektivität als Entfremdung", man könnte auch sagen, für den Zusammenhang eines „deformierten Ichs"; — Kontexte mithin, die selbst wieder historisch-gesellschaftlichen Veränderungen unterworfen sind.
Aufgrund ihrer ubiquitären Geltung bedingen sich zudem bei den zeitgenössischen Souvenirs lokale Kompetenz und internationale Akzeptanz gegenseitig. Die jahrhundertealte „Millefiori"-Glaskunst venezianischer Inseln, die Spitzen-

[3] Reischock 1999, S. F2.
[4] Berlin 2004, S. 43.

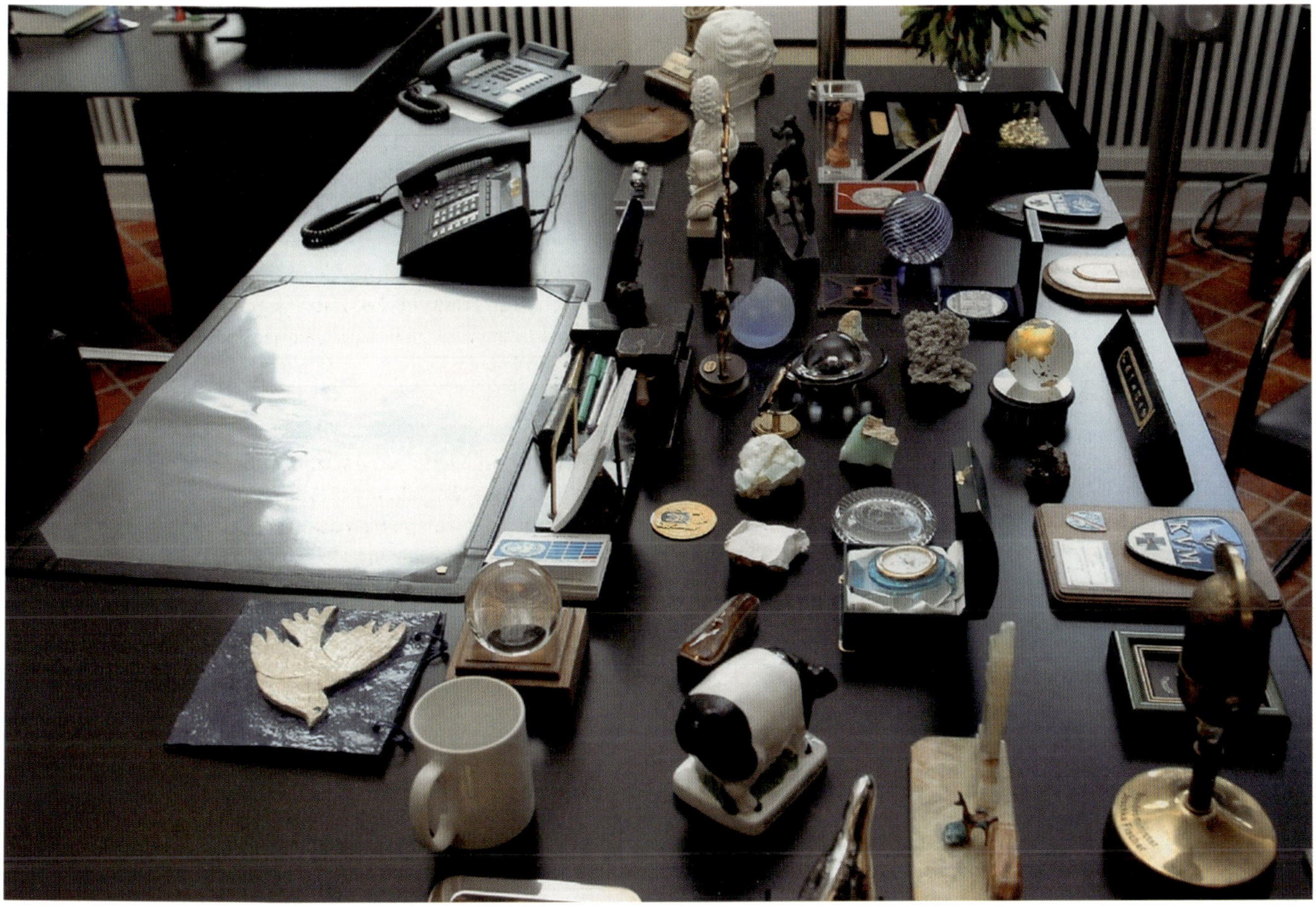

klöppelei von Brüssel oder Madeira, die Holzschnitzwerke aus Oberammergau sind Beispiele der Globalisierung eines entgrenzenden Massentourismus, der sich seine dinglichen Belege mentaler Kolonialität kontinentübergreifend zu sichern weiß.

Einem heutigen Souvenir-Käufer schrumpft die gesamte Welt schlechthin zum Beleg des „Schon-dort-Gewesenseins". Zumal ab einer bestimmten Anzahl von Souvenirs der gleichen Gattung – etwa die banalisierten Architekturmodelle oder die Schneekugeln – zum einen das Bedürfnis nach professioneller Ergänzung der entsprechenden Sammlung durch Erwerb auch solcher Objekte wächst, die nicht auf persönliches Erleben verweisen. Zum anderen nimmt durch die schiere Zahl unterschiedlichster Orte und Monumente im jeweils immer gleichen Modus der Repräsentation die imaginierte Verfügungsgewalt über das Repräsentierte exponentiell zu. Schließlich kommt es (gar nicht so selten) dazu, dass ein entsprechender Sammler mit seinen Schneekugeln, Souvenir Buildings oder auch Hotel-Kleiderbügeln, Streichholzschachteln, Flugscheinen, Ersttagsbriefen, Muscheln, Sandstrandsorten, Postkarten, Feuerzeugen, Madonnen, ethnologischen Holzskulpturen etc. buchstäblich jeweils „um die Welt" gereist ist oder gereist sein könnte.

Abb. 3, Schreibtisch des ehemaligen Außenministers Joschka Fischer im Auswärtigen Amt, Berlin 11.4.2005

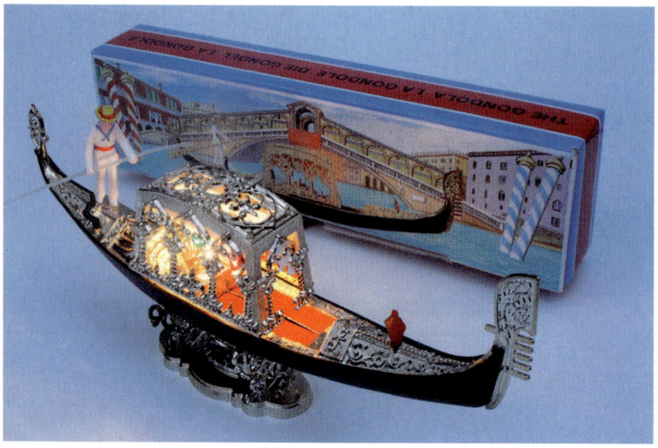

Das heißt, zeitgenössische Souvenirs sind nicht nur in ihrer Produktion globalisiert (neun Zehntel aller weltweit verkauften Souvenirs kommt aus Billiglohnländern wie China, Taiwan, Hongkong), sondern auch in ihrer Rezeption bzw. Konsumtion globalisiert. Was dies für den Begriff des Authentischen bedeutet, ist offensichtlich. Mit dem Universellwerden der Souvenirs (und der ebenso universellen Reisetätigkeit, auf die sie verweisen) geht allerdings eine Re-Regionalisierung einher, entweder konservativ-bieder oder popkulturell-ironisch für urbane internationale Lebensstile. Eine klassische Kuckucksuhr (auch wenn sie in Taiwan gefertigt, in München verkauft und in Dallas benutzt wird) ist mental etwas Anderes als die postmoderne Paraphrase einer solchen des amerikanischen Architekten Robert Venturi, die Alessi herstellt und weltweit verkauft. Die Multikulturalität heutiger Souvenirs – von Weihnachtsbaumschmuck bis zu Gartenzwergen – bedeutet mithin sowohl Verlust wie Gewinn.
In den entsprechenden Fachwissenschaften wie Ethnologie, Archäologie, Kulturanthropologie spricht man deshalb inzwischen von kontinentübergreifender „Mytho-Poesie“; eine Konzeption, die – nebenbei – eine, gewissermaßen diskursverspätete Rehabilitierung der Mythen-Theoreme von Roland Barthes und Claude Levi-Strauss bedeutet.[5]

Auch Prominente schätzen die Erinnerung in Dingen. 2003 entstand am „Tag der offenen Tür“ eine Fotografie des Schreibtisches des damaligen deutschen Außenministers Josef Fischer, auf dem ca. 50 Andenken an seine zahlreichen Auslandsreisen aufgestellt sind. Am vorderen Rand des Tisches, zum Arbeitssessel hin, drängeln sich Schreibunterlage und zwei Telefone. Kleine Büsten, Skulpturen, Figurinen, Amulette, Wappen, Steine, Glaskugeln, Tiere, nautische Messinstrumente...: fast ein komplettes „Who is who“ von „Souvenirs de voyage“. Hier wird noch einmal – und nicht frei von Autosuggestion – fast nostalgisch Aura, Einmaligkeit und Exklusivität reklamiert.
Die Aura eines Souvenirs definiert sich gerade nicht durch die Einmaligkeit des Objektes selbst, wie das vor der Industrialisierung, also vor etwa 1830 noch überwiegend der Fall war, sondern bleibt auch in seiner massenhaften Reproduktion und Verballhornung in anderen Medien erhalten. Insofern emanzipiert und transzendiert sich die Aura eines

Abb. 4, Beleuchtete Gondel, Venedig 2004 auf Ständer mit Verpackung, Kunststoff

[5] Roland Barthes 1964, bes. Zweiter Teil: Der Mythos heute, S. 85-151; Claude Levi-Strauss 1971, bes. 11. Kapitel: Die Struktur der Mythen, S. 226-254.

Souvenirs von der Authentizität des originalen Objektes; – und vor allem: von der Authentizität des originalen Erlebnisses. Denn Reiseandenken, Souvenirs beziehen sich auf „ritualisierte Ausnahmesituationen, wie sie die temporäre Enthebung von den Routinepflichten der Arbeit und Schule und die Entfernung aus der gewohnten Umgebung darstellen.“[6]

Maßstab, Material und Medien eines Souvenirs sind gegenüber dem Original disponibel, ja frei wählbar. Eine Industrie von Produkten mithin, deren Legitimation parasitär ist.
Mit massenindustrieller Systematik wird das Original und damit seine Aura endlos vervielfältigt. Die damit einhergehende Banalisierung und Profanierung ficht einen Käufer nicht an, im Gegenteil: die „Betenden Hände“ für 3,50 Euro auf einer Kaffeetasse: ein Schnäppchen. Dürer zum Anfassen! Dabei ist es relativ egal, ob man das Original dieser „Betenden Hände“ jemals gesehen hat, in jedem Falle hat man davon gehört und kennt (irgendwie) ihre kunsthistorische Prominenz. Als Kalenderblatt gesehen, in Hunderten von Zeitschriftenartikeln wahrgenommen, als Garant verinnerlichter Frömmigkeit beschrieben, können Kunstwerke wie die „Betenden Hände“ in allen Medien ihre Aura behaupten. Die „Konservierung gelebten Lebens“ und die „Macht der Erinnerung“, von denen am Anfang die Rede war, garantieren die „Unantastbarkeit des Zaubers“ solcher Gegenstände, auch und gerade in ästhetischer Hinsicht. Der Erinnerungswert exkulpiert so gut wie vollständig die Authentizität und ästhetische Qualität. Raffaels Putti aus seinem Madonnenbild in Dresden, wahlweise als Tapete oder Serviette, auf einer Kaffeetasse oder einer Bonbonschachtel, Leonardo da Vincis „Abendmahl“ als dreidimensionaler Tilman Riemenschneider-Verschnitt in beliebigen Maßstäben von einer altartischgroßen Skulptur bis zu seiner miniaturisierten Implantation in einer halben Walnussschale sind dann möglich. Wahrscheinlich sind nur 20 bis 30 Kunstwerke der gesamten Kunstgeschichte überhaupt prominent genug, um diesen Maßstabs-, Material- und Medienwechsel in der Wahrnehmung gewissermaßen unbeschadet zu überstehen. Wer zählte die Eiffeltürme, beleuchteten Venedig-Gondeln, Ludwig II-Schlösser, New Yorker Freiheitsstatuen und andere „urban monuments“, die millionenfach als Vertiko-Schmuck bürgerliche Wohnzimmer bevölkern? Wer auch hätte noch den Überblick über Setzkastenfiguren, Fototapeten, Schneekugeln, zu schweigen von „Give-Aways“ diverser Unternehmen, die Luftballons, Kugelschreiber, Feuerzeuge oder Schlüsselringe bei passenden Gelegenheiten – gerne bei Firmenjubiläen oder im Vorfeld von Wahlen – mit jeweils den entsprechenden Logos und Sentenzen unters Volk bringen? Kein Stadtteilfest, bei denen die ortsansässige Sparkasse oder das lokale Energieunternehmen auf diese Art Kundenbindung verzichten würde.
Darüber hinaus gibt es verschiedene Arten der Bearbeitung „natürlicher“ Souvenirs. Ist ein Hirschgeweih, an der Wand montiert, eine Trophäe oder ein Souvenir? Wenn aus diesem Horn der Griff eines Spazierstockes gemacht wird, also eine Bearbeitung einsetzt, oder wenn aus Elfenbein Schnitzereien entstehen, wenn ein Schmuckkästlein mit Muscheln beklebt wird, sind die natürlichen Objekte kulturalisiert worden. Aber trifft dies nicht ebenso zu, wenn gefundene Muscheln oder Steine im häuslichen Umfeld, z.B. in Setzkästen, arrangiert werden oder in flachen Schalen als Dekoration die Badezimmer bevölkern? Und es gibt die funktionalen Umwidmungen: Das Kupfermodell eines Empire State Buildings oder einer Freiheitsstatue kann durchaus als Sparkasse funktionieren, sofern es dafür ausgelegt ist. Eine Schneekugel kann das Klassenfoto einer Schulklasse aufnehmen, Gebäudemodelle werden zu Bleistiftständern, zu Feuerzeugen oder Taschenlampen, Schneekugeln zu Parfum-Flakons, Buttons zu Gürtelschnallen oder touristische Motive zu Armbanduhr-Zifferblättern. Manchmal dienen Souvenirs als Finanzierungsquelle, etwa miniaturisierte Steinquader aus alten Originalsteinen für den Wiederaufbau der Frauenkirche in Dresden oder der Cranachhöfe in Wittenberg.
Mitunter wird ein Souvenir im Verhältnis zum Ursprungserlebnis seines Erwerbs in differente Kontexte überführt. Diese Differenz kann bedeutungsgeschichtlich, politisch oder soziokulturell sein. Als der Autor dieses Essays 1990 nach einem Besuch des World Trade Centers ein Miniatur-Modell dieser „TwinTowers“ als Erinnerungssouvenir erwarb, war unvorstellbar, dass dieses aufgrund der Terrorattacken ein gutes Jahrzehnt später zu einem „Verlust-Souvenir“

[6] Habermas 1999, S. 299.

werden könnte und würde. Und dies bleibt es eben auch in allen Gattungen und Medien: als touristisches Foto, als Amateurfilm, als Postkarte, als Modell oder als Druck auf einem Feuerzeug oder einer Kaffeetasse. Offenbar ist jene Beklemmung, die den heutigen Erwerb eines Twin-Tower-Souvenirs begleitet, für manche Käufer nicht ohne morbiden Reiz. Und kann umkippen: Das ironische Vergnügen à la Sloterdijks „Zynischer Vernunft“ umgreift selbst noch gefakte Souvenirs: Der mehrfach relativierte Souvenir wird von Ebene zu Ebene kitschresistenter. Die Jute-Tasche aus Eritrea mit den durch Passagierflugzeuge zerstörten „Twin-Towers“ ist da ein erhellendes Beispiel.

Neben Kontextverschiebungen und funktionalen Umwidmungen ist der „ästhetische Eigensinn“ mancher Souvenirs zu bedenken und zu betonen. Hier handelt es sich meist um Verfremdungen eines Andenkenzusammenhanges, der die Gattungen und Modi der Souvenirs nur als ästhetisches Material begreift, als rhetorische Hülle, als mythologische Struktur, mithin als eine Sprache, „in der man von einer anderen spricht“, wie Roland Barthes herausgearbeitet hat.[7] Dies vor allem ist dann das Hauptcharakteristikum, wenn sich Künstler den Souvenirs widmen. Hier sind die Arbeiten des in der Sowjetunion geborenen New Yorker Künstlers Constantin Boym hervorzuheben, der sich seit Jahrzehnten mit Souvenirs beschäftigt. Er hält sie für Gegenstände, die es trotz ihres Kitschcharakters wert sind, erforscht und in Ehren gehalten zu werden. Denn es sind, wie es im Zusammenhang der Arbeiten von Boym hieß, „häufig die alltäglichen Dinge, die uns mit der eigenen Vergangenheit, Gegenwart und Zukunft verbinden. Kurz: sie zeigen am deutlichsten, wer und wie wir sind.“[8] Dabei kennzeichnen Boyms Souvenir-Projekte eine gelungene Ausgewogenheit zwischen Subversion, cleverer Umkehrung des Erwarteten und ironischem Vergnügen.

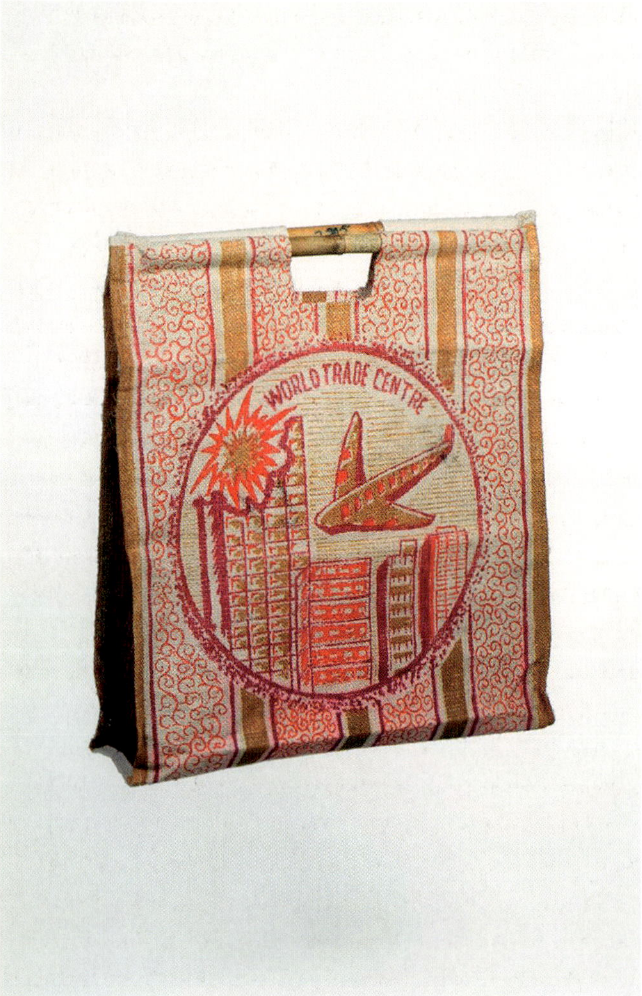

Abb. 5, Jutetasche aus Eritrea, 2002

[7] Vgl. Barthes 1964., S. 85ff.
[8] Holt 2005, S. 29ff.

Bevor wir jedoch näher eine paradigmatische Phänomenologie zeitgenössischer Souvenirs aufblättern, ist ein Hinweis auf die Parallelität der Souvenirs mit der prinzipiellen museologischen Praxis aufschlussreich. Beide zentrieren sich in ihren Arbeits- und Argumentationszusammenhängen auf „Erinnerung“ und „Sammeln, Bewahren, Ausstellen und Vermitteln“. Die Nähe zur museologischen Praxis erhellt allein schon die Tatsache, dass Souvenirbegeisterte in aller Regel ebenso „Jäger und Sammler“ sind wie professionelle Museumskuratoren. Beide wollen ihre Sammlungen komplettieren. Bei Ebay im Internet werden diverse Sammlungen von Meinungsbuttons, Souvenir-Architekturmodellen, Stocknägeln, Schneekugeln oder Andachtsbildchen angeboten. Der Souvenir-Jäger will jenseits der persönlichen Erlebnisqualität des „Dort-Gewesenseins“ seine entsprechenden Sammlungen vervollständigen, er möchte sie zumindest im privaten Bereich zeigen und ausstellen, Freunden vermitteln und erläutern, möglicherweise, ab einer gewissen Größenordnung, dann auch öffentlich präsentieren.

Und ähnlich auch wie in einem Museum sind dabei die Arrangements nicht das Unwichtigste: Der professionellen Inszenierung bzw. Vitrinenlandschaft in einem Museum entspricht dann etwa eine Setzkasten-Mentalität im privaten Kontext. Auch in Hinsicht auf die Werteinschätzung zeigen sich Parallelen. Denn die Zeugenschaft eines Objektes für eine bestimmte Situation oder eine bestimmte Zeit kann einerseits auf hohem ästhetischem Niveau, andererseits aber auch auf der Symptomatik für eine bestimmte Zeit oder Situation beruhen. Eine in Hongkong gefertigte Plastikgondel mag ebenso die Atmosphäre Venedigs rekapitulieren und aktualisieren wie ein maßstabsgetreues, teures, professionelles Modell eines solchen Bootes. Da trifft ein Kunsthandelswert auf einen biographischen Wert. Beide können sich parallel, aber auch diametral entwickeln.

Besonders kulturhistorische Ausstellungen wissen um diese Problematik und Spannung und können sie oft für sich fruchtbar machen.
Jeder Ort, jedes Ereignis kann erinnerungsträchtig werden und eine entsprechende Objektkultur nach sich ziehen. Dabei gilt es zwischen intentional als Souvenir gefertigten und lediglich als Souvenir rezipierten Gegenständen zu unterscheiden. Ereignisse, Monumente, Sehenswürdigkeiten können auf den verschiedensten Trägermaterialien – Papier, Leder, Kunststoff, Metall, Glas, Holz – abgebildet oder plastisch gestaltet sein: in der Regel aber immer klein, also reisekompatibel. Bei Souvenirs sind alle Stillagen denkbar und kommen vor, weil der Diskurs ästhetischer Überzeugungen gerade nicht die Objekte definiert, sondern allenfalls tangiert. Ein irgendwie schriftzeichenmäßig aussehendes Leder-Lesezeichen von Abu Simbel oder Jerusalem, eine antik sich gerierende Vase aus Athen oder Rom, ein in Form und Dekor undeutlich barockisierendes Porzellantässchen aus Nymphenburg oder Paris verbindet ihr Placenta-Charakter: Der Verweis auf die originale Stillage ist nabelschnurmäßig dünn. Aber gerade darin zeigt sich die Kraft der Reverenz; – durch alle Verballhornungen hindurch bleibt die Faszination des Originals erhalten und präsent. Ob Portemonnaies oder Gürtel, Lesezeichen oder Paperweights, Schlüsselanhänger oder Brieföffner, Feuerzeuge oder Kugelschreiber: Ein erinnerungskulturelles Profil lässt sich offenbar am besten jenen „personal items“ aufprägen, die im tagtäglichen Gebrauch sind. Der pragmatische und der visuell-symbolische Anteil von Produktparametern ist fließend. Die der Pragmatik entzogenen, lediglich symbolischen Erinnerungsprodukte sind allerdings im Diskurs der zeitgenössischen Souvenirs häufiger und aussagefähiger. Und besonders hier werden Gattungscharaktere konstitutiv: die Schneekugeln, die Souvenir Buildings, die Stocknägel, die Plastiskope ...

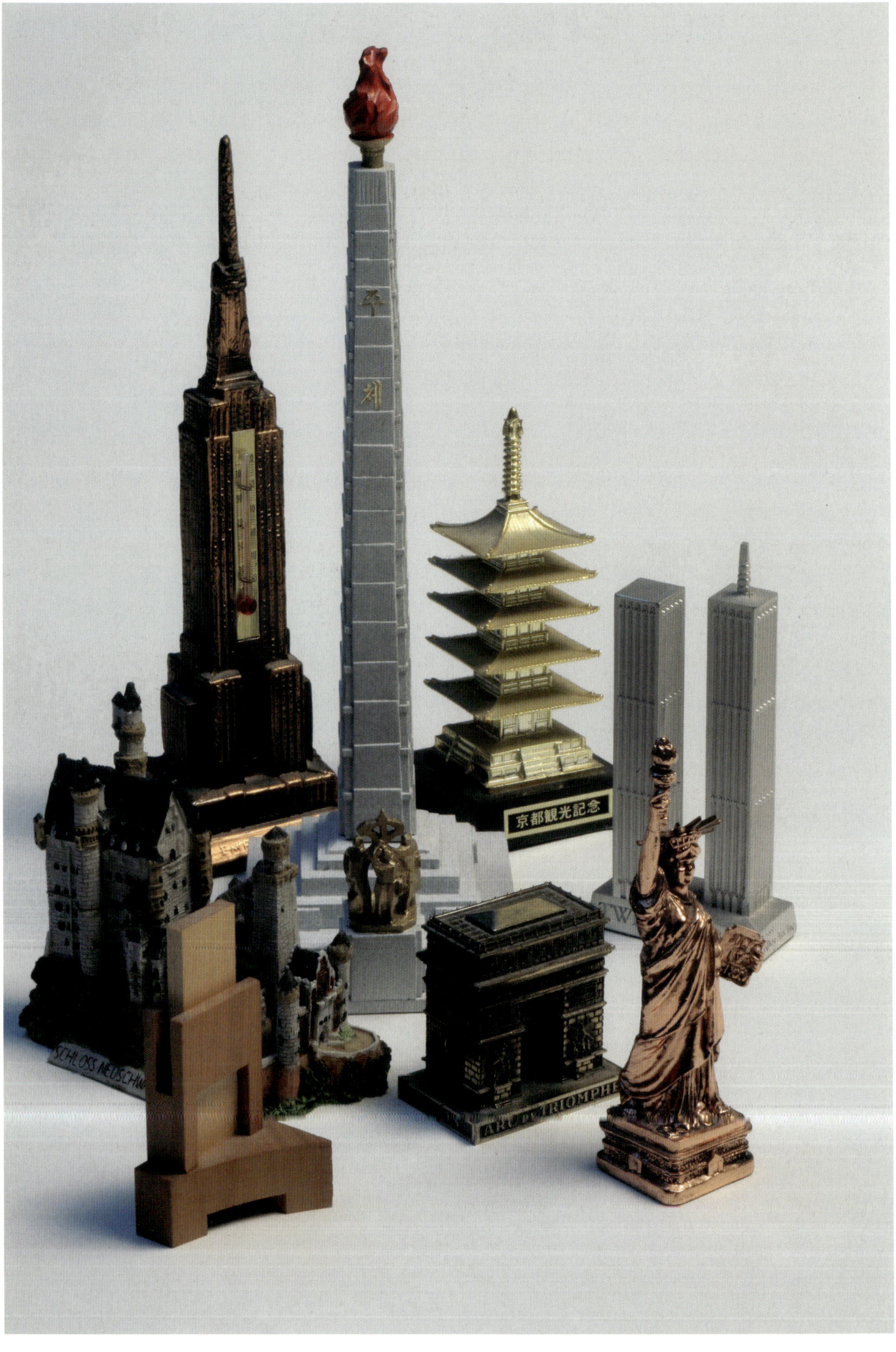
주
체
京都観光記念
SCHLOSS NEUSCHW
TRIOMPHE

Zur Typologie zeitgenössischer Souvenirs

Souvenir-Gebäude: eine globale „Stadt der Erinnerung"

Sobald ein Bauwerk und ein Denkmal öffentlichen, touristischen Charakter für sich beanspruchen kann, d.h. auf der Agenda der zu besichtigenden Sehenswürdigkeiten steht, wird es in zweidimensionalen Ansichten oder dreidimensionalen Kleinmodellen hunderttausendfach reproduziert. Eiffeltürme, Freiheitsstatuen, Ludwig II-Schlösser, Notre Dame aber auch der Löwe von Waterloo, die kapitolinische Wölfin oder das Nelson-Denkmal am Trafalgar Square: Kupfer-Skulptürchen, die nochmals verstärken, was ohnehin zu den beliebtesten Motiven auch der verschickten Postkarten gehört. Der Reisende, der Tourist braucht offenbar „landmark"-Erinnerungen, die pars pro toto einen Ort konturieren und in der Erinnerung, verdichtet, symbolisieren. Natürlich stimmen oft weder die Proportionen, noch das Material, noch der Maßstab, noch die Farbgebung: aber dem Souvenir-Interesse ist eine abstrahierende Nonchalance eingeschrieben, die noch in den ungefährsten Annäherungen an das Original die Authentizität der ehemaligen Besichtigung und des ehemaligen Erlebnisses mit und in dem Gebäude zu imaginieren vermag. Denn die Präzision liegt in der Erinnerung: und das Objekt ist lediglich der Auslöser, Stimulanz für die erneut ins Bewusstsein gehobene Präsenz einer zeiträumlichen Gegenwart, die bereits Vergangenheit ist. Die Tatsächlichkeiten des Erlebens und Wahrnehmens sind dabei offenbar eher unwichtig, denn der Erwerb der 10 Zentimeter hohen Freiheitsstatue, vielleicht am Times Square von einem fliegenden Händler erstanden, verweist nicht zwangsläufig auf einen realen Besuch dieses Monuments, und selbst, wenn ein solches Modell am Flughafen kurz vor dem Rückflug erworben wird, obwohl man vielleicht das Gebäude nicht gesehen hat, vermindert sich die emotionale Kraft der Erinnerung an einen New York Aufenthalt keineswegs. Naiv scheint dagegen die Vermutung, heute ein Gebäude-

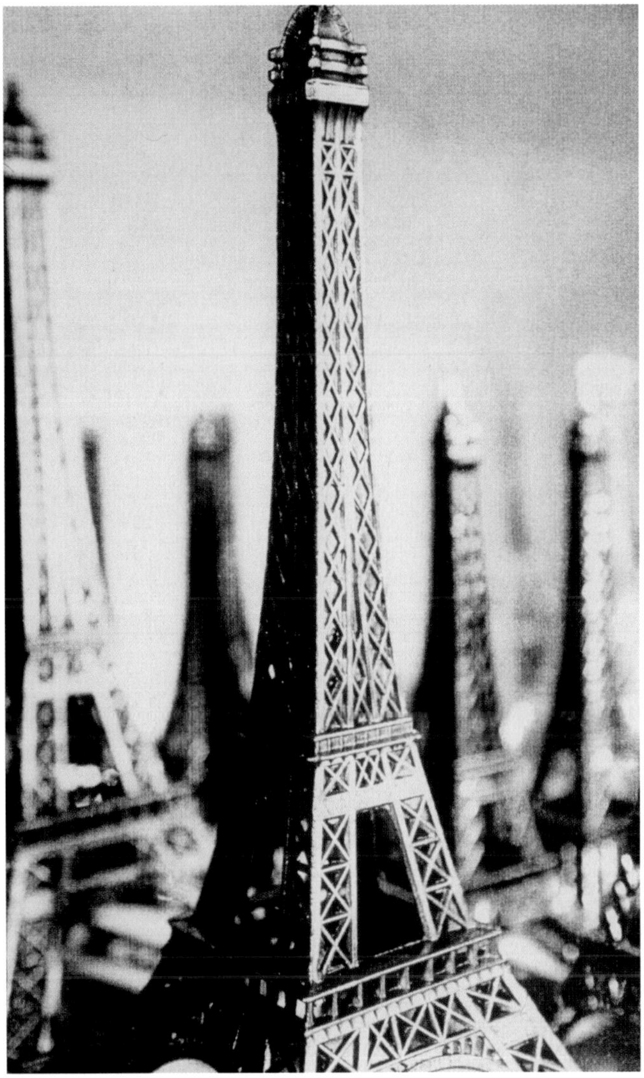

Abb. 6, Souvenir-Modelle prominenter Bauten, 1980-2005: O. M. Ungers: Torhaus Messe Frankfurt, 1983-84, Holz; Schloß Neuschwanstein, Schwangau, 1869-1891, Kunststoff; William Lamb: Empire State Building New York, 1930-31, Kupferspritzguß (mit Thermometer); Ehrenmal Pjongjang, Nordkorea 2005; Jean-Francois-Therèse Chalgrin: Arc de Triomphe Paris, 1806-36; Toji-Tempel, Kyoto, 794, Kunststoff; Frédéric Auguste Bartholdi : Freiheitsstatue New York, 1886, Kupferspritzguß; Minoru Yamasaki: World Trade Center, New York, 1966-1973, Aluminiumspritzguß

Abb. 7, Eiffeltürme, Kupferspritzguß 2005

Souvenir tatsächlich nur am Ort seiner Bauentsprechung erwerben zu können. Nicht zuletzt wäre damit der Memorial-gegenüber einem ebenso souvenirtypischen Intentional-charakter verabsolutiert.
Im Übrigen haben Architekturmodelle immer schon erinnerungskulturelle Prägnanz und Prominenz entwickelt. In Architekturmagazinen werden sie auch schon einmal etwas maliziös als „Bonsai-Bauten“ bezeichnet. In einem Bericht über einen der berühmtesten britischen Modellbauer der Gegenwart, Timothy Richard, heißt es mokant: „Bonsai-Bauten und die von ihnen ausgehende Faszination haben eine ruhmreiche Geschichte. Im 18. Jahrhundert brachten Reisende sie als Souvenirs von ihren Bildungsreisen mit. Der Regency-Architekt John Nash richtete in seinem Londoner Haus eine Galerie ein, in der er Nachbildungen griechischer und römischer Tempel ausstellte. Timothy Richard's großes Vorbild ist Jean-Pierre Fouquet, der für Thomas Jefferson 1786 eine Kopie des Kapitols von Virginia anfertigte. Später lieferte er die Gipsmodelle, die als Napoleons städtebauliche Visionen für Paris umgesetzt werden sollten.“[9]

1994 wurde in Kalifornien eine „Souvenir Building Collectors Society“ gegründet, die viermal pro Jahr eine Sammler-zeitschrift herausgibt, Mitgliederversammlungen und Veranstaltungen, regionale und nationale Wettbewerbe der Sammler untereinander organisiert und inzwischen mehr als 300 Mitglieder in den Vereinigten Staaten und Kanada, in Finnland und Deutschland verzeichnet. Neben einem regen Angebot von Tausch und Kauf via Internet können die Mitglieder auch ihre Kenntnisse und Informationen über spezielle Modelle ins Netz stellen und sich so gegenseitig informieren. Zwischen 100 und 150 verschiedene Architekturmodelle sind ständig im Angebot; die Preise liegen zwischen 10 und 100 $. Ob sie aus Metall, aus Kunststoff oder anderen Materialien gefertigt sind, ist eher zweitrangig: Das Interesse richtet sich bevorzugt auf bestimmte Städte, Länder, Regionen, Baugattungen oder Zeiten. Eine solche Gesellschaft ist schon semi-professionell und ihre Mitglieder goutieren selbstverständlich auch die Seltenheit eines Objektes. Das prinzipielle Motto der Gesellschaft lautet: „Happy hunting“. Vor allem Architekten gehören zu den eifrigsten Sammlern und natürlich hat diese Gesellschaft benachbarte, in der Thematik näher fokussierte Clubs assoziiert, so z.B. den „Statue of Liberty Collectors Club“, die „World's Fair Collector's Society“, den „Eiffel-Tower Friends Club“ oder den „Still Bank Collectors Club of America“.

Nebenbei: Mentalitätsgeschichtlich ebenso wie distributionspsychologisch werden hier präzise jahrzehntealte Flohmarkterfahrungen aktualisiert und fortgeschrieben: der Verkauf von „privat“ an „privat“ mit dem damit verbundenen Image der „Ehrlichkeit“; das generöse, vorgeblich selbstlose Weitergeben von Fachinformationen zwischen Gleichgesinnten; der Aufbau einer Interessengemeinschaft aufgrund des Interesses an gleichen Produktgruppen. Und es hieße den Schwanz mit dem Hund wedeln lassen, wollte man die Internet-Logik virtueller Flohmärkte für eine universell werdende Souvenir-Mentalität nicht in Regress nehmen. Dem ebay-Käufer, der, rollenchangierend, auch immer Anbieter ist oder werden kann, wird tendenziell die gesamte Welt zum Konglomerat endloser Souvenirs: alles ist translozierbar, als Häppchen konsumierbar, narrativ aufgeladen, kontextualisiert und homogenisiert. Ebay ist der Bock, der die Distinktion vertrieb; nicht ebay taugt zu ihrem Gärtner. Hier emanzipiert und exkulpiert sich zugleich der Souvenir von der Reise. Die Mühen des Erwerbs vor Ort entfallen ebenso wie jene des Transports. Auch die Frage der Qualität wird peripher und jene der Quantität schrumpft auf die je finanziellen Möglichkeiten zusammen: Ob zwei, zwanzig oder zweihundert „building souvenirs“ über Internet-Bestellung geliefert werden, potenziert keineswegs die Reisetätigkeiten, die ursprünglich die Bedingung der Möglichkeit ihres Erwerbs darstellten.

Durchaus aber sind Erinnerungen an Gebäude, genauer: an ihre Typologien, auch ohne konkrete Reiseerinnerungen souvenirfähig. Die seit den Endsiebziger Jahren im Produktdesign für den gedeckten Tisch reüssierende Entwurfshaltung der „Mikroarchitektur“ zeitigt kleine Keramik- und Porzellanobjekte, die Gebäude ferner Gegenden herbeispielen. Schon 1975 entstand die sechsteilige Keramik-Kollektion „i monumenti“ von Giuseppe Raimondi mit natu-

[9] Phillips 2005, S. 60-64, S. 64.

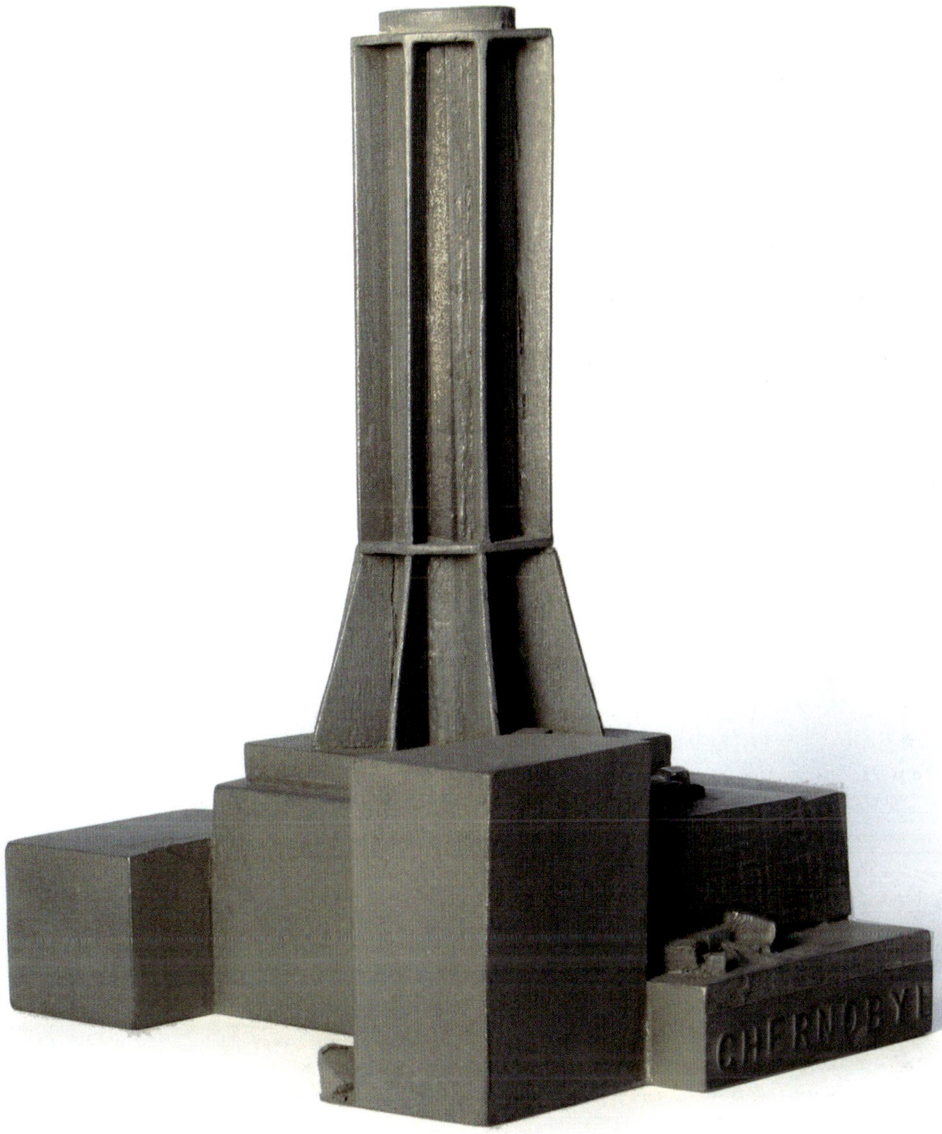

Abb. 8, Constantin Boym: Chernobyl, April 26, 1986
(aus der Serie „Buildings of Desaster", ab 1998)
Nickel. Besitz des Künstlers

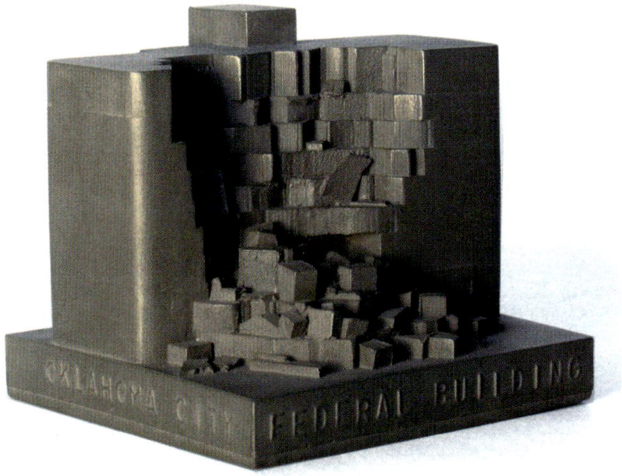

ralistisch miniaturisierten „landmark-architectures“ des 20. Jahrhunderts mit Gebäuden von Frank Lloyd Wright, Le Corbusier, Kenzo Tange, Jørn Utzon u.a. als Eierbecher, Zigarettendose, Sauciere, Vase und Dose. Für die erste Memphis-Kollektion von 1981 hatte Matteo Thun mikroarchitektonische Tischobjekte entworfen, die jene additiv-fluktuierenden Maßstäbe zeigen, die in einer „Pulverisierung“ der Form formale Stringenz suchen und finden. Matteo Thuns ein paar Jahre später für Arzberg entstandene Serie von Salz- und Pfefferstreuern ist nochmals wesentlich souvenirträchtiger als die Formetüden der Memphis-Kollektionen. In fünf Streuer-Duos dekliniert Thun gewissermaßen abstrakt-konkret die Wahrnehmungsdominanzen berühmter Gebäude und adaptiert sie für die profanen Würz-Zwecke: den Turm von Babylon, die Cheops-Pyramide, den Schiefen Turm von Pisa, einen Zwiebelturm des Prager Architekten Venceslaus und die Florentiner Kuppel des Italieners Brunelleschi. Beide Serien bieten trotz unterschiedlicher Abstraktionsstufen Erinnerungen an reale Parameter der jeweiligen Gebäude: Schichtungen, Proportionen, Texturen, Oberflächen.
Auch in unmittelbaren musealen Zusammenhängen reüssieren solche Kleinmodelle: so zeigt das Pariser Musée d'Orsay eine umfangreiche Sammlung von Eiffelturm-Modellen aus allen Jahrzehnten seit der Errichtung dieses Bauwerks. Die jüngste Variante der Eiffeltürme kreierte Issey Miyake für ein nach ihm benannten Parfüm.

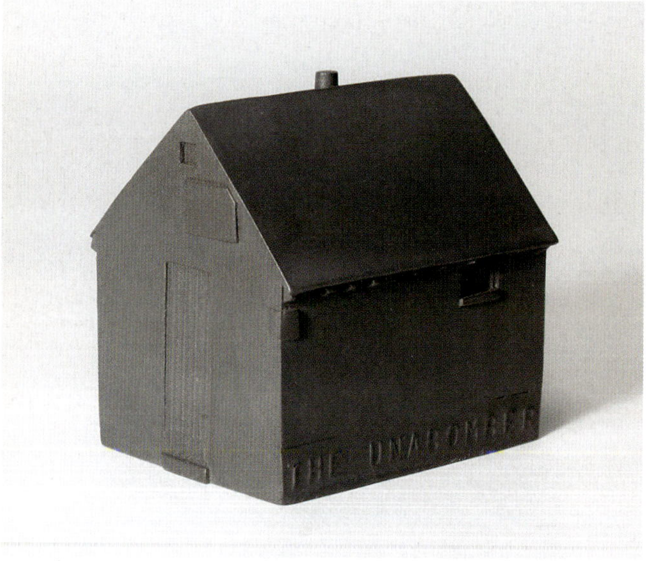

Besonders intensiv hat sich Constantin Boym mit seinem Design-Studio mit der Thematik dieser Souvenir-Gebäude auseinandergesetzt. Ab 1998 initiierte dieses Studio ein auf drei Jahre angelegtes Designprojekt zum Ende des Jahrtausends: eine limitierte Edition, genannt „Buildings of Desaster“, also „Andenken an tragische Ereignisse, „wohnzimmergeeignete Miniaturen von Tragödien, Katastrophen, Massakern“, wie der „Spiegel“ schrieb. Einige dieser Modelle beziehen sich auf berühmte Baudenkmäler, andere auf architektonische anonyme Massenware, wieder andere auf brennende oder explodierende Gebäude. Bewusst bezog das Studio seine architektonischen Informationen aus bereits gefilterten Materialberichten in Zeitungen und Zeitschriften. Gefragt waren also verallgemeinerte oder sogar

Abb. 9, Constantin Boym: Federal Building, April 19, 1995
(aus der Serie „Buildings of Desaster“, ab 1998)
Nickel. Besitz des Künstlers

Abb. 10, The Unabomber Cabin, 1997
(aus der Serie „Buildings of Desasters“, ab 1998)
Nickel. Besitz des Künstlers

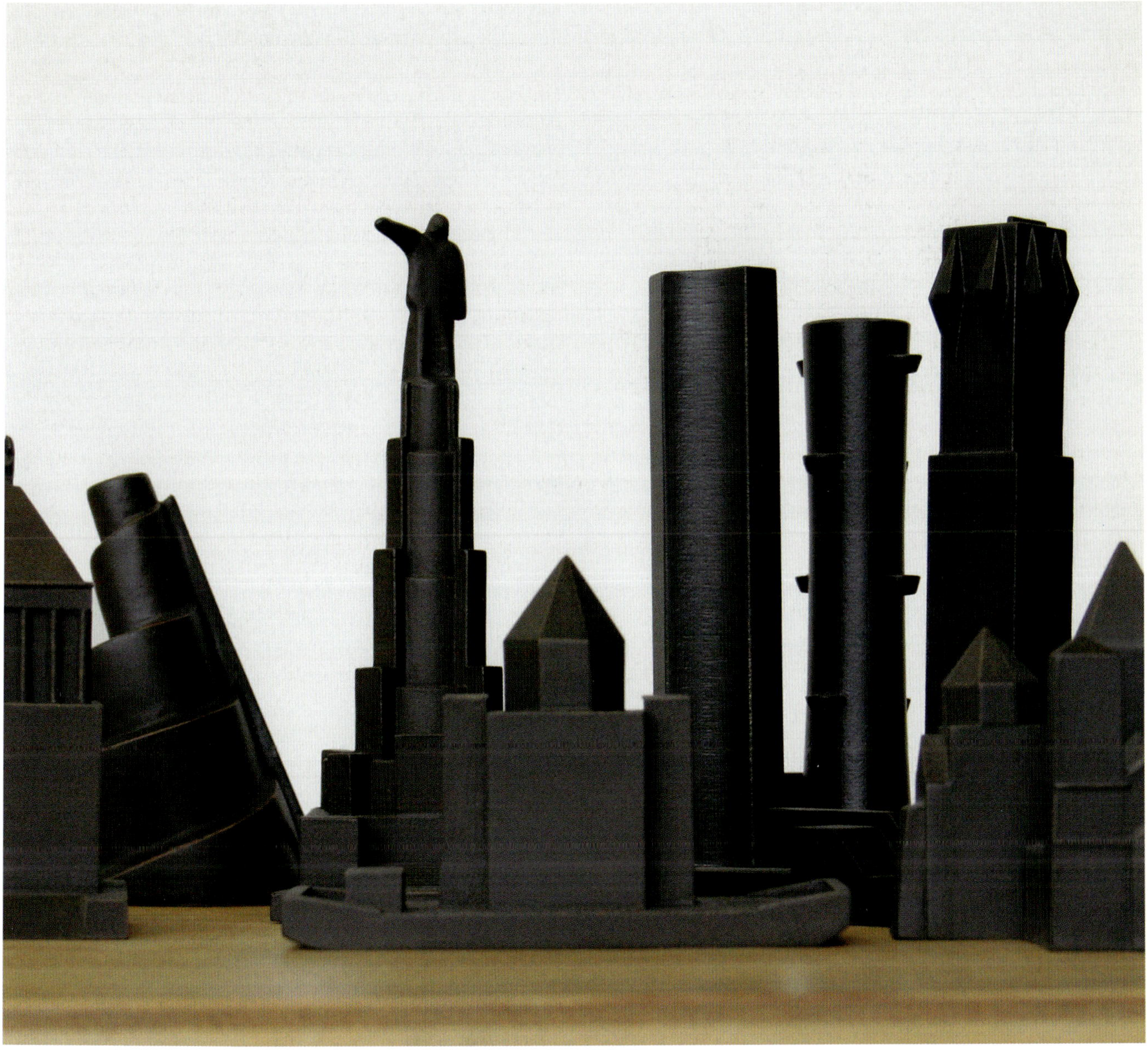

Abb. 11, Modelle (aus der Serie „Missing Monuments“, ab 1998)
Bronze. Besitz des Künstlers

verzerrte Darstellungen, um die emotionale Wirkung dieser Modelle zu steigern. Sie bestehen aus Nickel, sind entsprechend schwer und wirken wie massive Metallstücke. Der Preis pro Modell, über Versandhäuser vertrieben, beträgt 95 $. Diese limitierte Serie besteht bisher aus neun Gebäuden: Reaktoren sowie terror- und unfall-"prominenten" Gebäuden.[10]
Speziell im Zusammenhang des Anschlags auf die „Twin Towers" sagt Constantin Boym: „Die 'Leistung' eines Souvenirs besteht nicht im Erfüllen einer Funktion, sondern darin, dass es Gefühle und Wünsche weckt. Die Menschen projizieren ihre eigenen Bedeutungen auf Miniaturen und nutzen sie, um sich an persönliches Erleben zu erinnern. All dies wurde uns in den Wochen nach den tragischen Ereignissen des 11. Septembers 2001 klar: Zu meiner Überraschung wurden wir geradezu überschwemmt von der Nachfrage nach diesen Souvenirs, speziell nach unserer längst ausverkauften Miniatur des beim Bombenanschlag von 1993 beschädigten World Trade Centers. Bestellungen kamen sogar von früheren Nutzern des World Trade Centers, die den tödlichen Terror-Akt überlebt hatten. Offensichtlich lag hier ein echtes emotionales Bedürfnis vor, das wir erfüllen mussten. Nach einigem Zögern und ernsthafter Gewissenserforschung beschlossen wir, die alte World Trade Center-Miniatur neu aufzulegen und den Erlös aus den Verkäufen für wohltätige Zwecke zu spenden."[11]
Diese Kollektion „Buildings of Desaster" wird immer noch produziert und jedes Jahr durch weitere zerstörte Baudenkmäler ergänzt.

Der zivilisatorische Schock, der bei den „Twin Towers" von C. Boym noch ästhetisch sublimiert wirkt, wendet sich bei den Darstellungen eben jenes 11. September auf einer Jute-Tasche, die im Sommer 2004 auf einem Markt in Asmara in Eritrea am Roten Meer erworben wurde, zu einer mehr als nur klammheimlichen Zustimmung: ein denkwürdiges Motiv in vielerlei Hinsicht, zumal es auch in Indien produziert wird.
In einer zweiten Serie kreierte das Studio Boym ebenfalls als Kleinmodelle die sogenannten „Missing Monuments" als Replikate berühmter Gebäude, die niemals existiert haben bzw. früher zerstört wurden.[12] Die Miniaturen bestehen aus patinierter Bronze, sind jeweils nummeriert und werden für 75 $ verkauft.

Ab 1999 hat das Design-Duo Vogt & Weizenegger für die Blindenanstalt von Berlin neue Produktkonzepte entwickelt, die souverän mit dem „Bürsten- und Besenbinder"-Vorurteil gegenüber Blinden umgehen, indem sie es gleichzeitig bestätigen und hinterfragen. Eine Kleiderbürste vergegenwärtigt das monumental-klassizistische Brandenburger Tor als formal angelehntes „Bürsten-Monument". Mit subtilem Witz bestehen die zwölf Säulen nun aus silberweißen Nylonbüscheln, die bekrönende Quadriga ist als kleine Messingdraht-Bürste ausgebildet, dazwischen als Griff ein abgetrepptes, grobes Gebälkdach aus rohem Holz zwischen den beiden Bürsten. Die fast schon brutalistische Reduktion der Architekturelemente korrespondiert sarkastisch ihrer pragmatischen Umwidmung zum banalen Reinigungsgerät. Dies ist eine Ebene, die der aus Edelhölzern gefertigten „Skyline Frankfurt"-Serie der Behinderten-Werkstätten aus Frankfurt-Oberrad fehlt. Dafür haben diese Souvenir-Bauten – ob die Paulskirche oder das Rathaus Römer, die Fußgängerbrücke „Eiserner Steg" über den Main oder das Museum für Moderne Kunst, das „Torhaus" oder der Messeturm – eine abstrahierende Material-Ästhetik hoher Qualität, die das jeweilige „Stilambiente" der Bauwerke abzubilden vermag.

Als mentales Bindeglied zwischen prominenten, realen Sightseeing-Bauten und ihren millionenfachen Abguss-Modellen als Souvenir fungieren die Spolien, also reale „Splitter" realer Bauten, die aus erinnerungskulturellen Gründen abgebrochen, ausgestemmt, aufgelesen, mitgenommen, gestohlen und, ja auch: gekauft werden. Dem obsessiven Souvenir-Jäger ist nur Weniges niet- und nagelfest. Im übrigen haben solche „Mitnahmeeffekte" in der Spolienarchitektur, etwa des Spätbarock, längst kunsthistorische Akzeptanz und Wertschätzung erfahren. Nur graduell verschieden ist demgegenüber die Differenz zum organisierten Plündern ganzer Kulturlandschaften durch Hehlerbanden im Auftrag finanzkräftiger Personen oder Institutionen. Doch auch hier gilt der klassische juristische Grundsatz: „Audiatur et altera pars".

---

[10] Im einzelnen: Reaktor von Chernobyl (26. April 1986), „Texas School Book Depository", „World Trade Center" (in der ersten Auflage vor 2001 noch ohne sichtbare Beschädigungen an den beiden Türmen, ab den Terroranschlägen des 11. September 2001 mit solchen Malen), „Oklahoma City Federal Building" (19. April 1995), „Watergate"-Gebäude (17. Juni 1972), Hütte des „Una"-Bombers (1997), Reaktor „Three Mile Island" (gewissermaßen das Pendant zu Chernobyl), Alma-Tunnel in Paris, in dem die britische Prinzessin Diana verunglückte (31. August 1997), Pentagon-Gebäude (11. September 2001).

[11] Amerika 2005, S. 138.

[12] In der Reihenfolge ihrer Entstehung besteht die Serie aus: 1. Boullée: Kenotaph für Newton, Frankreich (1784), 2. Ziggurat in Ur, Mesopotamien (2001 vor Christus), 3. Joseph Paxton: Kristallpalast, London (1851), 4. Tempel der Artemis in Ephesus, Griechenland (314 vor Christus), 5. Mausoleum in Harlikanassos (353 vor Christus), 6. Leuchtturm Pharos, Alexandria, eines der antiken sieben Weltwunder (332 vor Christus), 7. Ernst Flagg: Singer-Hochhaus, New York (1908), 8. Tempel von Salomon, Jerusalem (950 vor Christus), 9. McKim, Mead & White: Pennsylvania Bahnhof, New York (1904-1010), 10. Adolf Loos: Wettbewerbsbeitrag zum Hochhaus der Chicago Tribune, USA (1922), 11. Iofan: Sowjetpalast, Russland (1932-56), 12. Klosterkirche von Cluny, Frankreich (1088-1130), 13. Aldo Rossi: Theatro del

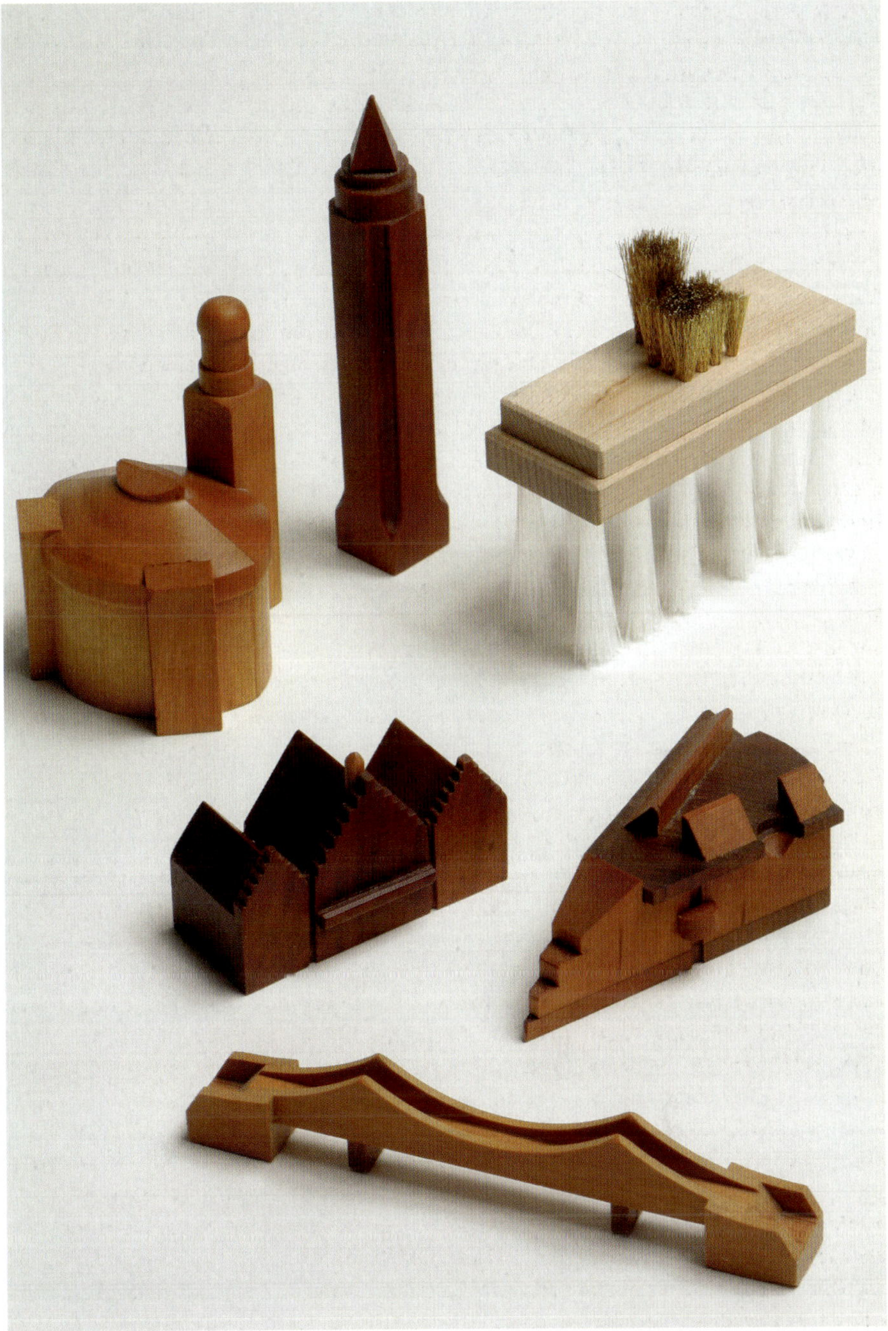

Mondo, Venedig (1979), 14. Wladimir Tatlin: Ausstellungsturm, Russland (1919), 15. Antonio Sant'Elia: Energiestation, Italien (1913), 16. Claude Ledoux: Cannon Foundry Anlage, Frankreich (1773), 17. Leonardo da Vinci: Kirchenentwurf, Italien (1490er Jahre), 18. Erich Mendelssohn: Fabrikgebäude, Deutschland (1917).

Abb. 12, Paulskirche (nach: Johann A. Liebhardt, Christian G. Hess: Paulskirche Frankfurt, 1789–1948, mit Unterbrechungen), Messeturm (nach Helmut Jahn: Messeturm Frankfurt, 1987–1991), Rathaus Römer (seit 1405, einheitlich seit 1651, neugotisch ab 1896 nach Plänen von Max Meckel), Museum für Moderne Kunst (nach: Hans Hollein: Mseum für Moderne Kunst Frankfurt, 1987–1991), Eiserner Steg (nach: Peter Schmick: Eiserner Steg, seit 1869) alle Birnbaumholz; Vogt & Weizzenegger: Brandenburger Gate Brush (nach: Carl Gotthard Langhans: Brandenburger Tor Berlin 1788–1791), Holz, Nylon, Messingdraht

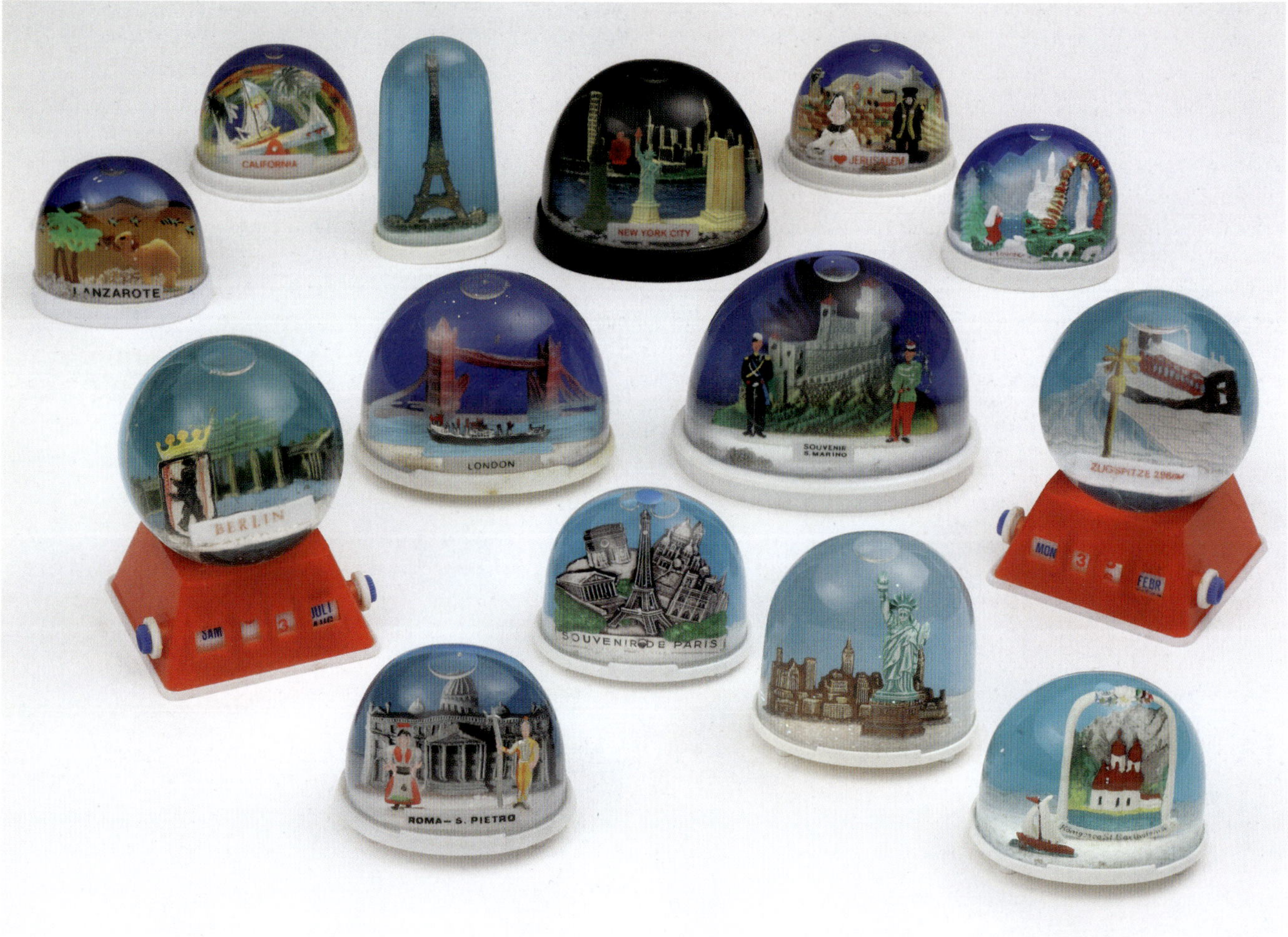

Eine veritable Inversion der miniaturisierten Souvenir Buildings sind ihre im realen Maßstab errichteten Pendants an ihnen fremden Orten. Bauten, Bauensembles à la Rom, Venedig, Luxor oder Ludwig II in Las Vegas empfinden die Stillagen der klassischen Epochen unbekümmert und burschikos bunter, größer und luxuriöser nach. Ein Konglomerat von Zitaten und Collagen, welches Historiker gerade so entsetzt wie es Touristen verzückt. Historie wird zu einem Surrogat-Bilderbogen verwirbelt. Das Hotel „Caesar's Palace" wirbt mit „typisch römischen Straßenzügen", das „Venetian"-Hotel, mit über 6000 Zimmern das größte der Welt, weist in seinem Casino im Maßstab 1:1 den Dogenpalast, den Markusplatz und den Campanile Venedigs auf. Das Hotel „Paris" ziert sich selbstverständlich mit einem nicht eben kleinen Eiffelturm und die griechischen Tempelfronten mit Säulen und Tympana beginnen im achtzehnten Stock. Insgesamt wird hier ein kindliches Staunen an den Wundern der alten Welt wirksam mit den psycho-

Abb. 13, Schneekugeln zwischen 1975 und 2005
Josef Kardinal, Nürnberg

logisch-therapeutischen Reizen eines Vergnügungsparks überblendet. Auch andere Erdteile stehen dem in nichts nach. So steht das Schloss des bayerischen Märchenkönigs Ludwig II originalgroß im japanischen „suburb“-Park „Nikko“ in der Peripherie Tokios. Ebenso empfindet die Marienkirche „Notre Dame de la Paix“ im Dorf Yamoussoukro an der Elfenbeinküste inmitten von Palmenplantagen als skurriler Nachbau die Hauptkirche der Katholiken, den Petersdom, größer als ihr Vorbild nach. Der frühere Präsident hatte dieses megalomane Abenteuer in Szene gesetzt, gebaut von einem einheimischen Architekten und geschmückt mit einer getreuen Kopie der „Pieta“ von Michelangelo, allerdings nicht aus Marmor, sondern einheimischem Tropenholz.[13] Wobei der Vatikan aufgrund der immensen Baukosten dieser afrikanischen Basilika, die die Staatsfinanzen völlig zerrütteten, die jährlichen Unterhaltskosten von etwa 500.000 Euro übernehmen musste.

Nachschöpfungen prominenter Gebäude also, zugerichtet als begehbare Souvenirs, errichtet an Orten, die für die Touristen aus ganz anderen Gründen attraktiv sind. Die architektonische Prominenz vermittelt sich als gestanzte Vorab-Erfahrung, die gleichwohl an der Aura des Originals ebenso partizipiert wie die entsprechenden Kleinmodelle. Historische Parallelen liegen auf der Hand; die prominenteste ist sicherlich die mehrfache Errichtung des „Heiligen Grabes“ aus Jerusalem in mehreren europäischen Städten, etwa Hildesheim oder Bologna.

Schneekugeln: Bunte Welten unter Glas

Auch in den Universen der farbigen Halbkugel-Welten werden oft Kleinarchitekturen gezeigt. Ebenso aber wie Städte oder Gebäude gibt es Landschaften, Tiere, Pflanzen oder maritime Motive. Hinzu kommen Komik- und Märchensituationen sowie sakrale und neuerdings politische und kommerzielle Themen.
1887 wurde auf der Weltausstellung in Paris erstmals eine Glaskugel gezeigt, die mit Wasser und weißem Pulver gefüllt war. In ihr stand ein Mann mit aufgespanntem Regenschirm im Wasser, der sich irrealerweise vor dem rieselnden Schnee schützte. Schon hier also scheint die Widersprüchlichkeit der Gattung Schneekugel auf. In den 1950er Jahren, nach der Erfindung des Kunstschnees aus Polystyrol, wurde die Schneekugel parallel zum Massentourismus als Souvenir populär. Sie umzudrehen und zu schütteln hat etwas Aktives und Beruhigendes zugleich. Wir haben eine Welt mit bergendem Firmament in der Hand – gewissermaßen ein tatsächlich vorkopernikanisches Weltbild repräsentierend – und können ihren atmosphärischen Zustand beeinflussen. Je nach Heftigkeit der Handbewegung ergeben sich Wirbelsturm oder Orkan, Brise oder Bö. Der rieselnde Schnee holt früher oder später alle Orte ein, ob Capri oder Kuba, San Giminiano oder San Francisco, Hamburg oder Honolulu. Entspannte Traumwelten? Oft, aber nicht immer. Denn auch die Schneekugeln, früher schlicht, schön und spießig, haben längst ihre Unschuld verloren. Auch hier gibt es Schreckensszenarien, fiktive und reale. Den nachgestellten Szenen aus Horrorfilmen steht die Kugel „Ground Zero“ mit Miniatur-Feuerwehrmännern auf stilisierten Trümmern, die eine deutliche Botschaft vermitteln, zur Seite.

Generell aber gilt: So gut wie immer überblenden sich bei Schneekugeln Urlaubserinnerungen mit Kindheitserinnerungen, sind sie doch ein Medium der Reiseerinnerung, welches seit mehr als hundert Jahren die Menschen begleitet.

1950 schrieb Theodor W. Adorno über Walter Benjamin, dem wohl berühmtesten Schneekugel-Sammler: „Ihn sprachen die versteinerten, erfrorenen oder obsoleten Bestandstücke der Kultur, alles an ihr, was der anheimelnden Lebendigkeit sich entäußerte, so an, wie den Sammler das Petrefakt oder die Pflanze im Herbarium. Kleine Glaskugeln, die eine Landschaft enthalten, auf die es schneit, wenn man sie schüttelt, zählten zu seinen Lieblingsutensilien.“[14]
Bereits vor 20 Jahren gab es allein in Deutschland über 1000 Sammler und Sammlerinnen von Schneekugeln.
Die weltweit umfangreichste Sammlung bis heute hat ein

[13] Vgl. Afrika 2004; vgl. http://www.stuttgarter-nachrichten.de/stu/page/detail.php/756823.

[14] Adorno 1970, S. 17. Weiterführend: Ludwig 1983 sowie Seger 1985.

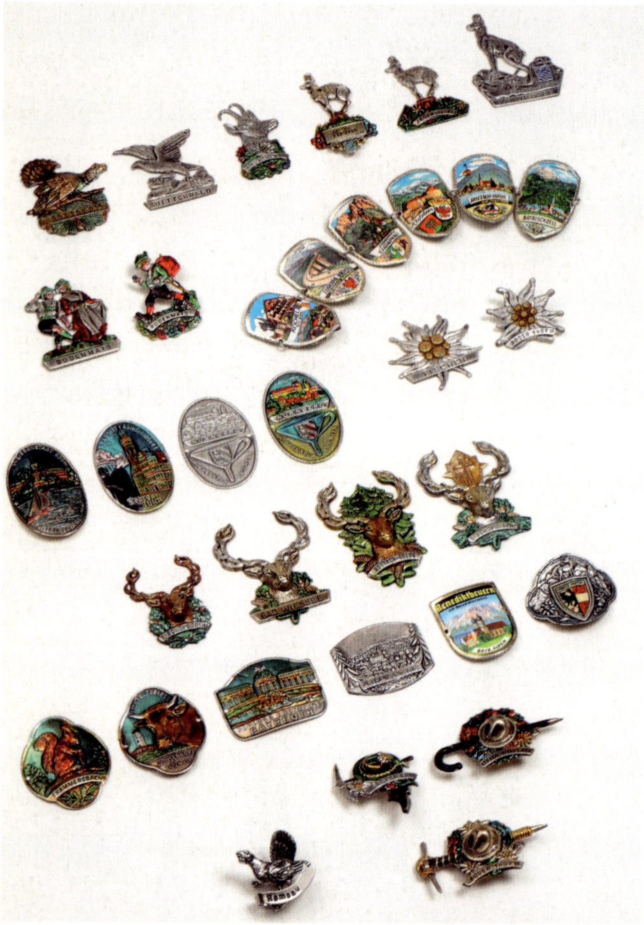

Nürnberger Finanzbeamter zusammengetragen. Seine knapp 7200 Exemplare hat er akribisch thematisch sortiert. Die eher unsystematische Aufzählung der Untergattungen verdeutlicht ein weiteres Mal die prinzipielle Themenoffenheit dieses Mediums für verschiedenste Inhalte von Mythen und Märchen über Religion und Romantik bis zu Horror und Werbung.[15]

Technisch sind die Schneekugeln anspruchsvoller als die Gebäude-Souvenirs. Die halbrunden Kuppeln werden trotz ihrer hohen Auflagen immer noch in Handarbeit hergestellt, mit destilliertem Wasser sowie mit Glimmerpolystyrol-Flockenschnee und Substanzen zur Verhinderung von Algenbildung gefüllt. Im Winter erfolgt paradoxerweise kein Versand von Schneekugeln, da die Frosteinwirkung sie bersten lassen könnte. Technisch gute Schneekugeln haben Stöpsel, damit das alte Wasser abgelassen und neues, destilliertes Wasser nachgefüllt werden kann. Heute wird dies oft durch den Stöpsel mit einer Spritze erledigt und muss es auch, denn auch vollständige Wasserdichte verhindert nicht das allmähliche Verdunsten desselben. Und so betonen die Anbieter ebenso wie die Sammler, dass die Schneekugeln, auch Schüttelbilder oder Schneis genannt, einmal im Vierteljahr geschüttelt werden sollen.

Die Schneekugel allerdings als Werbeträger und Entertainment ist eine neuere Entwicklung. Vor allem der Hollywood-Konzern Disney bringt zu neuen Filmen Schneekugeln heraus, die auf einer Spieluhr rotieren, welche den Soundtrack des entsprechenden Filmes vorspielt. Manche dieser Schneekugeln sind auf so umfangreiche Aufbauten aus Plastik gesetzt, dass man sie kaum mit einer Hand bedienen kann. Andere wiederum ziert ein Gebläse für Dauerschneestürme. Ein solcher Techno-Barock allerdings konterkariert eher die therapeutischen Charakteristika, die man den einfacheren Schüttelkugeln zuschreibt. Entsprechend nennt sie einer der Hersteller, das Unternehmen Koziol, „Traumkugeln“, die man hier mit einem Foto, einer Botschaft oder, wie es entwaffnend-treuherzig heißt, mit einer „individuell preiswerten Werbung“ befüllen kann. Auch Firmen- und Parteienwerbung findet sich in den Kugeln: SPD und CDU, IBM, Moroso oder Harley Davidson. Der Couturier Paul Gautier benutzt für sein Parfüm „Fragile“ (seit 2002) eine Schneekugel mit goldenem Glitzerstaub und einer winzigen Blondine in einem bodenlangen schwarzen Abendkleid und langen Handschuhen bis zum Ellbogen. Der Deutsche Gewerkschaftsbund brachte die Problematik der 35-Stunden-Woche 1985 in eine ebenso winterliche Illusion wie 1990 die niedersächsische SPD, die das Emblem des niedersächsischen Pferdes in Anspielung auf die abgewählte CDU/FDP-Landesregierung unter schwarzem Schnee verschwinden ließ. Hier zeigt sich und wird sich noch öfter zeigen, dass Souvenirs keineswegs immer nur romantisierend, eskapistisch oder kitschig sind. Insofern sie „gelebtes Leben“ abbilden, sind alle Elemente solchen

Abb. 14, Stocknägel und Broschen, 1950er–1970er Jahre; Julia Wülfing: Stocknägel-Armband mit duplierten Stocknägeln der 1950er Jahre

15 Freund.2005, S.14. Akribisch wird bilanziert: „Babys (52 Stück), Blumen (59), Bären (165), Comics (582), Engel (143), Fahrzeuge (24), Krippen (52), Liebe und Liebespaare (96), Länder (211), Märchen (123), Nikoläuse (363), Ostern (174), Sakrales (265) inklusive diverser Jesusse, Heilige, einem schwarzen Schutzengel aus Rio und dem Papst, Schneemänner (122), Tiere (845), Weihnachten (258), Weltraum (28), Werbekugeln (15) Zwerge (82) sowie Horror- und Gruselkugeln (140). Die kleinste Schneekugel des Finanzbeamten hat gerade einmal einen Durchmesser von einem Zentimeter und zeigt ein kleines Pony im Schneegeriesel und die Aufschrift „Graubünden“.

16 Kindel 2005, S. KuS 15;vgl. auch: www.praeg-bild.de sowie juliawuel@aol.com.

Lebens vom Prinzip her souvenirfähig, auch das Negative, auch der Schrecken, auch der Horror.
Durch die Form aber dieser kleinen Firmamente und die Verfremdung des auf alles und jedes rieselnden Schnees ist der Stellvertreter-, der Surrogatcharakter dieser Souvenirs weniger zwingend als bei anderen Gattungen: Zu sehr dominiert die im Sinne des Wortes überwölbende Märchencharakteristik alle Inhalte.

Stocknägel: Da war ich auch schon!

Die Gattung der Stocknägel ist da wesentlich eindeutiger. Wie Autoaufkleber von Städten, Landschaften oder Tunneln werden sie als eindeutige Indizien dafür begriffen, dass ihr Besitzer an den präsentierten Orten anwesend war. Allerdings gibt es bei den Stocknägeln mehrere prinzipiell unterschiedliche Gestaltungen: Eine erste Gruppe zeigt tatsächlich Wappen mit heraldisch abstrahierter Ornamentik und entsprechender Außenkontur, eine zweite behält diese emblemartige Außenkontur bei, weist aber im Binnenfeld jeweils Gebäude, Orte oder Denkmäler als naturalistische Abbildung auf. Schließlich gibt es eine Gruppe, die in freier Ausstanzung waidmännische Flora und Fauna wie Hirsche und Rehe, Gänse und Auerhähne, Eichkatzen oder Edelweißblüten sowie Menschen in Folkloretrachten in halbplastischen, geprägten Kleinreliefs anbietet. Die lichtecht handbemalten, brüniert-patinierten, geprägten Oberflächen der Stocknägel machen sie zu kleinen, volkskundlichen Kunstwerken mit nostalgischem Charme. In mindestens vierzehn Arbeitsgängen werden diese Stocknägel hergestellt. Bis in die späten 1970er Jahre hatte das Weißenstädter Unternehmen Arthur Kaufmann ein fast vollständiges Monopol im deutschsprachigen Raum für diese „Präg-Bild" genannten Wanderembleme. Die von der Firma beworbenen Orte und Landschaften – Bad Reichenhall, Befreiungshalle, Bergstraße, Berlin, Bremen, Eifel, Fränkische Schweiz, Köln/Rheinland, Lüneburger Heide, Nürnberg, Oberpfälzischer Wald, Regensburg, Rhein, Rheinland-Pfalz, Salzburg, Sauerland, Spessart und Taunus – waren und sind die Wanderträume

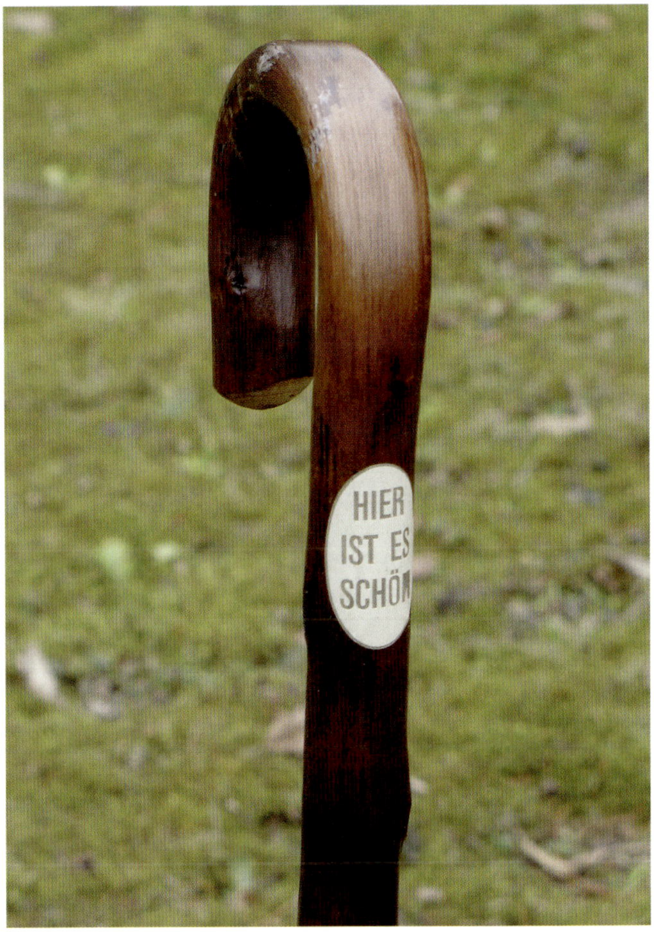

Abb. 15, Lucius Burckhardt: Wanderstock mit Stocknagelprägung „Hier ist es schön", Anfang 1990er Jahre

der Deutschen, die so offenbar freudig ein Übermaß an Zivilisation kompensieren: „weg von den Kunstwelten, weg vom Fernseh- und Computerbildschirm, weg vom Leben hinter Glas, die Welt erwandern und erleben, im Original und mit allen Sinnen“, wie jüngst konstatiert wurde.[16] Es gibt Mischformen zwischen heraldischen Formen und Kleinreliefs, manchmal auch religiöse Überhöhungen, wenn etwa zwischen einem Hirschgeweih das christliche Hubertuskreuz erscheint. Auch diese Gattung weist Weiterentwicklungen in pragmatische Nutzungen hinein auf, wie etwa ein „Bettelarmband“, welches aus sechs aneinander geklippten heraldischen Stocknägeln besteht oder kleine vollplastische Broschen. Das Armband entwickelte 2005 eine Kunststudentin am Bauhaus in Weimar und produziert es inzwischen auch selbst. Und es gibt, allerdings selten, Stocknägel mit metaphorischen bzw. emblematischen Verweisen. So zeigt ein Exemplar der Stadt Nürnberg in einem ovalen Bildfeld in der oberen Hälfte die historische Stadtsilhouette und darunter dann den „Nürnberger Trichter“, also jenes „Lerninstrument“, das mechanische Lehrverfahren volkstümlich-spöttisch beschreibt.[17] Geradezu selbstreferenziell dagegen sind Stocknagel-“Broschen“, die vollplastisch Wanderstock und Wanderhut, Spitzhacke und Wanderschuhe als Embleme aufweisen und am Revers oder Wanderhut getragen werden. Im Herbst 2005 warb das Kaufhaus KaDeWe in Berlin mit der Abbildung eines Wanderstockes, auf dessen Schaft Designerlabels wie Armani, Boss, Chanel, D & G, Paul Smith oder Dior in Form von Stocknägeln appliziert waren.
Motto: Erwandere Dir die Marken!

Aber gerade dieses Erwandern, also das allmähliche Erkunden einer Gegend, einer Landschaft oder einer Stadt macht die Stocknägel zu Belegen und Indizien einer sportiven Betätigung, deren Verlaufscharakter und Dauer sehr anders ist als die Besichtigung etwa eines „urban monument“. Insofern symbolisieren Stocknägel einen Umgang und eine Erfahrung mit Natur, die man sich körperlich erarbeitet hat. Ähnliche Konnotationen bedienen im übrigen die Dreieckswimpel für Fahrräder. Aber die Erwanderung einer Landschaft mit ihren in aller Regel eher kleinen dazugehörigen Ortschaften hat zweifellos etwas Nostalgisches, fast Vorindustrielles: So stehen die Stocknägel auch für eine Entschleunigung und für einen Eskapismus aus hoch industrialisierten, urbanen Kontexten, in denen die Schnelligkeit, der rasche Perspektivenwechsel und das Agieren zwischen „erster“ und „zweiter“ Natur konstitutiv sind. Den schönsten und intelligentesten Stocknagel allerdings ließ sich der Basler Design- und Kulturhistoriker und begeisterte Wanderer Lucius Burckhardt fertigen. Auf ihm stand lakonisch geschrieben: „Hier ist es schön“. Damit wird die Gattung der Stocknägel ironisiert und bestätigt zugleich, sie wird gewissermaßen dialektisch aufgeladen.

Unterwegs sein: „Postkarten sind die Reise selbst“ (H.M.Enzensberger)

Die bei weitem umfangreichste Gattung der Souvenirs sind die Postkarten und selbstfotografierten Urlaubsbilder, die inzwischen durch die elektronisch versendbaren Fotografien der Mobiltelefone ergänzt, tendenziell ersetzt werden.
(Die bis heute produzierten Postkarten, eine Erfindung des damaligen Generalpostmeisters H. Stephan von 1865, erreichen die Zahl von 2,5 Billionen, reichen also neuneinhalbtausendmal um den Äquator). Auch hier wieder treffen die Motivationsbegründungen „Tatort“ und „Indizien“ zu, sowohl bei jenen Aufnahmen, bei denen sich der Absender selbst im Vordergrund ablichten lässt als auch bei jenen, die die Sehenswürdigkeiten für sich abbilden. Hans Magnus Enzensberger bemerkte zum Zusammenhang von Tourismus, den Postkarten und den bunten Amateuraufnahmen der Reisenden: „Neben die Sehenswürdigkeit tritt als Reiseziel das soziale Prestige. In der Kalkulation ihres Preises spielt bei der Ware, als welche die Reise aus der Warenwelt zu verhelfen vorgibt, ihr Warenzeichen fortan eine maßgebliche Rolle. Wie die Marke eines Parfüms dessen Wert steigert, ja halbwegs ausmacht, so der Name ihres Ziels den der Reise.
Die Aura, mit welcher Romantik den Weitgereisten umgab,

---

[17] Der „Nürnberger Trichter“ bezieht sich auf das Buch „Poetische Trichter“ des Nürnberger Barockdichters Georg Philipp Harsdörffer, der für die Entwicklung der deutschen Schriftsprache sehr wichtig war

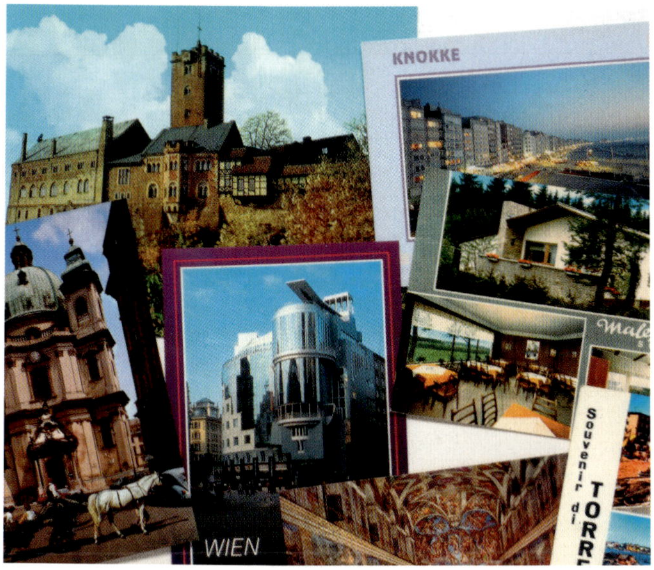

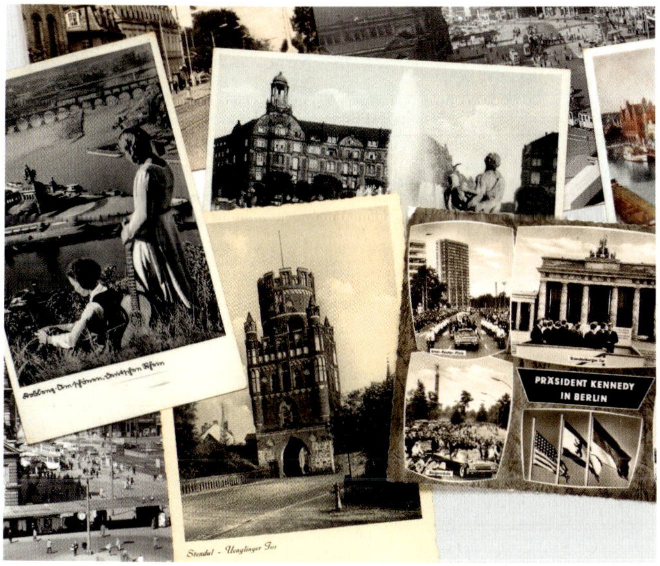

gefriert zum Warenzeichen, das den Fetischcharakter der Tour verbürgt. Im Fetisch des Souvenirs erscheint dieser Charakter leibhaftig. Als Blechschild am Spazierstock, als Zettel auf dem Koffer, als Plakette am Auto, als Zertifikat über Äquator- und Poltaufe versichert es den Touristen gegen den Zweifel am eigenen Erlebnis, der ihn befällt und gibt ihm ein Beweisstück für seine Rückkehr zur Hand. Zum Programm der touristischen Reise gehört als letzter Punkt die Heimkehr, die den Touristen selbst zur Sehenswürdigkeit macht. Was ihm seine Ideologie als unberührte Ferne hinstellt, muss er nicht nur berühren, sondern auch publizieren. ... Dagegen verkündet heute der heimgekehrte Tourist nur, was alle längst wissen. Sein Bericht dient nicht nur dem Zweck, sein eigenes Prestige, sondern auch das des Arrangeurs zu festigen, dem er sich anvertraut hat. Der Tourismus ist die Industrie, deren Produktion mit ihrer Reklame identisch ist:
Ihre Konsumenten sind zugleich ihre Angestellten. Die bunten Aufnahmen, die der Tourist knipst, unterscheiden sich nur den Modalitäten nach von jenen, die er als Postkarten erwirbt und versendet. Sie sind die Reise selbst, auf die er sich begibt. Die Welt, derer er auf ihr ansichtig wird, ist von vornherein Reproduktion. Nur Abklatsch wird ihm zuteil. Er bestätigt das Plakat, das ihn verlockt hat, sich in sie zu begeben. Diese Bestätigung des Vorgespiegelten als eines Wahren ist die eigentliche Arbeit, die der Tourist ableistet.«[18]

Tilman Habermas präzisiert die psychologischen Aspekte der touristischen Amateurfotografien: „Wichtig ist der persönliche Bezug der Gegenstände, die die historische Authentizität der Reise bezeugen. Deshalb werden persönliche Reisesouvenirs gekauften meist vorgezogen, lieber eigene Fotos, wie ungeschickt auch immer, von bekannten Monumenten geschossen als sehr viel bessere Postkarten gekauft; am besten, die Reisenden befinden sich mit dem Monument auf einem Foto, so dass es untrüglich seinen Zweck erfüllt, zu belegen „I was here“ bzw. „there“. Ja, nicht selten werden zu erinnernde Erlebnisse geradezu für die Erinnerung erst hergestellt.“[19] Die angebotenen Postkarten der touristischen Sehenswürdigkeiten – Gebäude und Landschaften, Berge und Flüsse,

Abb. 16 und 17, Postkarten im 20. Jahrhundert

[18] Enzensberger 1964., S. 202f.
[19] Habermas 1999, S. 292.

Meere und Strände, Pflanzen und Folklore, Unterwasser- und Luftaufnahmen – sind in der Regel professioneller fotografiert als die privaten Amateurfotos. Es gibt Weitwinkel-, Tele-, Fischaugen-, 360°-Aufnahmen, aber auch fotografische Verfremdungen wie z. B. Solarisationen oder Fotomontagen. Im oder ober- bzw. unterhalb des Motivs stehen die Ortsangaben in unterschiedlichen Typografien, die manchmal stilistische Kommentare auf die abgebildeten Situationen darstellen: etwa eine Art déco-Schrift zum Art déco-Gebäude. Häufig gibt es Karten mit mehreren, rektangulär angeordneten Motiven auf einer Karte, die damit die Setzkastenästhetik vieler Souvenir-Arrangements strukturell abbildet. In aller Regel wird auf der Vorder- bzw. Rückseite auch der Fotograf angegeben. Neben diesen „naturalistischen" Motiven erfreuen sich „Spaß"-Karten großer Beliebtheit, die oft mit dem touristischen Ort so gut wie nichts zu tun haben: ob drei barbusige Schönheiten an irgendeinem Strand der Welt, vor irgendwelchen Bergen, auf diversen Almen oder wahlweise vor den Silhouetten von Berlin, München, Helsinki oder der Copa Cabana posieren, ist tendenziell zweitrangig.
Demjenigen, der solche Karten kauft, schrumpft die touristische Sehenswürdigkeit zur bloßen Folie und Marginalie. Eine weitere Untergattung solcher Reisepostkarten verselbständigt graphische Attitüden: da werden schon einmal die Karten von Inseln mit deren Umrissen angeboten, Postkarten mit Hochhäusern werden vertikal überdimensional gelängt, um das Motiv flächenparallel im Großmaßstab einzufangen, im Gegensatz dazu gibt es extrem breitgelagerte Panoramakarten, die 180 oder 360°-Ansichten präsentieren. Schließlich werden Postkarten mit Glitzer-, Glimmer- und Neonschriften bzw. Ausstanzungen und Prägedrucken offeriert, gerade so, als ob die Botschaft des Motivs allein zusätzlicher Unterstützung bedürfte und die Sehenswürdigkeit sonst zu blass bliebe. Weiterhin sind surreale, an der Pop Art geschulte graphische Motive, Verballhornungen von berühmten Hollywood-Filmen bzw. Pop Musik-Interpreten (gerne auch in gegenseitiger Überblendung) ebenso wie krypto-"dokumentarische", nostalgische Sepia- bzw. Schwarz-Weiß-Postkarten zu erwähnen. Eine weitere spezielle Gattung von Kartenmotiven sind Begleitbroschüren für archäologische Sehenswürdigkeiten, bei denen über die Aufnahme der realen Ruinen jeweils passgenau eine glasklare Folie der Rekonstruktion der entsprechenden Bauten geblättert werden kann.

„Plastiskope", kleine Fernsehgeräte aus Kunststoff in Zigaretten- oder Streichholzschachtelgröße, die man wie eine Kamera vors Auge hält, weisen zwischen fünf bis zehn Motive der jeweiligen Sehenswürdigkeit auf. Sie sind auf einer Scheibe im Kreis angeordnet, die mit Hilfe eines Hebels weitergeschaltet werden kann. Diese Mini-TVs gibt es seit den frühen 1950er Jahren, wie ihre Gehäuseformen dokumentieren. Eine Sammlerin bemerkt wehmütig: „Diese kleinen Andenkenfernseher konnte man früher von jeder Sehenswürdigkeit käuflich erwerben, um sich dann an regnerischen Abenden wehmütig zurückerinnern, wie schön es doch war oder um seinen Freunden zu Hause zu zeigen, was man denn alles so tolles im Urlaub gesehen hat. Leider findet man diese Souvenirs heute nur noch sehr selten, aber ab und zu entdeckt man sie doch noch – verstaubt in einer Ecke im schäbigsten Andenkenladen der Umgebung oder ganz unten in einer Wühlkiste auf dem Flohmarkt."[20]
Die Sehenswürdigkeiten können Städte, Gebäude, Denkmäler oder Naturdenkmäler sein. Von der Wahrnehmungsmodalität her werden Fotografien, Postkarten, aber auch der Fernsehkonsum bzw. der Blick in den Sucher der Kamera simuliert. Auch hier gibt es Aktualisierungen in der Werbung und im Marketing: Mini-TVs für „Lift"-Apfelschorle, für die „Pizza Culinaria" von Dr. Oetker und 2004 zur Neuvorstellung des Parfums „Air" von Kenzo.

---

[20] Zit. nach http://www.katrin-sander.de-plastikop-fernseher; vgl. auch: www.plastiskop.de bzw. info@plastiscop.de sowie wupmail@t-online.de

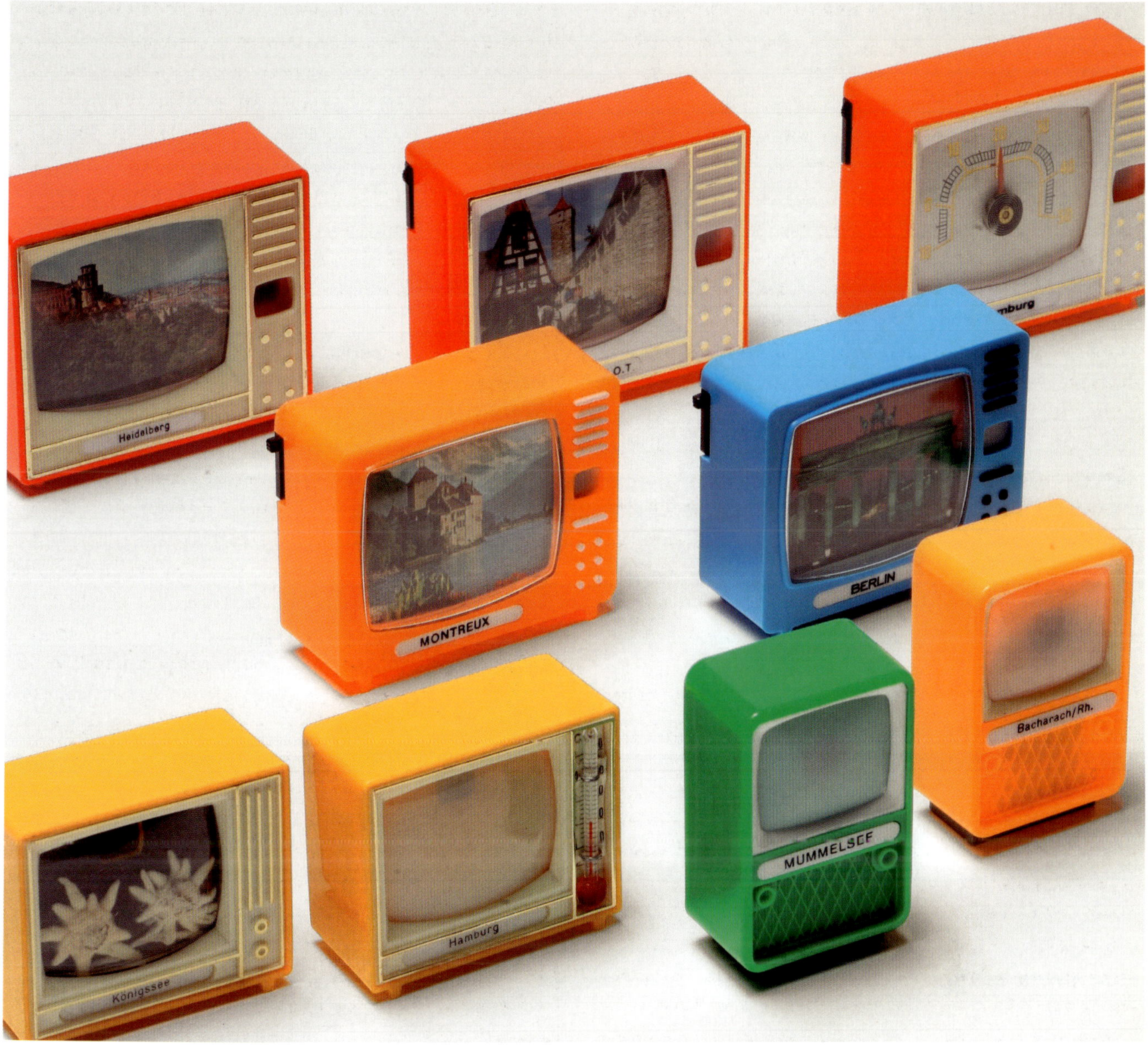

Abb. 18, Plastiskope mit 8 bzw. 16 Farbbildern, 1960er Jahre bis 2005, Pamer GmbH, Nürnberg

Sammelteller

Ein ähnliches Bedürfnis nach Abbildlichkeit wie solche Postkarten, Amateurfotos und Plastiskope bedienen auch die Sammelteller und -tassen, auf denen im schönsten Naturalismus Gebäude, Städte und Landschaften konterfeit sind. Auch „Flora-, Fauna- und Seestücke" finden sich hier als meist banale Abkömmlinge manieristischer und barocker Stilleben.

Erneut hat Constantin Boym mit einem Projekt, welches „Upstate Plates" heißt, dieser Gattung durch einen kleinen, gleichwohl dominanten Eingriff gewissermaßen ihre Naivität genommen. Zu dieser limitierten Auflage bemerkt er: „Alle kennen die Reiseandenken in Form von Porzellantellern mit stereotypischen Ansichten europäischer Hauptstädte oder andere Touristenattraktionen.
Stattdessen entwarf ich eine Tellerkollektion, die ich den unbekannten, nichtssagenden Orten im Bundesstaat New York widmete – Orten, an denen ich mit meiner Familie so manches Sommerwochenende verbringe."[21]

Ebenso subversiv ist ein zweites Sammeltellerprojekt des Künstlers, genannt „Real Plates". Hierzu heißt es: „2004 lancierte das Cooper Hewitt National Design Museum in New York ein innovatives Designprogramm für die weitgehend vernachlässigte Produktart des Museums-Souvenirs. Die sechs Essteller des Sets sind mit Abbildungen „tatsächlicher" Teller (real plates) aus der wertvollen Porzellansammlung des Museums dekoriert. Statt einer Postkarte können Besucher also ein wesentlich dauerhafteres Andenken erwerben. Die historischen Dekors auf einer rein weißen Fläche verleihen den Souvenir-Tellern ihren besonderen Charakter – traditionell und zugleich modern."[22]

Wieder also wird eine Souvenir-Gattung als Anregung und Oberfläche begriffen, unter die, gewissermaßen subkutan, eine dialektische Kritikfähigkeit injiziert wird. In der klassischen Kunstgeschichtsschreibung hat sich für eine solche Strategie der Begriff der Dissimulatio eingebürgert.[23]

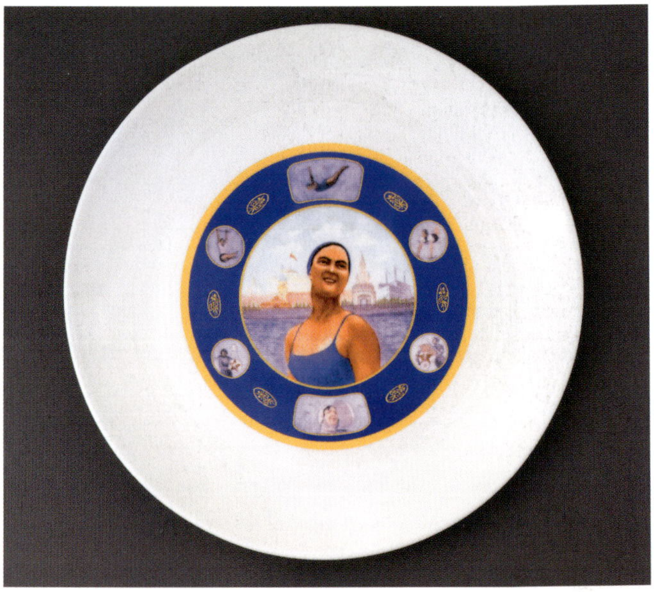

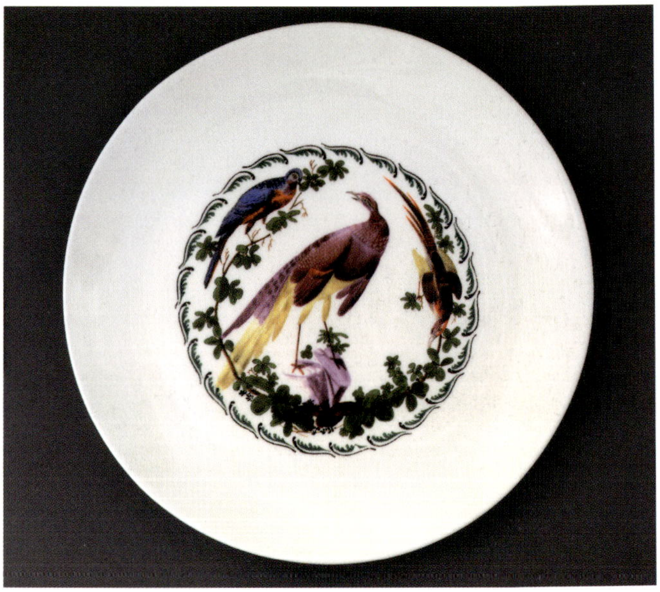

Abb. 19 bis 21, Constantin Boym: Sammelteller „Real Plates" mit Abbildungen „tatsächlicher" Teller aus dem Sammlungsbestand des Cooper-Hewitt National Design Museum für den Museumsshop des Museums, 2004; Conduit, USA
Besitz des Künstlers

[21] Amerika 2005, S. 79.

[22] Amerika 2005, S. 115.

[23] Dies meint, in der Erfüllung eines Auftrags (z.B. des Porträts eines mächtigen Herrschers) durch interne Kritik diesen Auftrag zu hinterfragen bzw. doppelbödig zu gestalten. Goya und Rubens sind hier die prominentesten Beispiele.

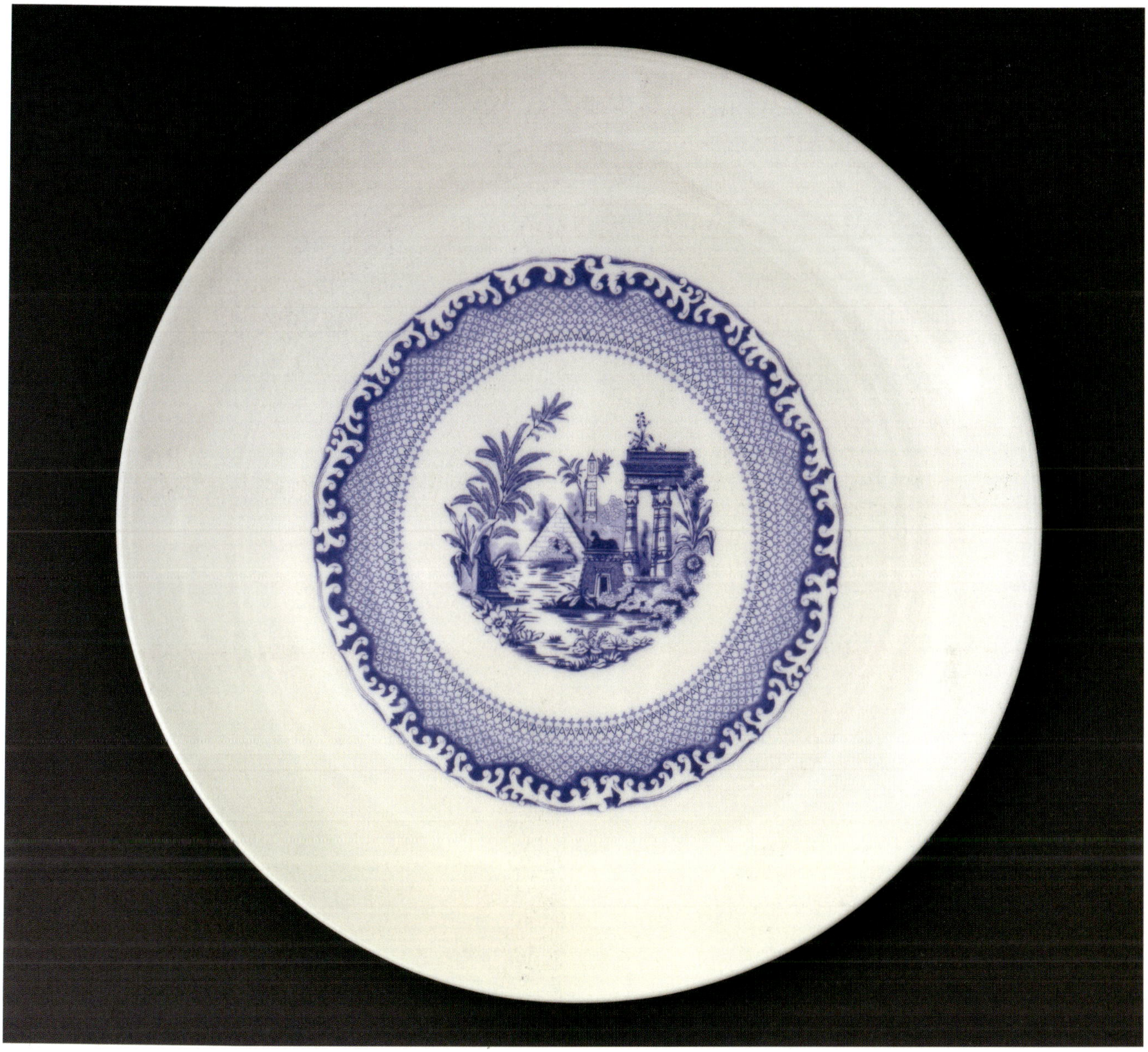

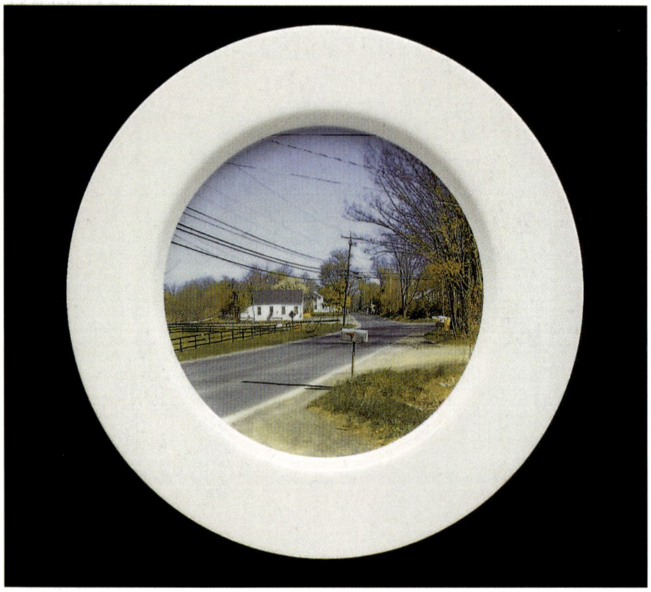

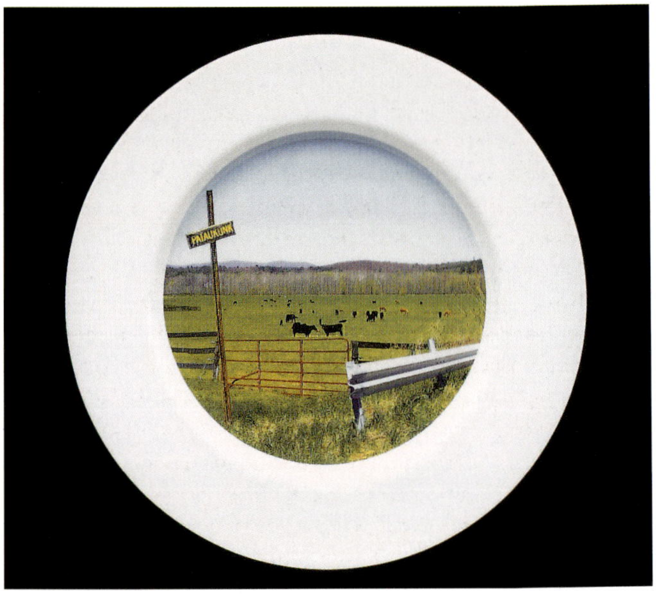

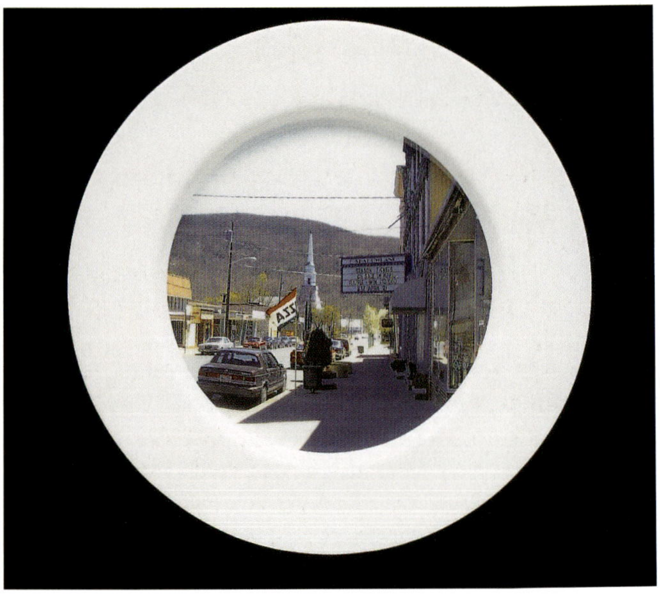

Abb. 22 bis 24, Constantin Boym: Sammelteller „Upstate Plates“ mit Motiven „nichtssagender“ Orte im Bundesstaat N.Y., 2005, Conduit, USA
Besitz des Künstlers

Ereignissouvenirs

Dokumentarische Erinnerungen an singuläre Ereignisse wie Flugscheine, Eintrittskarten für Konzerte, Theateraufführungen, Filme, Ausstellungsbesuche oder Sportveranstaltungen sind ebenso Flachware wie die Postkarten und Urlaubsfotografien. Solche Erinnerungsstücke fokussieren die Erinnerung punktuell auf ein bestimmtes Datum, manchmal auf eine bestimmte Uhrzeit an einem entsprechenden Tag. Auch dies sind Souvenirs, die möglichst Exklusivität transportieren sollen. Solche Ereignis-Dokumente, zu denen sicherlich z. B. auch der naturalistische Eisbär-Stempel von Anchorage im Paß – Beleg einer Zwischenlandung in Alaska während eines Langstreckenfluges nach Asien – gehört, beleuchten schlaglichthaft ein weiteres Charakteristikum von Souvenirs. Es sind Gegenstände, deren Erwerber oft die jeweils höhere gesellschaftliche Schicht symbolisch okkupieren möchte. Manche Souvenirs sollen zeigen, was man sich leisten kann. Dabei sind ja all diese aufbewahrten Billets real längst abgelaufen. Ihr ursprünglicher Tauschwert lässt sich nicht mehr realisieren, aber sehr wohl ein spezieller Nutzwert, nämlich jene Macht, Erinnerungen auszulösen und zu wecken, vielleicht aber auch, andere neidisch zu machen.

Meinungssouvenirs

Im Gegensatz zu den Postkarten und Amateurfotografien „de voyage“, die Indizien dafür sind, dass der Tourist wenigstens auf Zeit versucht, seinen heimischen Bedingungen zu entkommen, gibt es Souvenirs, die gerade in der eigenen Gesellschaft Wirkung zeigen sollen und wollen. Flagge zeigen, Meinungen äußern, Überzeugungen kundtun, Botschaften an andere vermitteln und dies fast immer mit gedruckten Aussagen und eben nicht mit kleinteiligen Bildern. Schon dies allein ist ein Indiz für die plakative Strategie solche Meinungssouvenirs. Das dominante Medium solcher Botschaften sind die Buttons, jene abgekanteten lackierten Bleckknöpfe mit Sicherheitsnadel zum Anstecken am Revers, die im Umfeld der Studenten- und Hippie-

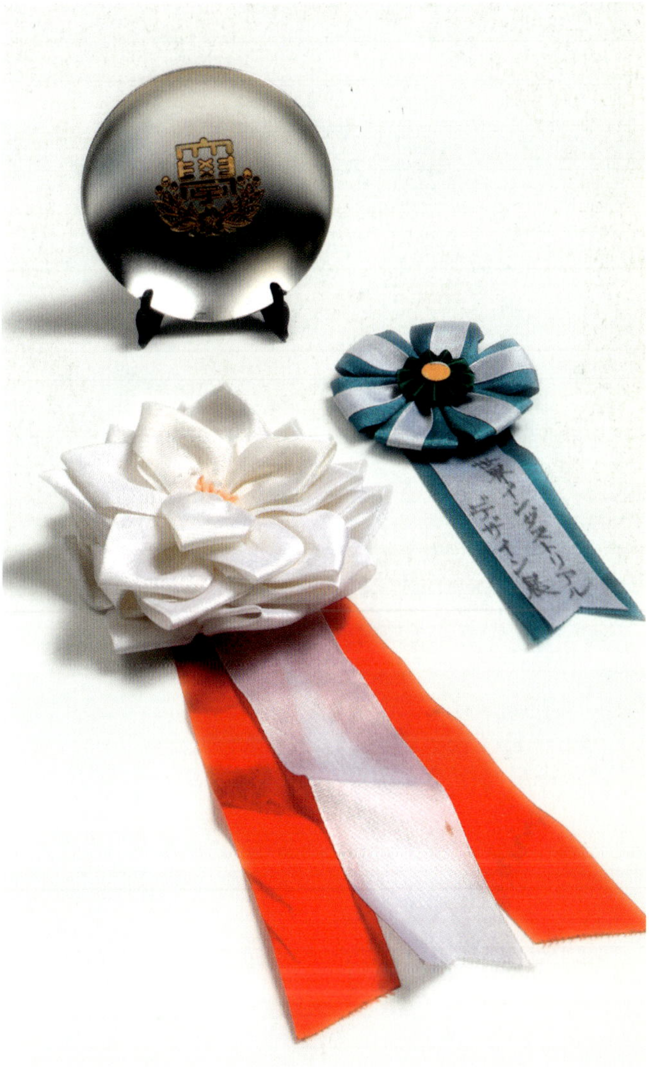

Abb. 25, Revers-„Blumen“ zum „ribbon cutting“ von Ausstellungen in Tokyo und Nagoya, 1989, Memorial-„Gastgeschenk“, Tokyo 1989

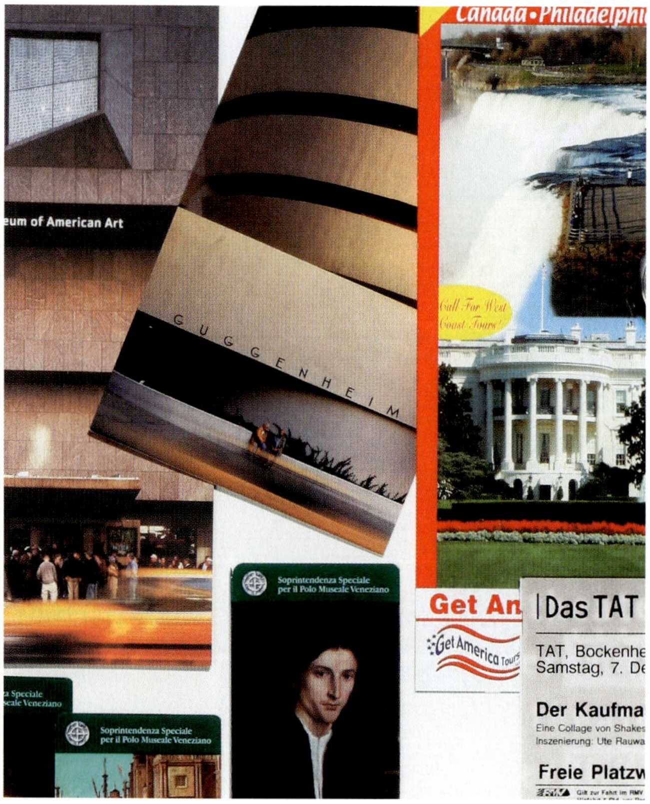

bewegungen der 1960er Jahre vor allem in den westlichen Industriegesellschaften reüssierten. Frühe Beispiele solcher an- und aufgesteckten Sentenzen waren etwa „Atomkraft. Nein danke“, „Make love not war“ oder – ebenso friedensbewegt – „Alle Menschen sind Ausländer. Fast überall“. Hunderte dieser eher schlichten Einsichten waren im Umlauf, wobei damals die Buttons einen Durchmesser von 5 bis 6 Zentimetern hatten, während sie heute – denn seit ein paar Jahren feiern sie eine fröhliche Renaissance – in kleinerer Version mit einem Durchmesser von etwa 3 Zentimetern daherkommen.[24] Selbstverständlich eignen sich solche Botschaften auch als Autoaufkleber am Heck: Dementsprechend gehören sie seit Jahrzehnten zum Straßenbild. Ein weiterer beliebter Botschafts-Träger solcher in eine unstrukturierte Öffentlichkeit hinein agierenden Meinungen sind mit Botschaften bedruckte T-Shirts. Selbst auf Straßenbahnen stand vor kurzem zu lesen: „Wir können alles. Außer Hochdeutsch. Baden-Württemberg“. Eine solche Aussage eignet sich nahtlos ebenso für T-Shirts, Autoaufkleber oder Buttons. Die Knopfbotschaften bestehen im übrigen in graphischer Hinsicht meist aus flächig reduzierten Schriften oder Umrisslogos: Denn sie sollen auch im schnellen Vorbeigehen entzifferbar bleiben. Solche Meinungssouvenirs sollen eine dezidierte Gruppenzugehörigkeit oder Übereinstimmung mit einer bestimmten Überzeugungshaltung signalisieren. Aber in den tausendfachen Varianten der Aussagen scheint dann doch am Ende eine gewisse Beliebigkeit auf, die sich nicht zuletzt auch hier wieder in selbstreferenziellen Ironisierungen spiegelt. So gibt es Buttons mit der Aufschrift „Ich bin dagegen“ oder „You can imagine the opposite“, was nichts anderes heißt als dem Gegenüber zu signalisieren: Suche Dir doch gefälligst selbst heraus, was Dir passt, was Du denken möchtest, wogegen oder wofür Du bist. Gnadenlos pragmatisch dagegen sind dann jene Buttons mit entsprechenden Aufdrucken, die die Parteien im Wahlkampf zu verteilen pflegen und die oft nichts anderes zeigen als die Buchstabenkürzel der entsprechenden Parteien. Von hier aus ist es nur ein kleiner Schritt zu anderen werblichen Giveaways der „Kundenbindung“ wie etwa Feuerzeugen, Schlüsselanhängern oder Kugelschreibern, die dann ebenso die Logos der Parteien oder von Unternehmen zieren.

Sympathieträger sind auch die jüngsten „Meinungs-Souvenirs“: kleine Gummi-Armbänder in allen möglichen Farben und geprägten Sentenzen wie „Livestrong“ oder „Stand up speak up“. Die Ursprungsidee dafür stammt von dem Radrennprofi Lance Armstrong, der ab 2004 mit einem gelben Bändchen für seine Krebsstiftung warb. Inzwischen sind von seinen „Livestrong“-Solidaritätsbändchen weltweit mehr als 50 Millionen verkauft. Dabei signalisieren die Farben jeweils bestimmte Botschaften: schwarz für Antirassismus, pink für Brustkrebs, orange für multiple Sklerose. Die bunten Armbändchen jedenfalls sind die aktuellsten Nachfolger der „buttons“.

Abb. 26, Ereignissouvenirs, ab 1990

Abb. 27, Meinungsbuttons, 1970er und 1980er Jahre
Afas – Archiv für alternatives Schrifttum in Nordrhein-Westfalen, Duisburg

[24] Vgl. afas-archiv@t-online.de

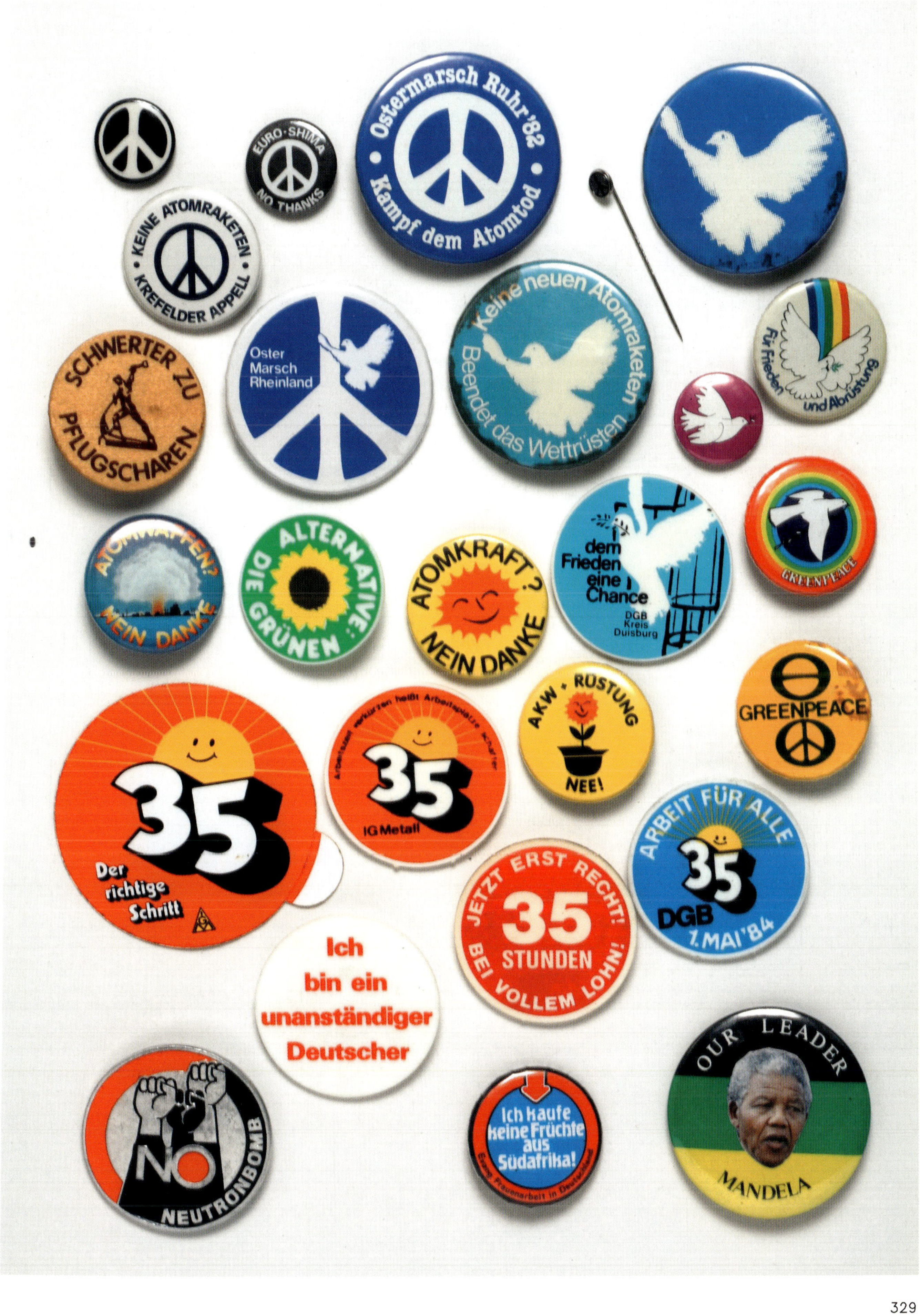
EURO-SHIMA
NO THANKS
Ostermarsch Ruhr '82
Kampf dem Atomtod
KEINE ATOMRAKETEN
KREFELDER APPELL
Keine neuen Atomraketen
Beendet das Wettrüsten
Für Frieden und Abrüstung
SCHWERTER ZU PFLUGSCHAREN
Oster Marsch Rheinland
ATOMWAFFEN? NEIN DANKE
DIE GRÜNEN ALTERNATIVE
ATOMKRAFT? NEIN DANKE
dem Frieden eine Chance
DGB Kreis Duisburg
GREENPEACE
AKW · RÜSTUNG
NEE!
GREENPEACE
35
Der richtige Schritt
35
IG Metall
ARBEIT FÜR ALLE
35
DGB
1. MAI '84
JETZT ERST RECHT!
35
STUNDEN
BEI VOLLEM LOHN!
Ich bin ein unanständiger Deutscher
OUR LEADER
MANDELA
NO
NEUTRONBOMB
Ich kaufe keine Früchte aus Südafrika!

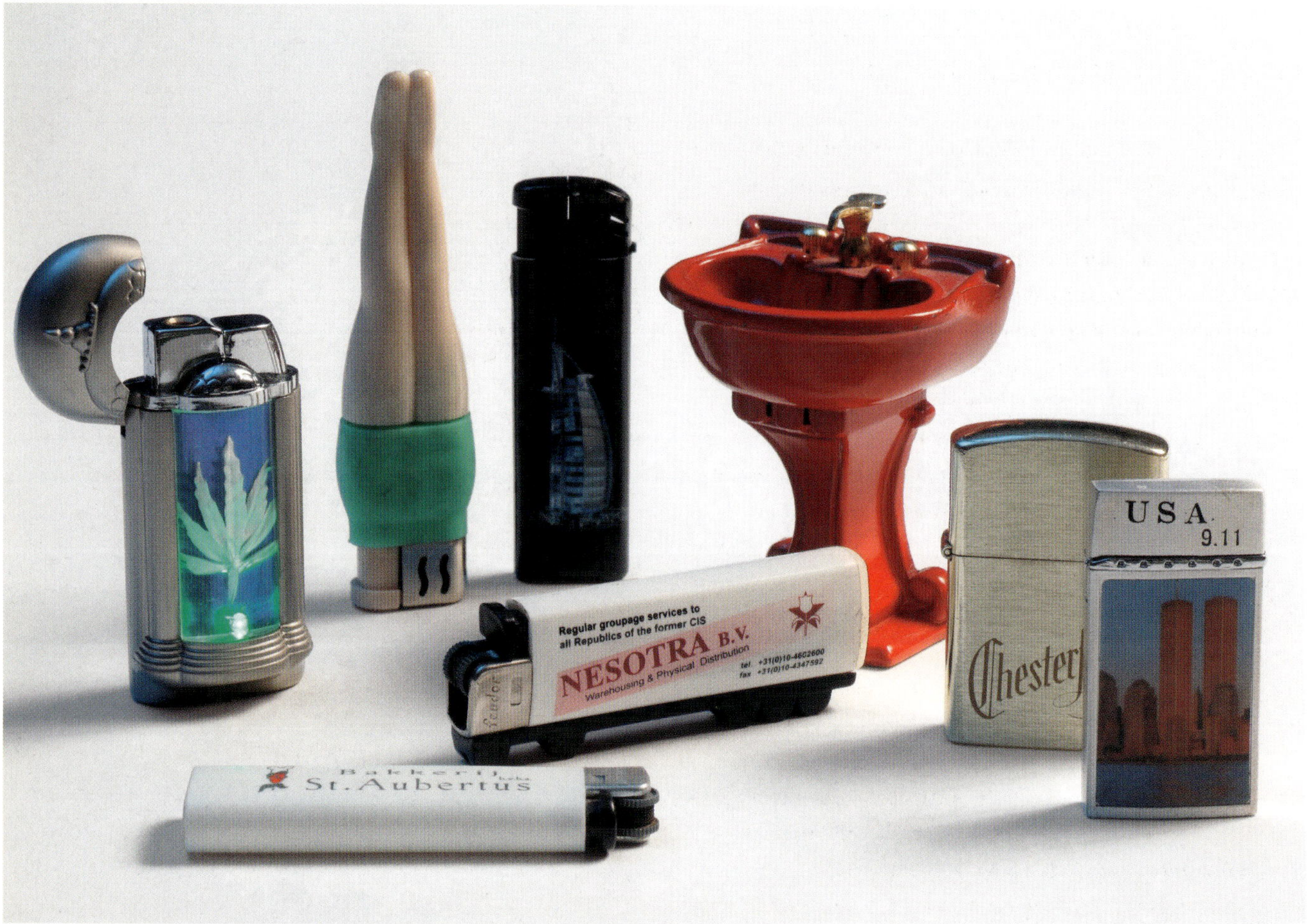

Abb. 28, Feuerzeuge als Werbeträger und „Giveaways“, ab 1985

Hotel-Souvenirs: Der Tourist lässt das Mausen nicht

Eine krypto-kriminologische Prominenz haben jene Souvenirs, die aus Teilen der Ausstattungen diverser Hotels bestehen und von Gästen gerne mitgenommen werden: Kleiderbügel und Handtücher, Bademäntel und -sandalen, Kämme und Nagelfeilen, Seifenportiönchen und Haarshampoos in Puppenstubenfläschlein, Hornhautfeilen und Nähkits, Aschenbecher, Salzstreuer und Zuckerdosen, Bierdeckel und Streichholzhefte, aber auch Besteck, Porzellanteile, Servietten und Speisekarten. Kein transportabler Gegenstand, der zum Ausstattungsarsenal der Gastlichkeit gehört, ist vor der Entwendung sicher. Ebenso häufig werden die Schreibmappen, die in Hotelzimmern ausliegen, in toto entwendet: mit Briefpapier und Umschlägen, Werbeprospekten und Postkarten, Stiften und Notizzetteln. Die Begehrlichkeit des Touristen richtet sich allerdings nur dann auf diese Gegenstände, wenn der Hotelname und sein entsprechendes Signet deutlich sichtbar auf ihnen prangen. Auch hier sind die Hauptmotive Exotismus, Exklusivität und Distinktion: Ein Kleiderbügel vom „Ritz“ in Paris, Notizpapier vom „Chicago Hilton“, ein Stift vom „Kempinski Berlin“, nonchalant im Büro oder der Öffentlichkeit benutzt, verleiht dem Benutzer die Aura und den „gout“ eines Weltmannes. Dabei entspricht die Wertigkeit solcher Objekte mitnichten ihrem real ökonomischen Wert; in aller Regel sind es billig produzierte Dinge. Inzwischen gehen nicht wenige Hotels dazu über – da diese Art von „Mundraub ohne Speisen“ zum sportiven Kick geworden und nicht eben selten ist –, prophylaktisch eine veritable Sicherheitsgebühr für entwendbare Gegenstände bereits beim Einchecken zu erheben, etwa für einen im Zimmer bereit liegenden Sauna-Bademantel. Diese Gebühr wird nur dann rückerstattet, wenn der entsprechende Gegenstand beim Auschecken wieder abgegeben wird.

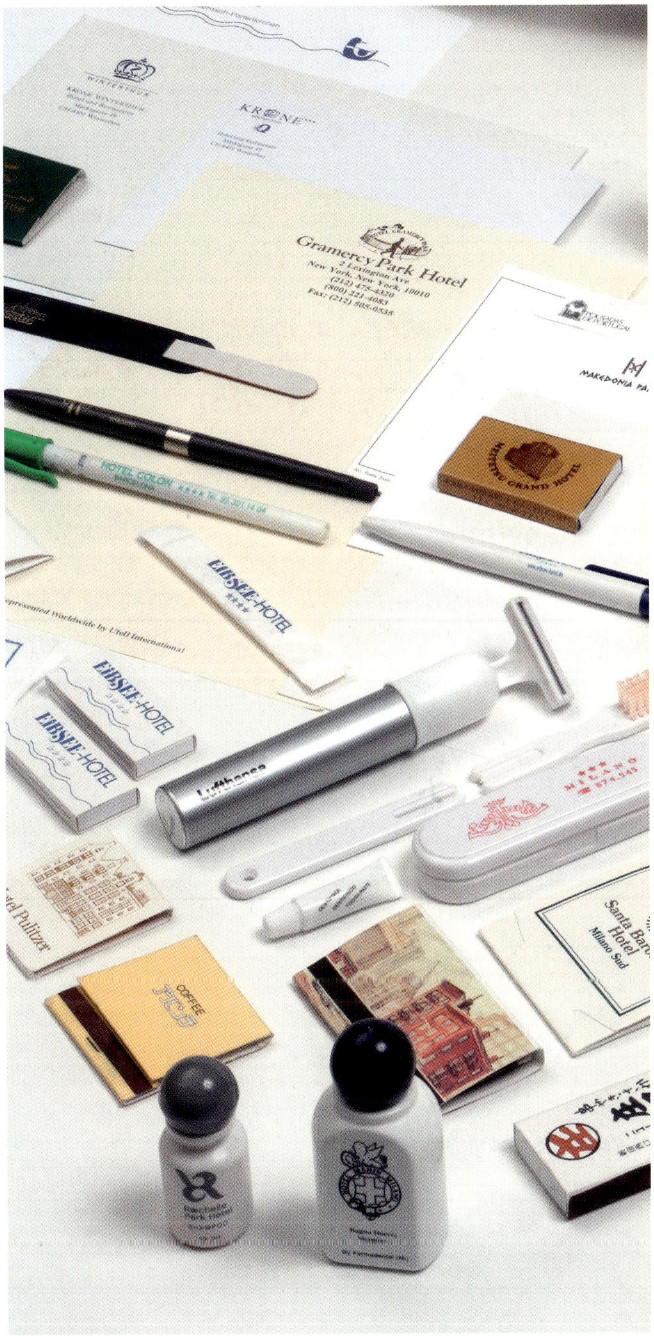

Abb. 29, „Entwendete“ Souvenirs aus Hotels, ab 1985

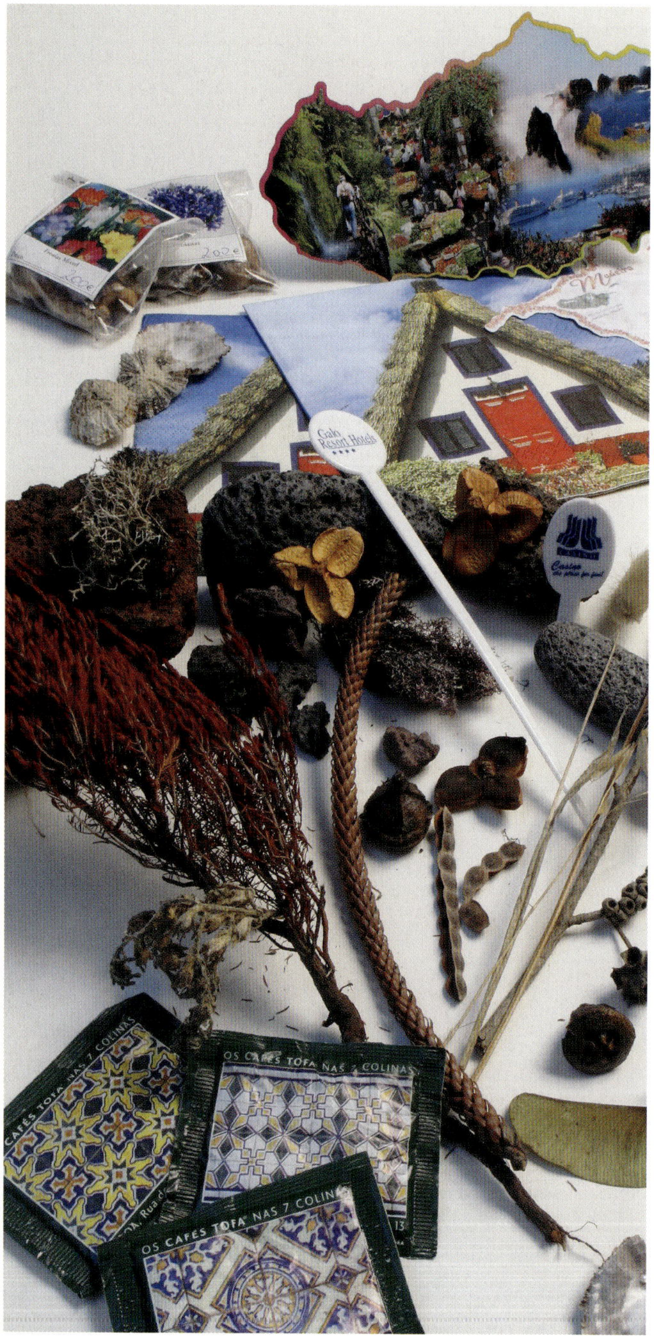

Auf Grund der etwas zweideutigen Art des Erwerbs wird man allerdings entsprechende Sammlungen kaum im Internet finden, es sei denn von jenen Hotelobjekten, deren Mitnahme gesellschaftlich tolerabel ist, also etwa von Streichholzheften, Bierdeckeln, Werbepostkarten oder Prospekten. Analog zu dieser Gastrophilie gibt es eine Aviationphilie der Fluggäste: Bestecke, kleine Schälchen und Stoffservietten mit Airline-Aufdruck sind ebenso begehrte Souvenirs wie jene Hotel-Memorabilien. In diesem Feld werden aparte Rekorde genüsslich kolportiert, etwa, dass das Hohlkehlen-Edelstahlbesteck des Berliner Designers Wolf Karnagel für die Lufthansa das am häufigsten entwendete Flugzeugbesteck aller Zeiten sei. Eine weitere Fluggesellschaft druckte auf Grund einschlägiger Erfahrungen von vornherein auf die Unterseite ihrer Porzellanteile: „Stolen from Virgin Airways".[25] Demgegenüber haftet jenen Schreibtisch-Objekten wie Stiftablagen, Schreibtischuhren, Brieföffnern oder Stiftbehältern, auch Stulpenknöpfen oder Krawattennadeln aus „originalpoliertem Flugzeugaluminium" – welches bewusst schartig belassen ist und als Material Aluminium außer Dienst gestellter Flugzeugrotoren verwendet, die einmal tatsächlich in Tausenden von Metern Höhe geflogen sind – die Aura der Stratosphäre an: kalt und lebensfeindlich. Zurückgeholt auf die Erde wirkt dieser Zusammenhang dann domestiziert und personalisiert. Diese Produktlinie wird seit ein paar Jahren über den „World Shop" der Lufthansa vertrieben. Aber auch der Schienenverkehr stimmt in die Wehklagen über zunehmende Entwendungen entsprechender Gegenstände ein.

Verallgemeinert kann man sagen: die Souvenir-Sehnsucht richtet sich in solchen Fällen auf die Transportmittel und Unterkunftsmöglichkeiten des Reisens selbst. Damit wird der transitorische Vorgang des Reisens verselbständigt und zum Fetisch. Es geht nicht mehr um ein Ziel und dessen Attraktivität, sondern diese stellt sich bereits vor dem Ziel ein. Im Übrigen bieten Hotels, Flug- und Eisenbahngesellschaften, um die Entwendungen einzudämmen, inzwischen die meisten dieser „Souvenirs" zum Kauf an.

Abb. 30, Naturalien und Werbeobjekte, Madeira 2005

[25] Vgl. Lovegrove 2000.

Quellcodes: Naturalien als Artefakte

Steine, Muscheln, Federn, Pflanzen, Sand und Erde: diese Art von Reiseandenken werden in der Regel gefunden, nicht gekauft. Auf langen Strand- oder Bergwanderungen bückt sich der Profi Dutzende Male, um diese Natursouvenirs einzusammeln. Hier geht es also um den mitnehmbaren, zu vereinnahmenden Exotismus natürlicher Umwelten: der Lavastein von Lanzerote, die Sandrose aus der Sahara, Versteinerungen, die seltene Distel von der Hochalm, die Muschel von Mauritius, der Ammonit von der Fränkischen Alb, die Schale Seesand von der Nordsee, getrocknete bzw. gepresste Blätter, Blüten, Blumensträuße. Natürlich gibt es Naturalien, die von vornherein einen ökonomischen Tauschwert haben. Jeder Halbedelstein-Laden, jedes spezialisierte Muschelgeschäft an der Küste belegen dies. Zwar kann man taubeneigroße, rund geschliffene Halbedelsteine z.B. in nordbrasilianischen Flussbetten einfach so finden und mitnehmen, aber in Europa oder den USA werden sie verkauft und oft weiter bearbeitet, etwa zu Schmuck. Die geschnittenen Halbedelstein-Scheiben und halbierten Drusen in spezialisierten Mineralien-Geschäften, die solche Objekte aus buchstäblich allen Teilen der Welt feilbieten – immer mit Fundort und Zeitangaben akribisch beschriftet – sind bereits kulturalisierte Objekte, durchaus aber auch in der Fremde zu erwerben und von einer Reise mitzubringen. Auch die sogenannten Steineier, jene vor allem in Italien verkauften Handschmeichler oder die Obelisken, Schalen und Becher aus Rosenquarz, Karneol, Achaten oder Türkisen werden eher auf Grund ihrer Binnenzeichnung und der Farbe der Mineralien als Souvenir erworben und geschätzt denn auf Grund ihrer pragmatischen Funktion. Und wenn

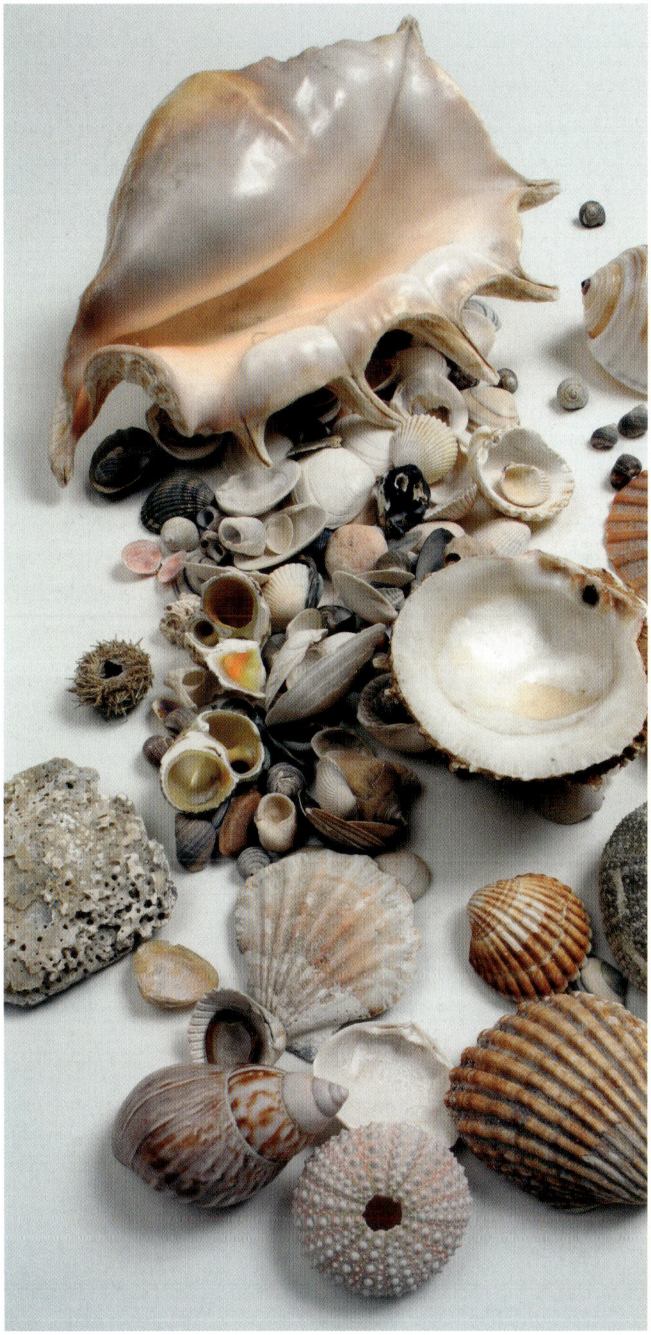

Abb. 31, Gefundene und gekaufte Muscheln, Schnecken und Seeigel verschiedener Strände

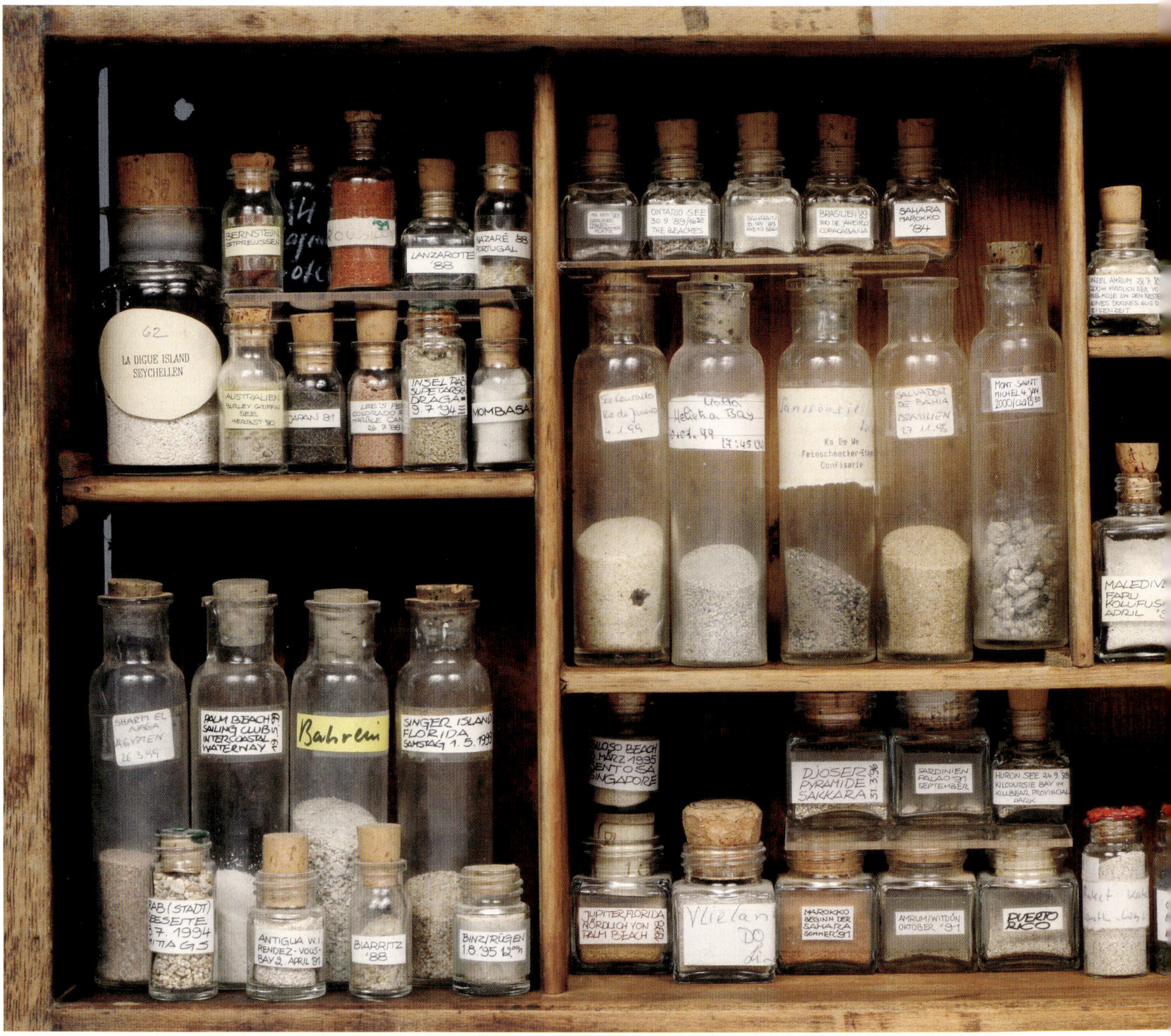

Abb. 32, Setzkasten mit beschrifteten Sandproben aus allen Erdteilen, Hans Wendel, Oberursel

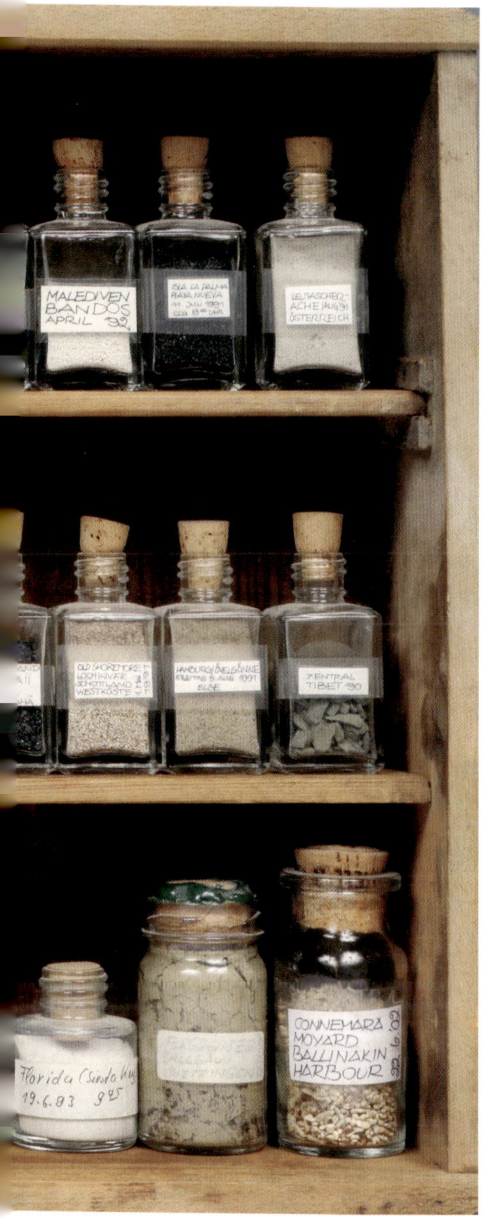

ein betagter Seemann eine umfangreiche Sammlung von penibel beschrifteten Apotheken- und Reagenzgläsern mit dem jeweiligen Sand jener Strände aus allen Erdteilen, die er einmal angesteuert hat, zu Hause arrangiert, dann hat auch dieses Bedürfnis – wie jenes nach Muscheln und Steinen – seine Wurzeln in „der englischen, französischen und deutschen Romantik ... Sie verklärte die Freiheit und entrückte sie in die Ferne der Imagination, bis sie räumlich zum Bilde der zivilisationfernen Natur, zeitlich zum Bilde der vergangenen Geschichte... gerann. Dies, die unberührte Landschaft und die unberührte Geschichte, sind die Leitbilder des Tourismus bis heute geblieben. Es ist nichts anderes als der Versuch, den in die Ferne projizierten Wunschtraum der Romantik leibhaftig zu verwirklichen. Je mehr sich die bürgerliche Gesellschaft schloss, desto angestrengter versuchte der Bürger, ihr als Tourist zu entkommen.«[26]
Dies bleibt auch dann wahr, wenn solche Naturaliensammler sich dieser kulturellen Wurzeln ihrer Obsessionen möglicherweise gar nicht bewusst sind. Denn „sie haben einen Prozeß der Zähmung und Domestizierung erfahren. Es sind ihrem Kontext entfremdete Partikel, tote Natur, wie sie auf Stilleben dekorativ arrangiert wird.«[27] Nun werden diese Natur-Trophäen nicht mehr unter Gefahr für Leib und Leben erkämpft, wie dies etwa die Bergfilme der 1950er Jahre zeigen, in denen der gottesfürchtige Dörfler bzw. Bauernbursche gefahrvoll den Gipfel erklimmen muss, um ein schneeweißes Edelweiß für die Liebste zu brechen. Der zeitgenössische Tourist hat den Anspruch, möglichst komfortabel noch die zivilisationsfernsten Orte zu erreichen, um dann dort die erhofften „Belege“ aufzulesen. Je exotischer seine Ernte, um so beeindruckender für die Daheimgebliebenen. Insofern sind die muschelnsammelnden Strandläufer, die pressblumenvernarrten Grünzeugsammler und die mineralophilen Fans die Nachfolger der Fürsten mit ihren Wunderkammern.

[26] Enzensberger 1964, S. 190f.
[27] Habermas 1999, S. 290.

„Zeit“-Souvenirs: konstruierte Biographien

Die Verklärung und Entrückung in die Ferne der Imagination, die den Tourismus und mit und in ihm auch die Souvenirs generell kennzeichnet und beseelt, betrifft nicht nur die Natur, sondern auch die Geschichte. Dann handelt es sich um Souvenirs, die nicht primär einer territorialen, sondern dominant einer chronologischen Sehnsucht geschuldet und damit prinzipiell nostalgisch kodiert sind.[28] Vor allem aber sind solche Souvenirs synthetische Erinnerungen, Pseudoerlebnisse einer imaginierten Biographie, die so real niemals stattgefunden hat. Wer zählt die Apartments, in denen dekorativ bäuerliche Dreschflegel, gusseiserne Bügel- oder Waffeleisen des 19. Jahrhunderts und Kupferkasserollen zur Dekoration des privaten, ansonsten modernistischen Umfeldes dienen? Zu sich selbst kommt diese vormoderne Sehnsucht im Arrangement der Setzkästen mit gründerzeitlichen bzw. bäuerlichen Miniaturen, vorzugsweise aus Messing oder Kupfer, aus Holz oder bemaltem Porzellan, aus Zinn oder Keramik. Ursprünglich als Aufbewahrungsort für die Drucktypen des Hand-Bleisatzes bereits seit dem 16. Jahrhundert in Gebrauch, gab es solche Original-Setzkästen ab Anfang der 1970er Jahren im Rahmen der Nostalgiewelle als alte, patinabesetzte Buchen- oder Eichenholz-Originalkästen auf Flohmärkten zu kaufen.
Die kleine Kästcheneinteilung eignet sich dazu, neben synthetisch produzierten Technik-Miniaturen eigene private Erinnerungs-Relikte und -objekte zur Schau zu stellen: eben Souvenirs wie Eintrittskarten, Muscheln, Steine, aber auch eigene Fotografien oder ererbte Kleinobjekte, etwa die Taschenuhr des Großvaters. So schnurren biographische Verläufe auf vorzeigbare Souvenirs zusammen. In jedem Fall ist die chronologisch bevorzugte Epoche solcher Miniaturen, solcher „Zeit-Souvenirs“, die Epoche vom Zweiten Kaiserreich bis zum Beginn der Weimarer Republik, also etwa 1880 bis 1920, mithin die „Kinderschuh-Zeit“ des Technik-Designs. Und seit Mitte der 1970er Jahre bieten diverse Geschenkartikelhersteller auch sogenannte „Ahnen-Galerien“ an, technisch moderne Wechselrahmen aus massivem vermessingtem Eisenguss in Gründerzeit- oder Jugendstilornamentik. Immer werden diese Rahmen mit Alt-Fotografien von Kindern, Eltern, Großeltern oder irgendwelchen Hochzeitsbildern verkauft. So erwirbt man die Ahnen- d.h. die Pseudo-Biographie gleich mit, auch wenn der dargestellte Vorfahr dem Käufer völlig fremd ist.[29]

Auch hier wieder wird diese Souvenir-Gattung dialektisch verdeutlicht und zugleich hinterfragt durch Projekte bildender Künstler, von denen eines kurz Erwähnung finden soll. Über Jahrzehnte hinweg hatte Andy Warhol Dinge des Alltags – Zeitungen, Fotografien, Eintrittskarten, Briefe, Geschirrteile, Kleidungsteile usw. - Woche für Woche unsortiert in neutralen Kartons gesammelt, diese datierend beschriftet und dann verschlossen. In seinem Testament hatte er verfügt, dass diese „Time Capsules“ (Zeitkapseln) genannten Kartons erst nach Jahrzehnten geöffnet werden dürften. Mit dem zeitlichen Abstand mehrerer Jahrzehnte erblickt man plötzlich ein ursprünglich völlig unsortiertes Panorama von Zufälligkeiten, welches allein durch den zeitlichen Abstand einen dominanten Bedeutungszuwachs erfährt. Unwillkürlich assoziiert man kompositionelle Strategien und Prinzipien in diese Konglomerate hinein, als wenn Andy Warhol sie als bedeutsame Souvenirs der jeweiligen Zeiträume separiert hätte. Genau das Gegenteil allerdings ist der Fall.[30]

Kunst als Souvenir-Surrogate

Eigentlich müsste die Kunstgeschichte vor den Kunstderivaten der Souvenirindustrie kapitulieren. Der Zusammenhang zwischen ästhetischer Qualität, künstlerischer Technik, Objektdimension und Trägermaterial wird hier vollständig disponibel. Unter dem Gesichtspunkt ihres Verbreitungsgrades sind gerade einmal 20 bis 25 einzelne Werke der klassischen Kunst und vielleicht eine Handvoll individueller „Künstler-Sprachen“ die eindeutigen Favoriten souvenirhafter Begehrlichkeit. Die folgende Aufzählung mag deutlich machen, dass jeder einigermaßen mit der Kunst vertraute Rezipient bei der Nennung der Bildtitel sofort ein mehr oder weniger konkretes Bild vor Augen hat.

---

28 Vgl. Volker Fischer 1980.

29 Vgl. zur Setzkasten-Kultur, Fischer 1980, S. 85-88.

30 Die „Zeitkapseln“ wurden 2004 im Frankfurter Museum für Moderne Kunst ausgestellt.

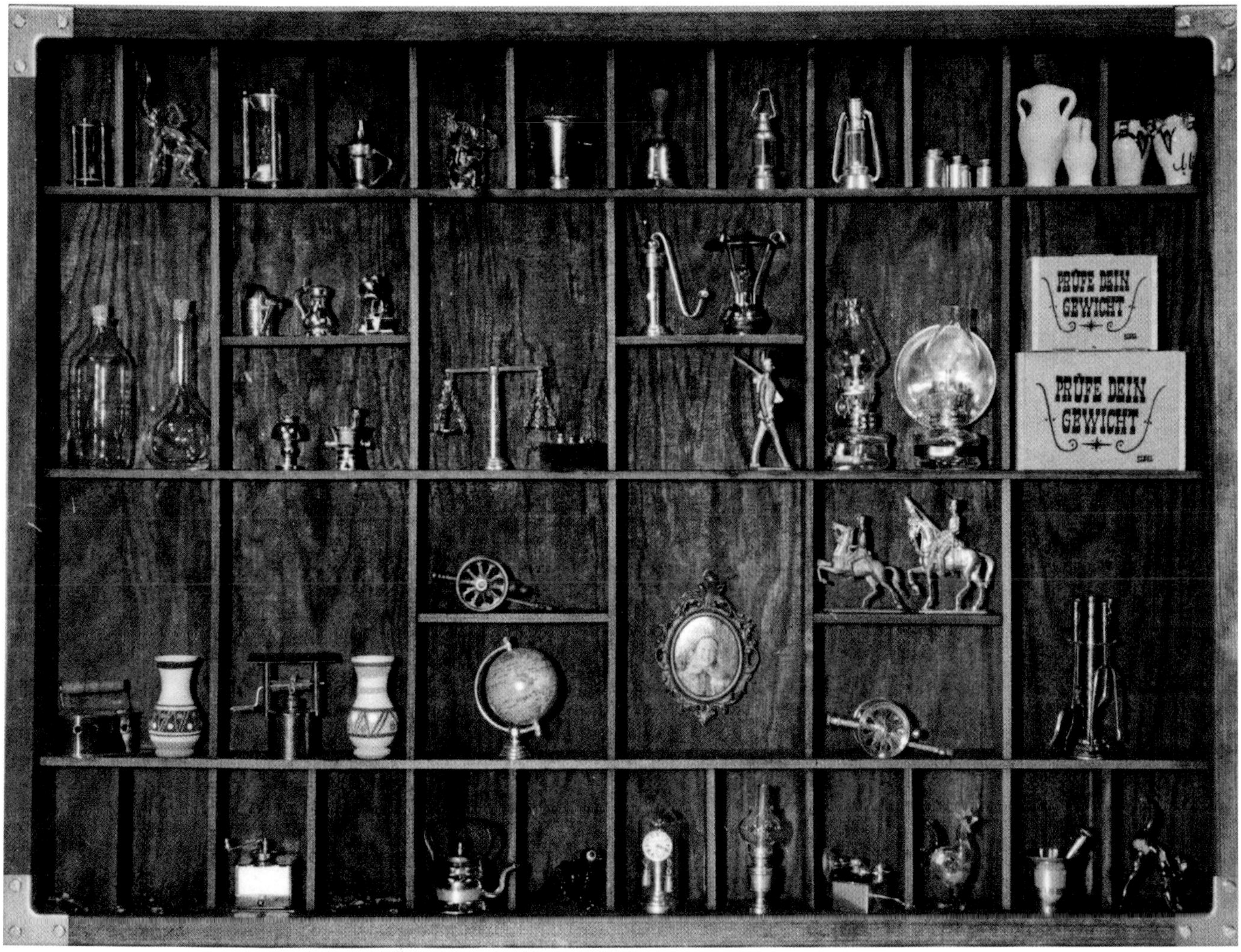

Abb. 33, Setzkasten mit Messingminiaturen
Siegl, Braunschweig, 1979

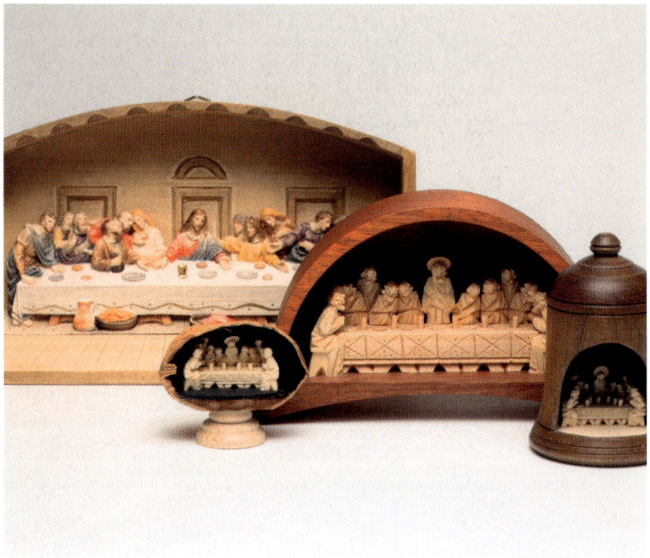

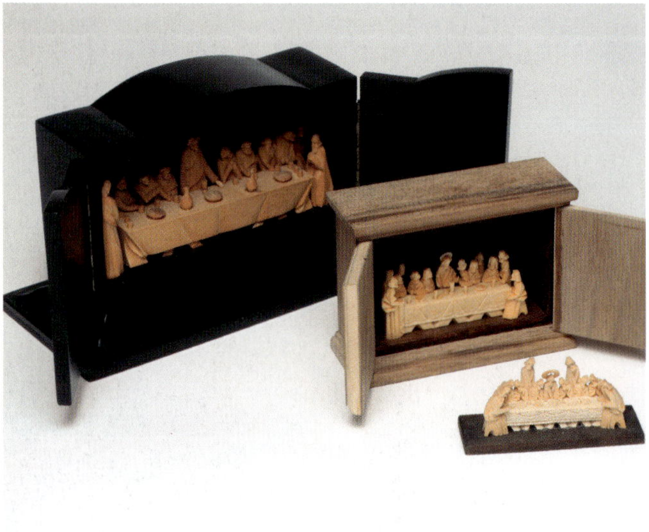

Abb. 34 und 35, Klein- und Halbreliefs aus Holz; unten 1930er Jahre, oben um 2000 (nach dem Freskogemälde „Abendmahl“ von Leonardo da Vinci, 1495-1497, Santa Maria delle Grazie, Mailand), Lang Sel. Erben, Oberammergau

Raffaels „Sixtinische Madonna“ (besonders die beiden Putti) oder seine „Schule von Athen“, Albrecht Dürers „Betende Hände“, sein „Hase“ und sein „Rasenstück“, Leonardo da Vincis „Abendmahl“ und seine „Mona Lisa“, Michelangelos „Sixtinische Kapelle“ (besonders aus dem Bild „Erschaffung des Adam“ die beiden kommunizierenden Hände), seine Skulpturen „Pietà“ und „David“, Sandro Botticellis „Geburt der Venus“ und vielleicht noch Joseph Anton Feichtmeyrs „Honigschlecker“, jener barocke Putto, der die Kleinkind-Engel von Raffaels „Sixtinischer Madonna“ in spielerisch-rokokohafte Gestik übertrug, gehören zu diesen Favoriten der klassischen Kunstgeschichte. Ab dem Impressionismus geht es mehr um malerische Vokabulare oder Sujets, etwa die „Seerosen“ bei Monet, die „Sonnenblumen“ oder die „Nacht-Café-Interieurs“ bei van Gogh, die „Blauen Pferde“ bei Franz Marc, die Friedenstauben bei Picasso und schließlich die farbsolarisierenden Porträts bei Andy Warhol. Zu den bevorzugten stilistischen Malersprachen gehören jene von Keith Haring, James Rizzi, Friedensreich Hundertwasser und Salvador Dali. Auch Derivate des Wiener Jugendstils, etwa die Ornamentik eines Gustav Klimt, sind souvenir-kompatibel und werden auch gerne einmal vollplastisch, ebenso übrigens wie Edvard Munchs „Schrei“ als aufblasbare Plastikfigur.

Ein deutlicher Hinweis auf die Souvenir-Eignung dieser Bilder und Vokabulare ist der Wechsel der Größen, der Maßstäbe, der Dimensionen (ein zweidimensionales Bild kann dreidimensional skulptural werden), der Trägermaterialien und möglicherweise der Farben.
Damit wird das unikate Kunstwerk – anders noch als bei Benjamins Argumentation des Verlustes der Aura auf Grund der technischen Reproduzierbarkeit des Originals – zum beliebig verwendbaren Logo, gewissermaßen zu einer „Kunst-Formel“. Die Parameter originaler Kunstwerke wie Handschrift, Provenienz und ihr Unikatcharakter fallen bei ihren Souvenir-Surrogaten vollständig weg. Nichtsdestotrotz bleibt die rhetorische Kraft der originalen Bildformulierung erhalten; – ob auf Tapeten, Teppichen oder Duschvorhängen (gerne im Rapport), auf Tellern, Schalen und Tassen, auf Servietten, Papiertüten oder Briefpapier, auf Schlüsselanhängern oder Kalendern, auf Halstüchern,

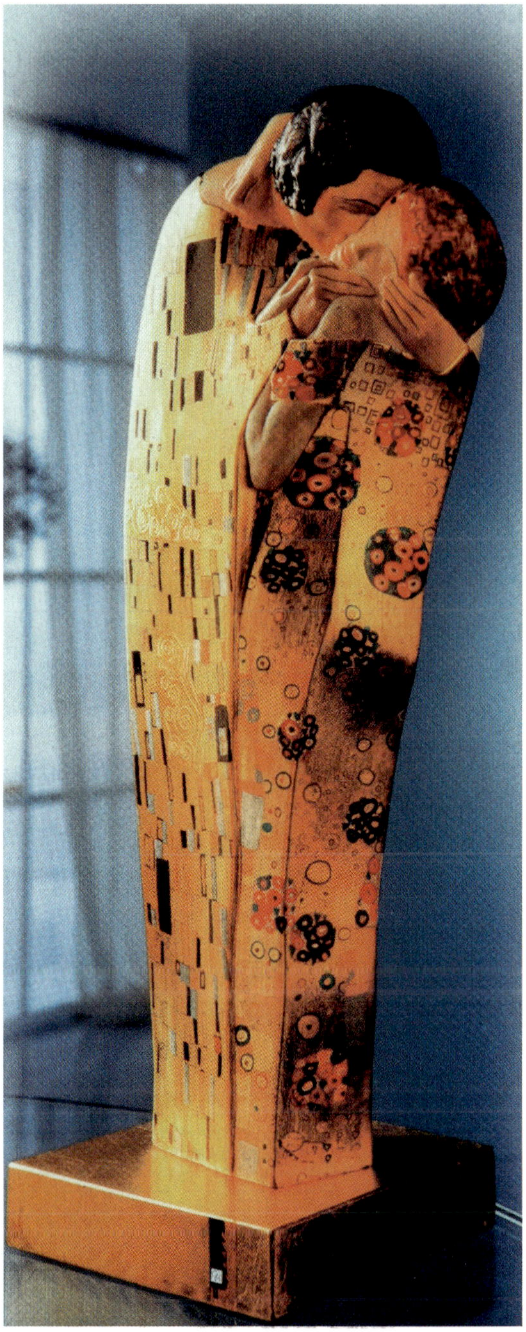

Abb. 36, Kleinskulptur, Keramik, bemalt, 1980er Jahre (nach Gustav Klimt: „Der Kuß“, 1908) Ars Mundi, Hannover

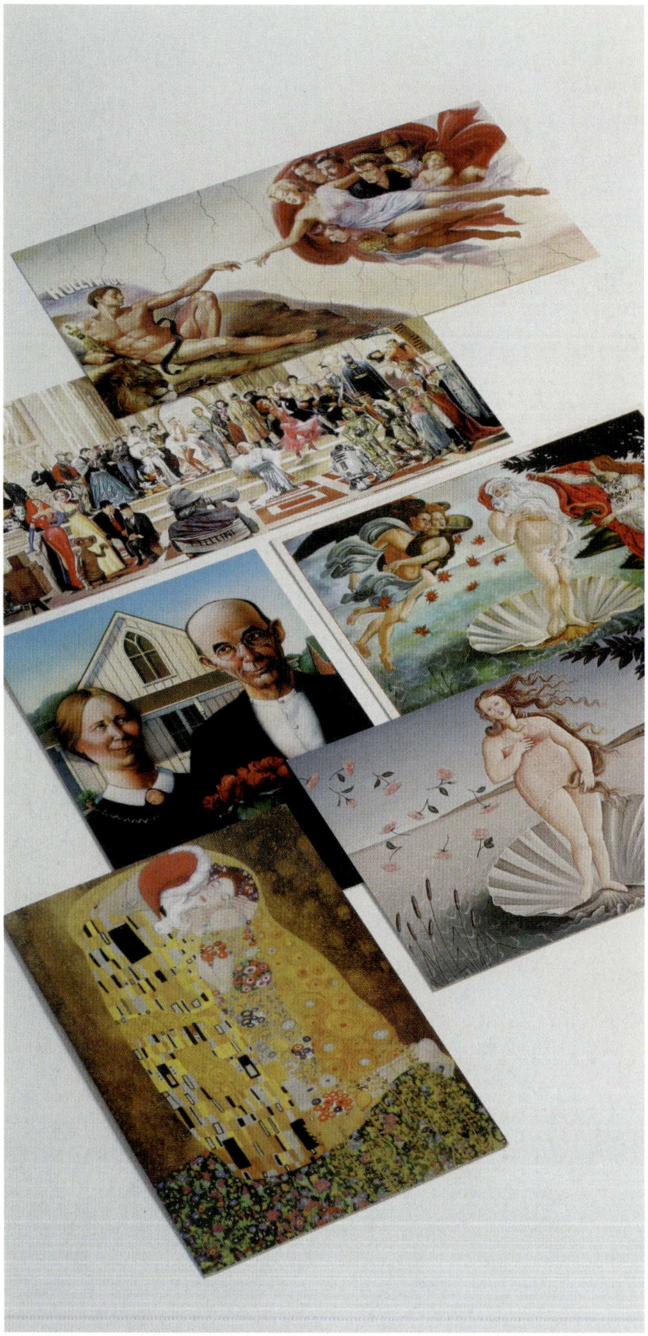

Krawatten, Regenschirmen, selbst Armbanduhren: Es geht um Wiedererkennbarkeit analog der sofortigen Dekodierung eines Firmen- oder Produktlogos. Dabei können die Raffael-Engelchen, sowieso schon aus allen Kontexten des originalen Bildes entfernt, auch schon mal spiegelbildlich gekontert sein und Leonardos „Abendmahl“ oder Dürers „Betende Hände“ können als halb- oder vollplastisches Relief in Dimensionen von Nussschalen- bis Altartischgrößen als Oberammergauer Schnitzwerke daherkommen, en nature oder farbig gefasst. Auch entsprechende Gips- oder Kunststoffabgüsse erfreuen sich großer Beliebtheit. Eine Industrie von Produkten mithin, deren Strategie prinzipiell parasitär ist. Vor allem diese dreidimensionalen Varianten zweidimensionaler Bilder verwirbeln religiöse Andacht, laienhaftes Kunstempfinden und nur noch periphere Ähnlichkeiten zum Original zu einem gleichwohl wirkungsmächtigen Souvenir, bei dem die Sakralität profanisiert und das Profane sakralisiert wird.
In Oberammergau hat der Autor im Sommer 2004 ein vollplastisch geschnitztes „Leonardo“- Abendmahl im Volumen von ca. 200 x 100 x 80cm für schlappe 7.700 Euro gesehen. Der Geschäftsinhaber berichtete auf Nachfrage von einer viermonatigen Produktionszeit. Spätestens dann, wenn die schönen Madonnen der Martin-Schongauer-Zeit in sechs, acht verschiedenen Maßstäben, formal identisch bis zur letzten Gewandfalte, im Regal einträchtig nebeneinander stehen, wird deutlich, dass solche Skulpturen inzwischen längst als fast fertige Rohlinge maschinell gefertigt werden. Lediglich das „Finish“, kaum mehr als ein präzisierendes Make-up, wird dann ebenso wie die farbigen Fassungen von Hand noch hinzugefügt.

Die Künstlerin Martha Laugs hat die dreidimensionalen Varianten der „Betenden Hände“ von Dürer auf hunderten von rechteckigen, runden, ovalen, achteckigen oder „Freiform“-Trägerplatten als Andachtskapelle auf einen 2,30 x 2,30 m großen Kubus appliziert. Ob aus Holz oder Gips, Marmor oder Kupfer, als Straminstickerei oder Hinterglasmalerei, ob als Motiv auf Kerzen und Kerzenständern, Brottellern und Dosen, Schlüsselanhängern und Aschenbechern, selbst anstelle der Christusfigur am Kreuz: Das Motiv – fast immer mit dem „AD“-Monogramm

Abb. 37, Verballhornungen „Klassischer Kunst”
Renato Casaro: „XXL-Touch“ nach Michelangelos: „Erschaffung des Adam“ in der Sixtinischen Kapelle (art concept, Bielefeld); Klimt Meuue Michelangelo: „XXL - 100 years of film“ nach Raffael: „Schule von Athen“ (artconcept Bielefeld); Steven Stines: „Christmas Venus“ 1982, nach Sandro Botticelli: „Geburt der Venus“ (Noble Works, New Jersey); Greg Moraes: „Gothic Aniversary” 1983, nach Grant Wood: American Gothic, 1930 (Paper-Moon Graphics, L.A.); Steven Stines: „Christmas Kiss” 1982, nach Gustav Klimt: „Der Kuß” (Noble Works, New Jersey); James Marsh: „The Girth of Venus” 1979, nach Sandro Botticelli: „Geburt der Venus” (Fantasy Graphics, New York)

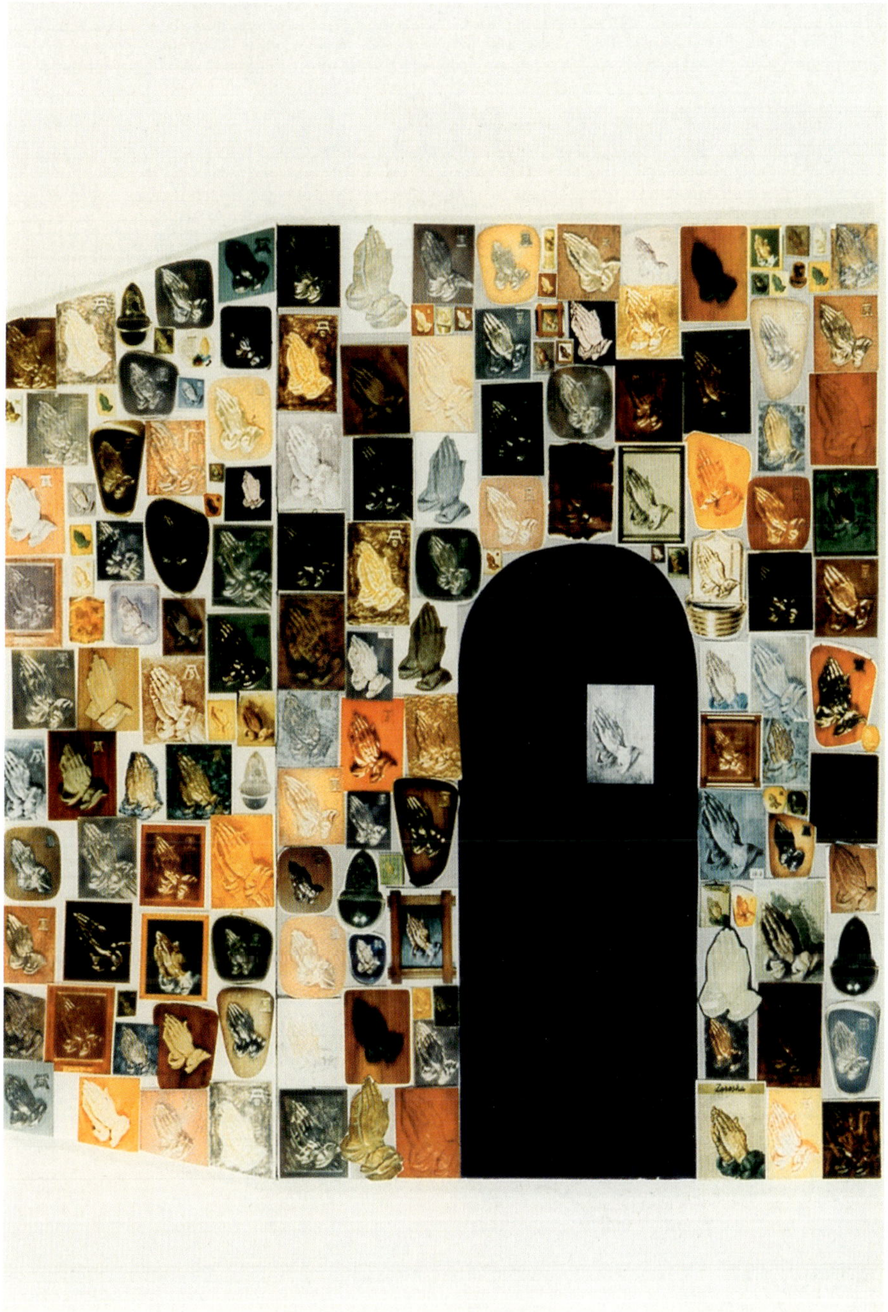

Abb. 38, Martha Laugs: Entwurf einer „Souvenir-Kapelle“ mit Halbrelief-Darstellungen, 2004 (nach Albrecht Dürer „Betende Hände“, 1508), Martha Laugs, Raeren, Belgien versehen – ist universal und transkonfessionell verständlich und seit der Biedermeierzeit in den Händen von Kitsch-Devotionalienhändlern. Durch die Kapellenform und die Reihung der Objekte wird die Profanierung des Sakralen resakralisiert, wenn auch ironisch gebrochen. Und als würde die einschlägige Andachts-Industrie der religiösen Inbrunst der alten, bei Dürer arthritischen, hier allerdings oft in El Greco-Manier geglätteten und gelängten Hände allein nicht trauen, werden manche Handpaare mit dem Text des „Vater Unser" oder dessen Zeile vom „täglichen Brot" in der Glaubensrhetorik verdoppelt, gern auch in anderen Sprachen oder für andere Glaubensgemeinschaften. Ursprünglich sind Dürers „Betende Hände" eine Vorskizze zu seinem „Heller-Altar" (1508) und gehören zu einem Apostel.

Wie kaum in einem anderen Bereich jedenfalls sind bei religiös grundierten Kunst-Souveniren die Motive, Stillagen und Modi der Darstellung so gut wie immer süßlich verkitscht. All diese raffaelesken, schmetterlingshaften Kleinkind-Engelchen, die überlängten, an El Greco erinnernden Madonnen und Heiligen, die Krippen-Euphorien der Heiligen Familie mit bis zu 60, 70 Statisten- und Staffagefiguren sind hyperrationaler Kommerz, der mit dem Gestus der empfindsamen Innerlichkeit und Frömmigkeit seine eigenen Bedingungen verschleiert und camoufliert: ein Ablasshandel unter spätkapitalistischen Bedingungen. Carlo Dolci, jener spätbarocke Maler seriell erstellter Madonnen mit verzückt nach oben verdrehten Augen lässt grüßen.

Schnitzwerke wie jene aus Oberammergau sind psychologisch die legitimen Nachfolger gotischer Reisealtäre; zwar kommerzialisiert, profaniert und banalisiert, jedoch mit identischer Affektbesetzung. Und jene bergenden Hände, die als Kleinskulpturen allumfassend Jesuskindlein beschützen – auch dies ein beliebter Topos der Sakralsouvenirs –, haben symbolische Evidenz weit über das eigentliche Motiv hinaus: Religiöse Souvenirs sollen die unvorhersehbaren Zeitläufe des individuellen Schicksals besänftigen, bannen, befrieden. Der Konnex zum magischen, mindestens regressiven Denken liegt da wohl auf der Hand. Dazu passt, dass interessant verknorpelte Baumwurzeln mit in ihrem Zentrum eingeschnitzten Gesichtern als jedwedes Unheil bannende „Hausgeister" in trauter Eintracht mit den christlichen Madonnen und diversen „Abendmahlen" die Verkaufsregale der Holzschnitzer-Läden zieren. Der Souvenir fungiert hier als Fetisch der Selbstvergewisserung, ja der Selbstbeschwörung für ein rechtes, gerechtes, gottgefälliges Leben.

Aber neben den, wie weit auch immer abgespeckten Reproduktionen der Kunstwerke gibt es, vor allem im englischsprachigen Raum, humorig-surreale Postkarten, Adaptionen und Verfremdungen berühmter Kunstwerke.

Die „Geburt der Venus" (1486) von Sandro Botticelli als Nikolaus-Bild oder als korpulente „Girth of Venus" in einer Korsage, Gustav Klimts „Kuss" erneut als Nikolaus-Szene oder das alte Ehepaar des amerikanischen Laienmalers Grant Wood als „Gothic Anniversary". Auch die Mythen und mythischen Figuren Hollywoods wie Charlie Chaplin, Marilyn Monroe, Humphrey Bogart, James Dean, Errol Flynn oder John Wayne werden in raffaeleske oder michelangeleske Bildsujets transferiert. Solche Verballhornungen erinnern nicht an einen spezifischen Ort, aber an eine innere „Erinnerungslandschaft" von Bildformen, Charakteren und symbolisch nobilitierten Bild-„Mimiken". Als Souvenir erworben oder verschickt, dokumentieren solche Postkarten eine ironische Brechung gleichwohl reklamierter Kennerschaft ehemaliger Kinobesucher und Filmerlebnisse.

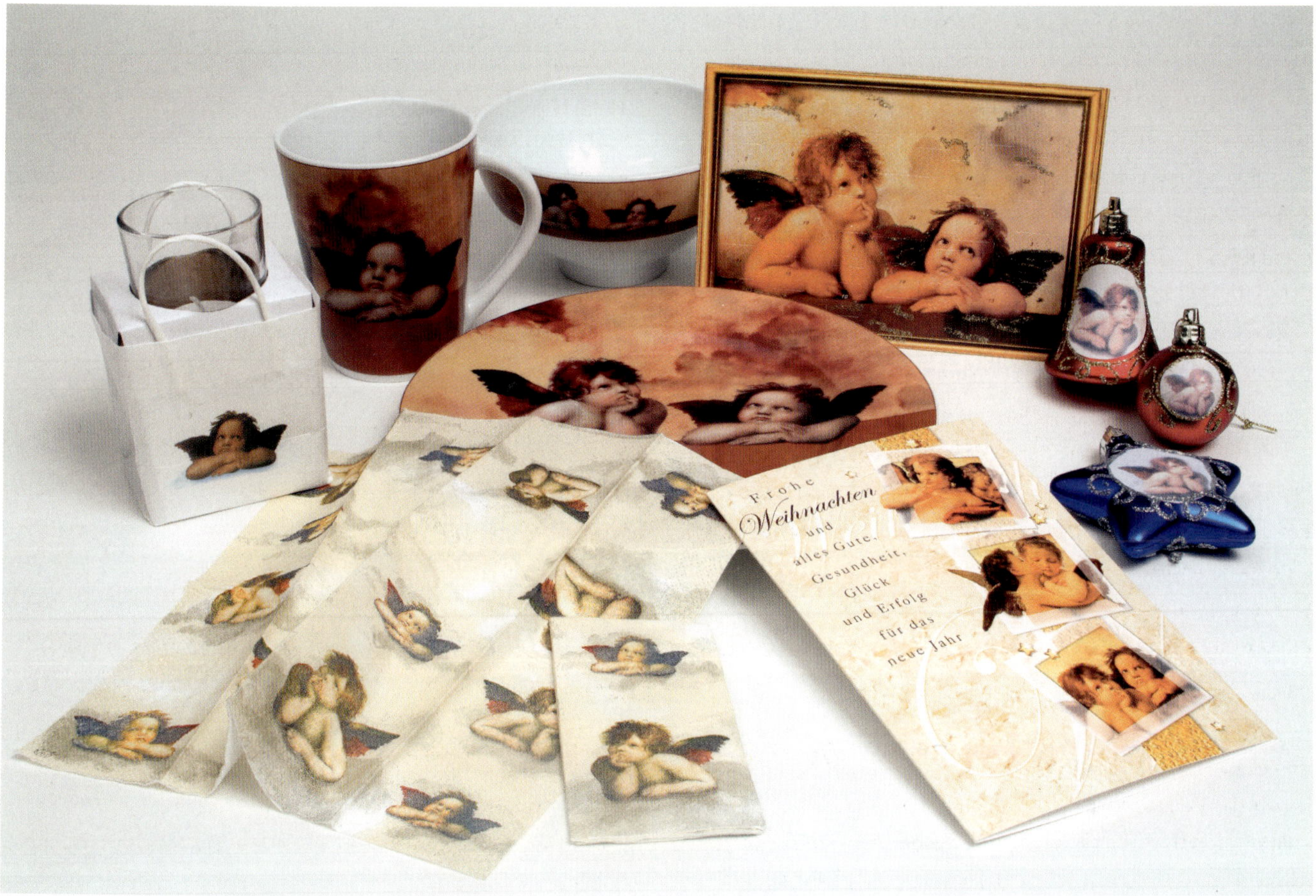

Abb. 39, Souvenirs „Raffaeliana", 2005
(nach Raffael: „Sixtinische Madonna", 1515–1519)

Religion: „Ablass“-Souvenirs

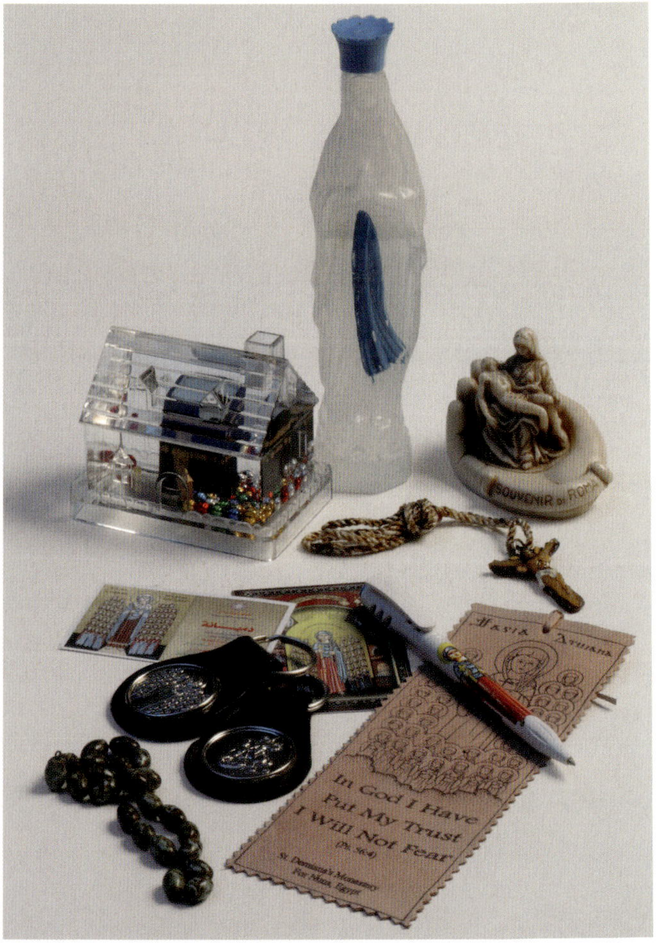

Es ist offensichtlich, dass ähnlich wie die religiös-kodierten Kunstderivate auch alle anderen glaubensmotivierten Souvenirs in der Tradition des Ablasshandels stehen, auch wenn die Buße kaum noch öffentlich ist und die entsprechenden Souvenirs eher das private Heim schmücken. Natürlich gibt es auch hier „landmark monuments“, etwa Modelle von französische Kathedralen, der St. Pauls Cathedral in London oder des Kölner Doms sowie als liturgischen Höhepunkt ein Großmodell des römischen Petersdoms mit beleuchtetem Papstbalkon. Auch die andere Weltreligionen bieten solche Gebäudesouvenirs an, von der Kaaba in Mekka über hinduistische oder buddhistische Tempel bis hin zu jüdischen Synagogen. Aber wenn bei solchen Gebäudemodellen der religiöse Glaubenskern nur noch ein sehr vermittelter ist, so ist er etwa bei einer Plastikflasche in Form einer Madonna mit Originalwasser aus Lourdes, den Puppenreproduktionen der „Schwarzen Madonna“ aus dem polnischen Tschenstochau oder der „Heiligen Fatima“ aus dem gleichnamigen portugiesischen Wallfahrtsort in spitzengeklöppelter Kleidung ebenso wie überhaupt bei diversen Heiligen der katholischen Kirche als Fürbitter für bestimmte Berufsgruppen doch schon wesentlich deutlicher: Solchen Symbolen wird eine direkte religiöse Authentizität, will sagen heilende Kraft zugesprochen. Auch die Heiligenbildchen der Kirchen und Wallfahrtskirchen, die bis heute vor allem in ländlichen Gegenden Süddeutschlands nach wie vor zur rhetorischen Grundausstattung der christlichen Produktpalette gehören, werden ebenso wie die Perlenschnüre, genannt Rosenkranz, als Glaubens-Souvenirs geschätzt. Religiöse Reiseandenken sind immer zugleich Annahme des Glaubens und seine Profanierung. Gebetsketten am Autospiegel nicht nur fast aller New Yorker Taxifahrer, mohammedanische Gebetsteppiche im Fond von Limousinen sind Reliquien einer Konsumgesellschaft, für die jede Revolution in der Boutique endet.

In solchen Boutiquen werden als echter oder als Modeschmuck auch Medaillons, Kettchen mit christlichem Kreuz oder Armbänder mit Heiligenbildern gekauft, vorzugsweise von Erwachsenen für Kinder und Enkelkinder, um sie vor Unglück zu schützen: So werden Souvenirs zu Amuletten. Und es liegt an den jeweiligen religiösen, wie auch immer gearteten numinosen Glaubenskontexten, dass nur in dieser Souvenirgattung überhaupt Tabus existieren. Stulpenknöpfe mit dem Jesuskind würden wohl viele als Blasphemie empfinden, ebenso eine Madonna im Bikini. Dazu passt, dass es vor inzwischen fast zwei Jahrzehnten zu scharfen Protesten der römischen Kirche kam, als ein Hersteller von Jeans männliche Models in den entsprechenden Denim-Hosen an einer langen Tafel in Bildaufbau, Haltung, Gestik und Habitus das „Abendmahl“ von Leonardo nachstellen ließ.

Abb. 40, Religiöse Souvenirs
Plexiglas-Hütte mit Kaaba, Mekka 1980er Jahre; Kunststoffflasche-Madonna mit geweihtem Wasser, Lourdes 1990er Jahre; „Souvenir di Roma“ mit Skulptur nach Michelangelos: „Pietá“; Kruzifix, Lesezeichen, Kugelschreiber, Andachtsbildchen, Schlüsselanhänger, Ägypten 2005; Rosenkranz, Griechenland 1978

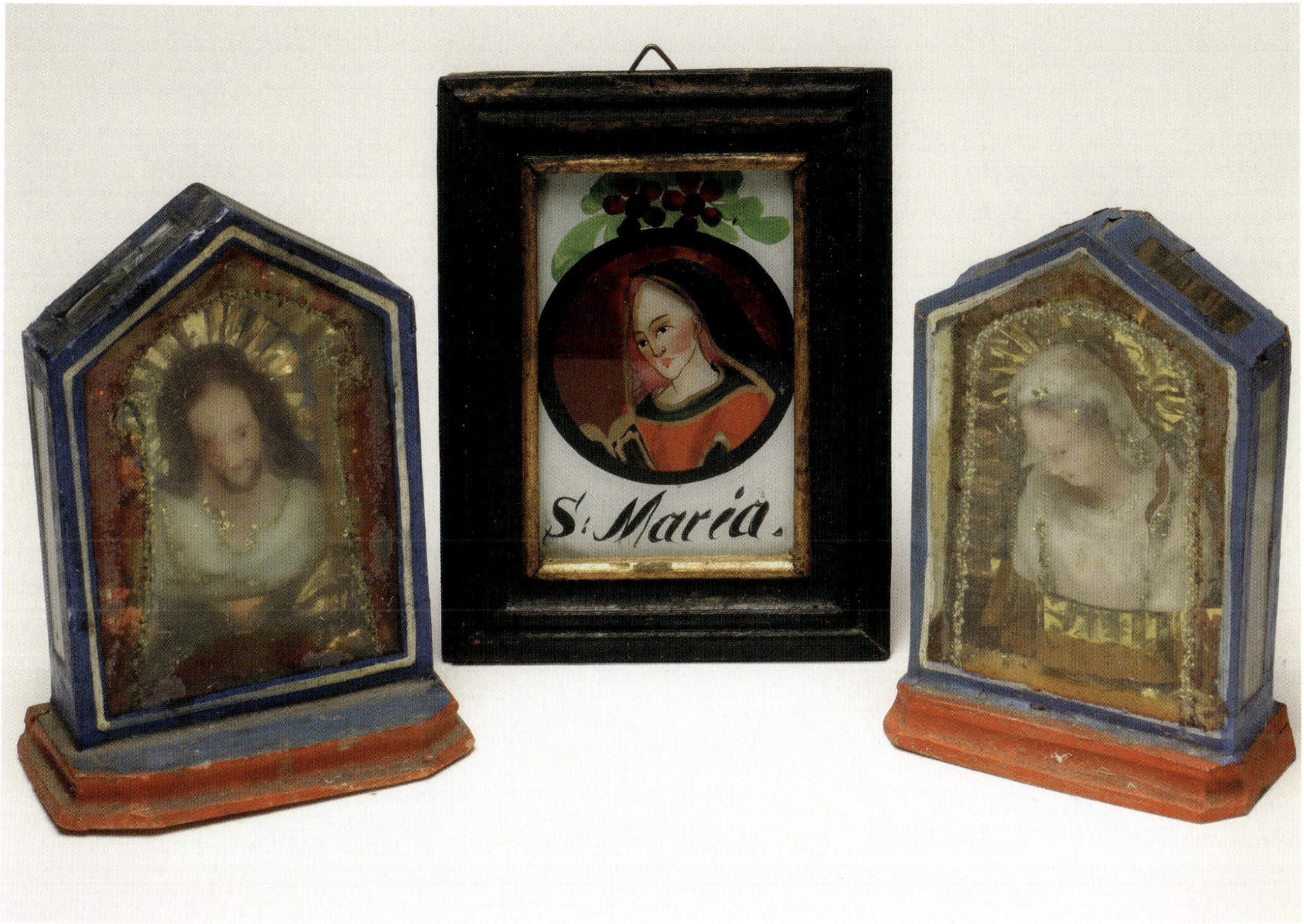

Abb. 41, Votivbilder aus bayerischen Votivkirchen
Wachsbossierarbeit, um 1820; Ettaler Gnadenbild (Wallfahrtsandenken), um 1820; Wachsbossierarbeit, um 1820, Lang Sel. Erben, Oberammergau

Fazit

Der Souvenir realisiert sich, rezeptiv gesprochen, immer nur als ein sentimentalisches Verhältnis von Subjekt und Objekt. Den Rezipienten der Souvenirs geht es nicht um Schönheit, gesellschaftlich kodierte Ästhetik, sondern um radikal individualisierte Intimität. In einer Art subversiven Inversion vermag der Souvenir-Nutzer Massenprodukten durch die damit verbundene persönliche Erinnerung ihre Singularität, Einmaligkeit zurückzugeben: An tausend Eiffeltürmen aus Kupferguss hängen unsichtbar tausend verschiedene Geschichten und Reiseerinnerungen.

Dies heißt aber auch, mit dem wohlfeilen kulturkritischen Argument der Entfremdung im Falle der Souvenirs eher vorsichtig umzugehen. Deshalb auch ist Hans Magnus Enzensbergers Verdikt der späten 1950er Jahre heute nur begrenzt richtig: „Der Kampf um das Recht auf Urlaub war mühsam; er zog sich über Jahrzehnte hin. Jeder Teilsieg verstärkte den Drang nach den Ferienzielen. ... Im dicht besiedelten England wurden Orte wie Brighton oder das berüchtigte Blackpool zu Synonymen menschlicher Überschwemmung. Auf den Badestränden lagen schon vor dem Zweiten Krieg die erholungssuchenden Touristen enger aufeinander gepresst als in den Slums, und die Ferienzüge waren überfüllt wie die U-Bahn zu den Spitzenzeiten des Pendelverkehrs. Längst hatte sich inzwischen der Sieg des Tourismus als Pyrrhussieg erwiesen, längst war das Fernweh nach der Freiheit von der Gesellschaft, vor der es floh, in ihre Zucht genommen worden. Die Befreiung von der industriellen Welt hat sich selber als Industrie etabliert, die Reise aus der Warenwelt ist ihrerseits zur Ware geworden.“[31]

Enzensbergers Einsichten bleiben zweifellos generell wahr, auch wenn ihre aktuelle Wirkungsmächtigkeit blasser geworden ist. „Ja nun“, möchte man nach der Lektüre sagen und hinzufügen: „Ich bin ja schon katholisch“. Den Touristen ihr Fernweh und ihre Empfänglichkeit für die entsprechende Werbung vorzuhalten, ist etwa so, wie einem LKW-Fahrer zu raten, dem Tanken förderhin möglichst zu entraten. Auch unterschätzt, wenn nicht negiert ein solches Verdikt die Dialektik von Angebot und Nachfrage. Gerade aber weil die „Ware Reise“ wirtschaftlich wie sozialpsychologisch immer kürzere Verfallszeiten hat – Stichwort: Preiskampf –, boomen die „Anker der Erinnerung“, vulgo: Souvenirs.
Souvenirs sind – zum wiederholten Male sei dies gesagt – Teil der Warenwelt: Mit Hilfe der Dingkultur wird die von Enzensberger konstatierte Reise aus ihr konterkariert und zurückgebogen nicht nur in ihr Koordinatensystem von Kaufen und Verkaufen, sondern – dieses transzendierend – in eines von Erinnern und Reaktivieren. Überhaupt ist ja „kaufen“ seit den 1980er Jahren zunehmend ein auch kulturell unterfütterter und reflektierter Akt geworden, der noch im Erwerb der vorgeblich einfachsten Dinge Distinktion zelebriert. Auch an dieser Haltung partizipiert der Souvenir, allerdings mit einem vollständigen Einverständnis wie Eingeständnis gegenüber den kaum vermeidbaren ironischen Doppelbödigkeiten heutiger Souvenirs. Was in

[31] Enzensberger 1964, S. 195f.

ihnen an Sehnsucht und Erinnerung doppelt und dreifach „aufgehoben“ ist, behält und behauptet seinen Eigensinn gegen alle Indienstnahme. Die Fokussierung, ja Zurichtung der Wahrnehmung des Fremden durch den touristischen Blick auf das lediglich „Sehenswürdige“ (welches immer von anderen definiert wird), dampft die Welt und ihre Phänomene nicht nur ein auf „das im Verschiedenen immer Gleiche“, sondern hält dieses und diese Fremde für eine Ablenkung, die prinzipiell nur Urlaub und Freizeit tangiert. So ist die Tourismus- und Souvenir-Industrie heute ein Indiz für die Akzeptanz vorgestanzter Erfahrungsangebote, die realisiert, aber gleichzeitig konterkariert werden. Die Aneignung des Seriellen bleibt individuell; – und nur mit jeweils persönlichen Erlebnis-Kontexten entfalten Souvenirs ihre Kraft. Diese ihre ubiquitäre, universelle Kraft aber hat eine Diffusionsdichte, der kaum mehr zu entrinnen ist.
Wir alle sind fasziniert, infiziert, infiltriert. Die Krankheit besteht darin, dass wir uns selbst ein Vergnügen zufügen, dessen Deformation offenbar zum Vergnügen selbst gehört. Dies erfüllt zweifellos die Tatbestände des Sarkasmus, des Zynismus und des Masochismus. Das im Kauf von Souvenirs sich offenbarende Bedürfnis ist, obwohl der Käufer sich wissend selbst betrügt, ebenso legitim wie paradigmatisch. Die üblichen Begriffe der Kunst-Geschichte werden bei Objekten der Erinnerungskultur obsolet, zumindest brüchig: Keine Authentizität noch Aura mehr im klassischen Sinn, wohl aber ihre betörenden Deformationen.
Wir können, wenn wir wollten, uns wehren. Aber wir wollen nicht. Das wäre ja zu schön, um wahr ..., um Souvenir zu sein.
Wir geben zu, dass alles Souvenir werden kann, früher oder später werden muß. Wir erwerben sie auch. Wie alle.
Und changieren zwischen Park und Parkinson, Reiselust und Reisefrust.

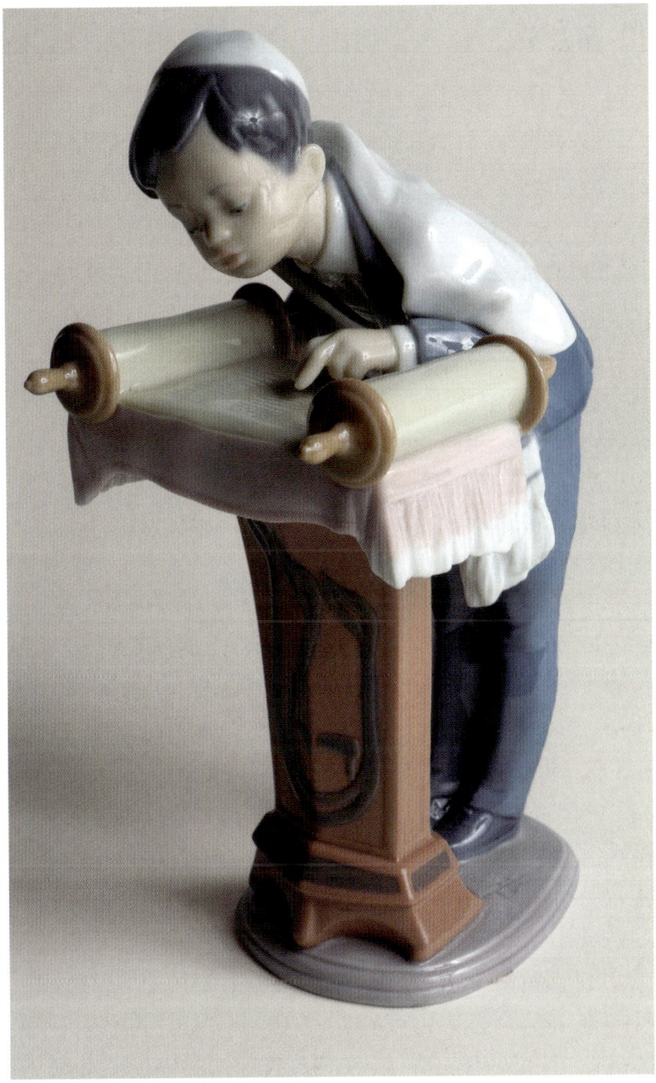

Abb. 42, Thoraleser, Porzellan, Portugal 2002, Llado, Lissabon

Volker Albus

Sein Kampf

Eine Invasion steht bevor! Zeitpunkt: Juni 2006, Ausgangspunkt: Niederlande. Selbst Details der Bekleidung sind bekannt: Hemd und Hose, alles in Orange und als Krönung: Orange eingefärbte ,Wehrmachtshelme'.
So jedenfalls meldete es Bild am 11.01.2006 unter der Schlagzeile: „Holländer mit Wehrmachts-Helm zur WM!"
Allerdings konnte die sich derart offenbarende Offenlegung sämtlicher militärischer Geheimnisse dem Blatt keinerlei beruhigende Entspannung verschaffen. Im Gegenteil. Bild war empört! Bild war sauer! Und Bild wurde deutlich: Von ,Schwachsinn', von ,Fan'-, von ,Helm-Schwachsinn' war die Rede, und das gleich mehrspaltig.
Warum Bild allerdings so stinkig reagierte, wurde aus dem Artikel nicht so richtig klar. Denn abgesehen davon, dass es sich bei dieser Kopfbedeckung um eine „Nachempfindung", zumal aus Plastik, handelt, gibt das eigentliche Finish des Helms keinerlei Hinweis darauf, dass es sich bei diesem Helm um den Beleg einer aufkommenden Militarisierung und einem damit bevorstehenden Überfall auf das Land der Dichter und Denker handelt. Weder die drei verschiedenen Aufschriftvarianten „Hup Holland Hup" („Auf geht's, Holland"), „Aanvalluuuh" („Angriiiiff") oder, in etwas falschem Deutsch, „Jetzt geht losssss", noch das knallige Orange scheinen geeignet, den deutschen bzw. den niederländischen Verfassungsschutz zu mobilisieren oder gar dem deutschen Volksgenossen den Angstschweiß auf die Stirn zu treiben.
Nun ist es müßig, an dieser Stelle das markige Schlagzeilengewitter der Bildzeitung zu ergründen. Viel interessanter erscheint es, diesen durchaus „anderen" Beitrag zur Fankultur einmal genauer zu betrachten, denn, und das kann man mit Sicherheit sagen, bei diesem holländischen „Helmpje" handelt es sich um alles andere als um Fan-Schwachsinn.
Da wäre zunächst einmal der rein praktische Wert: Juni, Juli (sollte Holland weiterkommen), das bedeutet auch in deutschen Stadien: Sonne! Viel Sonne! Heißt: Der Fan braucht Schatten. Bitteschön! Und selbst wenn's ganz anders kommt, man denke nur an '74, an die „Wasserschlacht" im Frankfurter Waldstadion, auch dagegen wäre man mit diesem Helm gefeit! Klimatische Unbill sind mit diesem Helm also schon mal kein Problem!
Aber nicht nur was die reine Benutzerfreundlichkeit anbelangt erscheint dieser Helm unschlagbar, auch die Signifikanz dieser orangefarbenen Halbschale dürfte unübertroffen bleiben. Denn während sich die Fans der anderen WM-Teilnehmer voraussichtlich wie gehabt mit irgendwelchen nationalfarbigen Schlapphüten, Baseball-Caps oder wattierten Zylindern schmücken werden, dürften die Holländer mit Sicherheit die Einzigen bleiben, die sich mit einer solchen, zwar unzweideutig der Militärgeschichte entliehenen, aber nichtsdestotrotz geometrisch und farbig absolut klaren Kopfbedeckung schmücken: Da können dann die TV-Kameras noch so weit entfernt positioniert sein, diesen pointierten Fanblock wird kein Zuschauer übersehen. Genial!
Seine eigentlichen Qualitäten entfaltet dieser Helm jedoch nicht in der Kategorie Design als vielmehr in den Turbulenzen gruppendynamischer Kraftfelder. Das beginnt schon mit der Freiwilligkeit. Jeder/Jede (!: Auch die Maisjes ziehen auf das Schlachtfeld der WM!), der sich diese Schale aufsetzt, tut dies freiwillig, rückt also aufgrund reiner Begeisterung in dieses Regiment ein, und das einzig und allein wiederum aus einem Motiv heraus:
Um dabei zu sein!
Und dann steht er da, der Fan, mitten in seinem Block, Schulter an Schulter mit Gleichgesinnten, alle in der gleichen Montur, orangene T-Shirts, orangener Helm, alle nur auf ein Ziel eingestimmt: auf den Sieg ihrer Mannen, ihrer van Nistelroys, Seedorfs und Kluiverts. Klar, viel können sie nicht tun: Sie können singen, brüllen, pfeifen, sie können pöbeln (obwohl wir das unseren holländischen Nachbarn nicht unterstellen wollen) und natürlich können sie jubeln. Vor allem aber können, nein, wollen sie es in

sich spüren, das Nach-vorne-Stürmen, das Nach-hinten-Absichern, das Angreifen, das Verteidigen, kurzum: den Kampf!
Was aber könnte dieser kollektiven Kampfeslust, diesem ausschließlich auf Attacke eingestimmten Wir-Gefühl besser Ausdruck verleihen als solch eine paramilitärische, uniform uniformistische Ausrüstung? - - - -. Eben! Und, ebenso eindeutig „Eben!“: Was könnte die verbale Kraftmeierei, das schweißtreibende Stellungsspiel dieser Hilfstruppen im gleichen Moment derart ad absurdum, derart als selbstreferentielle Veralberung entlarven wie eben diese orangefarbene Narrenkappe aus den Niederlanden?
Also: Auch hinsichtlich des emotionalen Panoramas von hochfahrendem Stolz bis zu bitterer Selbstironie hat das Helmpje so einiges zu bieten.
Aber selbst mit dieser Qualität ist der Katalog der Mehrwertigkeit noch nicht ausgeschöpft. Denn bis zu diesem Punkt haben wir diese Kopfbedeckung lediglich als das betrachtet, was sie zur Zeit, d.h. vor Beginn der WM tatsächlich darstellt: Als Teil der Ausrüstung, als Teil der Bekleidung des gemeinen Fans, also analog der bekannten Devotionalien, wie Schal, Kappe, Tröte oder wer weiß was sonst noch.
Was aber wird aus diesem Helm nach der WM? Also nach der so stilisierten Schlacht? Scheidet Holland in der Vorrunde aus, ist die Sache klar: Der Helm verschwindet im Müll, in der Gosse. Wie nach jedem Rosenmontagszug mit Kubikmetern von Pappbechern, Papptellern, Pappnasen wird die Stadtreinigung in diesem Fall mit Bergen von Helmen zu kämpfen haben, einige werden aus Wut, aus Enttäuschung zerbeult, zertreten oder wie auch immer demoliert sein, und gegnerische Fans werden ganz neue, bierpieselige Nutzungsqualitäten entdecken und die Invasorenbehelmung auf das Gemeinste entweihen. Der Helm wird zu einem lächerlichen, ja peinlichen Requisit degenerieren; der Hersteller wird auf Jahrzehnte als der König des Flops, als Persona non grata schlechthin gebrandmarkt sein, ja, wahrscheinlich werden sehr bald (vielleicht mit Hilfe von Bild!?) neue Varianten auf den Markt schwappen, dann allerdings mit Aufschriften wie „Abpfiiiiifff“, „van Basten, König der Niederlagen“ oder „Jetzt ist Schluuuusss!“.
Ganz anders dagegen sieht es aus, sollte es tatsächlich für Oranje reichen, es käme tatsächlich zum großen „Kampf“, am Ende gar zur großen Revanche ('74 hat man ja bis heute nicht verwunden), zum, ja, sprechen wir das Undenkbare aus, zum Sieg über Duitsland! Wie würde man diese schlichte Plastikschale dann betrachten? Welche Erinnerungsmythen würden sich um diese alles entscheidende „Schlacht“ spinnen? Keine Frage, diese banale Schale würde über Nacht zur gefragten Memorabilie, zur nationalen Inkunabel, zum symbolträchtigen Beleg holländischer Fußballkunst emporsteigen, Museen würden sich um das Teil reißen, auf Ebay würden sich die Angebote überschlagen, zig neue Varianten mit heroischen Sprüchen (Siiiiieeeeg!!!!!) würden aufgelegt, den Produzenten würde man zum Ehrenbürger ernennen, Talkshows würden Schlange stehen und Königin Beatrix würde zum Empfang bitten. Die unmittelbaren Zeugen dieses Feldzugs würden noch in Jahren ihren Enkeln von der glorreichen Schlacht, von ihrem „Kampf“ vorschwärmen, natürlich immer mit dem Helm auf dem Kopf. Zu jedem Familienfest, zu jedem Feiertag würde dieser Helm gleich einem nationalen Orden aufgesetzt und den so Geweihten wäre auf immer und ewig ein Ehrenplatz gewiss.
Von heute auf Morgen würde man Holland nicht mehr nur mit Tulpen und Tomaten, Grachten und Gouda, sondern von Stund an auch mit diesem orangefarbenen Helmpje identifizieren. Und Bild? Bild würde in unnachahmlicher Geistesgegenwärtigkeit titulieren: „Wahnsinn! Holländer dank Wehrmachtshelm Weltmeister!“.
Und das in Berlin.

Souvenir — Hoffnung der Armen?

Schon immer ...

Seit es Reisen gibt, werden Mitbringsel erworben, und zwar sowohl bei den – oberflächlich gesehen – „zweckfreien Lustreisen“ (die dem persönlichen Erleben dienen) wie bei den anderer Zwecke wegen unternommenen Reisen: Händler erwerben, Forscher sammeln, Matrosen denken an ihre Daheimgebliebenen und ihr zukünftiges Heim (oder an Verkaufsmöglichkeiten), und jedes Mitbringsel schafft eine Nachfragelücke. Diese Souvenirs sprechen in den ethnologischen Sammlungen, die sich oft genug auch in kleinen Lokalmuseen finden, von Entdeckungen und Imperialismus, von Mission und Kolonialismus, aber, wenn man sie genauer zu lesen versteht, auch von den Strategien, mit denen die ursprünglichen Besitzer mit den „Entdeckern“ und Eroberern umgehen. Auch diese „entdecken“ schnell, wie sie die Fremden vorteilhaft für die eigenen Wünsche und Bedürfnisse nutzen können.

Isolierte Souvenirs als verharmlosende Aneignung der Fremde

Der Souvenir hat etwas zu tun mit Strategien der Aneignung: Er ist Erinnerung, Mahnung, Anker für das Wiederabrufen von Erlebnissen.[1] Er ruft auch Irritationen und Herausforderungen ins Gedächtnis zurück, wie sie verbunden waren mit der Begegnung mit der Fremde und den Fremden.
Es muss in jedem Andenken auch ein Schock sein, heißt es bei Walter Benjamin. Aber solche Schocks wollen verarbeitet werden, und vielleicht ermöglicht der Souvenir ja auch Strategien der verharmlosenden Bewältigung der Verunsicherungen durch das Andere.
Die „Altäre des Banalen“, die mit Hilfe der Souvenirs angelegt werden, bestehen aus subjektiv wertvollen Objekten. Mit ihnen werden nicht nur Erinnerungen und entsprechende Assoziationsketten verbunden, sondern es lassen sich auch Distinktionsgewinne damit realisieren.
Wenn zeitgenössische Kunst sich in ihren Inszenierungen mit diesen Objekten beschäftigt, legitimiert dies die subjektive Erinnerung. Der reine Dingcharakter des Objektes wird gebrochen durch die Herstellung der Verbindung mit der historischen Epoche und dem Individuum. Die im künstlerischen Arrangement präsentierte Intimität des Erinnerungsobjektes bestätigt:
Jeder hat das Recht auf seine eigene Erinnerung.

Geile Märkte

Je nach Bedeutung der Reise für die Person und je nach Ziel kann das Mitbringsel die verschiedensten Bedürfnisse abdecken. Was es jedoch allgemein auszeichnet (und nur noch mit den Devotionalien der Pilgerfahrt, denen freilich auch eine imaginierte Heilswirkung anhaftet, gemein hat), ist seine Einbindung in einen durch es erst geschaffenen Markt.
Einkaufen beansprucht in der Gegenwart einen beträchtlichen Teil des Zeitbudgets der Touristen aus den Prosperitätsregionen. Karl Vorlaufer schätzt, dass 10 bis 25 Prozent aller touristischen Deviseneinnahmen auf den Verkauf landesspezifischer Souvenirs entfallen, in Marokko geht man von sogar 40 Prozent aus.[2]
Der Herkunft der Objekte wird von den Erwerbenden Gewicht beigemessen. Die Beschwerde eines BRD-Touristen in St. Gallen, seine „echte“ Schweizer Kuhglocke sei durch Prägung als DDR-Produkt zu erkennen, nimmt Peter Amstutz 1980 zum Anlass für Überlegungen zu dieser Industrie.
Extrem internationalisiert ist der Andenken- und Souvenirhandel, wissen auch die Schweizer. „Die Schlüsselanhänger mit der Aufschrift 'Bern' entstehen in Taiwan und werden in genau gleicher Art auch in Nairobi oder Kalkutta angeboten. Flaschenöffner kaufen die eidgenössischen

---

[1] Thurnher 1994/1995, S. 105–135.

[2] Vorlaufer 1995, S. 167f.

Souvenir-Großhändler tonnenweise in Italien, Plastik-Kühe mit eingebauter 'Muh'-Stimme sind meistens 'made in Japan'. Sogar echte Schweizer Alpenluft wird da und dort gehandelt: In Konservendosen, die samt 'Inhalt' aus Hongkong beschafft werden."[3]

Das alles ist vertraut. Es hat sich heute, in der Struktur nicht geändert. Wenn die Aufschrift an das Urlaubs- oder Reiseerlebnis erinnert (auch Kongressreisende, ohnehin wegen ihrer größeren Konsumfreudigkeit beliebter als andere, kaufen ja gern), wird die entsprechende Reise evoziert. Mit Einzelheiten und mit der Wertung mag sich die Kulturkritik auseinandersetzen oder die modische Alltags-Dekonstruktion. Den Reisenden kann das egal sein, wenn es ihnen nur auf den Erinnerungswert ankommt.

Unbeabsichtigte oder in Kauf genommene Nebenfolgen

Wenn es um kulturelle und natürliche Ressourcen geht, können wir es sogar positiv werten, wenn die Mitbringsel nicht „authentisch" sind. „Echte" Schweizer Kuhglocken sind oft genug gestohlen[4] – mit allen entsprechenden Folgen. Mark Twain[5] beklagt sich darüber, dass seine Mitreisenden von 1867/68 unentwegt Stücke der Heiligen Stätten als Souvenir mit nach Hause nehmen. Was das heute für Kulturstätten und Ausgrabungen bedeutet, wissen wir, aber vielleicht geht es manchem Leser ja wie mir: Aus meinen früheren Jahren erinnere ich mich selbst an manche kleinen diesbezüglichen Verfehlungen.

Es gibt andere bedenkenswerte Folgen: In der Asservatenkammer des Hauptzollamtes des Rhein-Main-Flughafens lagern „die Gitarre mit dem Klangkörper aus Meeresschildkrötenpanzer von den Philippinen ebenso [...] wie der präparierte Steinkauz aus Pakistan" oder „die Geldbörse aus Leopardenfell aus dem Sudan und der Leguan aus Ecuador, das Wolfsfell aus Kanada genauso wie das Pumafell aus den USA, [...] Gürtel aus Schlangenleder und Schachfiguren aus Elfenbein"[6] – alles Objekte, die aufgrund des Washingtoner Artenschutzabkommens nicht oder nur mit Sondergenehmigung hätten ausgeführt werden dürfen.

Bei allen entsprechenden „Einzelfällen" ist ebenso wie bei den eigenen „einmaligen" Akten zu bedenken: Jeder Kauf eines exotischen Souvenirs, sei es organischer oder künstlerischer Herkunft, „schafft beim Händler eine Nachfragelücke, die neu gefüllt werden muß."[7]

Souvenir und Kulturwandel

Die Marktbindung hat auch Auswirkungen auf den Kulturwandel. Ein Beispiel beschreibt der Frankfurter Ethnologe Achim Sibeth. Auf Sumatra, in der Gegend des einst schwer zugänglichen Tobasees, leben die Batak. Seit Mitte des 19. Jahrhunderts nehmen die Missionare der Holzskulpturen-Kunst ihre rituelle Funktion.[8] Aber bereits um 1890 ist die Produktion von Souvenirs für Kolonialbeamte und Sammler gemein, und es gibt gefälschte Antiquitäten sowie Auftragsarbeiten für Reisende. Heute sind sowohl individuelle „Traveller" wie Pauschaltouristen ein ökonomischer Faktor für das Batakland und potenzielle Käufer von Schnitzereien im Batak-Stil. Nicht unwichtig sind dabei die indonesischen Binnentouristen:

Sie sind gewohnt, für die Zurückgebliebenen Souvenirs mitzubringen.

In neuen Kontexten entwickelt sich die Batak-Kunst „vom Kultobjekt zur Massenware". In spezialisierten Schnitzerdörfern wird Schnitzerei als Nebenverdienst betrieben.

Für die Touristen werden Dinge auf transportierbare Größen reduziert, so gibt es z.B. miniaturisierte Zauberstäbe. Der für den Tourismus notwendige Spagat zwischen Ursprünglichkeit und Modernisierung wird mit „staged authenticity" bewältigt.

---

[3] Amstutz 1980.
[4] Ebd.
[5] Twain 1964.
[6] Schauer 1983.
[7] Ebd.
[8] Sibeth 2003, S. 264.

Stephan von der Schulenburg

Souvenirs de l’Est

Aber der Markt trägt nicht zur Qualitätsentwicklung bei. Gute Schnitzer gibt es zwar auch, aber keine neuen Künstlerpersönlichkeiten. Es gibt keine öffentliche Ausbildung für die Schnitzer (einst bestand eine koloniale „Industrieschule"); sie sind Autodidakten und liefern oft Halbfertigprodukte. Auch nach dem Vorbild von Museumskatalogen wird gearbeitet – Sibeth verteilt seine Publikation von 1990/91 unter Ladenbesitzern und Schnitzern.
Ähnliche Prozesse lassen sich auch in der Gegenwart beobachten.[9] Für die Ethnologen und die Authentizitätsfetischisten sind diese Veränderungen ein Problem, für die Touristen und die Produzenten weniger. Da auch in Museen verbrachte Kunstwerke oft bereits unabhängig von der rituellen Bedeutung hergestellt wurden, ist die Definition von Authentizität problembehaftet. Lässt sich nicht alles, was einen erkennbaren und nachvollziehbaren Zusammenhang mit der Lebenswelt der Produzenten besitzt, als „authentisch" bezeichnen? Sind die Dinge nicht auch „authentisch", wenn sie in einer wenig entfremdeten lokalen (regionalen) Produktion entstehen?

Qualitätsfragen

Erinnert man sich an die weltweit gigantischen Mengen von Touristen und die von ihnen mitgebrachte Kaufkraft sowie die für „Shopping" in entspannter, ausgabefreudiger Situation aufgewandte Zeit, so ist die Aussage des Titels „Souvenir – Hoffnung der Armen?" nicht unberechtigt. Karl Vorlaufer nennt allerdings auch die Bedingungen: Nur wenn in den armen Ländern des Südens die der Souvenir-Produktion innewohnenden Potenzen auch wirklich genutzt werden, können sie zur Zukunftsfähigkeit der Gemeinschaften beitragen. Souvenirs sind besonders vorteilhaft, wenn (und das ist nicht immer der Fall) sie von lokalen Handwerkern produziert sind und „local skills" (traditionelle Handwerksfertigkeiten) genutzt werden, wenn sie arbeitsintensiv sind und Kleinstbetriebe oder informelle Arbeit begünstigen (auch karitative Unternehmen sind oft beteiligt) und die Arbeit auch in der Nebensaison anfällt, und wenn sie (wie häufig) abseits der Zentren produziert werden und damit regionale Disproportionalitäten abbauen helfen.[10]

Die Wirkungen bezüglich der Stärkung des gemeinschaftlichen Selbstbewusstseins sind beachtlich; auch lokale Museen erinnern in diesen Zusammenhängen an lokale Traditionen. Das alles hat Parallelen in Europa – nicht nur, was die aus sozialpolitischen Gründen beförderte Einführung kunsthandwerklicher Tätigkeiten in den Notstandsgebieten des 18. und 19. Jahrhunderts anbetrifft, sondern auch, was die sozialkulturelle Aufwertung und die Rolle bei der sozialen „Identitätsbildung" anbetrifft („Heimatwerk").
Nur weil dies einst im Zusammenhang mit einzelstaatlichen Autarkiebestrebungen auch mit nationalistischen Ideologien verbunden war, ist es in europäischen Verhältnissen negativ belastet. Aber allein mit dekonstruktivierender Kulturkritik darauf zu reagieren wird der Sache nicht gerecht. Sowohl Qualität als auch ökonomischer Nutzen können bei entsprechendem politischem Willen durch die Souvenirproduktion gefördert werden.
Tourismus, wenn er sozial- und umweltverträglich gestaltet und von politischen Strategien zu Infrastrukturpolitik und Armutsbekämpfung geleitet wird, kann Transfer von reichen zu armen Regionen bedeuten, und dabei hat der Souvenir seinen legitimen Platz. Über Qualität kann man dann immer noch streiten. Aber sich selbstgefällig zurücklehnen und zu meinen, 98 Prozent der Menschen hätten keinen guten Geschmack (wobei immer unterstellt wird, dass man selbst zu den anderen zwei Prozent gehört), reicht nicht aus. Ein Risikofaktor allerdings bleibt: Tourismus ist krisenanfällig.

---

[9] Vgl. die Ausstellung Kunst Handwerk? Museum für Völkerkunde Frankfurt am Main 1975; Augustat 2001, S. 118-124.

[10] Vorlaufer 1995, S. 167-169.

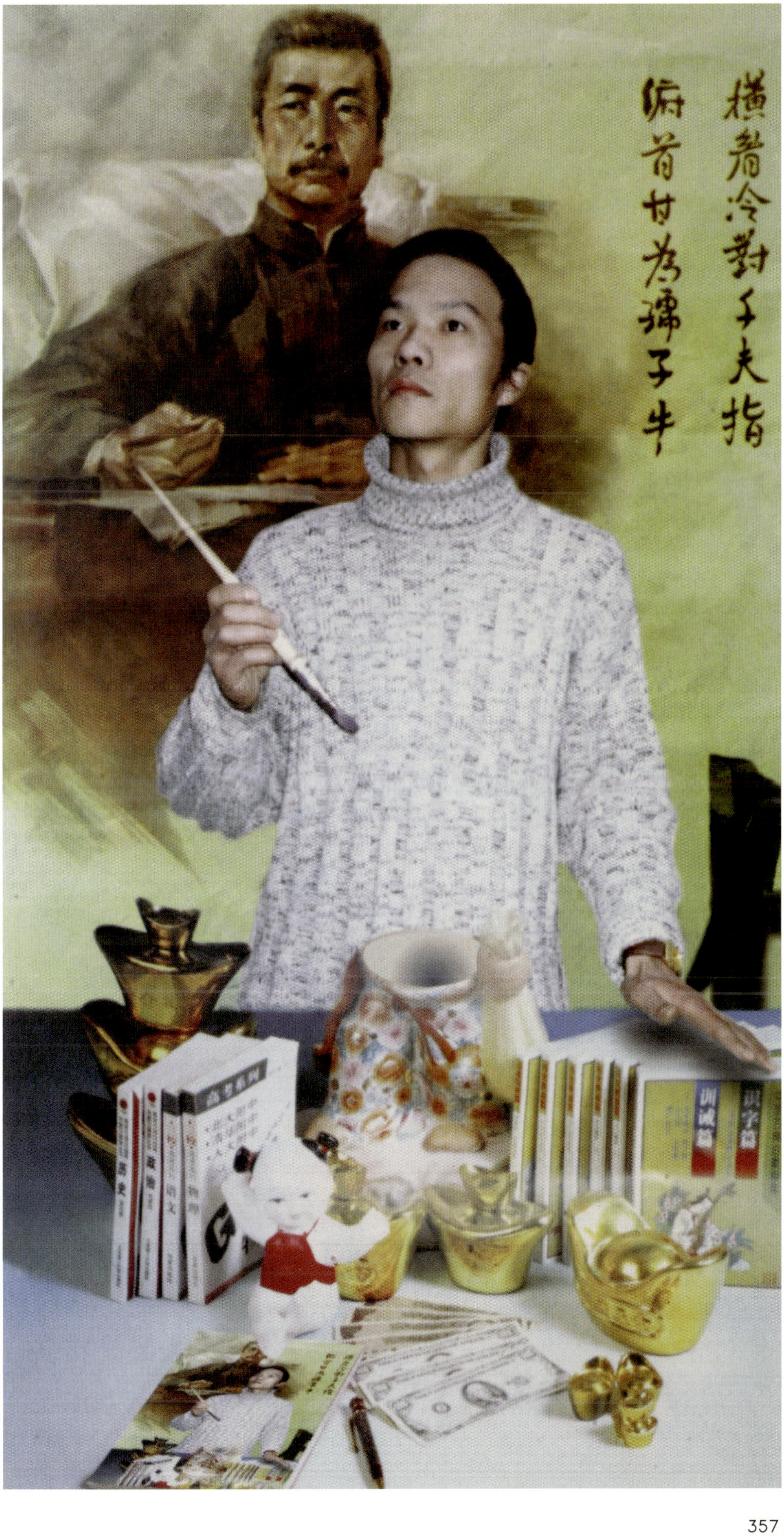
橫眉冷對千夫指
俯首甘為孺子牛
训诫篇
识字篇

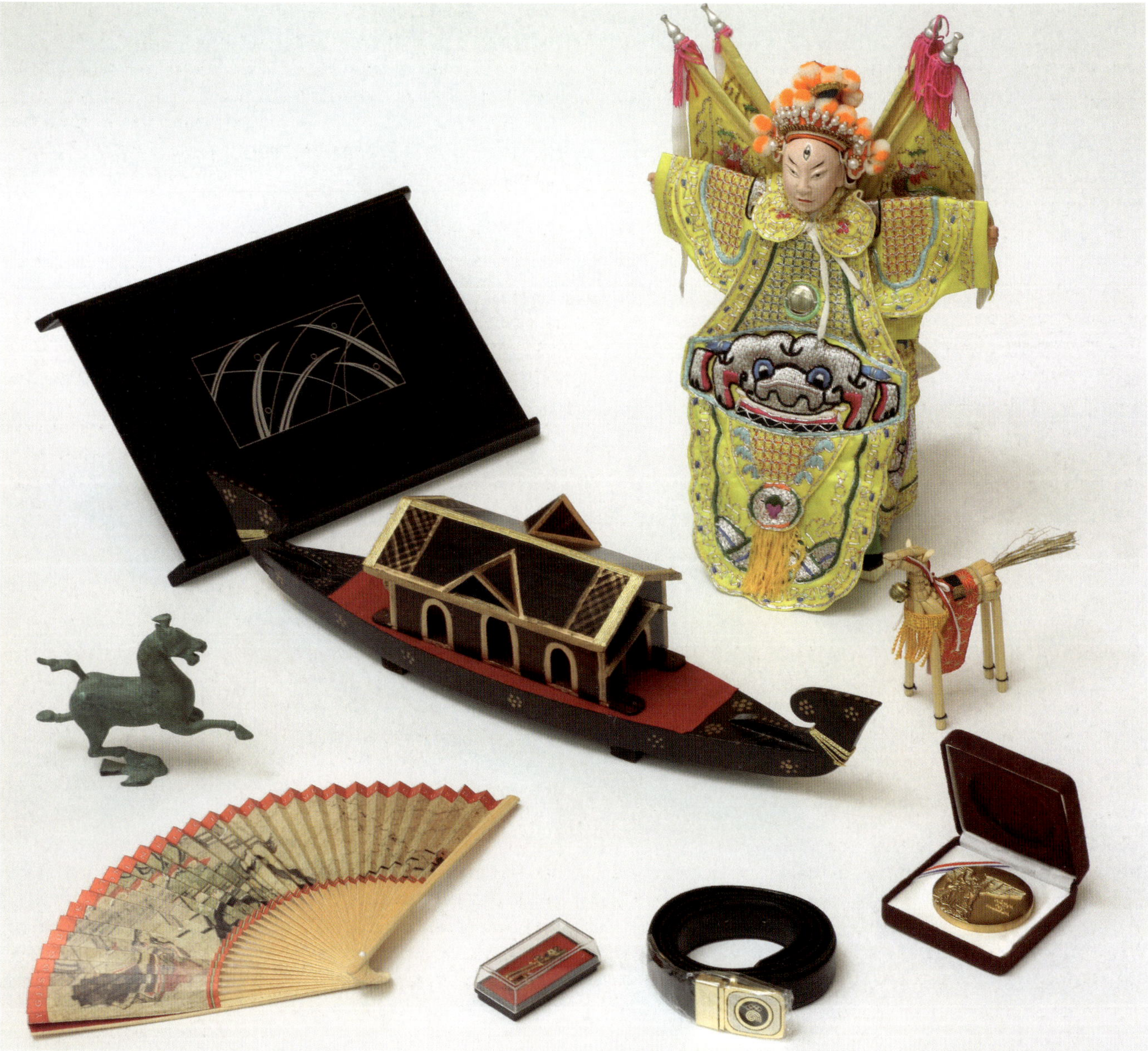

Abb. 1, (Titelabbildung)
Wang Qingsong (geb. 1966) „Take up the Pen.
Fight till the End", Beijing 2001
Fotokollage, konfektioniert als Postkartenmotiv.
Aus der Postkarten-Serie „Glorious Life"
Frankfurt, Privatsammlung

Abb. 2, Trivialsouvenirs aus verschiedenen Ländern Asiens,
spätes 20./frühes 21. Jh.

Souvenirs de l'est
Souvenirs qui me restent
Que me reste-t-il de mes souvenirs de l'est
Un sourire, un geste
Un accroc à ma veste
Que me reste-t-il de mes souvenirs de l'est
Un parfum d'enfance
Un chagrin qui danse
Une photo de ma mère
Et des kermesses populaires
Un soldat qui passe
Sur la ribenstrasse
Et cette façon d'être insoumise et fière.
Le tramway du soir
Les dimanches brouillard
Et quelque part dans ma tête
La musique des majorettes
Un hiver de glace
Sur la ribenstrasse
Cette façon de vous chanter
Peut-être.
Un sourire, un geste
Une chanson qui proteste
Que me reste-t-il de mes souvenirs de l'est

(D. Barbelivien/F. Bernheim
gesungen von Patricia Kaas)

In keiner anderen Weltregion gibt es eine solche Fülle trivialer Souvenirs wie in Ostasien. Im Umfeld jedes berühmten Gebäudes, jedes Naturdenkmals oder anderen Ausflugsziels in China, Japan oder Südostasien finden sich Buden, in denen Mitbringsel aller Art verkauft werden. Selbst die Klassiker des europäischen Souvenir-Kitschs, Schwarzwald-Kuckucksuhren, Eiffeltürme oder Oberammergauer Herrgottschnitzereien, tragen bei näherer Betrachtung nicht selten das Gütesiegel „made in China". Hintergrund für die Fülle derartiger Produkte ist neben dem marktwirtschaftlichen Geschick ostasiatischer Souvenirproduzenten die in dieser Region stärker noch als im Westen verbreitete Konvention, dass von einem Reisenden, der nach Hause zurückkehrt, erwartet wird, dass er der Familie, Freunden und Kollegen kleine Aufmerksamkeiten überreicht, die sie symbolisch an seiner Reise Anteil nehmen lassen. So ist zu vermuten, dass die Kuckucksuhren- und Nussknackerdichte in Ostasien höher ist als irgendwo in deutschen Landen und mindestens so hoch wie im Souvenirkitsch-Dorado U.S.A.

Gleichermaßen werden allgemein in Ostasien diejenigen, die der Reisende besucht, mit mehr oder weniger trivialen, dabei oft kunstvoll verpackten Mitbringseln bedacht. Der bei asiatischen Geschenken zu befürchtenden Diskrepanz von Innen und Außen ist die zumindest in Japan weit verbreitete Konvention geschuldet, das Überreichte erst auszupacken, wenn der Gast gegangen ist, um einen möglichen Gesichtsverlust zu vermeiden. Eine kleine Auswahl von Gastgeschenken, die sich im Laufe einiger Jahre im Büro der Ostasienabteilung des Museums für Angewandte Kunst Frankfurt ansammelten (Abb. 2), mag diesen Tatbestand visuell erläutern.

Neben dieser Trivialdimension des Souvenirs bietet Ostasien, ähnlich wie Europa, von alters her eine Vielzahl anderer mentaler und dinglicher Erinnerungsspuren. Bereits der Han-Kaiser Wudi (156-87 v. Chr.) spricht in einem Gedicht vom „edlen Hauch der Orchidee", vom „Chrysanthemenprangen", das ihn „ach, mit innigem Verlangen" seiner Liebsten gedenken lässt.[1] Die herbstliche Pflanzenwelt wird hier zum Vehikel der schmerzlichen Erinnerung an die ferne Geliebte.

Analog dazu ist es im 44. Kapitel des um 1000 n. Chr. entstandenen Genji monogatari ein von der weiblichen Protagonistin und Autorin, der Hofdame Murasaki Shikibu, angelegter Garten, der zur Projektionsfläche rückwärtsgewandter Gedanken ihres reichlich untreuen Verehrers Genji wird.[2] Nach dem Tod der verehrten Hofdame empfindet Genji angesichts der Pracht der Frühlingsblüten keine Freude mehr, ihr Anblick verstärkt vielmehr den Schmerz, den der plötzliche Verlust der Geliebten in ihm ausgelöst hat. Das mit dem Titel Maboroshi („Trugbild") überschriebene Kapitel ergeht sich ganz und gar in den

---

[1] Gundert 1965, S. 259 (Übersetzung: Günther Eich).
[2] Genji-monogatari 1966, Bd. II, S. 350-374.

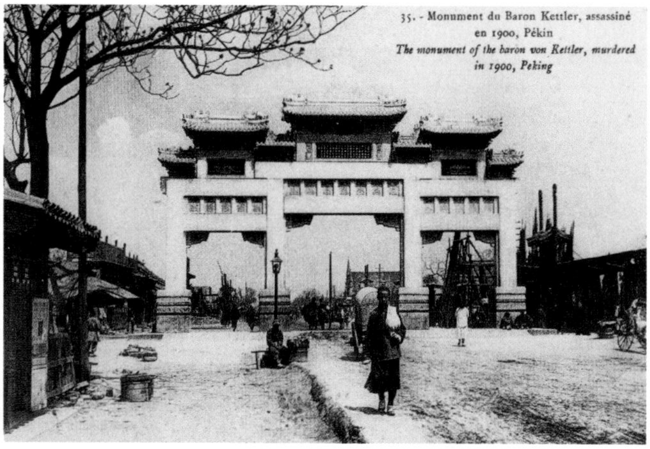

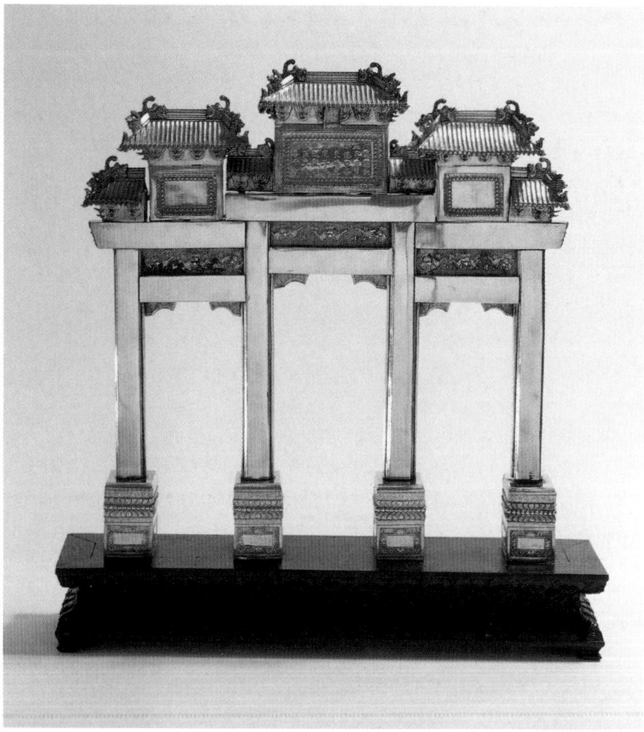

schwermütigen Erinnerungen des Prinzen an die Verstorbene. Doch obwohl der Frauenheld angesichts seines tiefen Schmerzes den Entschluss fasst, Mönch zu werden, wird ihm in diesem Kapitel die wehmütige Erinnerung an die Tote bereits wieder zum Anlass neuer Eroberungsphantasien: Seine Dienerin Chûnagon, die Murasaki „sehr in ihr Herz geschlossen hatte“, war zu deren Lebzeiten, aus Respekt vor dieser, Genjis verstecktem Werben stets ausgewichen. Nun jedoch fühlt sich der auch im tiefsten Schmerz der Damenwelt immer noch unablässig zugetane Prinz „ihr als einer besonderen Erinnerung an Murasaki innigst verbunden.“[3]
Das Genji monogatari, das als erster Roman der Weltliteratur gilt, soll in einer frühen französischen Übersetzung von erheblichem Einfluss auf Marcel Proust gewesen sein, dessen Madeleine zum vermutlich berühmtesten Topos des Erinnerns in der Literatur wurde.

Eine umfassende Geschichte der Kultur des Erinnerns in Ostasien zu schreiben, ist im Rahmen eines Unterkapitels dieser Ausstellung nicht zu leisten. Der Abschnitt „Souvenirs de l'Est“ bietet vielmehr eine aphoristische Folge von Episoden, die unterschiedliche Aspekte des Themas „Erinnerung“ im Blick auf die Kulturen des Fernen Ostens visualisieren.

Ein Insert von Annette Bügener stellt zwei um 1900, also gegen Ende der Qing-Dynastie (1644-1911) entstandene Ahnenporträts vor.[4] Sie stehen für den in China weit verbreiteten Brauch der Ehrung und des Erinnerns an hoch betagte oder verstorbene Familienmitglieder im Bildnis. In der vom Konfuzianismus geprägten chinesischen Gesellschaft sollten Porträts dieser Art darüber hinaus der Ahnenseele zumindest temporär Wohnstatt bieten. Die Toten blieben somit Teil der Familie und nahmen Einfluss auf das Wohlergehen ihrer Nachkommen.

Ein weiteres Thema dieser Ausstellung bilden die Erinnerungen des Gesandten Alfons Mumm von Schwarzenstein (1859-1924) an seine Mission in China. Der Diplomat stammte aus einer ursprünglich in Solingen ansässigen Familie, die durch ihre Sektkellereien in Reims und im

Abb. 3, Ansichtskarte: Gedenktor für Clemens von Ketteler in Peking, errichtet um 1901 als „Sühneleistung“ für die Ermordung des deutschen Gesandten Clemens von Ketteler, Deutsches Historisches Museum Berlin

Abb. 4, Silbermodell des Gedenktores für Clemens von Ketteler in Peking, aus dem Nachlass Alfons Mumm v. Schwarzenstein
L 30,9 B 6,2 H 31,8cm
Frankfurt, Museum für Angewandte Kunst Frankfurt, Inv. Nr. 14424

[3] A.a.O., S. 354.
[4] Vgl. S. 376ff.

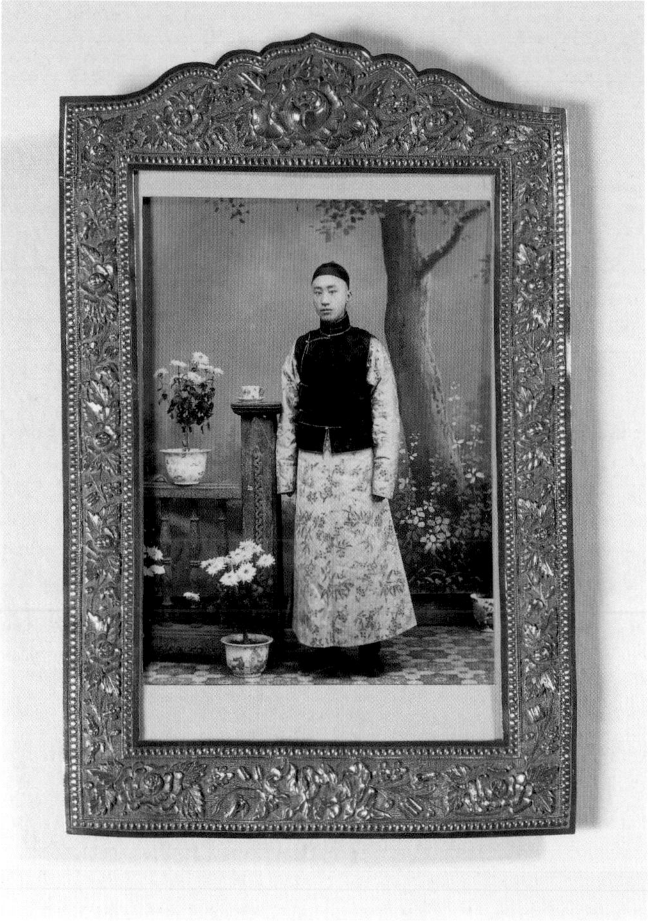

Rheingau sowie als Bankiers in Frankfurt zu einiger Bedeutung aufgestiegen war. Nach China wurde Alfons Mumm in einer äußerst heiklen Mission entsandt – als Nachfolger des von den sogenannten Boxern ermordeten Gesandten von Ketteler (1853-1900). Er erwies sich als außerordentlich fähiger Diplomat, dem es gelang, zur damals faktischen Regentin Chinas, der Kaiserinwitwe Cixi ein enges persönliches Verhältnis aufzubauen. Der Großmachtpolitik Wilhelms II. stand der gebildete Frankfurter Bürgersohn dagegen ausgesprochen kritisch gegenüber. Der partiell im Museum für Angewandte Kunst aufbewahrte Nachlass des Diplomaten enthält ein silbernes Miniaturmodell des Gedenktors, das nach den Forderungen des „Boxer-Protokolls" von 1901 an der Stelle in Peking errichtet wurde, an der der Gesandte von Ketteler ermordet worden war. Nach der Kriegserklärung des inzwischen republikanischen China gegenüber Deutschland im Ersten Weltkrieg wurde es jedoch wieder abgerissen (Abb. 3, Abb. 4).

Aus dem Nachlass des Gesandten Mumm haben sich weiterhin diverse in Silber gerahmte Gedenkfotografien erhalten: Eines zeigt Li Hongzhang (1823-1901), den wohl einflussreichsten Mandarin im ausgehenden 19. Jahrhundert, rückseitig beschriftet: „Li Hung Chang, der schlauste Diplomat der Welt". Li war gewissermaßen der chinesische Regierungschef anstelle des minderjährigen Kaisers Guangxu und machte sich vor allem im Ausland einen Namen als geschickter Diplomat und Vertreter chinesischer Interessen. Er starb kurz nach den Demütigungen, die China nach der Niederschlagung des Boxeraufstandes erlebte.

Ein weiteres der silbergerahmten Fotos zeigt den „Sühneprinzen" Chun II. (1883-1951), den Bruder des Kaisers Guangxu (1871-1908), der nach den Beschlüssen des sogenannten Boxerprotokolls vom September 1901 nach Deutschland reisen musste, um Abbitte zu leisten für die Ermordung des deutschen Gesandten von Ketteler (Abb. 5). Seine Reise erfuhr ein lebhaftes Echo in der deutschen Öffentlichkeit und war mit der Übergabe zahlreicher wertvoller Geschenke verbunden – chinesische Kunstschätze, die in einer Reihe deutscher Museen archiviert wurden

Abb. 5, Prinz Chun II, Bruder des Kaisers Guangxu
Foto in Silberrahmen
20,6 x 13,3cm
Frankfurt, Museum für Angewandte Kunst Frankfurt, Inv. Nr. 14426

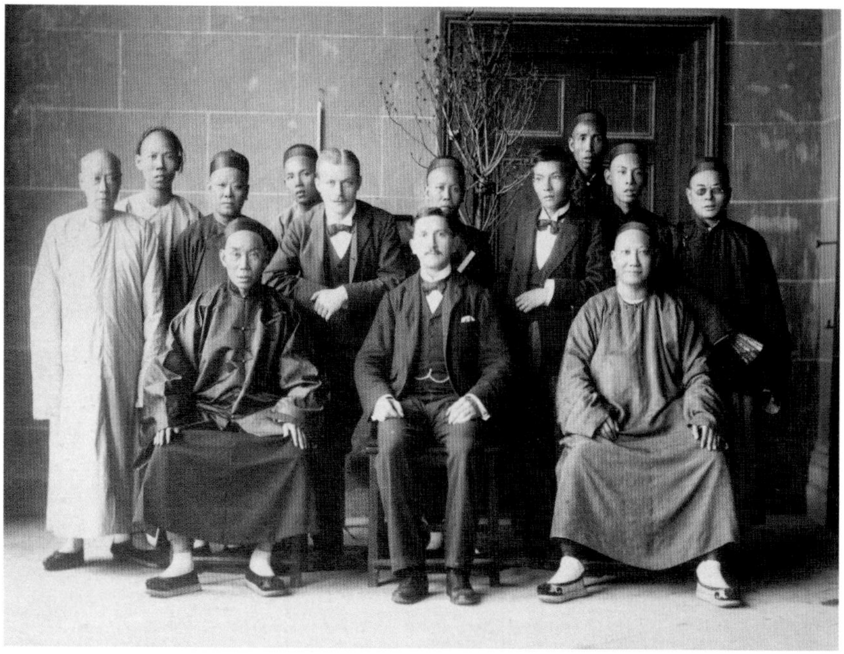

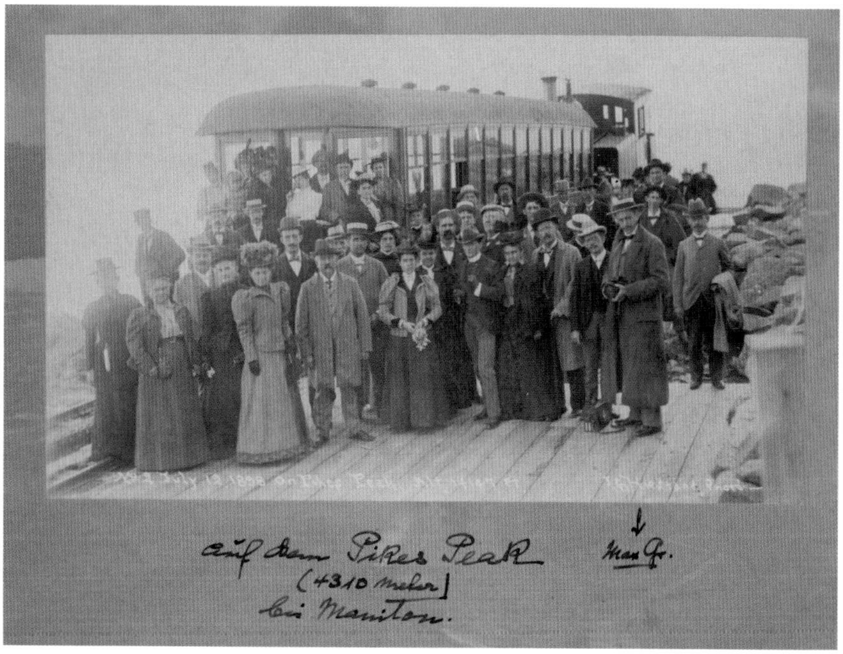

Abb. 6, „Herr Witte mit seinem Staab, China Export+Import Banking Cy. (Höchster Farbwerke), Shanghai“. Aus Band II des Albums zur „Reise 1898“ des Max von Grunelius, Fotoalbum in drei Bänden, 1898, jeweils 59 x 39cm
Frankfurt, Museum für Angewandte Kunst Frankfurt,
Inv. Nr. LBZ 562 a-c

Abb. 7, „Auf dem Pikes Peak (4310 Meter) bei Manitou“. Aus Band II des Albums zur „Reise 1898“ des Max von Grunelius
Frankfurt, Museum für Angewandte Kunst Frankfurt,
Inv. Nr. LBZ 562 b

und vielfach noch heute deren Sammlungen bereichern. Auch von der faktischen Regentin Chinas in jenen Tagen, der Kaiserinwitwe Cixi (1835-1908), findet sich im Nachlass Mumm von Schwarzensteins ein in Silber gerahmtes Foto. Sie und der Gesandte Mumm standen in engem Kontakt. Als die Regentin in den Turbulenzen infolge des Boxeraufstandes aus Sicherheitsgründen die Hauptstadt verließ, reiste Mumm ihr nach. Im Laufe zahlreicher Begegnungen entstand zwischen der Kaiserinwitwe und dem Frankfurter Bürgersohn eine außergewöhnlich enge Beziehung.[5] Ein Beleg hierfür ist das von Cixi selbst gemalte und dem Diplomaten als Geschenk überreichte Rollbild „Strauchpäonien“, das sich heute in der Sammlung des Museums für Angewandte Kunst Frankfurt befindet.[6]

Neben seiner Tätigkeit als Diplomat war Mumm von Schwarzenstein ein passionierter Fotograf. Er benutzte vermutlich eine damals neuartige tragbare Kamera mit Glasplatten, die es seit dieser Zeit auch Amateuren erlaubte, mit begrenztem technischem Aufwand und „leichtem Gepäck“ Fotos herzustellen. Dabei wurde Mumm von seinem Diener Goebel unterstützt. 1902 veröffentlichte Mumm in einer kleinen, nummerierten Auflage ein „Tagebuch in Bildern“, das seine Asienmission, angefangen von der Abreise per Schiff in Genua im Jahr 1900 dokumentiert.[7] Im Vorwort zu diesem in Leder gebundenen und mit dem Wappen der Familie Mumm versehenen Buch erwähnt der Diplomat auch explizit, dass einige der Fotos in diesem Band von seinem Diener stammten. Andere Bilder stammen gar aus der Zeit vor Mumms Ankunft in China. (Bereits seit der Zeit um 1860 standen Reisenden große Mengen von Fotografien zur Verfügung, die man in entsprechenden Geschäften im Lande käuflich erwerben konnte.) Die Frage der Autorschaft spielte damals bei Fotografien eine untergeordnete Rolle.[8]

Edel gedruckte Fotoalben wie dieses lieferten, auf der Höhe der technischen Möglichkeiten ihrer Zeit, Bilder der Erinnerung an ein dramatisches Stück Lebensgeschichte. Im Fall des Barons von Mumm sind dies gleichzeitig Dokumente für ein bedeutendes Kapitel der politischen Geschichte Chinas und der Aktivitäten des Deutschen Kaiserreichs in diesem Land. In vielen anderen Fällen sind derartige Alben eher private Dokumente, opulent ausgestattete Erinnerungen an den „Grand Tour“ wohlhabender Weltreisender. Ein Beispiel hierfür sind die drei schweren, großformatigen Alben im Format 59 x 39 cm, die die Weltreise des Frankfurter Patriziersohnes Max von Grunelius (1871-1963) im Jahr 1898 dokumentieren: Band I: „Türkei, Griechenland, Egypten“, Band II: „Ceylon, Straits Settlements, China, America“, Band III: „Japan“, alle drei jeweils unten betitelt: „Reise 1898, Max von Grunelius“ (Abb. 6, Abb 7).

Das gewichtige Album präsentiert schwarzweiße Fotoabzüge mit unterschiedlichsten Motiven – berühmte Gebäude, Straßenszenen und persönliche Erinnerungen an Begegnungen des Reisenden mit verschiedenen Persönlichkeiten vor Ort.

Abbildung 7 zeigt Max von Grunelius im Kreise einer Reisegesellschaft vor einer Bergbahn, die ihn und seine Begleiter auf den über 4000 Meter hohen Pikes Peak in den Rocky Mountains nahe Denver/Colorado gebracht hatte. Gerade acht Jahre bevor Grunelius Amerika bereiste, war im Sommer 1891 hier eine der höchsten Bergbahnen der Welt fertiggestellt worden. Mit einem Pfeil und handschriftlichem Kommentar wird unterhalb des Bildes, auf der rechten Seite, auf die Position verwiesen, an der „Max Gr.“ zu sehen ist.

Wie Alfons Mumm von Schwarzenstein war Max von Grunelius einer der frühen Amateurfotografen. Zu seiner Ausrüstung gehörten eine Plattenkamera und eine kleinere Reisekamera sowie die Glastrockenplatten, die er in gegen Hitze und Licht schützenden, mit Blei ausgeschlagenen Koffern mit sich führte.

Wer nicht wie Mumm oder Grunelius selbst zum Fotografen wurde, hatte bei seinen Reisen vielerorts Gelegenheit, repräsentative Fotobände zu erwerben. Ein Beispiel dafür ist das in Abbildung 8 und 9 gezeigte, um 1900 entstandene Fotoalbum aus dem Besitz von Christian Friedrich August Rasor (1860-1934), ebenfalls einem Frankfurter Patriziersohn, der 1885/86 eine zehnmonatige Weltreise

[5] Zur Vita des Diplomaten vgl. den gut recherchierten biographischen Roman „Hinter den Mauern von Peking“: Schreeb 1999.

[6] Vgl. hierzu Bauer 1987, sowie Hinz/Lind 1998, Abb. S. 43.

[7] Vgl. Mumm 1902.

[8] Vgl. Thiriez 1993, S. 277ff.

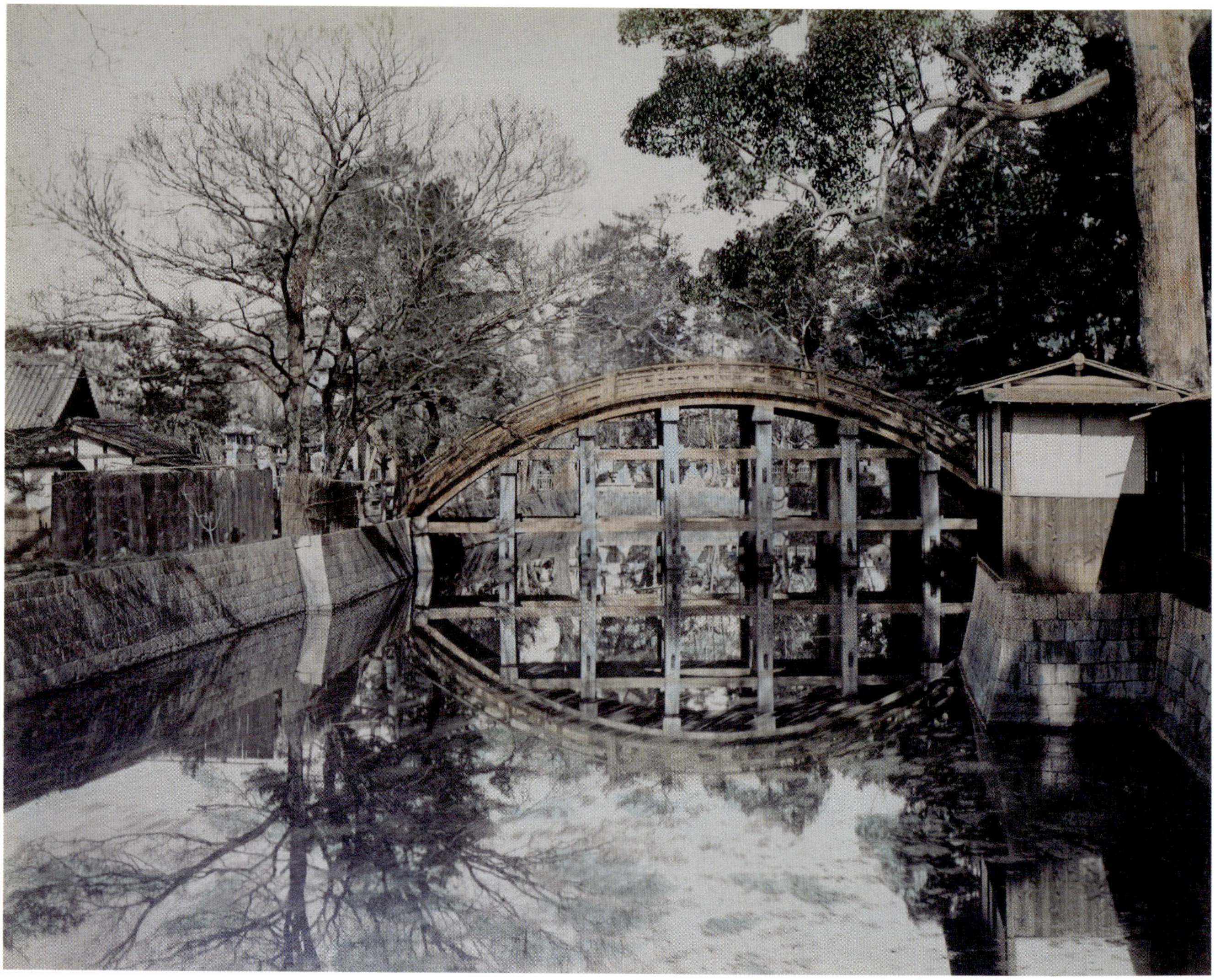

Abb. 8, Fotoalbum mit kolorierten Schwarz-Weiß-Fotografien und Lackeinband, vormals im Besitz von Christian Friedrich August Rasor, Yokohama, 1886
Ansicht von Sumiyoshi bei Osaka, 40 x 33 x 9cm
Frankfurt, Museum für Angewandte Kunst Frankfurt, Schenkung Dr. Hans Rasor, 1965, Inv. Nr. 13205

unternahm. Bemerkenswert ist der aufwändig gestaltete Lackbuchdeckel mit Elfenbeineinlagen und Goldmalerei. Im Inneren ist das Album mit sorgsam handkolorierten fotografischen Aufnahmen bekannter Orte Japans ausgestattet, die letztlich der in Japan seit der Edo-Zeit (1615-1868) verbreiteten Tradition der „Ansichten berühmter Orte“ (meisho-e) folgen. Auf dem Vorsatzblatt hat Christian Rasor selbst notiert: „Zusammengestellt auf meiner Reise im Jahre 1886 in Yokohama, dann dort gebunden und hierher geschickt. Ch. R.“
Eine ganz und gar andere Art von Reisebericht liefert ein in der Heidelberger Portheim-Stiftung bewahrtes illustriertes Manuskript mit dem Titel „Kankai ibun“ („Seltsame Geschichten einer Weltumsegelung“).[9] Als Verfasser des 1807 fertiggestellten illustrierten Manuskripts wird der japanische Arzt und Gelehrte Ôtsuki Gentaku genannt. Das im Regierungsauftrag verfasste Werk basiert auf intensiven Befragungen einer Gruppe japanischer Fischer. Diese waren 1793 in Seenot geraten und nach monatelanger Irrfahrt auf den Aleuten gelandet, von wo aus sie auf einer beschwerlichen Reise zunächst in die sibirische Handelsstadt Irkutsk nahe dem Baikalsee gelangten. Später wurden sie auf Geheiß des Zaren in die Hauptstadt Sankt Petersburg geholt. Ihre Rückführung auf einem russischen Schiff nach Japan im Jahr 1804 war ein Politikum – der Zar erhoffte sich auf Grund dieser generösen Geste Handelskonzessionen, zu einer Zeit, in der Japan sich jeglichem Kontakt zur Außenwelt nahezu komplett verschloss. Tatsächlich blieb das russische Ansinnen erfolglos. Dessen ungeachtet ist der hier gezeigte illustrierte Reisebericht der Schiffbrüchigen ein bemerkenswertes Stück Erinnerungsliteratur: Getragen vom ängstlichen Bemühen des japanischen Shogunats, die selbst verordnete Isolation des Landes aufrecht zu erhalten, werden die Erinnerungen der Schiffbrüchigen aus der Zeit ihres unfreiwilligen Exils in Russland zu einer Angelegenheit von staatspolitischer Bedeutung erhoben: Durch möglichst umfangreiches Wissen über die Geschehnisse in einer damals bereits bis an die Grenzen Japans reichenden europäischen Großmacht erhoffte sich die Regierung in Edo Vorteile bei der Wahrung des Status quo, der Souveränität des eigenen Landes im Zeitalter einer immer aggressiver werdenden Kolonialpolitik des Westens.

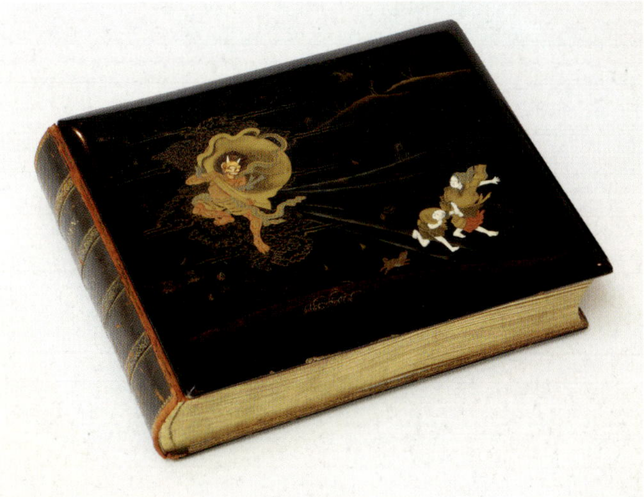

Abb. 9, Fotoalbum mit kolorierten Schwarz-Weiß-Fotografien und Lackeinband, vormals im Besitz von Christian Friedrich August Rasor, Yokohama, 1886
Außenansicht des Albums. 40 x 33 x 9cm
Frankfurt, Museum für Angewandte Kunst Frankfurt, Schenkung Dr. Hans Rasor, 1965, Inv. Nr. 13205

[9] Vgl. Mayr/Sasaki 2004, Kat.Nr. 301; Mayr/Wakabayashi-Oh 2003.

Im Vorwort seines Reiseberichts erklärt Gentaku, dass es im Interesse einer möglichst vollständigen Information notwendig gewesen sei, einen seiner Schüler zu den Anhörungen mit den Schiffbrüchigen mitzunehmen und ihn die erzählten Szenen zeichnen zu lassen. Die Heimkehrer sollen sie anschließend nach ihrer Erinnerung verifiziert und korrigiert haben. Es ist bemerkenswert, mit welcher Detailfreude der Bericht die verschiedensten Alltagsdinge festhält, die aus japanischer Sicht außergewöhnlich waren – dazu zählt ein handbetriebenes Kinder-Riesenrad ebenso wie das für Japaner fremdartige europäische Essbesteck. Der Zar war ganz offensichtlich bemüht, den Fischern Russlands als fortschrittliches Land vorzustellen – Abbildung 10 zeigt, nur wenige Jahre nachdem die Gebrüder Montgolfier 1783 erstmals ein bemanntes Luftschiff hatten aufsteigen lassen, einen vergleichbaren Flugkörper, den die Japaner offenbar in der russischen Hauptstadt zu sehen bekamen. Eine andere Illustration belegt, dass man den Fischern auch ein russisches Planetarium vorgeführt hatte.

Das 1766 bis 1782, also rund zwanzig Jahre vor dem Eintreffen der Japanischen Schiffbrüchigen auf dem Dekabristenplatz in Sankt Petersburg errichtete Reiterstandbild Peters des Großen, ein Werk des französischen Bildhauers Étienne Maurice Falconet, zeigt den Zaren in dramatischer Pose hoch zu Ross über ein zerklüftetes Felsplateau vorwärts drängend.[10] Der Fels steht für die Schwierigkeiten des Monarchen bei der Neuordnung seines Reiches; die von seinem Pferd zertretene Schlange für den Neid. Die eher naive Wiedergabe dieses imposanten Denkmals in dem Manuskript Kankai ibun (Abb. 11) zeigt, auf welch charmante Weise nachgezeichnete Erinnerung zuweilen von der Wirklichkeit abweicht, vor allem wenn der sich Erinnernde und der die Erinnerung Aufzeichnende einem anderen Kulturkreis entstammen.

Der letzte und zugleich umfangreichste Abschnitt der „Souvenirs de l'Est" handelt von einem der übelsten Diktatoren des 20. Jahrhunderts und von dessen bemerkenswerten Fähigkeiten der Selbstmythifizierung. Kaum ein Herrscher der Weltgeschichte hat es so erfolgreich wie

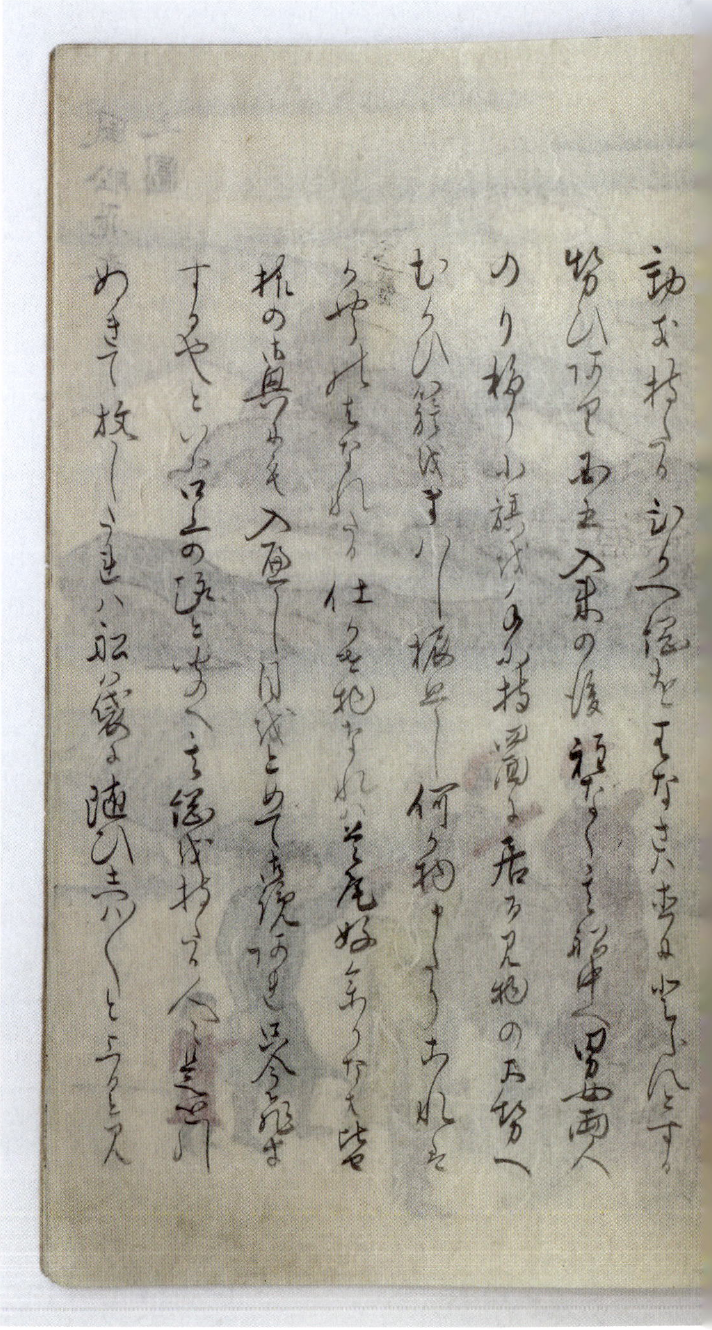

[10] Keller 1971, Abb. 198 und S. 287.

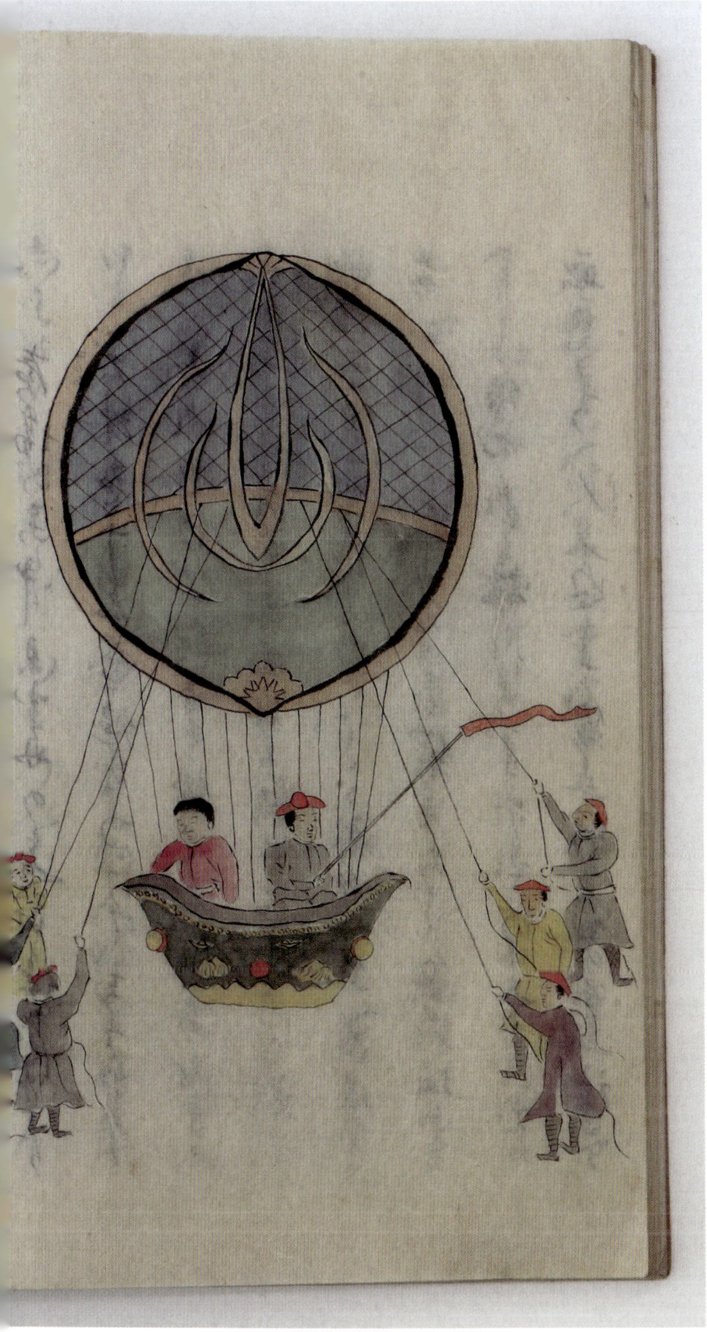

Abb. 10, Eine Montgolfiere in St. Petersburg
Japan, datiert 1807
Illustration aus Kankai Ibun („Seltsame Geschichten einer Weltumsegelung“), Manuskript in 16 Bänden
Tusche und Farben auf Papier
je 24,0 x 16,5cm
Heidelberg, Josephine und Eduard von Portheim-Stiftung, Inv. Nr. 37941/052

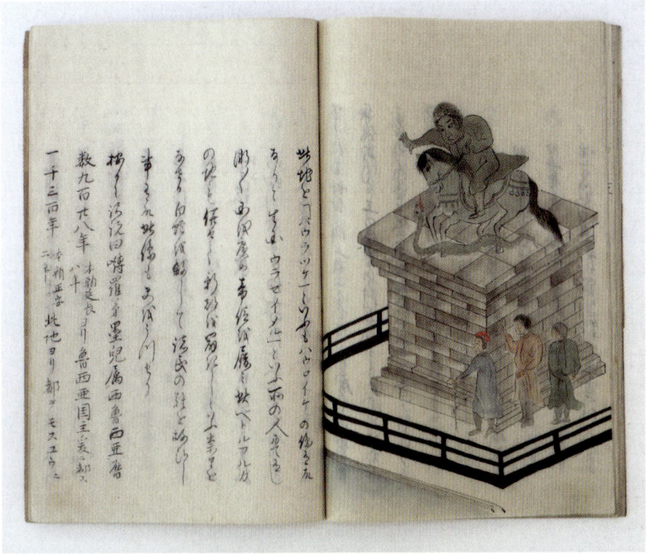

Abb. 11, Reiterstandbild Peters des Großen in Sankt Petersburg
Illustration aus Kankai ibun
Heidelberg, Josephine und Eduard von Portheim-Stiftung, Inv. Nr. 37941/052

Mao Zedong (1893-1976) verstanden, zu Lebzeiten einen unwiderstehlichen Mythos seiner selbst zu schaffen und auch über den Tod hinaus das ehrende Andenken an sich zu formen. Dies ist umso erstaunlicher angesichts der rund siebzig Millionen Chinesen, die seiner Gewaltherrschaft zum Opfer fielen.[11] Nur die Verbrechen Hitlers und Stalins hatten in der neueren Geschichte vergleichbare Ausmaße.

Ungeachtet der zahllosen Chinesen, die er ermorden oder verhungern ließ, prangt sein Konterfei bis heute in monumentaler Größe am Tor des Himmlischen Friedens in Beijing, also symbolisch im höchsten Machtzentrum des Landes. Das Andenken an den „Großen Steuermann“ der chinesischen Revolution war nach seinem Tod 1976, vor dem Hintergrund der Reformen Deng Xiaopings, zunächst ein wenig in den Hintergrund gedrängt worden. Doch bald nach der Niederschlagung der Demokratiebewegung von 1989 löste der hundertste Geburtstag des Revolutionsführers im Jahr 1993 eine neue Welle nostalgischen Mao-Gedenkens und -Kitsches aus. 1988/89 hatte eine Serie von Naturkatastrophen und Wirtschaftskrisen Massenproteste gegen Korruption, neue soziale Ungerechtigkeiten und die kontinuierliche Vorenthaltung bürgerlicher Frei-

[11] Vgl. Klaus Wiegrefe: Der große Zerstörer. In: Der Spiegel 40, 1.10.2005, S. 132; vgl. auch Chang/Halliday 2005.

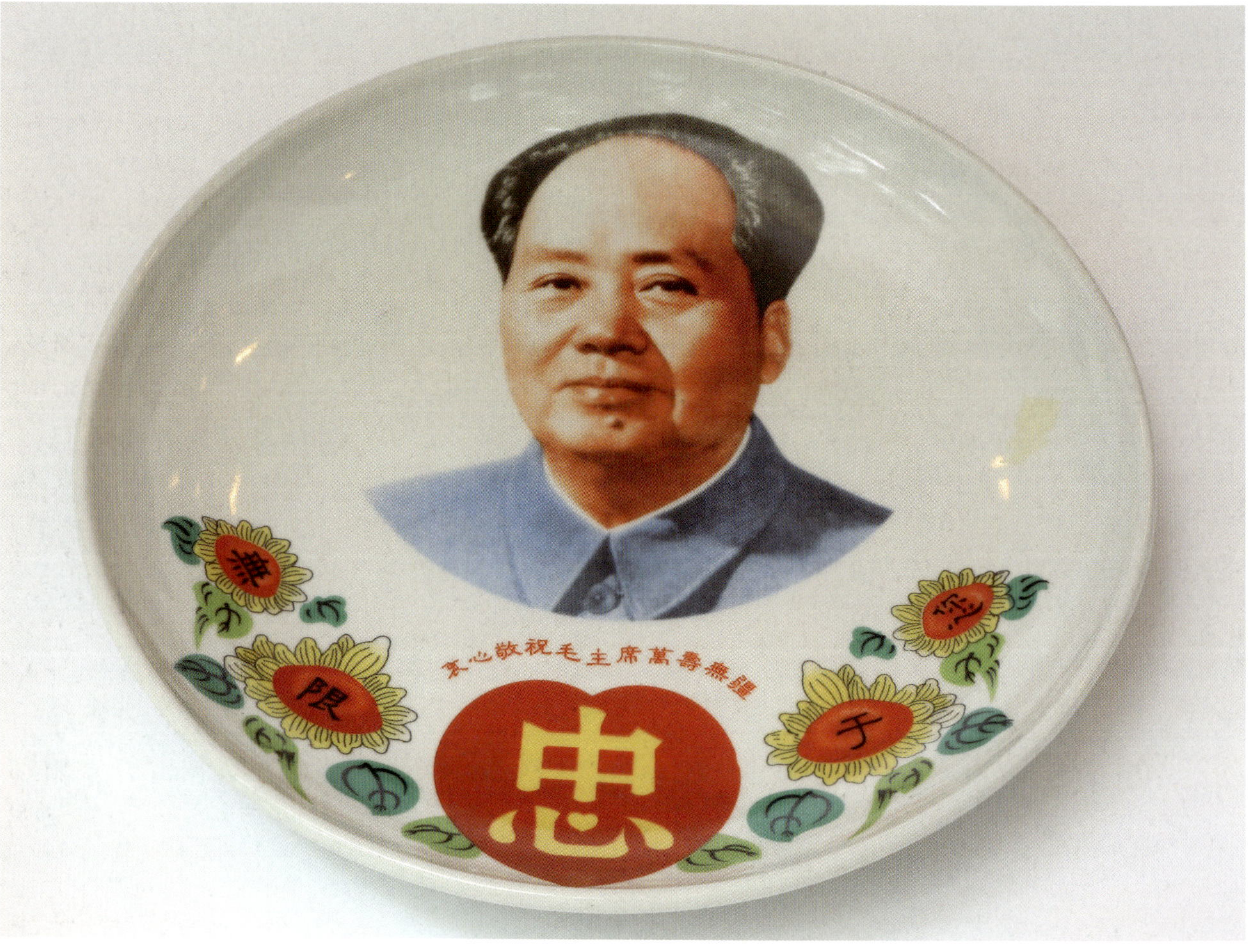

Abb. 12, Zierteller „Hingabe“
VR China, datiert 1968
Porzellan, Dm 29,8cm
Frankfurt, Privatsammlung

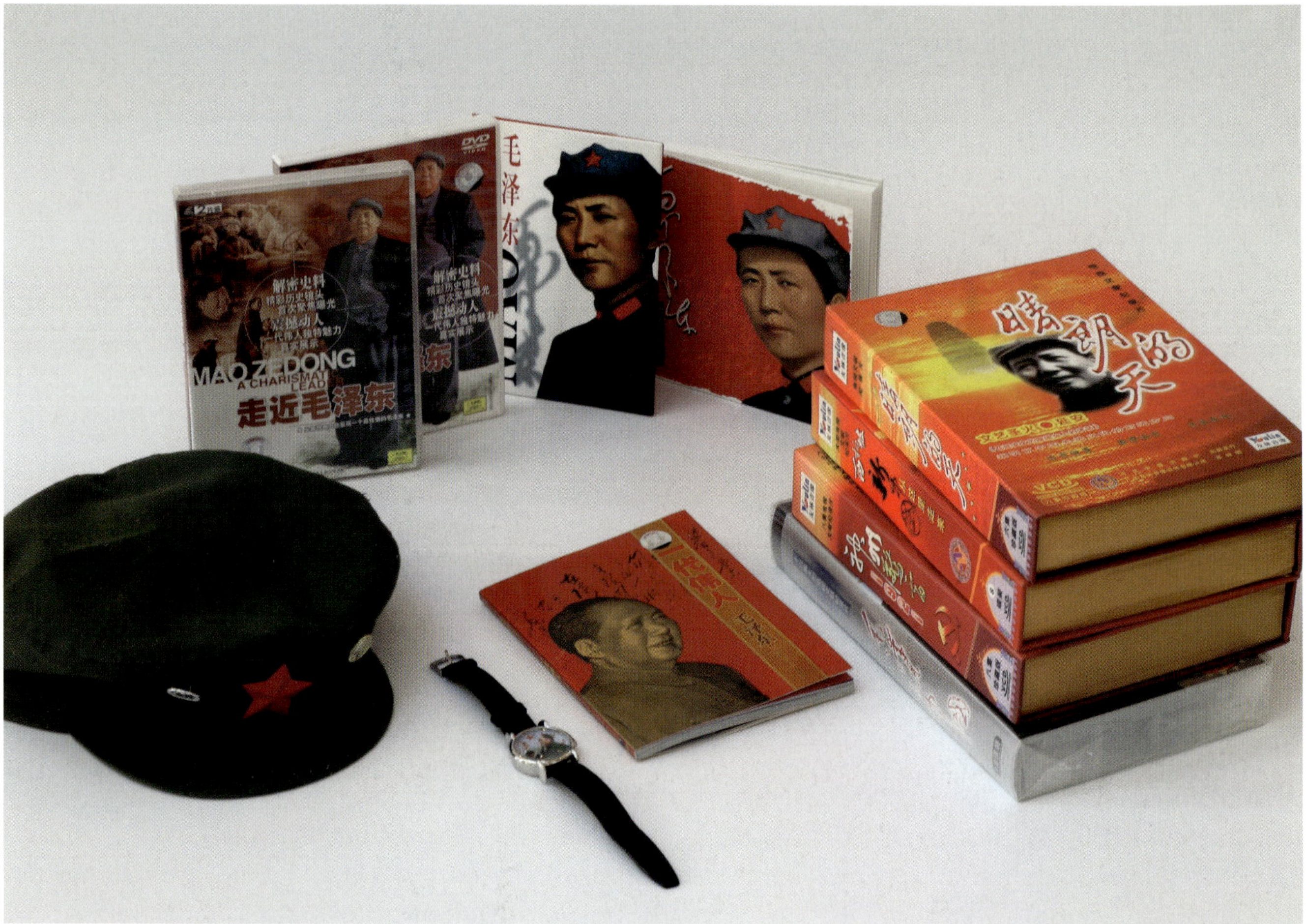

Abb. 13, Postume Mao-Devotionalien und
Propagandamaterialien, ca. 1995–2005
Heidelberg, Sammlung Barbara Mittler, Universität Heidelberg,
Institut für Sinologie, sowie Dr. Peter M. Müller, Steinbach

heiten zur Folge gehabt, die auf dem Platz des Himmlischen Friedens in einem Blutbad endeten. In einer breiten Öffentlichkeit entstand in jenen Jahren das Bewusstsein einer schweren nationalen Krise, die die Erinnerung an die starke Hand Mao Zedongs, unter der China nach japanischer Fremdherrschaft und Bürgerkrieg immerhin wieder zu einer Großmacht herangereift war, wach rief. Ungeachtet aller damals erduldeten Leiden erschien vielen die Ära Mao vor dem Hintergrund der neuerlichen Unruhen als eine Epoche der Stabilität, der wirtschaftlichen Gleichheit, der politischen und kulturellen Einigkeit.[12]

In vielen chinesischen Taxis baumelten jedenfalls zum hundertsten Geburtstag des Großen Steuermanns Mao-Amulette am Rückspiegel, was den gefürchteten Despoten postum gewissermaßen zum Schutzgott des Transportwesens werden ließ, ähnlich dem Elefantengott Ganesha in Indien. Die nostalgische Verklärung des Andenkens an einen rücksichtslosen Gewaltherrscher der Weltgeschichte ist zweifellos die logische Fortsetzung eines von Mao selbst zu Lebzeiten meisterhaft inszenierten Personenkultes. Sie beruht auf der durchaus berechtigten Befürchtung der seit der Ära Deng turbokapitalistisch gewendeten Kommunistischen Partei Chinas, dass eine Demontage der Person Mao sehr rasch auch seine Nachfahren von der KP von der politischen Bühne des heutigen China wegfegen könnte.

Auf der Ebene der Trivialdevotionalien bedienen seit den neunziger Jahren amulett-ähnliche Anhänger ebenso wie kitschig bunte Postkartenserien diesen Markt, oder auch Feuerzeuge mit dem Konterfei Maos, bei deren Öffnen die Fanfare „Dongfang hong…“ („Der Osten ist rot…“) erklingt. Dass auch modernste Medien zur Fortschreibung des Mythos Mao eingespannt werden, zeigen bunt illustrierte Mao-Biographien mit DVD-Beilagen, die in dramatischen, akustisch von Heldenchören begleiteten Bildern die Errungenschaften der Revolution und des Neuen China feiern (Abb. 13).

Schon zu Lebzeiten verstand es Mao wie kein anderer, sich selbst zu einer Art Gott der proletarischen Massen zu stilisieren. Zeugnis hierfür sind Devotionalien wie der in Abbildung 12 gezeigte, aus der Zeit der Kulturrevolution stammende Zierteller. Im Zentrum der Große Vorsitzende, darunter im roten Herz das Zeichen „Hingabe“; in den Blüten links und rechts davon der Satz „Ohne Beschränkungen hin zu Dir“; über dem Herz schließlich der Spruch „Mit Wehmut im Herzen wünschen wir dem Vorsitzenden Mao zehntausendfach langes Leben, ohne Beschränkungen“.

Was für eine Art von Massenpsychose Mao während der Kulturrevolution vor allem unter den Jugendlichen Chinas ausgelöst hatte, verdeutlichen die Erinnerungen einer seiner schärfsten Kritikerinnen, Jung Chang. In ihrem 1991 erschienenen autobiographisch geprägten Roman „Wilde Schwäne“ schildert sie einen Massenaufmarsch von Kindern in Beijing:

„Am Morgen dieses 25. Novembers 1966 hatte ich nur den einen Gedanken, einen Blick auf Mao zu werfen [...]. Das Mädchen neben mir stach sich mit einer Nadel in den Zeigefinger ihrer rechten Hand, presste das Blut heraus und schrieb damit auf ein sauber gefaltetes Taschentuch. Ohne hinzusehen wusste ich, was sie schrieb. Ich wusste es, weil andere Rotgardisten das oft getan hatten und weil es in den Zeitungen bis zum Überdruss beschrieben worden war: ‘Ich bin heute der glücklichste Mensch der Welt. Ich habe unseren Großen Führer, den Vorsitzenden Mao, gesehen!’“[13]

Ähnlich wie im post-kommunistischen Russland oder auch in der abgewickelten DDR haben Devotionalien jener Jahre bereits seit den neunziger Jahren Kultstatus. Sie bedienen diffuse Nostalgien, die in Folge der in der VR China offiziell kaum stattfindenden Aufarbeitung der Schattenseiten der Mao-Zeit fröhliche Urständ feiern. Mit der grob geschichtsverfälschenden Formel „Mao war zu 30 Prozent schlecht, zu 70 Prozent aber gut“ werden Katastrophen wie der „Große Sprung nach vorn“, der Millionen Chinesen dem Hungertod auslieferte, oder das bis heute kaum verarbeitete nationale Trauma Kulturrevolution gezielt verharmlost. Der seit den neunziger Jahren massenweise in Trödelläden verramschte bunte Revolutionskitsch erweist sich dabei als vortreffliche Schützenhilfe bei der Perpetuierung

[12] Vgl. Barmé 1996, S. 18f.

[13] Chang 2002, S. 449.

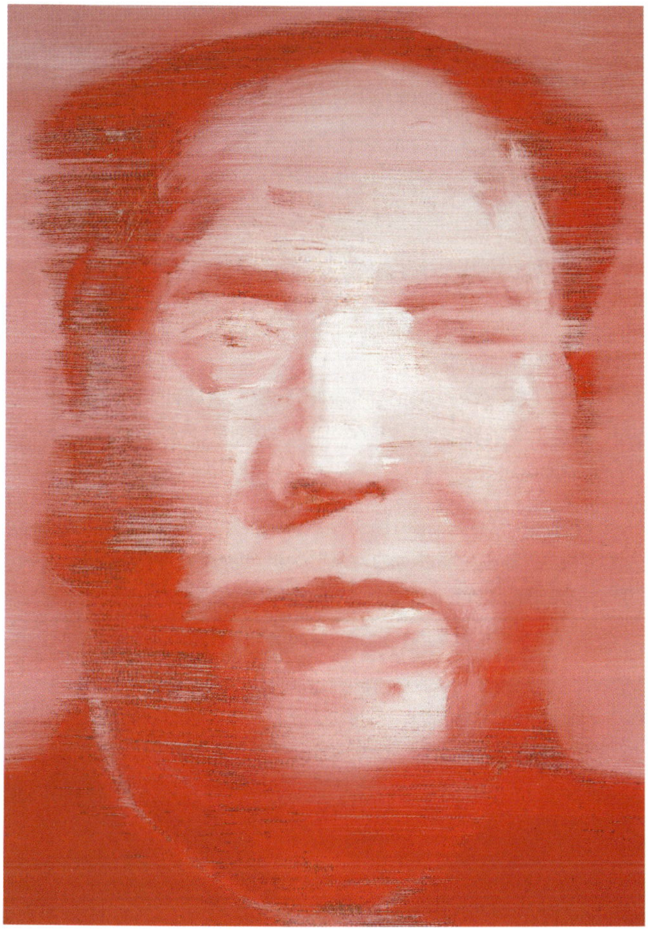

des Mythos Mao, der neben den bemerkenswerten wirtschaftlichen Fortschritten der vergangenen Jahre der KP Chinas bis heute das Überleben sichert.

Bemerkenswert ist, dass auch außerhalb des Machtbereichs der VR China die Mao-Nostalgie sich durch eine erstaunliche Kontinuität auszeichnet. Die zu Lebzeiten des Diktators entstandenen Werke, wie Andy Warhols „Mao"-Serien oder Thomas Bayrles bunte kinetische „Mao-Maschine", die den Großen Steuermann mit den revolutionären Volksmassen überlagert, mag man noch als augenzwinkernde Kommentare von westlichen „Achtundsechzigern" auf das politische Klima jener Jahre abtun, in denen Che Guevara, Ho Chi Minh und eben auch Mao als ferne Helden im Kampf gegen das kapitalistische Establishment gefeiert wurden. Doch mit dem Tod des PR-routinierten Diktators und dem allmählichen Bekanntwerden der erschütternden Wirklichkeit jener rosarot übertünchten Revolutionsjahre erlebte der Diktator auf dem Feld von Kunst und Kitsch auch international eine bemerkenswerte Wiedergeburt. Eine Erfolgsstory war der von David Tang 1995 in Hongkong eröffneten Modeladen „Shanghai Tang", in dem die Bilderwelt des alten Shanghai und der bunten Mao-Zeit zum teuren Modeaccessoire mutierte.[14] Und zweifellos ging es hier weitaus mehr um modebewussten Geschäftssinn als um vorauseilende Political Correctness in der zwei Jahre später, 1997, der Pekinger Regierung unterstellten vormaligen Kronkolonie Hongkong.
Wie schick und salonfähig der nostalgisch-bizarre Mao-Kitsch heute bereits geworden ist, zeigt nicht zuletzt der internationale Kunstmarkt, auf dem alles vom Mao-Anstecker bis zur revolutionären Porzellanfigur von Jahr zu Jahr steigende Preise erzielt.

Zur ersten Generation chinesischer Künstler, die mit der Öffnung des Landes nach Maos Tod international von sich reden machten, gehört der 1960 in Shanghai geborene Yan Pei Ming (Abb. 14).[15] Seine ersten acht Lebensjahre verbrachte er in der Abgeschiedenheit eines buddhistischen Klosters. Dessen Erstürmung durch die Roten Garden der Kulturrevolution setzte diesem Lebensabschnitt ein jähes Ende. Später fiel Yan – angeblich wegen Defiziten im

Abb. 14, Yan Pei Ming (geb. 1960)
Mao rouge, 1993
Öl auf Leinwand, 81,5 x 65cm,
Frankfurt, Privatsammlung

[14] Vgl. Barmé 1996, S. 35.

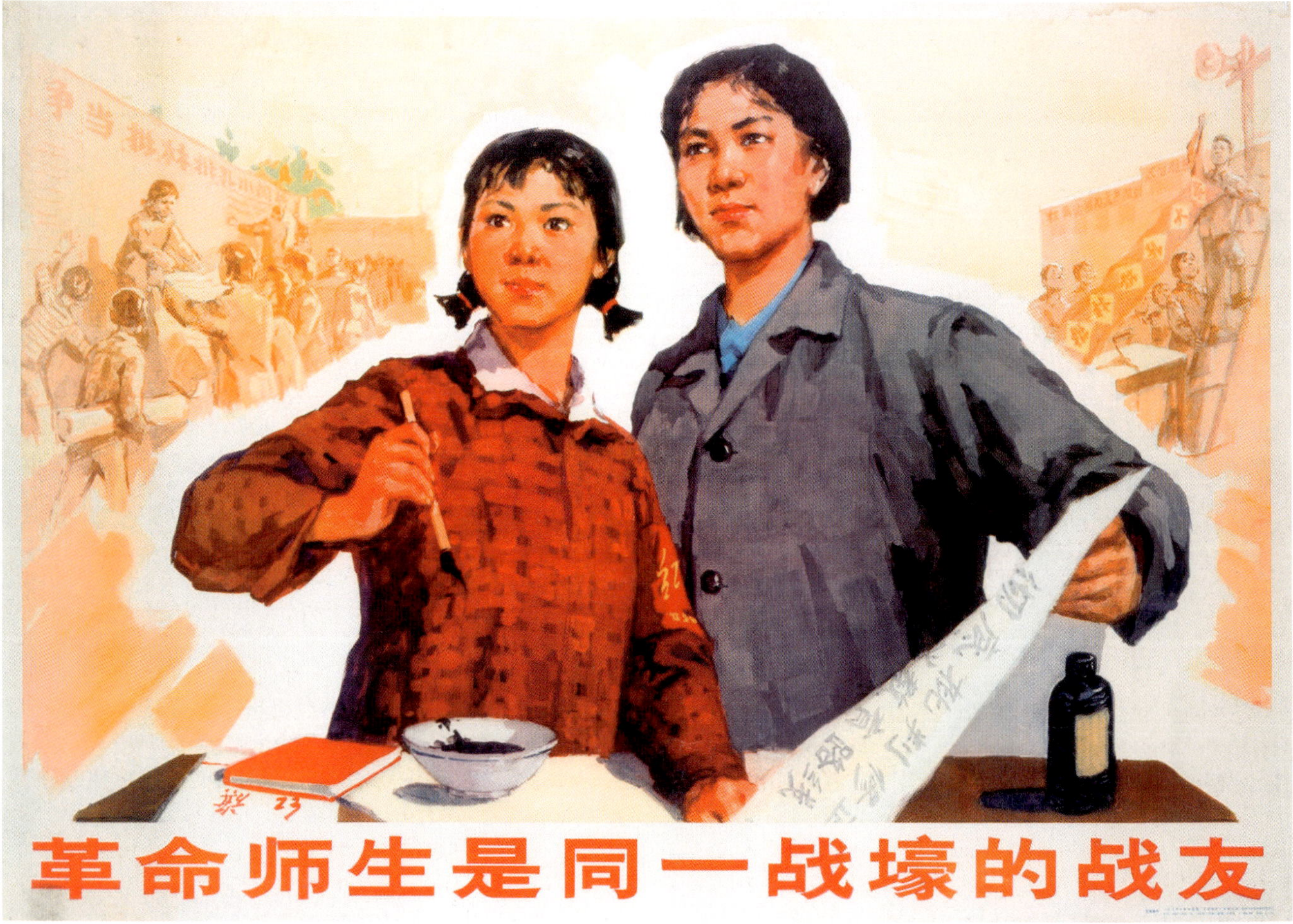

Abb. 15, „Revolutionäre Lehrer und Studenten sind Kameraden im selben Schützengraben“, Propagandaplakat, 1974
Entwurf: Wang Yuanzhen, Volkskunst-Verlag, Auflage 450.000,
Verkaufspreis zum Erscheinungsdatum: 0,14 yuan
Sammlung Michael Wolf

politischen Teil des Examens – bei der Aufnahmeprüfung zur Kunstakademie Shanghai durch. Unmittelbar danach, 1980, gelang ihm die Ausreise nach Frankreich, wo er Dijon und Paris ein umfangreiches Akademiestudium absolvieren konnte. Sein Markenzeichen sind seine mit axthiebartigen, groben Pinselstrichen hingeworfenen, monumentalen Porträtköpfe, die ihm seit den neunziger Jahren große internationale Beachtung verschafften. Seine von kraftvollen Pinselhieben zerfurchten Gesichter – Yan Pei Ming spricht von „Attacken" auf das Bild – tragen schwer an den Spuren dieser Attacken. Yans Porträts gehören daher im Grunde noch zur sogenannten „Narbenkunst" – ein Schlagwort, das unmittelbar nach Maos Tod in den späten siebziger und achtziger Jahren für die „betrogene Generation" der während der Kulturrevolution aufgewachsenen und nun restlos desillusionierten Künstler geprägt wurde.[16] Yan Pei Mings monumentale, dabei aber immer irgendwie tragisch scheinende Gesichter wirken wie ein Spiegelbild jener Narben, die Mao und die Kulturrevolution tief in die chinesische Psyche eingebrannt haben. Nur oberflächlich steht dies im Widerspruch zu der oben dargestellten nostalgischen Verklärung des postum quasi vergöttlichten Diktators. Tatsächlich ist der tote Mao, zu dessen Mausoleum auf dem Platz des Himmlischen Friedens die Massen noch heute unablässig strömen, ebenso sehr nationale Identifikationsfigur wie kollektives Trauma. Diese Ambivalenz hat Yan Pei Ming in seiner seit 1987 immer wieder aufgenommenen Serie von Mao-Köpfen wie kein anderer künstlerisch zum Ausdruck gebracht. Wie der Künstler selbst gesteht, beschäftigt ihn das Konterfei Maos seit seiner Kinderzeit in den Jahren der Kulturrevolution, in denen er das Metier der Propagandamalerei erlernt habe.[17]

Erheblich direkter bedient sich der 1966 in der zentralchinesischen Provinz Hubei geborene Wang Qingsong der Bildsprache der Propagandakunst. Die zur Postkartenserie „Glorious Life" (2001) gehörende Karte mit dem Titel „Take up the Pen. Fight till the End" (Abb. 1, Titelabbildung) rekurriert ironisch auf den kulturrevolutionären Slogan „Die Revolution bis zum Ende durchfechten" (jiang geming jin xing daodi).[18] In einer photoshop-bearbeiteten Montage erscheint Wang Qingsong selbst, in der Pose eines erwartungsfrohen Jungrevolutionärs, mit stolz erhobenem Pinsel und Blick in die Ferne. Diese Pose persifliert ein Motiv von einem in 450.000 Exemplaren gedruckten Propagandaplakat aus dem Jahr 1974 mit dem Titel „Revolutionäre Lehrer und Studenten sind Kameraden im selben Schützengraben" (Abb. 15).[19]

Hinter ihm, ebenfalls in der Pose des Schreibenden, der immer wieder als geistiger Ahnherr des revolutionären China vereinnahmte politische Dichter Lu Xun (1881-1936). Zur bizarren Groteske wird der propagandistische Kitsch dieser Szene durch die Insignien des neuen, post-maoistischen China, die im Vordergrund wie ein Hausaltar aufgebaut erscheinen: altchinesische Goldbarren in Schuhform, Dollarnoten, eine rundliche Knabenfigur als Glücksbringer und diverse nützliche Bücher der höheren Bildung. Die süßlichen Bilder aus der Propaganda-Abteilung des faktisch längst dekonstruierten, vom Turbokapitalismus der Gegenwart weggefegten kommunistischen Erbes erscheinen hier als absurdes Ballett, als Flickenteppich mit Bildschnipseln aus längst vergangenen Zeiten. Als fröhlich-absurdes Potpourri wird diese verwirrende Komposition zu einem höchst hintersinnigen Kommentar auf den gegenwärtigen „Sozialismus mit chinesischem Antlitz". Die pathetische Sprache der Propagandakunst wird hier zur anachronistischen Realsatire – das visuelle Vokabular der Kulturrevolution als Jahrmarkt der schrillen Bilder.

Worauf Wang Qingsongs Postkartenserie sich auch bezieht, zeigen die in Abbildung 16 wiedergegebenen, allerdings ernst gemeinten Mao-Memorial-Postkarten in bunten Regenbogenfarben, entstanden im Zuge der oben beschriebenen Mao Nostalgiewelle der neunziger Jahre. Erinnerung wird hier, im bunten Devotionalienkult ebenso wie in der Realsatire bei Wang Qingsong, zum Zerrbild der modernen chinesischen Geschichte und ihrer Heroen.

---

15 Vor zwei Jahren erschien eine umfangreiche, reich illustrierte Monographie über den Künstler – Yan/Stech 2004.

16 Zum Begriff „Narbenkunst" vgl. van Dyk 1993, S. 46; vgl. hier auch zu Yan Pei Ming S. 170-175.

17 Vgl. van Dyk 1993, S. 171.

18 An dieser Stelle möchte ich Jiang Rui für ihre Recherchen zur Ikonographie von Wang Qingsongs Werk danken.

19 Entwurf: Wang Yuanzhen, wiedergegeben in: Taschen 2003, S. 238f.

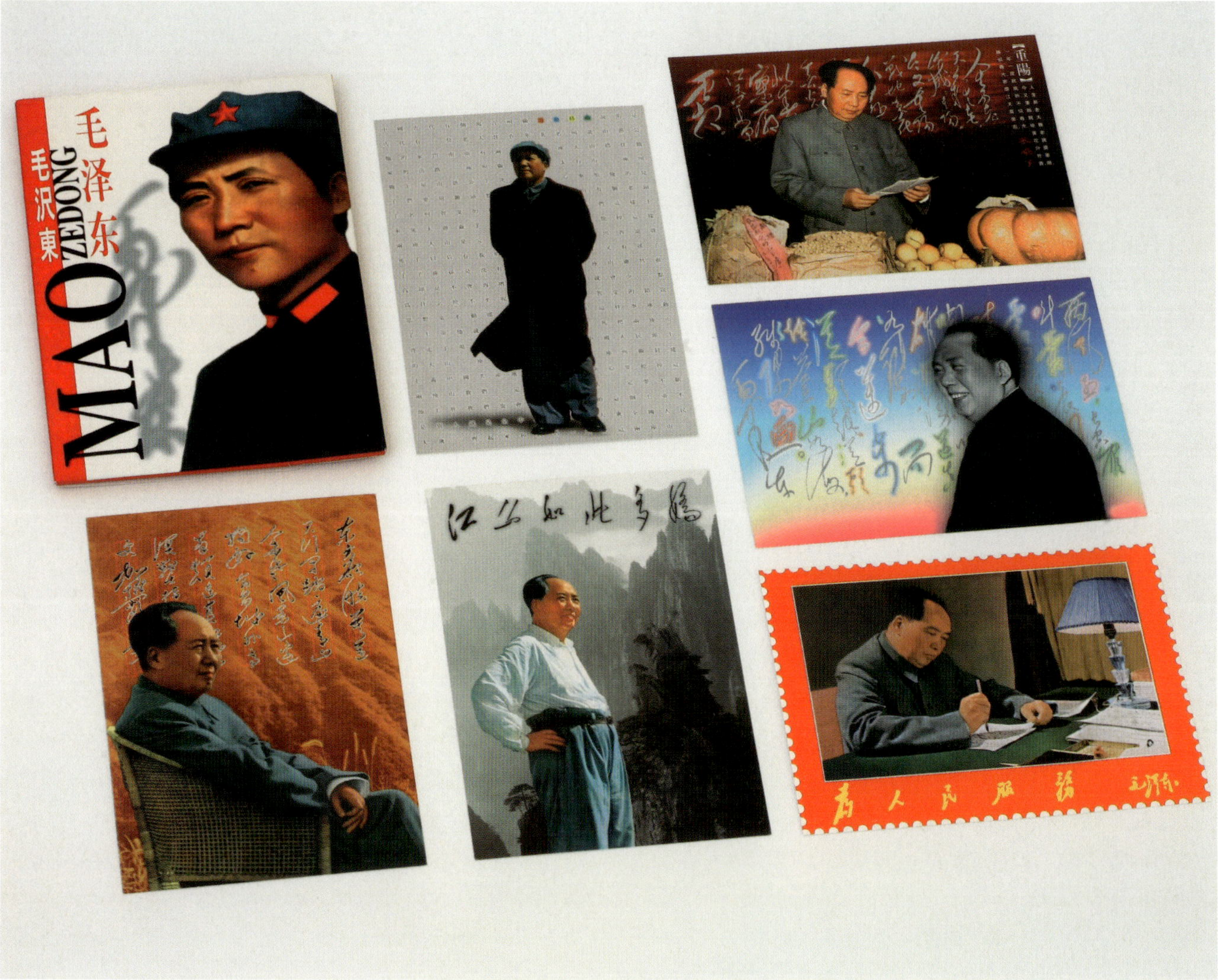

Abb. 16, Mao-Gedenkpostkarten,
VR China, spätes 20./frühes 21. Jahrhundert
Heidelberg, Sammlung Barbara Mittler

„Das Schattenbild des Ahnen zurückrufen“

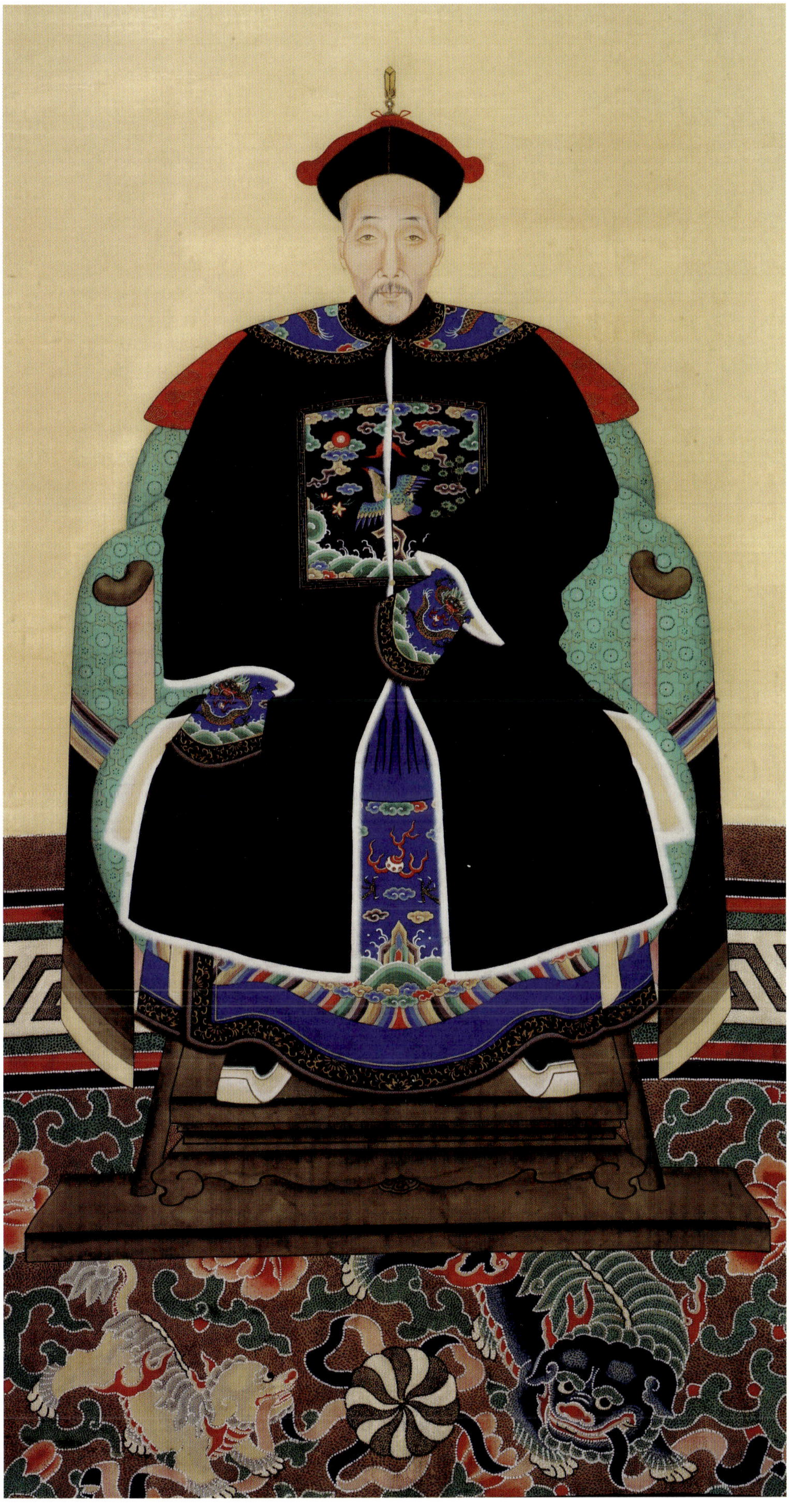

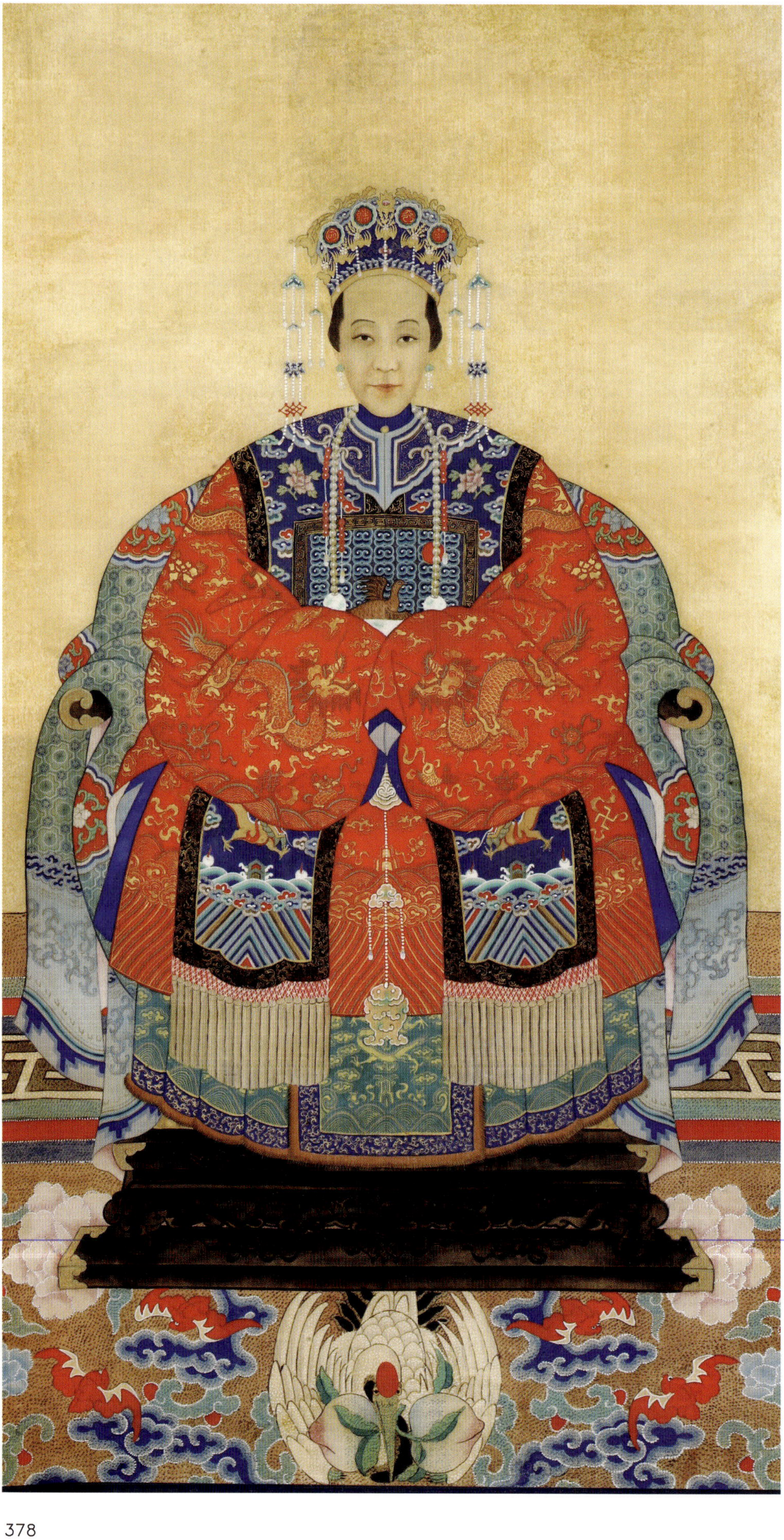

Die Erinnerung an die verstorbenen Eltern bildet den zentralen Bestandteil des familiären Ahnenkults in China und lässt sich bis ins erste Jahrtausend v. Chr. zurückverfolgen. Eine Visualisierung der Toten im Bild begann nachweislich auf so genannten Seelenbannern in han-zeitlichen Gräbern von Angehörigen des Adels (2. Jh. v. Chr.) und erfolgte zeitgleich mit der Erhebung des Konfuzianismus zur Staatsdoktrin. Während anfänglich nur herausragende Personen wie Kaiser, verdienstvolle Untertanen, tugendhafte Frauen und pietätvolle Söhne für bildniswürdig gehalten wurden, fand seit Beginn der Song-Zeit (10. Jh.) das Ahnenporträt weite Verbreitung im Volk. Seine Blüte erlebte es in der Ming- und Qing-Zeit (1368-1911), bevor es Ende des 19. Jahrhunderts von Fotografien auf Hausaltären abgelöst wurde. Bis heute hat sich die Tradition des Ahnenkults im chinesischen Kulturraum erhalten. So werden in Taiwan weiterhin Berufsmaler engagiert, die Porträts von verstorbenen Familienangehörigen nach Vorlage des entsprechenden Passfotos anfertigen.[1]

Zwei solcher Ahnenporträts befinden sich in der Sammlung des Museums für Angewandte Kunst Frankfurt (Abb. 1 und 2). Die beiden um 1900 entstandenen Bilder wurden von anonymen Berufsmalern angefertigt. Abb. 1 zeigt einen kaiserlichen Beamten der manjurischen Qing-Dynastie (1644-1911). Er ist in sitzender Pose vor einem leeren Hintergrund auf einem thronartigen Sessel dargestellt, der mit einer reich dekorierten Decke gepolstert ist. Darunter befindet sich ein ornamentaler Teppich mit ballspielenden Löwenhunden. Das Gesicht des Würdenträgers ist in strenger Frontalität wiedergegeben. Die Drachenrobe und das darüber getragene dunkelblaue Übergewand mit einem Mandarinquadrat, das eine Mandarinente zeigt, weisen ihn als Zivilbeamten des siebten Ranges aus. Als weitere Rangabzeichen trägt er einen Kragen, eine Hofkette und einen mit Fell besetzten Winterhut, der von einer Hutspitze in Form eines geschliffenen Edelsteins gekrönt wird.
Die Hände sind unter Pferdehufmanschetten verborgen.[2]
Die Beamtengattin (Abb. 2) ist ebenfalls in sitzender Pose vor einem leeren Hintergrund auf einem thronartigen

Abb. 1, (Titelabbildung)
Anonym, Porträt eines Hofbeamten
China, späte Qing-Zeit, um 1900
Tusche und Farben auf Seide, 116,5 x 64cm
Frankfurt, Museum für Angewandte Kunst Frankfurt,
Inv. Nr. 16149, Schenkung Alexander und Peter Rasor, 1996/97

Abb. 2, Anonym, Porträt einer Beamtengattin
China, späte Qing-Zeit, um 1900
Tusche und Farben auf Seide, 107 x 61cm
Frankfurt, Museum für Angewandte Kunst Frankfurt,
Inv. Nr. 16150, Schenkung Alexander und Peter Rasor, 1996/97

[1] Hornby 1998, S. 191.

[2] Im Jahre 1759 hatte der Qianlong-Kaiser (reg. 1736-1795) eine Kleiderordnung in Auftrag gegeben, die u.a. minutiös Gewänder, Kopfbedeckungen und Accessoires für das Kaiserhaus und die verschiedenen Ränge der Hofbeamten beschrieb. Dies entsprach dem Wunsch der Manju-Herrscher, sich von der vorangegangenen han-chinesischen Ming-Dynastie (1368-1644) abzusetzen. Zwar wurde die chinesische Gewandsymbolik mit Drachenmedaillons, Mandarinquadraten und glückbringenden Emblemen übernommen, der Schnitt der Kleidung entsprach in den körperbetonten Formen mit Schlitzen und Pferdehufmanschetten jedoch dem steppennomadischen Fellgewand, das beim Ritt zu Pferde ein bequemes Sitzen ermöglichen

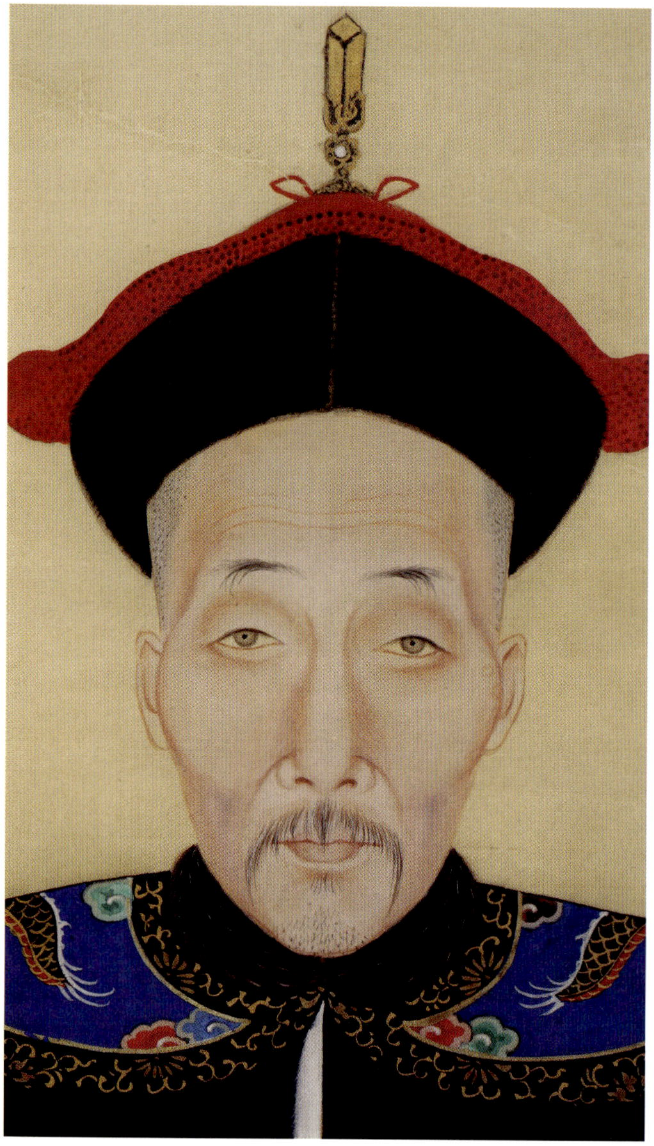

Sessel mit Decke dargestellt. Den ornamentalen Teppich ziert ein Kranich, der Pfirsiche als Zeichen des Langen Lebens im Schnabel hält. Fledermäuse symbolisieren materielles Glück. Das mit goldenen Drachen und weiteren segenbringenden Symbolen reich bestickte rote Gewand wird von einer Stola ergänzt. Das darauf befindliche Mandarinquadrat mit Wildgansmotiv weist die Dame als Gattin eines Zivilbeamten des vierten Ranges aus. Als weitere rangbestimmende Accessoires trägt sie eine Hofkette und eine Phönixhaube mit üppigem Perlengehänge. Auch ihr Gesicht ist in strenger Frontalität wiedergegeben und die Hände sind unter den weiten Ärmeln verborgen.

Beide Bilder entsprechen in ihrer Konzeption dem Typus des Ahnenporträts[3], wie er seit der mittleren Ming-Zeit (16. Jh.) in China vorherrschte. Manche dieser Bildnisse waren ursprünglich mit Aufschriften versehen, die den Namen der dargestellten Person und ein Datum trugen. Zumeist sind diese als Elogen konzipierten Texte nach mehrmaligen Neumontierungen verloren gegangen, wohl auch in diesen beiden Fällen. Auffallend ist insbesondere die strikte Frontalität der Porträtierten, die eine starke Ähnlichkeit mit Darstellungen von Gottheiten aufweist und daher im Allgemeinen als ikonische Pose bezeichnet wird. Im Gegensatz dazu war Jahrhunderte lang die Würdeformel durch den Darstellungsmodus des Halbprofils charakterisiert. Die für den westlichen Betrachter ausdruckslos wirkenden Gesichter und hölzern erscheinenden Körper, bei denen kein Wert auf anatomische Korrektheit gelegt wird und die unter üppiger Kleidung verborgen werden, haben lange Zeit eine wissenschaftliche Betrachtung der chinesischen Ahnenporträts verhindert. Auch in China selbst wurden diese hauptsächlich von Berufsmalern angefertigten Porträts von den die Kunsttheorie bestimmenden Literatenmalern geringgeschätzt. Nur eine kontextbezogene Betrachtung kann diesem Porträtgenre zur gebührenden Geltung verhelfen. So ist das Gewand, das durch akribische Detailgenauigkeit und intensiv leuchtende Farben besticht, als Statussymbol zu verstehen, das die Würde des Verstorbenen besonders unterstreichen soll.

Abb. 3, Kopf des Hofbeamten (Detail von Abb. 1)

und warm halten sollte. Ergänzt wurde die Kleidung durch kniehohe Stiefel mit dicker, rutschfester Sohle.

[3] Zur Definition des archetypischen Ahnenporträts siehe Stuart/Rawski 2001, S. 52.

Die Rangabzeichen haben ebenfalls diese besondere Bedeutung. Dem entsprechend sind auch Haltung und Gestik der Porträtierten stark reglementiert.
Im Gegensatz zum schematisch und flach erscheinenden Körper wirkt das dezent modellierte Gesicht des Hofbeamten (Abb. 3) ungewöhnlich dreidimensional, besonders in der Darstellung der tiefen Augenhöhlen und hohlen Wangen. Die Schattierung zeigt Einflüsse westlichen Malstils. Das Gesicht der Beamtengattin (Abb. 4) offenbart darüber hinaus als stilistische Besonderheit einen noch feineren Pinselduktus, was auf einen qualifizierteren Berufsmaler schließen lässt. Die emotionslosen Gesichter entsprechen der konfuzianischen Vorstellung von würdevollem Benehmen und Selbstbeherrschung, also der geltenden sozialen Norm. Ihre veristische Darstellungsweise ist nur im Zusammenhang mit der Funktion der Porträts im Ahnenkult zu verstehen. So galten die Ahnenporträts als vorübergehender Sitz der Ahnenseele. Die Exaktheit in der Erfassung individueller körperlicher Merkmale wie Leberflecken usw. war daher unabdingbar und ist Ausdruck der alten Tradition der Physiognomie. Nur wenn eine möglichst hohe Ähnlichkeit mit den Gesichtszügen des Verstorbenen gewährleistet ist, kann die Seele sich wiedererkennen und regelmäßig im Bild Wohnstatt nehmen. Zumeist erfolgte die Anfertigung der Ahnenporträts nach dem Tod des Familienmitglieds. Dabei kamen zwei verschiedene Maltechniken zur Anwendung. Entweder wurden die Verstorbenen vom Maler vor Ort porträtiert oder aber einzelne Gesichtsteile wie Augen, Nase, Mund usw. aus Skizzenbüchern nach Angaben der Angehörigen zusammengestellt. Dieses Modulsystem ist den uns bekannten polizeilichen Phantombildern vergleichbar und verblüfft durch eine hohe Wiedererkennbarkeit der porträtierten Person.

Bereits in den ältesten historiographischen Schriften des chinesischen Altertums bilden Biographien einen erstaunlich hohen Anteil am Textvolumen. Fassen wir Porträts als visuelle Biographien auf, so ist ihre Bedeutung als Stellvertreter der Toten im Ahnenkult nur konsequent. Bekanntlich können Bilder viel stärkere Emotionen im Betrachter her-

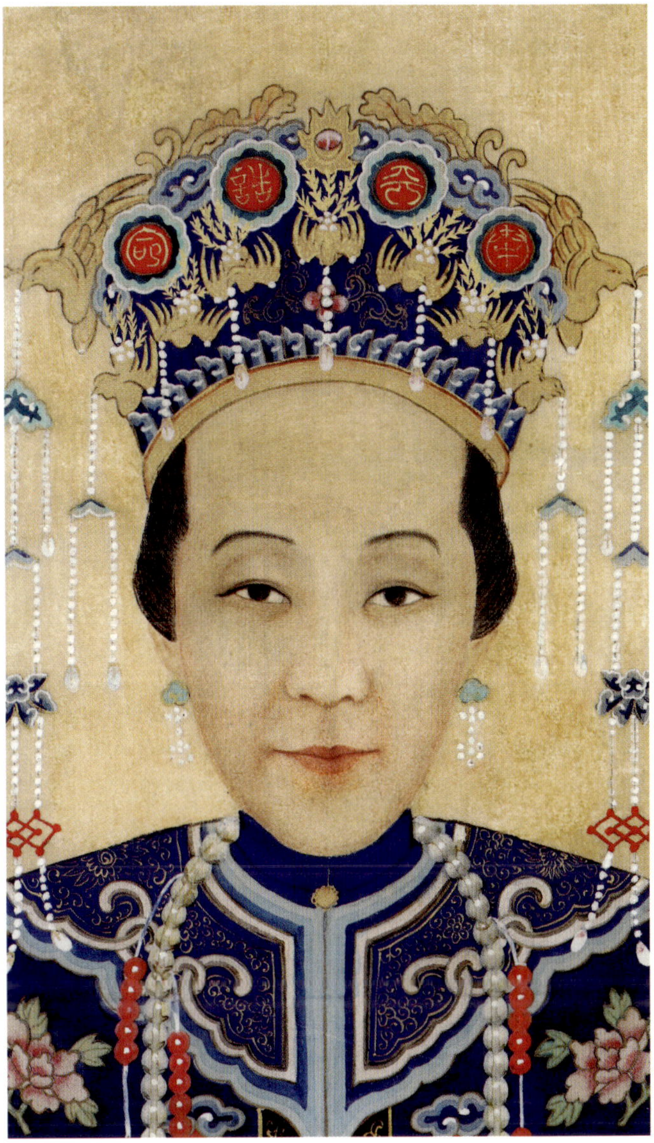

Abb. 4, Kopf der Beamtengattin (Detail von Abb. 2)

[4] Stuart 1997, S. 8.

vorrufen als Texte allein dies zu tun vermögen. Ihre Funktion geht damit über die der bloßen Erinnerung hinaus; es handelt sich um Bilder mit Kultcharakter. Nicht von ungefähr lautet eine chinesische Umschreibung für den Begriff Ahnenporträt „das Schattenbild des Ahnen zurückrufen".[4] Schon im alten China herrschte die Vorstellung, dass erst mit dem Verblassen der Erinnerung an den Verstorbenen der „wirkliche", der soziale Tod eintritt. Solange die Nachkommen die Erinnerung an den Toten wach hielten, solange weilte er unter ihnen, blieb Teil der Familie und bewerkstelligte das Wohlergehen aller Angehörigen und die Weiterführung der familiären Linie. Regelmäßige Opfer am Ahnenaltar sorgten dementsprechend für eine angenehme Fortexistenz der Totenseele im Jenseits. Wenn ein Ahnenporträt für die Begräbniszeremonie zur Verfügung stand, erhielt es seinen Platz vor dem Sarg, bevor es später bei der Begräbnisprozession von den Familienangehörigen zum Grab getragen wurde. Danach erfolgte die Ausstellung der Porträts in der Ahnenhalle (Abb. 5) oder dem Familientempel am Todestag des Verstorbenen und in regelmäßigen Abständen während der großen Jahresfeste wie Neujahr oder dem Herbstopfer für die Totenseelen, wenn Opfer an alle Ahnen gemeinschaftlich vollzogen wurden. Die Porträts wurden am Neujahrstag aufgehängt und am 15. oder 18. Tag des ersten Monats des chinesischen Mondkalenders wieder abgenommen. Obwohl die Seelen der Verstorbenen nach allgemeiner Vorstellung während der in ihrem Ablauf festgelegten Riten in der Ahnenhalle ihren vorübergehenden Sitz in den Seelentafeln und den Porträts nahmen, dienten letztere nicht als Objekte der Verehrung per se. Ihre Hauptfunktion bestand vielmehr darin, die Gegenwart des verstorbenen Ahnen zu erneuern, ihn gewissermaßen real zu (re)präsentieren.[5] Die Lebenden kommunizierten mit den Ahnen, indem sie Berichte über Familienangelegenheiten vorlegten, Gebete sprachen und sie täglich mit Speise- und Trankopfern sowie duftendem Weihrauch versöhnlich stimmten.

Ahnenporträts galten bei westlichen Chinareisenden im 19. Jahrhundert als beliebte Souvenirs. Nach den Wirren im Zuge des Untergangs des Kaiserreichs 1912 verkauften viele Chinesen aus Geldnot Ahnenporträts an zahlungswillige Ausländer. Unsere beiden Porträts sind von dem Arzt Dr. Hans Rasor, der einer angesehenen, alteingesessenen Frankfurter Familie entstammte, während einer mehrmonatigen Chinareise im Jahr 1913 erworben worden und als Mitbringsel nach Deutschland gelangt. Ein Frankfurter Arzt, der im Jahr 1953 in einer heiklen juristischen Angelegenheit bei der Kanzlei Rasor vorstellig wurde, fühlte sich vom gestrengen Blick des Mandarin getroffen, noch ehe ihn der Anwalt ernstlich ins Gebet nahm.[6] So verfügte damals, bereits mehr als vierzig Jahre nach der Abdankung des letzten Kaisers, der chinesische Hof im Frankfurt der Nachkriegszeit weiterhin über eine gewisse Autorität. Tatsächlich hingen „Kaiser und Kaiserin", so wurden der Mandarin und die Beamtengattin damals genannt, mehr als ein halbes Jahrhundert in der ehrwürdigen Anwaltspraxis der Familie Rasor und taten dort ihre Wirkung, wie die kleine Anekdote eindrücklich belegt. Obwohl anonym und aus ihrem ursprünglichen Funktionszusammenhang gerissen, vermögen die chinesischen Ahnenporträts auch beim heutigen Betrachter Ergriffenheit hervorzurufen und erlauben dadurch den dargestellten Verstorbenen – zumindest vorübergehend – dem unaufhaltsamen Strom des Vergessens zu entrinnen.

---

[5] Kesner 1993/94, S. 6.

[6] Persönliche Mitteilunq eines Besuchers des Museums für Angewandte Kunst Frankfurt in den 1990er Jahren.

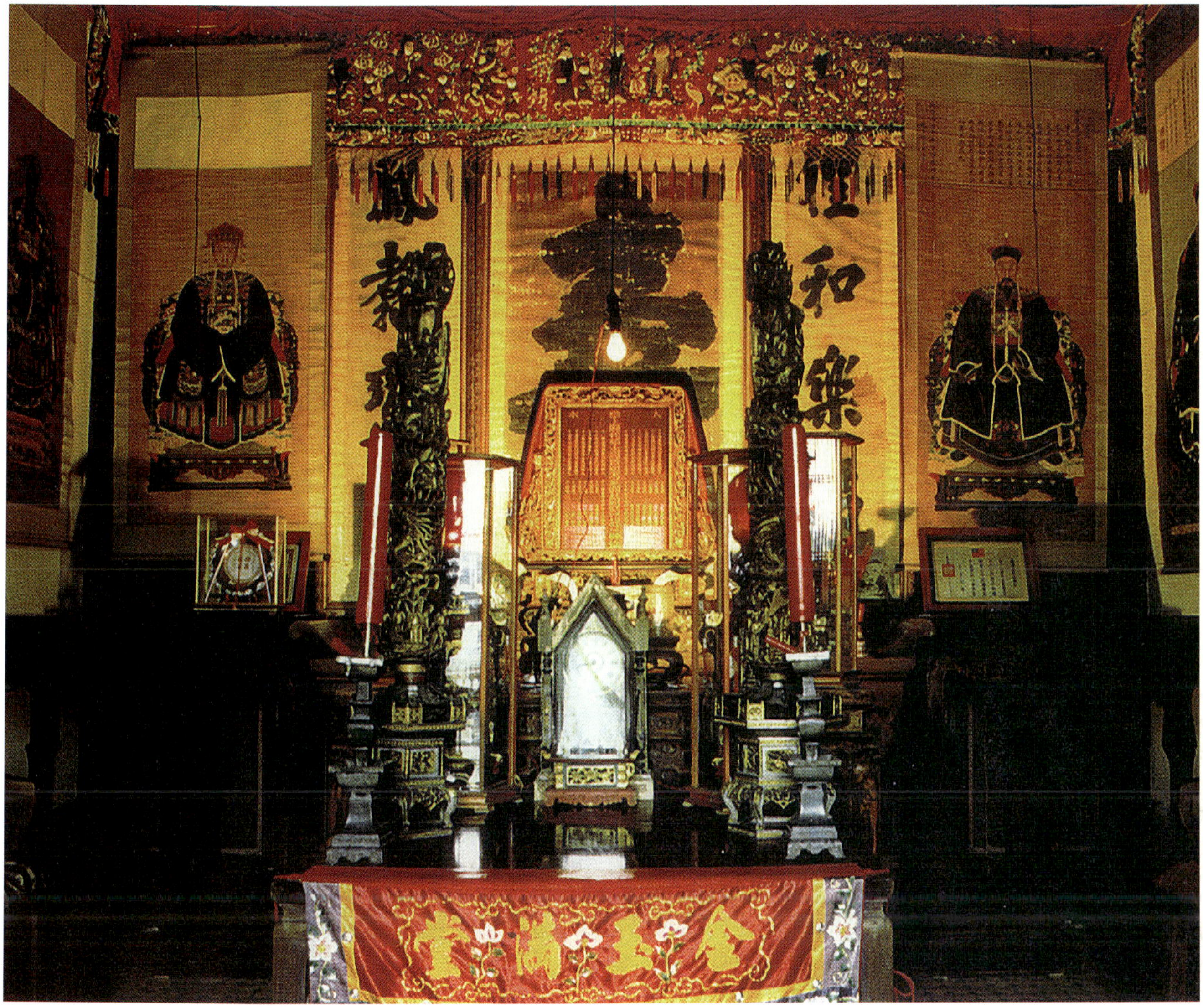

Abb. 5, Eine taiwanesische Ahnenhalle mit am chinesischen Neujahrsfest ausgestellten Ahnenporträts

Jutta Saum
Anke Volkmer

Passagen der Erinnerung

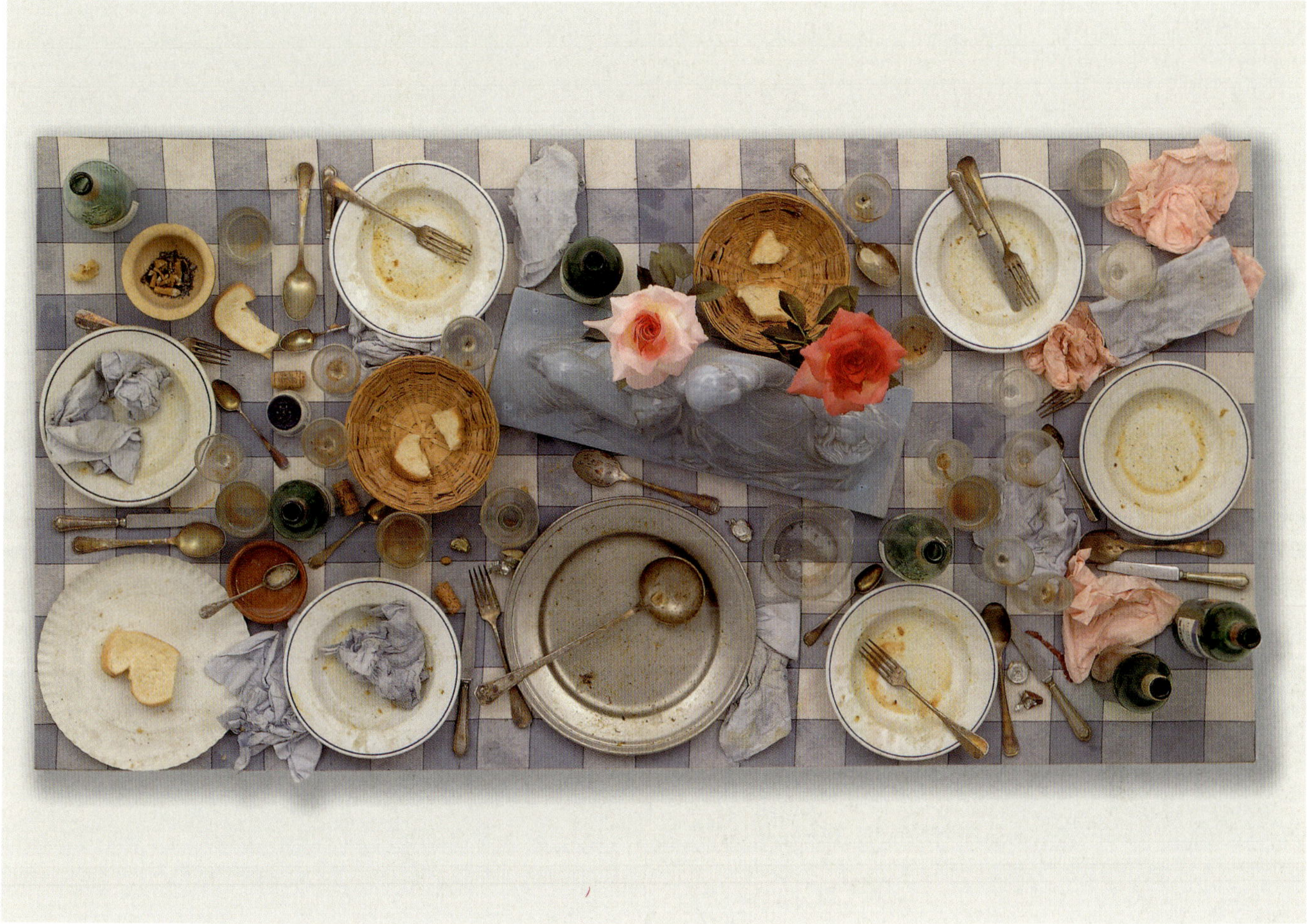

Die „Passagen der Erinnerung“ verknüpfen die einzelnen Zentren der Erinnerung. Dabei verstehen sie sich in Anlehnung an die „rites de passage“ als Schwellenbereiche, die nicht nur von einem Ausstellungsteil zum nächsten überleiten, sondern als Übergangsräume, in denen in der facettenreichen Auseinandersetzung auf künstlerischer Ebene Aspekte des Souvenirbegriffs überdacht, transportiert und verfremdet werden. Dies geschieht vor dem Hintergrund einer grundsätzlichen Verwandtschaft von Souvenir und Kunstobjekt, denn beide besitzen die paradoxe Doppeldeutigkeit, Ding und Verweis zugleich zu sein, weil sich subjektive Erinnerungen an einen sinnlich fassbaren Gegenstand anlagern. Steht aber bei den individuell zum Souvenir erwählten Gegenständen ein wissenschaftliches Interesse im Fokus, so gelingt mit den Exponaten der „Passagen der Erinnerung“ die Reflektion auf der Metaebene der Kunst, die generelle Überlegungen zum Souvenir in kommunizierbarer Form gestalten.

Abb. 1, Daniel Spoerri (geb. 1930 Galatz, Rumänien)
Sevilla-Serie Nr. 27, Assemblage 1992
„eaten by...“ Arbeiter beim Aufbau des Schweizer Pavillons
Sevilla, Schweizer Pavillon, 21. Februar
80 x 160 x 40cm
Wichtrach/Bern, Galerie Henze & Ketterer

Daniel Spoerri, Sevilla-Serie Nr. 27

Eine Tischplatte, umhüllt von einer weiß-blauen Karodecke, hängt wie ein Bild an der Wand. Darauf türmen sich Teller, Gläser, Besteck, leere Weinflaschen, zerknüllte Servietten und eine Miniatur einer Dame mit Hund aus hellblauem Porzellan sowie zwei blasse Seidenrosen. Die Arbeit gehört zu den 34 Tableaux von Daniel Spoerri, die anlässlich der Expo 1992 in Sevilla für den Schweizer Pavillon entstanden sind. Wie der Titel verrät, aßen hier die am Aufbau beteiligten Arbeiter.

Die Fixierung der verlassenen Tafel, so wie sie der Zufall bestimmt hat, und die Drehung der Platte um 90 Grad in die Ebene des Bildes ist Spoerris Antwort auf die Forderung des Nouveau Réalisme, die Realität ohne subjektive Beeinflussung für sich selbst sprechen zu lassen. Diese „Fallenbilder“[1] (tableau-pièges), die Spoerri erstmals 1960 in Paris beim „Festival d'art d'avantgarde“ präsentierte, sind Überbleibsel gemeinsamer Mahlzeiten, die er in seinen zahlreichen „eat art“- Aktionen selbst initiiert und inszeniert hat.

Auf Spoerris Fallenbilder sind zwar alle Gegenstände in ihrer sinnlichen Erscheinungsform präsent, aber die Gäste sind gegangen, die Teller leer gegessen und die Gläser ausgetrunken. Nicht das Essen selbst, sondern der Augenblick nach dem eigentlichen Ereignis ist im Souvenir-Ensemble festgehalten. Die Vergänglichkeit des Erlebten ist zugleich gekoppelt an das existentielle Thema des Essens als lebenserhaltender Akt, der aber als Kreislauf unweigerlich irgendwann durch den Tod beendet wird.

„Es [die Fallenbilder] waren momento moris, Vanitasbilder unseres ständigen Überlebenswillen, selbst noch in unserer mechanisierten, aseptischen, hygienischen und rationalisierten Konsumwelt. Diese Relikte von gelebtem Überleben, als totale Umgebung, mit stattfindendem Leben zu konfrontieren, war schon seit langem mein Wunsch, der nun in diesem Sevillianischen „eaten by...“ Restaurant stattfinden wird, wobei „eaten by...“ nichts anderes heißen soll als „eaten by you and me“. Der Zuschauer und Mitspieler dieses ständig wiederholten Überlebensstücks bist du und ich...“[2]

Joseph Cornell, Sand Fountain

Joseph Cornell ist niemals gereist und dennoch sind die Ferne und das Fremde Aspekte, mit denen er sich in seinem künstlerischen Werk beschäftigte. „New York ersetzte ihm die europäische 'Grand Tour'“.[3] Hier fand der eher zurückgezogen lebende Cornell Eingang in die von ihm verehrte Theaterszene, sammelte Bücher und alle erdenklichen Arten von Souvenirs. Aus diesem Fundus entstanden angeregt durch die Surrealisten ab 1933 dann seine „Boxes“, die den Charakter von Koffern besitzen. Er ließ sie künstlich „altern“ und oft vervollständigte er sie mit Aufklebern und Poststempeln, so als ob sie weit gereist oder zumindest von fernen Orten geschickt worden wären. Es sind fiktive Souvenirs, bei denen Cornell an volkstümliche Formen wie Poesiealben, Quodlibets und Herbarien anknüpft, aber auch aus dem ikonographischen Repertoire der Vanitas schöpft. Nicht die eigene Anschauung, sondern Bücher sind dabei seine Quelle.

Bei „Sand Fountain“ verwendet er das Motiv der Sanduhr, aber in Form eines zerbrochenen Glases. Eigentlich ist die Box dazu gedacht, in die Hand genommen zu werden, um den Sand in Bewegung zu setzten und damit das Verrinnen der Zeit sichtbar zu machen. Zeit versteht Cornell nicht als objektiv messbare Größe, sondern als persönliches Konstrukt. Er versah seine Objekte meist mit einem fiktiven Datum oder einem, das durch ein „circa“ relativiert wurde, da er davon ausging, dass der künstlerische Prozess zeitlich nicht exakt definiert werden könne. Stationen des steten Verlaufs des Zeit markieren bei seinen Objekten aufgeklebte Textfetzen, Sternkarten oder Noten, die das Entstehen der Arbeit begleiteten. Die Materialien stehen meist auch in einem thematischen Zusammenhang mit dem Thema Reise und dem Souvenir als haptisches Unterpfand der damit verbundenen Sehnsucht. So ist „Sand Fountain“ mit Buchseiten der italienischen Ausgabe von „Paul et Virginie“ (1787) versehen. Es ist ein bekanntes Werk der Aufklärung, in dem der von Rousseau beeinflusste Jacques Henri Bernardin de Saint Pierre (1737-1814) seine Philosophie des „guten Wilden“ in Romanform kleidet. Paul und Virginie wachsen auf einem Eiland in paradiesischer Ursprünglichkeit auf. Die Idylle wird gebrochen, als Virginie in die Zivilisation geschickt wird. Als sie auf die Insel zurückkehren will, ist der Weg ins Paradies versperrt. Vor den Augen von Paul erleidet sie Schiffbruch und ertrinkt. Paul stirbt vor Kummer.

---

[1] „Gegenstände, die in zufälligen, unordentlichen oder ordentlichen Situationen gefunden werden, werden in genau der Situation, in der sie gefunden werden, auf ihrer zufälligen Unterlage (Tisch, Schachtel, Schublade usw.) befestigt. Verändert wird nur ihre Ebene: indem das Resultat zum Bild erklärt wird, wird Horizontales vertikal. [...] Die Anerkennung des Zufalls verbietet auch nach der Befestigung irgendwelcher Gegenstände den Verzicht auf seine Mitarbeit (mittels Zeit, Korrosion, Staub, Verfall usw.). Alles kann ein Fallenbild sein. Jeder ist in der Lage, eine zufällige Situation für ein Fallenbild auszusuchen.“ Daniel Spoerri: Die Entwicklung des Fallenbildes. In: Daniel Spoerri, Retrospektive, Kat. Ausst., Galerie Krinzinger, Innsbruck 1981, Modern Art Galerie, Wien 1981 (unpag.)

[2] Daniel Spoerri: Menükarte des „eaten by“ Restaurants, Schweizer Pavillon, Expo Sevilla 1992. In: Daniel Spoerri – Werke 1960 – 2001. Ausst.-Kat., Kunsthalle Villa Kobe Halle/Saale. 2001, S. 38.

[3] Kynaston McShine: Joseph Cornell. In: Joseph Cornell. Ausst.-kat, Kunsthalle und Kunstverein Düsseldorf. 1981, S.8.

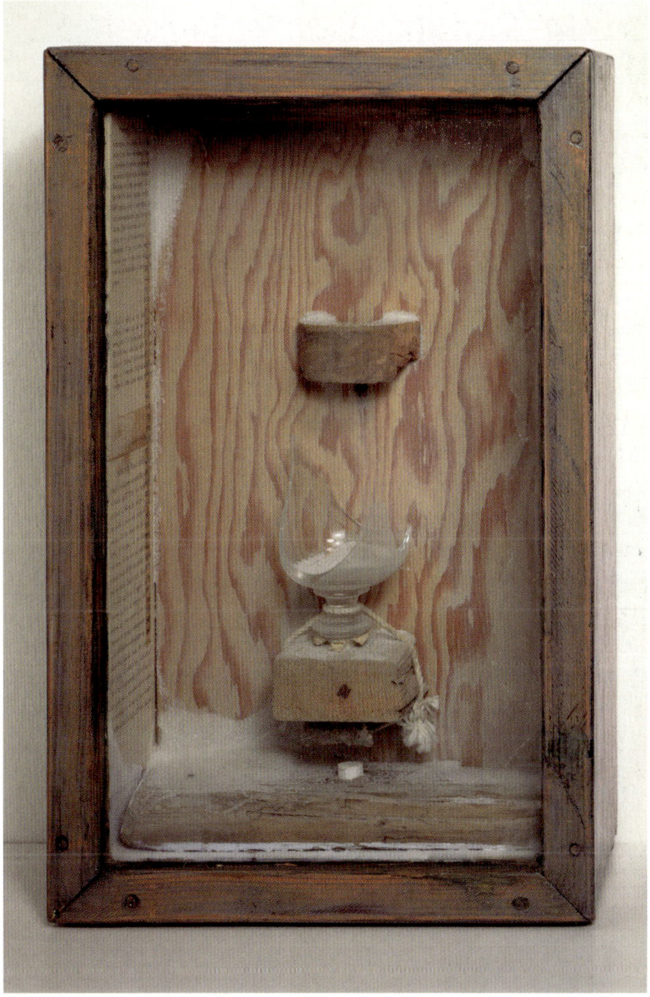

Abb. 2, Joseph Cornell (1903 New York – New York 1972)
Sand Fountain, ca. 1950
Holzkiste, Glas und Sand; 32 x 20,5 x 13cm
Köln/St. Moritz, Galerie Karsten Greve

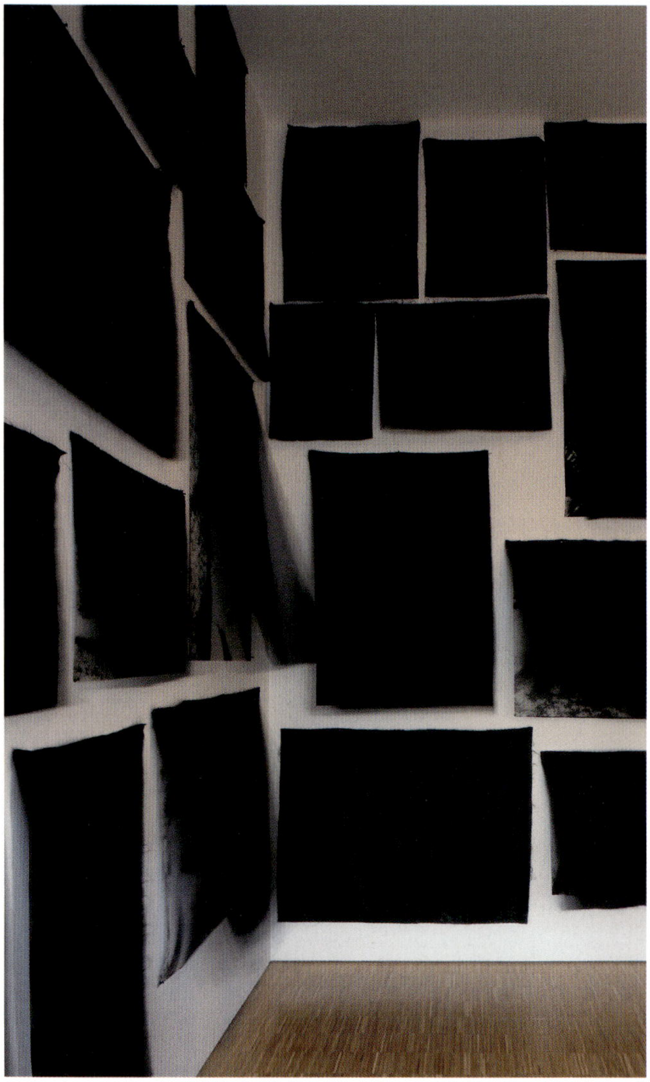

Christian Boltanski, Les Concessions

„Ein Teil meiner Arbeit geht um das, was ich ‘kleine Erinnerung’ nenne. Große Erinnerung wird in Büchern aufgezeichnet und kleine Erinnerung ist nur über kleine Dinge: Bagatellen, Scherze. Ein Teil meiner Arbeit besteht darin, zu versuchen diese ‘kleine Erinnerung’ zu bewahren, denn oft verschwindet diese Erinnerung wenn jemand stirbt. Jedoch unterscheidet diese ‘kleine Erinnerung’ die Menschen voneinander, macht sie einzigartig.“[4]
Die Erinnerung ist zentrales Element im Schaffen von Christian Boltanski. Seit den 1970ern sichtet er die Nachlässe Verstorbener, die er in düsteren Installationen mit Second Hand Kleidungsstücken inszeniert, ergänzt um von ihm vorgefundene und vergrößerte, grobkörnige Schwarz-Weiß-Porträtfotografien. Die in rostigen Inventarkisten gelagerten ‘Erinnerungsstücke’ werden vom kühlen Licht heller Bürolampen angestrahlt.
In der Arbeit „Les Concessions“ begegnet man zunächst schwarzen Tüchern, auf verschiedenen Ebenen an der Wand befestigt und von einem Ventilator leicht bewegt, die etwas zu verbergen scheinen. Lüftet der Betrachter diese (Leichen-) Tücher, sieht er sich direkt mit dem Tod in seiner grauenvollsten Form konfrontiert. Boltanski rückt dort zu enormer Teleintimität vergrößerte Abbildungen von Gewaltmordopfern aus dem blutrünstigen Trivialmagazin El Caso in das Blickfeld.[5]
„If it bleeds, it leads“ lautet die Faustregel der Massenpresse. Zwar prägt das Nonstopbild des Fernsehens unsere Wahrnehmung, doch wo es um das Erinnern geht, hinterlässt die Fotografie eine eindringlichere Nachwirkung. „Die Jagd nach möglichst ‘dramatischen’ Bildern [...] gehört zur Normalität einer Kultur, in der der Schock selbst zu einem maßgeblichen Konsumanreiz und einer bedeutenden ökonomischen Ressource geworden ist“[6] vermerkt die Fotografietheoretikerin Susan Sontag in ihrer letzten Schrift „Das Leiden anderer betrachten“. Wo verortet sich aber der Betrachter von „Les Concessions“ in diesem Spannungsfeld zwischen Attraktion und Repulsion dieser zutiefst aufwühlenden Arbeit – sind wir Komplizen

Abb. 3, Christian Boltanski
(geb. 1944 Paris, lebt in Paris)
Les Concessions, 1996
Fotografien, schwarzer Stoff, elektrischer Ventilator
Tilburg, De Pont Museum of contemporary art Tilburg,
Inv. Nr. 1997.CB.01

[4] Christian Boltanski in einem Interview mit Tamar Garb, in: Semin/Garb/Kuspit 1997, S. 19. Die hier vorliegende deutsche Übersetzung aus dem Englischen stammt von Anke Volkmer.

[5] Dem „blow up“ – d.h. dem medialen Effekt der fotografischen Vergrößerung – im Kontext eines Mordes hat Michelangelo Antonioni 1966 im gleichnamigen Film ein eindringliches Denkmal gesetzt.

[6] Sontag 2003, S. 30.

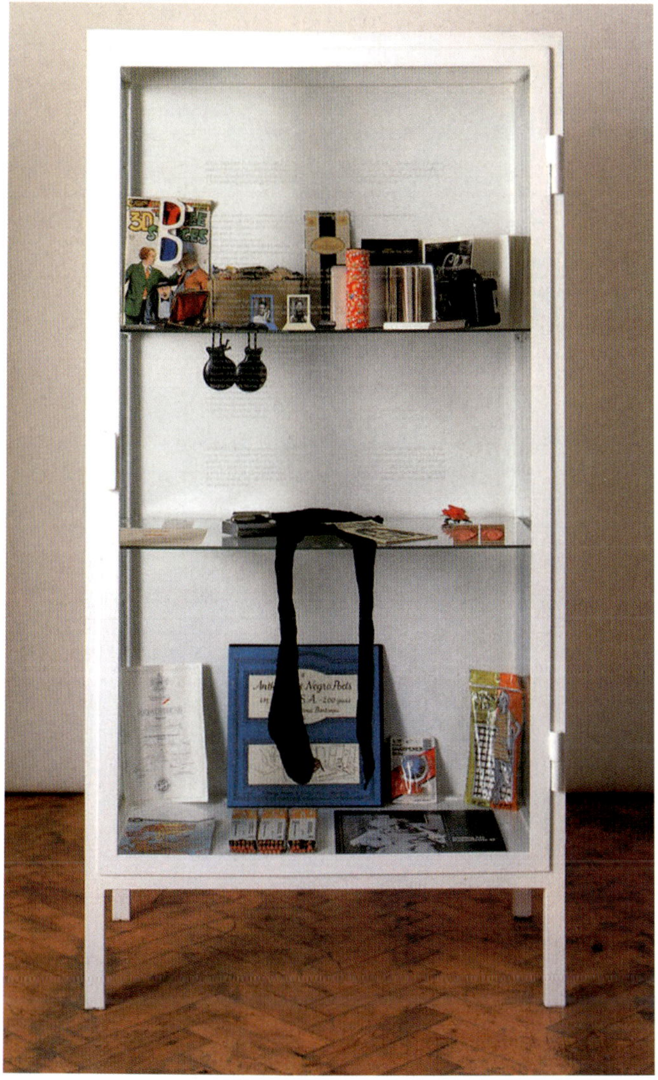

auf der Seite der Täter oder die Mitleidenden der Opfer? In der „Kleinen Versteck-Lehre“ schreibt Walter Benjamin: „Verstecken heißt Spuren legen. Aber unsichtbare!“[7] Die Vorhänge lassen dem Betrachter die Chance, selbst zu entscheiden, wie weit er in der Ent- oder Verhüllung dieser Schreckensbilder gehen will. Ihre Farbe Schwarz gilt als die Farbe der Trauer, hier symbolisiert sie noch dazu besonders die Obskurität.[8]
Christian Boltanski erlöst in der Beschäftigung mit Tod, Trauer und Verdrängung in seinen Memorialarchiven von gesammelten Fotos und Habseligkeiten Verstorbener diese Menschen aus der kollektiven Amnäsie und führt sie einem universellen Andenken zu. Auf den ersten Blick nicht offenkundig, verdichtet seine künstlerische Sprache auch seine jüdische Herkunft und den Holocaust.

Sophie Calle, The Birthday Ceremony

Sophie Calle schlüpft hinter die Maske eines Zimmermädchens ebenso wie hinter die einer Stripperin.
So zelebriert sie, die sich selbst als erzählende Künstlerin bezeichnet, den Spagat zwischen gelebtem Leben und künstlerischem Ausdruck, grenzüberschreitendem Voyeurismus und dem Verlangen, sich zur Schau zu stellen. Sie verfolgt und fotografiert Unbekannte, spioniert und fragt sie skrupellos aus, erfindet Geschichten und Situationen, um in spannungsvollen Rückkoppelungen und Kurzschlüssen die Grauzone zwischen Realität und Fiktion in Fotografie, Installation und Text auszuleuchten. Ob sie autofiktionale Bekenntnisse in erdachten Tagebüchern verfasst, professionelle Detektive zu ihrer eigenen Beschattung engagiert oder an ihre Person gerichtete Liebesbriefe fälscht, Sophie Calle misst dem Souvenir und seiner Authentizität in ihrer Arbeit eine essentielle Bedeutung zu.

„Ich bin immer besorgt, dass die Leute mich an meinem Geburtstag vergessen. Um mich von dieser Angst zu befreien, entschied ich 1980, dass ich jedes Jahr, wenn möglich am 9. Oktober, genau die Anzahl an Gästen zum Abendessen einladen würde, die der jeweiligen Anzahl

Abb. 4, Sophie Calle (geb. 1953 Paris, lebt in Paris)
„The Birthday Ceremony“, 1986
Aus der Serie The Birthday Ceremony, 1980-1993
Vitrine mit verschiedenen persönlichen Objekten
170 x 78 x 40cm, CAL0184
Courtesy Arndt & Partner, Berlin/Zürich

[7] Benjamin 1980, S. 398f.
[8] Vgl. Steevensz, Bert. Christian Boltanski. http://www.depont.nl/nc/en/collection/thecollection/kunstenaar/6/info/ (31.3.2006)

meiner Lebensjahre entspricht. Einschließlich eines Fremden, den einer meiner Gäste aussuchen sollte. Ich machte keinen Gebrauch von den erhaltenen Geschenken.
Ich behielt sie als Zeichen der Zuneigung. 1993, im Alter von vierzig Jahren, beendete ich dieses Ritual.«[9]

„The Birthday Ceremony“ arbeitet im Bereich der Erinnerung des eigenen Lebens durch das Konservieren von Momenten in Dingen. Geburtstagsgeschenke sind bedeutende Beweise von Liebe und Zuneigung. Sophie Calle hat sie wie in einem zeremoniellen Pakt mit ihren Gästen über fünfzehn Jahre hinweg gesammelt, somit dem Gebrauch entzogen und haltbar gemacht.

Mit einer an der Theorie des Unbewussten in der Alltagssymbolik Jacques Lacans geschulten Lust des Betrachters am Privaten und an der Mystifikation des Banalen, stellt die Künstlerin ihre intimen Gaben 'sous vitrine' aus. Jedem der Schaukästen, die an Kuriositäten- oder naturkundliche Sammlungen denken lassen, ist ein Text zugeordnet, der den Inhalt mit buchhalterischer Nüchternheit inventarisiert. Durch die Auslage lernen wir einige Freunde Sophie Calles kennen – darunter u. a. den Künstler Lawrence Weiner, vom dem es eine Zeichnung in der Vitrine gibt –, jedoch nicht die Künstlerin selbst. Die Objekte legen eine falsche Fährte. Wie in den Romanen Paul Austers über die Problematik von Identitätsfindung und Identitätsverlust puzzeln sie sich lediglich zu einem bruchstückhaften Psychorama und fungieren als Passepartouts für vermeintliche Wunschvorstellungen und projektive Identifikationen.

Lisl Ponger, Passagen

Der Amateurfilm Super 8 gestattete seit seiner Markteinführung 1965 bis zum Erscheinen der ersten Camcorder zu Beginn der 1980er Jahre privates Filmen zu erschwinglichen Preisen. Seitdem avancierte er, ob nun glühend geliebt oder als peinlich spießig geächtet, zum Medium des häuslichen Souvenir-Kults schlechthin. Zurückgekehrt von der Entwicklung im Fachlabor, wurde der Film von 'Vati' im Heimstudio geschnitten. Das ganze Spektakel des trauten Familienlebens wie Hochzeiten und andere Geselligkeiten, etwa die Laufversuche der Kinder, das neue Auto und ganz besonders die Auslandreisen wie der erste Italienurlaub oder die Bildungstour nach Griechenland konnten auf einer ausrollbaren Filmleinwand der Familie und dem Freundeskreis im verdunkelten Wohnzimmer oder Hobbykeller auf einem schnurrenden Spulenprojektor stolz präsentiert werden. Seine besondere Körnigkeit und der intensive Farbton verliehen ihm eine spielfilmvergleichbare Sinnlichkeit, die von der folgenden High8 und nunmehr digitalen Videokultur nicht annähernd erreicht werden konnte. Neben den im bewegten Bild verewigten Erinnerungen an die besuchten exotischen Orte der Sehnsucht war es besonders die Sensation, die eigene Person live auf dem Schmalspurfilm verewigt zu sehen, die damals so erregte und die heute sein nostalgisches Timbre ausmacht.

Lisl Ponger montiert in „Passagen“ Erinnerungsspuren des touristischen Blicks aus solchem Found Footage zu einem filmischen Reisealbum voller wehmütiger Bilder des Abschieds. Menschenmengen winken von Aussichtsplattformen Schiffsreisenden zu. Einzelne wiederum blicken von einer Reling still in die unendliche Weite des Horizonts. Auf der Tonspur erzählen Menschen, zeitgleich zu den im Film gezeigten, akutes Fernweh hervorrufenden Orten wie Casablanca, New York, Shanghai, Ostafrika oder Moskau, aus dem Off von Ihrem Unterwegssein. Ohne dass der Film es offenkundig visualisiert, wird deutlich, dass Zwangsemigranten von ihrer Flucht vor dem Terror des Nationalsozialismus in Wien und weitere politische Flüchtlinge aus Kriegsgebieten sprechen. Lisl Ponger, die sich in Ihrer künstlerischen Arbeit explizit mit den Formen des Tourismus und der visuellen Kultur beschäftigt und die ethnologische Recherche als Teil ihrer künstlerischen Arbeit versteht,[10] lässt die Ebenen des Vergnügungsreisenden und des Auswanderers in einer Collage von komplementären Erinnerungsschlaufen verschmelzen. Die emotionalen Wertungen der Sprecher entsprechen oft mehr der melancholischen Schönheit der Filmbilder als den erlittenen Strapazen, so dass „Passagen“ zu einer Parabel über Mechanismen von persönlicher Erinnerungsarbeit gerät.

---

[9] Zit. n. Heinrich 2000, S. 10.
[10] Vgl. dazu weiterführend: Ponger/Sharp 2004; Ponger, Lisl/Sharp,Tim: ImagiNative. http://www.lislponger.com/ (31.3.2006)

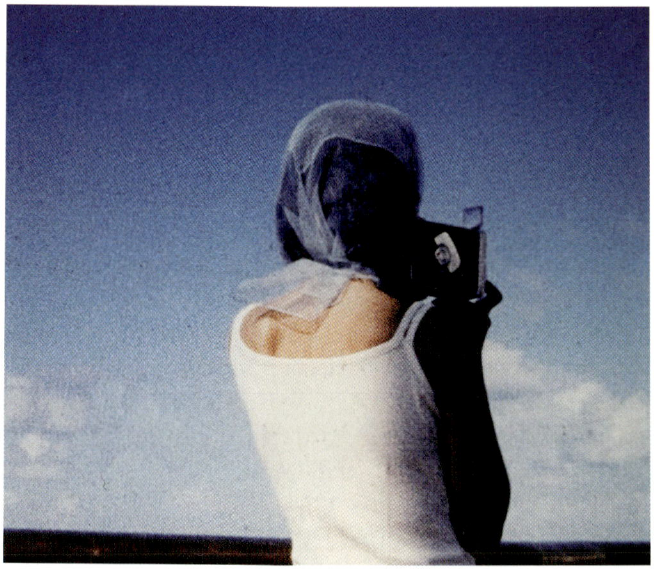

Helga Griffiths, EXTRACTS of Paris (Out-SIGHT-In)

Bilder und Klänge können gespeichert werden, aber die Wissenschaft kennt noch kein Medium zur dauerhaften Aufnahme und Wiedergabe olfaktorischer Sinneswahrnehmung. Geruchs- und Luftmoleküle sind augenblicklich und unsichtbar. Was uns bleibt, ist die Erinnerung; ein Aroma, das sich peu à peu verflüchtigt. Urplötzlich ist es wieder da, und das Parfum eines bestimmten Moments kann selbst nach langen Jahren längst Entschwundenes aus der Tiefe der Erinnerung empor spülen und stürmische Sinneseindrücke wieder erwecken. Zuweilen überdauert ein Duft eine Situation, wird so zu einem kostbaren Destillat dieser, bleibt aber dennoch ein bloß ephemeres Souvenir.

EXTRACTS of Paris (Out-SIGHT-In) ist die künstlerische Umsetzung der olfaktorischen Eindrücke von Helga Griffiths' experimentellen Erkundungsgängen in den Straßen von Paris, auf ihrer Suche, die sensuellen Grenzen zu überwinden.
„Das Spiel mit dem scheinbaren Ausgeschlossensein von einer Wahrnehmung, die man nicht kennt," skizziert die Künstlerin ihre Herangehensweise, „eröffnet eine Dimension, die mich in ihrer Nichtfassbarkeit, in ihrem Geheimnis oder ihrem Code fasziniert. Ich verfolge quasi die Ränder der Wahrnehmung."[11]
In vielschichtig verwobenen kartografischen Zeichnungen hat Helga Griffiths zunächst die Orte der Geruchsempfindung jener Ausflüge festgehalten. Dieses Netz von Wegen ergibt ein Bewegungsmuster, das mit bewusst veränderter, auf das Riechen fokussierter Wahrnehmung entdeckt wurde. Sie werden in der perforierten, lichthinterlegten Oberfläche metallischer Objektkästen ausgedrückt. Daraus hervor strömt ein Duft, Helga Griffiths' Erinnerung an einen Geruch, den sie von einem Parfumeur hat nachempfinden lassen. Wir erleben teerigen Asphalt, moderndes Wasser, feuchte Erde, hölzerne Kirchenbänke, rußigen Kerzenwachs und menschlichen Schweiß. Hervorgerufen durch dieses imaginäre Labyrinth von eigenen und fremden Geruchs-Souvenirs auf der Basis einer nonvisuellen Wahrnehmung steigen wiederum vor unserem geistigen Auge innere Bilder auf. Eine Sinnesumkehrung findet statt, sie durchwirbelt unsere Orts- und Zeitkoordinaten und die damit verbundenen Emotionen.

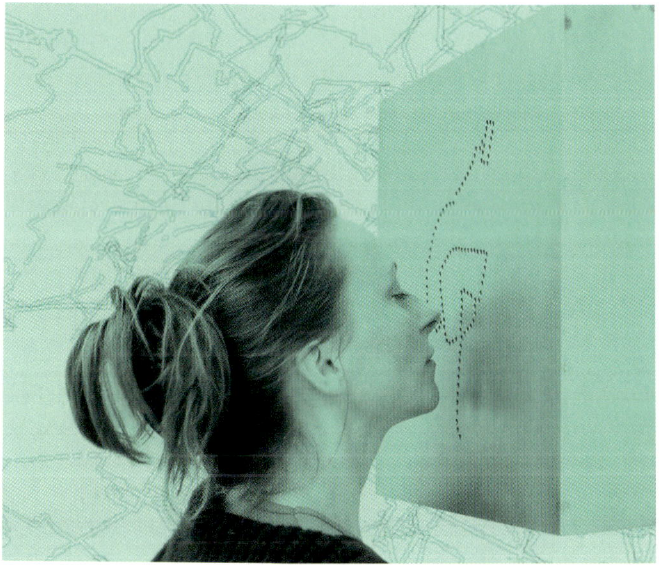

Abb. 5, Lisl Ponger (geb. 1947 Nürnberg, lebt in Wien)
Passagen, 1996
Found Footage, 35mm Film (Super 8 & Normal 8 blow-up) auf DVD, Farbe, Mono, 12 Min.
Courtesy Charim Galerie, Wien

Abb. 6, Helga Griffiths (geb. 1959 Ehingen/Donau, lebt in Darmstadt)
EXTRACTS of Paris (Out-SIGHT-In), 2002
5 Objektkästen, je 40 x 40 x 10cm, Düfte

[11] Zit. n. Huther 2005, S. 199.

Helga Griffiths, SPACE SOUVENIRS

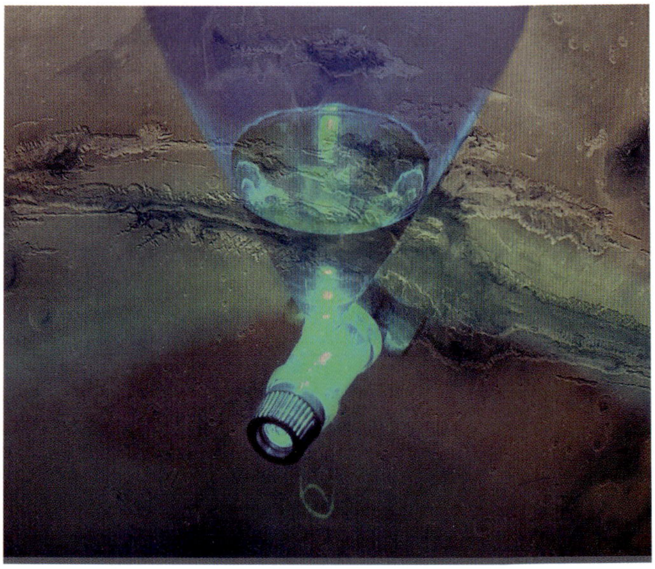

Die Installation SPACE SOUVENIRS ermöglicht eine imaginäre Zeitreise in das Universum. Helga Griffiths ließ hierfür nach ihren Recherchen und nach Gesprächen mit Experten des Instituts für Planetenforschung des Deutschen Zentrums für Luft- und Raumfahrt Berlin von dem Parfumeur Karl-Heinz Bork Düfte erstellen. „Sie basieren auf der chemischen bzw. physikalischen Zusammensetzung der Himmelskörper und ihrer jeweiligen Klimaverhältnisse", so die Künstlerin, „sind jedoch freie Assoziationen und Erinnerungen an meine eigenen imaginären Reisen."
Auf diese Weise entstanden der trockene, vulkanische Wüstengeruch des Mars, der atmosphärisch leichte, immaterielle, Blitz- und Windgeruch der Venus und der arktische Schnee- und Eisgeruch des Uranus eines 40 Jahre dauernden dunklen Winters.

Die Installation erdenkt eine futuristische Souvenir-Konstellation. Aus gläsernen Tropftrichtern träufeln die Weltraumdüfte periodisch auf planetenrunde Papierscheiben.
Im Hinblick auf Synästhesie werden die Parfums über den Köpfen der Besucher durch Leuchtkästen mit Fotografien der jeweiligen Himmelskörper ergänzt. Realitäten wie Zeit- und Erinnerungsebenen driften auseinander, denn die per Satellit aufgenommenen Planetenfotos sind keine fassbaren Bilder. Sie sind noch von keinem Menschen leibhaftig gesehen worden, also Andenken der Zukunft an ein Lichtjahre von der Erde entferntes Dasein. Der Duft transportiert nicht nur auf mentaler Ebene in andere Welten und Zeiten – als Mitbringsel tritt er in der Tasche des Besuchers eine reale Reise aus der Ausstellung „Der Souvenir – Erinnerung in Dingen von der Reliquie zum Andenken" in die Stadt Frankfurt und darüber hinaus an.

Abb. 7, Helga Griffiths. SPACE SOUVENIRS, 2006
5 Ektachrome in Leuchtkästen,
je 40 x 40 x 10cm, Düfte

On Kawara, I GOT UP

On Kawara beginnt 1968 in Mexico City die Werkreihe I GOT UP. Jeden Tag schickt er zwei Ansichtskarten an Freunde und Bekannte von seinem jeweiligen Aufenthaltsort. In der Zeit vom 9. Oktober bis zum 24. Dezember 1973 sendet er Postkarten an seinen Galeristen Konrad Fischer in Düsseldorf aus seinen Stationen in den USA.
Neben dem Adressat und der Absenderadresse seines aktuellen Hotels sind sie mit der Aufschrift I GOT UP AT und der jeweiligen Uhrzeit des Beginns eines jeden Tages versehen. Keineswegs handschriftlich, selbstverständlich, sondern gestempelt sind diese knappen Informationen, anonym wie die Großstadtmotive und vermeintlichen Sehenswürdigkeiten auf dem Massenfabrikat Postkarte.
„Was ich vorziehe an der Postkarte ist, dass man nicht weiß, was vorn oder hinten ist, hier oder da, nah oder fern [...], recto oder verso. Noch was das Wichtigste ist, das Bild oder der Text, und im Text die Botschaft oder die Legende oder die Adresse.“[12]
So wie Jacques Derrida die zwei Perspektiven der Ansichtskarte erkannte, benutzt On Kawara diese geradezu klassischen Souvenirs als bildsprachliches Medium, um sich konzeptuell mit der Dialektik von Raum und Zeit als den grundlegenden Dimensionen unserer Existenz auseinanderzusetzen. Kawaras bildnerischer Ansatz wird somit als eine Verknüpfung von Lebenszeit mit Lebensraum und objektiver Zeitmessung mit subjektivem Zeitbewusstsein deutlich.[13]
Die auf das Wesentliche reduzierten Koordinaten unseres Zeitmaßes berühren darüber hinaus die Frage nach der Relation von Chronos und Kairos, nach dem unbeeinflussten Zeitablauf und dem bewusst gewählten und unser Leben strukturierenden Zeitpunkt.

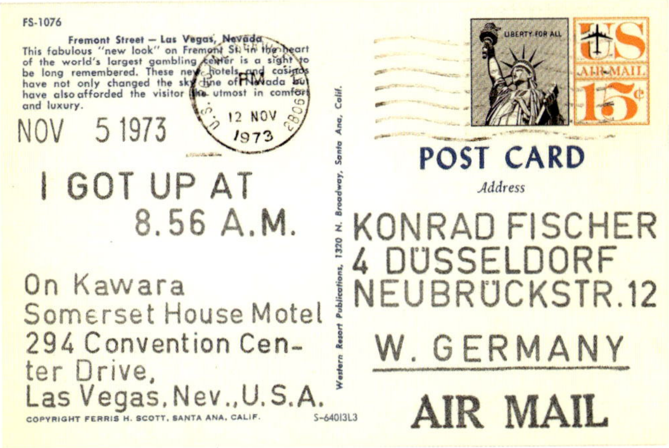

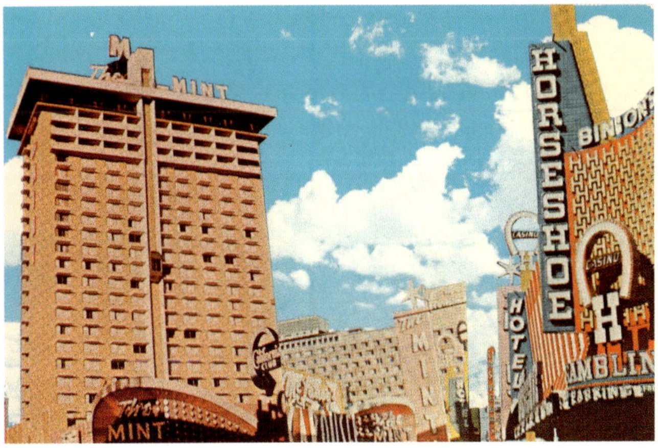

Abb. 8, On Kawara. I GOT UP, 9. Oct – 24. Dec 1973
Serie von 77 Postkarten, je 9 x 14cm, 2x je 10,2 x 15cm
Sammlung Fischer, Düsseldorf

[12] Derrida 1982, S. 20.
[13] Vgl. Wilmes 2000, S. 7ff.

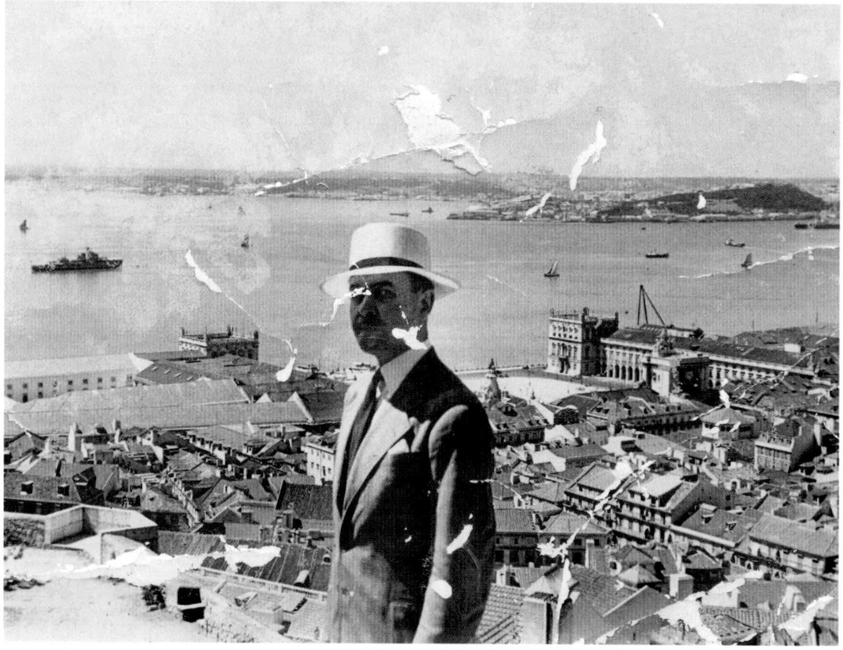

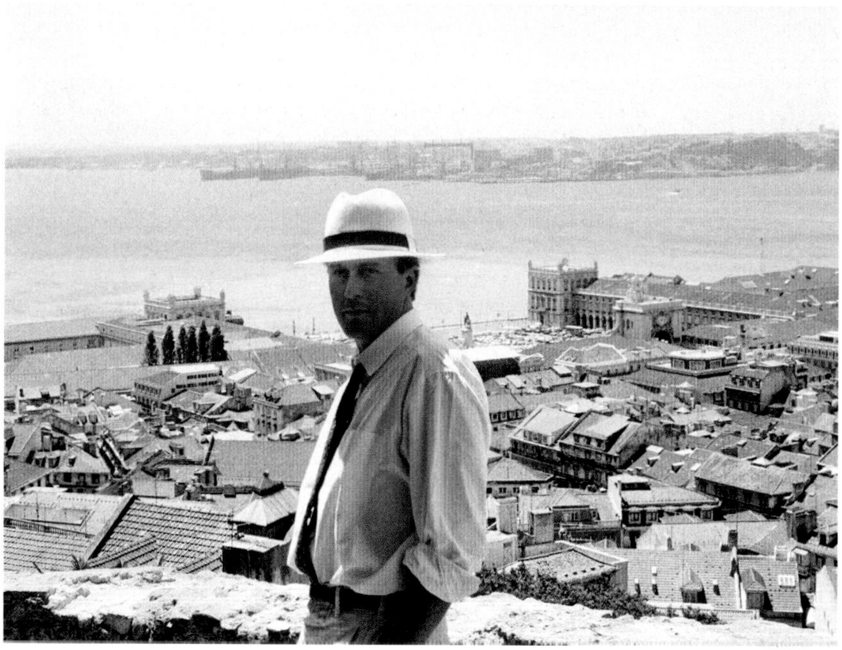

Abb. 9a, b, Bruno Rosier. Portugal, Lisbonne, 1949/1994
s/w Fotografien, je 24 x 16cm

Bruno Rosier, Un état des lieux

Bruno Rosier entdeckt 1992 auf dem Trödelmarkt die Fotografien eines Unbekannten. Auf Ihnen posiert der rätselhafte R.T. – lediglich diese Initialien finden sich auf den Bildrückseiten – vor den Points de Vues der emblematischen Wahrzeichen des internationalen Fernflugtourismus. Auf die Pyramiden von Gizeh folgen der Zuckerhut in Rio de Janeiro, die Schnellen von Iguassu und so fort. Die Porträts des mondänen Geschäftsmanns im stilvollen Thomas Mann Habitus entstammen den Jahren von 1935-54, mit einer signifikanten Unterbrechung zwischen 1940-45. Am Alterungsprozess des Dargestellten lässt sich zwar die Chronologie dieser Aufnahmen ausmachen,[14] dennoch bleibt im Dunklen, wer diese Fotografien aufgenommen hat. Man vermutet den Selbstauslöser, so introvertiert wirkt dieser seltsam einsame Globetrotter mit dem Ennui des „gejetlagten Cosmopoliten".[15]

Gemeinhin gilt die Fotografie als Identitätsspeicher. Dass in ihr aber nicht das Vergangene als Lebensspur, sondern nur noch als augenblickliche Konfiguration identifiziert werden kann, hatte schon 1927 Siegfried Kracauer in seinem Essay „Die Photographie" betont.[16]
Er unterscheidet daher das Gedächtnisbild vom fotografischen Bild. Die im Gedächtnisbild bewahrte Person wird in der Fotografie aus ihrem Kontext gerissen und somit fremd, ohne mündliche oder schriftliche Überlieferung nicht zu identifizieren.

Auf der 'Suche nach der verlorenen Zeit', erschafft Rosier mit „Un état des lieux" nicht nur eine Reflexion über das fotografische Souvenir, sondern ebenso über die Wesenseinheit des Menschen. Er durchbricht die von Roland Barthes für die Fotografie in Anspruch genommene durchsichtige Oberfläche einer versiegelten Vergangenheit, den Kokon einer unantastbaren Geschichte.[17] Ein halbes Jahrhundert nach R.T. hat Bruno Rosier den Fokus verdoppelt und wagt das Spiel von Differenz und Wiederholung der Trugbilder.
Bon voyage, et bien à vous, Bruno!

Simon Beer, Et in Arcadia Ego

Je komplizierter sich das Weltgeschehen in der unbefriedigenden Gegenwart gestaltet, desto eher sehnt sich der Mensch nach Unmittelbarkeit und ist geneigt, sich in gedankliche Gegenentwürfe zum Kanon der Alltäglichkeit zu flüchten. Dieser utopische locus amoenus erhielt einen Namen: Arkadien, seit Theokrit und Vergil besungen als ein goldenes Zeitalter, ein naturfernes Ideal der kreatürlichen Harmonie in Frieden und Bedürfnislosigkeit. Die tragisch grundierte Sehnsucht nach einer glücklicheren Welt befiel bald der Wurm des Gedenkens der Vergänglichkeit alles Irdischen. „Et in Arcadia Ego" schrieb zu Anfang des 17. Jahrhunderts der italienische Maler Giovanni Francesco Guercino unter einen am Boden liegenden Totenschädel, den zwei junge Hirten ergriffen betrachten; und in dem Gemälde von Nicolas Poussin, das auf Vergils 5. Ekloge anspielt, findet sich diese Aufschrift auf einem Steinsarg inmitten einer idyllischen Szene.

Simon Beers „Et in Arcadia Ego" setzt der obdachlosen Bukolik der Jetztzeit eine anarchisch provokante Gegenwelt entgegen. Beers eigensinnige Vision vom traumwandlerischen Zustandbefinden trägt in der Parodie des fortdauernden geheimen Sehnens nach ursprünglicher Naivität deutlich gebrochene Züge.
Angelockt durch Vogelstimmen und Wasserrauschen, gleitet man durch Stoffbahnen in den zum goldenen Tempel des Memento mori apostrophierten Sarkophag, um sich in dessen paradiesischer Abgeschiedenheit auf rotem Teppich zur Rast niederzulassen. Jedoch anstatt der anmutigen Landschaft der Schäferidylle erlebt der zeitgenössische Heilsuchende in dieser 'chill out lounge' bloß Instant-Feng Shui. Gelsenkirchenerbarockgerahmte, von elektrischen Walzen betriebene Leuchtkästen mit Motiven tropischer Wasserfälle und die meditativ murmelnde Tonkonserve erzeugen eine eigenartige Schwerelosigkeit.

Der Künstler erhebt diese Souvenirs eines Zustands der wunschlosen Seeligkeit, Objets trouvés made in China, aus ihrem Dasein als triviale Alltagsgegenstände zur Würde von Kunstwerken. Diese Geste bleibt rätselhaft, wenn man nicht erkennt, dass für Beer das Wesen der Kunst gerade in der Sakralisierung und lustvollen Hinterfragung des gewöhnlichen Lebens besteht – getreu dem Motto: „life is art enough" – und die kommunikative Kooperation seine wichtigste Strategie bedeutet.[18]

---

[14] Die Ausstellung zeigt eine Auswahl von 10 von 25 existierenden Motiven. Weiterführend vgl. Rosier 2004.

[15] „[...] un cosmopolitisme jet-lagué". Kraft 2004, S. 65.

[16] Kracauer 1927, S. 102.

[17] Vgl. Barthes 1989.

[18] Weiterführend zum Werk von Simon Beer s. Beer 1999.

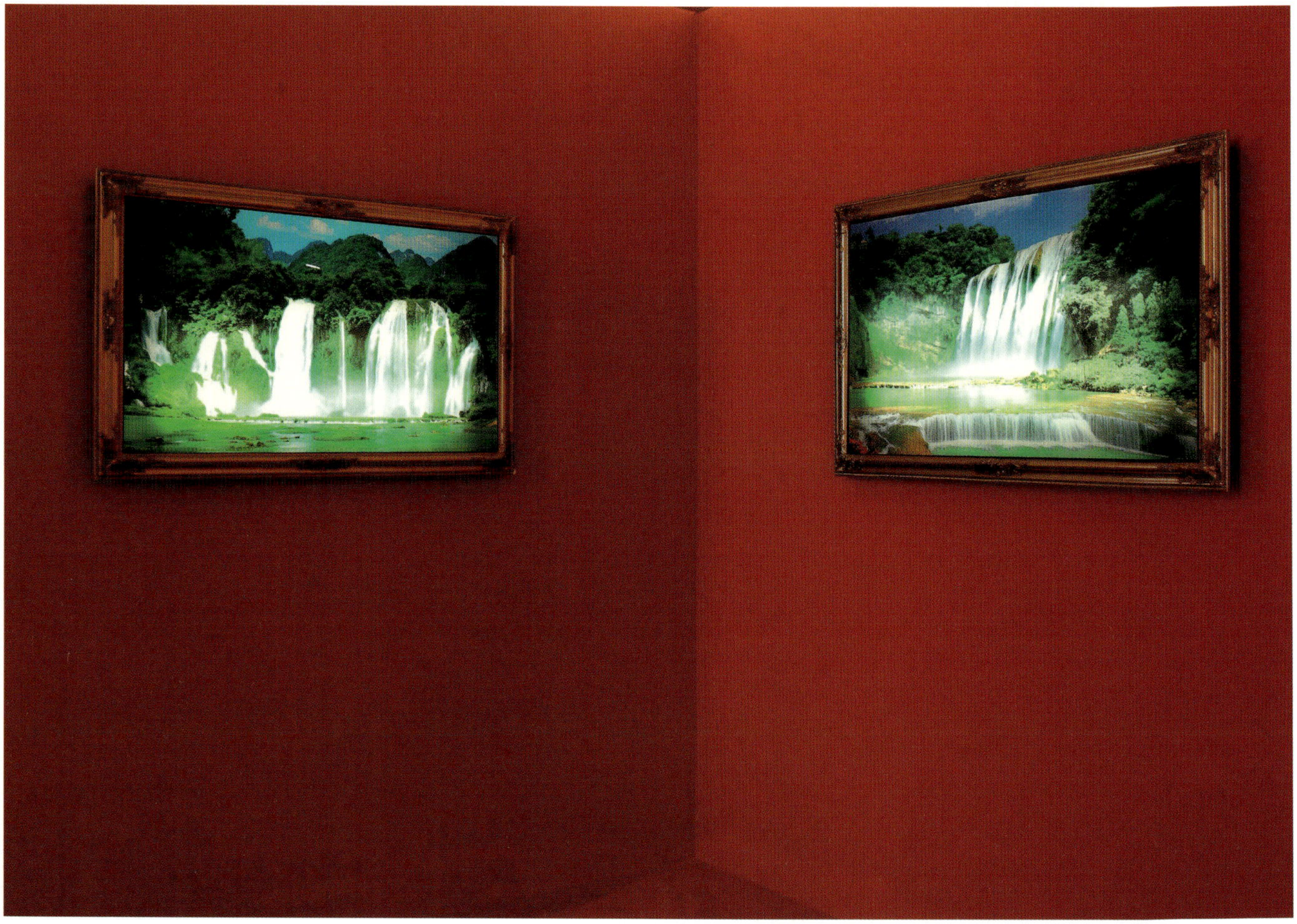

Abb. 10, Simon Beer (geb. 1964 Zürich, lebt in Zürich)
Et in Arcadia Ego, 2006
Installation im Museum für Angewandte Kunst Frankfurt,
anlässlich der Ausstellung DER Souvenir

Ulrich Schneider

Das Bärenfell – Medium der Erinnerung für Major Melzer

„Dann tat er Ungewohntes. Er stellte die Servierplatte mit dem fertigen Mokka neben das Bärenfell auf den Boden, stopfte einen Tschibuk und streckte sich der Länge nach auf dem Fell aus.“[1] Wenn Heimito von Doderer in seinem großen Erinnerungsroman „Die Strudelhofstiege oder Melzer und die Tiefe der Jahre“ seinen vornamenlosen Protagonisten Major Melzer zur Reflexion der kakanischen Vergangenheit verleitet, so stattet er ihn mit olfaktorischen Katalysatoren aus. Zum einen verbreitet das orientalisch zubereitete Getränk einen anregenden Duft, zum zweiten versetzt ihn das Nikotin, das Melzer mit der halbmeterlangen Pfeife inhaliert in den Zustand des Kèf, also in jenen Dämmerzustand, der einen Souvenir einleiten kann. Der dritte Geruch freilich entsteigt jenem Bärenfell, auf das sich Melzer gelegt hat.

1910, in den glücklichen Jahren der Doppelmonarchie, hatte Melzer, damals ein junger Leutnant, in Bosnien mit dem Bataillonskommandanten von Banjaluka, Major Laska, das Jagdglück seines Lebens gehabt. Großzügig überlässt ihm der väterliche Vorgesetzte den Schuss auf einen Bären. Die Decke dieses mächtigen Burschen begleitet ihn als teure Trophäe sein gesamtes buchgeborenes Leben.[2] Fünfzehn Jahre nach dem Treffer freilich kommt der Pelz recht aktiv ins Bild. „Melzer schnupperte vor sich hin und nun spürte er den feinen hellen Schnitt, welchen das dem Bärenfell von vielen sommerlichen Einmottungen her anhaftende Naphtalin durch den Duft des Tabaks und des Kaffees zog. Der Major setzte sich aufrecht, füllte das Mokkaschälchen, sog das starke Aroma ein und nippte ein wenig. ... Melzer war zunächst nicht fähig zu begreifen, in welchem Zusammenhange dies alles mit dem Café Pucher – wo er längst nicht mehr hinkam – stehen sollte: aber er dachte eben an das Café Pucher.“[3]

Der Erinnerungsstrang, an dem sich Melzer auf den folgenden zweihundert Seiten entlang hangelt, führt geradewegs zu dem knallartigen Skandal auf der Strudelhofstiege, bei dem der rabiate Oberbaurat Schmeller seine Tochter Ingrid aus den Armen des polnischen Diplomaten Stephan von Semski reißt. „Melzer fuhr aus seinen Erinnerungen und warf dabei das Kaffegeschirr um.“[4]
Was folgt, ist das Resterinnern an relativ Unerfreuliches, der vergebliche Versuch durch Inhalation des Bärenduftes den Erinnerungsstrang wieder aufzunehmen und der Verlust desselben.

Das Bärenfell, das im weiteren Verlauf des Romans wieder auftaucht,[5] hat in dem monumentalen Erinnerungsroman zwei Funktionen: Zum einen ist es Beutestück und Souvenir aus der orientalischen Fremde. Zu Recht wird das Fell, im Gegensatz zu Kaffeegeschirr und Pfeife, als „Ausdruck einer faszinierenden Wildheit des Anderen (Bosniens) dargestellt, das zur Peripherie des eigenen Territoriums geworden ist, auf dem man frei nach Belieben jagen darf: Abenteuer des kolonialen ‚Landtreters‘.“[6]

Gleichzeitig wird der Duft des Bärenfells zum Medium der Erinnerungsbeförderung. Erinnerung und Geruch durchziehen das literarische Werk Heimito von Doderers wie ein Leitmotiv. So öffnet „... die lebensfremd übersteigerte duftige Kühle des Lavendelwassers ... eine Tür nach rückwärts.“[7] Gleiches gilt eben auch für Naphtalin und Kampfer. Ist das gesamte Werk Doderers Erinnerung, in der Dinge, wie ein zerbrochener Peitschenstiel, Möbel oder Farben als kodierte Vehikel wirken, so sind es nichtdingliche Eindrücke, eben Gerüche, die die virulentesten Erinnerungen evozieren. Natürlich kannte Doderer Marcel Prousts zentralen Lebensroman „Auf der Suche nach der verlorenen Zeit“. „Mein Schreiben jetzt kommt jedoch aus dem Staunen über die in's immer klarer einfallende indirekte Licht gerückten Dinge der Vergangenheit [in Proust's Werk ist gerade diese Wurzel des Schreibens die überhaupt kardinale, er sagt es ja selber im Titel seines Hauptwerks]“.[8] Prousts Schlüsselstelle mit den Erinnerungskatalysatoren Lindenblütentee und Madeleine[9] werden mit der Gestalt Melzers gleichsam in eine männliche Sphäre transportiert, zu Tabak, Mokka und Bärenfell.

---

[1] Doderer 1980, S. 94.
[2] Doderer 1980, S. 78-84.
[3] Doderer 1980, S. 95.
[4] Doderer 1980, S. 295.
[5] Doderer, 1980, S. 326, 813.
[6] Müller-Funk 2001, S. 6.
[7] Löffler 2000, S. 185.
[8] Aus: Tangenten. Tagebuch eines Schriftstellers, 1940-1950, München 1964. Eintrag vom 7. 4. 1946. Zit. nach Löffler 2000, S. 143.
[9] Proust o.J., S. 66ff.

Birgit Gablowski

Fensterblicke

Hermann Schröer, Fotograf und Fernsehjournalist, begann 1988 während seiner Tätigkeit als Redakteur beim SWR-Fernsehen, die ihn in zahlreiche Länder auf allen Kontinenten führte, die Serie „Fensterblicke". Jeden Morgen, an dem er in einem Hotel- oder Gästezimmer aufwacht, fotografiert er seitdem den Blick aus diesem Zimmer – aus dem Fenster, auch durch das Fenster nach draußen.

Die Aufnahmen dieses fotografischen Reisetagebuchs, kleinformatig, maschinell abgezogen und von unterschiedlicher Qualität, zeigen zum Teil schon die Spuren der Zeit – Kleinbildaufnahmen als Erinnerungen im handlichen Format, wie sie heute der Souvenir jeder (Urlaubs-) Reise schlechthin sind. Zu sehen sind jedoch keineswegs immer touristische Highlights, sondern Ansichtskartenmotive ebenso wie grauer Beton und Baustellen, Hinterhöfe, Natur, Verkehrschaos – in Sambia, Ecuador, Chile, Hongkong, Israel, Japan, Marokko, Mexiko, Nordamerika, Ruanda und zahlreichen europäischen Ländern: der jeweilige Ausblick aus dem Fenster, wie der Fotograf ihn vorfand.

Das allen Aufnahmen gemeinsame gestalterische Moment thematisiert das „Fenster" der individuellen Wahrnehmung, zugleich Grenze und Verbindung zur Außenwelt, durch das das Bewusstsein Eindrücke (zumeist) erfasst und schließlich erinnert. Nicht das Fotografische steht im Vordergrund der Reihe, sondern eben das persönliche Erinnerungsbild, auf das der im Foto bildgewordene Moment verweist.

Hermann Schröer
Fensterblicke
Fotografien, Aufnahmen aus Hotelfenstern,
1988 2006

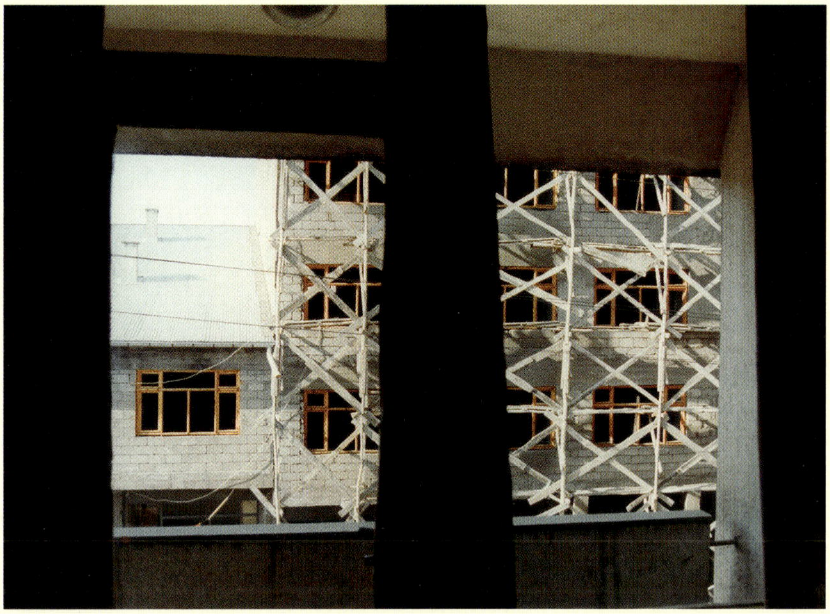

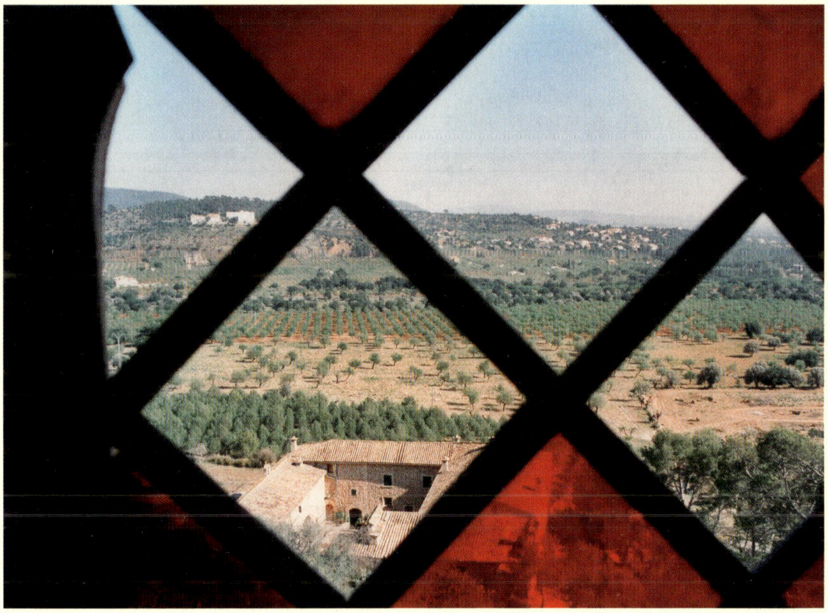

Mayart Granados

Digitale Speicherung und Erinnerung in der zeitgenössischen Kunst

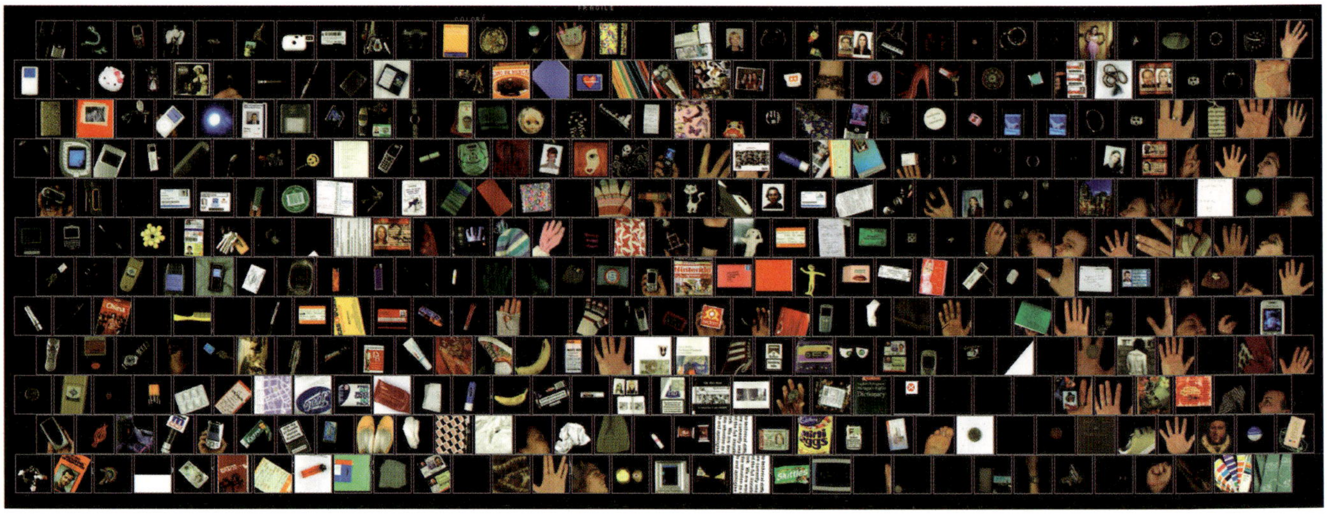

Abb. 1, George Legrady
Pockets Full of Memories
Interaktive Installation
Detail der Projektionsfläche
Ausstellung Cornerhouse, Manchester 2005

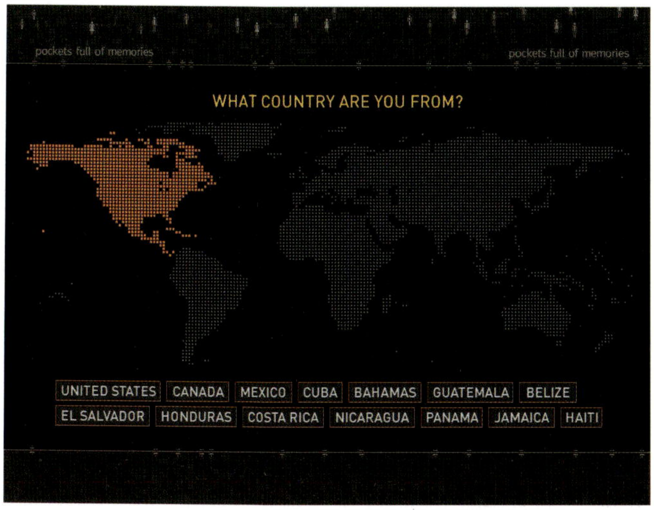

Viele Medienkünstler beschäftigen sich mit Fragen der Archivierung und der digitalen, mobilen Kommunikation. Die Werke, die hierbei entstanden, gehen von Netzkunst bis hin zu digitalen Erinnerungsarchiven, wie beispielsweise das private Erinnerungsarchiv „Things spoken“ der ungarisch-deutschen Künstlerin Agnes Hegedüs, oder ihre interaktive Installation „Memory Theater VR“ von 1997.[1]
Hegedüs verknüpft in dieser Arbeit die historische Idee der „Memory Theater“ – so genannten Wissensspeichern, die von italienischen Humanisten erdacht wurden, um das Wissen der Welt zu archivieren – mit der zukunftweisenden Technologie einer virtuellen Realität. Wie in anderen ihrer Arbeiten fordert sie dabei bewusst den Besucher auf, zum Benutzer zu werden und in einen Dialog oder ein Spiel mit der virtuellen Welt des Kunstwerks zu treten.

Eine andere Richtung schlagen Künstler ein, die Reisen – ähnlich den früheren Reisetagebüchern – im Internet dokumentieren. Schon in der Frühzeit des WWW entstand eine Reihe von Netzarbeiten, die man als „virtuelle Reisetagebücher“ bezeichnen kann.
Als frühes Beispiel sei das Projekt „Exodus“ von Michael Bielecky genannt, der 1995 während der Videokunstmesse „ars electronica“ in Linz durch Israel reiste, auf derselben Route wie Moses auf der Flucht aus Ägypten. Die Tour dokumentierte der Künstler online als eine Art weltweite Performance.[2] Im Projekt „Siberian Deal“ von Eva Wohlgemuth und Kathy Rae Huffman entstand im Jahr 1995 ein multimediales Reisetagebuch mit Fotos, Berichten und Karten von ihrer Reise von Moskau nach Sibirien, dessen Entstehen Internetuser „in Echtzeit“ mitverfolgen konnten.[3]
Interessante Reisedokumentationen stellen auch die Projekte von Felix Huber und Philip Pocock[4] dar: „arctic circle“ (1995), eine Reise durch den Norden Kanadas; „Tropic of cancer“ (1995) führte sie durch Mexiko; und „Equator“ von 1997 führte sie in einer geraden Linie, alle Grenzen überschreitend, am Äquator entlang.[5]
Andere Künstler beschäftigen sich mit der digitalen Kommunikation, wie etwa der Österreicher Igor Stromajer, der die Grundlagen der digitalen Kommunikation, das Versenden von Informationen in Paketen zum Ausgangspunkt eines mobilen Netzkunstwerks macht, das sich mit Glaubwürdigkeit und Identität, mit Emotionen und Ängsten im globalen Netz beschäftigt. In Form von Dateien werden seine wPacks auf Handys oder Rechner geladen. Diese konfrontieren uns mit kritischen Grafiken und Fragen, aber auch kleinen Programmen, die zur Installation auffordern. Stromajers Kunstwerke stehen beispielhaft für Kunstprojekte, die keinen Ort im Ausstellungsraum mehr haben, sondern in den Netzen existieren und sich erst in den Endgeräten der Rezipienten präsentieren.[6]
Die brasilianische Künstlerin Giselle Beigelmann nutzt für ihre Werke das Internet und Mobiltelefone. Sie schafft interaktive Aktionen, an denen jeder per Web oder Handy teilnehmen kann oder konnte. Einige bestanden im Rahmen einer Aktion oder eines bestimmten Zeitraums, zu anderen kann man noch heute seinen Beitrag senden.[7]
Auch Maciej Wisniewski nutzt die Interaktion mit Mobiltelefonen: 2004 entstand mit „Four Stories with a Twist“ ein algorithmisch generiertes Musikvideo, in das Besucher mittels einer Software-Applikation Bilder über Internet und Mobiltelefon beitragen konnten, die in das Video integriert wurden.[8]
„Künstler haben sich die Spontaneität und Mobilität von Mobiltelefonen zu Nutze gemacht, um das Verhältnis der Zuschauer zu Kunstwerken zu verändern und es ihnen zu ermöglichen, auf den Fluss der Ereignisse einwirken zu können. Implizit kommentieren diese Arbeiten Hoffnungen, dass eine weit verbreitete drahtlose Vernetzung zu neuer Form von ad-hoc Empowerment der Bürger führen könnte.“[9]

Abb. 2, George Legrady
Pockets Full of Memories
Interaktive Installation
Detail des Online-Fragebogens, 2005.

1 ZKM-Sammlung, Karlsruhe.
2 URL: http://exodus.avu.cz/ (02.03.2006)
3 URL: www.rhizome.org/artbase/1687/IS.html (02.03.2006)
4 URL: http://www.thing.net/~circle/ (20.04.2006).
5 URL: http://www.dom.de/acircle/index.htm (20.04.2006).
6 Kwastek 2004.
7 //**Code_UP web + mobile phone + bluetooth, 2004; [esc for escape] SMS + MMS + electronic billboard + web + DVD, 2004; egoscópio 2.0 SMS + MMS + web 2004.
8 Ausst. Algorithmische Revolution URL: http://www.zkm.de:81/algorithmische-revolution/ (02.03.2006) Zentrum für Kunst und Medientechnologie Karlsruhe (ZKM).
9 Wilson 2004, S. 93.

Interaktive Installation: „Pockets full of Memories“ von George Legrady

Ein Archiv von digitalen Erinnerungen, die direkt aus unserem Alltag stammen, wird während der Dauer der Ausstellung durch die Installation des amerikanischen Medienkünstlers George Legrady „Pockets full of Memories“ aufgebaut. Mit Hilfe einer Scanstation fügen die Besucher Bilder persönlicher Gegenstände einem elektronischen Archiv hinzu, das wächst, solange die Ausstellung läuft. Die Daten werden gespeichert. Die Datenbank wird im Großformat in Form einer Übersichtskarte an die Wand des Ausstellungsraums projiziert und ist im Internet abrufbar. Die eingescannten Objekte werden vom Besucher zusätzlich noch mit drei Schlüsselwörtern und mehreren Adjektiven beschrieben. Die Objekte bewegen sich anschließend auf der Suche nach weiteren Gegenständen mit ähnlicher Beschaffenheit auf der Projektionsfläche umher, wobei sowohl die optischen Eigenschaften wie auch die sprachlichen Beschreibungen zur assoziativen Zuordnung dienen können.
Dieses System beruht auf dem von dem finnischen Ingenieur Teuvo Kohonen[10] begründeten Algorithmus für eine selbstorganisierende Kartografie, d.h. die Datenbank sortiert die Objekte nach äußeren Merkmalen und den Beschreibungen, ist dabei lernfähig und fügt dazukommende Objekte in die geschaffene Ordnung ein. Die Objekte in der Datenbank, die auf der Projektionsfläche zu sehen sind, werden alle 100 Sekunden neu sortiert, so dass sich ein ständig wechselndes Gesamtbild ergibt. „Zuschauer“ aus aller Welt können außerdem mit den Daten auf der Website online interagieren, um sich Zugang zu den Beschreibungen zu verschaffen und die Objekte ausführlich kommentieren.
Zu Beginn der Ausstellung ist die Datenbank noch leer, aber sie wächst dank der Beiträge der Besucher. Während der Dauer der Ausstellung organisiert der Algorithmus das Datenmaterial, so dass am Ende der Ausstellung letztlich ein geordneter Status erreicht wird.
Das Projekt stellt eine Verbindung zwischen den Ausstellungen in beiden Häusern her, wobei sich die Basis der interaktiven Installation im Museum für Kommunikation befinden wird und zwei Browser-Stationen im Museum für Angewandte Kunst. „Pockets full of Memories“ schafft somit eine ständige Verbindung zwischen beiden Häusern und verweist wechselseitig auf den jeweils anderen Ausstellungsteil.
Die Arbeit wurde 2001 erstmals im Centre Pompidou in Paris und anschließend in verschiedenen Ausstellungen weltweit gezeigt. Immer beginnt die Datensammlung mit einem noch leeren Archiv. Legrady selbst wiederum sammelt die Beiträge aller Ausstellungen, so dass das Kunstwerk als ein wachsender digitaler Bestand von Erinnerungen bestehen bleibt.

George Legrady (geb. 1950 in Budapest) ist ein international renommierter Medienkünstler, der sich seit den achtziger Jahren mit Computerprogrammierung beschäftigt.
Sein künstlerisches und theoretisches Interesse gilt den durch Datenbanken, Kamera und Computer mediatisierten Informationsprozessen. Er ist Professor für interaktive Medien an der University of California, Santa Barbara.

---

[10] Kohonen 1995.

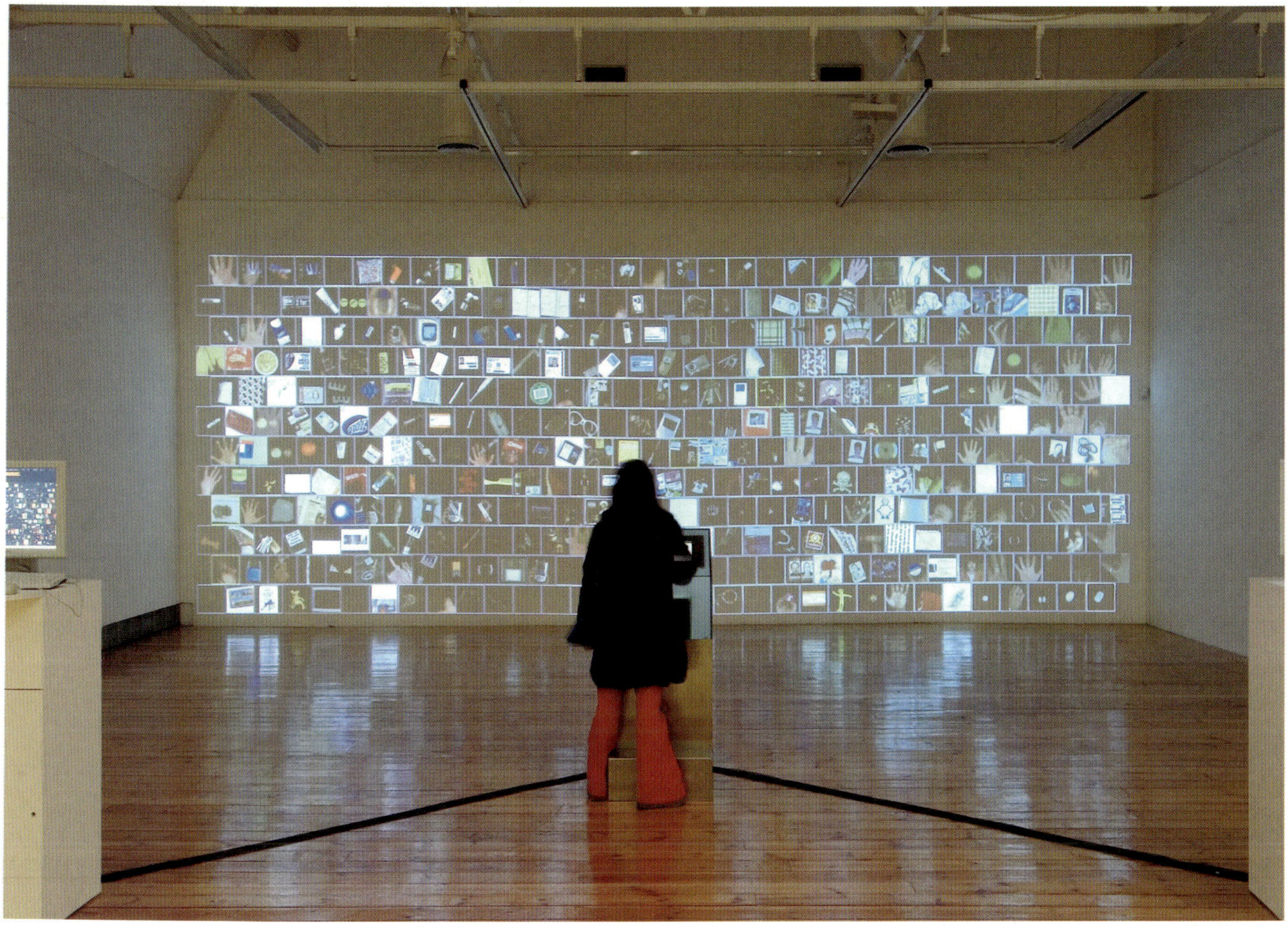

Abb. 3, George Legrady
Pockets Full of Memories
Interaktive Installation
Ausstellung Cornerhouse, Manchester, 2005-2006

Helmut Gold

„Feed it, watch it grow“[1]

Digitale Souvenirs

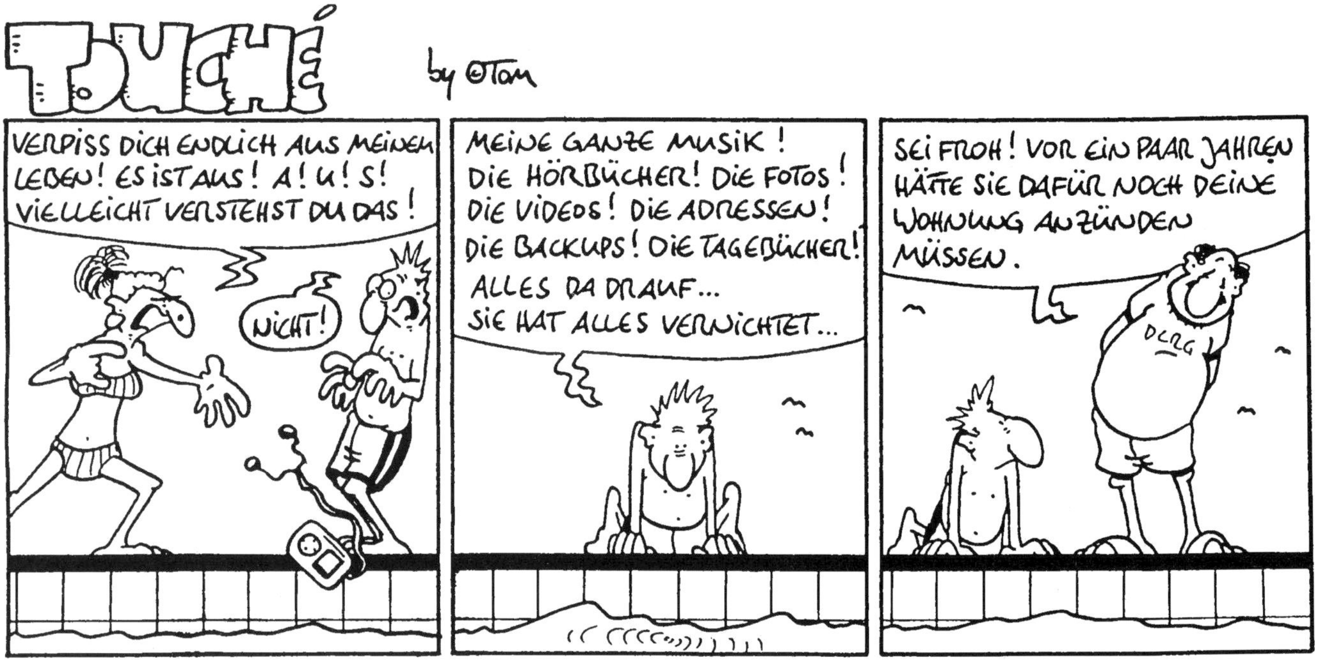

„Wenn wir das Geschäft mit den Erinnerungen in Kommunikation umwandeln können, dann ist das einer unserer größten geschäftlichen Erfolge“[2]

Definiert man Souvenir als Erinnerung in Dingen, dann sind digitale Souvenirs ein Widerspruch per se, ein Unding im Wortsinn. Allerdings gibt es gute Gründe trotz der fehlenden Gegenständlichkeit das Andenken aufgrund digitalisierter Aufzeichnungen nicht pauschal abzutun. Die Funktion eines Souvenirs zumindest ist nicht ausschließlich auf Dreidimensionalität und Stofflichkeit zu beschränken. Denn erstens gibt es schlicht, darauf wird noch ausführlicher zu kommen sein, eine riesige Flut digital gespeicherter Fotos, Töne und Texte, die aufbewahrt oder verschickt werden mit eben dem Ziel, an etwas zu erinnern. Zweitens gehören seit jeher zu den klassischen Souvenirs Briefe, Fotos und Postkarten – Objekte also, die obzwar von haptischer Qualität in die Kategorie der im Museumsjargon als „Flachware“ (ab)klassifizierten Exponate fallen. Exponate also, die fast ausschließlich zweidimensional erscheinen und sich zumindest in dieser Eigenschaft nicht grundlegend von der Wirkung eines wie immer gearteten elektronischen Bildschirms unterscheiden. Eine gewisse Verwandtschaft ist also zwischen Brief und Sprachnachricht, Papierabzug und Digitalfoto oder Postkarte und MMS vorhanden, auch wenn sich umgekehrt die Differenz nicht nur auf die Art und Weise der Speicherung reduziert. Es gibt also, das kann bereits festgehalten werden, digital Gespeichertes mit Souvenirfunktion, und es gibt durch aus Brücken von elektronischen zu klassischen (zweidimensionalen) Medien der Erinnerung.

Abb. 1, Das Handy als zentraler Speicher von Erinnerungen und Informationen aller Art.
Comic Touché, TAZ vom 9.1.2006

[1] Werbeslogan von Nokia Europa für die Software „Lifeblog“, eines digitalen 'Lebenslogbuchs'. In der deutschen Version lautet die Übersetzung „Fangen Sie Ihr Leben ein“, vgl. Nokia Europe 2006.

[2] Christian Lindholm, zit. n. Borchers 2004, S. 1.

Bei der Diskussion um Erinnerungskultur und deren Konjunktur spielt der Blick auf die Medialität eine zentrale Rolle,[3] wenngleich zurecht darauf verwiesen wird, dass eine Evolutionsgeschichte der Erinnerung sich umgekehrt nicht auf Mediengeschichte reduzieren lässt.[4] Die Erörterung der Medialität in der Erinnerungskultur nimmt vor allem Bezug auf das Internet „als Speichergedächtnis ohne Speicher"[5] oder auf die wachsende Bedeutung von Suchmaschinen für die Selektion.[6] In der wissenschaftlichen Diskussion gibt es zu der hier im Fokus stehenden Form individueller digital gespeicherter Erinnerung, etwa auf Fotohandys, meines Wissens weder theoretisch noch empirisch explizite Studien. Mir sind auch aus der Museumsbranche keine „Sammlungen" bekannt, die gezielt Belege digitaler Erinnerung bewahren und die Rückschlüsse auf die Motive der Speicherung, ihre Inhalte und den Kontexten möglich machen.[7] Dabei erscheint eine Differenzierung bei der Betrachtung digitalisierter Speichermedien durchaus lohnenswert. Anders als das World Wide Web, das in der Tat nicht mit Metaphern wie „Bibliothek" oder „Archiv" zutreffend gekennzeichnet ist,[8] können eigens angelegte Datensammlungen in persönlichen Medien wie dem Mobiltelefon mehr sein als ein endloser Datenpool und für das Andenken durchaus eine eigene Qualität besitzen. Einige Aspekte und Besonderheiten seien nachfolgend skizziert.

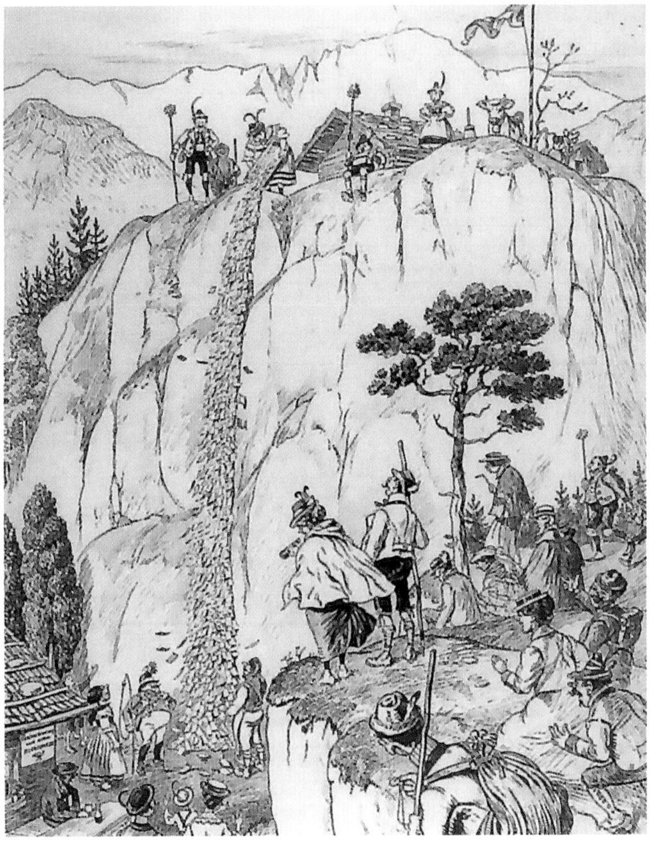

Abb. 2, Nicht nur neue Medien haben ihren „Hype" – Postkartenboom zu Beginn des 20. Jahrhunderts
„Wirth: ... An Wasserfall haben wir net .... aber wenn die Mirzl abends auf der Kasalm die Ansichtskarten 'runterschmeißt, so kommen die Leut' von weit und breit zum zuschau'n!"
Postkarte, 1907
Frankfurt, Museum für Kommunikation Frankfurt

Kumulation, Konzentration und Selektion

Allein der Name Mobiltelefon ist heute bereits irreführend, weil er unter den vielfältigen Funktionen, die die Geräte bieten, nur eine benennt. Das „Handy" schon der Gegenwart (und erst Recht der Zukunft) avanciert zu einem Universalgerät in Sachen Informationsverarbeitung und -übertragung, das Funktionen wie Diktiergerät, Terminkalender, Bildtelefon, Fotoapparat, TV, PC, MP3-Player, Radio, Internet und Navigation vereint zu einer Art „Schweizermesser für die Informationsgesellschaft"[9]. Entsprechend enthält es nicht nur massenhaft Daten, sondern es zentralisiert auch die unterschiedlichsten medialen Aufzeichnungen aus Bild, Text und Ton.

[3] Vgl. Esposito 2002, S. 357.
[4] Vgl. Oesterle 2005, S. 19.
[5] Assmann 2004, S. 56.
[6] Vgl. Esposito 2002, S. 356.
[7] Ein zur Ausstellung im Museum für Kommunikation initiierter Wettbewerb in Kooperation mit T-Online dient deshalb auch der Akquisition von Belegen. Vgl. URL: http://www2.onleben.t-online.de/dyn/c/72/37/54/7237546.html
[8] Vgl. Assmann 2004, S. 56.
[9] Reischl/Sundt 1999, S. 11.

Angesichts der wachsenden Datenflut und Vielfalt, die sich kumuliert, stellt sich die Notwendigkeit einer klaren Zuordnung und der Selektion. Ein Problem, das bereits 1945 von Vannegar Bush in seinem visionären Artikel „As we may think" sah – und technisch zu lösen suchte.[10] Bush, der während des Zweiten Weltkriegs als Direktor des Büros für wissenschaftliche Forschung und Entwicklung Tausende Wissenschaftler der USA koordinierte, wollte die kriegsbedingte Zusammenarbeit an einer gemeinsamen Sache für eine neue Herausforderung nutzen: der assoziativen Verknüpfung und Speicherung von Informationen mittels einer Maschine, die er MEMEX (Memory extender) nannte. Ausgangspunkt waren für ihn die Leistungen der Aufzeichnungsmedien seiner Zeit – damals noch getrennte Techniken: Rechenmaschinen, Mikrofotografie, Fernsehen sowie Anfänge der Spracherkennung und Sprachsimulation: „Die Auswahl durch Assoziation – und nicht nur durch Indizierung – müsste hierzu mechanisiert werden. [...] Stellen Sie sich ein künftiges Arbeitsgerät zum persönlichen Gebrauch vor, das eine Art mechanisierten privaten Archivs oder Bibliothek darstellt. [...] Ein MEMEX ist ein Gerät, in dem ein Individuum all seine Bücher, Akten und seine gesamte Kommunikation speichert und das so konstruiert ist, dass es mit außerordentlicher Geschwindigkeit und Flexibilität benutzt werden kann. Es stellt eine vergrößerte persönliche Ergänzung zum Gedächtnis dar".[11] Bush stellte sich diese Maschine 1945 als Schreibtisch vor mit elektromechanischer Technik, einem Mikrofilmarchiv und berührungsempfindlichen Projektionsflächen.

60 Jahre später knüpft einer der prominentesten Protagonisten in der Mobilfunkbranche, Christian Lindholm, an die MEMEX-Idee an und hält sie für realisiert – durch eine Software für das Handy! „Lifeblog is a commercial incarnation of the MEMEX".[12] Pünktlich zur CeBIT 2006 erschien die neue Software auf dem Markt, die nicht weniger zum Ziel hat, als gewissermaßen das Erstellen eines allumfassenden Lebenslogbuchs zu gewährleisten. „Lifeblog 2.0", das aus dem Forschungsprojekt „Maypole"[13] hervorging und zwischenzeitlich den Namen „Memory+x" trug[14], will durch intelligentes Verknüpfen von gespeicherten Bild-,

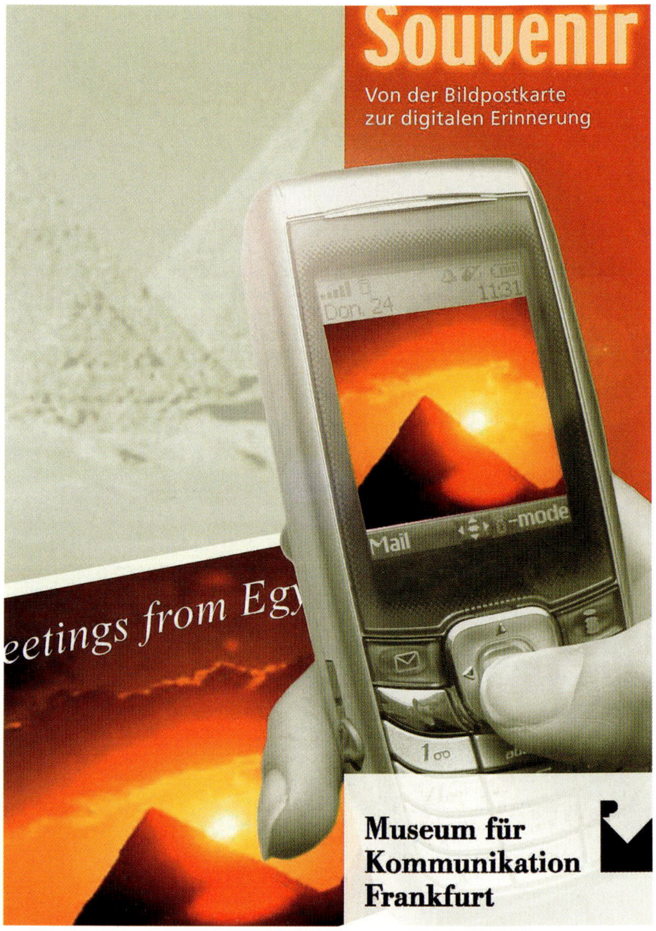

Abb. 3, Erinnerung durchs Handyfoto: Das digitale Souvenir Frankfurt, Museum für Kommunikation Frankfurt

[10] „The prime action of use is selection, and here we are halting indeed", Bush 1997b, S. 5.
[11] Bush 1997a, S. 2f.
[12] C.L. in: Turnbull 2005, S. 5.
[13] Vgl. Battarbee o.J.
[14] Vgl. Borchers 2004.

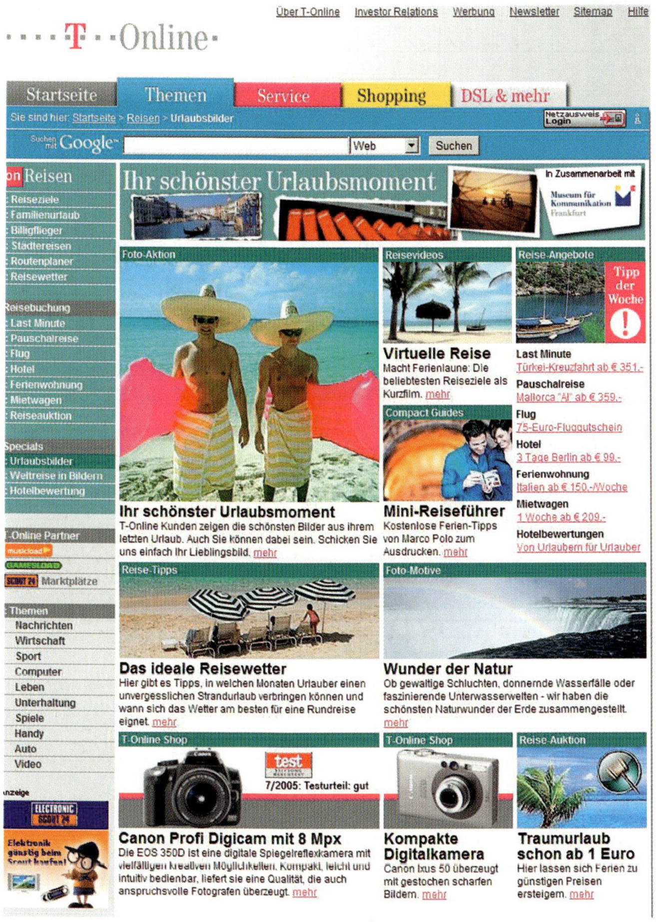

Ton- und Sprachaufzeichnungen Ordnung und Zuordnung für auf dem Mobiltelefon gespeicherte Daten schaffen und so „ein multimediales Tagebuch [...] dabei fast wie von selbst"[15] entstehen lassen. Wer mit einem solchen Produkt auf den Markt geht, erwartet Nachfrage. Christian Lindholm, inzwischen Vizepräsident der Global Mobile Products von Yahoo, nennt das Zusammenwirken von drei „Megatrends" als Grundlage für die Geburt des neuen Produkts: „the digitalisation of memories, the increase in content due to digital media, and the evolution of the ubiquity of the camera".[16] Die Herausforderung bestehe darin, auf diese Entwicklungen zu reagieren: „This is a [...] social transformation [...] We're now taking photos not just for sharing, but also for keeping [...]. Bisher sei das nicht ausreichend gelungen: „...there is an explosion of digital content; and for some time, there has been an innovation vacuum."[17] Lifeblog soll in dieses Vakuum stoßen. Lindholm nutzt selbst von Beginn an die neue Technologie. Am 9. März .2006 notierte er auf seiner Homepage „I'm still liferecording at similar pace. Today my Lifeblog has 17.887 items in it, 11.161 images, 4.889 sms's, 30 mms, 843 videos, 405 notes and 286 posts."[18] Natürlich repräsentiert das Beispiel des „godfather of mobile phone users"[19] kein durchschnittliches Nutzerverhalten heute, aber es zeigt künftiges Potential: Ist es wirklich ausgeschlossen, dass eine solche Nutzung von mobilen Alleskönnern auf breiter Basis gängig, solche und ähnliche Software nachgefragt und millionenfach gekauft wird? Die Entwicklung der Mobiltelefone verlief seit Beginn an mit enormer Dynamik. Während das klassische Telefon von der Erfindung Ende des 19. Jahrhunderts bis zur weitgehenden Durchdringung im Alltag mehr als 100 Jahre benötigte[20] wuchs die Verbreitung der Mobiltelefone in nicht mal zehn Jahren von 3,8 Mio. (1995) in Deutschland auf 71,3 Mio. Handys in 2004 (das entspricht 86,9% der Gesamtbevölkerung, nicht nur der Haushalte!)[21]. Ähnlich atemberaubend verlief der Siegeszug digitaler Fotografie, die die konventionelle längst überflügelt hat, und die sich in kürzester Zeit mit der Funktion der Mobiltelefonie verband: 2003 hatten nur 9% aller verkauften Mobiltelefone eine Kamera, heute geht man von mehr als 70% aus.[22] Insgesamt verkauft die Branche

Abb. 4, Aufruf zum Wettbewerb „Ihr schönster Urlaubsmoment" auf der Startseite von T-Online
Digitale Urlaubssouvenirs wurden per Mail eingesandt und im Internet bewertet.

[15] Nokia Pressemitteilung, März 2006. Vorbild zu diesem Projekt sollen die persönlichen Aufzeichnungen eines Freundes gewesen sein: „Back in the mid-90s, Nokia usability guru Christian Lindholm was impressed by a friend's 'lifebook', a desk diary where he kept cuttings and photographs, lists of expenses, ideas for home decoration, notes about what he had been doing. It was scattered, but in many ways brilliant, depiction of exactly what its owner had been doing, and when. Lindholm promised his friend, he'd create something similar in the digital world." McIntosh 2004.

[16] Lindholm 2005.

[17] Lindholm in: Turnbull 2005, S. 5.

[18] Lindholm 2006.

heute bereits mehr Fotohandys als Digitalkameras. Angesichts der Geschwindigkeit, in der diese Produkte sich im Alltag etablieren, nahm – rückblickend gesehen – die Verbreitung der Medien der industriellen Revolution, Telegrafie und Telefon, geradezu einen beschaulichen Verlauf. Nicht selten überrascht heute die Nutzung der neu entstandenen Möglichkeiten selbst die Entwickler. So war der grandiose Siegeszug der SMS, ein Nebenprodukt der Mobiltelefonie, in der Form nicht vorhersehbar – die Rückkehr der Schriftform bei durchaus umständlicher Bedienung (Mehrfachbelegung der Tasten, limitierte Zeichenzahl usw.). Heute ist dieser Short Message Service insbesondere bei Jugendlichen dominierend selbst gegenüber jenem Dienst, für dessen mobilen Einsatz die Geräte ursprünglich geschaffen wurden: Das Telefonieren.[23] In der Verknüpfung mit Bild und Ton (MMS) setzen die Anbieter auf einen ebenfalls wachsenden Markt (2004: 116 Mio. MMS mit hohen prognostizierten Wachstumsraten).[24] Diese technischen Möglichkeiten, kombiniert mit einer weiter entwickelten Technik der Memex/Lifeblog Idee könnte in der Tat ein Zukunftsgeschäft werden und in Form eines elektronischen „Erinnerungsmanagement" Souvenirs digital ergänzen, z.T. ersetzen und aufbewahren.

Ubiquität, Entwertung und Individualisierung

Zu Recht kann eingewendet werden, dass selbst die beeindruckensten Zahlen über die massenhafte Nutzung nichts darüber aussagen, inwieweit SMS, MMS und Fotos auch langfristig aufbewahrt werden. Im Gegenteil, die Massenhaftigkeit und leichte Verfügbarkeit – das ist bei den industriell gefertigten klassischen Souvenirs ja nicht anders – führen zunächst unmittelbar zu einer Entwertung. „Und dann ist immer Diaabend" beschrieb Hanno Rautenberg die Befürchtung vor den Auswüchsen der Handyfotografie, die nur noch Randbemerkungen, „Eindrücke im Vorübergehen"[25] seien, die ebenso schnell gelöscht würden, wie sie entstanden sind: „Nichts und niemand bremst, Fotografieren wird wahl- und endlos"[26] und verlöre dadurch an Gewicht für die Erinnerung. Rautenbergs Einschätzung erfolgte zu einem Zeitpunkt, als die Fotofunktion im Mobiltelefon noch selten, luxuriös und technisch von schlechter Qualität war. Zugleich droht sie, der von Enzensberger beschriebenen Gefahr zu erliegen, wonach Prognosen zur modernen Medientechnik leicht ins „Apokalyptiker" versus „Evangelisten" Extrem verfallen.[27]

Aus der Erfahrung der Kommunikationsgeschichte allerdings relativieren sich beide Pole und allzu eindimensionale Befürchtungen. Die Prozesse eines Medienwandels verlaufen differenziert. Wie oft bei der Einführung neuer Medien gibt es zu Beginn häufig eine Art Überreaktion, bei der die Nutzung um der Nutzung willen im Vordergrund steht – das war bei der Einführung des Handys nicht anders als vor mehr als 100 Jahren bei der Postkarte (Abb. 2). Die große Menge solcher „Mitteilungen" landete und landet im Papierkorb – früher im realen, heute im virtuellen. Auch tritt ein neues Medium nicht einfach an die Stelle eines alten, vielmehr findet eine Ausdifferenzierung bei der Nutzung statt. Schon 1913 sah Wolfgang Riepl darin ein „Grundgesetz der Entwicklung des Nachrichtenwesens".[28] So wenig wie das Radio durch das TV abgelöst wurde, der Brief durch das Fax, so wenig ist die Postkarte angesichts SMS und MMS überflüssig geworden.

Sicher übernehmen aber die neuen Dienste, zumal beim jüngeren Publikum, in zunehmendem Maß Funktionen, die zuvor ausschließlich das klassische Medium bot. Dazu gehört auch die, ein Souvenir, einen Gruß von unterwegs zu senden. Bei der für die Ausstellung „Erinnerung ohne Dinge?" im Zentrum stehende Entwicklung der Postkarte hin zu elektronischen Varianten zeigen sich aber auch viele Zwischenformen und Rückübersetzungen, die typisch für den Ausdifferenzierungsprozess sind. So sind z.B. die vollelektronisch erstellten und versandten eCards im Grunde nur eine besondere Form der E-Mail – aber virtuell wird bewusst das Postkartenformat (schon im Namen) aufgegriffen, obwohl jede E-Mail doch ohnehin mit Bildanhang zu verschicken wäre und beliebig kurz sein kann. Die Ver-

---

19 So die größte finnische Tageszeitung „Helsinging Samomat" zit. n. Lindholm 2006.

20 Erst in den achtziger Jahren des 20. Jahrhunderts wurde eine weitgehende Versorgung der Haushalte erreicht, noch 1963 besaßen nur 13% aller Haushalte in Deutschland ein Telefon. Vgl. Baumann 2000, S. 44f.

21 Monitoring Informationswirtschaft 2005, S. 18.

22 VATM Pressemitteilung 2005.

23 Vgl. Nowotny 2004, S. 13: Für Mädchen fungiert die SMS als Hauptfunktion des Handys (80,8%!), telefonieren wird von 4,7% genannt. Bei den männlichen Jugendlichen ist das Verhältnis ausgewogener: 45,2% SMS/38,9% Telefon.

24 Monitoring Informationswirtschaft 2005 und VATM Pressemitteilung 2005.

25 Rautenberg 2002, S. 41.

26 Ebd.

27 Enzensberger 2003, S. 106ff.

28 Zit. n. Kübler 2003, S. 102.

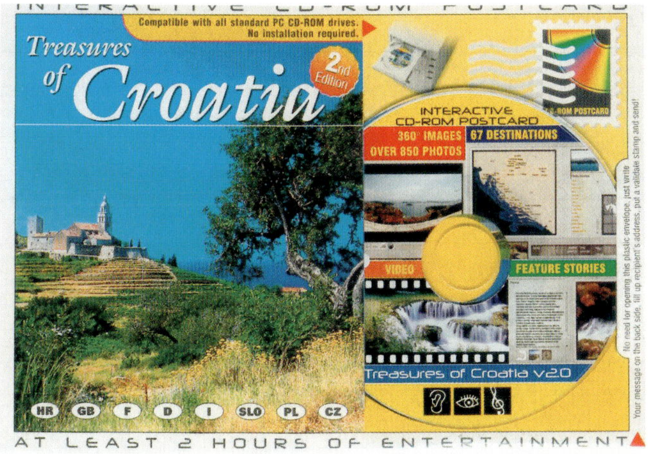

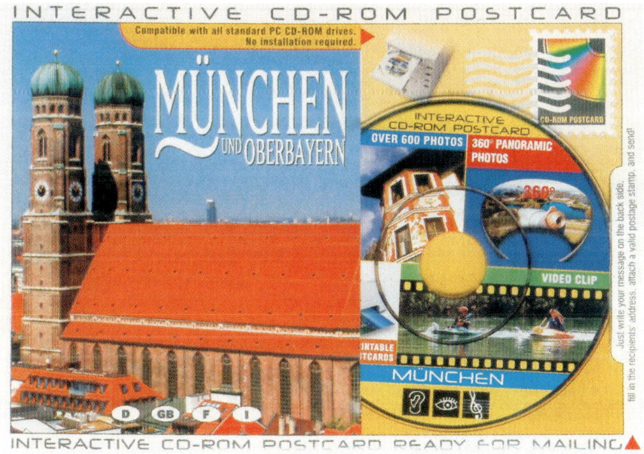

Abb. 5a, b, Traditionelle und moderne Datenträger im Mix: „Interactiv CD-ROM Postcard" Postkarten als Träger von CDs, Gideon-Multimedia

breitung dieser eCards ist statistisch nicht zu erfassen, allein die Zahl der Anbieter ist jedoch Legion.[29] Bei Diensten wie „MMS to Postcard" wird das digital erstellte Bild als Postkarte ausgedruckt und im Papierformat zugestellt. Dies ist in gewisser Weise ein Anachronismus, weil sich die Übermittlung dadurch verzögert. Weiter gibt es umgekehrt interaktive CDs als neue Form des Reiseandenkens – mit umfangreichen Bild- und Toneindrücken der jeweiligen Sehenswürdigkeiten. Einerseits bietet die CD enorme Speicherressourcen, andrerseits sind es gerade die großen Datenmengen, die sich für den Versand per E-Mail nun nicht eignen, so dass diese speziellen CDs nun per Postkarte (!) versandt werden.

Auch für das Aufbewahren bedient man sich vorwiegend klassischer Bezeichnungen und traditioneller Formen: Es gibt SMS/MMS-Alben fast aller Mobilfunkanbieter, elektronische Poesiealben und Tagebücher u.v.m., deren Gestaltung in Verbindung mit der modernen Technik z.T. bewusst nostalgisch anmutet. Zunächst zeigen diese Phänomene den Bedarf an Speicherung/Erinnerung sehr wohl auch in digitalen Systemen: Nicht alles ist – trotz der enormen Datenmenge und damit einhergehenden Relativierung – für den flüchtigen Gebrauch und das anschließende Löschen angefertigt. Darüber hinaus ist der Rückgriff auf traditionelle Formen offenbar ein Ausdruck der Wertschätzung gerade im Kontext der Erinnerung und ein Versuch der Individualisierung dieser Erinnerung. Es kennzeichnet Aufbewahrungswertes und gibt zugleich einen Hinweis darauf, wie sich die „arbeitsteilige" Mediennutzung bei Postkarte und MMS entwickeln wird: Während der rasche und flüchtige Urlaubsgruß wohl zunehmend massenhaft dem technisch einfacheren Weg (als SMS, E-Card und MMS) folgen wird, erfahren demgegenüber besonders individuell gestaltete Botschaften eine Aufwertung. Dies kann in der bewussten Wahl für das traditionelle Medium und dessen sorgsamer Verwendung erfolgen,[30] aber auch in der besonders originellen Anwendung der neuen technischen Möglichkeiten: Denn das allzeit mitgeführte Fotohandy übermittelt zwar keine handschriftlichen Grüße von unterwegs, bietet demgegenüber aber die Option des individualisierten Bildmotivs (im Unterschied zu den

[29] So verzeichnet allein Google (www.google.de) mehr als 50 Mio. Treffer unter dem Stichwort eCard (Stand 10.04.2006).

[30] Eine ähnliche Entwicklung ließ sich beim Brief – etwa gegenüber der E-mail – beobachten: Quantitativ geht das Aufkommen privat geschriebener Briefe zurück, aber die Wertschätzung für einen individuellen, zudem handgeschriebenen Brief ist umgekehrt gewachsen: Er gilt als etwas Besonderes. Nicht zufällig bedienen sich viele Direktmailing-Aktionen des (scheinbar) persönlichen Anschreibens und Schreibstils, um besonders persönlich zu wirken.

Postkarten als Massenware). Die klassische Postkarte in ihrer „edlen", d.h. individuell bearbeiteten Form und das digital gesendete Bild mit persönlichen Bezügen haben in der Flut der konventionellen Wegwerfgrüße gleichermaßen das Potential zum aufbewahrenswerten, besonderen Souvenir.

Entlastung, Verlust und Reproduzierbarkeit

Mag die Intention langfristiger Aufbewahrung also auch bei digitalen Daten vorhanden sein, so steht die tatsächliche Tauglichkeit moderner Speichermedien vielfach in Frage. Alida Assman diagnostiziert, dass „die Bequemlichkeit der Aufzeichnung und Kapazitätssteigerung in einem inversen Verhältnis zur Stabilität der Datenträger steht",[31] Manfred Osten formuliert die befürchteten Folgen eines wachsenden Vertrauens in digitale Aufzeichnungen programmatisch gleich im Buchtitel: „Das geraubte Gedächtnis [...] und die Zerstörung der Erinnerungskultur".[32] Lakonisch auf den Punkt bringt die Entwicklung Harald Weinreich: „Gespeichert, das heißt vergessen".[33] Beschrieben wird eine problematische Ambivalenz: Einerseits verführten die neuen Medien mit ihrer schier endlosen Speicherkapazität, diese in zunehmendem Maße zur Aufbewahrung zu nutzen und dadurch auch an diesbezüglichen Fertigkeiten zu verlieren, nachlässig mit der eigenen Erinnerung zu sein. Andrerseits wäre das den neuen Trägermedien Anvertraute gerade nicht gerettet, sondern aufgrund der raschen Technologiewechsel zunehmend unzugänglich (nicht mehr „lesbar") und letztlich verloren. „Die kulturellen Implikationen dieser Tatsache sind bisher noch gar nicht erkannt worden. Vermutlich läuft das Ganze darauf hinaus, daß wir uns immer mehr immer weniger lange merken können."[34]
Die Sorge, dass das Vertrauen in externe Speicher trügerisch sei, weil die eigene Auseinandersetzung mit Vergangenem verkümmere, wird schon bei Platon formuliert (Phaidros bzw. Siebter Brief), der sich aus diesem Grund gegen eine zu hohe Wertschätzung der Schrift wandte: „Wer dies lernt (die Buchstaben H.G), dem pflanzt es durch Vernachlässigung des Gedächtnisses Vergesslichkeit in die Seele, weil er im Vertrauen auf die Schrift von außen her durch fremde Zeichen, nicht von innen heraus sich selbst die Erinnerung schöpft."[35] Die Kritik zielt vor allem auf die Defizite beim Erkenntnisgewinn, weil der Auseinandersetzung mit verschriftlichten Gedanken das dialogische Prinzip fehle, das Eingehen auf den Adressaten. Bestenfalls sieht Platon die Rolle der Schrift „um des Spieles willen[...] für die Zeit, da er ins Alter der Vergesslichkeit gelangt."[36] Dieses Motiv der externalisierten Aufbewahrung im Sinne von Entlastung zum eigenen Andenken und zur Identitätsversicherung mag mit Blick auf den Erkenntnisgewinn gering zu schätzen sein, es erscheint angesichts heutiger Lebensumstände aber durchaus opportun und in seiner Notwendigkeit kaum bestritten.

Schwerer wiegt heute, wenn die zunehmende Externalisierung von Gedächtnisleistungen nicht nur methodisch problematisiert wird, sondern auch technisch:[37] Zurecht wird warnend darauf hingewiesen, dass die Langlebigkeit elektronischer Aufzeichnungen vielfach überschätzt wird. Die CD ist garantiert nicht für die Ewigkeit gemacht, viele elektromagnetische Datenträger sind noch weniger beständig. Und selbst wenn die gespeicherten Daten noch nicht verloren sind, sind sie allein dadurch gefährdet, wie schon nach wenigen Jahren passende Hard- oder Software veraltet. Kurzum, auch hier gilt: „[...] humanity has still not solved the problem of electronic memory and how to store it".[38]
Pessimistisch gesehen droht der „horror digitalis für die anamnetische Kultur",[39] optimistisch betrachtet besteht hier nur eine selbstredend technisch zu lösende Herausforderung. Eine realistische Einschätzung wäre dazwischen anzusiedeln. Das nahe liegende, probate Mittel gegen Datenverlust wäre das Umkopieren und Konvertieren jeweils der gefährdeten Daten. Angesichts digitalisierter Archive und Bibliotheken stoßen solche Vorhaben jedoch schnell an finanzielle und personelle Grenzen.[40]

Für die hier im Zentrum stehenden persönlichen Erinnerungsdaten stellt sich das Problem des Datenverlustes

---

[31] Assmann 2004, S. 56.
[32] Osten 2004 .
[33] Weinreich 1997, S. 257.
[34] Enzensberger 2003, S. 122.
[35] Platon Phaidros 2002, 274C, S. 86.
[36] Platon Phaidros 2002, 274C, S. 89.
[37] „Bei den Magnetmedien lagern die Info-Bits in hauchdünnen organischen oder metallischen Filmen, die mit einer Chemikalie auf das Trägermaterial geklebt sind. Mit der Zeit aber löst sich das Bindemittel [...]. Mit dem Ergebnis, dass Experten für [...] Bänder, Floppy oder Zip-Disks nur eine Datenhaltbarkeit von etwa zehn Jahren garantieren. [...] optische Gedächtnisspeicher versprechen [...] eine längere Haltbarkeit etwa für CD ROMs. Aber [...] im Lauf der Zeit wird die Metallschicht auf der Scheibe stumpf. Dann reflektiert das Laserlicht nicht mehr punktgenau." Osten 2004, S. 81.
[38] Lindholm in: Turnbull, 2005, S. 5.
[39] Osten 2004, S. 75.
[40] Vgl. Osten 2004, S. 84ff.
[41] Fotoretuschen gab es, seit es Fotografie gibt, aber die Nachbearbeitung digitaler Fotografie ist selbst für Laien denkbar einfach geworden. Keine fotografisch festgehaltene Erinnerung an Familienfeste oder Urlaube muss mehr mit roten Augen oder unerwünschten Schatten leben. Alles

weniger dramatisch. Gerade die Speicherung von Bild, Ton und Text auf den „Handheld"-Geräten bleibt beim Modellwechsel erhalten, der Nutzer will ja den übergangslosen mobilen Zugriff auf eben jene vertrauten Daten und Inhalte. Dazu arbeiten moderne Geräte und Software immer mit der Synchronisation mit dem PC (sozusagen als Doppelauslagerung), so dass eine Restitution verlorener Daten möglich bleibt.

Eine weitere Möglichkeit der „Datensicherung" besteht natürlich in der Option, gespeicherte Bild- und Textdaten auszudrucken. Eigene Farbprints in Fotoqualität sind längst erschwinglich. Diese potentielle Materialisierung des mobilen digitalen Souvenirs erlaubt eine beinahe uneingeschränkte Flexibilität, auch die parallele Nutzung z.B. des gleichen Bildes als klassisches Foto wie auf dem Handy/PC. Derzeit ist diese Option freilich auf den Ausdruck von Text und Bild beschränkt. Verfolgt man die Entwicklungen von so genannten 3-D Plottern in Forschung und Industrie, mag eines Tages auch die maßstabsgerechte „Eigenfabrikation" von Souvenirs nach zuvor digital erfassten Daten im Bereich des Möglichen sein.

Unabhängig davon, was zukünftig denkbar ist, stellt die potentiell ubiquitäre Reproduzierbarkeit natürlich auch die Frage nach Echtheit und Authentizität – d.h. eigentlich stellt sie sich nicht mehr: Es gibt nur mehr Kopien eines einmal aufgezeichneten Datensatzes, der im Übrigen natürlich auch noch bearbeitet sein kann.[41] „Wir leben heute nicht mehr nur im Zeitalter der technischen Reproduzierbarkeit des Kunstwerkes, das die Aura des Originals in Frage stellt, sondern auch im Zeitalter der universalen Informatisierbarkeit aller Daten, das Körperlichkeit und Materialität infrage stellt."[42] Daraus erwächst, wie Alida Assmann darstellt, ein „neues Gefühl für die Materialität", eine Aufwertung (historischer) Objekte und der sie verwaltenden Instanzen. Eine Entwicklung, die bereits in der Diskussion Anfang der neunziger Jahre um das „Zeitphänomen Musealisierung" diagnostiziert wurde.[43]
Es liegt durchaus nahe, dass eine zunehmende Verbreitung digitaler Souvenirs zu einer Aufwertung der klassischen Andenken führen wird, gewissermaßen zu einem Revival der persönlichen Dinge, die haptisch erfahrbar Spuren des Vergangenen in sich tragen. Gleichzeitig gibt es andrerseits aber auch Tendenzen, die einen veränderten selbstverständlicheren Umgang mit digitalen Aufzeichnungen erkennen lassen, die als weniger defizitär erlebt werden. Das Projekt „Digitale Reminiszenzen"[44] z.B. entstand aus der privaten Erfahrung zahlreicher Umzüge und damit verbundener Unzugänglichkeit persönlicher Gegenstände und Kindheitserinnerungen. Die Designerin Martina Grothenson realisierte deshalb die fotografische Erfassung ihrer Erinnerungsobjekte und deren assoziative (nicht chronologische) Anordnung auf einem mobilen PC. Da die Erinnerungsobjekte für sie nur eine Platzhalterfunktion
für eine zu erinnernde Situation haben, kommt sie zu der Frage, ob „[...] die Lösung das Fotografieren und die anschließende materielle Entsorgung von ehemals bedeutenden Erinnerungsträgern sein(kann)" und schließlich zu dem Schluss: „Ich sage ja".[45] Das Fehlen haptischer und olfaktorischer Reize wird von ihr nicht (länger) als Manko erfahren.[46]
Ist ein solcher Umgang mit digitalen Souvenirs eine Frage von Medienkompetenz, eine Anpassungsleistung, ähnlich der, wie sie aus der Frühzeit des Telefonierens dokumentiert ist?: Zunächst hatte die sinnliche Reduktion auf das Hören der Stimme für grundlegende Irritationen gesorgt,[47] bedeutete sie doch den Geltungsverlust einer jahrhundertealten Erfahrung, wonach Hören (ein Nahsinn!) gleichbedeutend mit der Nähe der entsprechenden Person war. Stefan Münker hat schlüssig gezeigt, dass deshalb das Telefon – und nicht erst der Computer – als „Initiationsmedium für den Umgang mit virtuellen Welten"[48] gelten kann und dass „die Dichotomomisierung von Geist und elektronischer Kommunikation einerseits versus Körper und natürlicher Erfahrung andererseits [...] offensichtlich falsch ist".[49] Insofern ist vor dem Hintergrund der Kommunikationsgeschichte eine gewisse Kompensation fehlender sinnlicher Reize auch beim digitalen Souvenir denkbar.

Störende kann nachbearbeitet werden. Zur Privatfotografie und der Suche nach dem „perfekten Moment" vgl. King 2003 (für den Hinweis danke ich C. Holm).

[42] Assmann 2004, S. 58.

[43] Musealisierung wird als mehr oder weniger kompensatorisch bzw. kritische Reaktion auf Modernisierungs- und Medialisierungsschübe verstanden, die sich in einem zunehmenden Bedarf an Erinnerungskonstruktion zur Identitätsvergewisserung äußert und ein Wechselspiel „aus Popularisierung des Musealen und Musealisierung des Populären" (Korff 1990, S. 58) hervorbringt. Vgl. insgesamt Zacharias 1990.

[44] Grothenson 2001.

[45] Grothenson 2001, S. 84.

[46] „Das Fotografieren dieser Gegenstände scheint als eine Schlussfolgerung zulässig, deren tatsächliche Folgen für den Erinnernden neue Umgangsformen bedeuten müssen. Anstelle des ursprünglichen Besitzens eines Objektes tritt nun eine auf ihre reine Nutzung hin bezogene Darstellung." Grothenson 2001, S. 85.

[47] Gerade in der Literatur lassen sich dafür eindrucksvolle Beispiele finden, etwa bei Proust und Benjamin, vgl. Gold, 1989, S. 105ff.

[48] Münker 2000, S. 187.

[49] Wolfgang Welsch zit. n. Münker, 2000, S. 189.

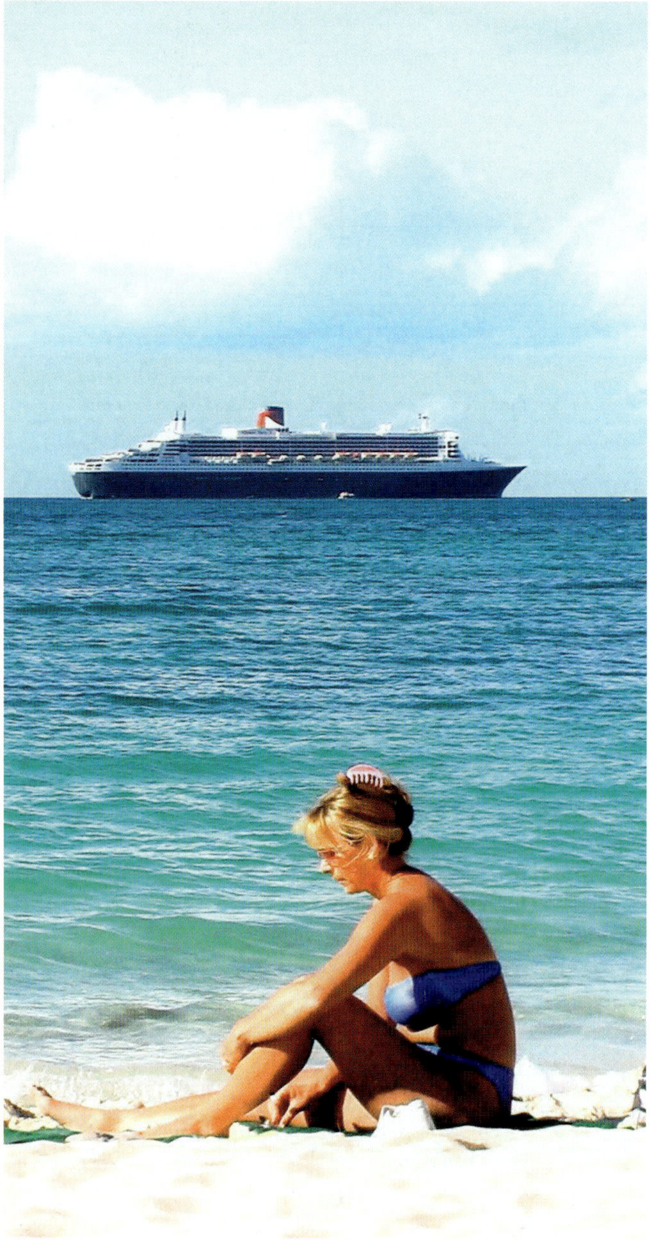

Abb. 6, „Den ganzen Tag alleine mit Queen Mary 2“ Einsendung zum Wettbewerb Digitale Urlaubsouvenirs: Postkartenmotiv individualisiert

Körper, Identität und Kommunikation

Bei der Diskussion um die Sinnlichkeit bzw. Unsinnlichkeit digitaler Erinnerungen spielen nicht nur die aufgezeichneten Daten sondern, wie hier dargestellt, die Trägermedien – und dabei vor allem das immer bedeutendere und multifunktionaler gewordene „Handy“ – eine entscheidende Rolle. Sowohl Industrie wie Nutzer erkennen erst zunehmend, dass diese Geräte durch die Verschränkung vieler zuvor getrennter Funktionen und Daten geradezu zwangsläufig auch zu Erinnerungsträgern geworden sind und zu sehr persönlichen Objekten mit hoher emotionaler Besetzung. „The mobile telephone is becoming a life recorder.“[50] Diese Entwicklung vollzog sich in einer enorm kurzen Zeit. Noch 1999 behandelte Tilmann Habermas in seiner grundlegenden und sehr differenzierten Untersuchung über die „geliebten Objekte“ das Telefon nur marginal, weil er dessen Funktionalität als Medium bei weitem bedeutender einstufte als dessen symbolischen und materiellen Wert. Als persönliches Objekt sei es von geringer Bedeutung, „da es wenig individuell ist, den Sinnen kaum Reize bietet“; [51] dem Handy gestand er bestenfalls eine weitergehende Bedeutung als Statussymbol zu.[52]

Heute taugt der Besitz eines Mobiltelefons angesichts millionenfacher Verbreitung längst nicht mehr zum Angeben. Im Gegenteil, wer es jetzt noch prahlerisch benutzt, outet sich als rückständig und/oder sozial marginalisiert.[53] Gleichwohl kommuniziert der Besitzer eines Handys nicht nur über dessen Telefonfunktion. Es geht gerade beim jüngeren Publikum zentral um Aussehen, Marke und Modell, und es gibt kaum ein Medium, das heute so sehr personalisiert wird:[54] Logos, auswechselbare Schalen, Taschen, Zubehör aller Art und vor allem Klingeltöne, von denen die englische Musikindustrie inzwischen mehr verkauft als CD-Singels.[55] Studien bei Jugendlichen zwischen 14 und 21 Jahren nennen als wichtigstes Motiv bei der Wahl des Mobiltelefons zu 33,7% „sich zu unterscheiden“ und zu 22,8% „um wie andere zu sein“ – d.h. mehr als die Hälfte wählt das Handymodell in Abhängigkeit von der Peer-Group;

[50] Lindholm in: Ward 2004.
[51] Habermas 1999, S. 318f.
[52] Habermas 1999, S. 319.
[53] Vgl. Umberto Eco in: Bräunlein/Flessner 2000, S. 84f.
[54] Nowotny 2004, S. 3.
[55] Vgl. BR-online 2004. Der weltweite Umsatz beträgt ca. 3 Milliarden Euro, vgl. FAZ 23.5.2005.
[56] Vgl. Fortunati 2005, S. 223ff.
[57] Vgl. Habermas 1999, S. 497.
[58] Habermas 1999, S. 503.
[59] Fortunati 2005, S. 245.

das Medium gilt als wichtiger Ausdruck der eigenen Identität.[56]
Mit der Mode teilt das Mobiltelefon auch die Bedeutung von Marken, die für zwei Drittel aller adoleszenten Besitzer/innen als wichtig eingestuft wird. Kurzum: die ästhetisch-symbolische Funktion eines Handymodells hat zentrale Bedeutung erlangt.
Persönliche Objekte haben eine vermittelnde Funktion[57] und werden von Habermas „[...] als ein kommunikatives Phänomen aufgefaßt. Die drei Funktionen des Erinnerns, der Selbstdarstellung und des imaginären Dialogs lassen sich durch die involvierte Form der Perspektivenübernahme voneinander unterscheiden. Zusammen mit medialen Funktionen persönlicher Objekte dienen gerade diese Funktionen der kulturellen und sozialen Integration des Individuums ebenso wie der Persönlichkeitsintegration.“[58]

Was bedeutet dies alles für die Ausgangsfragestellung nach den digitalen Souvenirs? Mir scheint es bemerkenswert, dass in der Entwicklung der Mobiltelefone – für die ja auch Namen wie „Personal Assistant“ vorgeschlagen waren – sich aus einem Kommunikationsmedien ein zunehmend persönliches Medium entwickelt hat, das aufgrund der Multifunktionalität beinahe zwangsläufig zum Erinnerungsträger geworden ist. Während die digitale Aufzeichnung und Wiedergabe der Erinnerung fraglos die sinnliche Erfahrung um die Haptik des Objektes beraubt, findet auf einer anderen Ebene geradezu eine Aufladung mit ästhetischen, emotionalen und symbolischen Funktionen des Trägermediums statt. Während das Aufgezeichnete nichtstofflich, körperlos bleibt, rückt das Aufzeichnungsmedium dem Körper nahe und näher. Schon jetzt ist das Mobiltelefon ein körpernah getragenes Accessoire mit hoher Bedeutung. Der nächste Schritt – in Pilotprojekten längst realisiert – besteht in der Integration in Kleidung, Brillen, Armbanduhren. Ein weiterer ist die Entwicklung zur „Soft Machine“ mit weichen, anschmiegsamen Außenmaterialien und zunehmend intelligenten Aufgaben:
„Die Entwicklungsstufe, die das Handy durch die Verwendung von ‚weichen' und ‚intelligenten' Materialien erlangt, kommt der menschlichen Natur dabei schon sehr nah, denn bekanntlich lösen ‚weiche' Materialien auch die angeneh

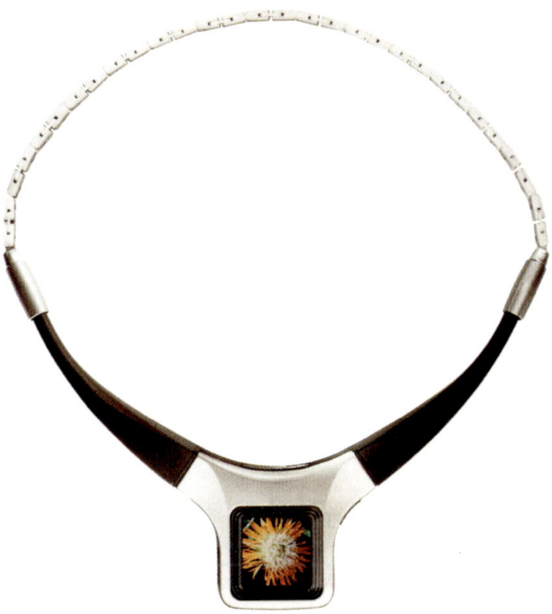

meren Empfindungen im Menschen aus. Flugel [...] spricht hierbei sogar von einem ‚Erotizismus der Haut'.“[59]
Die Chance, dass ein solchermaßen sympathisches Objekt als „Life-Recorder“ unserer Erinnerungen auch emotional positiv besetzt wird, steht nicht schlecht. Ob eine noch weitergehende Körperannäherung von Aufzeichnungsmedien in Zukunft in der Implantation winziger Chips besteht, ist fraglich, technisch wäre es angesichts der Entwicklungen des Ubiquitous Computing[60] zumindest denkbar. Aus der Externalisierung von Erinnerung würde dann gewissermaßen eine Re-Internalisierung – im eigenen Körper auf einem technischen Medium.
Zur Zeit sind solche Überlegungen spekulativ und wer sie anstellt, begibt sich immer in die Gefahr, vor der Enzensberger lakonisch warnte, dass nämlich „das Leben meist auch den bestraft, der zu früh kommt.“[61]

---

[60] Der Begriff wurde von Mark Weiser bereits 1988 geprägt. Weiser prognostizierte – im Gegensatz zur Idee virtueller Realität – den zunehmenden Einsatz von „intelligenten Dingen“ und deren Vernetzung: „In the 21. century the technology revolution will move into the everyday, the small and the invisible“ (Weiser 1991). „Mit einer stärker pragmatischen Akzentuierung hat die Industrie dafür inzwischen den Begriff „Pervasive Computing“ geprägt.“ (Langheinrich/Mattern 2003, S. 3). In vielen Bereichen (Logistik, Gesundheitswesen, Handelsketten) wird bereits heute mit „smart labels“ gearbeitet, die über RFID (Radio Frequency Indentification) miteinander „kommunizieren“.
[61] Enzensberger 2003, S. 109.

Abb. 7, Nokia Imagewear Medallion
„Ganz neue Ausdrucksmöglichkeiten“ verspricht der Hersteller für dieses Schmuckaccessoire zur Speicherung und „Präsentation“ digitaler Bilder. Die Fotos werden kabellos über eine Infrarot-Verbindung von einem kompatiblen Mobiltelefon oder PC auf das Nokia Medallion gesendet.

Mayarí Granados

Postkarten als Souvenirs

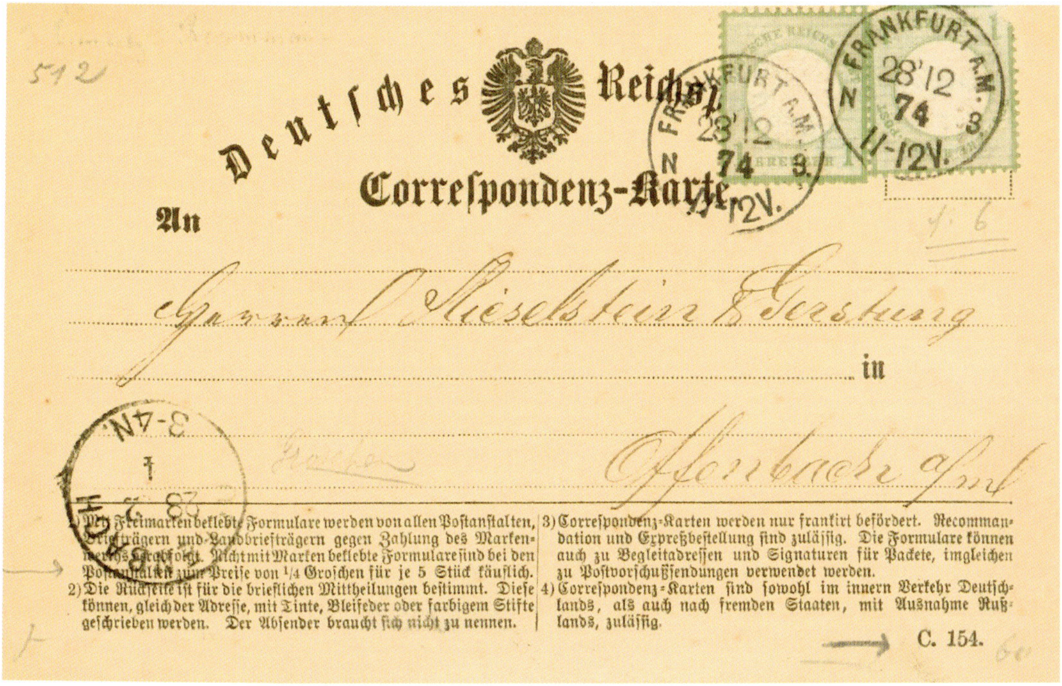

Abb. 1, Correspondenzkarte, Deutschland, 1874
Frankfurt, Museum für Kommunikation Frankfurt

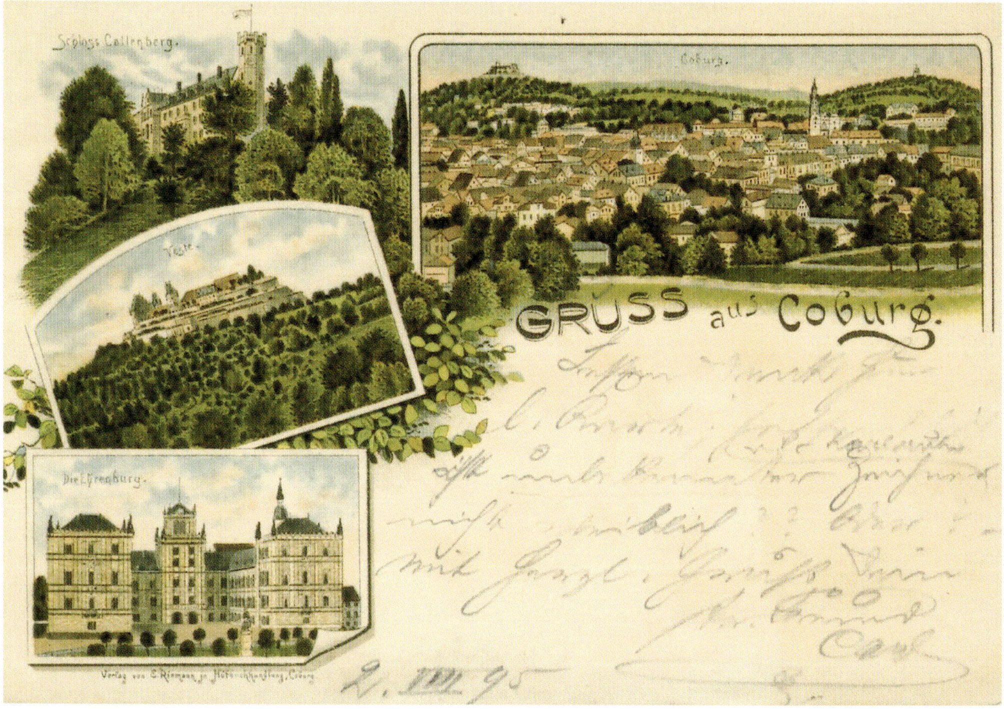

Abb. 2, Postkarte „Gruß aus Coburg“, 1895
Frankfurt, Museum für Kommunikation Frankfurt

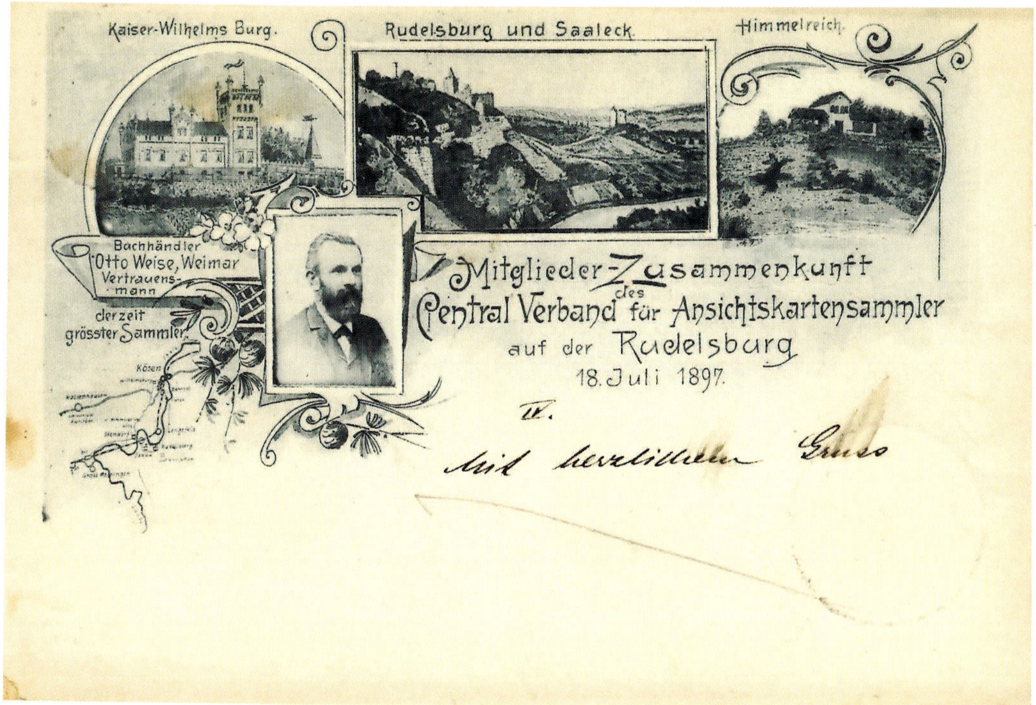

Abb. 3, Postkarte Rudelsburg, Zusammenkunft Centralverband der Ansichtskartensammler, 18. Juli 1897
Frankfurt, Museum für Kommunikation Frankfurt

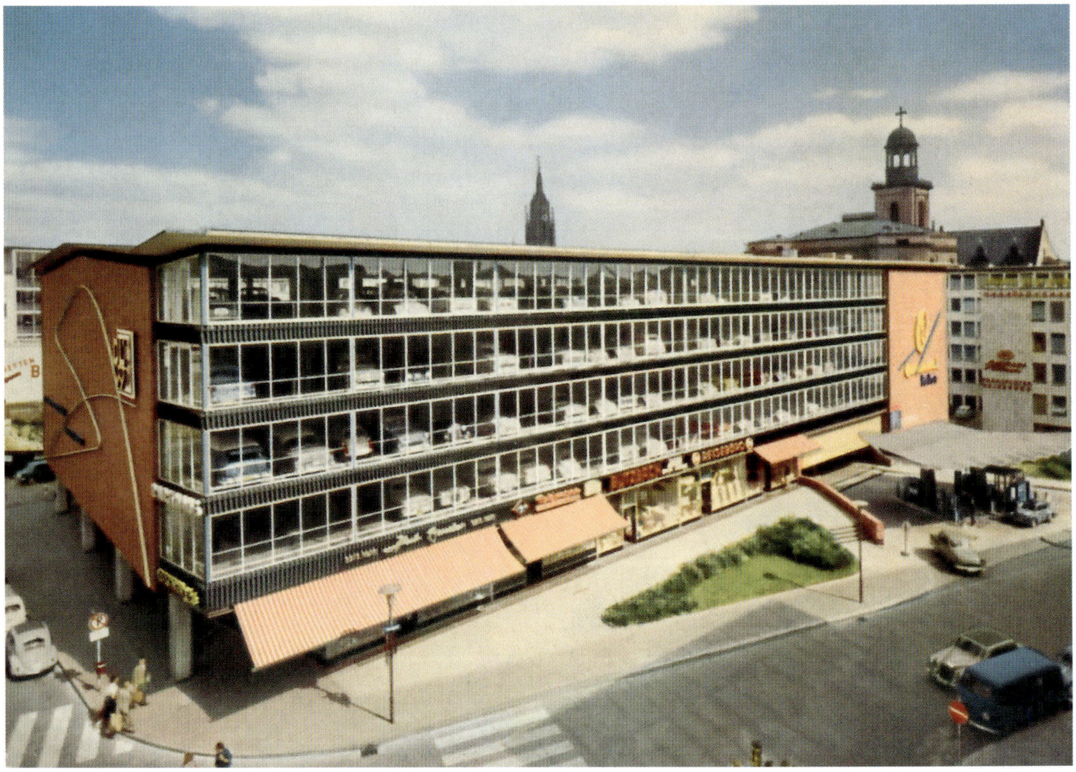

Abb. 4, Postkarte, Frankfurt, Parkhaus Hauptwache, koloriert, 1960er Jahre
Frankfurt, Museum für Kommunikation Frankfurt

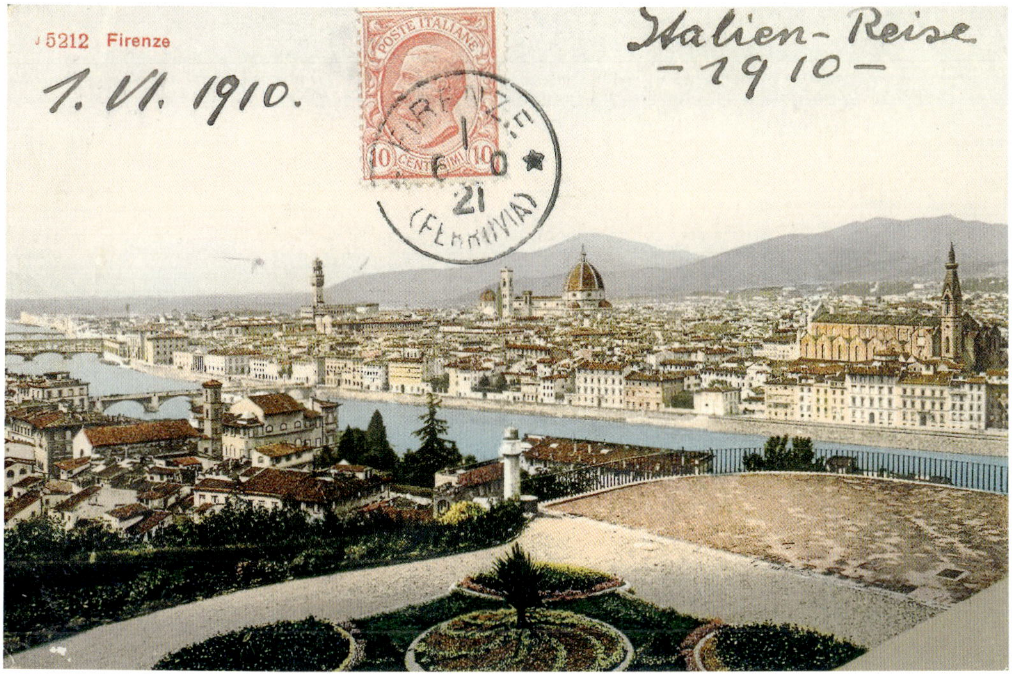

Abb. 5, Maximumkarte, Sammlung Joseph Steinlehner, 2. Reise
Firenze, Italien-Reise 1.6.1910
Frankfurt, Museum für Kommunikation Frankfurt

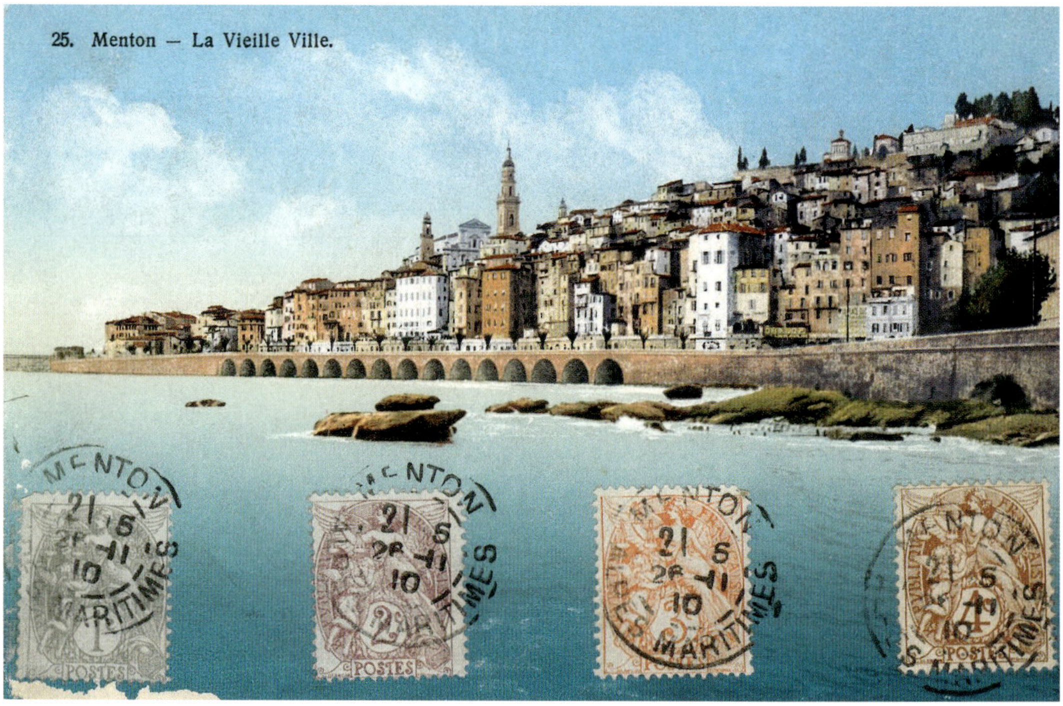

Abb. 6, Maximumkarte, Sammlung Joseph Steinlehner, 2. Reise
Menton, La Vieille Ville, 4 Marken, 26.11.1910
Frankfurt, Museum für Kommunikation Frankfurt

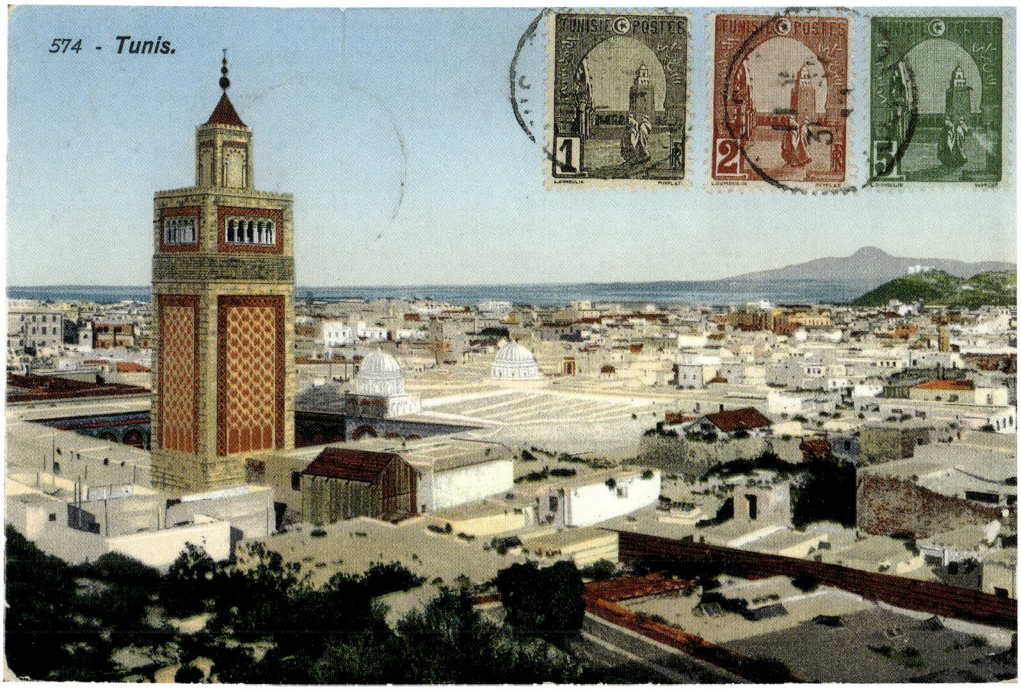

Abb. 7, Maximumkarte, Sammlung Joseph Steinlehner, 2. Reise
Tunis, 30.12.1911
Frankfurt, Museum für Kommunikation Frankfurt

Die Postkarte ist ein relativ junges Phänomen. Zwar lässt sich ihre Abstammung von illustrierten Geschäftsanzeigen, kunstvoll von Hand gezeichneten und bedruckten Umschlägen, Visitenkarten und Erinnerungsfotos weit zurückverfolgen, aber die ersten offiziell herausgegebenen Postkarten kamen erst in den späten sechziger Jahren des 19. Jahrhunderts in den Handel.[1]
Der spätere Generalpostmeister Heinrich von Stephan legte als erster 1865 Überlegungen zur Einführung eines offen zu versendenden „Postblatts" dar, fand damit aber zunächst beim Generalpostamt keinen Anklang. Stattdessen führte die österreichische Postverwaltung unter Emanuel Herrmann 1869 eine „Correspondenzkarte" ein.
1870 wurde Stephan zum Generalpostmeister und ließ ebenfalls die Correspondenzkarte einführen (Abb. 1).[2] Bereits am Tag der Einführung wurden in Berlin rund 45 000 Karten verkauft. Der Vorteil der Correspondenzkarte war, dass man sich auf kurze Mitteilungen beschränken konnte, und die langen Floskeln, die beim Briefeschreiben obligatorisch waren, umgehen konnte. Briefe zu schreiben war lange den gebildeten Ständen vorbehalten – sein Befinden kurz auf einer Correspondenzkarte mitzuteilen, war für jeden und mit minimalem Zeitaufwand möglich. Ihren durchschlagenden Erfolg hatte die Correspondenzkarte während des Deutsch-Französischen Krieges 1870/71, denn Feldpost-Correspondenzkarten ermöglichten es den Soldaten erstmals, Kontakt zu ihren Familien zu halten.[3] 1872 wurde der offizielle Begriff Correspondenzkarte abgeschafft; seitdem wird sie als Postkarte bezeichnet.
Ihre sehr große Popularität erzielte die Postkarte erst mit dem Aufkommen der Bildpostkarte um 1875 (Abb. 2).
Die frühen Karten wurden auf der Bildseite beschrieben, zwischen 1902 und 1906 wurde sukzessive in den verschiedenen Ländern die Bildseite für den Text freigegeben, um größeren Mitteilungsraum zu bieten.
Die Postkarte wurde nicht nur verschickt, sondern auch ge-sammelt. Erst das Sammeln wiederum machte es für die Industrie lohnenswert, ganze Postkartenserien herauszubringen. Günstig auf das Sammeln wirkte sich das einheitliche Format aus, das eine Aufbewahrung in Kästen und Sammelalben erleichterte. Dabei wurde das Sammeln in Alben immer beliebter, worauf auch die Industrie reagierte: so gab es in Deutschland um 1897 ca. 60 Fabriken, die Sammelalben für Bildpostkarten herstellten, besonders viele in Berlin. Sie belieferten nicht nur den deutschen Markt, sondern exportierten auch in hohem Maße ins Ausland, vor allem nach England und in die USA.
Die Bildpostkarten-Sammelleidenschaft umfasste alle Bevölkerungsschichten, vor allem aber den bürgerlichen Mittelstand. Es entstanden schnell Fachzeitschriften für engagierte Postkartensammler sowie zahlreiche Vereine, darunter auch der „Weltverband für Ansichtskartensammler" (Abb. 3). Die Blütezeit der Bildpostkarte lag zwischen 1895 und 1914/18. Während dieser Zeit sind Darstellungs- und Druckweise besonders breit gestreut; in späterer Zeit herrscht auf Postkarten die Fotografie vor.[4]

Nach dem Ersten Weltkrieg flaute der Postkartenboom unter den Sammlern ab, erst in den zwanziger Jahren gab es eine Wiederbelebung. Mit Ende der dreißiger Jahre kam es allerdings erneut zur Flaute, ohne dass es nennens-werte Bemühungen zur Wiederbelebung gegeben hätte. In den fünfziger und sechziger Jahren kam das Sammeln der Postkarte fast ganz aus der Mode; originelle Neu-schöpfungen blieben mangels Interesse auf Seiten der Verlage aus; ein Grund mögen auch die häufig noch zerstörten Städte nach dem Zweiten Weltkrieg gewesen sein. Es wurden zwar noch Ansichtskarten von Städten, Urlaubszielen und wichtigen Veranstaltungen hergestellt, aber ihre Gestaltung war wenig attraktiv.[5] Auffällig ist, dass zu dieser Zeit viele neue Gebäude, Autobahnkreuze, Brücken und Ähnliches als Beweis des technischen Fortschritts die Ansichtskarten zierten (Abb. 4).
Trotzdem war die Postkarte weiterhin ein wichtiges Kommunikationsmedium, nur Motive und Sammelleidenschaft waren auf einem Stillstand angelangt. Erst seit den späten sechziger Jahren begann man wieder, Postkarten zu sammeln, jetzt allerdings als historische Zeugnisse:

---

[1] Willoughby 1993, S. 7-10.
[2] Lebeck/ Kaufmann 1985, S. 401-402.
[3] Heike Pauschardt. In: Beyrer 1997, S. 215-218.
[4] Lebeck/Kaufmann 1985, S. 407-411.
[5] Willoughby 1993, S. 313.

Besonders beliebt waren Karten aus der Zeit vor dem Ersten Weltkrieg. Daneben kamen wieder vermehrt qualitativ hochwertige Entwürfe auf den Markt. Dieser Trend setzte sich fort, die siebziger und achtziger Jahre erlebten den Wiederaufstieg der Postkarte als eigen-ständige Kunstform. In den späten siebziger Jahren befand sich die Postkartenindustrie wieder auf einem Niveau wie zuletzt gegen Ende des Ersten Weltkriegs, das sie im Laufe der achtziger Jahre noch steigern konnte.[6]
Die Motive ähneln weitgehend den früheren, sie wurden lediglich dem Zeitgeschmack angepasst.

Es ist schwierig, exakte Zahlen für die Verbreitung der Postkarte zu vergleichen, da sie in der Regel auf unterschiedlichen Erhebungsmodalitäten basieren: Die Zahlen der Post selbst beziehen sich nur auf die tatsächlich versandten Karten, und das ohne Unterschied, ob es sich um Bildpostkarten oder normale Postkarten handelt. Die Industriestatistik wird in den einzelnen Ländern unterschiedlich gehandhabt und ist zudem noch auf Schätzungen angewiesen. Nach diesen Zahlen[7] hatten im Jahr 1899 Deutschland und Belgien die stärkste Postkartenindustrie. Viele der Karten waren für den Export bestimmt, wobei die anderen Länder, allen voran die USA, schnell aufholten. 1879 beförderte die Deutsche Reichspost bereits 122.747.000 Karten. In ganz Europa wurden zu dieser Zeit jährlich rund 350 Millionen Postkarten versendet.
Zur Jahrhundertwende, der Blütezeit der Postkarte, waren es 955 Millionen allein in Deutschland. Das zunehmende Kommunikationsbedürfnis über längere Entfernungen entstand als eine Folge der Industrialisierung und der damit einhergehenden stärkeren Mobilität breiterer Schichten. Im Jahr 1954 wurden von der Deutschen Bundespost 920 Millionen Postkarten zugestellt, im Jahr 1982 waren es – trotz nahezu vollständiger Telefonversorgung aller Haushalte – noch 877 Millionen.[8] 1998 waren es noch knapp 400 Millionen.[9]

Eine außergewöhnliche Reisedokumentation zu Beginn des 20. Jahrhunderts

Eine ungewöhnliche Entdeckung machte vor geraumer Zeit der Münchener Professor Erich Wasem in einem Antiquariat: Er fand dort einen Stapel Ansichtskarten – so genannte „Maximumkarten“ – aus der Zeit vor dem Zweiten Weltkrieg mit beeindruckenden Motiven aus fernen Ländern des Orients. Die einmalige Postkarten-Sammlung gelangte Anfang der neunziger Jahre in den Besitz des Museums für Kommunikation Frankfurt. Der Münchener Philatelist Josef Steinlehner hatte die Karten auf vier Reisen in den Jahren 1909 bis 1927 durch den Balkan, die Türkei, rund um das Mittelmeer, durch die Levante und durch Afrika an seine Eltern und zahlende Sammler sowie postlagernd – als Besonderheit – an sich selbst zum nächsten Reiseziel gesandt. Diese dienten ihm als eine Art Reisetagebuch, auf denen er historische Details, Daten und Einwohnerzahlen des jeweiligen Ortes festhielt, aber auch seine ganz persönlichen Eindrücke schilderte; oft unterschrieb er sie mit „Steinlehner, Afrikareisender“ oder sogar „Weltreisender“.[10] (Abb. 5)
Von Joseph Steinlehner ist wenig bekannt – lediglich, dass er aus München stammte und seine Familie aus einfachen Verhältnissen kam. Sein Alter ist unbekannt, aber er muss zu Beginn seiner Reisen (1909) nicht älter als Anfang dreißig gewesen sein, da er weite Strecken der Reisen zu Fuß zurücklegte, viele Wochen hintereinander mehrere hundert Kilometer.
Steinlehner war ein Pionier auf Routen heutiger Städtetouren. Zur Finanzierung seiner Reisen handelte er mit Maximumkarten. Maximumkarten sind Ansichtskarten, die motivgleiche oder motivähnliche Briefmarken zieren.
Um die Übereinstimmung zu zeigen, wurden die Marken auf die Bildseite geklebt. Erste nachweisliche Maximumkarten wurden wahrscheinlich um 1900 herum von Ägyptenreisenden kreiert, die dazu Karten und Marken mit den Pyramiden nutzten.

---

[6] Willoughby 1993, S. 131.
[7] Vgl. genaue Zahlen in: Lebeck/Kaufmann 1985, S. 418.
[8] Lebeck/Kaufmann 1985, S. 404. Gegenwärtig ermittelt die Deutsche Post keine Zahlen mehr für den Versand von Postkarten. Lediglich das Internationale Postzentrum (IPZ) zählt die Karten, die aus dem Ausland in Deutschland ankommen; 2004 waren es 63 Mio. Postkarten.
[9] Gold 1999, S. 19.
[10] Wasem o.J., S. 13.

Um diese Zeit war es in den Ländern der Kolonialmächte Mode geworden, Briefmarken auf den Vorderseiten von Bildpostkarten aufzukleben und mit Hilfe des Stempels zu zeigen, dass man persönlich an Ort und Stelle gewesen war.[11]
Steinlehner suchte Inlands- und Auslandspostämter auf, um Marken zu erstehen und sie abstempeln zu lassen: jede Marke einzeln auf den jeweiligen Postämtern, bis zu vier verschiedene Marken von vier verschiedenen Auslandspostämtern auf einer Karte. An manchen Tagen fertigte er 150 Karten an und versandte sie Paket um Paket. Von Zeit zu Zeit schickte er auch Kartenpakete nach Hause, wohl um sie bei seinen Zwischen-aufenthalten in München zu vermarkten.[12]
Steinlehner notierte oder stempelte auf der für die Marke vorgesehenen Stelle auf der Schreibseite „Marke Bildseite". Häufig tragen seine Karten mehrere Briefmarken. Hin und wieder benutzte er einen eigenen Stempel, den er eigens hatte anfertigen lassen: Im Kreis eine Weltkarte mit der Umschrift „Internationale Weltreise – Europa - Josef Steinlehner & Co.", wobei alles darauf hindeutet, dass Steinlehner allein reiste.[13] (Abb. 6)
Die historischen Orte, die auf den Karten zu sehen sind, haben sich in vielen Fällen bis heute kaum gewandelt, allerdings ist die Wiedergabe eine ganz andere geworden: während Steinlehner noch hauptsächlich künstlerisch gestaltete Chromolithographien versandte, dienen heute als Ausgangspunkt der Erinnerung entweder standardisierte Farbfotos auf Postkarten, oder aber selbst aufgenommene Fotos.[14]
Steinlehners Kartenversand war sehr weitreichend:
In Larache in Marokko empfing Steinlehner Post von Kunden; unter anderem eine Karte aus Rumänien, in der von einem veröffentlichten „Steinlehner-Brief" in einer Bukarester Zeitung die Rede ist. Möglicherweise warb Steinlehner auf diese Art neue Kunden. Selbst bis nach Brasilien reichte sein Geschäftsnetz, es ist Korrespondenz an ihn erhalten, die er 1912 in Konstantinopel erhielt und in der „bildseitige Frankierungen" [...] „wie bisher" von den Etappen der Reise angefordert werden. Wie und wann Steinlehner bezahlt wurde, ist so gut wie gar nicht belegbar. Sein Geschäft war Glückssache, auch wenn seine Karten ihre Empfänger in Europa sicher erreichten.[15] Die Nachfrage nach Postkarten war zu dieser Zeit sehr hoch, die Chromolithographien waren attraktiv und kamen einer Sehnsucht nach der Ferne, dem Orient und den Reiseträumen vieler Europäer entgegen. Bei den meisten Karten Steinlehners handelte es sich um zuverlässige Abbilder der wichtigsten Sehenswürdigkeiten im jeweiligen Lande.[16]

Seine zweite Reise führte Steinlehner in den Jahren 1910-1912 vom westlichen Mittelmeer bis in die Sahara. Dabei wählt er eine Route, die auch heute noch weltberühmt ist: Genua – San Remo – Menton – Monte Carlo – Nizza – Cannes – Marseille – Valencia. Von dort fuhr er mit dem Schiff nach Alicante, besuchte Malaga und Granada. Er reiste weiter nach Gibraltar, und gegen Ende März erreichte er Tanger. Seine Afrikareise begann: seine Karten unterzeichnete Steinlehner ab diesem Zeitpunkt als „Afrikareisender". Er legte dort insgesamt gut 3000 Kilometer zurück. Im März 1911 verlor sich seine Spur, erst Ende September 1911 gab es wieder Karten von ihm aus Tanger. Am zweiten Oktober 1911 schloss er sich zwei „Postläufern" der europäischen Post an und lief mit ihnen bis nach Tetuan. Es folgen Karten aus Sidi-bel-Abbes in Algerien, Mers-el-Kebir und Oran. Den Monat November verbrachte Steinlehner in Algier, von dort aus reiste er in die Sahara, unter anderem zur Oase Birka. Dann erreichte er Tunesien, den Jahreswechsel 1911/12 verbrachte er in Tunis; begeistert beschreibt er die Stadt in seinen Karten. Er reiste weiter nach Karthago, zur Oase Gabès, nach Tripolitanien in Libyen. Von Tripolis verliert sich die Spur und erst nach Februar 1912 gibt es wieder Karten von Steinlehner von Malta. Ende März dann war er in Sizilien und machte sich über Neapel wieder auf den Heimweg nach München. (Abb. 7)

Anders als heute waren zu der Zeit, da Steinlehner seine Karten versandte, den meisten Menschen Informationen über ferne Länder schwer zugänglich. Es gab damals keine Übersättigung durch die Bilderflut der Medien. Insofern konnte Steinlehner mit seinen Karten das Interesse an fremden Ländern ebenso bedienen wie die Vorstellung vom Traum des Abenteurerlebens. Seine Reisen und auch seine Art der Reisedokumentation waren außergewöhnlich. Sie stellen eine Besonderheit unter den Postkartensammlungen dar und führen Postkarten und Reisetagebuch als Souvenir auf ungewöhnliche Art und Weise zusammen.

---

[11] Wasem o.J., S. 5-10.
[12] Wasem o.J., S. 12.
[13] Wasem o.J., S. 9.
[14] Wasem o.J., S. 14.
[15] Wasem o.J., S. 23.
[16] Wasem o.J., S. 24.

Autoren der Publikation und Kuratoren der Ausstellung

Volker Albus, Professor für Produktdesign an der Hochschule für Gestaltung Karlsruhe.

Anna Ananieva, Dipl. Phil., Wissenschaftliche Mitarbeiterin im Teilprojekt „Andenken und Eingedenken“ am Sonderforschungsbereich „Erinnerungskulturen“ an der Justus-Liebig-Universität Gießen.

Prof. Dr. Andreas Beyer, Ordinarius für Kunstgeschichte an der Universität Basel.

Raphaël Bouvier, Riehen/Basel, Wissenschaftlicher Mitarbeiter, Fondation Beyeler.

Dr. phil. Micha Brumlik, Professor für Theorien der Bildung und Erziehung an der Johann Wolfgang Goethe Universität Frankfurt.

Annette Bügener M.A., Juniorkuratorin Ostasien, Museum für Angewandte Kunst Frankfurt.

Katrin Burtschell M.A., Kunsthistorikerin, Stuttgart.

Dr. Wolfgang Cilleßen, Berlin, Wissenschaftlicher Mitarbeiter am Sonderforschungsbereich „Erinnerungskulturen“ der Justus-Liebig-Universität Gießen, Forschungsprojekt „Revolutionserinnerung in der europäischen Bildpublizistik 1789-1889“.

Prof. Dr. Volker Fischer, Kurator der Abteilung Design des Museums für Angewandte Kunst Frankfurt.

Birgit Gablowski M.A., Wissenschaftliche Mitarbeiterin, Museum für Angewandte Kunst Frankfurt.

Dr. Helmut Gold, Direktor des Museums für Kommunikation Frankfurt und Stellvertretender Kurator der Museumsstiftung Post und Telekommunikation.

Dr. Mayarí Granados, Wissenschaftliche Mitarbeiterin, Museum für Kommunikation Frankfurt.

PD Dr. phil. Dr. med. Andreas Hillert, Dozent am Institut für Klassische Archäologie, Katholische Universität Eichstätt; Oberarzt an der medizinisch-psychosomatischen Klinik Roseneck, Prien am Chiemsee.

Natascha N. Hoefer M.A., Wissenschaftliche Mitarbeiterin am Institut für Neuere Deutsche Literatur der Justus-Liebig-Universität Gießen.

Dr. Christiane Holm, Wissenschaftliche Mitarbeiterin im Teilprojekt „Andenken und Eingedenken“ am Sonderforschungsbereich „Erinnerungskulturen“ der Justus-Liebig-Universität Gießen.

Dr. Gabriele Kaminski, Archäologin, Frankfurt.

Dr. Hans Wernher von Kittlitz, Kunsthistoriker, Rosbach v.d.H./Frankfurt.

Dr. Gudrun Körner, Kunsthistorikerin, Frankfurt.

Dr. Dieter Kramer, ao. Univ. Prof. Wien, bis zur Pensionierung 2006 Oberkustos am Museum der Weltkulturen Frankfurt.

Dr. Eva Linhart, Promotion über „Künstler und Passion. Entlang der Christusdarstellungen von James Ensor“ bei Prof. Dr. Gottfried Boehm, Universität Basel; Kuratorin der Abteilung Buchkunst und Graphik des Museums für Angewandte Kunst Frankfurt.

Prof. Dr. Günter Oesterle, Leiter des Teilprojektes „Andenken und Eingedenken“ am Sonderforschungsbereich „Erinnerungskulturen“ der Justus-Liebig-Universität Gießen.

Prof. Dr. Rolf Reichardt, Prof. für Neuere Geschichte an der Justus-Liebig-Universität Gießen.

PD Dr. Reimut Reiche, Psychoanalytiker, Frankfurt.

Dott.ssa Patrizia Rosazza Ferraris, Direktorin des Museo Mario Praz, Rom.

Dr. Sabine Runde, stellvertretende Direktorin des Museums für Angewandte Kunst Frankfurt und Kuratorin der Abteilung Angewandte Kunst des 20. und 21. Jahrhunderts.

Jutta Saum M.A., Kunsthistorikerin, Düsseldorf.

Dipl. Ing. Dr. Karl Schmitt-Korte, Frankfurt, Chemiker und Archäologe, Leiter der Kulturabteilung der Deutsch-Jordanischen Gesellschaft, Hannover.

Prof. Dr. Ulrich Schneider, Direktor des Museums für Angewandte Kunst Frankfurt.

Dr. Stephan von der Schulenburg, Kurator der asiatischen Abteilung des Museums für Angewandte Kunst Frankfurt.

Marcel Schumacher M.A., Kunsthistoriker, Köln.

Anke Volkmer M.A., Kunsthistorikerin, Düsseldorf.

Fotonachweis

Aufsatz Günter Oesterle, Souvenir und Andenken
Abb. 1: Anna Ananieva, Gießen
Abb. 9: Museum für Angewandte Kunst Frankfurt, Walter Kranl

Aufsatz Ulrich Schneider, Straßen des Glaubens
Abb. 2, 11, 13: Museum für Angewandte Kunst Frankfurt, Uwe Dettmar
Abb. 12: Uwe Dettmar, Frankfurt
Abb. 10: Suermondt-Ludwig-Museum, Aachen, Anne Gold

Aufsatz Gabriele Kaminski, Menasampullen
Abb. 1-7: Städtische Galerie Liebieghaus, Frankfurt, Hubert Vögele

Aufsatz Karl Schmitt-Korte, Die Grabeskirche als Souvenir
Abb, 1, 2: Bernd Schermuly, Wiesbaden

Aufsatz Raphaël Bouvier, Erinnerung an das Ich
Abb. 2: © Ursula Edelmann, Frankfurt
Abb. 3, 4: Historisches Museum Basel, A. Seiler
Abb. 5: © Akademie der bildenden Künste Wien, Eva Schober
Abb. 6: © VG Bild-Kunst, Bonn 2006
Abb. 7, 8: Fondation Napoléon, Paris © Gérard Blot

Aufsatz Ulrich Schneider, Der Grand Tour
Abb. 1, 5, 7, 9, 10: Uwe Dettmar, Frankfurt
Abb. 2, 3, 8: Museum für Angewandte Kunst Frankfurt, Uwe Dettmar
Abb. 3: Museum für Angewandte Kunst Frankfurt, David Hall
Abb. 6: Regina Maultzsch, Frankfurt

Aufsatz Andreas Hillert, Klassisch-Archäologische Souvenirs aus Griechenland
Abb. 1, 4: Björn Schmiedel
Abb. 2, 3: Uwe Dettmar, Frankfurt

Aufsatz Natascha N. Hoefer, Mario Praz
Abb. 1-2: Galleria Nazionale d'Arte Moderna, Museo Praz, Rom, Antonio Idini

Aufsatz Anna Ananieva/Christiane Holm, Phänomenologie des Intimen
Abb. 4, 24: Galleria Nazionale d'Arte Moderna, Museo Praz, Rom, Antonio Idini
Abb. 7: Museum für Angewandte Kunst Frankfurt, Axel Schneider
Abb. 9: Museum für Angewandte Kunst Frankfurt, Rudolf Nagel
Abb. 14: Royal Collections, Stockholm, Alexis Daflos
Abb. 16: Heinz Fräßdorf
Abb. 17: von Uslar Fotodesign, Bielefeld

Aufsatz Eva Linhart, Vom Stammbuch zum Souvenir d'amitié
Abb. 1-43, 47: Museum für Angewandte Kunst Frankfurt, Axel Schneider
Abb. 44-46: Museum für Moderne Kunst, Frankfurt, Axel Schneider
Abb. 48: Anselm Baumann, Frankfurt

Insert Carola Willbrand, „Freundinnen – Bewegung um den Lebensfaden"
Digitale Reproduktion und Bearbeitung: Jürgen Tauras, Frankfurt

Aufsatz Sabine Runde, Traumatische Erinnerung
Abb. 1: Axel Schneider, Frankfurt
Abb. 2, 3, 6-9: Sabine Röwer, Mahn- und Gedenkstätte Ravensbrück, Fürstenberg
Abb. 4, 5: Britta Pawelke, Mahn- und Gedenkstätte Ravensbrück, Fürstenberg
Abb. 10-13: Museum für Angewandte Kunst Frankfurt, Uwe Dettmar
Abb. 14: Sabine Runde, Frankfurt

Aufsatz Volker Fischer, Altäre des Banalen
Abb. 1, 8-11, 19-24: Constantin Boym, New York
Abb. 2, 4-7, 12-14, 16-18, 25-32, 34, 35, 37, 39-42: Uwe Dettmar, Frankfurt
Abb. 3: action press, Axel Schmidt

Aufsatz Stephan von der Schulenburg, Souvenir de l'Est
Abb. 1, 2, 10-13, 16: Uwe Dettmar, Frankfurt
Abb. 4-9: Museum für Angewandte Kunst Frankfurt, Uwe Dettmar
Abb. 14: Hanne-Birgit Wiederhold, Offenbach
Abb. 15: Michael Wolf

Aufsatz Annette Bügener, „Das Schattenbild des Ahnen zurückrufen"
Abb. 1-4: Museum für Angewandte Kunst Frankfurt, Uwe Dettmar
Abb. 5: Foto Wang Wei-ch'ang, © Sinorama Magazine, Taipei

Aufsatz Jutta Saum/Anke Volkmer, Passagen der Erinnerung
Abb. 1: © VG Bild-Kunst, Bonn 2006
Abb. 3: Foto Johannes Linders, © VG Bild-Kunst, Bonn 2006
Abb. 4: © VG Bild-Kunst, Bonn 2006
Abb. 5: © VG Bild-Kunst, Bonn 2006
Abb. 6, 7: © Ute Döring
Abb. 9: © Bruno Rosier
Abb. 10: Uwe Dettmar, Frankfurt

Aufsatz Mayan Granados, Digitale Speicherung und Erinnerung in der zeitgenössischen Kunst
Abb. 1: Urge Studio Design
Abb. 3: Cornerhouse Manchester, Joel Fides

Aufsatz Helmut Gold, „Feed it, watch it grow"
Abb. 1: © TOM, Tom Körner, Berlin
Abb. 3: Andreas Haller, Frankfurt
Abb. 6: Detlef Gross

Literatur

Adelung 1774: Adelung, Johann Christoph: Grammatisch-kritisches Wörterbuch der hochdeutschen Mundart. Leipzig 1774.

Adorno 1970: Adorno, Theodor W.: Charakteristik Walter Benjamins. In: Neue Rundschau, 61 (1950). In: Ders.: Über Walter Benjamin. Frankfurt 1970.

Afrika 2004: Afrika. Ein Petersdom neben Palmen. Elfenbeinküste schwelgt in Größenwahn. In: Stuttgarter Nachrichten, 29.6.2004.

Alfter/Ohlms/Truckenbrodt 1996: Alfter, Dieter/Ohlms, Franz/Truckenbrodt, Andrea: Pyrmonter Brunnen- und Andenkengläser. Bad Pyrmont 1996. (Schriftenreihe des Museums im Schloss Bad Pyrmont, 29)

Allert 2005: Allert, Tilman: Der deutsche Gruß. Geschichte einer unheilvollen Geste. Frankfurt 2005.

Ammann 1996: Ammann, Jean-Christoph: Jochen Flinzer. 53 Wochen Glück. In: Boy, Jürgen (Hrsg.): Jochen Flinzer. Nürnberg 1996. (Schriften zur Sammlung des Museums für Moderne Kunst Frankfurt)

Amstutz 1980: Amstutz, Peter: „Echte Schweizer Kuhglocken" stammen aus der DDR. In: Frankfurter Rundschau, 15.8.1980.

Ananieva 2001: Ananieva, Anna: Erinnerung und Imagination. Der Landschaftspark von Pawlowsk im europäischen Gartendiskurs zwischen 1777 und 1828. In: Gassner, Hubertus (Hrsg.): Krieg und Frieden - eine deutsche Zarin in Schloss Pawlowsk. Ausst.-Kat. Haus der Kunst Hamburg 2001.

Ananieva 2004: Ananieva, Anna: Der Russische Garten im Park Belvedere: Erinnerungskultur und Andenkenspraxis zwischen Pawlowsk und Weimar. In: Maria Pawlowna. Zarentochter am Weimarer Hof, hrsg. v. der Stiftung Weimarer Klassik und Kunstsammlungen. Ausst.-Kat. Weimarer Schlossmuseum. Bd. 2. München/Berlin 2004.

Ananieva 2006: Ananieva, Anna: Garten, Andenken und Erinnerungskultur zwischen Pawlowsk und Weimar. In: Joachim Berger/Joachim von Puttkamer (Hrsg.): Von Petersburg nach Weimar. Kulturelle Transfers 1800 bis 1860. Frankfurt (im Druck). (Jenaer Beiträge zur Geschichte, 8)

Angeneudt 1989: Angeneudt, Arnold: Der Kult der Reliquien. In: Legner, Anton (Hrsg.): Reliquien. Verehrung und Verklärung. Köln 1989.

Antike Gemmen 1988: Antike Gemmen. Eine Auswahl, hrsg. und bearb. v. Christoph Höcker. 2., erw. Aufl. Kassel 1988. (Kataloge der Staatlichen Kunstsammlungen Kassel, 15)

Archaeological Receipts Fund 1996: Archaeological Receipts Fund, Ministry of Culture (Hrsg.): Catalogue of Casts of Exhibits in the Archaeological Museums of Greece, bearb. v. E. Kypreou. Athen 1996.

Arendt 1964: Arendt, Hannah: Eichmann in Jerusalem, ein Bericht von der Banalität des Bösen. München 1964.

Arendt 1967: Arendt, Hannah: Vita Activa. München 1967.

Arendt 2003: Arendt, Hannah: Vita activa oder vom tätigen Leben. 2. Aufl. München/Zürich 2003.

Arnim 1989: Arnim, Achim von: Armut, Reichtum und Busse der Gräfin Dolores. In: Ders.: Werke, hrsg. v. Paul Michael Lützeler. Bd. 1. Frankfurt 1989.

Asendorf 1984: Asendorf, Christoph: Batterien der Lebenskraft: zur Geschichte der Dinge und ihrer Wahrnehmung im 19. Jahrhundert. Gießen 1984.

Assmann 1996: Assmann, Aleida: Im Zwischenraum zwischen Geschichte und Gedächtnis: Bemerkungen zu Pierre Noras „Lieux de mémoire". In: François, Etienne: Lieux de Mémoire/Erinnerungsorte. D'un modèle français à un projet allemand. Berlin 1996.

Assmann 1999: Assmann, Aleida. Erinnerungsräume. Formen und Wandlungen des kulturellen Gedächtnisses. München 1999.

Assmann 2004: Assmann, Aleida: Zur Mediengeschichte des kulturellen Gedächtnisses. In: Erll, Astrid/Nünning, Ansgar: Medien des kollektiven Gedächtnisses. Konstruktivität - Historizität - Kulturspezifität. Berlin/New York 2004.

Astel 1968: Astel, Arnfried: Notstand. 100 Gedichte. Wuppertal 1968.

Auerbach 1880: Auerbach, Berthold: Brigitta. Stuttgart 1880.

Augustat 2001: Augustat, Claudia: Kommerzialisiertes Kunsthandwerk zwischen Ausverkauf und ethnisch-kultureller Identität im Estado Amazonas, Venezuela. In: Voyage. Jahrbuch für Reise- & Tourismusforschung 2001

Aurnhammer 2004: Aurnhammer, Achim: Der Lorenzoorden. Ein Kult empfindsamer Freundschaft nach Laurence Sterne. In: Ders. (Hrsg.): Gefühlskultur in der bürgerlichen Aufklärung. Tübingen 2004.

Aurnhammer 2005: Aurnhammer, Achim: Petrarcas Katze. Die Geschichte des kätzischen Petrarkismus. Heidelberg 2005.

Ausst.-Kat. Berlin 1997: Cilleßen, Wolfgang (Hrsg.): Krieg der Bilder. Druckgraphik als Medium politischer Auseinandersetzung im Europa des Absolutismus. Ausst.-Kat. Deutsches Historisches Museum Berlin 1997.

Ausst.-Kat. Dessau-Wörlitz 2004: Sammeln um zu bilden. Bildung durch Anschauung. Die geologische Sammlung des Fürsten Franz von Anhalt-Dessau. Ausst.-Kat. Galerie am Grauen Haus in den Wörlitzer Anlagen. Dessau-Wörlitz 2004.

Ausst.-Kat. Ferrara 2002: Laureati, Laura/Bonatti, Elena (Hrsg.): Lucrezia Borgia. Ausst.-Kat. Palazzo Bonacossi Ferrara 2002.

Ausst.-Kat. Hamm/Berlin 1996: Falck, Martin von: Ägypten. Schätze aus dem Wüstensand. Kunst und Kultur der Christen am Nil. Ausst.-Kat. Gustav-Lübcke-Museum der Stadt Hamm und Museum für Spätantike und Byzantinische Kunst, Staatliche Museen zu Berlin — Preußischer Kulturbesitz. Wiesbaden 1996.

Ausst.-Kat. Kassel 1994: Lange, Ulrike (Hrsg.): Glauben deaheim — Zeugnisse evangelischer Frömmigkeit, Zur Erinnerung — Zimmerdenkmale im Lebenslauf. Ausst.-Kat. Fränkisch-Schweiz-Museum Tüchersfeld und Museum für Sepulkralkultur Kassel. Kassel 1994.

Ausst.-Kat. Köln 1985: Legner, Anton (Hrsg.): Ornamenta Ecclesiae, Kunst und Künstler der Romanik. Ausst.- Kat. Schnütgen Museum in der Josef-Haubrich-Kunsthalle Köln 1985.

Ausst.-Kat. Mainz 2004: Kotzur, Hans-Jürgen (Hrsg.): Kein Krieg ist heilig. Die Kreuzzüge. Ausst.-Kat. Dom und Diözesanmuseum Mainz 2004.

Ausst. Kat. Mainz 2005: Witt, Janette: Menasapullen. In: Ausst. Kat Sammler-Pilger-Wegbereiter. Die Sammlungen des Prinzen Johann Georg von Sachsen. Landesmuseum Mainz 2005, S. 137-148

Ausst.-Kat. München 2004: Wamser, Ludwig (Hrsg.): Die Welt von Byzanz — Europas östliches Erbe. Glanz, Krisen und Fortleben einer tausendjährigen Kultur. Ausst.-Kat. Archäologische Staatssammlung, Museum für Vor- und Frühgeschichte München 2004. (Schriftenreihe der Archäologischen Staatssammlung, 4)

Ausst.-Kat. München/Nürnberg 1988: Himmelheber, Georg/Schneider Ulrich: Schönes Schach. Die Spiele des Bayerischen Nationalmuseums in München und des Germanischen Nationalmuseums in Nürnberg. Ausst.-

Kat. München und Nürnberg. Nürnberg 1988.
Ausst.-Kat. Wien 1994: Kultobjekte der Erinnerung. Ausst.-Kat. Wien 1994.
Ausst.-Kat. Wien 1998: Walther, Susanne (Hrsg.): Kaiserin Elisabeth. Keine Thränen wird man weinen... Ausst.-Kat. Hermesvilla, Lainzer Tiergarten. Wien 1998. (Sonderausstellung des Historischen Museums der Stadt Wien, 235)
Ausst-Kat. Frankfurt 2004: Erduman, Deniz (Hrsg.): Geschriebene Welten. Arabische Kalligraphie und Literatur im Wandel der Zeit. Ausst.-Kat. Museum für Angewandte Kunst Frankfurt 2004.
Ayal 2002: Ayal, Avishay: Fallen Halos. Art Gallery University of Haifa, Winter 2002.
Babel/Paravicini 2005: Babel, Rainer/Paravicini, Werner (Hrsg.): Grand Tour. Adeliges Reisen und europäische Kultur vom 14. bis zum 18. Jahrhundert. Stuttgart 2005. (Beiheft der Francia, 60)
Babel/Paravicini 2005: Babel, Rainer/Paravicini, Werner (Hrsg.): Grand Tour. Adeliges Reisen und europäische Kultur vom 14. bis zum 18. Jahrhundert. Stuttgart 2005. (Beiheft der Francia, 60)
Barisch 2003: Barisch, Marie-Luise und Günter (Hrsg.): Fächer - Spiegelbilder ihrer Zeit. Bestandskat. Deutsches Fächermuseum Bielefeld. München 2003.
Barmé 1996: Barmé, Geremie R.: Shades of Mao. The Posthumous Cult of the Great Leader. Armonk/N.Y./London 1996.
Barth 1998: Barth, Ulrich: Säkularisierung. In: Theologische Realenzyklopädie, 29 (1998).
Barthes 1964: Barthes, Roland: Mythen des Alltags. Frankfurt 1964.
Barthes 1989: Barthes, Roland: Die helle Kammer. Bemerkungen zur Fotografie. Frankfurt 1989.
Battarbee o.J.: Battarbee, Katja: Case Maypole, o. O. o. J. URL: http://smart.uiah.fi/home/Katjansiwu/thesishtm/index.html (17.3.2006)
Bauer 1987: Bauer, Margrit (Hrsg.): Aus den Sammlungen. Frankfurt 1987. (Auswahlkatalog/Museum für Kunsthandwerk Frankfurt, 1)
Bauer 1988: Bauer, Gerhard: Sprache und Sprachlosigkeit im „Dritten Reich". Köln 1988.
Baumann 2000: Baumann, Margret: Eine kurze Geschichte des Telefonierens. In: Baumann, Margret/Gold, Helmut (Hrsg.): Mensch Telefon. Aspekte telefonischer Kommunikation. Heidelberg 2000.
Baumgärtl 1998: Baumgärtl, Tilman: Das Internet als imaginäres Museum. Discussion Paper. Wissenschaftszentrum Berlin Oktober 1998. URL: http://duplox.wz-berlin.de/texte/tb/ (23.5.2006)
Beath/Wheeldon 2005: Beath, Warren/Wheeldon, Paula: James Dean in Death. A Popular Encyclopedia of a Celebrity Phenomenon, Jefferson, N.C./London 2005.
Beaucamp-Markowsky 1985: Beaucamp-Markowsky, Barbara: Porzellandosen des 18. Jahrhunderts. München 1985.
Becker 1971: Becker, Jochen: Hochmut kommt vor dem Fall. Zum Standbild Albas in der Zitadelle von Antwerpen 1571-1574. In: Simiolus, 5 (1971).
Becker/Gerhard/Link 1997: Becker, Frank/Gerhard, Ute/Link, Jürgen: Moderne Kollektivsymbolik. Ein diskurstheoretisch orientierter Forschungsbericht. In: JASL, 22 (1997) 1.
Beer 1999 Ausst.-Kat. Aachen 1999: Beer, Simon (Hrsg.): Sacra conversazione. Ausst.-Kat. Suermondt-Ludwig-Museum Aachen. Basel 1999.
Beethoven-Haus 2002: Drei Begräbnisse und ein Todesfall: Beethovens Ende und die Erinnerungskultur seiner Zeit. Ausst.-Kat. hrsg. v. Beethoven-Haus Bonn und Museum für Sepulkralkultur Kassel. Bonn 2002.
Benedict 1923: Benedict, Ruth F.: The Concept of the Guardian Spirit in North America. New York 1923. (Memoirs of the American Anthropological Association, 29)
Benjamin 1961: Benjamin, Walter: Der Erzähler. Betrachtungen zum Werk von Nikolai Lasskours. In: Ders.: Illuminationen. Ausgewählte Schriften, hrsg. v. Siegfried Unseld. Frankfurt 1961 (Die Bücher der Neunzehn, 78)
Benjamin 1974a: Benjamin, Walter: Das Kunstwerk im Zeitalter seiner technischen Reproduzierbarkeit. Drei Studien zur Kunstsoziologie. 7. Aufl. Frankfurt 1974.
Benjamin 1974b: Benjamin, Walter: Zentralpark. In: Ders.: Gesammelte Schriften, hrsg. v. Rolf Tiedemann. Bd. 1, 2. Frankfurt 1974.
Benjamin 1980: Benjamin, Walter: Der verhüllte Osterhase oder Kleine Versteck Lehre. In: Ders.: Gesammelte Schriften, hrsg. v. Tilman Rexroth. Bd. 4, 1: Kleine Prosa, Baudelaire-Übertragungen. Frankfurt 1980.
Benjamin 1989: Benjamin, Walter: Erfahrung und Armut. In: Ders.: Gesammelte Schriften, hrsg. v. Rolf Tiedemann. Bd. 2, 1. Frankfurt 1989.
Benjamin 1991: Benjamin, Walter: Das Passagen-Werk. In: Ders.: Gesammelte Schriften, hrsg. v. Rolf Tiedemann. Bd. 5, 1. Frankfurt 1991.
Berlin 2002: Holocaust – nationalsozialistischer Völkermord und Motive der Erinnerung. Ausst.-Kat. Deutsches Historisches Museum Berlin u. a. Berlin 2002.
Bertolt Brecht 1976: Brecht, Bertolt: Gesammelte Gedichte. 4 Bde. Frankfurt 1976.
Beuningen/Koldeweij 1993: Beuningen, H.J.E. van/Koldeweij, A.M. (Hrsg.): Heilig en profaan. 1000 laatmiddeleewse insignes uit de collectie H.J.E. van Beuningen. Cothen 1993. (Rotterdam Papers, 8)
Beuningen/Koldeweij/Kicken 2001: Beuningen, H.J.E. van/Koldeweij, A.M./Kicken, D. (Hrsg.): Heilig en profaan 2. 1200 laatmiddeleewse insignes uit openbare en particuliere collecties. Cothen 2001. (Rotterdam Papers, 12)
Beyer 2002: Beyer, Andreas: Das Porträt in der Malerei. München 2002.
Beyer 2004: Beyer, Andreas: Im Bild bleiben. Das Porträt und die Frage der Dauer. In: Hartwig, Ina/Spengler, Tilman (Hrsg.): Das Bleibende. Berlin 2004. (Kursbuch, 1578)
Beyrer 1997: Beyrer, Klaus (Hrsg.): Kommunikation im Kaiserreich. Der Generalpostmeister Heinrich von Stephan. Ausst.-Kat. Museum für Post und Kommunikation Frankfurt. Heidelberg 1997. (Kataloge der Museumsstiftung Post und Telekommunikation, 2)
Beyrer/Täubrich 1996: Beyrer, Klaus/Täubrich, Christian (Hrsg.): Der Brief, eine Kulturgeschichte der schriftlichen Kommunikation. Ausst.-Kat. Museum für Post und Kommunikation Frankfurt und Museum für Post und Kommunikation Nürnberg. Heidelberg 1996. (Kataloge der Museumsstiftung Post und Telekommunikation, 1)
Bhatty 1997: Bhatty, Michael: Geschichte und Vermarktung der Hollywood-Glamour-Fotographie. Frankfurt 1997. (Europäische Hochschulschriften, 28/297)
Biddle 2000: Biddle, Martin: Die Grabeskirche in Jerusalem. Stuttgart 2000.
Birnbaumer/Schmidt 1996: Birnbaumer, Niels/Schmidt, Robert F.:

Biologische Psychologie. 2. Aufl. Heidelberg 1996.
Bleker/Jachertz 1989: Bleker, Johanna/Jachertz, Norbert: Medizin im Dritten Reich. Köln 1989.
Bloch 1979: Bloch, Peter: Der Tod aus der Sicht der Hinterbliebenen. In: Wie die Alten den Tod gebildet. Wandlungen in der Sepulkralskulptur 1750 – 1850. Ausst.-Kat. Arbeitsgemeinschaft Friedhof und Denkmal im Wissenschaftszentrum Bonn – Bad Godesberg. Mainz 1979.
Boberg 2005: Boberg, Jochen (Hrsg.): Kunst in Auschwitz 1940-1945. Begleitbuch zu der Ausst. Der Stiftung Neue Synagoge Berlin - Centrum Judaicum im Kulturgeschichtlichen Museum Osnabrück, Felix-Nussbaum-Haus und dem Muzeum Tradycji Niepodleglosciowych w Lodzi, Bramsche 2005.
Boehm 1980: Boehm, Gottfried: Bildsinn und Sinnesorgan. In: Neue Hefte für Philosophie, 18/19 (1980).
Boehn 1928: Boehn, Max von: Das Beiwerk der Mode: Spitzen, Fächer, Handschuhe, Stöcke, Schirme, Schmuck. München 1928.
Bohleber/Drews 1991: Bohleber, Werner/Drews, Jörg (Hrsg.): „Gift, das du unbewußt eintrinkst ...". Der Nationalsozialismus und die deutsche Sprache. Bielefeld 1991.
Böhme 1998: Böhme, Hartmut: Fetisch und Idol. Die Temporalität von Erinnerungsformen in Goethes „Wilhelm Meister", „Faust" und „Der Sammler und die Seinigen". In: Matussek, Peter (Hrsg.): Goethe und die Verzeitlichunq der Natur. München 1998.
Böhme 2000: Böhme, Hartmut: Fetischismus im neunzehnten Jahrhundert. Wissenschaftshistorische Analysen zur Karriere eines Konzepts. In: Jürgen Barkhoff u. a. (Hrsg.): Das schwierige neunzehnte Jahrhundert. Tübingen 2000. (Studien und Texte zur Sozialgeschichte der Literatur, 77)
Böhme 2006: Böhme, Hartmut: Fetischismus und Kultur. Eine andere Theorie der Moderne. Reinbek bei Hamburg 2006.
Bor 1621: Bor, Pieter: Nederlandtsche oorloghen. Buch IV., f. 177v'. Leiden/Amsterdam 1621.
Borchers 2004: Borchers, Detlef: www.heise.de - Nokias Zukunftsvisionen: Der Maibaum wird zersägt. 2004.
URL: http://www.heise.de/mobil/newsticker/meldung/print/48274 (17.3.2006)
Boswell 1986: Boswell, James: Journal, hrsg. v. Helmut Winter. Stuttgart 1986.
BR online 2004: Handy-Melodien für Millionen. In: BR-Online.de
URL: http://www.br-online.de/kultur-szene/artikel/0403/13-handy-klingeltoene/index.xml (27.4.2006)
Brandstetter 1999: Brandstetter, Gabriele: Fremde Zeichen. Zu Gottfried Kellers Novelle „Die Berlocken". In: Jahrbuch der Deutschen Schillergesellschaft, 43 (1999).
Bräunlein/Flessner 2000: Bräunlein, Jürgen/Flessner, Bernd (Hrsg.): Der sprechende Knochen. Perspektiven und Telefonkulturen. Würzburg 2000.
Breckner 2003: Breckner, Roswitha: Abgelegte Erinnerungen? Was Familienalben verraten. In: Der blaue Reiter. Journal für Philosophie, 18 (2003) 2.
Bredenkamp 1998: Bredenkamp, Jürgen: Lernen, Erinnern, Vergessen. München 1998.
Breton 1934: Breton, André: Qu'est-ce que le surréalisme? Brüssel 1934.
Breton 1936: Breton, André: Crise de l'objet. In: Cahiers d'Art, 11 (1936).
Breton 1939: Breton, André: Souvenir de Mexique. In: Minotaure, 12/13 (1939).
Bromberger/Mausbach/Thomann 1990: Bromberger, Barbara/Mausbach, Hans/Thomann, Klaus-Dieter: Medizin, Faschismus und Widerstand. Frankfurt 1990.
Bryson 2003: Bryson, Norman: Stilleben. Das Übersehene in der Malerei. München 2003.
Burckhardt 1983: Burckhardt, Jacob: Weltgeschichtliche Betrachtungen. Stuttgart 1983.
Burke 1993: Burke, Peter: The Fabrication of Louis XIV. Berlin 1993.
Bush 1997a: Bush, Vannevar: As We May Think, 1945. In: Form Diskurs, 2 (1997).
URL: http://www.cs.uni-paderborn.de/~winkler/bush_d.html (5.4.2006)
Bush 1997b: Bush, Vannevar: As We May Think,1945 (Html-Version 1997). URL: http://www.ps.uni-sb.de/~duchier/pub/vbush/vbush.shtml (05.03.2006)
Caregorodcev/Thom 1989: Caregorodcev, Genadij Ivanovic/Thom, Achim: Medizin unterm Hakenkreuz. Berlin 1989.
Caruth 1995: Caruth, Cathy: Trauma, Exploration in Memory. Baltimore/London 1995.
Chance/Larsen 1976: Chance, Michael R.A./Larsen Ray R. (Hrsg.): The Social Structure of Attention. London 1976.
Chang 2002: Chang, Jung: Wilde Schwäne. Die Geschichte einer Familie. Drei Frauen in China von der Kaiserzeit bis heute. München 2002.
Chang/Halliday 2005: Chang, Jung/Halliday, Jan: Mao. Das Leben eines Mannes. Das Schicksal eines Volkes. München 2005.
Chong/Kloek 1999: Chong, Alan/Kloek, Wouter (Hrsg.): Still-life paintings from the Netherlands 1550 - 1720. Ausst.-Kat. Rijksmuseum Amsterdam and Cleveland Museum of Art. Zwolle 1999.
Christe 1973: Christe, Yves: La vision de Matthieu (Matth. XXIV-XXV), origine et développement d'une image de la Seconde Parousie. Paris 1973. (Bibliothèque des Cahiers archéologiques, 10)
Ciompi 1997: Ciompi, Luc: Die emotionalen Grundlagen des Denkens. Entwurf einer fraktalen Affektlogik. Göttingen 1997.
Cirafici/Flutsch/Pruvot 1997: Cirafici, Sandrina/Flutsch, Laurent/Pruvot, Chantal Martin: Recycling der Vergangenheit. Die Antike und das heutige Marketing. Ausst.-Kat. Musée romain Lausanne-Vidy und Schweizerisches Landesmuseum Zürich. Zürich 1997.
Conrads 2005: Conrads, Norbert: Das Incognito. Standesreisen ohne Konventionen. In: Babel/Paravicini 2005.
Cotten 1987: Cotten, Lee: The Elvis Catalog. Memorabilia, Icons, and Collectibles Celebrating the King of Rock'n'Roll. Garden City, N. Y., 1987.
Crucitti/Francesca 1985: Crucitti Ullrich/Francesca Bianca: Carteggio Cecchi-Praz. Mailand 1985.
Csikszentmihalyi/Rochberg-Halton 1989: Csikszentmihalyi, Mihaly/Rochberg-Halton, Eugene: Der Sinn der Dinge. Das Selbst und die Symbole des Wohnbereichs. München/ Weinheim 1989.
Dachauer Hefte: Dachauer Hefte, Studien und Dokumente zur Geschichte der nationalsozialistischen Konzentrationslager, hrsg. v. Wolfgang Benz und Barbara Distel im Auftrag des Comité International de Dachau, Brüssel. Schicksale in Dachau: Häftlinge erinnern sich. Max Mannheimer, Von

Auschwitz nach Karlsfeld und Mühldorf. In: Dachauer Hefte, 1 (1985).
Dassmann 1995: Dassmann, Ernst (Hrsg.): Akten des XII. Internationalen Kongresses für Christliche Archäologie, Bonn 22.-28. September 1991. 2 Bde. Münster 1995. (Jahrbuch für Antike und Christentum; Ergänzungsband, 20)
Davidson/Jackson/Kalin 2000: Davidson, Richard J./Jackson, Daren C./Kalin, N.H.: Emotion, plasticity, context, and regulation: Perspectives from affective neurosciences. In: Psychological Bulletin 126, (2000).
Deneke 1999: Deneke, Friedrich-Wilhelm: Psychische Struktur und Gehirn. Die Gestaltung subjektiver Wirklichkeit. Stuttgart 1999.
Dittrich/Jacobeit 2005: Dittrich, Ulrike/Jacobeit, Sigrid (Hrsg.): Protokolle, KZ-Souvenirs, Erinnerungsobjekt der Alltagskultur im Gedenken an die nationalsozialistischen Verbrechen. Brandenburgische Landeszentrale für politische Bildung, Stiftung Brandenburgische Gedenkstätten/Mahn- und Gedenkstätte Ravensbrück. Berlin 2005.
Doderer 1980: Doderer, Heimito von: Die Strudelhofstiege oder Melzer und die Tiefe der Jahre. 6. Aufl. München 1980.
Doosry 2004: Doosry, Yasmin (Hrsg.): Käufliche Gefühle. Freundschafts- und Glückwunschbillets des Biedermeier. Ausst.-Kat. Germanisches Nationalmuseum Nürnberg 2004.
Drews/Gerhard/Link 1985: Drews, Axel/Gerhard, Ute/Link, Jürgen: Moderne Kollektivsymbolik. Eine diskurstheoretisch orientierte Einführung mit Auswahlbibliographie. In: IASL, 1 (1985).
Ely u.a. 1997: Ely, Bruno/Rothacker, Joachim/Hartmann, Christine/ Berussan, Gérard: Ulrich Wagner: Leporello-Labyrinthes. Musée des Tapisseries. Aix-en-Provence 1997.
Endlich u.a. 2000: Mahn- und Gedenkstätte Ravensbrück. In: Endlich, Stefanie/Goldenbogen, Nora/Herlemann, Beatrix/Kahl, Monika /Scheer, Regina: Gedenkstätten für die Opfer des Nationalsozialismus, hrsg. v. der Bundeszentrale für Politische Bildung. 2 Bde. Bonn 2000.
Engemann 1989: Engemann, Josef: Das Ende der Wallfahrten nach Abu Mina und die Datierung früher islamischer glasierter Keramik in Ägypten. In: Jahrbuch für Antike und Christentum 32 (1989).
Engemann 1993: Engemann, Josef: Das Ende der Wallfahrt nach Abu Mina. In: Begegnung von Heidentum und Christentum im spätantiken Ägypten. Riggisberg 1993. (Riggisberger Berichte, 1)
Engemann 1995: Engemann, Josef: Eulogien und Votive. In: Dassmann 1995.
Enzensberger 1964: Enzensberger, Hans Magnus: Eine Theorie des Tourismus (1958). In: Ders., Einzelheiten I. Bewusstseins-Industrie. Frankfurt 1964.
Enzensberger 2003: Enzensberger, Hans Magnus: Das digitale Evangelium Propheten, Nutznießer und Verächter. In: Enzensberger, Hans Magnus (Hrsg.): Nomaden im Regal. Frankfurt 2003.
Es 1952: Es, G.A. van: Vreugden van het buiten-leven, Jacob Westerbaen op Ockenburgh. In: Es, G. van/Rombauts, E.: Geschiedenis van de letterkunde der Nederlanden. Bd. 2, 5: De letterkunde van Renaissance en Barok. 's-Hertogenbosch 1952.
Esch 2005: Esch, Arnold: Antiken-Wahrnehmung in Reiseberichten des 15. und 16. Jahrhunderts. In: Babel/Paravicini 2005.
Eschebach 2005: Eschebach, Insa: Öffentliches Gedenken. Deutsche Erinnerungskultur seit der Weimarer Republik. Frankfurt 2005.
Esposito 2002: Esposito, Elena: Soziales Vergessen. Formen und Medien des Gedächtnisses der Gesellschaft. Frankfurt 2002.
Exposition-dossier Fundation Custodia 2000: Le Cercle de Muiden, Un Salon littéraire et scientifique dans la Hollande du XVIIe siècle. Exposition-dossier I. Fundation Custodia. Paris 2000.
Faulstich/Korte 1997: Faulstich, Werner/Korte, Helmut (Hrsg.): Der Star. Geschichte – Rezeption – Bedeutung. München 1997.
Fenichel 1937: Fenichel, Otto: Über Trophäe und Triumph. In: Internationale Zeitschrift für Psychoanalyse, 24 (1937).
Ferraris 1996: Rosazza Ferraris, Patrizia: Il Museo Mario Praz. Rom 1996.
Fischer 1980: Fischer, Volker: Nostalgie. Geschichte und Kultur als Trödelmarkt. Luzern/Frankfurt 1980.
Fliedl 1997: Fliedl, Gottfried (Hrsg.): Wa(h)re Kunst. Der Museumshop als Wunderkammer. Theoretische Objekte, Fakes und Souvenirs. Frankfurt 1997.
Florey 1998: Florey, Ernst: Die Zeit und das Denken. Altes und Neues über das Gedächtnis. In: Fischer, Ernst Peter (Hrsg.): Gedächtnis und Erinnerung. Mannheimer Forum 97/98. München 1998.
Fondation Napoléon 2004: Chevallier, Bernard (Hrsg.): Trésors de la Fondation Napoléon dans l'intimité de la Cour impériale. Ausst.-Kat. Paris 2004.
Fontane 1959a: Fontane, Theodor: Grete Minde. In: Ders.: Sämtliche Werke, hrsg. v. Edgar Gross. Bd. 3. München 1959.
Fontane 1959b: Fontane, Theodor: Mathilde Möhring. In: Ders.: Sämtliche Werke, hrsg. v. Edgar Gross. Bd. 6. München 1959.
Fontane 1959c: Fontane, Theodor: Der Stechlin. In: Ders.: Sämtliche Werke, hrsg. v. Edgar Gross. Bd. 8. München 1959.
Fontane 1960: Fontane, Theodor: Wanderungen durch die Mark Brandenburg. Bd. 3: Havelland: die Landschaft um Spandau, Potsdam, Brandenburg. In: Ders.: Sämtliche Werke, hrsg. v. Edgar Gross. Bd. 11. München 1960.
Fortunati 2005: Fortunati, Leopoldina: Der menschliche Körper, Mode und Mobiltelefone. In: Gebhardt, Julian/Höflich, Joachim R. (Hrsg.): Mobile Kommunikation. Perspektiven und Forschungsfelder. Frankfurt 2005.
Freund 2005: Freund, Andrea: Herr der Halbwelten. Josef Kardinal sammelt Schneekugeln. 7155 hat er schon. Jetzt aber wird es eng. In: Anne Frank 2004: Das tagebuch der Anne Frank. Fassung von Otto H. Frank und Mirjam Pressler. Aus dem Niederländischen von Mirjam Pressler. Frankfurt 2004.
Frankfurter Allgemeine Sonntagszeitung, 30.1.2005.
Freund/Perz/Stuhlpfarrer 1993: Freund, Florian/Perz, Bertrand/ Stuhlpfarrer, Karl: Der Bau des Vernichtungslagers Auschwitz-Birkenau, Die Aktenmappen der Zentralbauleitung Auschwitz „Vorhaben: Kriegsgefangenenlager Auschwitz (Durchführung der Sonderbehandlung)" im Militärhistorischen Archiv Prag. In: Zeitgeschichte, 20 (1993) 5/6.
Freyberg/Krause-Schmitt 1997: Freyberg, Jutta von/Krause-Schmitt, Ursula (Hrsg.): Moringen, Lichtenburg, Ravensbrück: Frauen im Konzentrationslager 1939-45. Frankfurt 1997.
Freyer 1996: Freyer, Walter: Souvenirwirtschaft verkennt den Tourismus. Tourismuswirtschaft verkennt das Souvenir. In: Souvenir Festival, 1 (1996).
Freytag 1869: Freytag, Gustav: Die verlorene Handschrift. In: Ders.: Gesammelte Werke. Bd. 2. Leipzig 1869.

Gaschen 1965: Gaschen, Elisabeth: Der Souvenirmarkt in der Schweiz. Matten-Interlaken 1965.
Gedachtenisse 1719: Ter gedachtenisse van den duim des metalen gedenkbeelds ... . Amsterdam 1719.
Gemmert 1984: Gemmert, Lia van: De Haagesche Broeder-Moord: Oranje ontmaskerd. In: Literatuur, 1 (1984).
Genji-monogatari 1966: Genji-monogatari. Die Geschichte vom Prinzen Genji. Altjapanischer Liebesroman aus dem 11. Jahrhundert, verfasst von der Hofdame Murasaki, Übersetzung: Oscar Benl. 2 Bde. Zürich 1966.
Georg 1998: Georg, Werner: Soziale Lage und Lebensstil. Opladen 1998.
Glaserfeld 1994: Glaserfeld, Ernst von: Piagets konstruktivistisches Modell. Wissen und Lernen. In: Rusch, Gerhard/Schmidt, Siegfried J. (Hrsg.): Piaget und der radikale Konstruktivismus. Frankfurt 1994.
Gockerell 1978: Gockerell, Nina: Getrickt, gestickt, gedruckt. Mustertücher aus vier Jahrhunderten. Ausst.-Kat. Bayerisches Nationalmuseum München 1978.
Goethe 1989: Goethe, Johann Wolfgang: Wilhelm Meisters Wanderjahre. In: Ders.: Sämtliche Werke, Briefe, Tagebücher und Gespräche, hrsg. v. Gerhard Neumann und Hans-Georg Dewitz. Bd. 10. Frankfurt 1989.
Goethe 1989: Goethe, Johann Wolfgang: Wilhelm Meisters Wanderjahre. In: Ders.: Sämtliche Werke. Bd. 10. Frankfurt 1989.
Goethe 1992: Goethe, Johann Wolfgang: Italienische Reise, hrsg. v. Andreas Beyer und Norbert Miller. München 1992. (Goethe, Johann Wolfgang von: Sämtliche Werke nach Epochen seines Schaffens, 15)
Goethe 1998: Goethe, Johann Wolfgang: Aus meinem Leben. Dichtung und Wahrheit. In: Ders.: Werke (Hamburger Ausgabe), hrsg. v. Erich Trunz. Bd. 9. München 1998.
Gogol 1958: Gogol, Nikolaj: Die toten Seelen, Hamburg 1958. (Rowohlts Klassiker der Literatur und Wissenschaft; Russische Literatur, 3)
Göhmann-Lehmann 1994: Göhmann-Lehmann, Christine: Freundschaft – ein Leben lang ... Schriftliche Erinnerungskultur für Frauen. Ausst.-Kat. Cloppenburg 1994.
Gold 1989: Gold, Helmut: Gestörte Verbindung – guter Draht. Vom Einzug des Telefons in die Literatur. In: Becker, Jörg (Hrsg.): Telefonieren. Marburg 1989. (Hessische Blätter für Volks- und Kulturforschung; NF., 24)
Gold 1999: Helmut Gold: Stimmungsbilder. Die Postkarte als Medium des (frühen) Antisemitismus. In: Gold, Helmut/Heuberger, Georg (Hrsg.): Abgestempelt. Judenfeindliche Postkarten. Ausst.-Kat. Museum für Post und Kommunikation Frankfurt und Jüdisches Museum Frankfurt. Heidelberg 1999.
Göpfert 2006: Göpfert, Yvonne: www.golem.de - Nokia Lifeblog 2.0: Ein Leben in SMS und Bildern. 2006. URL: http://www.golem.de/0603/43995.html (17.3.2006)
Grabar 1958: Grabar, André: Ampoules de Terre Sainte (Monza, Bobbio). Paris 1958.
Grasskamp 1989: Grasskamp, Walter: Die unbewältigte Moderne. Kunst und Öffentlichkeit. München 1989
Grawe/Donati/Bernauer 1995: Grawe, Klaus/Donati, Ruth/Bernauer, Friederike: Psychotherapie im Wandel. 4. Aufl. Göttingen/Bern 1995.
Grimm/Grimm 1854: Grimm, Jacob/Grimm, Wilhelm: Andacht/Andenken. In: Dies.: Deutsches Wörterbuch. Bd. 1. Leipzig 1854 (Fotomechan. Nachdr. der Erstausgabe: München 1984).
Grimm/Grimm 1878: Grimm, Jacob/Grimm, Wilhelm: Gedenken. In: Dies.: Deutsches Wörterbuch. Bd. 4. Leipzig 1878 (München 1984).
Grimm/Grimm 1905: Grimm, Jacob/Grimm, Wilhelm: Souvenir. In: Dies.: Deutsches Wörterbuch. Bd. 16. Leipzig 1905 (München 1984).
Grossmann 1984: Grossmann, Peter u. a.: Abu Mina, Elfter vorläufiger Bericht. Kampagnen 1982 und 1983. In: Mitteilungen des deutschen Archäologischen Instituts, Abteilung Kairo, 40 (1984).
Grossmann 1989: Grossmann, Peter: Abu Mina I. Die Gruftkirche und die Gruft. Mainz 1989. (Archäologische Veröffentlichungen/Deutsches Archäologisches Institut, 44)
Grotensohn 2001: Grotensohn, Martina: Digitale Reminiszenz. Fachhochschule Köln, Fachbereich Design, Dipl.-Arbeit, 2001.
Grubrich-Simitis 1984: Grubrich-Simitis, Ilse: Vom Konkretismus zur Metaphorik, Gedanken zur psychoanalytischen Arbeit mit Nachkommen der Holocaust-Generation. In: Psyche, 1 (1984).
Gundert 1965: Gundert, Wilhelm u. a. (Hrsg.): Lyrik des Ostens. München 1965.
Gyr 1988: Gyr, Keli: Touristenkultur und Reisealltag. Volkskundlicher Nachholbedarf in der Tourismusforschung. In: Zeitschrift für Volkskunde 84 (1988).
Gysius 1616: Gysius, Joannes: Oorsprong en voortgang der Nederlandtscher beroerten ende ellendichheden. O.O. 1616.
Habermas 1999: Habermas, Tilman: Geliebte Objekte. Symbole und Instrumente der Identitätsbildung. Frankfurt 1999.
Hallam/Hockey 2001: Hallam Elizabeth/Hockey, Jenny: Death, Memory and Material Culture. Oxford/New York 2001.
Hamann/Hassmann 1998: Hamann, Brigitte/Hassmann, Elisabeth (Hrsg.): Elisabeth. Stationen ihres Lebens. Wien 1998.
Hanebutt-Benz 1982: Hanebutt-Benz, Eva-Maria: Der Freundschaft gewidmet. Stammbücher der Goethezeit. Frankfurt 1982. (Kleine Hefte/Museum für Kunsthandwerk Frankfurt, 18)
Hanebutt-Benz 1983: Hanebutt-Benz, Eva-Maria: Ornament und Entwurf. Ornamentstiche und Vorzeichnungen für das Kunsthandwerk vom 16. bis zum 19. Jahrhundert aus der Linel Sammlung für Buch- und Schriftkunst. Museum für Kunsthandwerk Frankfurt. Frankfurt 1983.
Haskell/Penny 1981: Haskell, Francis/Penny, Nicholas: Taste and the antique. The lure of classical sculpture 1500-1900. New Haven u. a. 1981.
Haug 2002: Haug, Wolfgang Fritz: Zur Frage der Im/Materialität digitaler Produkte. In: Das Argument, 5/6 (2002). URL: http://www.linksnet.de/drucksicht.php?id=818 (15.3.2006)
Hayes 2004: Hayes, Peter: Die Degussa im Dritten Reich. Von der Zusammenarbeit zur Mittäterschaft. München 2004.
Hecken 2003: Hecken, Thomas: Pop-Literatur um 1968. In: Arnold, Heinz **Ludwig (Hrsg.)**: Pop-Literatur. Sonderband Text + Kritik. München 2003.
Heeringen/Koldeweij/Gaalman 1987: Heeringen, R.M. van/Koldeweij, A.M./Gaalman, A.A.G.: Heiligen uit de Modder. In Zeeland gevonden Pilgrimstekens. Utrecht 1987 (Clavis Kunsthistorische Monografieen, 4)
Heine 1976: Heine, Heinrich: Harzreise. In: Ders.: Sämtliche Schriften. Bd. 3. München 1976.
Heinrich 2000: Heinrich, Barbara: Die wahren Geschichten der Sophie Calle. In: Die wahren Geschichten der Sophie Calle. Ausst.-Kat. Museum Fridericianum Kassel und Haus der Kunst München. Kassel 2000.

Heinzer 1989: Heinzer, Felix: Das Album amicorum (1545-1569) des Claude de Senarclens. In: Klose 1989.
Helmberger 1993: Helmberger, Werner: Carl Joseph May (1747-1822). Hofkonditor und Korkbildner. In: Rom über die Alpen tragen. Fürsten sammeln antike Architektur: Die Aschaffenburger Korkmodelle. Landshut 1993.
Henrich 1986: Henrich, Dieter: Der Gang des Andenkens. Beobachtungen und Gedanken zu Hölderlins Gedicht. Stuttgart 1986.
Hermanns 1996: Hermanns Ulrich (Hrsg.): Souvenirs! Souvenirs aus Westfalen-Lippe! Ausst.-Kat. LWL Westfälisches Museumsamt Münster, 1996/1997. Münster 1996.
Hilberg 2003: Hilberg, Raul: Die Quellen des Holocaust, Entschlüsseln und Interpretieren. Frankfurt (2001) 2003.
Hillert 1998/99: Hillert, Andreas: Hippokrates zwischen Theorie und Praxis. Zur Rezeption des Hippokrates-Bildnisses im ausgehenden zwanzigsten Jahrhundert. In: Hephaistos, 16/17 (1998/1999).
Hillert 2003/2004: Hillert, Andreas: „Antike“ Griechische Vasen aus aktueller Produktion. Strategien der Hersteller und Erwartungen Postmoderner Betrachter. Hephaistos 21/22 (2003/2004).
Hillert 2006: Hillert, Andreas: Archäologische Souvenirs aus Griechenland. Zwischen klassisch-archäologischem Ideal und populärer Rezeption. Möhnesee 2006.
Himmelheber 1988: Himmelheber, Georg (Hrsg.): Kunst des Biedermeier. 1815-1835; Architektur, Malerei, Plastik, Kunsthandwerk, Musik, Dichtung und Mode. Ausst.-Kat. Haus der Kunst München 1988.
Himmelmann 1976: Himmelmann, Nikolaus: Utopische Vergangenheit. Berlin 1976.
Hinz/Lind 1998: Hinz, Hans-Martin/Lind, Christoph (Hrsg.): Tsingtau. Ein Kapitel deutscher Kolonialgeschichte in China 1897-1914. Ausst.-Kat. Deutsches Historisches Museum Berlin 1998.
Hirschfeld 1782: Hirschfeld, C.C.L.: Theorie der Gartenkunst. Bd. 4. Leipzig 1782.
Hoefer 2006: Hoefer, Natascha: Geraubte Augenblicke. Andenken und Inspiration bei Mörike, um Mozart, im 19. Jahrhundert. Gießen, JLU Gießen, Fachbereich Germanistik, Diss., 2006 (Tiposkript).
Hoefer/Oesterle (im Erscheinen): Hoefer, Natascha/Oesterle, Günter: Über „theure Andenken", unheimliche „Überbleibsel" und versteckte Erinnerungen in Literatur und Alltag des 19. Jahrhunderts. In: Kienlin, Tobias L. (Hrsg.): Die Dinge als Zeichen. Kulturelles Wissen und materielle Kultur - Perspektiven einer kulturwissenschaftlichen Synthese. (im Druck).
Hoffmann 1998: Hoffmann, Detlef (Hrsg.): Das Gedächtnis der Dinge, KZ Relikte und KZ Denkmäler 1945 1995. Frankfurt 1998.
Höflich/Gebhardt 2005: Höflich, Joachim R./Gebhardt, Julian: Mobile Kommunikation. Perspektiven und Forschungsfelder. Frankfurt 2005.
Holm 2004: Holm, Christiane: Intime Erinnerungsgeflechte. Memorialschmuck aus Haaren um 1800. In: Kritische Berichte, 32 (2004) 1.
Holm 2005: Holm, Christiane: Andenken und Fetisch. Dingliche Erinnerungspraktiken in Goethes Wilhelm Meisters Wanderjahren. In: Bannasch, Bettina/Butzer, Günter (Hrsg.): Übung und Affekt. Aspekte des Körpergedächtnisses. Berlin 2005.
Holm 2006: Holm, Christiane: Gedenkort und dingliches Andenken. Zur kulturgeschichtlichen Verortung der aktuellen Erinnerung an Paul Gerhardt. In: Böttler, Winfried (Hrsg.): Paul Gerhardt. Erinnerung und Gegenwart. Beiträge zu Leben, Werk, Wirkung. Berlin 2006.
Holm/Oesterle 2005: Holm, Christiane/Oesterle, Günter: Andacht und Andenken. Zum Verhältnis zweier Kulturpraktiken um 1800. In: Oesterle, Günter (Hrsg.): Erinnerung, Gedächtnis, Wissen. Studien zur kulturwissenschaftlichen Gedächtnisforschung. Göttingen 2005. (Formen der Erinnerung, 26)
Holt 2005: Holt, Steven Shov: Ein amerikanischer Revolutionär. Das Boym Studio. In: Amerika. Constantin Boym. Basel 2005.
Höper 1999: Höper, Corinna: Giovanni Battista Piranesi — die poetische Wahrheit. Ostfildern 1999.
Hornby 1998: Hornby, Joan: Chinese Ancestral Portraits: Some Late Ming and Ming Style Ancestral Paintings in Scandinavian Museums. In: The Museum of Far Eastern Antiquities Bulletin, 70 (1998).
Hultkrantz 1953: Hultkrantz, Ake: Conceptions of the Soul among North American Indians. A Study in Religious Ethnology. Stockholm 1953. (The Ethnographical Museum of Sweden, Stockholm. Monograph Series, 1)
Hunstein 2006: Die Sprache bringt es an den Tag, Stefan Hunstein liest — Aus Hitlers Tischgesprächen — Liebesbriefe an Adolf Hitler — „Meine Psyche, Werden, Leben und Erleben“ aus den Aufzeichnungen von Rudolf Höß, Komandant in Auschwitz. Bayerisches Staatsschauspiel, hrsg. v. Noa Noa Hör-Buchedition 2006.
Huppert 2005: Huppert, Martin: Die Star-Fan-Beziehung in der Popmusik: Forever Young? Perspektiven eines psychologischen Modells. Hamburg 2005 (Diss. Saarbrücken 2005; Studien zur Kindheits- und Jugendforschung, 40)
Huther 2005: Huther, Christian: Grenzgänge in Wahrnehmungsräumen. Ein Gespräch mit Helga Griffiths. In: Kunstforum International, 174 (2005).
Imdahl 1974: Imdahl, Max: Cézanne - Braque - Picasso. Zum Verhältnis zwischen Bildautonomie und Gegenstandsbezug. In: Wallraf-Richartz-Jahrbuch, 36 (1974).
Izard, 1994: Izard, Carroll E.: Die Emotionen des Menschen. Eine Einführung in die Grundlagen der Emotionspsychologie. 3. Aufl. Weinheim/Basel 1994.
Jaarboeken 1795: Jaarboeken der Bataafsche Republiek, 2 (1795).
Jacobeit/Thoms-Heinrich 1987: Jacobeit, Sigrid/Thoms-Heinrich, Liselotte: Kreuzweg Ravensbrück, Lebensbilder antifaschistischer Widerstandskämpferinnen. Leipzig 1987.
Jean Paul 1961: Jean Paul: Titan. In: Ders.: Sämtliche Werke, hrsg. v. Norbert Miller. Bd. 3. 3. München 1961.
Jean Paul 1962: Jean Paul: Das Kampaner Tal. In: Ders.: Sämtliche Werke, hrsg. v. Norbert Miller. Bd. 1, 4. München 1962.
Jolles 1958: Jolles, André: Einfache Formen: Legende, Sage, Mythe, Rätsel, Spruch, Kasus, Memorabile, Märchen, Witz. Darmstadt 1958.
Jones 1997: Jones, James: Alfred Kinsey - a public/private life. New York 1997.
Journal des Versailles 1790: Journal des Versailles, des départemens de Paris, de Seine et de Oise, 42 (12. Juli 1790).
Jünger 1957: Jünger, Friedrich Georg: Gedächtnis und Erinnerung. Frankfurt 1957.
Kaldewey 2000: Kaldewey Gunnar A. (Hrsg.): Global 1. Global Artist books from Germany. Cencebaugh Contemporary. New York 2000.

Kaminski 1997: Bildwerke der Sammlung Kaufmann, Bd. 3: Bildwerke aus Ton, Bein und Metall, bearb. v. Gabriele Kaminski. Melsungen 1997.

Karow 1997: Karow, Yvonne: Deutsches Opfer. Kultische Selbstauslöschung auf den Reichsparteitagen der NSDAP. Berlin 1997.

Katzenelson/Biermann 1994: Katzenelson, Jizchak: Dos lied vunem ojsgehargetn jidischn volk/Biermann, Wolf: Großer Gesang vom ausgerotteten jüdischen Volk. Köln 1994.

Kaufmann 1910: Kaufmann, Carl Maria: Zur Ikonographie der Menasampullen mit besonderer Berücksichtigung der Funde in der Menasstadt nebst einem einführenden Kapitel über die neuentdeckten nubischen und aethiopischen Menastexte. Kairo 1910.

Kay 1994: Kay, Hilary: Rock 'n' Roll Souvenirs. Was uns die Stars zum Sammeln ließen. Augsburg 1994. (Engl. Originalausg. 1992).

Keller 1971: Keller, Harald: Die Kunst des 18. Jahrhunderts. Berlin 1971. (Propyläen- Kunstgeschichte, 10)

Kemp 1998: Kemp, Wolfgang: Beziehungsspiele. Versuch einer Gattungspoetik des Interieurs. In: Schulze, Sabine (Hrsg.): Innenleben. Die Kunst des Interieurs. Vermeer bis Kabakov. Frankfurt 1998.

Keneally 1994: Keneally, Thomas: Schindlers Liste.
18. Aufl. München 1994. (Engl. Originalausg. 1982).

Kerr 1962: **Kerr, Walter**: The Decline of Pleasure. New York 1962.

Kertész 2003: Kertész, Imre: Roman eines Schicksallosen.
14. Aufl. Hamburg 2003. (Ungar. Originalausg. 1975).

Kesner 1993/94: Kesner Jr., Ladislav: Memory, Likeness and Identity in Chinese Ancestor Portraits. In: Bulletin of the National Gallery in Prague, 3-4 (1993/94).

Kindel 2005: Kindel, Constanze: Vom Glück des Müßig-Ganges. Wandern erfüllt eine tiefe Sehnsucht: Neues Wellness - Erlebnis und alte Instinkte. In: Frankfurter Neue Presse, 1.10.2005.

King 2003: King, Barry: Über die Arbeit des Erinnerns. Die Suche nach dem perfekten Moment. In: Wolf, Herta (Hrsg.): Diskurse der Fotografie. Fotokritik am Ende des fotografischen Zeitalters, Bd. 2. Frankfurt 2003.

Kiss 1989: Kiss, Zsolt: Les ampoules de saint Ménas découvertes à Kôm el-Dikka (1969-1989) Alexandrie 5. Warschau 1989.

Kittlitz 1994: Kittlitz, Hans Wernher von: Strukturale Ikonologie. Untersuchungen zur allgemeinen Kunstwissenschaft und ethnologischen Vorstellungskunde. Frankfurt 1994. (Diss. Freiburg i. Br. 1986; Europäische Hochschulschriften, 28/217)

Klemperer 2001: Klemperer, Victor: LTI. Notizbuch eines Philologen.
19. Aufl. Leipzig 1975. (Halle 1957).

Klose 1989: Klose, Wolfgang (Hrsg.): Stammbücher des 16. Jahrhunderts. Wiesbaden 1989. (Wolfenbütteler Forschungen, 42)

Klose, CAAC: Klose, Wolfgang: Corpus Alborum Amicorum - CAAC. Beschreibendes Verzeichnis der Stammbücher des 16. Jahrhunderts. Stuttgart 1988. (Hiersemanns Bibliographische Handbücher, 8)

Knigge 1998: Knigge, Volkhard: Buchenwald. In: Hoffmann, Detlef (Hrsg.): Das Gedächtnis der Dinge, KZ-Relikte und KZ-Denkmäler 1945-1995. Frankfurt 1998.

Knigge 2001: Knigge, Volkhard: Abschied von der Erinnerung – Zum notwendigen Wandel der Arbeit der KZ-Gedenkstätten in Deutschland. In: Topographie des Terrors (Hrsg.): GedenkstättenRundbrief Nr. 100, 4 (2001).

Kockel 1993: Kockel, Valentin: Rom über die Alpen tragen. Korkmodelle antiker Architektur im 18. und 19. Jahrhundert. In: Rom über die Alpen tragen. Fürsten sammeln antike Architektur: Die Aschaffenburger Korkmodelle. Landshut 1993.

Kohlhausen 1928: Kohlhausen, Heinrich: Minnekästchen im Mittelalter. Berlin 1928.

Kohonen 1995: Kohonen, Teuvo: Self-Organizing Maps. 3. Aufl. Berlin 1995.

Kölsch/Maisak 2002: Kölsch, Gerhard/Maisak, Petra (Hrsg.): „Köstliche Reste". Andenken an Goethe und die Seinen. Ausst.-Kat. Freies Deutsches Hochstift Frankfurt 2002.

Korff 1990: Korff, Gottfried: Aporien der Musealisierung. Notizen zu einem Trend, der die Institution, nach der er benannt ist, hinter sich gelassen hat. In: Zacharias, Wolfgang (Hrsg.): Zeitphänomen Musealisierung. Das Verschwinden der Gegenwart und die Konstruktion der Erinnerung. Essen 1990.

Korn 2006: Korn, Salomon: Gezeitenwechsel.
In: Frankfurter Allgemeine Zeitung, 25 (30. Jan. 2006).

Koschorke 1994: Koschorke, Albrecht: Die Verschriftlichung der Liebe und ihre empfindsamen Folgen. Zu Modellen erotischer Autorschaft bei Gleim, Lessing und Klopstock. In: Goetsch, Paul (Hrsg.): Lesen und Schreiben im 17. und 18. Jahrhundert: Studien zu ihrer Bewertung in Deutschland, England, Frankreich. Tübingen 1994.

Koschorke 1999: Koschorke, Albrecht: Körperströme und Schriftverkehr. Mediologie des 18. Jahrhunderts. München 1999.

Koselleck 2001: Koselleck, Reinhart: Gebrochene Erinnerung? Deutsche und polnische Vergangenheit zum Beispiel.
In: Neue Züricher Zeitung, 220 (22./23. September. 2001).

Köstlin 1994: Köstlin, Konrad: Die Sammlervitrinen und das Lebensmuseum. In: Pöttler, Burkhard u. a. (Hrsg.): Innovation und Wandel: Festschrift für Oskar Moser zum 80. Geburtstag. Graz 1994.

Kötting 1950: Kötting, Bernhard: Peregrinatio religiosa. Wallfahrten in der Antike und das Pilgerwesen in der alten Kirche. Münster 1950.

Kraack 2005: Kraack, Detlev: Vom Ritzen, Kratzen, Hängen und Hinsehen. Zum Selbstverständnis der spätmittelalterlichen und frühneuzeitlichen Reisenden auf dem Weg von der Heidenfahrt zur Kavalierstour.
In: Babel/Paravicini 2005.

Kracauer 1927: Kracauer, Siegfried: Die Photographie (1927).
In: Kemp, Wolfgang. Theorie der Fotografie. Bd. 2: 1912-1945.
Eine Anthologie. München 1979.

Kraft 2004: Kraft, Emmanuel: À propos de ces photos. In: Rosier 2004.

Kramer 1993: Kramer, Dieter: Kulturanthropologie des Tourismus.
In: Hahn, Heinz/ Kagelmann, H. Jürgen (Hrsg.): Tourismuspsychologie und Tourismussoziologie. Ein Handbuch zur Tourismuswissenschaft. München 1993.

Krauß/Wenke 2000: Krauß, Jutta/Wenke, Ursula (Hrsg.): Am Anfang war der Tintenfleck. Der Deutschen liebste Burg im Souvenir.
Ausst.-Kat. Wartburg. Eisenach 2000.

Krautheimer 1975: Krautheimer, Richard: Early Christian and Byzantine Architecture. Hermondsworth 1975.

Krüger 2000: Krüger, Jürgen: Die Grabeskirche zu Jerusalem.
Geschichte – Gestalt – Bedeutung. Regensburg 2000.

Kübler 2003: Kübler, Hans-Dieter: Kommunikation und Medien. Eine Einführung. Münster 2003.
URL: http://www.mediacultureonline.de/fileadmin/bibliothek/kuebler_begriffe/kuebler_begriffe.html (26.4.2006)

Kühl 2001: Kühl, Inga-Marie: Zwischen Trauma, Traum und Tradition, Identitätskonstruktionen in der Jungen Jüdischen Gegenwartsliteratur. Berlin 2001.

Kuhn 1966: Zeller, Bernhard/Kuhn, Dorothea (Hrsg.): Auch ich in Arcadien. Kunstreisen nach Italien 1600-1900. Ausst.-Kat. Schiller-Nationalmuseum Marbach 1966. (Sonderausstellung des Schiller-Nationalmuseums: Katalog, 16)

Kuhn/Schweigard 2006: Kuhn, Axel/Schweigard, Jörg: Freiheit oder Tod! Die deutsche Studentenbewegung zur Zeit der Französischen Revolution. Köln 2006.

Künzl/Koeppel 2002: Künzl, Ernst/Koeppel, Gerhard: Souvenirs und Devotionalien. Zeugnisse des geschäftlichen, religiösen und kulturellen Tourismus im antiken Römerreich. Mainz 2002.

Kurras 1987: Kurras, Lotte: Zu gutem Gedenken. Kulturhistorische Miniaturen aus Stammbüchern des Germanischen Nationalmuseums 1550-1770. München 1987.

Kurras 2005: Kurras, Lotte: Vita peregrinatio. Bildungsreise und Stammbuch. In: Babel/Paravicini 2005.

Kwastek 2004: Kwastek, Katja (Hrsg.): Ohne Schnur. Kunst und drahtlose Kommunikation. Ausst.-Kat. Kunstverein Cuxhaven 2004.

Laine/Magnusson 2002: Laine, Merit/Magnusson, Börje: Travel notes 1673-77 and 1687-88. Stockholm 2002.

Landolt/Ackermann 1991: Landolt, Elisabeth/Ackermann, Felix (Hrsg.): Die Objekte im Historischen Museum Basel. Basel 1991. (Sammeln in der Renaissance)

Langbein 2002: Langbein, Ulrike: Geerbte Dinge. Soziale Praxis und symbolische Bedeutung des Erbens. Köln/Weimar/Wien 2002.

Lange 1984: Lange, Ulrike (Hrsg.): Glauben Daheim. Zeugnisse evangelischer Frömmigkeit. Zur Erinnerung. Zimmerdenkmale im Lebenslauf. Kassel 1984.

Langheinrich/Mattern 2003: Langheinrich, Marc/Mattern, Friedemann: Digitalisierung des Alltags. Was ist Pervasive Computing? In: Aus Politik und Zeitgeschichte B 42/2003 (13. Oktober 2003).
URL: http://www.inf.ethz.ch/personal/langhein/ (16.4.2006)

Lanz 1967/68: Lanz, Hans: Kästchen in Wismutmalerei. In: Schweizerische Volkskunst. Ausst-Kat. Deutscher Kunstrat und Stiftung Pro Helvetia, Stadtmuseum München u. a. 1967/68.

Lanzmann 1986: Claude Lanzmann: Shoah. Düsseldorf 1986.

Larousse 1956: Larousse: Dictionnaire de difficultées de la langue française. Paris 1956.

Laub 1998: Laub, Dori: The Empty Circle: Children of Survivors and the Limits of Reconstruction. In: Journal of the American Psychoanalytic Association, 46 (1998) 2.

Laureati 2002: Laureati, Laura: Da Borgia a Este: due vite in quarant'anni. In: Ausst.-Kat. Ferrara 2002.

Lebeck/Kaufmann 1985: Lebeck, Robert/Kaufmann, Gerhard: Viele Grüße ... Eine Kulturgeschichte der Postkarte. Dortmund 1985.

Leclerc 1986: Leclerc, Herbert: Ansichten über Ansichtskarten. In: Archiv für deutsche Postgeschichte, 2 (1986).

Lecocq 188: Lecocq, Georges: La prise de la Bastille et ses anniversaires. Paris 1881.

Leeuw 1984: Leeuw, Ronald de: Herinneringen aan Italie. Kunst en toerisme in de 18de eeuw. Zwolle 1984.

Leibetseder 2004: Leibetseder, Mathis: Die Kavalierstour. Adlige Erziehungsreisen im 17. und 18. Jahrhundert. Köln/Weimar 2004.

Levi 1988: Levi, Primo: Ist das ein Mensch? München 1988.

Levi-Strauss 1971: Levi-Strauss, Claude: Strukturale Anthropologie. Frankfurt 1971.

Lilie 2003: Lilie, Ralph-Johannes: Byzanz. Das zweite Rom. Berlin 2003.

Lindholm 2005: Interview in: Gadget Lounge. Digital Technology for Australian Digital Living: Nokia Lifeblog and Christian Lindholm, 2005.
URL: http://www.gadgetlounge.net/archives/2005/02/21/nokia-lifeblog-and-christian-lindholm/ (3.4.2006)

Lindholm 2006: Lindholm, Christian: www.christianlindholm.com - About me.
URL: http://www.christianlindholm.com/christianlindholm/about.html (17.3.2006)

Linhart 2006: Linhart, Eva: Verlockung. In: Burgi Glück 05. Gemälde und Alben der Burgi Kühnemann mit einer Reproduktion ihres Unikatkünstlerbuchs „akt. Nebst eingeführter Hundemalerei und einem Text in Hundedeutsch". Museum für Angewandte Kunst Frankfurt 2006.

Link 1984: Link, Jürgen: Einfluss des Fliegens – Auf den Stil selbst. In: Ders./Wülfing, Wulf (Hrsg.): Bewegung und Stillstand in Metaphern und Mythen. Fallstudien zum Verhältnis von elementarem Wissen und Literatur im 19. Jahrhundert. Stuttgart 1984.

Linnebach 1995: Linnebach, Andrea: „Remember me". Englische Memento-mori- und Gedenkringe als letztwillige Verfügung. In: Neumann 1995.

Linscheid 1995: Linscheid, Petra: Untersuchung zur Verbreitung der Ampullen diesseits der Alpen. In: Dassmann 1995.

Löcher 1997: Die Gemälde des 16. Jahrhunderts. Bestandskat. Germanisches Nationalmuseum, bearb. v. Kurt Löcher. Ostfildern-Ruit 1997.

Löffler 2000: Löffler, Henner: Doderer ABC. Ein Lexikon für Heimitisten. München 2000.

Lohmeyer 1911: Karl Lohmeyer: Die Briefe Baltasar Neumanns von seiner Pariser Studienreise 1723. Düsseldorf 1911.

Lovegrove 2000: Lovegrove, Keith: Airline. Identity, Design and Culture. New York 2000.

Ludewig 1983: Ludewig, Ulli: Die Schneekugel. Das vollklimatisierte Reiseandenken. Marburg 1983.

Lüsebrink/Reichardt 1990: Lüsebrink, Hans Jürgen/Reichardt, Rolf: Die Bastille. Zur Symbolgeschichte von Herrschaft und Freiheit. Frankfurt 1990. (Fischer-Taschenbücher, 4419)

MacCannell 1976: MacCannell, Dean: The Tourist. A New Theory of the Leisure Class. New York 1976.

Macé 2004: Macé, Jacques: Dictionnaire Historique de Sainte-Hélène. Paris 2004.

Madrid 2006: Arco 06. Feria de Madrid. Madrid 2006.

Maistre 1990: Maistre, Xavier de: Voyage autour de ma chambre. Paris 1990.

Mandel 1996: Mandel, Birgit: Wunschbilder werden wahr gemacht. Aneignung von Urlaubswelt durch Fotosouvenirs am Beispiel deutscher

Italientouristen der 50er und 60er Jahre. Frankfurt 1996.
Marquardt 1995: Marquardt, Brigitte: „...mit schwarzem Schmucke oder mit Perlen." Trauerschmuck des 19. Jahrhunderts in Deutschland und Österreich. In: Neumann 1995.
Matarazzo 1851: Matarazzo, Francesco: Cronache della città di Perugia dal 1492 al 1503. In: Cronache e storie inedite della città di Perugia dal MCL al MDLXIII seguite da inediti documenti tratti dagli archivi di Perugia, di Firenze e di Siena con illustrazioni, A cura di F. Bonaini, A. Fabretti, F.L. Polidori, Teil 2. In: Archivio Storico Italiano, 2 (1851).
Mayr/Sasaki 2004: Mayr, Birgit/Sasaki, Toshikazu (Hrsg.): Bestandskatalog japanischer Kulturgüter in Deutschland. Bd. 2: Japanische Holzschnitte und Bücher im Museum für Angewandte Kunst Frankfurt und im Völkerkundemuseum der von Portheim-Stiftung Heidelberg. Tokio 2004.
Mayr/Wakabayashi-Oh 2003: Mayr, Birgit/Wakabayashi-Oh, Misako: Kankai Ibun („Seltsame Geschichten einer Weltumsegelung").
In: Seifert, Wolfgang/Wuthenow, Asa-Bettina: Anbauten. Umbauten. Beiträge zur Japan-Forschung. Festgabe für Wolfgang Schamoni zum 60. Geburtstag von seinen Schülern. München 2003.
McIntosh 2004: McIntosh, Neil: Dear Diary...
In: The Guardian Unlimited, 11.3.2004
URL: http://technology.guardian.co.uk/online/story/0,3605,1166303,00.html (3.04.2006)
McShine 1981: McShine, Kynaston: Joseph Cornell. In: Joseph Cornell. Ausst.-Kat. Kunsthalle und Kunstverein Düsseldorf 1981.
Messmer 2002: Messmer, Philippe: Die geheime Sprache der Fächer. New York 2002.
Metzger 1981: Metzger, Catherine: Les ampoules à eulogies du Musée du Louvre. Paris 1981. (Notes et documents des musées de France, 3)
Michon 2004: Michon, Pierre: Leben der kleinen Toten.
Aus dem Französischen von Anne Weber. Frankfurt 2004.
Miller 1978: Miller, Norbert: Archäologie des Traums. Versuch über Giovanni Battista Piranesi. München/Wien 1978.
Monitoring Informationswirtschaft 2005: Bundesministerium für Wirtschaft und Technologie: Monitoring Informationswirtschaft: Chartbericht. 2005. URL: http://www.bmwi.de/Redaktion/Inhalte/Pdf/0-9/8-faktenbericht-chartbericht,proberty=pdf,bereich=bmwi,sprache=de,rwb=true.pdf (4.4.2006)
Montaigne 1963: Montaigne, Michel de: Tagebuch einer Badereise (Tagebuch einer Reise Michel de Montaignes durch Italien, die Schweiz und Deutschland in den Jahren 1580 und 1581. Paris 1774).
Stuttgart 1963.
Morgenthaler 1974: Morgenthaler, Fritz: Die Stellung der Perversionen in Metapsychologie und Technik. In: Psyche, 28 (1974).
Mosco/Casazza 2004: Mosco, Marinalla/Casazza, Ornella: Il Museo degli Argenti. Collezioni e collezionisti. Florenz 2004.
Müller-Funk 2001: Müller-Funk, Wolfgang: Kakenien Revisited. Über das Verhältnis von Herrschaft und Kultur. In: Müller-Funk, Wolfgang u.a. (Hrsg.): Kakanien Revisited. Das Eigene und das Fremde (in) der österreichisch-ungarischen Monarchie. Tübingen 2001.
Münker 2000: Münker, Stefan: Vermittelte Stimmen, elektrische Welten. Anmerkungen zur Frühgeschichte des Virtuellen.
In: Münker, Stefan/Roesler Alexander: Telefonbuch. Frankfurt 2000.
Nederduitse keurdigten 1710: Nederduitse en latynsche keurdigten. Rotterdam 1710.
Neumann 1911: Neumann, Balthasar: Die Briefe Balthasar Neumanns von seiner Pariser Studienreise 1723, bearb. v. Karl Lohmeyer. Düsseldorf 1911.
Neumann 1995: Neumann, Wolfgang (Hrsg.): Trauerschmuck vom Barock bis zum Art Déco. Ausst.-Kat. Museum für Sepulkralkultur Kassel 1995.
Nokia Europe 2006: www.europe.nokia.com - Nokia Lifeblog. Lifeblog kann mehr als Bloggen. 2006.
URL: http://europe.nokia.com/nokia/0,,72538,00.html (17.3.2006)
Nokia Pressemitteilung 2006: Nokia Pressemitteilung: Neue Nokia Lifeblog Version exklusiv für Nokia Nseries, 10.02.2006.
URL: http://www.nokia.de/de/nokia/presseloft/pressemappen/cebit_2006/198458.html (30.4.2006)
Novalis 1975: Novalis: Tagebücher, Briefwechsel, zeitgenössische Zeugnisse, hrsg. v. Richard Samuel.
In: Ders.: Schriften. Die Werke Friedrich von Hardenbergs, hrsg. v. Paul Kluckhohn. Bd. 4. Darmstadt 1975.
Nowotny 2004: Nowotny, Andrea: Daumenbotschaften. Zur Bedeutung von Handy und SMS für Jugendliche im Rheinland. LVR
(Studie im Auftrag des Amtes für rheinische Landeskunde 2003) 2004.
Oesterle 1984: Oesterle, Günter: Vorbegriffe zu einer Theorie der Ornamente. Kontroverse Formprobleme zwischen Aufklärung, Klassizismus und Romantik am Beispiel der Arabeske.
In: Beck, Herbert/Bol, Peter C. (Hrsg.): Ideal und Wirklichkeit der bildenden Kunst im späten 18. Jahrhundert. Berlin 1984.
Oesterle 1990: Oesterle, Günter: Eingedenken und Erinnern des Überholten und Vergessenen. Kuriositäten und Raritäten in den Werken Goethes, Brentanos, Mörikes und Raabes. In: Schulz, Gerhard/Mehigan, Tim (Hrsg.): Literatur und Geschichte 1788 – 1988. Bern 1990.
Oesterle 2003: Oesterle, Günter: Die Sprachwerdung des Gefühls und die Wendung zum Lakonischen. In: Fuchs, Anne (Hrsg): Sentimente, Gefühle, Empfindungen. Zur Geschichte und Literatur des Affektiven von 1770 bis heute. Würzburg 2003.
Oesterle 2004: Oesterle, Günter: Niederländisches Genre und Kriminalgeschichte. Eine Konstellation: Georg Friedrich Wilhelm Hegel – Karl Schnaase – Annette von Droste-Hülshoff.
In: Berbig, Roland u.a. (Hrsg.): Zeitdiskurse. Reflexionen zum 19. und 20. Jahrhundert. Heidelberg 2004.
Oesterle 2005: Oesterle, Günter: Einleitung. In: Oesterle, Günter (Hrsg.): Erinnerung, Gedächtnis, Wissen. Studien zur kulturwissenschaftlichen Gedächtnisforschung. Göttingen 2005.
Oesterle/Tausch 2001: Oesterle, Günter/Tausch, Harald (Hrsg.):
Der imaginierte Garten. Göttingen 2001. (Formen der Erinnerung, 9)
Off 1997: Off, Jan: Getrockneter Samen im Haar eurer Mütter.
Mit Illustrationen von Knut Gabel. 3. Aufl. Mainz 1997.
Os 2001: Os, Henk van: Der Weg zum Himmel. Reliquienverehrung im Mittelalter. Regensburg 2001.
Osten 2004: Osten, Manfred: Das geraubte Gedächtnis. Digitale Systeme und die Zerstörung der Erinnerungskultur. Frankfurt/Leipzig 2004.
Otto 1917: Otto, Rudolf: Das Heilige. Über das Irrationale in der Idee des Göttlichen und sein Verhältnis zum Rationalen. Breslau 1917.

Otto 1932: Otto, Rudolf: Das Gefühl des Überweltlichen (Sensus numinis), 5. und 6., erw. Aufl. München 1932.
Ottomeyer 1987: Ottomeyer, Hans (Hrsg.): Biedermeiers Glück und Ende ... die gestörte Idylle 1815-1848. Ausst.-Kat. Stadtmuseum München 1987.
Oudaan 1712: Oudaan, Joachim: Poëzy. Amsterdam 1712.
Oudaan 1747: Oudaan, Joachim: Toewyding van den stok des heeren Mr. Johan van Oldenbarneveldt. o.O. o.J. (1747).
Panofsky 1975: Panofsky, Erwin: Sinn und Deutung in der bildenden Kunst. Köln 1975.
Panta 1979: Panta, Ilona: Elvis Presley. King of Kings. Hicksville, N.Y., 1979.
Parkin 2000: Parkin, Alan J.: Erinnern und Vergessen. Bern 2000.
Patte 1775 1765: Patte, Pierre: Monuments érigés en France à la gloire de Louis XV. Paris 1765.
Pfeifer 1997: Pfeifer, Wolfgang (Hrsg.): Etymologisches Wörterbuch des Deutschen. München 1997.
Pfeiffer 2004: „Facing The Dead/Im Angesicht des Todes" Dokumentarfilm von Gabriele Pfeiffer. D 2004, Beta SP, 52:00, Regie, Schnitt: Gabriele Pfeiffer, Kamera: Valentin Savenkov, Ton: Sergey Igoryevich Gluskin, Produzent: Carl Ludwig Rettinger, Lichtblick Filmproduktion, Köln, Distribution: Lichtblick Filmproduktion www.lichtblick-film.de; Arte, 2. Februar 2005 20.45h, ZDF, 4. Februar 2005, 16.50h.
Philippovich 1966: Philippovich, Eugen von: Kuriositäten, Antiquitäten. Ein Handbuch für Sammler und Liebhaber. Braunschweig 1966. (Bibliothek für Kunst- und Antiquitätenfreunde, 46)
Phillips 2005: Phillips, Jan: Der Bonsai-Baumeister. Timothy Richards schrumpft sogar Wolkenkratzer auf Zwergenformat. In: Architectural Digest (Oktober 2005).
Pieper/Naujokat/Kappler 2003: Pieper, Jan/Naujokat, Anke/ Kappler, Anke: Jerusalemskirchen. Mittelalterliche Kleinarchitekturen nach dem Modell des Heiligen Grabes. Aachen 2003. (Wissenschaftliche Schriften der Fakultät für Architektur der RWTH Aachen, 3)
Pierce 1994: Pierce, Patricia Jobe: The Ultimate Elvis. Elvis Presley Day by Day. New York 1994.
Platon Phaidros 2002: Platon: Phaidros oder vom Schönen. Übertragen und eingeleitet von Kurt Hildebrand. Stuttgart 2002.
Ploos van Amstel 1774: Ploos van Amstel, Jacob: Het uitmuntend karakter en de zonderlinge lotgevallen van Hugo de Groot herdagt bij de beschouwing van het slot Loevestein, in de maand julij 1772 [...]. Amsterdam o.J. (1774).
Ploos van Amstel 1980: Ploos van Amstel, G.: Portret van een koopman en uitvinder, Cornelis Ploos van Amstel. Assen 1980.
Pomian 2001: Pomian, Krzysztof: Der Ursprung des Museums. Vom Sammeln. Berlin 2001.
Pott 2004: Pott, Ute (Hrsg.): Das Jahrhundert der Freundschaft. Johann Ludwig Wilhelm Gleim und seine Zeitgenossen. Ausst.-Kat. Gleimhaus Halberstadt. Göttingen 2004.
Praz 1958: Praz, Mario: La casa della vita. Mailand 1958.
Praz 1964: Praz, Mario: La filosofia dell'arredamento. Mailand 1964.
Praz 1965: Praz, Mario: Die Inneneinrichtung von der Antike bis zum Jugendstil. München 1965.
Praz 1980: Praz, Mario: I vetri di Chiara Briganti. Rom 1980.
Praz 1993: Praz, Mario: La maison de la vie. Paris 1993.
Praz 1994: Praz, Mario: Histoire de la décoration d'intérieur. La philosophie de l'ameublement. Paris 1994.
Praz 2002: Scènes d'Intérieur. Aquarelles des collections Mario Praz et Chigi. Paris 2002.
Projektgruppe kleine Gypse 1999: Projektgruppe „kleine Gypse" (Hrsg.): Kleine Gypse. Wohnzimmerrezeption antiker Plastik. Ausst.-Kat. Schloß Hohentübingen. Tübingen 1999.
Pross 1985: Pross, Harry (Hrsg.): Kitsch. Soziale und politische Aspekte einer Geschmacksfrage. München 1985.
Proust o.J.: Proust, Marcel: Unterwegs zu Swann. Combray o.J.
RAC 1986: Reallexikon für Antike und Christentum. Bd. 13. Stuttgart 1986
RAA: Die Erlanger Datenbank des Stammbücher Verzeichnisses RAA – Repertorium alborum amicorum: http://www.phil.uni-erlangen.de/~p2gerwi/Schnabel/raa/raaframe1.html (20.4.2006)
Rautenberg 2002: Rautenberg, Hanno: Und dann ist immer Dia-Abend. In: Die Zeit, 12.12.2002.
RE 1974: Paulys Real-Encyclopädie der classischen Altertumswissenschaft, Bd. 14. Stuttgart 1974
Redlich 2001: Redlich, Rayah: The Idea of the Fragment. In: Lappin, Elonore/Schneider, Bernhard (Hrsg.): Die Lebendigkeit der Geschichte, (Dis-)Kontinuität in Diskursen über den Nationalsozialismus, Österreichische und Internationale Literaturprozesse. St. Ingberg 2001.
Reiche 1998: Reiche, Reimut: Über Kinsey. In: Zeitschrift für Sexualforschung, 11 (1998).
Reiche 2000: Reiche, Reimut: Psychoanalytische Therapie sexueller Perversionen. In: Sigusch, Volkmar (Hrsg.): Sexuelle Störungen und ihre Behandlung. 3., neubearb. und erw. Aufl. Stuttgart 2000.
Reischl/Sundt 1999: Reischl, Gerald/Sundt, Heinz: Die mobile Revolution. Das Handy der Zukunft und die drahtlose Informationsgesellschaft. Wien 1999.
Reischock 1999: Reischock, Holger: Andenken. Hans-Lutz Romanowski ist Souvenir-Großhändler. In: Berliner Zeitung, 12.3.1999.
Rilke 1991: Rilke, Rainer Maria: Briefe (1919– 1926), hrsg. v. Horst Nalewski. Bd. 2. Frankfurt 1991.
Robert 2001: Robert, Paul: Le Grand Robert de la Langue Française. Deuxième édition dirigée par Alain Rey du Dictionnaire Alphabétique et Analogique de la Langue Française de Paul Robert. Bd. 6. Paris 2001.
Rodenbach 2003: Rodenbach, Georges: Das tote Brügge. Fulda 2003.
Roland/Anderhub 1989: Roland, Berthold/Anderhub, Andreas (Hrsg): Die Bastille. Symbolik und Mythos in der Revolutionsgraphik. Mainz 1989.
Rosier 2004: Rosier, Bruno: Un état des lieux où la mémoire des parallèles. Ausst.-Kat. La Maison Européenne de la Photographie Paris. Lyon 2004.
Röttgen 1982: Röttgen, Steffi: The Roman Mosaic from the Sixteenth to the Nineteenth Century. A Short Historical Survey. In: The Art of Mosaics. Selections from the Gilbert Collection. Los Angeles 1982.
Runde 2004: Sabine Runde: Fallen Halos. Rayah Redlich. Ausst.-Kat. Museum für Angewandte Kunst Frankfurt 2004.

Sas 1995: Sas, N.C.F. van: Gedenck aan Loevesteyn. In: Ders. (Hrsg.): Waar de blanke top der duinen en andere vaderlandse herinneringen. Amsterdam-Antwerpen 1995.
Schad 1998: Schad, Martha: Elisabeth von Österreich. München 1998.
Schauer 1983: Schauer, Rainer: Bei Andenken hört die Tierliebe auf. In: Die Zeit, 18.2.1983.
Schiller 1958: Schiller, Friedrich: Don Carlos. In: Schillers Werke. Nationalausgabe, hrsg. v. Lieselotte Blumenthal u. a. Bd. 7. Weimar 1958.
Schmidt 1985: Schmidt, Jochen: Die Geschichte des Geniegedankens in der deutschen Literatur, Philosophie und Politik 1750-1945. 2 Bde. Darmstadt 1985.
Schmidt/Dietz 1983: Schmidt, Maruta/Dietz, Gabi (Hrsg.): Frauen unterm Hakenkreuz. Berlin 1983.
Schmitt 2003: Schmitt, Lothar: Dürers Locke. In: Zeitschrift für Kunstgeschichte, 66 (2003) 2.
Schmitt-Korte 2004: Schmitt-Korte, Karl: Ein Modell der Grabeskirche. In: Ausst.-Kat. Mainz 2004.
Schmitz-Berning 1998: Schmitz-Berning, Cornelia: Vokabular des Nationalsozialismus. Berlin/New York 1998.
Schneider 2000: Schneider, Lambert: Archäologie, Tourismus und Gesellschaft. In: Borbein, Adolf H./Hölscher, Tonio/Zanker, Paul (Hrsg.): Klassische Archäologie. Berlin 2000.
Schnitzler 1973: Schnitzler, Sonja (Hrsg.): Gedenke Mein. Postkarten von Anno dunnemals. Berlin 1973.
Schotel 1846: Schotel, G.D.J.: Floris I. en II. van Pallant Graven van Culemborg. Arnhem 1846.
Schreeb 1999: Schreeb, Hans Dieter: Hinter den Mauern von Peking. Roman, Berlin 1999.
Schudt 1959: Schudt, Ludwig: Italienreisen im 17. und 18. Jahrhundert. Wien/München 1959.
Schürenberg 1998: Schürenberg, Sabina: Glasperlenarbeiten. Taschen und Beutel. Von der Vorlage zum Produkt. München 1998.
Schuster 2002: Schuster, Martin: Wodurch Bilder wirken. Psychologie der Kunst. 4. Aufl. Köln 2002.
Schuster/Gille 1999: Schuster, Gerhard/Gille Caroline (Hrsg.): Weimarer Klassik.1759-1832. Wiederholte Spiegelungen. Ständige Ausst. des Goethe-Nationalmuseums München 1999.
Seger 1985: Juliane Seger: Bunte Welt in Glas. Hannover 1985.
Semel 2000: Semel, Nava: Gläserne Facetten. Zehn Geschichten. Frankfurt 2000.
Semin/Garb/Kuspit 1997: Semin, Didier/Garb, Tamar/Kuspit, Donald: Christian Boltanski. London 1997.
Semprún 1995: Semprún, Jorge: Schreiben oder Leben. Frankfurt 1995.
Seta 1992: Seta, Cesare de: L'Italia del Grand Tour. Da Montaigne a Goethe. Neapel 1992.
Seta 1997: Seta, Cesare de: Grand Tour. Il fascino dell'Italia nel XVIII secolo. In: Wilton, A./ Bignamini, I.: Grand Tour. Il fascino dell'Italia nel XVIII secolo. Aust-Kat. Rom 1997.
Severin 1987: Severin, Hans-Georg: Marmor vom heiligen Menas. Frankfurt 1987. (Liebieghaus-Monographie, 10)
Severin 1995: Severin, Hans-Georg: Pilgerwesen und Herbergen. In: Dassmann 1995.
Sibeth 2003: Sibeth, Achim: Vom Kultobjekt zur Massenware. Kulturhistorische und kunstethnologische Studie zur figürlichen Holzschnitzkunst der Batak in Nordsumatra/Indonesien. Herbolzheim 2003. (Sozioökonomische Prozesse in Asien und Afrika, 8)
Siepmann 1995: Siepmann, Eckhard: Der Alltag des Sammelns und die gespenstige Gegenständlichkeit der gesammelten Dinge. In: ohne Titel. Sichern unter... Unbeständige Ausst. der Bestände des Werkbund-Achivs. Berlin 1995.
Simmel 2000: Simmel, Georg: Philosophie der Mode (1905). In: Ders.: Gesamtausgabe, hrsg. v. Michael Behr. Bd. 10. 2. Aufl. Frankfurt 2000.
Singer 2000: Singer, Wolf: Wahrnehmen, Erinnern, Vergessen. Eröffnungsvortrag des 43. Deutschen Historikertages 2000. In: Frankfurter Allgemeine Zeitung, 28.9.2000.
Singer 2004: Singer, Wolf: Das Bild in uns – vom Bild zur Wahrnehmung. In: Maar, Christa/ Burda, Hubert (Hrsg.): Iconic Turn. Die neue Macht der Bilder. Köln 2004.
Smolderen 1971: Smolderen, L.: La statue du duc d'Albe à Anvers par Jacques Jonghelinck (1571). Brüssel 1971.
Soeffner 1992: Soeffner, Hans Georg: Die Ordnung der Rituale. Die Auslegung des Alltags. 2. Aufl. Frankfurt 1992.
Soltek/Gomringer/Vomm 1995: Gomringer, Eugen/Soltek, Stefan/Vomm, Wolfgang: Ulrich Wagner - Vernetzte Systeme. Ausst.-Kat. Städtische Galerie Villa Zanders Bergisch Gladbach 1995.
Soltek/Neugebauer 1991: Soltek, Stefan/Neugebauer, Rosamunde: Erlesen Gestiftet. Die Stiftung der Gebrüder Linel in der Buchkunst- und Graphiksammlung des Museums für Kunsthandwerk Frankfurt 1991.
Sontag 2003: Sontag, Susan: Das Leiden anderer betrachten. Frankfurt 2003.
Spickernagel 1989: Spickernagel, Ellen: Groß in der Trauer. Die weibliche Klage um tote Helden in der Historienmalerei des 18. Jahrhunderts. In: Schmidt-Linsenhoff, Viktoria (Hrsg.): Sklavin oder Bürgerin? Französische Revolution und Neue Weiblichkeit 1760-1830. Ausst.-Kat. Historisches Museum Frankfurt. Marburg 1989 (Kleine Schriften des Historischen Museums Frankfurt, 44)
Spies 2002: Spies, Werner (Hrsg.): Surrealismus 1919-1944. Düsseldorf 2002.
Spitzer 2000: Spitzer, Manfred: Geist im Netz. Modelle für Lernen, Denken und Handeln. Heidelberg 2000.
Spoerri 1981: Spoerri, Daniel: Die Entwicklung des Fallenbildes. In: Ders. - Retrospektive. Aust.-Kat. Galerie Krinzinger Innsbruck und Modern Art Galerie Wien. Wien 1981 (unpag.).
Spoerri 2001: Spoerri, Daniel: Menükarte des „eaten by" Restaurants, Schweizer Pavillon, Expo Sevilla 1992. In: Daniel Spoerri, Werke 1960 – 2001. Ausst.-Kat. KunstHalle, Villa Kobe Halle/Saale u. a. Bielefeld 2001.
Spoerri/Räderscheidt 2001: Räderscheidt, Barbara/Spoerri, Daniel 2001 (Hrsg.): Anekdotomania. Daniel Spoerri über Daniel Spoerri. Ausst.-Kat. Museum Jean Tinguely Basel. Ostfildern-Ruit 2001.
Stadie-Lindner 1991: Stadie-Lindner, Babette: Zimmerkenotaphe. Ein Beitrag zur Sepulkralkultur des 18., 19. und 20. Jahrhunderts. Berlin, Freie Univ., Diss. 1991.
Stensloff 1998: Stensloff, Wolfgang: In der Ferne und daheim. Seefahrer-Souvenirs in Mecklenburg-Vorpommern Ende des

20. Jahrhunderts. Rostock 1998.
Sternberger 1978: Sternberger, Dolf: Panorama oder Ansichten vom 19. Jahrhundert. Frankfurt 1978.
Sterne 1957: Sterne, Laurence: A Sentimental Journey Through France and Italy. Oxford 1957. (The world's classics, 333)
Stewart 1993: Stewart, Susan: On Longing. Narratives of the Minature, the Gigantic, the Souvenir, the Collection. Baltimore/London 1993.
Storch 1994: Storch, Ursula (Hrsg,): Kultobjekte der Erinnerung. Ausst.-Kat. Historisches Museum der Stadt Wien 1994. (Sonderausstellung des Historischen Museums der Stadt Wien, 185)
Storm 1992a: Storm, Theodor: Im Sonnenschein. In: Ders.: Sämtliche Werke in vier Bänden, hrsg. v. Peter Goldammer. Bd. 1.7., überarb. Aufl. Berlin 1992.
Storm 1992b: Storm, Theodor: Sämtliche Werke in vier Bänden, hrsg. v. Peter Goldammer. Bd. 1. 7., überarb. Aufl. Berlin 1992.
Stoschek 1999: Stoschek Jeannette: Die Vedute. Bemerkungen zu Entstehung und Geschichte eines Genres. In: Höper, Corinna: Giovanni Battista Piranesi. Die Poetische Wahrheit. Ausst.-Kat. Graphische Sammlung der Staatsgalerie Stuttgart. Ostfildern-Ruit 1999.
Stowe 1970: Stowe, Harriet Beecher: Onkel Toms Hütte oder Aus dem Leben der Negersklaven. München 1970.
Stuart 1997: Stuart, Jan: Calling Back the Ancestor's Shadow: Chinese Ritual and Commemorative Portraits. In: Oriental Art, 43 (1997) 3.
Stuart/Rawski 2001: Stuart, Jan/Rawski, Evelyn S.: Worshiping the Ancestors: Chinese Commemorative Portraits. Ausst.-Kat. Freer Gallery of Art and Arthur M. Sackler Gallery, Smithsonian Institution, Washington, D.C. Washington, D.C. 2001.
Sturm 1719: Sturm, Leonhard Christoph: Durch einen großen Theil von Teutschland und den Niederlanden bis nach Paris gemachete Architektonische Reise=Anmerkungen. Augsburg 1719.
Susinno/di Majo 1987: Susino, Stefano/di Majo, Elena: Le stanze della memoria. Ausst.-Kat. Galleria d'Arte Moderna di Roma. Mailand 1987.
Swenson 1963: Swenson, Gene R.: What is Pop Art? Interview with Eight Painters (Part 1). In: Art News, 61 (1963).
Taegert 1995: Taegert, Werner: Edler Schatz holden Erinnerns. Bilder in Stammbüchern der Staatsbibliothek Bamberg aus vier Jahrhunderten. Bamberg 1995.
Taschen 2003: Taschen, Benedikt (Hrsg.): Chinese Propaganda Posters from the Collection of Michael Wolf. Köln 2003.
Thiel 1981: Thiel, P.J.J. van: De inrichting van de Nationale Konst-Gallery in het openingsjaar 1800. In: Oud-Holland, 95 (1981).
Thiriez 1993: Thiriez, Régine: The German Envoy's Vision of China Mumm von Schwarzenstein's Photographic Album, 1900-1902. In: Visual Resources, 9 (1993) 3.
Thümmel 1853: Thümmel, Moritz August von: Reise in die mittäglichen Provinzen von Frankreich In: Ders.: Sämmtliche Werke. Bd. 3. Leipzig 1853.
Thurnher 1994/95: Thurnher, Ingrid: Das Souvenir als Symbol und Bedürfnis. In: Wiener Völkerkundliche Mitteilungen; NF., 36/37 (1994/95).
Titzmann 1979: Titzmann, Michael: Allegorie und Symbol im Denksystem der Goethezeit. In: Haug, Walter (Hrsg.): Formen und Funktionen der Allegorie. Stuttgart 1979.
Toneelgordyn 1678: Het zwart toneelgordyn, opgeschoven voor de heeren gebroederen Cornelis en Joan de Witt. 4. Aufl. o.O. 1678.
Tönnesmann 2005: Tönnesmann, Andreas: Reisen und Bauen. Mobilität und kulturelle Aneignung in der Architektur der Renaissance. In: Babel/Paravicini 2005.
Turnbull 2005: Turnbull, Giles: The Filemanager is Dead. Long Live the Lifeblog. 2005. URL: http://digitalmedia.oreilly.com/lpt/a/5774 (4.4.2006).
Twain 1964: Twain, Mark: Reise durch die alte Welt (The Innocents abroad). Dt. Hamburg 1964.
Ullrich/Schirdewahn 2002: Ullrich, Wolfgang/Schirdewahn, Sabine (Hrsg.): Stars. Annäherungen an ein Phänomen. Frankfurt 2002.
Unser Appell 1947: Unser Appell, Halbmonatsschrift der Vereinigung der Verfolgten des Naziregimes. Unser Appell, 1 (1947).
URL: http://www.mat.ucsb.edu/~g.legrady/glWeb/Projects/pfom2/pfom2.html (25.4.2006)
URL: http://www.medienkunstnetz.de/werke/pockets-full-of-memory/ (25.4.2006)
Van Dülmen 1999: Van Dülmen, Richard: Kultur und Alltag in der Frühen Neuzeit. Das Haus und seine Menschen. München 1999.
Van Dyk 1993: van Dyk, Klaus u. a. (Hrsg.): China Avantgarde. Ausst.-Kat. Haus der Kulturen der Welt Berlin. Heidelberg 1993.
Vanja 1985: Vanja, Konrad: Vivat - Vivat - Vivat! Widmungs- und Gedenkbänder aus drei Jahrhunderten. Berlin 1985. (Schriften des Museums für Deutsche Volkskunde Berlin, 12)
Varnhagen 1834: Varnhagen, Rahel: Ein Buch des Andenkens für ihre Freunde. Bd. 2. Berlin 1834.
VATM Pressemitteilung 2005: VATM Pressemitteilung: Immer mehr Urlaubsgrüße kommen per Handy. 2005. URL: http://www.vatm.de/content/pressemitteilungen/inhalt/03-08-2005.html (6.4.2006)
Vikan 1982: Vikan, Georg: Byzantine Pilgrimage Art. Washington D.C. 1982.
Vogt 2002: Vogt, Christine: Meister von Frankfurt, Meister von Delft. Das Annentriptychon der Delfter Familie van Beest im Suermondt-Ludwig-Museum Aachen.
Vollherbst 2002: Vollherbst, Gerhild: vor 100 Jahren geboren, Würdigung der Ravensbrückerinnen Aenne Saefkow, Erika Buchmann und Emmy Handke. In: Ravensbrückblätter, 28 (2002) 113.
Vondel 1986: Vondel, Joost van den: Volledige dichtwerken en oorspronkelijk proza., hrsg. v. Albert Verwey. Amsterdam 1986.
Vorlaufer 1995: Vorlaufer, Karl: Tourismus in Entwicklungsländern. Darmstadt 1995.
Vroom 1997: Vroom, Wim: Het wonderlied van Jan de Witt en andere vaderlandse relieken. Nijmegen 1997.
Walther 2005: Walther, Gerrit: Antike als Reiseziel? Klassische Orte und Objekte auf dem Grand Tour zwischen Humanismus und Aufklärung. In: Babel/Paravicini 2005.
Ward 2004: Ward, Mark: Log your life via your phone. In: BBC News, 10.3.2004. **URL: http://news.bbc.co.uk/1/hi/technology/3497596.stm (20.4.2006)**
Warneken 2003: Warneken, Bernd Jürgen (Hrsg.): Bewegliche Habe.

Zur Ethnographie der Migration. Ausst.-Kat. Schlosses Hohentübingen. Tübingen 2003.
Wasem o.J.: Wasem, Erich: Maximumkarten aus dem Orient. Die Reisen des Josef Steinlehner durch das Osmanische Reich zwischen 1909 und 1914. o.J. (unveröffentlichtes Manuskript).
Weber 2002: Weber, Max: Schriften 1894 – 1922, ausgew. und hrsg. v. Dirk Kaesler. Stuttgart 2002.
Weidner 1995: Weidner, Thomas: Die Grabmonumente von Johann August Nahl in Hindelbank. In: Berner Zeitschrift für Geschichte und Heimatkunde, 57 (1995) 2.
Weil 1976: Weil, Alain: Histoire et numismatique du patriote Palloy, démolisseur de la Bastille. Paris/Lyon 1976.
Weimar 2005: An.Teil.Nahme. mobile Gedenkzeichen für Buchenwald, hrsg. v. Verein zur Förderung der Erinnerung an das Konzentrationslager Buchenwald in Kooperation mit der Bauhaus-Universität Weimar und der Stiftung Gedenkstätten Buchenwald und Mittelbau Dora. In Verbindung mit dem Sonderforschungsbereich Erinnerungskulturen der Justus-Liebig-Universität Gießen und des Center for Interdisciplinary Memory Research im Kulturwissenschaftlichen Institut Essen. Weimar 2005 (unveröffentlicht).
Weinrich 2005: Weinrich, Harald: Gespeichert, das heißt vergessen. In: Weinrich, Harald: Lethe. Kunst und Kritik des Vergessens. München 2005.
Weiser 1991: Weiser, Mark: The Computer for the 21st Century. In: Scientific American, 265 (1991) 3. URL: http://www.ubiq.com/hypertext/weiser/SciAmDraft3.html (16.4.2006)
Welzer/Moller/Tschuggnall 2002: Welzer, Harald/Moller, Sabine/ Tschuggnall, Karoline: Opa war kein Nazi. Nationalsozialismus und Holocaust im Familiengedächtnis. Frankfurt 2002.
Weninger 1977: Weninger, Peter: Dieser ganze Kreis der Erden. Geschenk- und Andenkenblätter der Barock- und Biedermeierzeit. Salzburg 1977.
Westerbaen 1654: Westerbaen, Jacob: Arctoa tempe, Ockenburgh. Delft 1654 [Oktavausgabe].
Westerbaen 1657: Westerbaen, Jacob: Mengel-dichten. Den Haag 1657.
Westerbaen 1663: Westerbaen, Jacob: Krancken-troost voor Israel in Holland. o.O. 1663.
Westhoff-Krummacher/Losse 1995: Westhoff-Krummacher, Hildegard/ Losse, Vera (Hrsg.): Als die Frauen noch sanft und engelsgleich waren. Die Sicht der Frau in der Zeit der Aufklärung und des Biedermeier. Ausst.-Kat. Westfälisches Landesmuseum für Kunst und Kulturgeschichte Münster 1995.
Widersprüche 2001: Das war doch was ...!? Zugänge zur Erinnerung an Nazizeiten. Zeitschrift für sozialistische Politik im Bildungs- Gesundheits- und Sozialbereich. Widersprüche, 81 (2001).
Wiewelhove 2005: Wiewelhove, Hildegard/Homann, Jochen/ Meinz, Manfred (Hrsg.): Biedermeier-Tassen. Widmungen auf Porzellan. Die Sammlung Homann. Stuttgart 2005.
Willems 2002: Willems, Susanne: Der entsiedelte Jude. Albert Speers Wohnungsmarktpolitik für den Berliner Hauptstadtbau. Berlin 2002.
Willoughby 1993: Willoughby, Martin: Die Geschichte der Postkarte. Ein illustrierter Bericht von der Jahrhundertwende bis in die Gegenwart. Erlangen 1993.
Wilmes 2000: Wilmes, Ulrich: Das Leben des Künstlers. In: On Kawara – Horizontally/Vertically. Ausst.-Kat. Städtische Galerie im Lenbachhaus und Kunstbau München. Köln 2000.
Wilson 2004: Wilson, Stephen: Künstler als Forscher in der drahtlosen Kommunikation. In: Kwastek 2004.
Winnicott 1973a: Winnicott, Donald Woods: Übergangsobjekte und Übergangsphänomene. In: Ders.: Vom Spiel zur Kreativität. Stuttgart 1973.
Winnicott 1973b: Winnicott, Donald Woods: Vom Spiel zur Kreativität. Stuttgart 1973.
Witt 2000: Witt, Janette: Werke der Alltagskultur, Teil 1: Menasampullen. Bestandskat. Staatliche Museen – Preußischer Kulturbesitz, Skulpturensammlung und Museum für Byzantinische Kunst, Bd. 2. Wiesbaden 2000.
Witt 2005: Witt, Janette: Menasampullen. In: Sammler – Pilger – Wegbereiter. Die Sammlungen des Prinzen Johann Georg von Sachsen. Ausst.-Kat. Landesmuseum Mainz, Landesmuseum für Vorgeschichte Dresden und Universitätsbibliothek Freiburg. Mainz 2004.
Wittenberger Gelehrtenstammbuch 2000: Wittenberger Gelehrtenstammbuch. Das Stammbuch von Abraham und David; benutzt von 1549-1577 und 1580-1623, hrsg. v. Deutschen Historischen Museum Berlin, bearb. v. Wolfgang Klose. 2 Bde. Halle 2000.
Worp 1886: Worp, J.A.: Jacob Westerbaen. In: Tijdschrift voor Nederlandsche taal- en letterkunde, 6 (1886).
Wren 1750: Wren, Christopher: Brief, Paris, 1666. In: Wren, Stephan: Parentalia or Memoirs of the Family of the Wrens. London 1750.
Yalçin 2004: Yalçin, Fatma: Anwesende Abwesenheit: Untersuchungen zur Entwicklungsgeschichte von Bildern mit menschenleeren Räumen, Rückenfiguren und Lauschern im Holland des 17. Jahrhunderts. Berlin 2004. (Kunstwissenschaftliche Studien, 116)
Yan/Stech 2004: Yan, Pei-Ming/Stech, Fabian: Yan Pei-Ming. Fils du dragon/The Way of the Dragon. Dijon 2004 (Originalausg. 2003).
Zacharias 1990: Zacharias, Wolfgang: Selbstmusealisierung. Das Spiel mit autobiographischen Gegenständlichkeiten. In: Zacharias, Wolfgang (Hrsg.): Zeitphänomen Musealisierung. Das Verschwinden der Gegenwart und die Konstruktion der Erinnerung. Essen 1990.
Zick 1980: Zick, Gisela: Gedenke mein. Freundschafts- und Memorialschmuck 1770-1870. Dortmund 1980.
Zilsel 1990: Zilsel, Edgar: Die Geniereligion. Ein kritischer Versuch über das moderne Persönlichkeitsideal, mit einer historischen Begründung, hrsg. und eingeleitet v. Johann Dvorak. Frankfurt 1990. (Wiener Kreis – Schriften zum logischen Empirismus, 791)
Zimmermann 2004: Zimmermann, Christian von: Verinnerlichung der Trauer, Publizität des Leids. Gefühlskultur, Privatheit und Öffentlichkeit in Trauertexten der bürgerlichen Aufklärung. In: Aurnhammer, Achim/Seidel, Robert/Marin, Dieter (Hrsg.): Gefühlskultur in der bürgerlichen Aufklärung. Tübingen 2004.

Ausstellung

Konzeption der Ausstellung
Kunsthistorisches Seminar Universität Basel, Museum für Angewandte Kunst Frankfurt, Museum für Kommunikation Frankfurt, Sonderforschungsbereich Erinnerungskulturen Justus-Liebig-Universität Gießen

Leitung
Andreas Beyer, Helmut Gold, Günter Oesterle, Ulrich Schneider

Ausstellungsorganisation
Museum für Angewandte Kunst Frankfurt
Birgit Gablowski
Museum für Kommunikation Frankfurt
Monique Behr, Mayarí Granados, Tine Nowak

Konservatorische Betreuung
Christian Dressen, Barbara Hassel, Andrea Schwarz

Presse- und Öffentlichkeitsarbeit
Yvonne von Kienlin, Regine Meldt, Christine Schmidt-Gärtner

Ausstellungsarchitektur und Design
Marc Feustel, Christiane Riemann, VIER5

Technische Realisation
Hinrich Balke, Helmut Budecker, David Fallkowski, Josef Gallschneider, Ralf Gehner, Gusse Güler, Michael Gutsche, Christine Hewel, Hermann Huhn, Horst Kalischewski, Carl Kappler, Martin Klobaric, Tilo Kohl, Hans Müller, Katarina Muenk, Joachim Wissel, Stanislav Yakushev

Verwaltung
Katharina Lew, Sigrid Rehberg, Sandra Schwarz

Audio-Guide zur Ausstellung
iGuide Kulturaufnahme GmbH
Texte, Redaktion und Co-Regie
Jennifer Elfert

Publikation

Herausgeber
Museum für Angewandte Kunst Frankfurt

Redaktion
Birgit Gablowski, Gudrun Körner
unter Mitarbeit von Annette Bügener
und Stefanie Belinda Schwarz

Kataloggestaltung
VIER5, Paris
Assistenz: Nils Ulsamer
Satzassistenz: Cornelia Preuß, Jan Richter, Jürgen Tauras

Verlagsredaktion
Maren Katrin Poppe

Gesamtherstellung
Wienand Verlag & Medien, Köln
www.wienand-koeln.de

Bibliografische Information der Deutschen Bibliothek

Die Deutsche Bibliothek verzeichnet diese Publikation in Der Deutschen Nationalbiografie; detaillierte bibliografische Daten sind im Internet über <http://dnb.ddb.de> abrufbar.

ISBN 3-87909-892-1

Vier5